柄鏡形(敷石)住居と縄文社会

山本 暉久 著

六一書房

序　言

　縄文時代の住居址構造のなかで特に異彩を放っているのが、いわゆる「敷石住居址」、筆者が総称する「柄鏡形(敷石)住居址」である。縄文時代中期後葉から終末期にかけて、列島の西関東から中部山地にかけて忽然として出現をみる。

　著者は、この種の遺構に関心をいだき、これまで数多くの研究論文を発表してきた。そのいわば、集大成としてまとめたのが、2001年11月に早稲田大学大学院文学研究科に学位請求論文として提出した『敷石住居址の研究』であり、この博士論文をもとに、六一書房より、2002年9月に一書として刊行した。

　幸い、本書の刊行とそれまでの一連の研究業績等が評価され、2003年10月、「第4回宮坂英弌尖石縄文文化賞」（長野県茅野市）の受賞を受けたことも望外の喜びであった。

　考古学は、全国各地からの新たな発見により、その研究はまさに日新月歩というべき状況を示している。柄鏡形(敷石)住居址の研究もまた、新たな発見事例に支えられて、その後も活発な論議がなされてきた。

　こうした中にあって、筆者も新発見事例の集成を継続しつつ、その研究を重ねてきた。幸い、平成19年度(2007)から21年度(2009) 3箇年間の予定で、独立行政法人日本学術振興会科学研究費基盤研究（C）に研究課題名「縄文時代における柄鏡形(敷石)住居址の研究」を申請したところ採択された。その研究成果については、別に研究成果報告書としてまとめたところである。

　本書は、2002年に刊行した『敷石住居址の研究』の続編として、柄鏡形(敷石)住居址かかる近年の研究成果をもとに一書にまとめたものである。

　本書を通じて、柄鏡形(敷石)住居址の研究が、新たな地平の高まりへと進むことを念願してやまない。

　本研究にあたっては多くの方々の暖かい援助をいただいた。あつくお礼申し上げる次第である。

2010(平成22)年6月30日
山本　暉久

例　言

1. 本書は、柄鏡形(敷石)住居址に関わる最近の研究成果を一書にまとめたものである。
2. 筆者は、従来、「敷石住居址」あるいは「柄鏡形住居址」と呼ばれてきたこの種の遺構を「柄鏡形(敷石)住居址」と総称することを提唱しており、本書では、この名称を主として用いているが、引用等では、適宜「敷石住居址」「柄鏡形住居址」等の用語を用いている。
3. 本書に掲載した各章・各節は、近年発表した論攷に基礎を置いている。
   なお、初出論攷ならびに改稿内容は下記のとおりである。

第1章　柄鏡形(敷石)住居址研究の現段階
　　第1節　柄鏡形(敷石)住居址をめぐる最近の研究動向について
　　　　2004.5「柄鏡形(敷石)住居址をめぐる最近の研究動向について」『縄文時代』第15号　縄文時代文化研究会：一部加除筆
　　第2節　その後の柄鏡形(敷石)住居研究をめぐって
　　　　2010.3『縄文時代における柄鏡形(敷石)住居址の研究』(『独立行政法人日本学術振興会科学研究費基盤研究(Ｃ)平成19〜21年度研究成果報告書』)
第2章　柄鏡形(敷石)住居址の地域的展開－南西関東を中心とした事例から－
　　第1節　相模川上流域
　　　　2008.5「柄鏡形(敷石)住居址の地域的展開（１）－相模川上流域の事例から－」『縄文時代』第19号　縄文時代文化研究会：一部加除筆
　　第2節　三浦半島・神奈川県西部域〜伊豆半島周辺域
　　　　2009.5「柄鏡形(敷石)住居址の地域的展開－三浦半島・神奈川県西部域〜伊豆半島周辺域の事例－」『縄文時代』第20号　縄文時代文化研究会：一部削除
　　第3節　多摩丘陵東部〜下末吉台地
　　　　2010.3『縄文時代における柄鏡形(敷石)住居址の研究』(『独立行政法人日本学術振興会科学研究費基盤研究(Ｃ)平成19〜21年度研究成果報告書』)及び、2010.5「柄鏡形(敷石)住居址の地域的展開（３）－多摩丘陵東部〜下末吉台地域の事例－」縄文時代文化研究会：一部加除筆
第3章　配石集落と縄文時代階層化社会論
　　第1節　縄文時代階層化社会論の行方
　　　　2005.5「縄文時代階層化社会論の行方」『縄文時代』第16号：一部加除筆
　　第2節　配石集落に階層化社会は読み取れるのか
　　　　2006.3「配石と敷石をもつ縄文集落に階層化社会は読み取れるのか」『茅野市尖石縄文考古館開館5周年記念論集』：一部加除筆

第3節　縄文時代後期の配石集落址－秦野市曽屋吹上遺跡の再検討を通じて－
　　　　2009.7「縄文時代後期の配石集落址－秦野市曽屋吹上遺跡の再検討を通じて－」
　　『地域と学史の考古学』(『杉山博久先生古稀記念論集』)　杉山博久先生古稀記念論
　　集刊行会編・六一書房：一部加除筆
　　第4節　石神台遺跡と縄文時代の配石墓
　　　　2004.2「石神台遺跡と縄文時代の配石墓」『大磯町史研究』第11号：一部加除筆
4．付編として、『敷石住居址の研究』(2002)に掲載した、石柱・石壇をもつ住居址発見遺跡、柄鏡形(敷石)住居址発見遺跡に関わる参考文献を補訂し、その後の発見事例を追補したものを掲載した。なお、本文中に引用した石柱・石壇をもつ住居址発見遺跡及び柄鏡形(敷石)住居址発見遺跡にかかる参考文献は、この付編に遺跡ごとに一括して掲載している。その他の遺跡参考文献については、引用・参考文献に掲載している。

目　次

第1章　柄鏡形(敷石)住居址研究の現段階 ……………………………… 1

　　第1節　柄鏡形(敷石)住居址研究をめぐる最近の研究動向について… 3
　　第2節　その後の柄鏡形(敷石)住居址研究をめぐって ……………… 23

第2章　柄鏡形(敷石)住居址の地域的展開 ……………………………… 33
　　　　－南西関東地方を中心とした事例から－

　　第1節　相模川上流域 ……………………………………………… 35
　　第2節　三浦半島・神奈川県西部域〜伊豆半島周辺域 …………… 69
　　第3節　多摩丘陵東部〜下末吉台地域 …………………………… 92

第3章　配石集落と縄文時代階層化社会論 ……………………………… 123

　　第1節　縄文時代階層化社会論の行方 …………………………… 125
　　第2節　配石集落に階層化社会は読み取れるのか ……………… 150
　　第3節　縄文時代後期の配石集落址
　　　　　　－秦野市曽屋吹上遺跡の再検討を通じて－ ……………… 169
　　第4節　石神台遺跡と縄文時代の配石墓 ………………………… 185

結　語 ……………………………………………………………………… 205

引用・参考文献 …………………………………………………………… 211

石柱・石壇をもつ住居址発見遺跡　参考文献 ………………………… 235

柄鏡形(敷石)住居址発見遺跡　参考文献 ……………………………… 245

挿 図 目 次

第1図	相模川上流域の柄鏡形(敷石)住居址発見遺跡分布図 …………… 37
第2図	柄鏡形(敷石)住居址事例(1) Ⅰ期 … 49
第3図	相模川上流域の柄鏡形(敷石)住居址の時期別主体部規模 ………………… 52
第4図	柄鏡形(敷石)住居址事例(2) Ⅱ期 … 53
第5図	柄鏡形(敷石)住居址事例(3) Ⅱ期・Ⅲ期 ………………… 55
第6図	柄鏡形(敷石)住居址事例(4) Ⅲ期・Ⅳ期 ………………… 57
第7図	柄鏡形(敷石)住居址事例(5) Ⅳ期 … 59
第8図	柄鏡形(敷石)住居址事例(6) Ⅳ期・Ⅴ期 ………………… 61
第9図	柄鏡形(敷石)住居址事例(7) Ⅵ期以降、集落構造(1) ………………… 62
第10図	集落構造(2) ………………… 65
第11図	三浦半島・神奈川県西部域〜伊豆半島周辺域の柄鏡形(敷石)住居址発見遺跡分布図 ………………… 70
第12図	三浦半島・神奈川県西部域〜伊豆半島周辺域の柄鏡形(敷石)住居址変遷図 … 88
第13図	多摩丘陵東部〜下末吉台地域の柄鏡形(敷石)住居址発見遺跡分布図 ………… 93
第14図	多摩丘陵東部〜下末吉台地域域の柄鏡形(敷石)住居址変遷図 ………………… 118
第15図	後・晩期の集落址(1) ………………… 153
第16図	後・晩期の集落址(2) ………………… 156
第17図	後・晩期の集落址(3) ………………… 157
第18図	後・晩期の集落址(4) ………………… 159
第19図	後・晩期の集落址(5) ………………… 161
第20図	後・晩期の集落址(6) ………………… 162
第21図	後・晩期の集落址(7) ………………… 163
第22図	7403地点の空撮全景及び検出遺構全体図 ………………… 171
第23図	7403地点検出の柄鏡形敷石住居址(1) ………………… 173
第24図	7403地点検出の柄鏡形敷石住居址(2) ………………… 174
第25図	7403地点の列石遺構石積み状態　相模原市津久井町青根馬渡遺跡群No.2遺跡J4号住 ………………… 175
第26図	7403地点と200102地点の位置関係及び200102地点全体図 ………………… 177
第27図	長野県茅野市聖石遺跡全体図　上面・下面 ………………… 180
第28図	神奈川県小田原市御組長屋遺跡第Ⅱ地点遺構配置図 ………………… 181
第29図	石神台遺跡全体図(1972年調査) ……… 187
第30図	石組遺構検出状況　上面・下面(1972年調査) ………………… 188
第31図	石組下土壙墓群(1972年調査) ………… 189
第32図	出土遺物(1972年調査) ………………… 191
第33図	石神台遺跡全体図(1985・87年調査)… 192
第34図	土壙墓　SKD09・SKD04〜06(1985・87年調査) ………………… 194
第35図	神奈川県域の縄文時代後・晩期配石墓・土壙墓検出遺跡分布図 ………………… 197

表　目　次

第1表　相模川上流域の柄鏡形(敷石)住居址発見遺跡一覧表 …………………… 38

第2表　三浦半島・神奈川県西部域～伊豆半島周辺域の柄鏡形(敷石)住居址発見遺跡一覧表 …………………… 72

第3表　多摩丘陵東部～下末吉台地域の柄鏡形(敷石)住居址発見遺跡一覧表 ………… 94

第4表　石神台遺跡出土人骨一覧表(1972年調査) …………………… 189

第5表　石神台遺跡配石下土壙墓一覧表(1972年調査) …………………… 190

第6表　石神台遺跡土壙墓一覧表(1985・87年調査) …………………… 193

第7表　神奈川県域の縄文時代後・晩期配石墓・土壙墓検出遺跡一覧表 ……………… 200

第１章　柄鏡形(敷石)住居址研究の現段階

第1節　柄鏡形(敷石)住居址研究をめぐる最近の研究動向について

はじめに

　柄鏡形(敷石)住居址をめぐっては、各地からの新資料の発見・報告が相次ぐ中、相変わらず活発な論議がなされている。

　「平成7年度かながわの遺跡展『謎の敷石住居』」(長岡　1996)にあわせて、神奈川県立埋蔵文化財センター・財団法人かながわ考古学財団が共催して『パネルディスカッション　敷石住居の謎に迫る』(以下、『パネルディスカッション』と略記する)を開催したのは、1996(平成8)年2月であった(神奈川県立埋蔵文化財センター・財団法人かながわ考古学財団　1996)。

　この『パネルディスカッション』は、柄鏡形(敷石)住居址を対象として種々討議された初めての研究集会であったし、その後も柄鏡形(敷石)住居址をメインテーマとする研究集会は今日まで開かれていない。そこで討議された内容については、その記録集が、開催の翌年にまとめられている(神奈川県立埋蔵文化財センター・財団法人かながわ考古学財団　1997)。また、同書中には、開催に尽力した長岡文紀により、討議された論点が的確に整理されて掲載されている(長岡　1997)。では、そうした論点は現在、どのような解決の道筋が与えられたのであろうか。『パネルディスカッション』に参加した一人として、その点は今も大いに関心のある点でもある。

　ところで、筆者自身も、この『パネルディスカッション』において、柄鏡形(敷石)住居址をめぐる研究の現状と課題について発表を行った(山本　1996a)。また、そこでの発表や討議を契機として、これまで筆者が取り組んできた柄鏡形(敷石)住居址をめぐる研究を総括する意味で、一書にまとめてみた(山本　2002)。この論攷は、2001年3月にまとめた原稿にもとづいており、その後の、新世紀に入っての活発な研究動向については、当然のことながら触れることができていない。

　そこで、本稿では、『パネルディスカッション』において論じられた、いくつかの問題点を念頭において、新世紀に入っての柄鏡形(敷石)住居址をめぐる研究について、新資料を踏まえながら、筆者なりの考えをあらためて展望してみたいと思う。

　以下、論点を明確にするため、テーマ別に分けてみる。第一に、相変わらず問題とされる、柄鏡形(敷石)住居址の出現・発生をめぐる問題、第二に、第一の問題とも関連するが、柄鏡形(敷石)住居址の広がり、とくに東部関東や東北地域におけるあり方をめぐる問題、第三に、柄鏡形(敷石)住居址終末期に現れる環礫方形配石遺構、礫堤をもつ住居址などと呼ばれる特殊なありかたをどのようにとらえるかという問題、最後に、柄鏡形(敷石)住居址と縄文時代階層化社会論との関わりをめぐる問題、である。もちろん、これ以外にも取り上げるべき点が多々あろうことかと思うが、筆者の関心事に限ってしまったことについては、ご容赦願いたい。また、

別な機会に観点を変えて触れてみたいと思う。なお、ここで取り上げた論攷は原則としては、新世紀に入ってから発表されたものを対象としているが、それ以前に発表されたもので拙書(山本 2002)で十分に触れることができなかった論攷についても一部加えて論ずることとしたい。

1. 柄鏡形(敷石)住居の出現をめぐって

　柄鏡形(敷石)住居址がどのような経過をたどって出現をみたのか、この問題はいぜんとして解決をみていない。その論点は、筆者が示した出現のプロセス、すなわち、中期後半期に出現する石柱・石壇をもつ住居が柄鏡形(敷石)住居の敷石敷設の初源となること、また、柄鏡形(敷石)住居に特有の柄部＝張出部は、出入口部に埋設された埋甕に伴う小張り出しから成立をみたとする考え方をめぐってであり、そうした筆者の考え方への批判が相変わらず多い。

　しかし、石柱・石壇をもつ住居址について正面から取り上げて論じたものは少なく、その一つに筆者の論攷をあげることができる(山本 1994)が、最近、佐野 隆が「住居内に配置された『石』が、敷石住居の発生過程を考える手がかりを提供するのではないかとの期待から」、石柱・石壇をもつ住居址を含めて、「住居内配石」事例を取り上げて論じているのが注目される(佐野 2003)。佐野は「住居内配石」は、「中期前葉～中葉期」に出現し、「中期末葉期」に盛行みること、それもいくつかのバリエーションが認められること、また、「中期末葉5期」には事例数が減少し、「増加傾向にある敷石住居とは対照的な様相」を示すことを指摘したうえで、「『石柱・石壇』は非常に定式化が進みまた目立つ施設ではあるが、あくまで住居内配石の類型の一つであった」ものとしてとらえている。このような考え方は、別に筆者も異論があるわけでなく、柄鏡形(敷石)住居址の「敷石」風習の出現の契機は、佐野の言う「住居内配石」にある立場から、とくにその代表的な事例である石柱・石壇をもつ住居址を取り上げて論じているわけで、かつて柄鏡形(敷石)住居址の出現の問題を初めて論じた際にも、「第一期」として位置付けたのは「奥壁部敷石タイプ」「出入口部敷石タイプ」「その他敷石のありかた」とする住居内に偏在的に敷石(配石)された事例であった(山本 1976a)。

　ただし、佐野は「住居内配石」事例分析から、「住居内配石が常軌を超えて拡大した、あたかも敷石住居発生直前の姿を彷彿とさせるような事例は認められない」ことから、「住居内配石の諸形態と出現期の敷石住居との間には相当の開きがあり、両者をつなぐような事例が系統発生的に確認できる見込みは少な」く、「さらに地域においては住居内配石は出現期の敷石住居と併行して共存しているようであり、両者は両立しうる存在であった」こと、「石柱・石壇が系譜上、直系の祖形であると考えるのであるとすれば、住居内配石の変遷からみて首肯するのは難しい」と結論づけている。

　佐野のいう「住居内配石」から柄鏡形(敷石)住居へとは系譜上つながらないという主張は、佐野に限らず多くの研究者が批判する点でもある。ただ、筆者は、佐野のいう「住居内配石」住居が存在している時期に、すでに柄鏡形(敷石)住居が出現していても別に不思議はない、む

しろ当然のことと判断している。なぜなら、柄鏡形(敷石)住居の成立に影響を与えたものが「住居内配石」であると理解しているわけで、その「住居内配石」の代表例が石柱・石壇をもつ住居だと考えるからである。「住居内配石」が色濃く分布する地域と柄鏡形(敷石)住居の成立段階の事例が分布を異にすることもそのことを裏付けている。すでになんども指摘しているように柄鏡形(敷石)住居の成立は敷石風習の出現過程と張出部の形成過程の二つの要素から論じなければならないのである(山本 1995a他)。だとすると、その敷石風習の起源をどこに求めるべきなのか、それは佐野も指摘しているように「中期末期の住居内部においても敷石住居出現の素地が形成されていたことの現われ」としての「石柱・石壇に代表される住居内配石」以外にないのではないだろうか。

　ところで、佐野も「住居内配石」事例を集成しているが、最近新たに報告されている石柱・石壇をもつ住居址事例には、東京都福生市長沢遺跡第9次9号住(和田 2001)、神奈川県津久井郡城山町川尻遺跡1号住(中川 2002)、神奈川県津久井郡城山町向原中村遺跡1区1号住(山田他 2003)、神奈川県津久井郡城山町川尻中村遺跡31・49・70号住(天野他 2002)、山梨県北巨摩郡明野村諏訪原遺跡4号住(佐野 2003)などがあり、確実に事例を増加させている。このうち、長沢遺跡第9次9号住例は、石囲埋甕炉に接して奥壁寄りに敷石、奥壁には石柱、奥壁より左空間部には半円形の配石に囲まれて、胴下半を欠く深鉢土器が据えられており、特異な様相がうかがえる事例である。また、向原中村遺跡1区1号住は、出入口部埋甕に接するように石柱が検出された事例で、中期後葉・加曽利EⅢ式段階に相当する。

　次に佐々木藤雄の論攷について触れてみよう。佐々木は近年、長野県木曽郡大桑村大野遺跡B地区から検出された中期後葉の集落内環状列石に着目し、環状列石をめぐる問題について論じてきた(佐々木 2001・02a・b)が、新たに「柄鏡形敷石住居址と環状列石」と題する論攷を発表した(佐々木 2003)。佐々木は、これまでの一連の集落址研究の中で、柄鏡形敷石住居址を正面から取り上げて論じたことはなかったことから、佐々木が柄鏡形(敷石)住居址をどう評価するか、筆者なりに注目して接した論攷であった。論は、縄文階層化社会論との関わりに触れる部分もあるので、それは後述するとして、ここでは、とくに柄鏡形(敷石)住居の出現の問題に関わる佐々木の考えについて触れてみる。

　佐々木は、本論攷において、「成立期の柄鏡形敷石住居址のあり方に焦点をしぼり、これまでの議論を整理する形で柄鏡形敷石住居址の形成とその基本的性格にかかわる若干の考察を試みる」ことを目的として、柄鏡形(敷石)住居の成立を環状列石との関わりにおいて論じている。その中で、「石柱・石壇施設や埋甕を伴う小張出の発展の直接的な延長戦上に柄鏡形敷石住居址の成立を想定する山本の単純明快な発展図式には、石井　寛や戸田哲也などが批判する通り、大きな陥穽が潜んでいたといわなければならない」と鋭く批判する。すなわち、「初源期とされる加曽利EⅡ式期の石柱・石壇などの部分敷石や小張出を伴う住居址と、成立期とされる加曽利EⅢ式期の柄鏡形敷石住居址との間には、融合的・漸進的というより、突然変異的といってもよい大きな差が存在している」ことを指摘する。この点は先にあげた佐野　隆の見解を含

めて、筆者の見解に対する多くの批判と同様な見方といえよう。さらに、佐々木は、「内部発展説だけではとらえきれない外部的なある種の力が強く働き、柄鏡形敷石住居址を一挙に登場させた可能性も十二分に想定される」こと、具体的には、成立期(加曽利EⅢ期)の柄鏡形敷石住居址が多く検出される群馬県内に、「葬送と祖先祭祀とが統合された縄文時代の大規模記念物として知られる環状列石」が多く存在することから、「敷石構造や張出部の形成には環状列石が大きな役割を果たしていた可能性が高く、また、このような大規模配石記念物との強い結びつきからみて、全面敷石をもつ柄鏡形敷石住居址こそが本遺構の本来の姿であった可能性さえ決して否定できない」とするのである。

　しかし、筆者の柄鏡形(敷石)住居址成立過程に対する解釈を「単純明快な発展図式」として片づけ、群馬県内の事例を例にとり、環状列石がその成立に大きく与ったとする考えも、環状列石が「敷石構造や張出部の形成」にどう具体的に関わったものなのかといった点については明瞭ではない。文脈からすると、佐々木の解釈によれば、環状列石とともに完成した形で柄鏡形(敷石)住居は出現していたことになるらしい。だとすると、それこそ、その出現過程の解釈は「突然変異的」である。知りたいのは「外部的なある種の力」がどのような作用から柄鏡形(敷石)住居址を誕生させたのか、その具体的な内容なのである。

　環状列石に限らず、中期後半期に多発化する配石遺構と柄鏡形(敷石)住居址を結びつける見解は、先に、本橋恵美子により「加曽利E3期の集落遺跡に屋外の配石や配石に埋甕が伴う遺構が存在することから、柄鏡形住居址は配石と埋甕が屋内に取り込まれることによって発生した」と述べられており(本橋 1988a)、いわば『ネオ配石遺構(構築物)起源説』とでもいうべき見解であるが、より鮮明に環状列石との関わりを主張していることが注目されるのである。

　こうした論の背景には、佐々木が強調する縄文社会の不均等性、階層化社会論があることはいうまでもないが、その点は後述するとして、「柄鏡形敷石住居址の起源が一元的か多元的か、現状では明確な答えを提示することは難しい」と述べつつも、「群馬県内の初期柄鏡形敷石住居址例をふまえる限り、少なくとも当該地域の柄鏡形敷石住居址は、環状列石という特異な祭儀空間と密接に結びついた、きわめて特異な住居として本来は出現した蓋然性がきわめて高い」として、「特殊から一般という柄鏡形敷石住居址の二段階的な成立」を主張するとともに、柄鏡形(敷石)住居址を単純に「一般住居」として括ってしまうことこそ「『もはや意味のない不毛なもの』」として、柄鏡形(敷石)住居址自体に性格の異なる様相が存在していた可能性を提起している。環状列石に付随する群馬県内の柄鏡形(敷石)住居址例を「特異な住居」として認識する根拠が、群馬県内の「環状列石を伴う集落」の性格、すなわち、「同時期の複数の集落群から構成される『地域内小集団』や、その上位に位置する『地域共同体』の共同墓地兼祭祀センターとして、一集落という枠組を超えた多くの人々を結びつける求心的な役割を果たしていたという事実」にあるらしいが、「環状列石」はないにせよ、柄鏡形(敷石)住居址を伴う環状集落址は筆者の集成(山本 2002)でも明らかに今日多数にのぼっており、必ずしも群馬県内に成立期の柄鏡形(敷石)住居址が集中するわけでもない(山本 1995a)。したがって、成立期の柄鏡形(敷

石)住居址の「特殊」性を論議する段階には今はないと思うが、柄鏡形(敷石)住居の変遷全体のありかたからすると、今後は集落内の位置付けといった細かな論議が求められていることも確かであろう。

　こうした佐々木が着目した、群馬県内における中期終末期における環状列石や集落のありかたについて微視的な分析を行ったのが、石坂　茂の論攷である(石坂 2002)。石坂は「中期末葉段階に出現する環状列石やそれに随伴する集落の機能・性格を環状集落の崩壊・消滅という文化動向の中で再認識するとともに、併せて後期前半の環状列石・配石墓を伴う集落形成への脈絡を探」ることを目的として群馬県内の事例の詳細な分析を試みている。論の主体は環状列石にあるので、ここでは柄鏡形(敷石)住居との関わりについて触れている点だけを引用するにとどめるが、とくに、群馬県内の柄鏡形(敷石)住居址の出現は「加曽利Ｅ３Ⅳ段階に環状原理の崩壊現象と柄鏡形敷石住居の出現が軌を一にしていること」、こうした現象は「同時期の小規模集落にも通有なものであり、いわば当該期における斉一的現象と言える」とされる。このことは、他地域、細かな時期的な前後はあるにせよ、南西関東の諸集落址にも通有の現象といえよう。この環状集落の崩壊と柄鏡形(敷石)住居の出現にからんで、構築され始めるのが環状列石であり、「中期における環状列石の出現は加曽利Ｅ３Ⅳ期にあることがほぼ確実であろう」とされており、先の佐々木の論議とも関わるが、環状列石と柄鏡形(敷石)住居出現は、ほぼ同時期とはみなされるものの、環状列石を伴う集落に柄鏡形(敷石)住居が先行して出現するわけでもないようである。今後、この地域での柄鏡形(敷石)住居の成立と環状列石の成立時期の細かな対比が望まれよう。

　地域的な視点とからめて、柄鏡形(敷石)住居の成立を追った論攷が水沢教子と本橋恵美子により発表されている(水沢 2002・本橋 2003)ので、その論攷についてみてみよう。

　水沢教子は、長野県更埴市(現・千曲市)屋代遺跡群(水沢他 2000)から発見された「中期後葉から末葉にあたる53軒の竪穴住居跡」が「保存状態が極めて良好であった」ことや、「一時期に多様な住居形態が共存すること」に着目し、とくに「それらの住居形態の多様性と時期的変化は、本地域における柄鏡形敷石住居の成立に大きく係わるのではないか」という視点から、屋代遺跡群の住居址の分析と千曲川中・上・下流域及び八ヶ岳山麓域における柄鏡形敷石住居の成立のありかたについて言及している(水沢 2002)。

　近年、柄鏡形(敷石)住居址古段階の事例の多くが、群馬県西部域から長野県浅間山麓、千曲川流域に発見されており、これらの地域が柄鏡形(敷石)住居の成立と深く関わっていた可能性が考えられているが、屋代遺跡群もそうした古段階の柄鏡形(敷石)住居址が検出された遺跡である。

　水沢によれば、「屋代遺跡群の住居を形態別に段階毎に追っていくと」、「大きく円形・方形の系列」と「五角形の系列」にとらえられ、両者の系列の「第三段階：３ｂ期(大木９ａ〜９ｂ式・加曽利ＥⅢ式古段階)」に部分的な敷石をもつ住居が出現し、続く「第四段階：３ｃ期(大木９ｂ式・加曽利ＥⅢ式新段階)」に入って柄鏡形敷石住居が成立する傾向がとらえられてい

8　第1章　柄鏡形(敷石)住居址研究の現段階

る。とくに、「柄鏡形住居が(有段)五角形形態を含む竪穴住居の中から発生し、独自の形態を確立した過程を示し、同時に方形・円形住居に特徴的であった面的な石敷きが、五角形住居柄部に導入され、柄鏡形敷石住居が完成された過程を示すようである」として、柄鏡形敷石住居成立に果たした「五角形系列」住居の存在を強調している。

　この「五角形系列」の住居は、柄鏡形態が完成する前段階の埋甕を中心とする小張出を有する住居とも共通性を示しており、柄鏡形(敷石)住居成立段階に、石柱・石壇を含めた部分的な屋内敷石風習が始まり、小張出、「五角形系列」住居から柄鏡形態＝張出部が成立し、典型的な柄鏡形(敷石)住居が成立することは疑いようがないだろう。その中間・移行形態の欠如を問題とし、こうした柄鏡形(敷石)住居成立過程を批判するならば、対案として説得力ある成立過程についての解釈が具体的になされなければ、この論議は水掛け論のまま推移していくほかあるまい。

　本橋恵美子は筆者と同様、柄鏡形(敷石)住居址に関心をもち、多くの論攷をこれまでにも発表してきた。その視点は筆者と異なるものの啓発される点も多い。ここで取り上げる浅間山麓周辺域の柄鏡形(敷石)住居の発生をめぐる論攷は、別に、長野県北佐久郡御代田町宮平遺跡の報告書中にも考察としてすでに触れられている(本橋　2000)が、ここでは、長野県考古学会誌第103・104号に掲載されたこの論攷についてみてみたい。

　本橋は近年発掘調査・報告がなされた浅間山麓周辺の郷土遺跡、屋代遺跡群、三田原遺跡群、吹付遺跡、滝沢遺跡などを取り上げて、「中期後葉から後期にかけての住居構造の変化と集落構造の相関関係について分析をこころみ」、柄鏡形(敷石)住居の出現のありかたについて論じている。その結果、「柄鏡形住居の発生は、加曽利E3式期までの『潮見台型』、住居内の『敷石』、『配石』が融合して発生した」とする旧論(本橋　1988a)に「見解の相違はない」としつつ、「石柱・石壇を有する住居は、屋代遺跡群や郷戸遺跡でみたように浅間山麓周辺では極めて少ない」こと、「柄鏡形住居がこの地域で、加曽利E3式新式土器にともなっていることから、やはり柄鏡形住居が碓氷峠経由で、浅間山麓、千曲川沿いに南関東の土器、加曽利E3新〜加曽利E4式土器とともに伝わったものと考えられ」、「千曲川本流に近い屋代遺跡では、いち早く柄鏡形住居をとり入れたものの浸透、定着せず、中期末葉にいたっている」としている。

　こうした柄鏡形(敷石)住居の波及・成立に関する理解はおおむね筆者も異存はないが、敷石風習の発生・出現をどうとらえるのかについては、いぜんとして筆者との理解の隔たりは大きいといわざるをえない(山本　1995a・2002)。

　千曲川水系の柄鏡形(敷石)住居のありかたについては、別に福島邦男により分析が試みられている(福島　2002)。そこでは、千曲川水系に検出されている252例の柄鏡形(敷石)住居址全般を対象としているが、とくに、出現期に触れた箇所について引用すると、「出現期は、加曽利EⅡ〜Ⅲ期に位置づけることができ、この頃は敷石住居というより埋甕ないし立石または双方の施設として存在しており、祭祀性が極めて強く、祭祀施設を有する住居と表現した方が適切であるかもしれない」として、出現期の柄鏡形(敷石)住居にみる祭祀性の強さを指摘したうえ

で、「出現期の敷石は広域的な傾向をみれば、しだいに埋甕や立石周辺を基点に、埋甕ー炉址ー立石とつなぐ一定程度の法則性を持ちながらさらに広がりをみせ、やがては住居全体に敷石が及んでいったことがわかる」と述べている。こうした柄鏡形(敷石)住居にみる敷石の成立過程に対する解釈は概ね妥当なものとして評価されるべきであろう。

地域からみた柄鏡形(敷石)住居址の詳細な考察を試みたものとして和田 哲の論攷(和田2002)がある。和田は柄鏡形(敷石)住居址が濃密に分布、検出されている多摩地域に焦点を当てて論じている。和田も指摘するように「多摩は敷石住居研究の原点であ」り、初発見ともなった町田市高ヶ坂遺跡をはじめ、八王子市船田向遺跡やあきる野市羽ケ田遺跡など学史に残る著名な柄鏡形(敷石)住居址発見遺跡が多数知られている。和田は、多摩地域に検出されている柄鏡形(敷石)住居址を225例集成しており、柄鏡形(敷石)住居址研究上貴重な基礎的データを提供している。

和田によれば、未報告例も含めれば「多摩地域での敷石住居発見例は恐らく、優に三百例を超えているものと思われる」という。これらを筆者の柄鏡形敷石住居址変遷段階区分(山本1976a)に対応させているが、それによると、「Ⅱ期(成立期ー中期末後期初頭)」が「約7割」、「Ⅲ期(発展期ー後期前半)」が「3割」で、「Ⅱ期」に集中し、「第Ⅰ期(初源期ー中期後半)」と「第Ⅳ期(終末期ー後期前半)」の事例は「非常に少ない」という。この和田の論攷は、柄鏡形(敷石)住居址全体を視野に入れて論じたものだが、柄鏡形(敷石)住居成立期に触れた箇所に限定してみると、「現在までの知見では、多摩地域に於いて、屋内の部分的敷石が住居の奥壁に求められるものではなく、全て炉の周辺から出発している点」が指摘できるとされている。中期後葉期の竪穴住居に出現する屋内敷石(配石)をみると、奥壁部に設置された石柱・石壇をもつ例、石囲炉に接して敷石される例、出入口部埋甕に蓋石や敷石・石柱が付属する例など、いくつかのバリエーションが認められるが、共通する傾向は、奥壁・炉辺・出入口という主軸空間を意識した屋内敷石(配石)のありかたである。こうした部分敷石が柄鏡形(敷石)住居の成立に果たした役割は大きいものといえよう。とくに、和田も取り上げているが、前述した東京都福生市長沢遺跡第9次9号住のように、奥壁部石柱、奥壁空間に存在する深鉢形土器を据えた祭壇状の敷石、石囲炉奥壁部側の敷石をもつ事例などは、こうした特徴を兼ね備えた部分的敷石をもつ典型的な事例とみなされるだろう。

このほか、地域を限って、柄鏡形(敷石)住居址事例を集成し、その特徴について触れたものとしては、笠原みゆきによる山梨県域の事例分析(笠原 2001)、(財)かながわ考古学財団縄文時代研究プロジェクトチームによる神奈川県域の事例分析(縄文時代研究プロジェクトチーム2003)などがある。

笠原は山梨県域の柄鏡形(敷石)住居址発見遺跡を45遺跡集成している。その分布のありかたから、「県内東部地域」と「県内中心～西部域」に地域が二分される傾向が指摘されている。

前述したように、佐野 隆は山梨県域の「住居内配石」を取り上げて、成立期の柄鏡形(敷石)住居と石柱・石壇をもつ住居址との関連性について否定的な見方を示したが、笠原も取り

上げている、山梨県南都留郡西桂町宮の前遺跡1号住と3号住例は重要である(奈良他 1993)。この点については、すでに指摘した点(山本 2002、61・117・118頁)でもあるが、1号住は、ほぼ全面に敷石をもち、住居址北壁際には、小さな立石、石棒、磨石や角礫のまとまりが認められ、あたかも祭壇を思わせる施設があり、住居址入口部(南側)に口縁部の一部と底部が欠損した埋甕が埋設された住居址である。埋甕と床面上出土土器をみると、加曽利EⅢ式の新段階に相当し、張出部は認められないが敷石が全面に敷設された事例としては最も古い段階の事例と考えられる。しかも、祭壇状の立石施設を有しており、石柱・石壇をもつ住居址との系譜を考えるうえで重要な事例である。また、3号住は、奥壁部やや右空間寄りの壁際に立石が置かれ、出入口部に埋甕があり、張出部は階段状を呈しており、小張出というより、すでに形態的には柄鏡形を呈している。時期的には、報告書ならびに笠原によると、1号住が「曽利Ⅳ」、3号住が「曽利Ⅲ」式期に比定されている。この2基の住居址のありかたは、柄鏡形(敷石)住居の成立過程を知るうえで重要な資料と思われる。

　(財)かながわ考古学財団縄文時代研究プロジェクトチームは、構築された神奈川県域における中期後葉編年による段階区分(縄文時代研究プロジェクトチーム 2002)にしたがって、県内の中期後葉から終末期に至る住居址の構造変化過程を分析し、「Ⅲ段階」から「Ⅳ段階」に至る過程に柄鏡形(敷石)住居が成立するさまを明らかにしているが、そこでも指摘されているように「その間の変遷には未だヒアタスがある」ことは事実であるが、佐野 隆が指摘しているように(佐野 2003)、今後とも「両者をつなぐような事例が系統発生的に確認できる見込みは少な」いことから、筆者の見解を批判的にとらえるならば、こうした「ヒアタス」を前提とする合理的な解釈が対案として今後も求められることはいうまでもない。

　中期終末期における環状集落構造の崩壊と柄鏡形(敷石)住居の出現は密接な関わりがあるが、その典型事例の一つとして、かねてより注目されていた神奈川県横浜市二ノ丸遺跡の正報告書が刊行された(坂上他 2003)。二ノ丸遺跡は、狭長な舌状台地の先端部に形成された環状集落址で、中央広場には二大別される墓壙群が環状に検出されている。報告書によると、集落形成の主体は中期後葉期にあり、とくに、「加曽利EⅡ式期」に一気に環状構造が形成され、「加曽利EⅢ式古期(加曽利EⅡ〜Ⅲ式期)」から「加曽利EⅢ式新期(加曽利EⅡ〜Ⅲ式期)」には、やや弧状の配置となり、後半の「加曽利EⅢ式新期」に柄鏡形(敷石)住居が出現する。この段階の住居址は8軒中、4軒が柄鏡形(敷石)住居址であり、いずれも埋甕を伴っている。そして、続く「加曽利EⅣ式期・称名寺式期」には、柄鏡形(敷石)住居を主体とする集落へと変化するとともに環状構造は崩壊し、その継続を絶つという、他の中期環状集落址に多く認められる特徴と共通性を示している。柄鏡形(敷石)住居が出現する「加曽利EⅢ式新期」とされた柄鏡形(敷石)住居址の出土土器、とくに埋甕の特徴をみると、筆者が報告した横浜市洋光台猿田遺跡第10号住(山本 1993a)とほぼ同時期とみなされる。集落の時期的変遷に間隙は認められないから、竪穴住居から柄鏡形(敷石)住居への変化は確かに唐突な感を受けるが、「加曽利EⅢ式新期」における竪穴住居址と柄鏡形(敷石)住居址の共存からすると、柄鏡形(敷石)住居形態が外部か

らの伝播により受容されたものとみなされるだろう。

　次に、渡辺清志が最近、この問題に新たな視点からアプローチを試みているので、その論攷を取り上げてみよう(渡辺 2002)。

　渡辺は「縄文時代中期末葉から後期初頭にかけて東北地方南部を中心に盛行する複式炉を伴う住居形態＝竪穴住居における複式炉系列を中心に、関東甲信越にほぼ時を同じくして出現する柄鏡形(敷石)住居跡との関わりにおいて論じ」ている。その視点は、上屋構造、とくに「出入り口施設の確保という共通の契機」が「複式炉」「柄鏡形」構造を生み出したものとすることにある。

　渡辺は、まず、近年新潟県下で注意される「卵形住居跡」(阿部 1998a)が「複式炉の発生に関わっている事実」に着目し、その変化を跡づけている。具体的には、複式炉に伴う「出現期の前庭部は卵形住居跡の出入り口施設との間に明らかな連続性を持っている」こと、「すなわち、出現期の前庭部は炉の本質的な機能とは別次元で発生している」とみるべきであり、「複式炉の前庭部は焚き口ではなく、竪穴への入り口と考えるのが妥当である」とするのである。また、「福島県域では大木10式新段階直後に柄鏡形(敷石)住居への交替が始まる」こと、「柄鏡形系列や、張り出しを持たない円形壁柱穴構造の侵入によって、東北地方一円の住居形態はかなりのスピードで塗り替えられる」として、東北南部の住居構造変化を跡づけている。

　こうした複式炉をもつ住居址の変遷の特徴を踏まえたうえで、「柄鏡形態住居跡の発生」について、渡辺は、埼玉県日高市宿東遺跡の調査所見から得られた「加曽利EⅢ式新段階」の「大半が出入り口部埋甕を持ち」、「出入り口部一対・奥壁１本」の柱穴をもつ「三本柱系列」の竪穴住居に着目する。この住居構造・柱穴配置が、続く「出現期の柄鏡形住居跡」に共通して認められ、「両者の差異は、張出部の有無という一点に集約し得る観さえある」とし、その上屋復元案には、笹森健一の復元案(笹森 1977)を採用している。こうした解釈から、「柄鏡形住居跡の発生とは、漸移的な発達・伸張の過程ではなく、不可視的なものの可視化であ」り、「それは東北地方南部〜北陸における複式炉系列の発生と共通の構図の上に立っているものと」するのである。

　渡辺は単純に「三本柱系列」から「柄鏡形系列」へと「変化を即断するのは安直というものだろう」とは述べているが、基本的には、柄鏡形(敷石)住居の発生、とくに柄鏡形態の出現を「複式炉系列」にみられた「三本柱系列」にその系譜を求めていることに違いはないだろう。「三本柱系列」が柄鏡形態を生み出したとする解釈には、「複式炉系列」の評価とあわせて、筆者の理解と大きなへだたりがあることはいうまでもない。とくに、複式炉をもつ住居址に特徴的な三本柱主柱穴構造と、小張出をもつ住居址とそれに続く柄鏡形(敷石)住居址の出入口部埋甕に付属する、いわゆる対ピットの存在が、共通の様相として括れるものなのか疑問を抱かざるをえない。この時期の対ピットが主柱穴となる例もあることは、別に石井　寛によっても指摘されている(石井 1998)が、総じて対ピットはあくまでも、主柱穴として存在したのではなく、張出部構造に付属する出入口部を支える柱穴として機能したものと理解すべきであろう。

加えて、渡辺の柄鏡形(敷石)住居の発生に対する解釈は、柄鏡形態に限って論じられたものであるにせよ、敷石敷設との融合をどう解釈するのかぜひ知りたいものである。柄鏡形(敷石)住居の出現の問題は複眼的な視点が要求されているわけで、「無数の系列群のモザイク的・多層的な雑居状態こそが、この時期の住居形態の本質」だとするのが結論だとすると、この柄鏡形(敷石)住居の出現をめぐる問題はカオス的状況からいつまでも脱け出せはしまい。

次に、補足の意味で拙書(山本 2002)では詳しく触れることができなかった、村田文夫と石井 寛の論攷についても触れておこう(村田 1996、石井 1998)。いささか、取り上げて論評するには遅きに失した感もあるが、『パネルディスカッション』を受けてまとめられたものであることや、その考えを無視することはできないので取り上げてみる。

村田文夫は、この論攷の冒頭で、『パネルディスカッション』において、石井 寛が提示した港北ニュータウン地域における「中期から後期に至る」集落遺跡の分布図(石井 1996)に着目し、この時期が「画期的な時代的変革期に相当していること、そしてその過程で柄鏡形住居址の出現と展開が重要な因子であったこと雄弁に物語っている」と述べる。こうした理解は筆者のみならず多くの研究者に共通したものといえよう。すなわち、村田も指摘するように、「柄鏡形住居址の発生に関しては、遺構のもつ構造的な属性に着目して分析する視点とともに、港北ニュータウンの遺跡分布図から窺えるように、おおきな地域動態から迫る視点とが相まって検討することが肝要であ」ることに間違いはない。

ただし、村田は「柄鏡形であるという平面形状の最大特徴と、住居の床面に敷石が［有る・無い］という、いわば施設の設計仕様にかかわる因子とは分けてみる必要があ」ることから、「おそらくながい柄部の成立は、第一義的には住居構造の目的や機能性から導き出される必然性があってのことで、小張り出し部の形態とは似て非なるものであ」るとする。また、石柱・石壇をもつ住居址についても、神奈川県座間市蟹ヶ沢遺跡1号住を例にとって、奥壁部の石壇施設に伴うピットを石柱の抜き取り痕を考える筆者の説をピットの深さから否定し、そこには「神を勧請するシチュエーションに相応しい半浮彫りの呪術的な彫刻が施された『神柱』」が立っていた可能性があり、「家族によって崇拝された『聖なる場』であった」ことを強調し、「少なくとも石柱・石壇遺構にみる『石を利用する』することと、『床面に敷石をすること』することはともに家屋設計に関わるがその仕様は似て非なるものであって、これが時間的に連続する位相とする考えには与したくない」として、筆者の解釈を否定する。「神柱」が立っていたかどうかは別にして、では、柄鏡形(敷石)住居址にみる敷石の発生過程を村田はどうとらえるのだろうか。村田は、「『床面に敷石をする』という設計仕様にこだわれば、東京都八王子市小田野遺跡1号敷石住居址などがその典型例を示しているように、炉部周辺から限定的に敷石する事例が発生し、それが面的に拡大されていったと推測したほうが、時間的な推移からしてもはるかに妥当であろう」という。しかし、炉辺部敷石も石柱・石壇と同様、祭祀性の強い、とくに火に対する信仰と深く関わっていたのではないのだろうか。石囲炉の炉石に石棒を転用したり、樹立した事例は中期後葉期の竪穴住居址にしばしば認められるし、奥壁部石柱・石壇

も石囲炉に密接して検出される例も多い。炉辺部敷石もまた、「聖なる場」として機能したものと理解されるだろう。

さらに、村田は長野県茅野市棚畑遺跡の集落変遷のありかたを分析し、中期後葉から末葉にかけて、「住居規模の明瞭な小型化や平面形状の斉一化と連動して、柄鏡形住居址が出現した」ものとしてとらえている。そうした考え方を否定するものではないが、筆者が知りたいのは、石柱・石壇に代表される屋内敷石が柄鏡形(敷石)住居成立に大きな影響を与えたとする考え方を「直截的に『敷石する』という設計仕様に連動しているとは考え難い」と否定するなら、どのような過程をたどって柄鏡形(敷石)住居が成立したのかという、その具体的なプロセスの説明なのである。

次に石井 寛の論攷をみる。石井は、「中期終末期における住居址の分布状況を、敷石行為の有無や柄鏡形状などに注目して」、「加曽利EⅢ式古段階」と続く「加曽利EⅢ式新段階～Ⅳ」に分けて観察したうえで、「敷石行為と張出部の成立過程に関する考察」を試みている。

まず、「敷石行為」のありかたについて触れ、「加曽利EⅢ式古段階での敷石行為は」、「広範なエリアに及ぶが、石柱・石壇の構築が活発であった地域では逆に不活発となっている」こと、すなわち、「様々な部位への敷石行為の活発化と反比例するように、奥壁部石壇の衰退があったことになる」一方で、「以前からの系譜が辿りやすい部位の敷石行為も存在している」ものとして、「入口部埋甕周囲の敷石行為」や「炉址周囲に敷石をなすもの」をあげている。

一方、張出部については、「小張出付住居址」との関連性についても、「方形を基調とした小張出付住居から初期柄鏡形住居址へと直接転化するには様々な面で無理があるが、円形プラン5本柱住居址を介在させることで、相互の溝はかなり埋められる」ものの、「柄鏡形住居址の成立と展開は決して一律に進んだとは考えられない」としたうえで、「総じて、明瞭な張出部は、単なる形状の問題にとどまらず、入口部への精神性付与の高まりと関連しながら成立し、かつ住居構造に関わる諸要素も加味されながら発達・展開していったと考えられ」、「石柱・石壇から敷石住居址へという構想との関係にあっても、入口部へのそれらに関しては、埋甕上への石蓋や、埋甕周囲への部分敷石と関わりながらの展開が想定されてくる」と結論づけている。また、柄鏡形(敷石)住居の出現と軌を一にして構築が活発化する配石施設や環状列石についても触れ、「住居址への敷石行為をこうした動静に組み入れたとき、敷石面の拡大や、張出部の明瞭化に伴う諸相には、配石遺構などの構築と共通する意識が組みこまれていた」ことを指摘している。

このように、石井の論攷は、各地の事例を検討した結果、柄鏡形(敷石)住居の出現・成立過程には、地域的にも時期的にも複雑な要素がからみあっていることを明らかにしているものと筆者なりに理解するが、そうした意味で、この石井の論攷は具体的な資料を駆使して、柄鏡形(敷石)住居の成立過程を追った研究として評価されるだろう。ただ、『パネルディスカッション』を受けて、まとめられたこの石井や村田らの論攷発表以後も、今までみてきたように、柄鏡形(敷石)住居の成立問題に限ってみても、いぜんとして決着をみたとはいいがたいのが実情なの

である。
　なお、石井は柄鏡形(敷石)住居成立段階に、「特異な性格の保有を想定させる敷石住居址」の存在を考慮し、石井が先に想定した「後期堀之内2式期」移行の集落址にみられる「核家屋」(石井1994)、すなわち、「一般住居とは異なる性格の保有」する可能性を指摘している。この点は、先にみた佐々木藤雄の見解とも関わりをもつが、その点は後述したい。

2. 柄鏡形(敷石)住居址の広がりをめぐる評価

　柄鏡形(敷石)住居は南西関東から関東山地寄りの地域に、いち早く成立をみたことはほぼ間違いないことは、前述したとおりであるが、従来から指摘されてきたように、柄鏡形(敷石)住居形態は東部関東、とくに千葉県域の下総台地や茨城県域への進出は遅れ、本格的には後期初頭から前葉にかけて柄鏡形態の定着が認められるようになる。
　下総台地における中期末から後期前葉にかけての集落、住居構造の変化とそのもつ意味については、近年、加納　実によって詳しく論じられているのが注目される(加納 2000・01・02)。ここでは、2001・02年の論攷を基礎として、2002年に『縄文社会論』上巻(同成社刊)に発表した論攷についてみてみよう。
　加納は、「筆者を含めた多くの研究者が、中期後半の縄文集落のながれというものが、表現の差異こそあれ、『同一地点での反復居住・集合的居住＝環状集落』から『非居住域への分散居住』によって示されるという理解を共有している」という立場から、その集落の「特質を想定・規定し、相互の比較により縄文時代中期後半から後期にむけての社会の変容について言及」することを試みている。
　加納によれば、下総台地における中期環状集落が終焉を迎える時期は概ね、「加曽利ＥⅢ式期(古段階)」に相当し、「環状集落の崩壊の一般的趨勢は『加曽利ＥⅢ式期(新段階)になり、同じ地点に何度も住まなくなり、集まって住まなくなる』とも表現できる」という。また、下総台地における「非居住域への分散居住を示す集落であらたに認められる個別具体的な様相」として、住居址では、「東北地方の複式炉」との関係がうかがえる「斜位土器埋設炉」「複構造炉」「入口部の顕在化」をあげている。とくに「入口部の顕在化」事例を「柄鏡形住居跡とは入口部施設の堅穴範囲外への設営の有無によって区別され」るとしているが、こうした事例は、加納自らも指摘するように「柄鏡形住居跡の成立・拡散という動きに連動」しているものと理解すべきであろう。
　東部関東への柄鏡形(敷石)住居形態の受容が西部関東よりも遅れるという現象については、加納は「当該期の交通関係の方向性が、大局的には、東北系から南関東西部系(柄鏡形住居跡)に変換された可能性」を指摘している。確かに、次に触れる大木式土器文化圏への柄鏡形(敷石)住居の進出時期の問題を考えるうえで示唆的な見方といえよう。
　加納は、下総台地における中期後葉から末葉にかけての集落変化、すなわち、「『同一地点

での反復居住・集合的居住＝環状集落』から『非居住域への分散居住』の意味するものが、「単調に崩壊へ向かう様相のみによって性格づけられるのではなく、『在地的・内部的な紐帯関係の模索』や『在地的・内部的紐帯関係の模索が限界に達し、地域社会を超えた領域で、新たな紐帯関係の模索が要請された』ものとも捉え得る」としたうえで、「環状集落の崩壊というものは、基本的には交通関係(婚姻関係・交易網・情報網)の再編成を促したと考えられる」と結論づけている。やや抽象的な表現ではあるが、こうした中期末葉から後期初頭・前葉における東部関東の社会変動の中に、柄鏡形(敷石)住居形態の受容もあったものと理解できるのではないだろうか。

　次に、東北地域との関わりについて触れた論攷についてみてみよう。この問題については、筆者も別に触れたことがある(山本 2000)が、最近、阿部昭典、石井　寛により論じられている(阿部 2000、石井 2003)。また、先にあげた渡辺清志の論攷(渡辺 2002)もその一つとしてあげられるだろう。

　阿部昭典は、これまで、複式炉の地域性やその成立問題を扱った論攷(阿部 2000)や、新潟県内を中心として分布する「卵形住居跡」が柄鏡形(敷石)住居址と関連することについて触れた論攷(阿部 1998a)、環状列石の問題を取り扱った論攷(阿部 1998b)など、すぐれた研究を発表している。ここで取り上げる阿部昭典の論攷は、そうした研究成果の上に立ち、東北地方における複式炉をもつ住居の詳細な分析と、それにからめて中期末〜後期前葉にかけての柄鏡形(敷石)住居の東北地方への波及のありかたについて検討を加えたものである。阿部も指摘するように、「大木10式中段階以降」、「福島県東北部〜宮城県南部を中心として、敷石住居跡の事例が見られ」、「複式炉を有する住居跡に敷石が施される」特徴をもっている。また、阿部によれば「信濃川上流域でも敷石住居跡の事例が見られるようになる」ことから「中部・北関東に接する地域では敷石住居跡の進出が顕著になる」という。このことから、阿部は、東北地方における「柄鏡形敷石住居の伝播の背景は、その変容過程から推測すると、中部高地で派生した柄鏡形敷石住居が中部・関東へと拡散し、複式炉分布域へと影響を与え、東北地方を中心に分布する複式炉と住居形態に部分的な要素が受容され」、「次第に柄鏡形敷石住居の影響が強まり、複式炉が消失していく過程」としてとらえている。こうした大木式土器文化圏内への柄鏡形(敷石)住居波及の具体的様相対する理解には、筆者も異論はない。

　石井　寛もまた、柄鏡形(敷石)住居址をめぐる問題に精力的な研究を重ねている一人であるが、新たに東北地方のありかたについて論じている。石井の論攷は、「中部・関東地方における『敷石』、及びその母体と考えられている『部分敷石』に類するもの、及び東北地方北部に独特な、入口部に棒状石を並列させた施設を総称」して、「礫石附帯施設」と呼び、そうした施設をもつ東北地方の住居址について論じたものである。とくに、「中部・関東地方における初源期や成立期の敷石住居址は」、「東北地方の住居址内礫・石敷設行為とも少なからぬ影響関係を有しているらしい」ことから、それが「いかなる評価が与えられるものであるか」という「問題意識」のもと、事例の分析を行っている。

石井は、「中部地方や関東地方の初期敷石行為は、住居内の複数の特定部位から派生し、それが面的に拡大したと解される面を有していたが、東北地方南部においても同様に、住居址内の特定部位に部分的な敷石、あるいは礫・石の敷設・配置を認めることができる」こと、「具体的には、複式炉の前庭部やその周辺、炉址の周囲やその奥壁空間、そして奥壁部といった、住居の主軸に沿った部位」や「壁に沿って巡る『周縁型』や『側壁型』」、「更には、柱穴に付随した平石などの配置」などが認められ、とくに「壁近くに礫・石を巡らせる施設全般を『周石型』と呼称する」としている。

　一方、「広範囲への敷石事例」についても検討を試み、こうした事例は、「様々な部位を基点として、面的拡大がなされたもの」であり、「広範囲に敷石が施される事例は、確実なものは大木10式でも中～新段階(称名寺式古～中段階)に下るものが殆ど」であることから、「典型的な敷石面を形成する住居址の普及は関東地方より遅れ」、「特定箇所を中心とした部分的な礫・石の敷設が」初期の段階では「主体をなす」こと、また、「多くの研究者が言及されている通り」、「確実な張出部を有する住居址がみられず、あくまでも在地の複式炉住居址の中に、礫・石の敷設が採用されているとして良いであろう」と、東北南部地域への敷石風習受容期の特徴について触れている。そして、「確実な(関東的な)張出部の造り出しがどの段階で採用されたか」については、「綱取II式期には確実な柄鏡形を呈する敷石住居址が多く検出されるようになる」ことが指摘できるが、「後期中葉以降には広い敷石面を有する事例は急減し」、「部分的な礫・石の配置が主体となってゆく」ことから、「東北地方における典型的な敷石住居址が展開された期間は、関東や中部地方に比較して、かなり短かった」としている。こうした東北地方における柄鏡形敷石住居の受容の地域的特性は、筆者が別に検討した結果と大きな違いはない(山本 2000)。

　筆者も事例の乏しい東北北部のありかたについても言及したが、石井も、「東北地方南部に比較して極めて限定されて」いること、とくに「仙台湾以北にあっては、岩手県境に至るエリアの資料が現状では無きに等しい状態にあり、東北地方南部との差異がどのあたりで顕著になるかについては、不詳とするしかない」と述べている。そうした現状の中で、東北北部に検出されている「入口部周囲の礫・石附帯施設」を有する住居址、とくに「『入口部施設』として認識されてきた『並列棒状石』の存在や「入口部以外の部位への施設構築」をもつ事例に着目して検討しているが、これらの事例が東北南部、さらには関東・中部の柄鏡形(敷石)住居址と関連性をもつものなのか不明といわざるをえない。

　そうした東北北部の現状ではあるが、別に、ひとつ注意しなければならない遺構がある。石井は、これを「壁沿いの敷石・配石(周石)型」と呼んで事例の検討を行っている。とくに「礫・石環状附帯施設＝周石型」と石井が呼んでいる遺構は特徴的な存在である。しかもそれらは「周石のみか、それに張出部敷石が付随した施設に限定される」という。この種の遺構は、後期初頭から前葉にかけて岩手県内にまず現れるが、続いて「後期前葉後半に至ると秋田県や青森県に類例が知られるようにな」り、「環状列石と関連して検出されるものが目立ち、『祭祀遺

構』『特殊遺構』として取り扱われる場合が多い」が、秋田県大湯環状列石周辺遺跡の事例からすると、「掘立柱建物址に付随した施設施設として受け取るのがむしろ自然な姿勢であろう」としたうえで、「北部における『周石型』の系譜が東北地方南部の『住居址』に由来する蓋然性が高い」こと、しかも、「中期の『環状配石墓』などとは別な遺構であ」り、「竪穴住居址の壁際に礫・石を巡らせる施設として採用され」たものとしてとらえている。

　こうした東北地方北部における、住居址内敷石・配石の特徴が、もちろん東北地方南部というフィルターを通したにせよ、関東・中部地方の柄鏡形（敷石）住居の影響下に成立したものかは、今のところ即断できないというのが現状であろうか。

　以上のような検討をへて石井は、特に東北南部の、複式炉に伴う部分敷石の系譜について、「関東から東北南部への北上のルート」に疑問をいだき、「複式炉住居分布圏で醸成された様々な文化要素の中に含まれる可能性」、すなわち、「埋甕を含めた諸事象が、関東地方との関係を含めて東北南部で総合された形で顕現した」可能性を指摘する。いうまでもなく、文化は双方向性であるから、一方的な方向の流れを過度に強調することは正しくないが、大木式土器と複式炉の消長過程をみると、関東・中部（あるいは北陸ルートも考えられるにせよ）からの、なんらかのインパクトが東北南部の複式炉文化圏にあったと考えるのがノーマルと思うがどうだろうか。ただ、「東北北部の後期中葉以降に存在する柄鏡形住居址は、複式炉住居からの系譜を追求できる」とする理解は、前述したとおり、筆者なりの反論は現状ではなしえない。有力な提言として受け止めておきたい。

　これと関連するが、最近東北・北陸各地での事例報告が相次いでいる。その内容について、ここで詳しく触れることは略すが、北関東では、栃木県小山市寺野東遺跡（江原他 2001）、福島県では、福島市宮畑遺跡（斎藤他 2004）、安達郡本宮町高木遺跡（大河原他 2003）、新潟県岩船郡朝日村アチヤ平遺跡上段（富樫他 2002）などの遺跡である。とくに、高木遺跡は後期初頭から前葉にかけての柄鏡形敷石住居址が主体となる集落址であり、東北南部における柄鏡形（敷石）住居の受容のありかたを知るうえで貴重な報告例といえよう。また、アチヤ平上段遺跡も山間地域での様相を知るうえで重要な遺跡である。今後とも、柄鏡形（敷石）住居址分布の外縁地域での事例の蓄積が待たれることはいうまでもない。

3．環礫方形配石と周堤礫

　柄鏡形（敷石）住居址変遷の後半段階の様相、とくに「環礫方形配石遺構」やそれと関連して、石井が「周堤礫」と呼んでいる（石井 1994）柄鏡形敷石住居址の外周を巡るように配石された施設をどうとらえるのかについては、『パネルディスカッション』でも問題にされたように、筆者が考えている「廃屋儀礼」の結果として生じたものとする立場と、石井　寛・秋田かな子らの当初からの「構造物」とする見解の対立があり、今日まで決着をみていない。

　『パネルディスカッション』のさい、その解釈上注目されたのが、神奈川県津久井郡津久井

町青根馬渡遺跡群№4遺跡発見のJ1号住(池田他 1999)であった。その後、新たに山梨県大月市塩瀬下原遺跡から、奥壁部の上面に重なるように石積みされ、環礫方形配石遺構を伴う十字状の特異な敷石をもつ類例が検出され注目された(笠原他 2001)。この1号敷石住居址については、拙書の追記においても触れたように(山本 2002、316頁)、正報告とは別に末木 健が考察を試み、当初から壁外に構築された周堤礫が住居廃絶後崩壊して奥壁部にずれこんだ可能性を考えている(末木 2000)。

一方、直接調査を担当した笠原みゆきは、報告書での見解を補強する論攷を発表している(笠原 2002)。笠原は、末木とは異なり、「十字状の敷石を含む柄鏡形の敷石住居跡と、上層を巡る配石遺構は、同時に構築されたものではなく、若干の時間差があると」する立場から、この遺構の詳細な復元的考察を行った。その結果、「当初は十字形の敷石を含む敷石全体を一つの遺構と考え、柄鏡形敷石住居跡であると解釈してきた」が、「縁石を持つ敷石住居跡の内側を再構築して環礫方形配石遺構がつくられた」こと、また、「縁石で囲まれた敷石住居跡の中心と十字形の敷石の縦軸が50cmほど南西にずれている」ことから、「敷石住居跡と十字形の敷石が」、「同時に構築されたものではないと考えるようになった」という。さらに、十字形敷石の下面から検出された「2つの焼土坑」のうち、「驚くことに焼土坑1は敷石住居跡の居住部のほぼ中心に位置することがわかった」ことから、「焼土坑1が敷石住居跡本来の炉跡の可能性が出てきた」ことを指摘する。

このことから、笠原は、この遺構の構築プロセスを次のように解釈している。すなわち、「最初に円形の敷石住居跡がつくられ、その敷石の一部をコの字形にはずし環礫方形配石遺構をつくる。その後、炉を埋めて新しい炉とこれを中心に十字形の敷石をつくり、十字の軸に合わせた柄の部分をつくった。この段階では、敷石住居跡は存在している。そして、十字と柄の敷石をつくった後、敷居住居跡の敷石の上に、配石遺構を構築」した結果、「十字形と柄鏡形の柄に敷石をもつ配石遺構が現れる」とするのである。

このように、笠原の塩瀬下原遺跡1号敷石住居址に対する解釈は調査担当者であったがゆえに可能な緻密な観察にもとづくものと評価されるだろう。とくに上層配石＝周堤礫を敷石住居廃絶後の行為としてとらえる視点は、筆者の見解と差はない。ただ、環礫方形配石と張出部を伴う十字形敷石の構築時期については異論がある。笠原の解釈が正しいものとすると、当初構築されていた「焼土坑1」＝炉をもつ敷石住居が廃絶されたあとの行為、すなわち、環礫方形配石→十字形敷石と張出部敷石の構築→上層配石＝周堤礫は、筆者なりに理解すると、時間的流れからすれば一連のものと理解されることになるだろう。しかしこのことは塩瀬下原遺跡1号敷石住居址だけの問題にとどまらず、環礫方形配石と周堤礫をもつ柄鏡形敷石住居址全体についても、そのような視点からの見直しが可能かどうかが問題となるだろう。

筆者の立場(山本 1998)からすると、敷石下面に検出された「焼土坑1」や「焼土坑2」は、柄鏡形敷石住居構築以前(柄鏡形敷石住居であったかもしれない)の住居址に伴う炉址(本来は石囲炉か)であったことは否定しないが、その後、奥壁部と十字形に敷石された柄鏡形敷石住

居が構築・居住されたあと、住居廃絶にあたって敷石の一部が剥がされ環礫方形配石がなされ、火入れによる廃屋儀礼が行われたあと、上層配石・周堤礫が構築されたものと解釈するほうがノーマルだと思う。十字形敷石の縦軸と縁石を伴う敷石住居プランのズレは建替の結果と判断したい。また、この点は笠原はあまり強調していないが、「炉と十字形の敷石は火災にあったのか、故意に火入れをおこなわれたのか、調査当初から熱を受けた状態で、ひび割れをおこしていた」という、この種の遺構にみる大きな特徴を考慮に入れて「廃屋儀礼」の視点から形成過程を考える必要があろう。

　柄鏡形(敷石)住居の変遷の後半段階は、大規模な配石構築物とともに検出される事例が多い。とくに、近年、長野県小諸市三田原遺跡・岩下遺跡(宇賀神 2000)や群馬県子持村浅田遺跡(石坂 2002による)例のように、柄鏡形敷石住居址に付属して列状をなす配石遺構の存在が明らかにされつつあり、石井 寛をはじめ、石坂 茂や佐々木藤雄(2003)らが、その性格づけを含めて言及している(石井 1994、石坂 2002、佐々木 2003)。同様な事例は、最近、神奈川県小田原市御組長屋遺跡第Ⅱ地点(小林他 2001)や神奈川県秦野市曽屋吹上遺跡(今泉他 2002)などでも報告されている。とくに、曽屋吹上遺跡は古くから石垣状に連なる列石遺構と柄鏡形敷石住居址群からなる遺跡として良く知られていた(高山他 1975)が、最近の隣接地の調査によってさらに、この列状配石が続くことが明らかとなり注目された。報告によれば、柄鏡形敷石住居址とは同時期に造営されたものではないようであるが、柄鏡形敷石住居址を伴う配石遺構の中に、このようなタイプの遺構が存在していることに注意してゆかねばなるまい。

4．柄鏡形(敷石)住居と縄文階層化社会論

　近年、縄文時代社会を平等的な社会ではなく、一定程度階層化が進行した社会であった可能性を主張する研究者が増えつつある。たとえば、2002年5月に同成社から刊行された『縄文社会論(上)・(下)』を編集した安斎正人は、その編集意図を「縄紋時代に一時的にせよ階層社会が出現していたかどうかである。本書はその解明の第一歩でもある」と記しており(安斎 2002 a)、同書中にそのような立場に立つ研究者の論攷が多数掲載されている。とりわけ、縄文時代後半、後・晩期の東日本が階層化社会であったとする理解が共通になる傾向がみられる。縄文社会を階層化社会とみるかどうかは、筆者も関心をいだく一人であるが、その問題を正面からとらえて論ずるのが本稿の目的ではないので、詳しく触れることはやめるとして、その代表的な見解を、高橋龍三郎が発表した論攷を例にとってみてみよう(高橋 2002)。なお、高橋は他にも同様な立場から論じている(高橋 2001a・b)が、ここでは2002年発表の論攷に沿ってみてみる。

　高橋は、千葉県域の縄文後・晩期集落址を例にとって、とくに「大型住居」や「墓制」のありかたを検討したうえで、「縄文後期前半から中葉を経て、晩期に至る考古学的データから確認されるように、集団墓的な墓域および多遺体再葬墓の登場、住居規模の分化と大型住居の出

現」、「この時期に多く築造されるマウンドや土盛り状遺構、土器塚の出現」などの諸現象は、「集落内における施設の多様化と分化、序列化を示しており、あわせて投入された労働量が著しく増加したことを暗示」させること、「また、それらの記念碑な大型の構築物と関連して土偶や石棒、異形台付き土器などの祭祀的遺物が多数検出される傾向が指摘され」るとしたうえで、その背景には「家族を越えて集約化した合同集団は重要な労働力となり得た」ことを指摘する。そうした高橋があげた特徴は東日本の縄文後・晩期に通有にみられる現象である。また、千葉県域では発達しなかった、大規模記念物としての各種配石遺構やここで取り上げている柄鏡形(敷石)住居址なども、この時期を彩る要素に含めることができることはいうまでもない。

そうした特徴を考慮に入れて、高橋は、「平等社会が急激な変化を起こして突然に階層化社会の首長制社会に飛び移ったわけではなく、実際は途中に長い漸次的な階層化の過程があったはずである」との仮説に立って、「B．ヘイデン」のいう「平等主義的な部族社会と首長制社会(chiefdom)の間を『トランスエガリタリアン社会』(transegalitarian community)(階層化過程の社会)」が、後・晩期に現出していた可能性を指摘するのである。

ところで、「階層」とは、やはり安斎正人が編集した『用語解説現代考古学の方法と理論Ⅱ』(同成社刊 2000.3)から、松木武彦が解説した文から引用すると、「階層(stratification)とは、社会的に構造化された不平等、または互いに不平等な個々の集群のことである。この不平等とは、財(富)・威信・権力といった社会的資源が均等に分配されない状態をいう」と定義づけられている。一方、「階級(class)」とは、「社会的資源のうち、とくに財の配分の不均等に中軸を置いた概念で、カール・マルクスの思想的中核のひとつをな」し、「そこでいう階級とは、生産手段に対する関係の違いを基礎に、『そのうちの一方が他方の労働をわがものとすることができるような、人間集団』(レーニン 1958)を指す」という(松木 2000)。

そのような定義づけを考慮に入れて、先に取り上げた佐々木藤雄の論攷(佐々木 2003)中にみられる筆者の柄鏡形(敷石)住居址の理解に対する批判に目を向けてみよう。なお、先述したように、佐々木は環状列石との関わりの中で、縄文時代が階層化社会であったことを論じてきた(佐々木 2001・02a・b)。その一環として、この2003年に発表した論攷があるわけだが、ここでの引用はこの論攷にもとづいて行うこととする。

まず、佐々木の「縄文式階層化社会論」の枠組みについて引用する。すなわち、「生産力の発展を背景とした縄文時代のかつてない高揚期である中部・関東地方を中心とした中期中葉～後半期は、家族の個別化・自立化が一体となった経済的・社会的な不均等の進展が縄文社会の内部に様々な矛盾や緊張をあらわにする時期としても存在している」とする。そして、具体的には、「前期から当該期に至る段階を階層的矛盾が顕在化する『発展期』、中期終末から後期中葉ないし後半段階を階層的矛盾が深化する『変質期』として位置づけ、『生成期』(草創期～早期)や『爛熟期』(後期後半～晩期)とあわせて縄文時代の歴史的な段階区分を試みた佐々木の『縄文式階層化社会論』の根拠も、こうした歴史認識に大きく依拠している」のであり、「『一般住居』云々といった言葉でことさら当該期の等質性や均等性を強調すること自体、実体論・本質

論を忘れた幻想であり、山本自身が『時代的な、社会構造の変化を十分に認識』していたとは思われない」と批判している。この批判は、石柱・石壇をもつ住居址の性格づけをめぐって論じた筆者の論攷(山本 1994、2002に再録)を直接的には対象としているのだが、それは同時に、続く柄鏡形(敷石)住居址の性格付けをめぐる論議にもリンクしている。筆者は、佐々木のいう、「中部・関東地方を中心とした中期中葉～後半期は、家族の個別化・自立化が一体となった経済的・社会的な不均等の進展が縄文社会の内部に様々な矛盾や緊張をあらわにする時期」とする「歴史認識」の大枠には別に異論はない。繁栄を誇った環状集落の衰退と中期終末～後期初頭期における環状集落の急激な崩壊の要因は、内的にはそのようなことが進行していたことは十分に想像される。ただ、そのことと関連させて、石柱・石壇をもつ住居址を特殊視化せず、一般的な住居として認識する筆者の立場への批判は当たっていない。中期後葉期に、佐々木のいう「家族の個別化・自立化」の進行過程として顕在化したのが石柱・石壇をもつ住居址に代表される屋内敷石風習の出現であったものと理解しているからである。

　そうした批判に立って、先述したように、佐々木は成立期柄鏡形(敷石)住居址が、群馬県域を中心とする地域に環状列石とともに検出されている事例が多いことに着目して、筆者のいう柄鏡形(敷石)住居址一般住居説を批判する。ここで筆者なりに佐々木の批判を解釈すると、佐々木が云いたいのは、柄鏡形(敷石)住居がどのような成立過程をたどってきたのかということに関心のウエートがあるのではなく、筆者が示す柄鏡形(敷石)住居址＝一般住居とする考え方を批判的にとらえ、住居や集落構造、出土遺物にみる不均等性を考慮に入れていない視点そのものが問題なのだということにあるのだろう。しかし、その特殊・一般はどこで区別されるのか。環状列石や配石遺構に付随すればそれは特殊な存在なのか。たとえば、大規模な配石遺構を伴う集落址、後期の事例をあげさせてもらうなら、神奈川県下北原遺跡(鈴木 1977)や曽屋吹上遺跡はどう評価されるのか。ずっと祭祀センターようなものとして機能し、そこに検出された柄鏡形敷石住居址に居住したひとびとはみな階層化された集団なのだろうか。

　筆者が展開した、柄鏡形(敷石)住居址を一般視するかという理解は、これまで(あるいは今も)柄鏡形(敷石)住居址をすべて特殊視化して、特殊施設や家屋として括ってしまう考え方そのものへの批判なのである。だから、この佐々木の批判に対しては、大きな違和感を感じざるをえないのである。見解の相違は多々あるものの、石井　寛が、これまで「古い段階に帰属する竪穴住居址群との時間的分別をなさず、全てを同時に扱う中で当該住居『特殊』扱いする操作が行われていた」こと、また、「いわば現代人的視野から、『特殊性』を強調しすぎたきらいがなかったとはされない」ことから、「山本氏は敷石住居址のみからなる集落址の存在などを指摘する中から、当該住居址の一般性を『時代性』と『地域性』の中に捉えようとされたが、『特殊性』を強調する立場に比較した場合のそうした基本姿勢については全く同感なのである」と評価してくれた(石井 1998)ことに、筆者もまた、「同感」なのである。石井が論ずる「核家屋」論(石井 1994)は、また別の次元の問題であると思う。

　このことを良く表現しているのが、先にあげた和田　哲の論攷である(和田 2002)。和田は、

柄鏡形(敷石)住居は「集落内の特殊な住居とはいえないことは明らかである」としたうえで、「敷石住居個々の住居内の場の在り方や、特殊な遺物出土状態、廃棄儀礼などを考えると、果たして等質的存在かどうかは更に検討する必要がある」と述べている。

　では、筆者の立場はどうなのだと問われるなら、今は、後・晩期社会の特質を階層化社会としてとらえよようとする見解には、すんなりと入り込めないというしかない。後期、とくに中葉以降から晩期に至る東日本は、呪術的色彩が濃厚な社会へと移行していることは、誰もが認めることである。ようは、その背景に、佐々木らが指摘するような階層化社会が現出していたのかどうか、このことは、今後、具体的な事例の検討を重ねつつ答えを見いだしていきたいと思う。そうした意味で、石井が主張する「核家屋」論、「要」住居論は大いに再検討の価値があろう。先にあげた松木武彦の定義(松木 2000)に従うなら、「財(富)・威信・権力といった社会的資源が均等に分配されない」、「不平等」な社会が「核家屋」を含む東日本の後・晩期集落に認めうるのかどうか、筆者もまた、階層化社会論との関わりを明確にしていきたいと思う。

おわりに

　以上、長々と柄鏡形(敷石)住居址をめぐる最近の研究の現状について、筆者なりの立場から展望してみた。当初、稿を起こしたとき、このような長文となることは自分自身予想もしなかった。柄鏡形(敷石)住居址をめぐる研究が、いかに活発であるかという証拠ともいえようが、各論・各説を論評するにあたっては、できるだけ各論攷から原文を引用して、それについての筆者なりの立場を示すことに心がけたことが、結果的に長文となってしまった原因の一つかも知れない。しかし、引用に際しては、筆者なりに関心をいだいた点をあげているにすぎず、必ずしもというか、引用された側からすると、恣意的だとか、不本意な点が多々あろうかと思う。その点は反論をぜひお願いしたい。

第2節　その後の柄鏡形(敷石)住居址研究をめぐって

はじめに

　第1節は、2003年末段階での研究動向をとりまとめたもの(山本　2004)を、一部加除筆して再録したものである。この稿が発表されてから6年ほど経過した。この間、柄鏡形(敷石)住居址をめぐっては相変わらず活発に論議がなされてきた。ここでは、2004年以降、旧稿発表後の主だった研究について触れて追補としたい。なお、記載に際しては、旧稿と同様、テーマ別に取り上げることとする。

1．柄鏡形(敷石)住居址の成立過程

　この問題をめぐっては相変わらず活発な論議が続いている。櫛原功一は、山梨県桂野遺跡の報告書において、山梨県内の中期終末・曽利Ⅳ～Ⅴ式段階の敷石住居址を検討し(櫛原 2004a)、さらに、その成果にもとづいて、該期に張出部をもたない敷石住居址の存在に着目し、それを「柄のない敷石住居」と呼んで、敷石住居の発生の問題について論じている(櫛原 2004b)。
　この点については、第2章第1節で詳しく触れているので、それに譲るが、そこでも触れたように、「住居内敷石敷設は中部高地、もっと地域を絞るなら」、「相模川最上流域、山梨県東部の曽利式後半段階に起源したものと理解できるかもしれない。そして、埋甕を中心とした小張出の突出と融合しながら、典型的な柄鏡形敷石住居として加曽利E式土器の影響下に成立をみたのが、中期終末期段階の相模川上流域と評価できるのではないだろうか」(山本　2008)と考えている。
　また、先に、佐野　隆が、中期後葉段階に出現する石柱・石壇等の配石施設を「住居内配石」と呼んで、その特徴について検討を加えた(佐野 2003)が、別に追補する形で再論し、「敷石住居発生の時期や分布と必ずしも重複しないと考えられ、系統発生的に敷石住居に結びつけることは、なお検討する必要がある」との立場をあらためて示している(佐野 2004)。この点についての筆者の考え方は先に触れたとおりである。
　石柱・石壇等の住居址内配石施設については、別に三上徹也が、屋内祭祀という観点から「石皿と石棒・立石祭祀」についての検討を行っているのが注目される(三上 2007)。三上は、中部高地における石皿・石棒・立石といった遺物・施設が検出された住居址事例を検討する中で、その検出位置に着目して、「石皿と立石が炉を挟んで対照的な位置に配される場合」と「両者が接近して存在する場合」という「類型」をとらえ、「前者をA型、後者をB型」として区別し、「石皿と石棒・立石のあり方、相関関係が決して偶然的ではない、人為性・意図性の結果であること」を強調している。石皿や石棒が住居内に出土することはこれまで多くの研究者

により指摘され論議されてきたが、三上はあらためてその具体的な出土・検出状況を確認したうえで、「何等かの禁忌的事態の発生の際、呪術行為が、石皿、石棒と立石を交えて行われた後に、禁忌事象の沈静のために、つまりその住居を葬るための人為的な火入れや、埋め戻しの行われた結果を予測したい」とし、「その姿はあくまでも住居廃絶時の姿であることを確認しておきたい」と結論づけている。柄鏡形(敷石)住居が成立する前段階において、このような住居内祭祀、とくに廃屋儀礼に関わる祭祀が活発化することの意味を問い続けてゆく必要があるのである。

本橋恵美子も柄鏡形(敷石)住居址の研究をこれまで多く重ねてきている。最近も、石神井川流域の中期集落址・住居構造の分析を通じて、柄鏡形(敷石)住居出現までの変遷を扱った論攷(本橋 2005)や、先に発表した浅間山麓での柄鏡形(敷石)住居の発生をめぐる研究をまとめなおした論攷(本橋 2006a)、埼玉県内の柄鏡形(敷石)住居出現期の様相について分析を加えた論攷(本橋 2006b)などの対象地域を限った研究や、柄鏡形(敷石)住居の発生と変遷を概観した論攷(本橋 2009)を発表し続けている。地域を限って、柄鏡形(敷石)住居の時空的変遷の特性を明らかにさせる作業は、筆者も本書において試みた点でもあり、今後、大局的な視野とは別に、細かな地域的特性を明らかにさせる作業が要求されることは間違いない。そのことが柄鏡形(敷石)住居出現過程へのさらなる解明へと期待されるのである。なお、本橋の柄鏡形(敷石)住居址に対する視点は、最近の論攷においても変化はない。筆者なりの見解は、前述しているのでここでは略したい。

ところで、住居内石柱・石壇等の配石施設と関連して、藤巻幸男が群馬県横壁中村遺跡で検出された炉辺部石棒・倒置土器や四隅長方形配石についての考察した論攷(藤巻 2007)や、山口逸弘が、同じく群馬県長野原一本松遺跡で検出されている奥壁部石壇状施設について触れた論攷(山口 2008)なども注意される。石囲炉の一角に石棒を樹立するという特徴は、中期後葉段階に石柱・石壇施設とともに多発化するようになるが、横壁中村遺跡での事例も好例といえよう。藤巻が「四隅長方形配石」と呼んでいる施設は、奥壁部ないし壁際に設置された石壇状の施設を指しており、広い意味で石柱・石壇施設に含まれるものである。また、山口の言う「北壁施設」も石柱・石壇として理解されよう。床面倒置土器の存在については、筆者もかつて分析を試みたことがある(山本 1976b)が、炉辺部石棒樹立との関係が深いことも最近検討したとおりである(山本 2006b)。

石柱・石壇施設については、長野県熊久保遺跡(樋口他 2003)から好例が検出されているが、この点について百瀬忠幸が熊久保遺跡第10次調査成果について考察した中で、「石壇状遺構」や「立石遺構と石柱」について触れた論攷(百瀬 2004)が注意される。

また、これと関連して、櫛原功一が、中部高地の縄文中期竪穴住居址の空間分析を行った論攷(櫛原 2009)も、中期後葉期の屋内祭祀空間のありかたや、石棒・石皿、立石・丸石等の住居址内出土位置を知るうえで参考となろう。

柄鏡形(敷石)住居の成立過程を考えるうえで、住居内石柱・石壇施設の存在は重要である

が、それとは別に張出部の出現・成立過程も注目しなければならない。いわゆる埋甕に伴う小張出の出現が張出部の成立に深く関わるというのが筆者の持論であるが、その好例が最近、神奈川県厚木市荻野上ノ原遺跡第2地点が報告された。その調査報告書の考察としてまとめられた佐藤健二の「小張出部に配石を有する竪穴住居址について」と題する小論も注意される(佐藤 2005)。上ノ原遺跡第2地点J1号住は、中期後半期の小張出部を有する竪穴住居址で、埋甕の埋設はないが、小張出部に意識的に設置された石皿が裏向きに置かれていた。佐藤も指摘しているように柄鏡形(敷石)住居址の初源を考えるうえで貴重な事例である。

また、柄鏡形(敷石)住居の成立過程の細かな分析に不可欠なのは、時間軸としての、土器編年である。この点については、2007年2月に縄文セミナーの会により、「中期終末から後期初頭の再検討」が開催された(縄文セミナーの会編 2007)。そこでの論議の中では、称名寺式に残存する加曽利E系土器を『加曽利EⅤ式』として呼称すべきかという検討もなされている。この時期の土器研究については、別に、千葉 毅が、慶應義塾大学大学院修士論文をまとめた論攷において、詳細な検討が加えられている(千葉 2009)。詳細な土器編年研究と柄鏡形(敷石)住居址出土遺物とのより細かな対比が今後とも要求されているといえよう。

いずれにせよ、柄鏡形(敷石)住居の出現・成立過程をめぐっての論議はいぜんとして決着をみていないものといえよう。今後の研究の進展が期待される。

2. 階層化社会論と柄鏡形(敷石)住居址・配石遺構・環状列石

この問題をめぐっては、相変わらず活発な主張がなされている。とくに、その階層化社会論者の一人である佐々木藤雄は、前節でみた一連の論攷発表後も、この問題について筆者の見解を批判しつつ、声高な主張を繰り返している。その論攷の内容や筆者の見解については、別に触れている(山本 2009b)ので、それを参照願いたい(本書第3章第3節に再録)。この点は、2005年の学界動向「集落・領域論」(山本 2005d)でも触れた点ではあるが、佐々木は、筆者の論攷に対して「階層」と「階級」という用語上の定義の曖昧性を鋭く批判している(佐々木 2005a)。縄文時代階層化社会論をめぐっては、別にあらためて論じているので、詳しくはそれにゆずる(山本 2005・06a)が、たしかに、「階層」と「階級」に対する厳密な区別がなされないまま、今日の縄文階層化社会論が声高に論じられている傾向は否定できない。それは、佐々木のように史的唯物論的立場を明確にして、「階層」「階級」を厳密に区別して論ずる立場の研究者と、そうした立場に立たない研究者が、同床異夢的に「階層化社会」を論じているという現状があるからである。社会的な不平等が本当に制度化されたものなのかどうか、その点をまず明確にさせたうえで「縄文階層化社会」論は論議されるべきであろう。佐々木はその後も同様な見解を示しているが(佐々木 2008a・b)、筆者との見解の差は顕著であり、水掛け論に陥るので、ここでは繰り返さない。

関東・中部地方の配石遺構・環状列石については、石坂 茂が先に発表した論攷(石坂

2002)を踏まえて、中期末葉〜後期を対象とし、環状・列状配石に質的な差異を求める論攷を発表している(石坂 2004)。その詳しい点については、別稿(山本 2006a)で触れているので、ここでは省略する。環状列石をめぐっては、群馬県安中市学習の森 安中市ふるさと学習館において、2006年、「ストーンサークル出現－縄文人の心、環の思想－」と題する企画展が開催され、群馬県内を中心とした環状列石・配石遺構と柄鏡形敷石住居址についての展示が行われたことも特筆されよう(大工原 2006)。そこでも、石坂 茂が、環状列石についてまとめている(石坂 2006)。この点については、本書第3章第3節で触れている。また、日本各地で発見されている環状列石(ストーン・サークル)の年代・形態・分布や特徴などについての特集が、2007年11月に『季刊考古学』第101号誌上でなされたことも、縄文時代の環状列石を中心とする配石遺構研究のうえで参考となる成果といえよう(鈴木 2007他)。なお、環状列石をはじめとする配石遺構をめぐっては、他にも多くの研究成果が発表されているが、ここでは柄鏡形(敷石)住居址との関連性が指摘されていたものにとどめた。

3．環礫方形配石と廃屋儀礼

いわゆる環礫方形配石遺構については、鈴木保彦が、まずその研究の先鞭をつけたことで知られている(鈴木 1976)が、近著において、その後の研究を含めてまとめている(鈴木 2006)。また、末木 健は山梨県塩瀬下原遺跡発見の環礫方形配石を伴う柄鏡形敷石住居址について再考する論攷を発表している(末木 2006)。その結果、先の論攷(末木 2000)の結論と同様に、環礫方形配石や周堤礫は「住居建物と一体の施設で建物内部の構造物であった可能性が指摘」されている。しかし、筆者は繰り返し述べてきているように、同一時期のものとする立場はとらない。すなわち、環礫方形配石と周堤礫は住居構造の一部ととらえるのではなく、住居廃絶に伴う特殊な行為＝廃屋儀礼として理解すべきと考えている。この問題は、先に触れたように、中期後葉期に出現する廃屋儀礼との関わりのうえで論じてゆく必要があろう。

4．複式炉と外縁地域の柄鏡形(敷石)住居址

縄文中期後葉期に東北南部を中心として、各地に広がりを示した大木式土器文化は、その終末段階に集落規模を拡大させながら、複式炉という独特の炉構造を住居の中に取り込む。なぜ、そのような現象が生ずるに至ったのかということについては、これまでも明快な答えは出されていないようである。福島市で開かれた日本考古学協会2005年度大会において、この複式炉をめぐるシンポジウムが開催された。いつもの大会と同様に、分厚い資料集とレジュメが刊行されており、今後の複式炉を有する住居址、集落址研究に貴重なデータを提供している(日本考古学協会2005年度福島大会実行委員会編 2005)。また、そのシンポジウムの結果については別にまとめられている(会田他 2006)。東北地方南部を中心とした複式炉をもつ住居の発達は、

別にも触れたように、「その地域的な時代背景は異なるものの、あたかも南西関東～北関東山地寄り地域における柄鏡形(敷石)住居の発達と同等な評価が与えられるのではないだろうか」(山本 2000)と考えている。

複式炉をめぐっては、別に千葉直樹が、宮城県から岩手県域を中心に認められる「斜位土器埋設複式炉」に着目して分析しているのが注目される(千葉 2005)。複式炉に埋設される土器が斜傾する傾向については、これまでも注目され、関東地方においても、小倉和重が複式炉との対比から論じた例がある(小倉 1998)が、柄鏡形(敷石)住居址の張出部に埋設された埋甕がしばしば斜傾埋設する事例が認められること(川名 1985、山本 1996c・97)と共通性を示しており、「土器埋設部＋石組部＋前庭部からなる典型的な複式炉構造は、柄鏡形(敷石)住居の埋甕と敷石を伴う張出部とあたかも共通性を示しているかにみえるのであ」り、「複式炉を伴う住居は柄鏡形(敷石)住居と構造は異なるものの同質の存在と理解すべき」ものと理解している(山本 2000)。

複式炉をもつ住居址や柄鏡形(敷石)住居址との関連について、北陸・東北地方からの視点で研究を行っているのは、阿部昭典である。最近もいくつかの論攷を発表し続けている(阿部 2008・09a・b)。阿部の博士論文を骨子とした著作(阿部 2008)は注目される。東日本域に栄えた縄文時代を歴史的な視点から、中期末葉から後期前葉にいたる過程を、一つの重要な歴史的画期としてとらえようとする試みについて、視点を変えて、東北日本の、とくに複式炉文化圏内でのありかたを中心に論じ、従来からの解釈の問題点を鋭く指摘していることが評価されよう。また、新潟県域を中心とした信濃川流域での縄文時代後期前葉集落と配石遺構のありかたについて触れた最近の論攷でも、複式炉の盛衰と柄鏡形(敷石)住居址との関係に言及している(阿部 2009b)。

外縁地域での柄鏡形敷石住居址のありかたについては、先に触れたように、石井 寛により詳しく検討が試みられてきた(石井 2003)が、最近、再論されている(石井 2009c)。それは、石井によると、先にあげた『季刊考古学』第101号で「敷石住居の流れの中で理解されるとした『周石型』の礫石施設の中で、『ストーン・サークル』として扱われた事例がかなりの数に及んだ点にある」ことから、「こうした悪しき動きを断ち切る必要性を強く感じた」ことによるものとされている。そして「東北地方の周石型施設を敷設する住居址」をあらためて検討し、そのルーツが、「南方に由来する施設」であり、関東・中部地方の柄鏡形(敷石)住居に求められることを再論している。こうした石井の研究は、外縁地域での類例を知る上で貴重な研究成果といえよう。本書では石井の研究成果の一部しか取り扱っていないので、今後、その成果を参考として追補してゆきたい。

これと関連して、岩手県花巻市稲荷神社遺跡から、敷石を敷設した「方形配石住居」が検出され報告されている(菊池他 2009a・b)ことにも注目しておきたい。

ところで、東北地方から北海道の道南地域には、後期以降、対状ピットをもつ出入口施設をもつ住居址が多く検出されている。本書の柄鏡形(敷石)住居址発見遺跡参考文献一覧表には、

断り書きを記したように、その一部の遺跡例をあげるにとどまっている。その理由の一つとして、悉皆的な文献検索ができない環境にあることもその理由としてあげられるが、問題は、こうした出入口施設をもつ住居構造が、関東・中部地方の後期以降晩期前葉に至るまで、張出部＝出入口施設の付設と同様な視点からとらえうるものかどうかという疑問が生ずるからである。石井が取り上げた「周石型敷石を敷設する住居址」と同様、関東方面からの影響が考慮されるのかどうか、別に事例の詳細な時空的検討が必要であろう。なお、この事例については、青森県の事例を集成した成田滋彦の研究(成田 2000)や、北海道の事例について触れた、上屋真一の研究(上屋 1992)など、先行研究が認められる。

また、成田は別に、後期・十腰内式期の文化的様相を「十腰内文化」としてとらえ、出入口施設をもつ住居址や敷石をもつ住居址について触れている(成田 2007)。他に、青森県風張(1)遺跡から検出された後期後葉の住居址などにも対状を呈する出入口施設をもつ住居址が多く検出されているが、その集落・住居址の特徴について触れた村木 淳の論攷(村木 2005)も、青森県域での事例を知るうえで参考となる。

5．後・晩期集落と柄鏡形(敷石)住居址

関東・中部地方の山間地域を中心として、後期以降、柄鏡形敷石住居と一体となった大規模な配石施設が構築される。これを筆者は「配石集落址」と呼んでいる(山本 2009b)が、これとは別に東部関東など、石材の乏しい地域では、柄鏡形住居あるいは、出入口施設をもつ住居と大形住居や環状盛土をもつ大規模な集落が認められ、対照的なありかたを示す。

後・晩期集落址の研究では、栃木県乙女不動原北浦遺跡の集落址を分析した、鈴木保彦や江原 英の研究(鈴木 2005、江原 2005)のほかに、列島各地における後期集落址の様相について、『考古学ジャーナル』No.584において特集されている。関東・中部域では、石井 寛が総論をまとめている(石井 2009b)ほか、江原 英が関東地方、新潟県は阿部昭典、中部地方は佐野隆がそれぞれまとめている(江原 2009、阿部 2009a、佐野 2009)。また、後・晩期集落址として夙にその名を知られていた神奈川県横浜市華蔵台遺跡の報告書が石井 寛の手により刊行され、それに伴い、石井が中心となって、横浜市歴史博物館において『特別展 縄文文化円熟－華蔵台遺跡と後・晩期社会－』が開催され、関東・中部域の代表的な後・晩期集落址の紹介とその出土遺物の展示が行われたことも、この時期の柄鏡形(敷石)住居と集落との関係を知るうえで貴重な成果であったといえよう(石井他 2008)。

このほか、後・晩期の集落址について触れた論攷としては、菅谷通保が、後・晩期の竪穴住居の型式について触れたもの(菅谷 2009)も、この時期の変容する張出部・出入口構造の特性を知るうえで参考となる。石井 寛も、同書中に、関東・中部域の後・晩期集落の特性を論じている(石井 2009a)。また、房総地域での大形住居址について触れた吉野健一の論攷(吉野 2007)も、柄鏡形敷石住居が主体的に分布する地域との比較のうえで、とくにその性格をどう

とらえるべきか、参考となる研究といえよう。内陸部では桐原　健が、松本平の中期から後期にかけての集落址を分析する中から、その画期を求めている(桐原 2004)。

6．柄鏡形(敷石)住居址と儀礼行為

　先に触れたように、中期後葉以降、住居址内には、石柱・石壇施設に代表される配石施設が付設され、それが柄鏡形(敷石)住居成立に強い影響を与えたものと理解しているが、先にあげた三上徹也の論攷(三上 2007)も、石皿や石棒・立石の存在を廃屋儀礼の立場から考察したものであった。ほかに、石棒を扱った論攷も多く発表されているが、山梨県域の石棒検出例について、柄鏡形敷石住居址や配石遺構との関わりについてまとめた新津　健の研究(新津 2008)は、中期から後・晩期へと移る過程に、石棒祭祀が重要視されたことを明らかにさせていることが注目される。

　石皿や石棒など、縄文時代の祭祀・儀礼行為については、『考古学ジャーナル』No.578において、特集されている。谷口康浩による総論(谷口 2008)をはじめ、大型石棒の儀礼行為について触れた長田友也の研究(長田 2008)、石皿の儀礼行為について触れた中島将太の研究(中島 2008)など、柄鏡形(敷石)住居址研究と関連が深い。また、佐野　隆は、中期後葉期の山梨県北杜市の住居址の調査事例から、住居廃絶に伴う儀礼行為の可能性を指摘している(佐野 2008)。

　石棒や石皿のもつ儀礼行為については、他にもいくつかの論攷が認められるが、ここでは省略する。

7．掘立柱建物址と柄鏡形(敷石)住居址・核家屋論

　1994年、石井　寛が横浜市小丸遺跡の分析を通じて、いわゆる「核家屋」論を展開したことは良く知られている(石井 1994)。その立論には、掘立柱建物址をどう評価するか、すなわち居住施設として認めるかどうかという点があった。そのもつ問題点については、別に詳しく論じているのでそれに譲る(山本 2005・06a)が、その後も精力的に、掘立柱建物址をめぐる研究を重ねている。2004年には、先の論攷(石井 1995)を受けて、大湯環状列石の周辺部に展開する掘立柱建物建物址群をはじめとする東北北部の事例を検討する中で、従来の解釈を否定し、居住施設としての可能性を指摘した論攷(石井 2004)や、2007年には「関東西部や中部地方など中部日本で検出される縄文時代後期前葉の掘立柱建物跡の主体は、新潟県などを中心に存続されてきた長方形を呈する住居址に系譜する居住施設であることがほぼ確実視される研究情勢にある」としたうえで、関東・中部地方に分布の主体をもつ柄鏡形(敷石)住居との対比を試みた論攷(石井 2007)などを発表している。この論攷については、別に触れている(山本 2009b、本書第3章第3節に再録)のでそれに譲る。

　石井は、その後も、現在に至るまで、掘立柱建物址を「核家屋」論と絡めて論じ続けている

(石井 2008、09a・b)。前述したが、2008年の横浜市歴史博物館での『特別展　縄文文化円熟－華蔵台遺跡と後・晩期社会－』(石井他 2008)もそうした立場が明瞭に提示された展示であったといえよう。問題は、東北北部の事例とは別に、関東・中部地方における後期以降の柄鏡形(敷石)住居址を主体とする集落址にあって、掘立柱建物址をどう評価すべきかという点にあるように思う。筆者は、「後期掘立柱建物は、中期と同様、居住施設としては考えがたく、倉庫・集会所・祭儀場などの公共施設として、柄鏡形(敷石)住居を主体とする集落に付属する施設とみなすことが、もっとも蓋然性が高い解釈」(山本 2009b)と考えているが、この問題は、階層化社会論議とは別に、今後とも論議を続ける必要があるように思う。

8．その他柄鏡形(敷石)住居址に関わる研究・発見について

　ここでは、この他の柄鏡形(敷石)住居址に関して、筆者の関心を引いた主だった研究成果について触れておきたい。
　村田文夫は、筆者とともに、1970年代において柄鏡形(敷石)住居址をめぐる研究(村田 1975、山本 1976a)を発表し、その見解の相違は現在も続いている。それら村田の縄文時代に関わる一連の研究が一書にまとめられた(村田 2006)。筆者も求められて同書中にコメントを書かせていただいた(山本 2006c)。また、その研究の原点ともなった、川崎市初山遺跡の報告書が渡辺　誠によりようやく刊行され、その中でも村田が「柄鏡形敷石住居址の意義」と題する一文を載せている(村田 2007)。見解の相違はあるものの、氏の一環した研究姿勢がうかがえよう。
　最後に、筆者の目についた最近の柄鏡形(敷石)住居址発見事例の中で関心を引いた事例を取り上げておきたい。
　山梨県北杜市(旧・明野村)梅之木遺跡は大規模な中期環状集落址として注目され、保存に向けた確認調査が佐野　隆を中心として進められてきた。その成果については、すでに報告書としてまとめられている(佐野 2008)が、台地上の環状集落とは別に、低地の沢に向かう道状遺構とともに敷石された住居址が検出され注目された。この点については佐野による研究がなされており(佐野 2007)、低地における柄鏡形(敷石)住居の存在も今後注意の目を向けてゆく必要があろう。
　大規模な柄鏡形敷石住居址を主体とする集落址として注目された、東京都八王子市小田野遺跡の報告書が吾妻考古学研究所より刊行された(相川他 2009)。発見された遺構の中で、とくに目を引くのが、SI008とSI009の重複する柄鏡形敷石住居である。あたかも張出部を共有するかのように対向して構築されているが、そのうち、SI008号住は、敷石上面と壁際にかけて多量の石積みがなされた特徴を有しており、柄鏡形敷石住居の廃絶過程を知るうえで貴重な事例といえよう。時期は称名寺Ⅰ式段階に相当する。環礫方形配石や周堤礫が住居使用時から存在したとする考え方は、本例からみても見直さざるをえないだろう。

柄鏡形(敷石)住居址の分布西限が、これまで、三重県名張市下川原遺跡(門田 1997)とされてきたが、新たに、奈良県吉野郡川上村宮の平遺跡から柄鏡形住居址が検出され報告されている(橋本他 2005)。中期末に属すると思われる深鉢が張出部に倒立した状態で出土している。現段階の分布西限の事例として評価されよう。

 お わ り に

以上、第1節で触れた柄鏡形(敷石)住居址に関する研究以後、現在に至るまでの主要な研究について概観してみた。多くの研究成果が認められ、活発な論議がなされていることを確認できた。今後も柄鏡形(敷石)住居址をめぐっては、新発見例の増加とともに研究が進展していくことを期待しておきたい。

第2章　柄鏡形(敷石)住居の地域的展開
－南西関東地方を中心とした事例から－

第1節　相模川上流域

はじめに

　神奈川県中央部を南北に貫流する相模川流域とその支流域の河岸段丘上には多数の縄文時代集落址が形成された。とくに、縄文時代中期には大規模な環状集落が形成されるようになる。しかしながら、中期終末期を境として、長らく繁栄を誇った集落の伝統は突如絶えてしまうのである。この傾向はなにも、相模川流域の縄文集落にのみ認められるのではなく、広く関東・中部域の諸集落においても顕著に指摘できよう。その中期集落が崩壊に至るメカニズムは、これまで十分に解明されたとは言い難いが、それとは別に、こうした中期集落の崩壊過程の段階に出現をみたのが、柄鏡形(敷石)住居である。おそらく、中期集落の崩壊と密接な関わりをもちながら、柄鏡形(敷石)住居という特異な住居構造を生み出したに違いない。柄鏡形(敷石)住居址研究の深化は、同時に、中期縄文文化崩壊に至るプロセスとその要因を解く重要な鍵となるのである。

　筆者はこれまで、柄鏡形(敷石)住居址をめぐる研究を数多く重ねてきた。その集大成として、2002年に一書にまとめた(山本 2002)が、その後も、事例の増加は各地に顕著であり、研究の進展も著しい(山本 2004)。そこで、筆者は、これまでの研究成果を踏まえて、柄鏡形(敷石)住居址研究の第二段階として、より細かな地域的動向をとらえることを通じて、柄鏡形(敷石)住居の特性をさらに明らかにさせていきたいと考えているが、その作業の第一歩として、相模川上流域における柄鏡形(敷石)住居址を取りあげ、以下に分析・検討することとしたい。

　相模川上流域には、各地と比較しても明らかなように、これまで多数の柄鏡形(敷石)住居址事例が検出されており、その変遷過程も良好にとらえることが可能である。しかも、相模川水系のとくに上流域には、住居内に敷石の敷設が顕著であり、神奈川東部、鶴見川、多摩川水系の低位な丘陵・段丘上のありかたと比較すると、その違いは大きい。

　相模川は富士五湖の一つ、山中湖を水源として、上流は山梨県東部域では桂川、神奈川県域に入って相模川となり、厚木付近から南に流れ下り、平塚市・茅ヶ崎市の境付近で相模湾へと注ぐ全長109kmに及ぶ一級河川である。その流路からも明らかなように、縄文時代に限らず、甲信地域との交流は古くから盛んであり、地域間交流のありかたを探るうえでも重要な水系の一つといえよう。

　とくに、近年、柄鏡形(敷石)住居成立過程をどうとらえてゆくべきかといった点に議論が集中する傾向がみられる(山本 2004)が、その点を明らかにさせるうえで、相模川上流域という地理的位置は、敷石敷設の濃厚な甲信地域との比較において重要であると判断される。

　本稿では相模川上流域を、神奈川県内では、相模原市域以北とし、水源・山中湖に至る山梨県東部域の桂川流域を対象とする。本流域だけでなく、神奈川県域では、その支流域である、

中津川、道志川流域、山梨県域では、秋山川、鶴川流域等を含めていくこととしよう。

なお、柄鏡形(敷石)住居址の地域的傾向を分析・研究した論攷は、これまでにも多く認められる。神奈川県域では、1996(平成8)年、神奈川県立埋蔵文化財センターによる、平成7年度かながわの遺跡展『謎の敷石住居』(長岡 1996)にあわせて開催された『パネルディスカッション 敷石住居の謎に迫る』において、全県域の事例集成が試みられ、神奈川県域を中心とした柄鏡形(敷石)住居址の特性が論議されたことは記憶に新しい(神奈川県立埋蔵文化財センター・財団法人かながわ考古学財団 1996・97)。また、山梨県域においても、これまでいくつかの集成研究が試みられてきた(笠原 1996・99a・b・2001、櫛原 2004a・b)。しかし、今日的な行政単位という枠内で論議することは適当ではないことは言うまでもないことであろう。ここでは、そうした行政的枠を越えて、相模川上流域という視点に立って、神奈川県北及び山梨県東部域の柄鏡形(敷石)住居址事例を取りあげて論じてゆくこととする。

1．相模川上流域の柄鏡形(敷石)住居址発見事例とその分布

筆者の管見に触れた相模川上流域に発見された柄鏡形(敷石)住居址事例は、第1表に示したように、83遺跡211例である。県別にみると、神奈川県域59遺跡152例、山梨県域24遺跡59例である。ただし、事例数は一遺跡から複数の発見が報じられているものの、詳細が未報告のため不明なものも含んでおり、実数はさらに増えることから正確なものではない(註1)。また、ほかに発見が報じられているものの、報告等がなされていないため、ここで取りあげていない事例もあることを断っておく。

はじめに、第1表に示した凡例を以下に示しておく。
1．分布番号
　第1図相模川上流域における柄鏡形(敷石)住居址発見遺跡分布図番号に対応する。また、本稿末に掲載した参考文献番号とも対応する。a・b・c・・・は、同一遺跡での対応する参考文献を示している。
2．構造
　明確に竪穴構造と認識されている事例のみに「竪穴」と記載した。
3．主体形状
　Ａ(円形)・Ｂ(楕円形)・Ｃ(隅円方形)・Ｄ(方形)・Ｅ(不整形)
4．規模
　主体部の規模を長軸×短軸、円形のものは、径でｍ単位で示した。
5．張出部形状
　張出部の形状は筆者の分類にしたがって以下のように示している。
　Ａ(単柄型)：1(短柄型)・2(長柄型)、Ｂ(平行型)：1(縦平行型)・2(横平行型)、Ｃ(ヒゲ状型)：1(短ヒゲ型)・2(長ヒゲ型)、Ｄ(ハの字型)：1(屈曲ハの字)・2(ハの字型)、

第1節 相模川上流域 37

第1図 相模川上流域の柄鏡形（敷石）住居址発見遺跡分布図

38　第2章　柄鏡形(敷石)住居の地域的展開

第1表　相模川上流域の柄鏡形(敷石)住居址発見遺跡一覧表

神奈川県

分布番号	遺跡名	所在地	住居番号	構造	主体形状	規模 長×短軸	張出部形状	柱穴配置	炉址	敷石状態	埋甕	埋設位置	特記事項	時期
1	新戸	相模原市新戸	J-1敷		A	3.8×3.5	A-2	E	A?	略全面	有1	B	石棒が9号住出土と接合	Ⅱ
			J-2敷		A	4.6×4.1	A-2	E	A2	F+G主体	有3	A+B	先端部埋甕は上下に2個体	Ⅱ
			J-3敷		A	径3.7	A-2	A	D	G主体	有2	B	埋甕は入れ子	Ⅱ
			J-4敷	竪穴	A	3.3×3.2	A-2	E	A	全体	有1	B	小形刳状石器破片出土	Ⅱ
			J-5敷		A		A-2	A	A	G主体	有2	A+B		Ⅱ
			J-6敷		不明	不明	不明	E?	不明	部分	無		遺存状態不良	Ⅱ
			J-7敷		A		A-2	E?	不明	G主体	有2		敷石やや散漫、遺存状態不良	Ⅱ
			J-8敷		不明		不明	E?	A	部分	不明		主体部のやや散漫な敷石、石棒、1号住と接合	Ⅱ
			J-9敷		A	5.0×4.0	A-2	E	B	全面	有2	A+B	トレンチ調査で検出のためプラン不明	Ⅱ
2	勝坂D	相模原市磯部	D-1		A?		不明	不明	A	全面?	不明		史跡整備の関係で再調査、柄鏡形敷石住居址	Ⅱ
			D-30			径2.5	不明	不明	不明	全面?	不明		炉辺部の部分的な検出、全体の形状は不明	Ⅱ
3	勝坂D隣接地	相模原市磯部	1敷		不明		不明	不明	A	部分	不明		炉辺部埋甕有り	Ⅱ
			2敷		A	4.5×4.5	A-2?	不明	A	F主体	有2	A+D		Ⅱ
4	勝坂1826	相模原市磯部		竪穴	A		不明	B	A	B	無		炉辺部敷石	Ⅰ
5	下溝上谷開戸	相模原市下溝	B-3	竪穴	A	径5.3	A-2	A	A	B+G	無		炉辺部と接続部にわずかに敷石残存	Ⅲ-1
6	下溝鳩川	相模原市下溝	B-1		A	5.5×5.2	類E-2	A	A	全面	無		称名寺期旧炉有、炉址に接して石棒敷設	Ⅳ-2
			B-2		A	6.5×6.0	A-2	A	B2	G	無		張出部のみ敷石、拡張住居	Ⅳ-2
			C-1	竪穴	A	5.2×5.0	A-1	A	A?	無	無		土器の出土なく正確な時期不明	Ⅳ?
			C-2		A		不明	A	不明	G?	無		3号住と重複	Ⅳ-1
			D-1		A		不明	不明	不明	F	不明		部分的な調査のため全体は不明	Ⅳ-1
7	稲荷林	相模原市下溝			D		E-2	不明	A	C+F+G+H	無		周堤壙をもつ環壙方形配石遺構に類似	Ⅳ-2
8	下溝袋沢	相模原市下溝	1敷		A	3.2×3.2	有	不明	A	略全面	無		張出部敷石悪い、出入口部敷石材に石皿	Ⅱ
9	上中丸A	相模原市下溝	95	竪穴	A	径3.9	A-2	A	A	F	有2	A+B	入口立石。埋甕2個はともに石蓋あり	Ⅱ
			112	竪穴	A	径3.7	A-2	A	A	B+C+G	無		下面に竪穴住居重複	Ⅲ?

第1節 相模川上流域

								A	B	F主体	F 1	A	プラン不詳	
10	当麻亀形	相模原市当麻	121	竪穴	A		不明	不明	A	B+C+G	有1			Ⅱ
			1敷	竪穴	A	径5.0	A-2	不明	A	B+C	無		奥壁部焼土堆積、張出部不明	Ⅳ-1
			2敷	竪穴	A	5.0×4.9	不明	A	A	C+G	不明		土器出土なく時期不詳、張出部不明	Ⅴ-1?
			3敷	竪穴	A	4.4×4.1	A-2?	A	A	B	無		部分的検出のためプラン不明	Ⅳ?
			4敷	竪穴	A		不明	不明	A	B	不明		土器出土なく時期不詳、後期前葉か	Ⅳ-2
			5敷	竪穴	A	径3.5	不明	不明	不明	G?	不明		張出部か?、時期不明	Ⅳ?
11	九坊院	相模原市当麻	1竪		不明		A-2?	E	A	B+C+G	無		炉址から張出部のみ検出	Ⅳ-2
12	当麻第3	相模原市田名	1敷		A	径3.0	A-2	不明	A	略全面	有2	B入子		Ⅱ
			2敷		不明		A-2	不明	不明	G	有2	B入子	張出部のみ検出	Ⅱ
			3敷		A	径3.5	A-2	不明	A	略全面	有1	B		Ⅱ
			4敷		A	径3.8	A-2	不明	A	F+G	有3	B入子	張出先端部埋甕は入子	Ⅱ
			5敷		B	3.3×3.1	A-2	不明	不明	略全面	有2	A+B	出入口寄り左右空間敷石を欠く	Ⅲ
			6敷		不明		A-1	不明	A	G	有1	B		Ⅱ
			7敷		A	径3.0	A-2	不明	A	略全面	無			Ⅱ
			8敷		A	径3.5	A-2	不明	A	略全面	有2	A+B		Ⅱ
			9敷		不明		A-2	不明	A	G	有1		張出部先端敷石は散漫	Ⅱ
			10敷		A	径3.0	不明	不明	A	主体部	有1	B?	主体敷石は散漫、プラン状態悪い	Ⅱ
13	田名花ヶ谷	相模原市田名	SI-10	竪穴	不明		A-2	A	D	G主体	有1	B	主体部遺存状態悪い	Ⅲ-1
			SI-12	竪穴	不明	4.2×3.5	類E-1	不明	D	全面	有2	B	周壁部多小利巡る	Ⅱ?
			SI-13	竪穴	B		A-1	A	D	F+G	有1	B+D	プラン不詳、時期不明	Ⅱ-1
			SI-18	竪穴	A	径4.2	A-1	不明	A	略全面	有1	C	周壁部小砂利巡る	Ⅱ
			SI-34	竪穴	B	3.7×2.9	A-2	不明	A	F+G	有2	B	主体部敷石は散漫、埋甕一部残る	Ⅱ
			SI-40	竪穴	不明		不明	不明	不明	B+F	不明			不明
14	田名塩田B区	相模原市田名	J-1		A	径4.5?	A-2	A	A	G主体	無		炉辺部と縁石一部残る	Ⅲ-1
15	田名塩田西山	相模原市当麻	1	竪穴	B	3.5×3.1	A-2	E	A	B+G	無		主体部敷石は散漫	Ⅳ-1

40　第2章　柄鏡形(敷石)住居の地域的展開

分布番号	遺跡名	所在地	住居番号	構造	主体形状	規模 長×短軸	張出部形	柱穴配置	炉址	敷石状態	埋甕	埋設位置	特記事項	時期
			3	竪穴	B	4.3×3.5	A-2	E	A	B+G	無		炉址から張出部にかけて狭長な敷石	IV-2
			4	竪穴	C	6.0×5.8	C-2	A	B	F+G	無		ヒゲ状張出部前面敷石	IV-1
			5	竪穴	C	4.5×4.0	A-1	A	A?	E+G	無		主体部約2/3損壊、本来は全面敷石か	IV-?
			6	竪穴	C	4.5×3.5	A-1	A?	A	B+C+G	無		炉址から張出部敷石	IV-1
			7	竪穴	B	径3.0	類C-2	B?	A	B+C	無		張出部はヒゲ状ピット列	IV-2
			8	竪穴	B		A-2	B+E	A	C+G	無		張出部に集中敷石	IV-2
16	山王平	相模原市渕野辺	10	竪穴	A	5.1×4.8	無	B	A 2	無	有1	A	奥壁部立石	I
			16	竪穴	A	5.5×5.3	無	B	A 2	無	無		出入口部石柱横転	I
17	半在家	相模原市田名			不明		不明	不明	不明	全面?	不明		1925年報告、詳細は不明	不明
18	田名四谷(No.106)	相模原市田名	1敷		不明		不明	不明	A?	全面?	不明		下水管建設のための工事立会で近接して検出、プランは不詳	IV-2
			2敷		不明		不明	不明	不明	散漫	不明			IV-2
19	古清水	相模原市大島	SI-01		B?	径3.0	A-2?	不明	A?	B中心	不明		田名四谷遺跡に隣接	IV-1
20	No.84	相模原市大島	1		不明		不明	不明	A?	不明	有1		近接して堀之内Ⅱ式期の敷石住居址2軒確認	IV-2
21	No.104	相模原市大島	JSI01		不明	径3.45	不明	不明	不明	路全面	不明	C?	部分検出のためのプランは不詳	IV-1
22	幡山・下台	相模原市大島	SI-03	竪穴	A	3.8×3.1	不明	不明	A	F主体	無		1929年発見、1984年再調査	IV-2?
23	大島下台	相模原市大島	SS-01		A?	5.3×4.8	無?	A?	D	部分	不明	A	遺存状態不良	IV-1
24	橋本	相模原市元橋本町	SS-02		A?		A-2	A?	A	G主体	有1	A入子	遺存状態不良	Ⅱ
25	向原中村	相模原市城山町久保沢	1区1	竪穴	A	5.7×5.4	無	B	A	無	有2	A入子	出入口部埋甕に接して石柱	Ⅱ
26	川尻中村	相模原市城山町久保沢	91	竪穴	A	3.3×2.7	A-2	E	A	全面	無		埋甕はないが張出部先端部に石囲状施設	I
			31	竪穴	B	6.5×5.5	無	B	A	B	有1	D	炉辺部敷石	Ⅱ
			49	竪穴	A	径4.9	不明	不明	A	B	不明		炉辺部敷石	I
			70	竪穴	B	4.8×4.4	無	B?	A	B主体	有1	出入口	炉辺部中心に敷石	I
27 a-f	川尻	相模原市城山町谷ヶ原	1934		A	径4.0	A-1?	不明	不明	全面	不明		1934年調査	不明
j			35-1		A?	径3.5	A-1?	不明	不明	全面	不明		1935年調査1号敷石住	不明

第1節　相模川上流域

No.	遺跡名	所在地	地区	番号	形態	規模	欄1	欄2	欄3	欄4	敷石	火災	備考	時期
g・h				35-3			不明	不明	不明	不明	全面	不明	1935年調査3号敷石住、プラン不詳	不明
			堅穴	3-4	C		A-1	B	A	A	A	無	第三地区4号住、奥壁部横転?石柱、石皿	I
i			堅穴	1	不明		E-2	不明	不明	G	G	無	張出部のみの検出	IV?
k				J-1	不明		不明	不明	不明	不明	全面?	不明	主体部の一部検出	IV-1
l				BJ-1	A?		A-2?	不明	D	A	G?	不明	主体部の一部検出、張出部か?	IV
				BJ-2	A	径2.5	E-2	不明	A	D	全面	有1	主体部は約1/2検出	II
m				1	A	径5.3	不明	A	A	A	無	無	部分調査、奥壁部石柱	I
n				1敷	A	径4.0	不明	A	A	A	F+G	無 B		II
28	原東	相模原市城山町小倉		28t-1	不明		不明	不明	A?	A?	不明	不明	部分検出のためプラン不詳	IV?
				28t-2	D?		不明	不明	不明	不明	F?	不明	環礫方形配石か、焼土堆積	V-1
				32t-1	不明		不明	不明	不明	不明	不明	不明	部分検出のためプラン不詳	V-1
				21	A?	径4.5?	不明	不明	A?	D	F主体	不明	周壁敷石、遺存状態悪い	II?
				22	A	3.9×3.7	A-2	A?	A	D	不明	不明	右空間敷石残存、遺存状態悪い	II
				23	A?		A-2	不明	不明	不明	全面?	不明	部分検出のためプラン不詳、全面敷石か	II
				24	不明		不明	不明	不明	不明	不明	無	部分検出のためプラン不詳	II
29	原西	相模原市城山町小倉			不明		A-2	不明	A	A	B+C+G	無	炉址から張出部敷石検出	IV
30	はじめ沢下	相模原市城山町中沢			B	4.3×3.3	A-2	A	A	A	略全面	無	敷石住居址8基、列状配石他、報告書未刊行	II?
31	寸沢嵐	相模原市相模湖町寸沢嵐		竪穴	C	長軸5.5	不明	B	A	A	F+G	不明	左空間敷石を欠く、ほか全面敷石	I
32	寸沢嵐一号	相模原市相模湖町寸沢嵐			B	7.1×6.0	E-1	A	B2	A	C+G	無	奥壁部石壇、横転?石柱	IV-2
33	寸沢嵐二号	相模原市相模湖町寸沢嵐			不明		不明	不明	A	A	F	無	凸字状張出部敷石	IV-1
34	寸沢嵐三号	相模原市相模湖町寸沢嵐											張出部敷石長大？もしくは2軒の重複か	不明
35	内郷中学校	相模原市津久井町中野			D		E-2	A	A	A	C+F+G	無	1933年調査、敷石住居址検出、詳細不明	V-1
36	川坂	相模原市津久井町中野		J-1									川坂遺跡、環礫方形配石遺構	不明
37	津久井町No.2	相模原市津久井町三ヶ木		J-2	A		不明	不明	不明	不明	F	不明	津久井高校運動場建設のさい、敷石住居検出	IV?
38	三ヶ木	相模原市津久井町三ヶ木		J-4	D	長軸5.2	B-1	B	不明	不明	C	不明	周壁部のみ検出、火災住居	VII
39	青山関戸	相模原市津久井町青山	竪穴	J1	不明		A-2?	不明	不明	不明	G	有1	J3号住も埋甕検出	II
	大地関戸	相模原市津久井町青野原	不明							B			張出部と埋甕検出	

42　第2章　柄鏡形(敷石)住居の地域的展開

分布番号	遺跡名	所在地	住居番号	構造	主体形状	規模 長×短軸	張出部形状	柱穴配置	炉址	敷石状態	埋甕	埋設位置	特記事項	時期
			J2		A	径3.5	B-1	A	B	無	有1	B	張出部対状ピット、先端に埋甕	II
			J3		不明		B-1	不明	B	無	有1	B	張出部対状ピット、先端に埋甕、プラン不明	II
			J7	竪穴	B	5.0×4.9	A-1	B	A	A	有1	A	奥壁部石柱・石壇も出入口部小張出	I
			J11		不明		不明	B?	A	C	有1	A	出入口部埋甕に接して部分敷石	II
			J29	竪穴	A	径5.0	無	B	A	無			出入口部石柱	I
40	青根馬渡 No.2	相模原市津久井町青根	J-1	竪穴	B	4.6×4.0	A-2	A?	A	F+G	無		散漫な敷石	IV-1
			J-4	竪穴	B	5.0×4.0	無	A?	B2	F主体	無		縁石主体	IV-1
41	青根馬渡 No.4	相模原市津久井町青根	1	竪穴	D	5.7×5.5	E-2		A	C+F+G	無		環礫方形配石と周堤礫	V-1
42a	青根中学校	相模原市津久井町青根			B	6.6×5.4	不明	不明	A	散漫	不明		プラン内散漫な敷石	IV?
b													中学校建設に伴う調査、詳細不明	不明
43	寺原	相模原市津久井町鳥屋	2	竪穴	C	5.3×5.0	A-1	B	A	A	有1	A	奥壁部石壇	I
			4	竪穴	A	3.6×3.5	A-2	A?	B	A	無		奥壁部分的敷石残存	II
			5	竪穴	C	4.4×4.3	無	B	A	無	無		炉奥壁部石壇	I
			6	竪穴	A	径3.2	E-2	不明	D	G	無		張出部敷石	II
			10	竪穴	B	3.3×3.0	A-2	A?	A	F+G主体	有1	B	接続部対状ピット	II
			111	竪穴	A	径4.0	A-1	B	A	G	有2	A+D	出入口部埋甕に敷石、他に左空間石蓋埋甕	I
44	嵯峨	相模原市藤野町吉野	3	竪穴	A	径2.5	A-2	不明	A	略全面	無		張出部撹乱	II
45	網戸中原	相模原市藤野町網戸中原											詳細不明	不明
46	下小淵	相模原市藤野町小淵											詳細不明	不明
47	大刀	相模原市藤野町網戸中原											詳細不明	不明
48	臼ヶ谷	愛甲郡愛川町半原							A				1931年調査、詳細不明、敷石範囲は東西2.9m	IV?
49	原臼	愛甲郡愛川町半原											1939年調査、詳細不明	不明
50	上棚野	愛甲郡愛川町半原				4.5×3.0				全面			1954年調査、詳細不明	IV-1
51	ナラサス (No.15)	愛甲郡清川村宮ヶ瀬	J-1	竪穴	B	3.7×2.9	A-2	B?	A	G+D	有1	C	壁柱穴ではない	IV-1
			J-2	竪穴	B	4.7×3.6	A-2	A?	A?	散漫	無		J-1号住の下面に検出、主体部敷石は散漫	III-2

第1節 相模川上流域

52	久保ノ坂 (No.4)	愛甲郡清川村宮ヶ瀬	J-1	竪穴	C	3.1×2.8	A-1	不明	A	略全面	無	約1/2破壊されている	IV-1
			J-2		A	径約5.5	不明	不明	D	散漫	無		III-2
53	北原 (No.9)	愛甲郡清川村宮ヶ瀬	J-1	竪穴	D	4.1×4.0	不明	A?	B	F?	無	方形プラン、敷石は散漫	IV-2
			J-2	竪穴	A	径3.8	A?	A?	A	F主体	不明	張出部損壊	IV-1
			J-3	竪穴	B	長軸6.5	A	A	A	散漫	不明	約1/2損壊	IV-1
			J-4	竪穴	D	6.1×5.0	E-2	A	不明	全面	無	主体部撹乱により約1/2損壊、周堤礫を伴う	IV-2
			J-5	竪穴	A	径4.5	不明	A+E	A	F主体	不明	約1/2損壊	IV-1
			J-6									残核、プラン不詳	不明
			J-7	竪穴	A	4.6×4.4	不明	A	A	F+H	無	周堤礫を伴う、約1/2損壊	IV-1
54	北原 (No.11)	愛甲郡清川村宮ヶ瀬	J-1	竪穴	A		不明	不明	不明	全面	不明	周堤礫	IV-1
55	北原 (No.10・11北)	愛甲郡清川村宮ヶ瀬	J-1	竪穴	B	3.3×3.1	A-2	A	A	全面	無	柄鏡形敷石住居址を覆う形で竪穴が掘りこまれている、出入口部左空間石柱・石壇	II
56	馬場 (No.3)	愛甲郡清川村宮ヶ瀬	J-1	竪穴	A	4.5×4.0	A-2?	A	A	略全面	無	右空間損壊により敷石欠如	IV-1
			J-2	竪穴	A	長軸4.7	A-1	A	A	散漫	無	主体部西側撹乱、敷石の残存は散漫	IV-1
57	馬場 (No.6)	愛甲郡清川村宮ヶ瀬	J-1	竪穴	C	5.3×4.0	不明	A	B 3	F	無	隅円方形プランの重複	V-1
			J-2	竪穴	A	長軸4.2	不明	不明	不明	全面	不明	約1/2損壊	IV-2
			J-3	竪穴	C	長軸4.6	E-2	不明	A	全面?	無	撹乱著しい、張出部は凸字形か	IV-2
			J-4	竪穴	C	5.0×4.9	C-2	A	A	C+G+F	無	焼土を伴う周堤礫方形配石と周堤礫	V-1
			J-7		C?			A	B	無	無	遺存状態悪い	V-2
58	表の屋敷 (No.8)	愛甲郡清川村宮ヶ瀬	J-1	竪穴	A	2.3×2.0	E-2	A+E	A	C+G+H	無	遺存状態悪い	IV-1
			J-2	竪穴	C	6.5×6.3	不明	不明	A	部分	無	周堤礫	IV-2
			J-3		不明		不明	不明	D	全面?	不明	遺存状態悪い、炉址と敷石の一部のみ検出	IV-1
59	南 (No.2)	愛甲郡清川村宮ヶ瀬	J-1	竪穴	B	3.7×3.1	不明	B?	A	全面	有1	主体部中央重複により損壊	II
			J-2	竪穴	B	4.0×3.3	不明	A	D?	散漫	A	敷石は壁際に散漫、張出部不明瞭	I
			J-5	竪穴	A	2.9×2.7	無	A	A	F	無	縁石、石柱状敷石あり	II

44　第2章　柄鏡形(敷石)住居の地域的展開

山梨県

分布番号	遺跡名	所在地	住居番号	構造	主体形状	規模 長軸×短軸	張出部形状	柱穴配置	炉址	敷石状態	埋甕	埋設位置	特記事項	時期
60a・b	狐原Ⅱ	上野原市新田	6	竪穴	E	6.3×6.0	A-1	B	A	A	有1	A	奥壁部石柱・石壇	Ⅰ
61	根本山	上野原市上野原		竪穴	A		A-1	不明	A	全面	無		張出部側壁立石、入口部階段状敷石	Ⅱ
62	大門Ⅰ遺跡	上野原市大椚	2				有	A	A	F+G	有1	A?	詳細不明	不明
			3		A		有	A	A	F+G	有1	A?	中期末?後期、詳細不明	Ⅱ
	大門Ⅱ遺跡		10		A						有1		覆土下層、スコリア純層堆積	Ⅱ
63	大倉	上野原市大倉		竪穴	A	3.2×2.3	A-2	不明	B	G主体	有1	B	敷石の一部と埋甕のみ残る	Ⅰ?
64	日留野	上野原市大野											埋甕は曽利末	Ⅱ
65	桐原中学校	上野原市桐原											詳細不明	Ⅳ
66	東区	上野原市鶴島											詳細不明	Ⅴ
67	東大野	上野原市大野											詳細不明	不明
68	富岡	上野原市秋山字富岡			C	長軸4.3	A-1?	不明	A	全面?	無		1955年調査、安行Ⅰ式期とされるが不確実	Ⅱ?
69	原・郷原	上野原市上野原		竪穴	C		A-2	不明	A	E+F+G	有1	B	縁石+張出部全面敷石(先端部埋甕・石柱)	Ⅵ-1?
70a	塩瀬下原(1-3次)	大月市梁川町塩瀬	2		不明		A-2?	不明	A	B+C+G	無		石囲炉と張出部敷石検出、遺存状態悪い	Ⅱ
			3		B	5.0×4.6	不明	不明	A	F主体	無		石敷主体、4号住に隣接	不明
			4		A	径4.0	不明	不明	A	F主体	無		縁石外側も礫巡る	Ⅳ
			5		A	2.7×2.4	A-2	A?	A	B+F+G	無		逆立埋層があるが伴う可能性低い	Ⅳ?
			6		A?		不明	不明	A	B	無		遺存状態悪い	Ⅱ-2
			9		不明		不明	不明	A	全面?	無		敷石面焼けている	Ⅳ-2
			10		不明		不明	不明	A	全面?	無		堀之内Ⅱ新?加曽利BⅠ初	Ⅳ-2
			12		不明		E-1	不明	A	D	無		炉辺敷石のみ残存	Ⅴ-1
70b	(4次)		1		C	7.0×6.3	不明	不明	A	D+E欠	無		主体部十字形敷石+環壊方形配石+周堤壊	Ⅱ-2
71	宮谷金山	大月市富浜町宮谷金山		竪穴	A	径4.0	無	A	A	全面?	不明		全面敷石か	Ⅳ-2
72	宮谷白山	大月市富浜町宮谷白山	10	竪穴	C	7.2×5.4	無	B	A	無	有2	A	奥壁部石柱横転	Ⅰ

第1節　相模川上流域

73	寺原第2	大月市猿橋町下和田				不明	不明	A	全面？	不明		主体部部分検出	Ⅳ
74	大古屋敷	大月市鞠橋	6-1	竪穴	A	径3.5	A-2	不明	A	略全面	有 1	A	石棚敷石面上横位出土	Ⅱ
75	大月	大月市大月三丁目	6-2	竪穴	A	径3.8	A-2	不明	A	略全面	有 1	B	埋甕上石蓋、石棒4	Ⅱ
			6-4		A	3.3×3.0	A-2	不明	A	略全面	有 1	A？	遺存状態悪い、炉址上面石棒	Ⅱ
			6-7	竪穴	D？	径4.0	不明	不明	A	散漫	無		石棒4、10号住に切られる	Ⅱ
			6-10		B	径4.0	A-2	不明	A	略全面	無		有頭石棒接続横位出土、7号住→10号住	Ⅱ
			6-11	竪穴	A	径2.9	A-2	不明	A	略全面	有 1	A	張出部不明、埋甕は曽利Ⅴ式	Ⅱ
			6-13	竪穴	A	径3.5	A-2	不明	A	略全面	無		石棒2	Ⅲ-1
76	外ガイド	都留市初狩	SB005		A？	径3.8	A-2	不明	A	F+G	無		遺存状態悪い	Ⅳ？
77a	中谷	都留市小形山			不明		無	不明	A	B	不明		炉辺部のみ敷石	Ⅴ
b			1	竪穴	A	4.3×3.2	A-2	不明	A	F+G	無			Ⅳ-1
			2	竪穴	A	3.9×3.2	A-2	不明	A	A+F+G	有 1	C	埋甕内石鏃	Ⅱ
			3		A	3.7×3.2	A-2	不明	D	A+F+G	無			Ⅱ
			4	竪穴	A	径4.0	A-1	B？	A	A+F+G	無		奥壁部被熱した鹿角集中出土	Ⅱ
			5		A	径3.5	A-2	E	A	略全面	無		張出部石棺状敷石、柱穴は敷石の外側めぐる	Ⅱ
			9	竪穴	A	径2.7	A-1	不明	A	G	無	A近	主体部小型で敷石なし	Ⅱ
			10		B	4.7×4.2	無	A	不明	B	有 1		張出部不明	Ⅳ
			11	竪穴	B	径5.0	無	不明	A	F主体	無		張出部2、張出部不明	Ⅱ
			12		A	径3.0	A-1	不明	不明	全面	不明		石棒3 敷石不明確	Ⅳ
			15		A		A-1	不明	不明	散漫	無		プラン不明	Ⅳ
78	牛石	都留市厚原				不明	不明	A	全面	無		大護状敷石遺構に伴う配石中に敷石住居含む	Ⅱ
79	法能	都留市法能			A	3.8×3.1	不明	不明	A	全面	無		張出部不明、敷石面上石棒二本横出土	Ⅳ？
80a	尾咲原	都留市朝日馬場					A-2？	不明	A	全面	不明		1935年頃発見、神門遺跡とされる、詳細不明	Ⅱ？
c		第1地点	1-13	竪穴	A	7.2×5.5	無	不明	A	F	無		1960年調査	Ⅳ-1
d			1-15		A？		E-2？	A	B？	C+G+F+H	不明		1982年調査　石囲炉から張出部敷石、周堤壊状配石	Ⅳ-1

46　第2章　柄鏡形(敷石)住居の地域的展開

分布番号	遺跡名	所在地	住居番号	構造	主体形状	規模 長×短軸	張出部形状	柱穴配置	炉址	敷石状態	埋甕	埋設位置	特記事項	時期
		第2地点	2-2	竪穴	D	径6.0	A-1	不明	A	F	無		壁際周堤積状、晩期前葉・清水天王山式期	Ⅶ
81 a・b	宮の前	南都留郡西桂町下地	2-12		A		A-2	不明	A	略全面	無		張出部なし	Ⅱ
			1	竪穴	A	径3.4	無	不明	A	全面	有1	A	奥壁部のやや東寄りに壁に接して配石	Ⅰ
			3	竪穴	A	径5.5	A-1	B	A	A	有1	A		Ⅰ
c						径2.6	A-2	不明	不明	A+D+G	無		主体部約1/2欠、本来は全面敷石か	Ⅱ
82	池之元	富士吉田市新倉	7-1	竪穴	B		A-2?	不明	A	B+C+G+H	無		周堤礫、炭化柱、焼失住居、下面に炉2	Ⅳ-2
			7-3	竪穴	D		不明	不明	B	H	無		周堤様伴う、焼土・焼獣骨	Ⅳ-2
83	塚越	南都留郡富士河口湖町河口	1	竪穴	B	3.5×3.2	A-2	類A	A	全面	無		張出部に深鉢形土器破砕状態で敷き詰める	Ⅲ-1

追補　2009.5以降

分布番号	遺跡名	所在地	住居番号	構造	主体形状	規模 長×短軸	張出部形状	柱穴配置	炉址	敷石状態	埋甕	埋設位置	特記事項	時期
2 d	勝坂D区	相模原市磯部	Ⅱ-30	竪穴	A	径3.3	A-2	不明	A	全面	有1	B	史跡整備のため再調査、前掲№2に同じ	Ⅱ
17	田名半在家E	相模原市田名	SI001	竪穴	不明		A-2	A	不明	全面?	無		敷石された張出部のみ検出	Ⅲ-1
30	はじめ沢下	相模原市城山町中沢	J 1	竪穴	A	5.0×4.7	A-2?	A	B?	略全面	有1	D	前掲№30の正式報告、炉脇に埋甕	Ⅳ-2
			J 2	竪穴	A	5.3×4.5	A-1?	A	A?	A 主体	無		奥壁を中心に敷石残存、張出部短柄状	Ⅳ-2
			J 3	竪穴	B?		A-2?	A	B	F 主体	無		壁際縁石と配礫	Ⅳ-1
			J 4	竪穴	B	4.5×3.8	A-2?	A	A?	無	無		張出部形状不明瞭、敷石ほとんど残存せず	Ⅳ-1?
			J 5		A	径7.0	不明	D	A	散漫	無		遺存状態悪くプランは想定、敷石ほとんど無	Ⅳ?
			J 6	竪穴	A	径5.0	不明	A	A?	無	無		壁柱穴のみ、敷石残存無	Ⅳ-1
			J 7	竪穴	C	7.3×6.8	A-2	A	B	A	不明		奥壁部のみ敷石残存	Ⅳ-1
			J 8	竪穴	B	3.2×2.7	不明	A	A	略全面	無			Ⅳ-1
文14	美通	都留市井倉	1	竪穴	A	4.0×3.5	不明	B	D	B+C	不明		敷石は炉辺部に少ない 出入口部石囲設	Ⅱ

*美通遺跡　参考文献は巻末「柄鏡形敷石住居址発見遺跡参考文献」中、山梨県№14

E（凸字型）：1（短凸字型）・2（長凸字型）、F（凹字型）：1（凹字型）・2（逆凹字型）

なお、分類の詳細は、『古代文化』第39巻2号13頁の拙稿の第3表「張出部形態分類表」（山本 1987a）を参照願いたい。

6．柱穴配置

　A（壁柱穴）・B（主柱穴）・C（壁柱穴＋主柱穴）・D（配置不規則）・E（壁外周）

7．炉址

　A（石囲炉）・B（地床炉）・C（埋甕炉）・D（石囲埋甕炉）

8．敷石状態

　全面・ほぼ全面・部分・無・不明

　部分敷石の特徴：A（奥壁部）・B（炉辺部）・C（出入口部）・D（左空間部）・E（右空間部）・
　　　　　　　　F（周壁部）・G（張出部）・H（周堤礫）

9．埋甕

　有・無・不明、数字は個数を示す。

10．埋甕埋設位置

　A（主体部と張出部の接続部もしくは出入口部）・B（張出部先端部）・C（張出部空間）・
　D（主体部空間）

11．時期

　Ⅰ：中期後葉期（加曽利E式併行期）、Ⅱ：中期終末期（加曽利E式終末期併行期）、Ⅲ：後期初頭期　1（称名寺Ⅰ式併行期）・2（称名寺Ⅱ式併行期）、Ⅳ：後期前葉期　1（堀之内Ⅰ式併行期）・2（堀之内Ⅱ式併行期）、Ⅴ：後期中葉期　1（加曽利BⅠ式併行期）・2（加曽利BⅡ・Ⅲ式併行期）、Ⅵ：後期後葉期（曽谷・安行Ⅰ・Ⅱ式併行期）、Ⅶ：晩期前葉期（安行Ⅲ式併行期）

　これら発見遺跡の分布は第1図に示したとおりである。神奈川県、相模原市域では47遺跡であり、合併前の行政区画に分けると、相模原市域24遺跡、旧・城山町6遺跡、旧・相模湖町4遺跡、旧・津久井町9遺跡、旧・藤野町4遺跡である。このうち、津久井町9遺跡は相模川支流道志川流域に属する。相模川支流中津川流域では、愛甲郡愛川町3遺跡、愛甲郡清川村9遺跡の12遺跡が知られている。

　山梨県域に入ると、上野原市10遺跡、大月市6遺跡、都留市5遺跡、南都留郡西桂町1遺跡、富士吉田市1遺跡、南都留郡富士河口湖町1遺跡であり、桂川流域に集中するが、支流の秋山川流域に2遺跡、鶴川流域に3遺跡が認められる。

　このように、柄鏡形（敷石）住居址発見遺跡の分布をみると、相模原市域、とくに旧市内域に集中する傾向が指摘できるが、それはこれまで開発行為がこの地域に多かった結果ともみることができよう。愛甲郡清川村に9遺跡認められるのも、宮ヶ瀬ダムの建設に伴い、調査が行われた結果による。

2．時期別変遷の特徴

　柄鏡形(敷石)住居址の生成から終焉に至る過程については、これまでその考え方を何度か示してきた(山本 2002ほか)。現在もその考え方に大幅な変更を認めるには至っていない。すなわち、中期後葉段階に住居内に石の敷設が開始され始める段階を第1期(出現期)、柄鏡形(敷石)住居形態が完成をみる、中期末・後期初頭期を第2期(成立期)、分布域を拡大し、構造的な変化をみせる後期前葉を第3期(発展期)、そして、柄鏡形(敷石)住居構造が終焉を迎える後期中葉以降の段階を第4期(終焉期)としてとらえている。

　以下、このおおまかな時期的変遷段階に対応させて、出土土器からみた、より細かな対比を試みながら、相模川上流域の柄鏡形(敷石)住居の時期別変遷の特徴を概観してみよう。

　まず、伴出した土器型式別にみた、相模川上流域の柄鏡形(敷石)住居址の事例のありかたをみてみる。時期の不明なものを除くと、各時期、以下のような事例数が認められる。

　Ⅰ期(中期後葉期・加曽利E式期併行期)：20＋Ⅰ期？1例、Ⅱ期(中期終末期・加曽利E式終末併行期)：70例＋Ⅱ期？7例、Ⅲ－1期(称名寺Ⅰ式併行期)：5例・同2期(称名寺Ⅱ式併行期)：2例＋Ⅲ期？2例、Ⅳ－1期(後期前葉・堀之内Ⅰ式併行期)：26例・同2期(堀之内Ⅱ式併行期)：23例＋Ⅳ期？20例(Ⅳ期とされているもの含む)、Ⅴ－1期(後期中葉・加曽利BⅠ式併行期)：9例・同2期(加曽利BⅡ・Ⅲ式併行期)：1例＋Ⅴ期？2例、Ⅵ期(後期後葉・曽谷・安行Ⅰ・Ⅱ式併行期)：1例(ただし不確実)、Ⅶ期(晩期前葉・安行Ⅲ式併行期)：2例

　少し乱暴だが、時期の不確実なものも含めて、各期ごとにまとめて整理してみると、Ⅰ期21例→Ⅱ期77例→Ⅲ期9例→Ⅳ期69例→Ⅴ期12例→Ⅵ期1例→Ⅶ期2例という事例数変化の傾向がとらえられよう。すなわち、この地域の柄鏡形(敷石)住居址は、Ⅲ期の事例は少ないが、Ⅱ期(中期終末期)とⅣ期(後期前葉期)にかけて事例数が集中する。第Ⅲ期を含めると、中期終末～後期前葉の事例が全体の約81％を占め、Ⅴ期以降、急激な事例の減少化、とくにⅥ期以降に入ると、その伝統がほぼ絶たれていくという傾向が指摘できる。こうした時期別変遷上の特徴は、関東・中部地域を中心とした柄鏡形(敷石)住居址分布主体地域に共通的に認められる傾向である。

　次に、各期ごとに柄鏡形(敷石)住居址事例の特徴について検討を加えてみる。

Ⅰ期・中期後葉期(第2図1～11)
　中期後葉段階の住居内に敷石が取り込まれ、埋甕を中心として、小張出が構築される時期に相当する。筆者のいう、第1期(出現期)にあたる。続く、Ⅱ期に見られるような典型的な柄鏡形(敷石)住居構造が完成する以前の段階である。この時期に特徴的なのは、奥壁部を中心とした空間に石柱・石壇施設が設けられるという特徴をもつ。石柱・石壇施設は、かつて分析したように、甲信地域から神奈川県西部域に集中し、屋内敷石敷設のルーツとなったものと理解される(山本 1994)。もちろん、この時期の住居内敷石敷設は、奥壁部に限られたものではなく、

第1節 相模川上流域 49

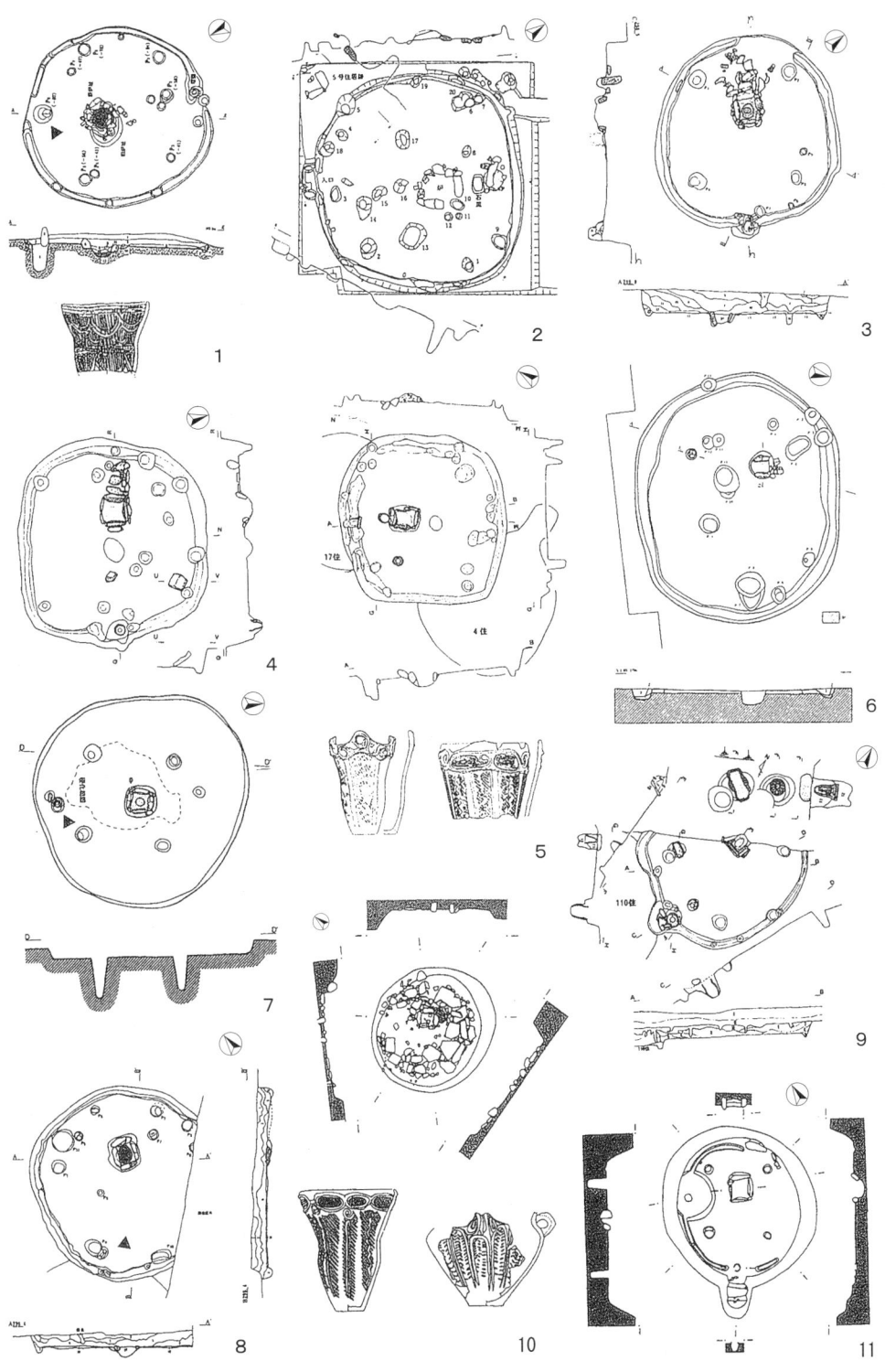

第2図　柄鏡形(敷石)住居址事例(1) Ⅰ期

1：山王平10, 2：川尻3-4, 3：大地開戸7, 4：寺原2, 5：寺原5, 6：川尻中村31, 7：向原中村1-1,
8：大地開戸29, 9：寺原111, 10：宮の前1, 11：宮の前3　　(縮尺：住居址1/180・土器1/18　以下同じ)

出入口部やそのほかの空間にも敷設されている。

　事例をみると、不確実なものを含めて21例が相当する。所属時期の明らかな事例中、約11％を占める。

　このうち、奥壁部に石柱（立石）をもつ例として、山王平10号住（第2図1）、宮谷白山10号住が、奥壁部に石柱・石壇もしくは石壇状の敷石をもつ事例として、川尻3-4号住（第2図2）、寸嵐一号5号住、大地開戸7号住（第2図3）、寺原2号住（第2図4）・5号住（第2図5）、狐原6号住、宮の前3号住（第2図11）例がある。奥壁部敷石と近い炉辺部に敷石をもつ例には、勝坂1826住・川尻中村31（第2図6）・49・70号住がある。

　一方、出入口部に石柱をもつ事例としては、山王平16号住・向原中村1区1号住（第2図7）・大地開戸29号住（第2図8）、出入口部埋甕に接して敷石をもつ寺原111号住（第2図9）例がある。寺原111号住は、他に西南壁寄りに底部穿孔し、逆位に埋設された埋甕上に石蓋が認められている。このほか、壁際に部分的な敷石をもつ例として、南J-2号住がある。このように、奥壁部を中心とした部位に、石柱もしくは石壇をもつ例や、炉辺部に敷石をもつ例が多い傾向が指摘できるが、出入口部の石柱や敷石の存在も確実に認められる。

　こうした事例のほかに、この時期として、とくに注目されるのが、宮の前1号住（第2図10）の事例である。この住居は径約3.4mの竪穴住居址で、全面に敷石をもつ。張出部は確認されておらず、埋甕は加曽利E式系後葉期の土器が用いられている。伴出する曽利式系統の土器は曽利Ⅳ末ないしⅤ式期古段階と考えられ、この段階にすでに住居床面全面に敷石を敷設した住居が存在していることが明らかである。一方、隣接して検出された、宮の前遺跡3号住（第2図11）は、階段状施設を伴う小張出が付設された住居で、敷石は奥壁部のやや東寄りの壁に接して立石状の石が認められている。時期的には埋甕から判断すると、宮の前1号住よりやや古い曽利Ⅳ式期に位置づけられる。1号住に確実に張出部が存在していなかったのかどうか確かめようがないが、もし、それが正しいとすると、櫛原功一が指摘しているように、この地域の中期後葉段階にまず、「柄のない敷石住居」（櫛原 2004b）が成立していたことになるが、3号住例のように小張出部を有し奥壁部に立石（？）を伴う事例が前段階に存在していることや、1号住自体も、報告によれば「住居址北壁際には、小さな立石、石棒、磨石や角礫のまとまりが認められ、あたかも祭壇を思わせるものであった」（報告書12頁）という所見も中期後葉における奥壁部石柱・石壇との関連がうかがえるものといえよう。この地域における柄鏡形（敷石）住居の出現期をどうとらえるかについては、後節で再論したい。

Ⅱ期・中期終末期（第4図1〜5図8）

　典型的な柄鏡形（敷石）住居構造が完成された段階である。事例数は多く、70例で、ほかにⅡ期と思われる事例が7例があり、それらを含めると、77例となる。所属時期の明らかな事例中、約40％を占める。神奈川県内52例、山梨県内25例である。

　柄鏡形（敷石）住居址の構造が竪穴であったか、平地式であったかという議論があるが、Ⅲ期

の事例中には田名花ヶ谷SI-34号住(第4図1)に典型のように、竪穴構造が明瞭にとらえられる事例が22例あり、Ⅲ期以降も確実に、竪穴構造が存在することから、基本的な構造は竪穴であったものと理解されよう。中期後葉以前とは異なり、Ⅲ期以降、黒土層中に床面が構築される場合が多いことが、竪穴構造を確認できない理由と思われる。

　主体部の形状はこの時期、前段階からの伝統を受け継いで、円形ないし略円形のプランをもつものがほとんどで、長軸・径が5〜3m前後の概して小形の規模をもつものが多い(第3図)。また、張出部の形状も、筆者がA-2型とする、長柄タイプのものがほとんどで、きわめて画一的なありかたを示している。柱穴は黒土層中に構築された事例では確認できない事例が多いが、確認された事例のほとんどが、壁柱穴をもつ事例となり、中期後葉段階の主柱穴構造から壁柱穴構造への劇的変化がうかがえる。なかには、敷石の敷設との関係から、新戸J-1号敷石住(第4図2)例や川尻中村91号住(第4図3)のように、壁外に柱穴をめぐらすタイプも存在する。新戸遺跡ではこの事例が多く確認されている。

　炉址は、石囲炉が48例、石囲埋甕炉が8例、地床炉が6例と、炉石をもつものが圧倒的多数を占めている。地床炉としたものも、炉石が抜去されたもが含まれるだろうから、石囲炉が一般的なありかたと考えられる。

　この傾向は敷石の敷設状態と関係していると思われる。敷石の敷設状況は、住居址の遺存状態が不良なため、部分的な敷石しか検出しえないものを除くと、全面ないし、ほぼ全面に敷石をもつもの28例と多い。典型的な事例をいくつかあげると、新戸J-4号敷石住(第4図4)、当麻第3-3号敷石住(第4図5)、川尻中村91号住、北原№10・11北J-1号住(第4図6)のほか、山梨県域では、大月6-1号住(第4図7)などがある。この全面敷石敷設の傾向は相模川上流域から甲信地域・北関東西部地域の山間部域の特徴であるが、全面敷石とは別に明らかな部分的な敷石をもつ例をみると、際だった特徴が指摘できる。それは、周壁部と張出部への敷石敷設のこだわりである。周壁を縁石状に巡らす事例としては、青根馬渡J-4号住(第4図8)、北原J-2号住(第4図9)などがある。また、周壁と張出部に敷石をもつタイプも多く、田名花ヶ谷SI-40号住(第4図10)、当麻第3-4号敷石住(第4図11)や、全面敷石に近いものかもしれないが、寺原10号住(第5図1)などもその類例といえる。山梨県域では、原・郷原例(第5図2)も主体部空間に一部敷石をもつが、このタイプに近い例といえよう。張出部への敷石敷設事例には、新戸J-5号敷石住(第5図3)、寺原6号住(第5図4)、大倉(第5図5)例などがある。いずれにせよ、相模川上流域におけるⅡ期の柄鏡形(敷石)住居址例は敷石の敷設をするのが一般的であったものと思われ、柄鏡形敷石住居構築の中心地域であったことは間違いない。

　次に、この期の埋甕の設置状況をみてみよう。不確実な事例を含めてⅡ期の事例数は77例を数えることができたが、そのうち、39例に埋甕の埋設が認められている。事例の約51%の柄鏡形(敷石)住居址に埋甕が埋設されていることになる。遺存状態が悪く、埋甕の存在が不明な事例も多いことから、実際には、埋甕を埋設される率はもっと高くなると考えられよう。このことは、中期後葉段階以来の伝統が継続されていることを意味しているが、この傾向は柄鏡形(敷

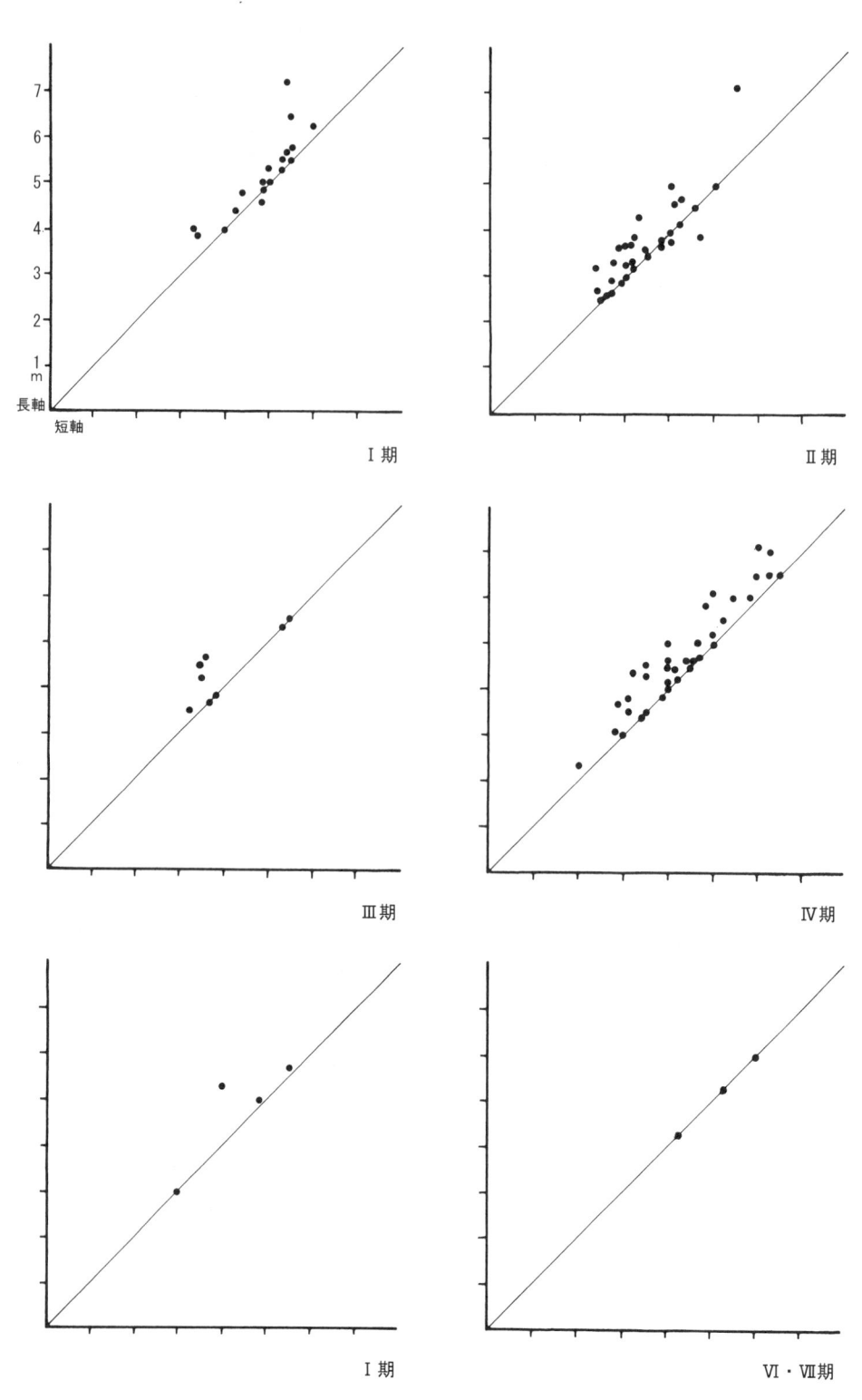

52 第2章 柄鏡形(敷石)住居の地域的展開

第3図 相模川上流域の柄鏡形(敷石)住居址の時期別主体部規模

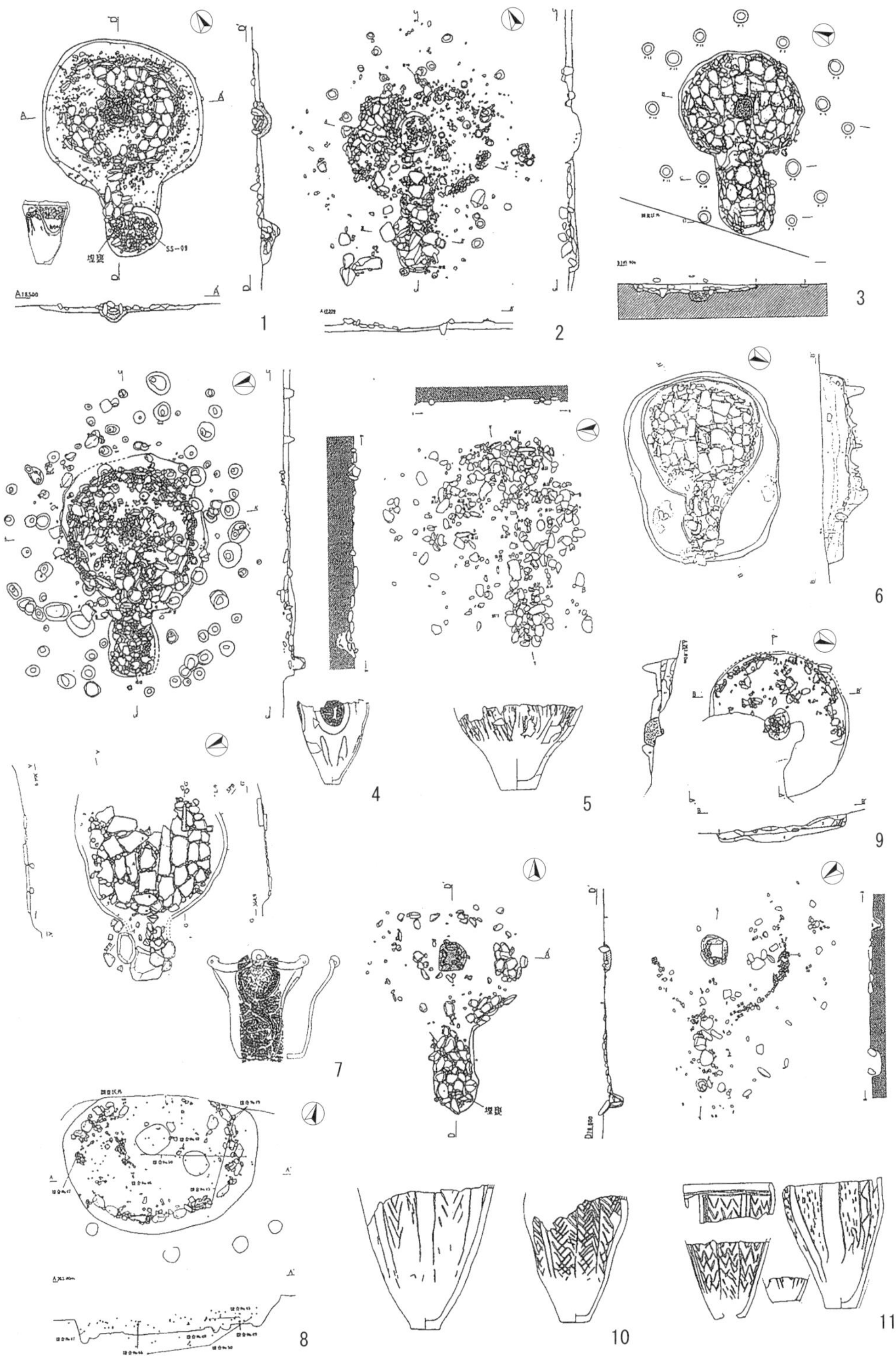

第4図　柄鏡形(敷石)住居址事例(2)　Ⅱ期

1：田名花ヶ谷34，2：新戸1，3：川尻中村91，4：新戸4，5：当麻第3-3，6：北原1，7：大月1，
8：青根馬渡№2-2，9：北原2，10：田名花ヶ谷40，11：当麻第3-4

石)住居址の分布中心地域での共通的な傾向といえよう(山本 2002,257-300頁)。埋設個数は1個体が多いが、中には、2個体埋設例が11例、3個体埋設例が2例ある。当麻第3-4号敷石住例は、2個体の入子状態に埋設された中に底部が入っていたもので、厳密にいうと2個体例に含まれるかもしれない。2個体埋設例では、この入子状態埋設が4例確認されている。また、3個体埋設事例の新戸J-2号敷石住、当麻第3-4号敷石住も先端部の埋甕は入れ子状態であった。埋設位置は場の限定性が顕著である。事例中、張出部と主体部の接続部、もしくは出入口部埋設9例、張出部先端部埋設20例、張出部空間埋設2例、接続部と先端部埋設6例、接続部と主体部空間埋設1例、先端部と主体部埋設1例からなり、出入口空間、とくに張出部への埋設が主体を占めているのである。このことから容易に想定されるように、張出部の生成は深く埋甕と関わっていたことは明らかといえよう。主体部空間の埋設で特異な事例としては、勝坂D地点隣接地2号敷石住(第5図6)のように、出入口空間部とは別に奥壁部に埋設された例があげられる。張出部の接続部と先端部に埋設される事例としては、新戸J-2号敷石住(第5図7)や、上中丸95号住(第5図8)のように、埋甕上面に石蓋をもつ例などがある。

　相模川上流域では、八ヶ岳西南麓から甲府盆地域に分布の中心をもつ曽利式系統の土器と南関東に分布の中心をもつ加曽利E式系土器という、系統の異なる土器が複雑に流入、融合する特徴がとらえられるが、埋甕に用いられた土器の系統差に着目してみると、不明な事例を除くと、加曽利E式系土器30例、曽利式系土器17例であり、加曽利E式系土器が主体を占める(註2)。このことは、柄鏡形(敷石)住居構造成立過程の事情を反映していることが考えられよう。すなわち、完成された柄鏡形(敷石)住居の成立には、関東西部域の加曽利E式土器分布主体地域が大きな影響力を有していたことが考えられるのである。しかし、埋甕事例中には曽利式土器終末期の土器の存在もあることから、Ⅰ期でも触れたように、柄鏡形(敷石)住居構造の、とくに敷石の敷設は甲信地域にその主体をみてとることが可能である。この点は後節で再論する。

Ⅲ期・後期初頭期(第5図9～6図4)

　この期の事例数は少なく、9例である。この流域に限らず、この時期は中期終末期から続く中期環状集落の崩壊段階にある一時的衰退期に相当する。事例は、神奈川県域に7例、山梨県域に2例認められる。土器型式別にみると、称名寺Ⅰ式併行期5例、同Ⅱ式併行期2例、称名寺式併行期と思われるもの2例である。

　竪穴構造をとるものが多く7例を数える。プランは2期の伝統を受けて、円形ないし楕円形を呈する。主体部の規模もⅡ期と変化はない(第3図)。張出部の形状もⅡ期の伝統を受け継ぎ、長柄タイプのものが6例を占める。田名花ヶ谷SI-13号住(第5図9)は周壁に小礫を巡らす全面敷石タイプの事例であるが、張出部の敷石のありかたは、接続部でやや括れており、短柄型に近いものの、Ⅳ期以降に盛行する、凸字タイプに近いありかたを示している。

　柱穴がとらえられた事例では、壁柱穴ないしそれに近いものが6例と、これもⅡ期を踏襲し

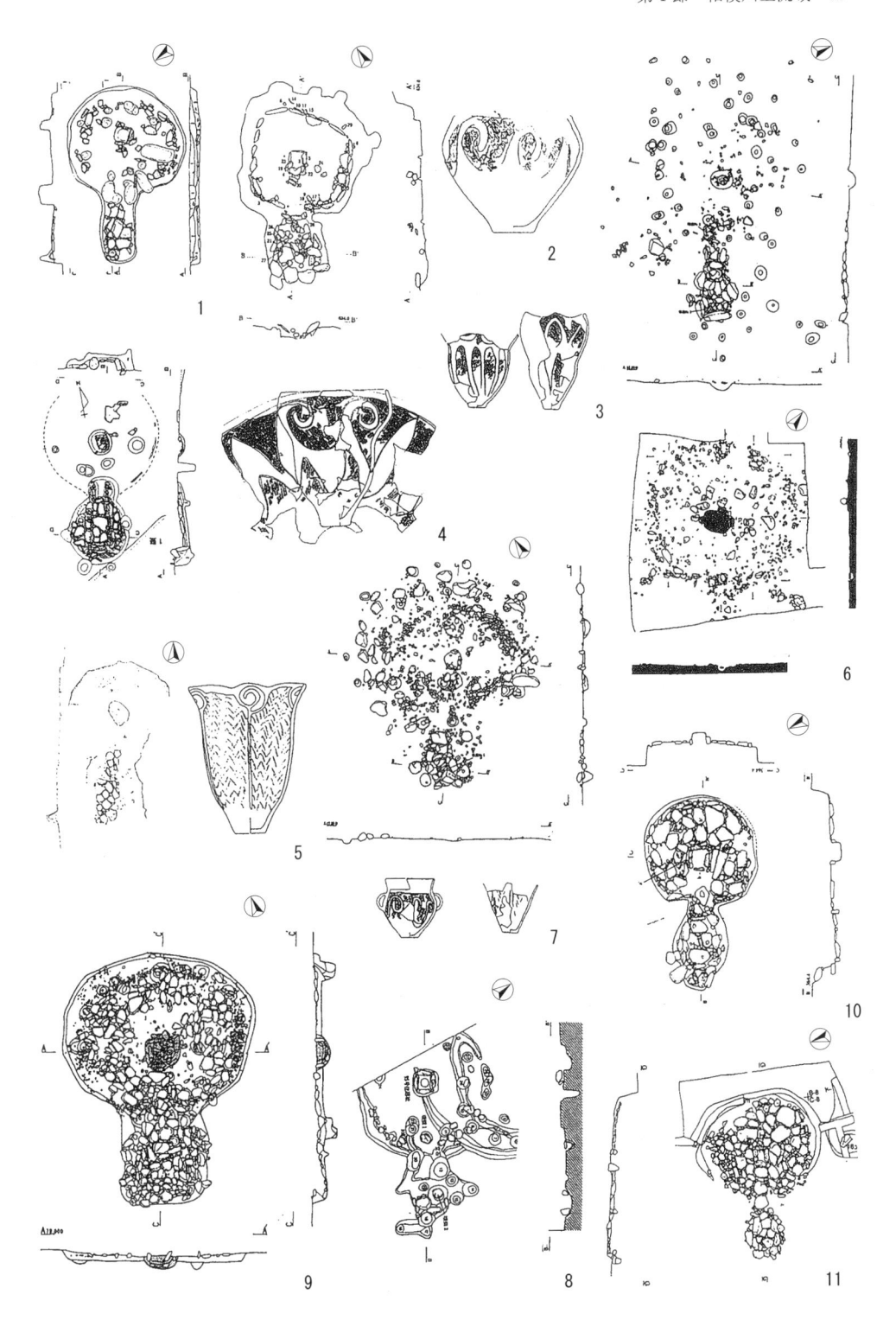

第 5 図　柄鏡形(敷石)住居址事例(3)　Ⅱ期・Ⅲ期
1：寺原10, 2：原・郷原, 3：新戸5, 4：寺原6, 5：大倉, 6：勝坂D隣接地2, 7：新戸2,
8：上中丸95, 9：田名花ヶ谷13, 10：大月13, 11：塚越

ている。炉址は、石囲炉6例、石囲埋甕炉2例である。田名花ヶ谷SI-13号敷石住は炉床近くに土器片を敷いた石囲埋甕炉に近い事例である。

　敷石の敷設状況をみると、全面敷石をもつ例が3例で、前掲の田名花ヶ谷SI-13号敷石住のほかに、大月13号住(第5図10)、塚越1号住(第5図11)例がある。部分敷石例では、張出部空間に敷石をもつ例が5例と、Ⅱ期と同様な傾向が指摘できる。とくに、下溝上谷開戸B-3号住(第6図1)は炉辺部から張出部、田名塩田B区J-1号住(第6図2)は主体部は散漫な敷石で張出部に敷石をもつ。ナラサスJ-2号住(第6図3)は上下に重複する住居址でやはり張出部を中心に敷石された例である。

　一方、埋甕の埋設例をみると、明らかに埋設されない事例が8例となり、急激な衰退化が指摘できる。唯一埋設が認められた事例は、当麻第3-6号敷石住(第6図4)例である。張出部のみの検出でプランは不明であるが、先端部に埋設されたものである。埋甕ではないが、塚越1号住例は、張出部に深鉢形土器型土器が破砕状態で敷き詰められた事例であり、埋甕と関連する可能性もある。富士河口湖町からの発見でもあり、その地理的位置が興味深い。

　このように、2期の事例はいまだ少なく、その特徴を十分にとらえるには至らないが、傾向として、Ⅱ期の伝統を受け継いでいるものと判断される。

Ⅳ期・後期前葉期(第6図5～8図6)

　Ⅲ期に一時的衰退期を迎えたが、Ⅳ期に入り、再び構築が活発化する。この時期の事例は不明確な事例を含めて69例である。型式別にみると、堀之内Ⅰ式併行期26例、同Ⅱ式併行期23例、堀之内式併行期と考えられるもの20例に分かれる。Ⅳ期は事例全体からみると、約36％を占める。県別にみると、神奈川県域53例、山梨県域16例である。

　次節でも触れるが、この時期の事例の多くは、中期から継続して営まれた集落に認められるのではなく、後期以降に形成された集落址に検出される特徴をもつ。このことは、中期的な集落の解体後にⅢ期の一時的衰退期を経て、Ⅳ期に入って、再び集落の形成が活発化したことを意味しているものと思われる。

　竪穴式構造がとらえられている例は37例と多く、基本的には掘り込みをもつものと思われる。また、プランは、円形・楕円形をもつもの42例と前段階の伝統を継承しているが、隅円方形・方形を呈するものが11例と、形状が円形から方形へと変化する傾向がとらえられる。円形・楕円形を呈する代表的な事例としては、下溝鳩川B-1号住(第6図5)、当麻亀形1号敷石住(第6図6)、田名塩田・西山1号住(第6図7)、寸嵐二号1号住(第6図8)、中谷1号住(第6図9)など、方形・隅円方形を呈する代表的な事例としては、稲荷林(第7図1)、田名塩田・西山4号(第7図2)～6号住、北原J-1号住(第7図3)、同J-4号住(第7図4)、表の屋敷J-2号住(第7図5)、塩瀬下原4次1号住(第8図1)などをあげることができる。主体部の規模は、第3図に示したように、この時期に入って、長軸5ｍ前後の比較的大形の住居が多くなる傾向がとらえられる。

第 1 節 相模川上流域　57

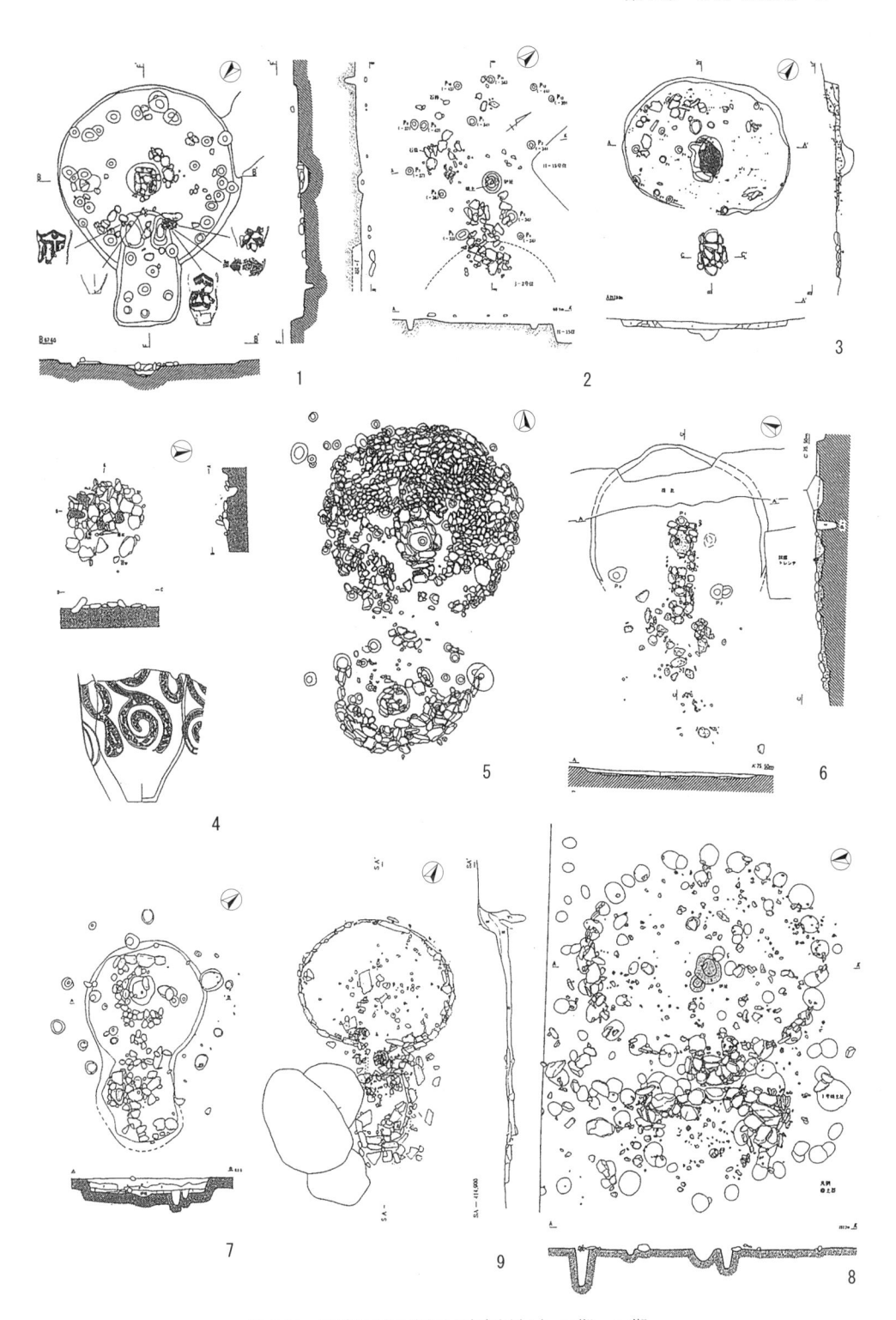

第 6 図　柄鏡形(敷石)住居址事例(4)　Ⅲ期・Ⅳ期
1：下溝上谷開戸 B-3, 2：田名塩田 B-1, 3：ナラサス 2, 4：当麻第 3-6, 5：下溝鳩川 B-1,
6：当麻亀形 1, 7：田名塩田・西山 1, 8：寸嵐二号 1, 9：中谷 1

張出部をみると、前段階までの単純に突出する短柄・長柄タイプも21例と存在するが、ほかに、ヒゲ状を呈する田名塩田・西山4号・7号住例や、下溝鳩川B-1号住、稲荷林、九坊院(第8図2)、寸嵐二号1号住、塩瀬下原4次1号住などのように凸字状の張出部をもつ事例が10例知られており、張出部構造の変化が顕著となる。中には下溝鳩川B-1号住のように、張出部の肥大化する傾向も指摘できる。ただ、張出部構造の変化が、なぜ生じたのか、上屋構造との関係がどのようなものであったのかは、いまだ明らかではない。柱穴配置は、壁柱穴を維持するが、田名塩田・西山1・3号住や表の屋敷J-2号例など壁外に柱穴を巡らせるタイプのものもみられる。炉址は、圧倒的に石囲炉を伴う例であり、確実に地床炉をもつものは少ない。

　この時期の敷石の敷設のありかたも前段階と比較すると際だった変化を看て取ることができる。全面に敷石が敷設された例は、下溝鳩川B-1号住やナラサスJ-1号住(第8図3)、北原J-4号住、北原J-1号住例などがあるが、事例的には少ない傾向が指摘できる。これに対して、部分的な敷石をもつ事例にいくつかの特徴的な傾向が現れてくるのである。一つは、石囲炉から張出部にかけての主軸空間に敷石を敷設する事例である。当麻亀形遺跡1・2・3号敷石住(第8図4)例や九坊院例、田名塩田・西山1号・3号住(第8図5)などがその代表的な事例である。この炉址から張出部にかけての主軸空間に敷石する傾向と連動するかのように、この時期、壁際に礫を巡らす、いわゆる環礫方形配石をもつ住居、及び、壁外に周堤礫を巡らす住居が出現する。環礫方形配石はないが周堤礫を巡らす北原J-4号住(第7図4上図)、表屋敷J-2号住例や、塩瀬下原4次1号住例のように、主体部に炉址を中心として十字架状の敷石をもつ例、池之元7-1号(第8図6)・7-3号住例のように周堤礫をもつ例などがみられる。稲荷林例もこの類例に含まれるものと思われる。環礫方形配石や周堤礫を構築当時から存在していたかどうか見解が分かれるが、この点については後節で触れることとしたい。

　埋甕の埋設にも大きな変化が看て取れる。すなわち、この時期の事例中、埋甕の埋設が不明なものを除くと、埋設の認められない事例が圧倒的多数を占め、埋甕が確認された事例は相模原市№.104-JS101号住とナラサスJ-1号住の2例のみである。№.104例は部分検出でプランが不明であり確実性に乏しいので、ナラサスJ-1号住例が確実な唯一の例となる。中期後葉期に盛行をみた住居内埋甕風習は、後期前葉段階でほぼその伝統を絶つものと理解される。この傾向は、柄鏡形(敷石)住居が構築された地域での一般的な傾向といえよう。

　このように、Ⅳ期に入って、柄鏡形(敷石)住居の構造には大きな変化が生じていることが、相模川上流域の事例からも明らかであろう。

第1節 相模川上流域 59

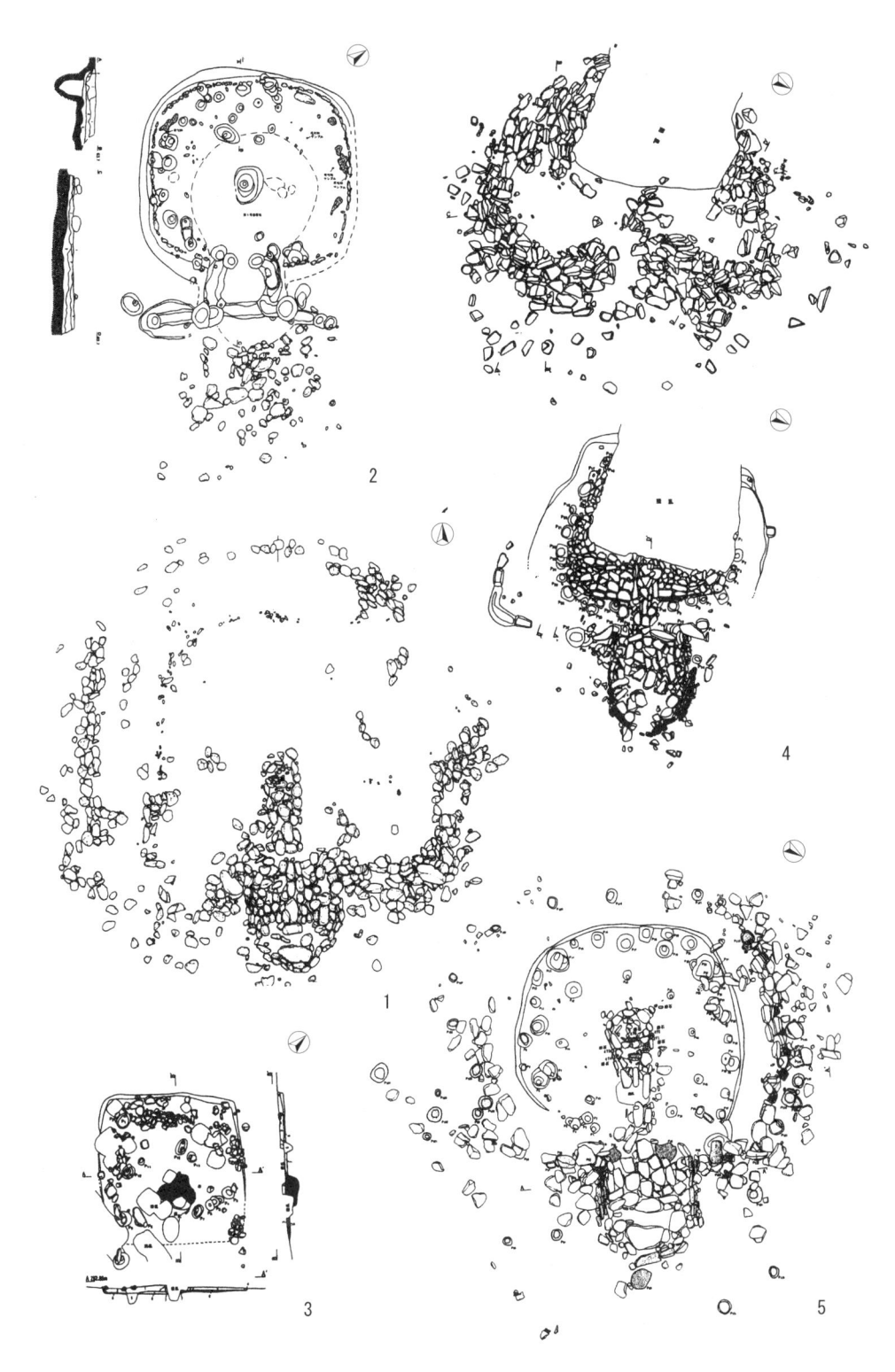

第7図 柄鏡形(敷石)住居址事例(5) Ⅳ期
1：稲荷林，2：田名塩田・西山4，3：北原1，4：北原4（上段は周堤礫），5：表の屋敷2

Ⅴ期・後期中葉期(第8図7～9)

　この期以降発見事例数は激減し、柄鏡形(敷石)住居構築の伝統が急激な衰退化を遂げていく。発見された事例は12例で、事例全体からみると、Ⅴ期は約6％にすぎない。県別にみると、神奈川県域9例、山梨県域に3例である。

　竪穴構造がとらえられているものは3例にとどまる。主体部形状は円・略円形2例、隅円方形・方形のもの6例、形状不明4例であり、方形基調のプランが主体を占めるようになる。規模は第3図に示したように、計測可能な事例では長軸5ｍ規模のものが多く、Ⅳ期と同様な傾向を示している。張出部の構造が明瞭にとらえられた事例をみると、ヒゲ状の張出部をもつ馬場No.6‐J‐7号住、凸字状張出・敷石をもつ例が、津久井町No.2(川坂)J‐1号住(第8図7)、青根馬渡No.4‐1号住(第8図8)、馬場(No.6)J‐4号住(第8図9)例がある。このうち、津久井町No.2(川坂)J‐1号住では環礫方形配石が、青根馬渡No.4‐1号住と馬場(No.6)J‐4号住例には環礫方形配石と周堤礫を伴っており、Ⅳ期の表屋敷J‐2号住や塩瀬下原4次1号住との類似性が強くうかがえ、Ⅴ期に入って、こうした構造、敷石・配石をもつ住居が主体を占めるようになる。柱穴は確認された事例を見る限り壁柱穴が一般的と思われる。また、炉址も石囲炉が主体を占める。埋甕は事例中に認められず、ほぼこの段階には埋甕風習は終焉していたものと思われる。

　このように、Ⅴ期の事例はいまだ少ないが、Ⅳ期からの構造上の変化を受け継ぎ、方形を基調として、環礫方形配石や周堤礫を伴い、炉址から張出部にかけて凸字状に敷石をもつ住居構造へと変化を遂げていたことがとらえられよう。

Ⅵ期以降・後期後葉期以降(第9図1・2)

　後期後葉以降の事例はきわめて限られる。山梨県富岡例(第9図1)は安行Ⅰ式とされるが、調査時点が古く、確実性に乏しい。Ⅶ期・晩期初頭の事例では、青山開戸J‐4号住(第9図2)が安行Ⅲa式期に相当する。方形プランで4本の主柱穴と、壁際を巡る小柱穴群をもち、地床炉が出入口寄りにあり、出入口部は対状のピットをもち、関東南部の晩期前葉段階の住居構造と共通性を示している。出入口付近に配石風の石は認められるが、敷石の床面敷設は認められない。この住居を柄鏡形(敷石)住居の系譜の中にとらえるべきか異論はあろうが、張出部の変容した最終的な姿としてとらえておきたい。ほかに、詳細は不明だが、尾咲原第2地点2号住は晩期初頭・清水天王山式土器を伴い、小張出部を有し、壁際に周堤状の積み石をもつ住居址で柄鏡形(敷石)住居址の伝統を受けた可能性のうかがえる事例である。

　このように、相模川上流域では、Ⅵ期以降、事例はきわめて限られたものとなり、Ⅴ期からⅥ期にかけて柄鏡形(敷石)住居の構築は終焉を迎えたものと考えられる。

　以上、相模川上流域における柄鏡形(敷石)住居址事例のありかたから、時期別にみた特徴について触れてみた。

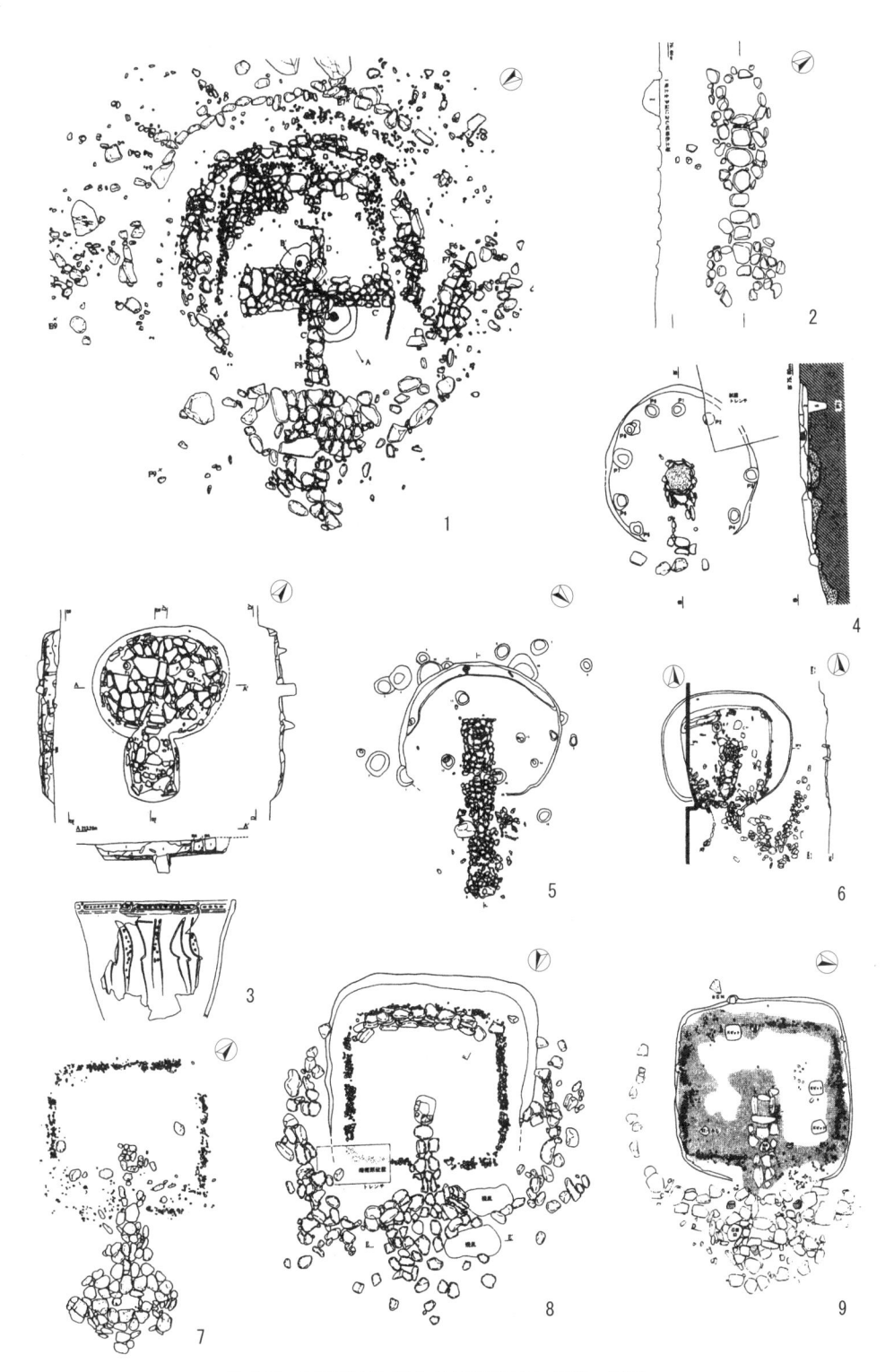

第 8 図　柄鏡形(敷石)住居址事例(6) Ⅳ期・Ⅴ期
1：塩瀬下原 4-1，2：九坊院，3：ナラサス 1，4：当麻亀形 3，5：田名塩田 3，6：池之元 7-1，
7：津久井町№.2，8：青根馬渡№.4-1，9：馬場 4

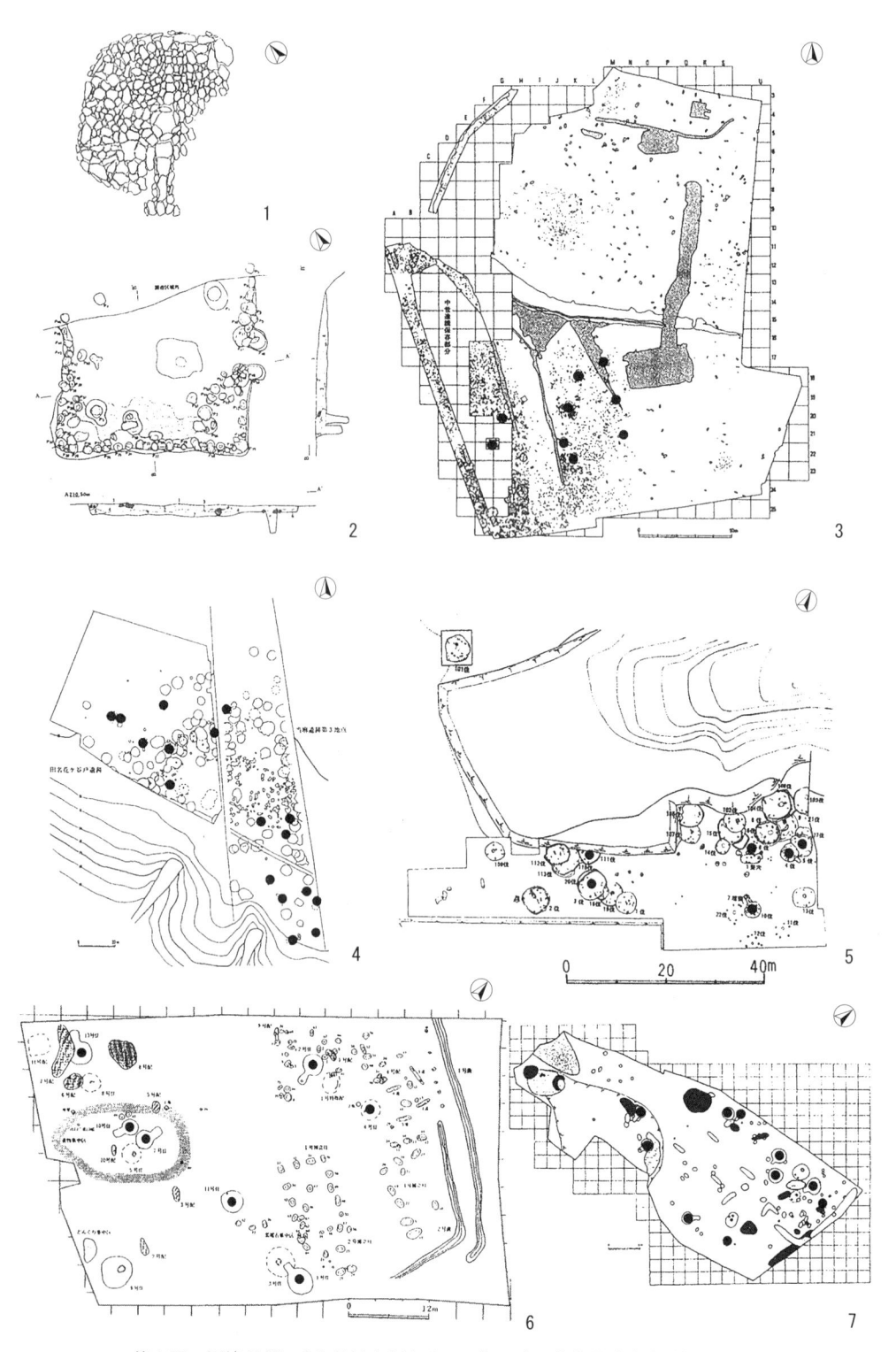

第9図　柄鏡形(敷石)住居址事例(7)　Ⅵ期以降、集落構造(1)(縮尺不同)
1：富岡，2：青山開戸4，3：新戸遺跡，4：当麻第3・田名花ヶ谷遺跡，5：寺原遺跡，6：大月遺跡，7：中谷遺跡　●印が柄鏡形(敷石)住居址

3．集落址におけるありかた

　近年、大規模開発に伴い集落規模での発掘調査事例が増加し、それに伴って一集落址内に複数の柄鏡形(敷石)住居址事例が検出される例も増加してきている。ここで取りあげた相模川上流域でも、神奈川県域では、新戸、下溝鳩川、当麻亀形、当麻第3・田名花ヶ谷、田名塩田・西山、川尻、原東、大地開戸、寺原、北原(No.9)、馬場(No.6)、表屋敷、南、山梨県域では、塩瀬下原、大月、中谷、尾咲原などの遺跡に複数の事例が報告されている。

　これらの遺跡のありかたをみると、前節でも指摘したが、大きく二時期に分かつことができる。一つは、中期環状集落の継続最終段階に形成される事例で、新戸、当麻第3・田名花ヶ谷、川尻(註3)、原東、大地開戸、寺原、南、大月遺跡が相当する。他の一つは後期集落址中に形成される事例で、下溝鳩川、当麻亀形、田名塩田・西山、川尻、北原(No.9)、馬場(No.6)、表屋敷、塩瀬下原、中谷、尾咲原が相当する。前者を中期型集落址、後者を後期型集落址と便宜的に呼んで、それぞれ、比較的、柄鏡形(敷石)住居址の集落構造をとらえることが可能な事例について、取りあげてみよう。

(1) 中期型集落址におけるありかた

新戸遺跡(第9図3)

　本遺跡からは9軒の柄鏡形(敷石)住居址が検出されている。ほかに柄鏡形(敷石)住居址構築以前の中期後葉段階に相当する16軒の竪穴住居址が検出されている。これらの住居址は調査区の南西部に集中しており、調査区外に中期集落の本体が存在している可能性が強い。柄鏡形(敷石)住居址は、いずれも中期終末期に属するもので、中期後葉の住居址群とはやや離れた位置に存在する。加曽利E式終末段階の土器と曽利式土器終末期に関係する雨垂れ状の列点をもつ土器が伴っている。9軒が同時存在したのではないにせよ、近接した時期に構築されたものと判断されよう。中期環状集落の構造が崩壊する段階に構築されたことを示す典型例といえる。

当麻第3・田名花ヶ谷遺跡(第9図4)

　国道建設に伴い、先行調査されたのが当麻第3遺跡で、その後、区画整理事業に伴いその西側部分が調査されたのが田名花ヶ谷遺跡である。遺跡名は異なるが、本来は同一遺跡である。中期大規模環状集落址であるが、発見された柄鏡形(敷石)住居址は当麻第3遺跡で10軒、田名花ヶ谷遺跡で7軒、総数17軒という多数にのぼる。その配置は第9図4に示したとおり、その多くは中期環状集落構造の外縁に存在しており、新戸遺跡と同様、環状構造崩壊後に形成されたことをうかがわせている。時期は、2軒が称名寺Ⅰ式期に相当するほかは、中期終末期に位置づけられる。加曽利E式終末期の土器とともに曽利式終末期のハの字状、雨垂れ状列点をもつ土器も出土している。加曽利E式終末期の柄鏡形(敷石)住居址が全て同時存在ではないにせよ、近接した時期に構築されていた可能性は強い。

寺原遺跡(第9図5)

　本遺跡は集落全域が調査されたものではないが、柄鏡形(敷石)住居址成立期の様相を知るうえで貴重なデータを提供している遺跡である。おそらくは環状構造をとる集落址と考えられるが、中期後葉から終末期の竪穴住居址が28軒検出されている。2号住は前述したように、石柱・石壇と出入口部埋甕を伴う小張出部をもつ住居で、典型的な第1期の柄鏡形(敷石)住居址に相当する。また、111号住は、小張出を伴う出入口部埋甕に接して敷石をもつ例であり、奥壁部に限らず出入口空間への敷石敷設の初源形態とみなされる。こうした時期を経て、中期終末期の柄鏡形敷石住居址が3軒検出されている。出土土器は拓影図・実測図による限り、加曽利E式系土器が主体を占めている。

　集落構造の全貌がとらえられていないので、当麻第3・田名花ヶ谷遺跡と同様なありかたを示すかどうかはわからないが、中期後葉に入って、柄鏡形(敷石)住居の初源構造が生まれ、続く中期終末期に一気に柄鏡形(敷石)住居構造が完成した遺跡としてとらえることが可能であり、その間に時間的な懸隔は認めがたい。

大月遺跡(第9図6)

　山梨県側では、大月遺跡がその代表的な例といえよう。都留高校の敷地内を中心とした遺跡で、過去何度か調査が行われているが、第6次の調査において中期終末期の柄鏡形(敷石)住居址が7軒検出されている。大月遺跡の柄鏡形(敷石)住居址の詳しい分析は、笠原みゆき(1999a)によりなされているので、それにゆずるが、中期後葉の竪穴住居は少なく、柄鏡形(敷石)住居址が主体をなしている。加曽利E式終末期の土器を主体として曽利式終末期の土器を含む。13号住は称名寺I式段階に相当しよう。このうち、11号住は張出部が確認されない円形プランの全面敷石をもつ住居址で、埋甕は曽利V式である。本遺跡の場合、中期後葉期との関係は明瞭にしえないが、曽利式土器終末段階には、プラン全面に敷石を敷設する事例が存在することに注目しておく必要があろう。

中谷遺跡(第9図7)

　本遺跡も柄鏡形(敷石)住居址を主体とする集落址で、山梨リニア実験線建設の調査のさい、柄鏡形(敷石)住居址が10軒検出されている。中期終末期に相当するものが7軒、後期前葉・堀之内式期の柄鏡形(敷石)住居址が3軒検出されている。集落全体が調査されているわけではないので、断定はできないが、調査した範囲からみると、環状の配置をとるが、張出部の方向をみると、広場を囲む求心的な構造はとらえられない。中期終末期から後期前葉期への継続性はうかがえないが、大月遺跡と同様に、中期後葉の竪穴住居の検出は少なく、中期集落との関係は明らかではない。出土土器から見る限り、たとえば12号住例のように、曽利式土器終末期の土器を伴う全面敷石をもつ柄鏡形敷石住居址が存在していることが注意される。

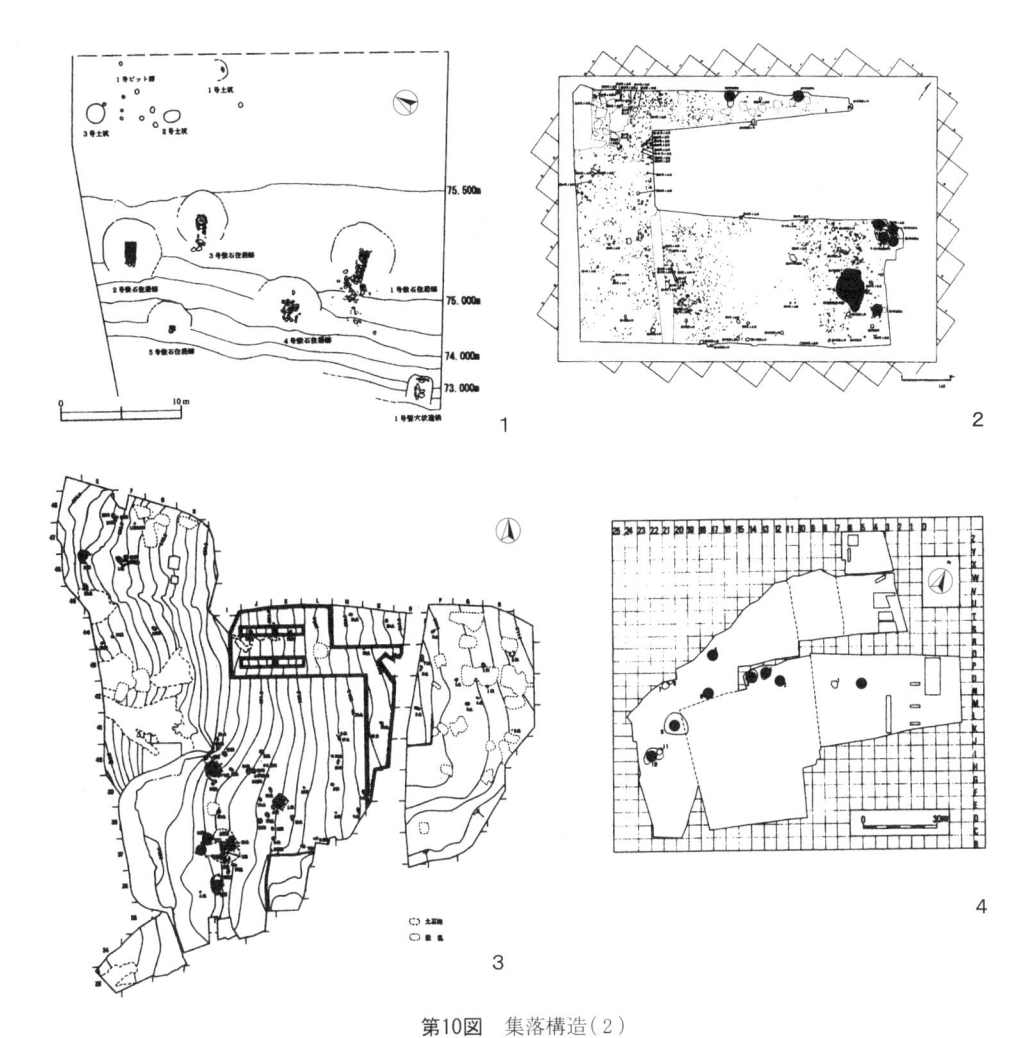

第10図　集落構造（2）
1：当麻亀形遺跡，2：田名塩田・西山遺跡，3：北原(No.9)遺跡，4：塩瀬下原遺跡(1～3次)

(2) 後期型集落址におけるありかた

当麻亀形遺跡(第10図1)

道路幅の調査のため集落構造は不明であるが、相模川、田名原段丘面の崖線縁辺部に5軒の柄鏡形(敷石)住居址が検出されている。

報告で「1号竪穴状遺構」としたものも敷石のありかたから柄鏡形(敷石)住居址の可能性が考えられる。ほほほ崖線に沿って、列状に検出されているが、張出部は崖線側にすべて向いている。また、発見された住居址の敷石のありかたも特徴的で、炉辺部ないし、炉辺部から張出部に直線状に敷石される特徴をもつ。こうした特徴は前節でも触れたように、この時期の敷石敷設の一つの特徴である。いずれも堀之内式期の住居址でⅠ式期とⅡ式期が含まれている。

田名塩田・西山遺跡(第10図2)

相模川河岸段丘低位面である陽原面に形成された遺跡で、集落の全貌は不明であるが、7軒

の柄鏡形(敷石)住居址が検出されている。ほかに時期の異なる縄文時代の住居址は検出されていないことから、堀之内式期の単独集落址と考えられる。1・4～6号住は一箇所で重複する住居址群である。とくに4号住は、ヒゲ状張出部をもち、その前面に敷石が敷設されている。また、3号住も典型的な炉辺部から張出部にかけて直線状に敷石されている住居址である。この遺跡では張出部位の敷石が顕著といえよう。時期的には、堀之内Ⅰ式からⅡ式にまたがっている。重複住居址からも時期的な違いがあるが、近接した時期に構築されたことは明らかであろう。

北原(No. 9)遺跡(第10図3)

6軒の柄鏡形(敷石)住居址からなる堀之内式期の単独集落址である。方形プランをもつJ-1号住や調査当初は配石遺構と区別されていたが、周堤礫を伴うものと思われるJ-4号住、同じく周堤礫をもち、縁石が明瞭なJ-7号住など、形態・構造上の違いがあるが、堀之内Ⅰ式からⅡ式にかけて構築された柄鏡形(敷石)住居址群である。堀之内Ⅱ式段階に周堤礫が伴うようになる傾向がとらえられよう。同様な傾向は近接する馬場(No. 6)遺跡でも看てとることができる。

塩瀬下原遺跡(第10図4)

第4次調査で検出された堀之内Ⅱ式期の十字架状敷石と環礫方形配石、周堤礫をもつ1号住が注目を集めたが、1～3次調査でも8軒の柄鏡形(敷石)住居址が検出されている。このうち、2軒は中期終末期に属するが、その他は堀之内式期から加曽利B式初頭段階の柄鏡形(敷石)住居址である。集落規模は不明であるが、柄鏡形(敷石)住居址は散在する。河岸礫層中に構築されており遺存状態はあまり良好とはいえない。

ほかに前述した中谷遺跡や尾咲原に後期に属する複数の柄鏡形(敷石)住居址が検出されている。尾咲原遺跡は中期終末～晩期前葉に至る事例を含み、ほかに石棺墓群を下面にもつ大規模な配石遺構、中期集落などを含む興味深い遺跡であるが、詳細が明らかにされていない。

4 ．相模川上流域の柄鏡形(敷石)住居址事例をめぐる問題

相模川上流域における柄鏡形(敷石)住居址事例について、これまで検討を試みてきたが、そのまとめとして、この地域の柄鏡形(敷石)住居址事例をめぐるいくつかの問題点について触れてみよう。

甲信地域との接点的位置にあるこの地域は、柄鏡形(敷石)住居址の発見事例も多く、その分布中心地域の一つと考えられ、その生成から終焉に至る過程が良好にとらえることができた。柄鏡形(敷石)住居址をめぐる近年の研究動向については、先に触れている(山本 2004)のでここでの重複は避けるが、旧稿発表後、柄鏡形(敷石)住居の成立過程について触れた櫛原功一の論攷が、本稿と関連性があるので取り上げておきたい。櫛原は、山梨県桂野遺跡の報告において、山梨県内の中期終末・曽利Ⅳ～Ⅴ式段階の敷石住居址を検討し(櫛原 2004a)、さらに、その

成果にもとづいて、該期に張出部をもたない敷石住居址の存在に着目し、それを「柄のない敷石住居」と呼んで、敷石住居の発生の問題について論じている（櫛原 2004b）。櫛原の論点は、筆者が主張する柄鏡形（敷石）住居の成立過程の解釈に対する疑問を、山梨県域にみられる「柄のない敷石住居」の存在から表明したものと筆者なりに理解しているが、確かに、櫛原があげだ事例中には、曽利Ⅳ式段階に遡る張出部をもたない敷石住居址が存在することは確かであり、敷石に限って言えば、住居内敷石全面敷設段階は、中期終末期より古い段階に成立していたことになる。問題は柄部すなわち張出部の成立と、どうリンクしてくるかということであろう。筆者なりの解釈からするなら、中期後葉段階以降に現れる住居内敷石敷設（石柱・石壇に代表される）が全面敷設化へと転換した好例を山梨県域の事例（相模川上流流域の事例からいうと、宮の前1号住）に看てとることができるが、当然、そのような全面敷設例が存在することは、中期後葉期竪穴住居→柄鏡形（敷石）住居への構造変化がスムーズであったことの傍証の一つと理解できるのである。

　問題は、本当に柄部、すなわち張出部がないのかどうかという点にある。櫛原は、「もともと柄部がなかった場合と、柄部の敷石などの構築物を何らかの原因で欠失した場合が想定される」（櫛原 2004b, 49頁註（1））としているが、ほかに、本当に張出部は無かったのか、という設問もあるのではないかと思う。調査所見に疑問を呈するのは、調査・報告者に失礼にあたるので、いささか気が引けるが、そのような場合も想定しておく必要もある。櫛原が挙げた御坂町教育委員会調査事例（望月他 2004）13号住では、埋甕を挟んで対ピットが存在しており、張出部の一形態とも理解できる。また、前述したように、宮の前遺跡では、3号住が石柱（？）と小張出をもつ住居址であり、張出部完成直前段階の様相を示している。ほかに、確実な例としては、やや疑問符がつくが、上中丸A-121号住のように縁石状の周礫をもち、出入口部倒置埋設埋甕が中期後葉の加曽利E式系土器で、張出状の敷石を有している例なども、張出部の生成と敷石敷設は無関係ではないことを示す例といえる。

　このようなことから考えると、筆者が考えているように、住居内敷石敷設は中部高地、もっと地域を絞るなら、ここで取り上げた、相模川最上流域、山梨県東部の曽利式後半段階に起源したものと理解できるかもしれない。そして、埋甕を中心とした小張出の突出と融合しながら、典型的な柄鏡形敷石住居として加曽利E式土器の影響下に成立をみたのが、中期終末期段階の相模川上流域と評価できるのではないだろうか。

　いずれにせよ、この地域での「柄のない敷石住居」を含めて、より細かな時期対比を行いながら今後とも検討してゆく必要があると思われる。

　次に、柄鏡形（敷石）住居址変遷の後半段階に出現する環礫方形配石と周堤礫について付言しておこう。相模川上流域には、こうした構造をもつ事例の検出例が多い。この問題については、筆者は何度か論じてきたし、その見解にいまだ変更を認めない。そのことは、先に柄鏡形（敷石）住居址の研究動向について触れた際にも、あらためて論じたところである（山本 2004）。この問題については、末木　健が再論している（末木 2006）が、筆者は同一時期のものとする立

場はとらない。すなわち、環礫方形配石と周堤礫は住居構造の一部ととらえるのではなく、住居廃絶に伴う特殊な行為＝廃屋儀礼として理解すべきと考えている。

本稿と関連しては、別に山梨県池之元遺跡の報告において、阿部芳郎により、詳しくその構築工程が考察され、結論としては、住居構造の一部と認識されている(阿部 1997, 169-185頁)。

詳しい論点は旧稿を参照願うとして繰り返さないが、住居構造の一部と考える立場の研究者にぜひ回答してもらいたいことがある。その一つは環礫方形配石や周堤礫をもつ住居址にしばしば認められる、焼失状態を示す焼土・炭化材・焼獣骨片の存在をどのように解釈するかという点である。もう一つは、本稿でも取り上げた、青根馬渡No.4遺跡1号住に見られる環礫方形配石の上面に存在する積石をどう解釈するかという点である。周堤礫と関わるかは別として住居内空間、しかも環礫方形配石の上面に積石された例は、その間に時間差を認識しない限り解釈は困難ではないだろうか。

ところで、相模川上流域とくに、山梨県東部、桂川周辺域の中期後葉の竪穴住居址には、宮の前遺跡3号住例に端的なように、覆土中に降下火山灰の純層が堆積する特徴がとらえられており、中期終末期に向かう時期に富士山の活発な火山活動が生じていたことがうかがえる。奈良泰史の分析によれば、「曽利Ⅲ式期またはその直後に、大規模な噴火活動が起こったものと想定される」(奈良 1984, 17頁)とのことであり、この地域での中期集落の崩壊もこのような現象から生じた可能性も考えられよう(山本 1981)。

註

（１）第1表にあげた遺跡事例の他にも、たとえば、山梨県上野原町(現・上野原市)大倉遺跡の報告書中に、長谷川　孟により相模川上流域の事例が集成されている例(長谷川 1981)などがあるが、遺跡名・位置などの詳細が確認できない遺跡も含まれており、それらは本稿では除外している。また、複数の柄鏡形(敷石)住居址が検出されているものの詳細が未報告のため、個々の住居址のデータが不明な事例については、便宜的ではあるが、1事例としてカウントしている。

（２）条線・櫛歯状条線文をもつものは加曽利E式系に、雨垂れ状列点をもつものは、曽利式土器末期の影響を受けた南西関東に特徴的な土器であるが、曽利式系に含めた。

（３）川尻遺跡は、中期環状集落と後期集落が複合する集落址である。全貌が明らかでないため、断定はできないが、中期と後期集落、断絶時期を挟んで、同一台地上に別々に形成されたものと考えられる。

　　追記　初出原稿発表後の追補事例は第1表末に追加している。

第2節　三浦半島・神奈川県西部域～伊豆半島周辺域

はじめに

　前節において、相模川上流域に検出されている柄鏡形(敷石)住居址事例の分析を行い、その地域的特性について検討を試みてみた。本節では、横浜・川崎市域を除く、引地川・境川水系(神奈川県側)、三浦半島域、相模川中・下流域、秦野盆地周辺と丹沢山地と花水川水系、酒匂川水系及び、静岡県域のうち、伊豆半島周辺域、富士・愛鷹山麓域を対象として柄鏡形(敷石)住居址事例の検討を試みることとする。いうまでもなく、この地域も、相模川上流域と同様に、曽利式土器の流入が著しいことで知られており、柄鏡形(敷石)住居址の様相も、ほぼ同様な傾向にある。また、近年伊豆半島周辺域では事例の発見が相次いでおり、神奈川県西部域との関わりにおいて検討する必要があるので、この両地域を含めて、本稿で取り扱うこととした。

　ただし、検討対象地域を広域としたため、事例数が多く、一覧表でのデータ提示と参考文献の列挙に頁数がかさんでしまったので、ここではデータの提示を優先させ、事例の細かな検討は割愛して、簡単な記述にとどめることとした。総じて、各時期の特徴は前稿の相模川上流域でのありかたと大きな差はないことが指摘できよう。

　なお、鶴見川流域と多摩川流域の川崎市・横浜市域の事例については、発見例が多数にのぼることや、地域的特性をやや異にするので、別に、第3節で取り扱うこととしたい。

1. 柄鏡形(敷石)住居址発見事例とその分布

　筆者の管見に触れた当該地域に発見された柄鏡形(敷石)住居址事例は、第2表に示したように、120遺跡342例である。県別にみると、神奈川県域86遺跡265例、静岡県域34遺跡77例である。ただし、事例数は一遺跡から複数の発見が報じられているものの、詳細が未報告のため不明なものも含んでおり、実数はさらに増えることから正確なものではない。また、管見に触れなかった事例や、発見が報じられているものの、報告等がなされていないため、ここで取りあげていない事例もあることを断っておく。

　第2表に示した標記の凡例は、第1節に示したのでここでは省略する。

　これらの発見遺跡の分布を第11図に示した(註1)。対象とした地域が前稿に比較して広いこともあるが、数多くの遺跡に事例が検出されていることがわかる。分布的傾向をみると、これまで類例の乏しかった三浦半島域にも近年事例が知られるようになったことが特徴としてあげることができる。また、相模川中・下流域や秦野盆地から丹沢山地周辺にも多くの遺跡が知られ、とくに複数の柄鏡形敷石住居址と配石遺構を伴う大規模な集落遺跡の存在が知られている。静岡県側では愛鷹山麓周辺、伊豆半島域では中伊豆と東伊豆に分布が集中する傾向がとらえら

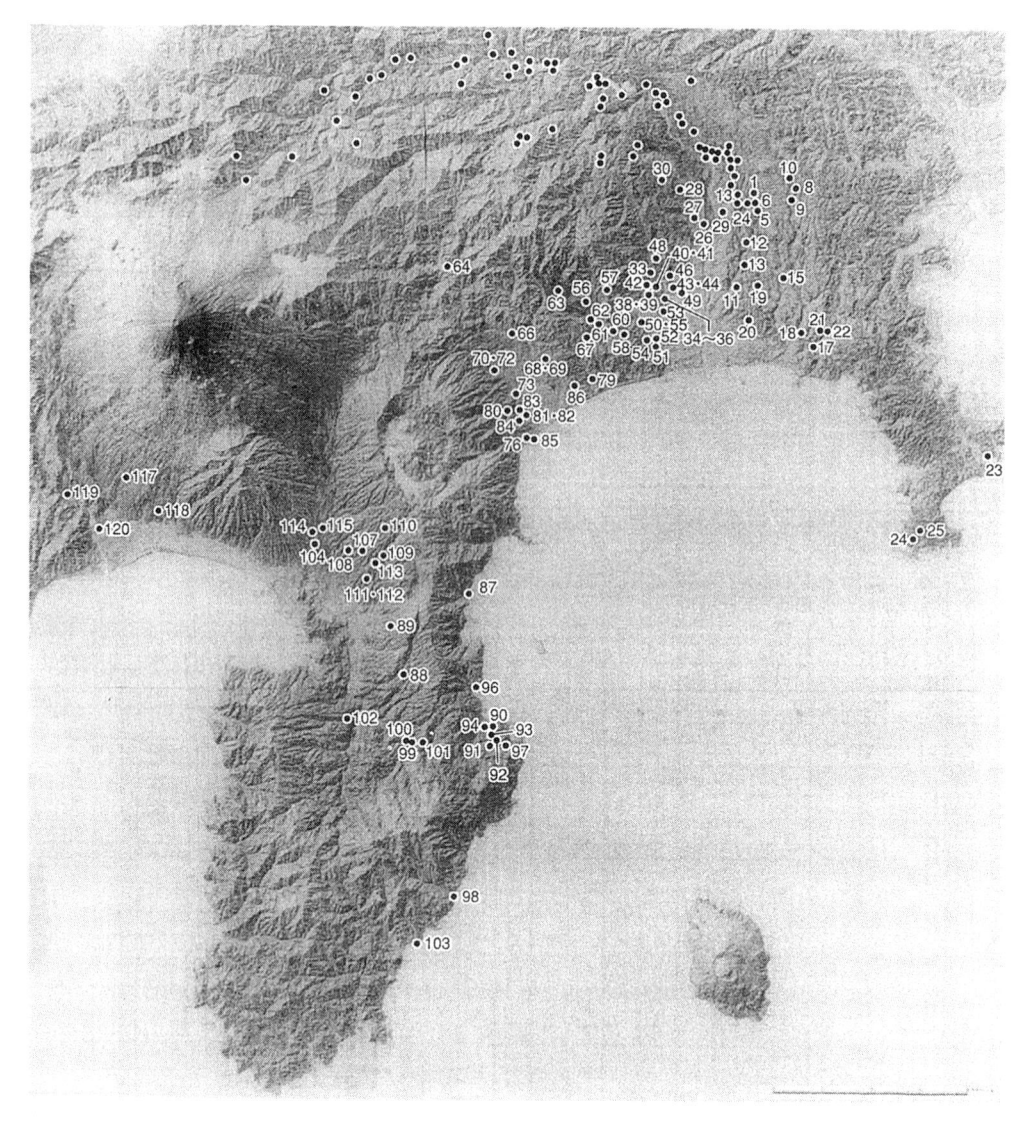

70　第2章　柄鏡形(敷石)住居の地域的展開

第11図　三浦半島・神奈川県西部域～伊豆半島周辺域の柄鏡形(敷石)住居址発見遺跡分布図
(杉本智彦「カシミール3D」(ver.8.8.2)による20万分の1地形図をもとに改変)

れる。伊豆半島域では中期後葉から末葉期にかけて、曽利式土器が主体を占める特徴があり、神奈川西部と山梨方面からの影響下に柄鏡形(敷石)住居が波及したものと思われる。

2．当該地域における柄鏡形(敷石)住居址の時期別変遷の概要

検出事例全体からみた、時期別変遷のありかたをみると次のようになる(註2)。
Ⅰ期(中期後葉期・加曽利E式期併行期)：7例、Ⅱ期(中期終末期・加曽利E式終末併行期)：77例、Ⅲ期(後期初頭期・称名寺式併行期)：33例、Ⅳ期(後期前葉期・堀之内式併行期)：140例、

Ⅴ期(後期中葉期・加曽利Ｂ式併行期)：37例、時期不明：48例、の342例である。

　この大まかな時期別変遷のありかたをみると、この地域では、柄鏡形(敷石)住居成立期のⅡ期・中期終末期よりも、Ⅳ期・発展期の後期前葉期に事例全体の約41.2%と、集中するという傾向が指摘できる。また、第Ⅴ期・後期中葉期を境として、それ以降に事例が認められなくなる。柄鏡形(敷石)住居の終焉段階の特徴をよく表しているものといえよう。

　県別にみると、神奈川県域では、Ⅰ期6例、Ⅱ期49例、Ⅲ期29例、Ⅳ期112例、Ⅴ期29例、不明40例の265例、静岡県域では、Ⅰ期1例、Ⅱ期28例、Ⅲ期4例、Ⅳ期28例、Ⅴ期8例、不明8例の77例である。静岡県域ではⅡ期・中期終末期とⅣ期・後期前葉期の事例が相半ばしている。前稿でみた、相模川上流域のありかたと比較すると、この地域では後期前葉期の事例が多く検出されているという傾向が指摘できよう。このことから、柄鏡形(敷石)住居構造が成立を受けて、すみやかに、この地域へも拡散を遂げていったことがうかがえるのである。

　次に、各期ごとに柄鏡形(敷石)住居址事例の特徴の概略についてまとめてみよう。本稿では、各時期ごとに事例を図示することはやめて、Ⅰ期からⅤ期までの変遷図(第14図)に代表的な事例をあげるにとどめざるをえなかったことをことわっておく。

Ⅰ期・中期後葉期(第12図1～4)

　この時期の事例は7例と少なく、全体の事例の約2.1%を占めるにすぎない。この点は、前稿でみた相模川上流域でのありかたと違いをみせ、住居内敷石風習の起源が、この地域に求められないことを意味しているように思われるが、少ないながらも、この時期の特徴をよく示した事例が知られている。奥壁部に石壇や石柱をもつ事例では、古くから知られ注目された蟹ヶ沢1号住(第12図2)や、尾崎26号住(第12図3)、観音洞Ｂ4号住(第12図4)、炉辺部に石柱をもつ下依知大久根11号住、小張出部に河原石が敷設された荻野上ノ原第2Ｊ-1号住(第12図1)、小張出部に埋甕をもつ尾崎13号住、23号住、埋甕上に凹み痕ある平石をもつ子間2号住などがある。中期後葉段階に奥壁部や出入口部の埋甕埋設と関連して敷石や小張出が出現したことが、この地域においてもとらえられる。このうち、観音洞Ｂ4号住は静岡県三島市に所在する遺跡例であり、石柱・石壇を奥壁部にもつ、この時期の典型的な事例である。また、この時期は出入口部埋甕の埋設が顕著であり、曽利式(系)土器が用いられる特色をもち、曽利式土器の流入にあわせてこうした屋内風習が開始されたことを裏付けているものといえよう。

Ⅱ期・中期終末期(第12図5～8)

　柄鏡形(敷石)住居が成立する段階で、77例、全体の22.5%を占める。事例的には、神奈川県域と比較すると、伊豆半島を中心とした地域では、この時期の事例が多い特徴が指摘できる。このうち、中期終末段階でも古段階の土器を伴う例では、詳細は未報告だが、宇佐見敷石住例(第12図5)がある。礫層面中に掘りこまれ、全面に敷石が施されており、出土土器をみると中期末葉期でも古い段階のものであり、完成された柄鏡形敷石住居が伊豆半島域でも早い段階に

72　第2章　柄鏡形(敷石)住居の地域的展開

第2表　三浦半島・神奈川県西部域～伊豆半島周辺域の柄鏡形(敷石)住居址発見遺跡一覧表

神奈川県

分布番号	遺跡名	所在地	住居番号	構造	主体形状	規模 長×短軸	張出部形状	柱穴配置	炉址	敷石状態	埋甕	埋設位置	特記事項	時期
1	蟹ヶ沢	座間市緑ヶ丘	1	竪穴	A	6.0×5.5	類A-1	B	A	全面	有1	A	奥壁部石壇＋小張出、プランは五角形	I
2	平和坂	座間市米軍座間キャンプ内	SI-5	竪穴	A	径3.5	A-2	A	B	略全面	有1	B	SI-7住と重複	II
			SI-6	竪穴	A	径4.0	A-2	C	A	G主体	有1		SI-6住と重複	II
			SI-7	竪穴	A	径4.5	A-2	C	A	散漫	無			II
3	座間キャンプ	座間市米軍座間キャンプ内	J-1	竪穴	A	3.5×3.0	A-2	不明	B	略全面	無	B		II
			J-2		不明	径3.5	A-2	不明	A	散漫	有1			II
4	間の原	座間市栗原	1 敷	敷石	不明	?	A-2?	不明	A	B+C	無		炉辺から出入口部敷石	IV-1
			2 敷	敷石	D	3.0×2.5	E-1	不明	A?	C+G+F	無		環壙方形配石	IV-2
			3 敷	敷石	不明	?	不明	不明	不明	部分	不明		方形に部分敷石検出	IV-1
			4 敷	敷石	不明	?	A-2	不明	不明	部分	不明		敷石部分的検出	IV-1
5	中原加知久保	座間市西栗原	敷石		A?	径3.4	A-2	不明	A	散漫	無		張出部主体の敷石	II
6	上栗原D	座間市栗原中央6丁目		竪穴	B	3.3×2.3	不明	D	B	F主体	無		周壁部に敷石をもつ	IV-1
7	栗原	座間市栗原			不明		不明	不明	不明	無	不明		昭和13年発見、詳細不明	不明
8	台山	大和市下鶴間乙三号	J-1	竪穴	B	5.4×4.5	C-1	A	B	無	無		焼失住居	IV-1
9	下鶴間長堀	大和市下鶴間	1	竪穴	B	5.2×4.7	A-1?	B	B	B	無		炉辺部敷石、張出部不明瞭、破砕被熱石棒	III-1
10	相ノ原V	大和市つきみ野3丁目	SI-1		不明	?	A-2?	D	不明	無	無		対ピットと張出部状施設	III-1
11	本郷	海老名市本郷		竪穴	B		不明	B	B	F?	無		張出部不明、周壁部敷石か	II
12	望地	海老名市望地									不明		昭和1957年4月1日発見、詳細は不明	不明
13a	杉久保	海老名市杉久保	6JDT3	竪穴	A		E-1+F	A	B	F	無		6段階の住居址変遷が想定されている、I段階2軒、II段階5軒、III段階6軒、IV段階3軒、V段階8軒、VI段階2軒、IV段階I式期、VI段階名称不明、II段階は堀之内式、I段階はI式期とされている	III-1
			5BJT11	竪穴	A		A-1	A	A	B+C+F+G	有1			IV
			3BJT1		B		A-1	A	B	Gに部分	無	B		IV
			4BJT7	竪穴	B		A-2	A	B	無	無		敷石の詳細は不明	IV
			3DJT13		A		B-1	A	B	無	無			IV
			3BJT8		A		A-2	A	A	無	無		出入口部対ピット	IV

第2節　三浦半島・神奈川県西部域～伊豆半島周辺域　73

13b			5BJT10	B		A-2	A	B	無	無	凹字状張出部外に逆位埋甕、敷石伴う	Ⅳ
			3BJT6	C		F-1	C	A	G	有1		Ⅳ
			4CJT9	C		C-2	B	B	無	無		Ⅳ
			4CJT16	C		類B-1	C	B	無			Ⅴ-1
			7AJT2C	A		A-1	A	A			時期不明	不明
			8AJT8	A	竪穴	A-1	A	A	G		時期不明	不明
14	中原	海老名市上今泉5丁目	敷石	A		A-2	A	A	B+F			Ⅱ
15a	上土棚南3次	綾瀬市上土棚南1丁目	3次1	A		不明	A	B	無	無	張出部は重複のため不明	Ⅳ-1
15b	上土棚南4次		1	C	竪穴	不明	C	B	F	無	環礫方形配石	Ⅳ-2
15c	上土棚南5次		5次1	A		不明	A	B	無	不明	約1/2検出、張出部不明	Ⅳ-2
			5次2	A		不明	A	B	無	不明	約1/2検出、張出部不明	Ⅳ
			5次3	C		不明	A	B	無		張出部不明	Ⅴ-1
			5次4	C		不明	A	不明	F	不明	環礫方形配石	Ⅴ-1
16	伊勢山	綾瀬市早川	敷石	A	竪穴	A-2	A?	A	F+G	無	周壁に小礫	Ⅱ
17a	西富貝塚	藤沢市西富	1	B		不明	不明	A	B	無	炉辺部敷石、石皿、炭化材	Ⅴ-1
			2	B		不明	不明	A	B	無	炉辺部敷石	Ⅴ-1
			3	不明		不明	不明	不明	部分	無	部分敷石、プランと敷石の位置不明	Ⅴ-1
			4	不明		E-2	A	A	B+C+G	無	炉辺部から張出凸字形敷石	Ⅳ-2
			5	不明		不明	不明	不明	B	無	炉辺部敷石のみ検出	Ⅳ
17b	西富貝塚3次		8	A	竪穴	A-2	A	A	部分	無	炉址近く方形敷石、張出部か？	Ⅳ
18	善行	藤沢市善行	1	C?		A-1	A	A	無	無	ピット群の配置から柄鏡形住居址と推定	Ⅲ-2
			2	B?		A-1	不明	不明	無	無	ピット群の配置から柄鏡形住居址と推定	Ⅲ-2
			3	B?		A-2	D	不明	無	無	ピット群の配置から柄鏡形住居址と推定	Ⅲ-2
19	鳥居前	藤沢市用田	4	B		A-2	A?	B	F主体	無	対ピット、奥壁部有頭石棒横位出土	Ⅲ-1
20	行谷貝塚	茅ヶ崎市行谷	J-2				A				詳細不明、ほかに文教大校地内からも検出	不明
21	鳥の上西	鎌倉市関谷	1	B	竪穴	A-2	A	A	F+G部分	無	周壁と張出部にわずかに敷石	Ⅳ-1
			2	A		A-2	A	B	無	無		Ⅳ-1

74　第2章　柄鏡形(敷石)住居の地域的展開

分布番号	遺跡名	所在地	住居番号	構造	主体形状	規模 長×短軸	張出部形状	柱穴配置	炉址	敷石状態	埋甕	埋設位置	特記事項	時期
22	東正院	鎌倉市関谷	3	竪穴	A	径6.5	A-1	C	B	無	無		炉址近く石皿	III-1
			4		A	径5.0	類B-2	C	B	無	無		張出部小礫敷石	III-2
			5		A	径6.0	A-1	A	B	G	無		環礫方形配石	III-2
			1礫槨	竪穴	D	5.0×4.5	類C-1	C	B	F	有2	B	環礫方形配石	V-1
			2礫槨		D	一辺6.0	C-2	C	B	F	無			V-1
			4		B	6.0×5.5	A-2	C	B	G	無			IV-1
			5		A	6.2×5.8	A-1	A	B	無	無		部分的検出、埋甕もつ住址と重複	IV-1
23	江戸坂貝塚	横須賀市久比里	3a		A?			A?	不明	F			9号住と重複	II
24	油壺	三浦市三崎町	10	竪穴	A	径3.2		A	A	F	有2	A+B	建替	II
25	がんだ畑	三浦市初声町	1		C	7.7×7.2	A-2	C	A	C+G	無		出入口部敷石に石棒敷設	V-1
			2	竪穴	B	4.0×3.5	C-2	C	A	C	無		張出部に石棒2本敷設	II
			8		A	径5.0	不明	C	A	部分G	無		プラン不明	III-1
			22		不明		不明	D	A	無	有1	A?		II
26	山の上	厚木市及川	1敷		B	3.5×3.2	A-2	不明	不明	略全面	無		部分的敷石検出、プラン不明	III-2
			2敷		不明		A-2	不明	不明	部分	不明	不明		III-2
			3敷	竪穴	B	3.0×2.5	E-2	不明	不明	略全面	無			III-2
27	及川天台	厚木市及川	敷	竪穴	B	3.5×3.1	A-2	A	A	略全面	有1	B	主体部中央付近と張出部の一部敷石を欠く	II
28	黄谷戸	厚木市上荻野	B-1	竪穴	B	4.3×4.0	A-1	A	A2	B	無		炉址周辺散漫な敷石	IV-1
			B-2	竪穴	A	4.5×4.2	A-2	B	A	B	有5	A近	三段掘込み、内側全面敷石、埋甕横位	IV-1
			11	竪穴	A	5.7×5.5	無	不明	A	無	有1	C	炉辺立石	I
29a	下依知大久根	厚木市上荻野	1敷		A	3.5×3.0	A-2	不明	D	全面	有1	C		II
			2敷	竪穴	C		A-2	不明	不明	C+G	無		プラン不明、張出部敷石	II
29b			C-4区		A?		A-2	不明	不明	G	有1	B		II
			BC-6区		A		A-2	B	不明	略全面	有1	B		II
30	荻野上ノ原第2	厚木市上荻野	J-1	竪穴	A	5.4×5.2	A-1	A	A	C	無		小張出部に川原石敷設	I

第2節　三浦半島・神奈川県西部域～伊豆半島周辺域　75

No.	遺跡名	所在地	号	種類		規模				配石	炉		備考	時期	
31	菅山	厚木市恩名											南毛利中学校建設敷地内発見、詳細は不明	不明	不明
32	関口久保	厚木市関口											1992年調査、敷石住居址4、詳細は不明	IV-1	不明
33	神成松	伊勢原市上粕屋	27敷	竪穴	B	5.7×4.9	A-2	A	A	略全面	無		下面に28敷石住	IV-1	
			28敷	竪穴	B	4.8×3.6	A-1	A	B	F+G	無		上面に27敷石住	IV-1	
			29敷	竪穴	B	5.9×5.0	A-1	C	B	F+G	有2	A+B	C-1型の出入口柱穴配置、28・29敷石住と重複	IV-1	
			30敷	竪穴	A	径3.8	A-1	A	不明	A+G	無		他遺構との重複のため炉址は不明	IV-1	
			31敷	竪穴	C	一辺6.0	不明	C	不明	D+E+F	不明		約1/2検出、張出部不明	IV-2	
34 a-c	八幡台	伊勢原市東大竹	1		B？	径8.5	不明	不明	A	略全面	無		1933年石野瑛調査、プラン全体は不明	IV-V	
d			2		A		A-1？	不明	A2	略全面	無		1934年末星直忠調査	IV-V	
e			敷石		B	2.4×2.2	A-2	不明	B	略全面	無		1979年江藤昭調査、張出部に石棒	IV-2	
35a-c	山王塚（八幡台）	伊勢原市東大竹	1 竪穴		B	6.5×4.5	A-2	A	A	B+C+G	無		張出部先端にピット、十腰内系土器出土	V-1	
36 a·b	下谷戸（八幡台）	伊勢原市東大竹	1		A？		A-2	D	不明	G	無		張出部縁辺に敷石	V-1	
			4		A	径4.5	A-1	A？	C	G	無		遺存状態悪い	V-1	
			6		B	5.5×4.0	類C-2	A	B	無			正確な時期不明	IV？	
37	三ノ宮	伊勢原市三ノ宮	敷石		A		A-2	不明	A	全面	不明		石野瑛（1934）に記載のみ	不明	
38 a·b	三ノ宮下谷戸	伊勢原市三ノ宮	環礫		D	3.0×2.7	E-2	A	A	C+G+F+H	不明		未報告、柄鏡形敷石住居、環礫方形配石をもつ	IV？	
			環礫		D	3.1×2.5	E-1	A	A	F+G	無		周堤塚と重複、詳細は不明	V-1？	
39	三ノ宮下谷戸（No.14）	伊勢原市三ノ宮	1 敷		A	径4.5	A-2	E	堀方	全面	有1	A？	上の住居址と重複、詳細は不明	V-1？	
			2 敷		A？		不明	A？	不明	散漫	無		三ノ宮・下谷戸遺跡と同一遺跡、東名道路拡幅に伴い調査、1号敷石は外周に柱穴巡る	IV-1	
			3 敷		A	4.7×4.2	A-2	A	不明	B+C+G+F	有1		4号住を切る	IV-1	
			4 敷		A		不明	A	不明	F	無		3号敷石住に大半切られる	III-2	
			5 敷		B	4.2×3.2	不明	A	A	B+F	不明		撹乱により張出部不明、散漫な敷石	III-2	
			6 敷		A？		不明	不明	不明	部分	無		部分的検出で、プランは不明	不明	
			7 敷		A		A-2？	A	不明	散漫	有1	A？	主体部からの張出部の部分的検出か	II	
			8 敷		A		不明	不明	不明	全面？	不明		プラン不明	IV-2	
			9 敷		A	径7.0	不明	A	不明	散漫	不明		散漫な敷石、外周柱穴、径は最大値	IV-1	

76　第2章　柄鏡形(敷石)住居の地域的展開

分布番号	遺跡名	所在地	住居番号	構造	主体形状	規模 長×短軸	張出部形	柱穴配置	炉址	敷石状態	埋甕	埋設位置	特記事項	時期
40	三ノ宮・前畑	伊勢原市三ノ宮	10敷		A?		E-2	A	A	C+F+G	無		周堤礫を伴う敷石住居址	Ⅳ-2
			11敷				不明	不明	A	散漫	不明		プラン不明	Ⅱ
			12敷		A	径4.0	A-2	A	不明	略全面	有1	B		Ⅱ
			13敷				不明	不明	不明	散漫	無		遺存状態悪い	Ⅱ
			14敷				不明	不明	不明	散漫	不明		遺存状態悪い	不明
			15敷		B	6.0×5.3	A-2?	A	A	略全面	無		主体部は小礫	Ⅳ-1
			16敷		D	一辺5.0	E-2?	A	A	F主体	無		環礫方形配石、周堤礫伴うか	Ⅴ-1
41 a・b	三ノ宮前 (Ⅲ)	伊勢原市三ノ宮	1敷	竪穴	B	4.5×4.0	A-2	A	B	無	無		張出部にに2基の炉の跡	Ⅳ-1
			2	竪穴	A	6.2×5.6	不明	不明	不明	散漫	無		3号住と重複、張出部不明	Ⅳ?
			3	竪穴	B		A-1	A	不明	C+G	有1	B	張出部に敷石	Ⅴ-1
c	(Ⅴ)		4	竪穴	B	5.0×?	不明	不明	不明	無	無	無	張出部不明、称名寺Ⅱと加曽利B式出土	Ⅲ-2?
			5	竪穴	B		A-2	A	A	部分	不明	不明	遺存状態悪い、張出部敷石か	Ⅴ-1
42	三ノ宮・宮ノ上	伊勢原市三ノ宮	1敷	竪穴	B	径3.6	A-2	A	A	C+G	無	C	張出部石組内埋甕	Ⅳ-1
			敷石		A		不明	不明	不明	全面?	不明		約1/2検出	Ⅳ?
			敷石		B		不明	不明	不明	F	不明		大半が撹乱、縁石と周壁の敷石	Ⅳ?
			JSX01	竪穴	A	径3.4	A	A	A	B	不明		炉辺部敷石残存	Ⅱ
			JSX02	竪穴	A	径3.5	A-2	C	A	略全面	無		残存状態悪い	Ⅱ
			JSX03		B		不明	不明	不明	散漫	不明		プラン不明	Ⅱ
43	沼目・坂戸Ⅱ	伊勢原市池端	3	竪穴	C	一辺5.2	C-2	C	B	F	無		環礫方形配石二重	Ⅴ-1
			5	竪穴	B		不明	A	不明	B	不明		プラン不明	Ⅲ-1
			6	竪穴	B	6.2×?	C-2	A?	不明	無	無		ヒゲ状検出	Ⅳ-2
44	池端・椿山	伊勢原市池端	J1敷					不明	不明	部分	不明		部分的敷石検出、張出部?	Ⅳ-2
			J9	竪穴	B	径3.2	A-2	C	D	無	無		柄鏡形敷石住居	Ⅳ-1
45	御嶽	伊勢原市岡崎		竪穴	B		不明	不明	A?	F+壁際	不明		中期敷石住居址	Ⅱ?
46	上粕屋・川上	伊勢原市上粕屋	1敷				不明	不明	A	散漫	不明		プラン不明	Ⅳ-1

第 2 節　三浦半島・神奈川県西部域〜伊豆半島周辺域　77

			番号		B	規模		C	B		不明	備考	
47	西富岡・向畑		13	竪穴	B	4.8×?	不明		B	無	不明	楕円形、張出部不明	IV
			19	竪穴		4.3×3.0	不明	A	B	無	無	不整楕円形	IV-1
48	下北原	伊勢原市西富岡										柄鏡形住居址3、未報告	IV
		伊勢原市日向	1敷		A	径6.0	E-1	不明	A	全面	無	2号敷石住と重複	IV-2
			2敷		A	4.2×3.5	A-2	不明	A	全面	無	1号敷石住と重複	IV-1
			10敷		B	5.8×4.8	E-2	不明	A	全面	無		IV-2
			11敷		B	4.5×3.8	A-2	不明	不明		無		IV-1
			12敷		A		不明	不明	A	B欠	不明	部分的検出、13号敷石住と重複	IV-1
			13敷		A	径5.2	不明	A	A	略全面	不明	張出部不明、主体部中央部敷石欠	IV-1
			14敷				不明	A	A	略全面	無	張出部の形状不明	IV-2
			15敷			3.0×2.7	A-2	不明	A	B+C+G	無		II
			16敷		B	3.5×3.2	E-2	A	A	部分	不明	炉址から張出部検出、17号敷石住と重複	IV-1
			17敷		A		不明		明		無	部分的検出、16号敷石住と重複	IV-1
			18敷			4.0×3.5	A-2	不明	—	全面	無	炉体土器あり	II
			19敷		A	3.5×3.0	A-2	不明	A	D欠	無	部分的検出、配石遺群と重複	IV-1
			20敷		B		不明	不明	A	略全面	無	張出部と張出部の部分不明	IV-1
			21敷		A		不明	不明	不明	G主体	無	プラン不明、21号敷石住と重複	IV-1
			22敷		A		D-2	不明	A	G	無	張出部と思われる敷石部分的検出	V-1
			23敷		B	3.8×3.4	不明	不明	A	G	有1	埋甕を伴う敷石張出部のみ検出土B	IV-1
			24敷				有	不明	A	F	不明	石囲炉の一部と部分敷石検出、プラン不明	IV-1
			25敷				A-2	不明	A	G	不明	石囲炉と張出部の部分の部分不明	不明
			26敷				不明	不明	不明	B+C+G	無	石囲炉と張出部の部分的検出	IV-1
			27敷				A-2	不明	不明		不明	張出部と張出部の部分的検出	不明
			28敷				不明	不明	B	F	有1	埋甕を伴う敷石張出部のみ検出土	V-1
			1環		D	6.0×5.5	A-2	不明	A	G	無	石囲方形配石、張出部不明	II
			2環		D	5.8×4.5	類E-1	不明	A	B+C+F+G	無	環礫方形配石、周堤礫もつ可能性あり	V-1
			3環		D	5.9×5.3	E-2	不明	A	B+C+F+G	無	周堤礫もつ、焼土顕著	V-1

78　第2章　柄鏡形(敷石)住居の地域的展開

分布番号	遺跡名	所在地	住居番号	構造	主体形状	規模 長×短軸	張出部形状	柱穴配置	炉址	敷石状態	埋甕	埋設位置	特記事項	時期
49	天王原	伊勢原市沼目		竪穴	C	4.5×3.7	A-2	不明	A	F	無		周壁部礫石敷設	Ⅱ
50 a・b・c	王子ノ台	平塚市北金目	J-1	竪穴	B	6.5×5.5	A-2	A	A	全面	無		張出部の敷石は希薄	Ⅳ-1
			J-2		C	径5.0	E-2	A	A2	C+G	無		炉址2基	Ⅳ-1
			19配		D	5.5×4.7	C-2	A	B	G	無			Ⅳ-2
			20配	竪穴	D	4.7×4.3	E-1?	C	A?	F+G	無		環礫方形配石と焼土面	Ⅴ-2
			J-11	竪穴	B	6.6×6.0	A-2+C-2	A	A	G	無		柄鏡形住居と竪穴の二重構造	Ⅱ
51a・b	内ムクリB	平塚市上吉沢	敷石							部分	不明		部分敷石検出	Ⅴ-1
52	上吉沢市場地区	平塚市上吉沢	J-1	竪穴	B	6.0×5.2	不明	B	A	F主体	有1	A	堀之内Ⅰ・Ⅱ、小形石棒縁石中出土	Ⅳ-2
53 a〜d	上ノ入B	平塚市岡崎	K敷	竪穴	B	5.0×4.4	A-1	不明	A	左半欠	不明			Ⅲ?
			L敷	竪穴	B	5.0×4.9	A-1	不明	A	略全面	無			Ⅲ
54	原口	平塚市上吉沢	J-4	竪穴	B	5.0×5.0	A-1	A	B	F	無		石棒被熱破砕状態出土	Ⅲ-1
			J-5	竪穴	B		C-2	A	A2	無	無		ヒゲ状張出	Ⅳ-2
			J-39		B	6.2×?	不明	C	A	F	不明		周礫をもつ住居址	Ⅳ-1
			J-52	竪穴	B	径3.0	A-1	不明	A	G	無			Ⅳ-2
			J-2敷	竪穴	A	5.0×4.7	A-2	不明	A	略全面	無		磯石全面覆う	Ⅲ-1
			J-5敷		B	一辺4.6	A-2	A	B	略全面	無			Ⅲ-1
			J-7敷	竪穴	A	径3.2	E-1	A	不明	F+G	無		張出部のみ検出、縁石と周礫	Ⅳ-1
			J-9敷	竪穴	D	一辺4.6	E-2	A	不明	B+C+F+G	無		部分的に敷石検出	Ⅳ-2
			J-10敷		C	4.8×4.0	E-1	不明	A	G	無		環礫方形配石、周堤礫状配石も覗る	Ⅳ-2
			J-12敷		C		E-1	A?	A	散漫	無		凸字形張出部のみ検出	Ⅴ-1
			J-13敷				E-2	不明	不明	B+G	無		凸字形張出部と凸字張出部検出	Ⅴ-1
			J-15敷				不明	不明	不明	部分	不明		炉址周辺と凸字張出部のブランも不明	Ⅳ-1
55	真田大原	平塚市真田	配石				不明	不明	不明	散漫	無		部分敷石、配石遺構の可能性あり	不明
56a	曽屋吹上	秦野市曽屋	1敷		C	4.0×3.5	A-2?	A	A	全面	無		炭化半敷柱、2号敷石住と重複	Ⅳ-2

第2節 三浦半島・神奈川県西部域〜伊豆半島周辺域 79

			2敷		A		不明	不明	A	全面	不明	1号敷石住と重複	Ⅳ-1
			3敷				不明	不明	A	部分	不明	炉址周辺敷石部分的検出	Ⅳ-1
			4敷		A		E-2	不明	A	全面	無		Ⅳ-2
			5敷	竪穴	D	径3.5	不明	A	D	全面	無	8号敷石住と重複	Ⅳ-2
			6敷	竪穴	C	一辺4.0	E-1	A	A	全面	無	半截炭化柱	Ⅳ-2
57 a・b c・d	寺山	秦野市寺山	7敷		B	4.5×4.3	A-2	不明	D	B+C+G	不明		Ⅳ-1
			8敷		C	4.3×?	不明	不明	不明	F	不明	5・9号敷石と重複、部分的検出	Ⅳ
			9敷		B	径3.7	E-2	不明	不明	F	無	8号敷石と重複	Ⅳ
			10敷	竪穴	D	3.7×3.0	不明	A	A	B+C+F+G	無	環濠方形配石と周堤柱	Ⅴ-1
			11敷	竪穴	B	3.2×2.8	不明	不明	不明	略全面	不明		Ⅳ
			12敷		A?	径5.6	E-1?	A	不明	部分	不明	部分的検出、プラン不明	Ⅳ-2
			1敷		A	3.2×2.9	A-2	不明	不明	部分	不明	部分的検出、プラン不明	Ⅳ-2
58 a-c	東開戸	秦野市下大槻	2敷		C	5.0×4.1	E-1	不明	不明	部分	不明	凸字張出部のみ検出	Ⅳ?
			3敷		B	4.5×4.0	A-2	C	B	E+G	無	部分的検出、プラン不明	Ⅳ?
			4敷		B	3.0×2.7	A-1	A	不明	略全面	不明	部分的検出、プラン不明	Ⅳ-2
			5敷		A	3.1×3.0	A-2	不明	不明	全面	無	全体プラン不明、配石遺構か?	Ⅳ-2?
			1敷				A-2	A	A	略全面	無	外周に柱穴巡る	Ⅱ
59	落幡	秦野市（中郡大根村）	10炉				A-2	A	A	G主体	有1 B	左右空間ほか一部敷石欠	Ⅳ-2
			11炉				A-2	不明	A	G	有1 A		不明
60	中里	秦野市上大槻	J-1敷	竪穴	A	径5.0	不明	A	A	全面	不明	張出部に石皿と磨石 石囲炉と埋甕もつ張出部敷石 敷石の記載のみ 約1/2検出	Ⅱ Ⅱ 不明 Ⅳ-2
			J-2敷				不明	不明	不明	部分	不明	部分的検出、張出部か	Ⅳ-2

80　第2章　柄鏡形(敷石)住居の地域的展開

分布番号	遺跡名	所在地	住居番号	構造	主体形状	規模 長×短軸	張出部形状	柱穴配置	炉址	敷石状態	埋甕	埋設位置	特記事項	時期
61	太岳院92-5	秦野市今泉	J-3敷	竪穴	B	4.6×?	不明	B?	不明	略全面	不明		石の抜き取りあり、全面敷石か	IV-2
a					A		E-1?	不明	D	全面	不明		周堤礫伴う、後期か	不明
b	92-6				A?		E-1?	不明	A?	略全面	不明		張出部をもつ敷石住居址か	不明
c・d	2006年調査				D		有	不明	A	B+C+G+F	無		環礫方形配石、ほかに後期・晩期敷石住居址各1	V-1
62	令泉峰 (II号B地区)	秦野市今泉	1敷	竪穴	B	4.2×3.5	無	B+E	B	散漫	無			III?
			2敷	竪穴	B	3.4×3.0	無	B	B	散漫	無			III?
			3敷				無	不明	不明	部分	不明			III?
			4敷			径2.6	不明	不明	A	略全面	無		部分的検出のためプラン不明	III?
	(II号E地区)		1敷		A	径4.0×3.5	E-2	不明	A	B+C+G	無	不明	主体部に焼土・木炭	IV-1
63	稲荷木	秦野市戸川	1		A	径4.1	A-2	不明	A	略全面	無			II
64	尾崎	足柄上郡山北町神尾田	1	竪穴	B	径4.6	不明	不明	不明	略全面	不明			II
			11		A	3.5×3.0	A-2	C	A	略全面	無			II
			12		A		A-2	不明	不明	部分	無	A	張出部のみ検出	II
			13	竪穴	C	5.5×5.3	A-1	C	A	無	有4	A	出入口部埋甕に伴う小張出	I
			23	竪穴	C	5.2×4.7	A-1	不明	A	無	有2	A	出入口部埋甕に伴う小張出	I
			24	竪穴	B	2.7	A-1	B	A	中央欠	無		主体部中央部敷石を欠く	II
			26	竪穴	B	5.3×4.8	A-1	不明	A	石柱	有1	A	奥壁部石柱・石壇	I
			30	竪穴	A	4.5×4.3	A-1?	不明	A	A+F+G	無			II
65	根石	足柄上郡松田町根石					不明	不明	不明	F	不明	不明	縁石と周壁のみ敷石検出、詳細不明	不明
66	城山	足柄上郡松田町松田庶子			C?		不明	不明	不明	部分	無	不明	主体部の縁石の一部を検出	II?
67	東向	足柄上郡中井町境	3		B	径3.5	不明	不明	不明	部分	無		町文化財に指定、詳細は不明	不明
68	芭蕉	足柄上郡大井町山田					不明	不明	A	略全面	不明		1938年調査、部分的敷石検出、プラン不明	III-1
69	金子台E地点	足柄上郡大井町山田	1配		C	径3.7	E-1?	不明	A	G?	無	無	凸字状張出部の可能性、下面に敷石住居址	IV?
			2		C		A-2	A	A	G+F	無		1号配石の下面に検出	IV

第2節 三浦半島・神奈川県西部域〜伊豆半島周辺域

No.	遺跡名	所在地	遺構番号	種別		規模				部分			備考	型式
70	馬場	南足柄市狩野	A1敷		A		不明	不明	不明		不明		(杉山・神沢1969) ではB号	IV-1
			A2敷	竪穴	D		E-1	不明	A	全面	不明		(杉山・神沢1969) ではE号	IV-1
			A1	竪穴	A	5.8×5.5	不明	A	A	F散漫	無		(杉山・神沢1969) ではD号	IV-1
			B1		A	径6.9	不明	A	B	無	不明		1988年調査	IV-1
71	狩野一色	南足柄市狩野											詳細不明	不明
72	塚田	南足柄市関本	SI02	竪穴	A	径4.2	A-2	A+外	A	B+C+G	無		炉辺部から張出部に敷石、張出部はスロープ	不明
			SI03	竪穴	B	4.3×4.0	A-2	A+外	A	B+C+G	無		炉辺部から張出部に敷石	不明
			SI05	竪穴	B	3.5×3.0	A-1	A+外	B	無	無		接続部対ピット	不明
			SI08	竪穴	A	径4.2	A-2	A+外	B	無	無			不明
			SI13	竪穴	A	4.2×3.8	A-1	不明	A	略全面	無		縁石のみ	不明
			SI14		C	3.3×3.0	無	A+外	B	F	無		炉辺部中葉？晩期配石墓群、敷石2、詳細不明	不明
			SI15	竪穴	B	3.7×3.5	A-2		A	B+C+G	無		(寺田1957) では敷石住居ではないとされる	不明
73	玉反畑	南足柄市岩原											詳細不明	不明
74	入谷津総合G	小田原市	敷石		C？	径5.0	不明	不明	B	F	不明	不明	1961年発見、詳細不明	不明
75	南船ヶ原	小田原市久野	1	竪穴	B	7.0×6.0	A	A	A	F+G	有1	A	詳細不明	III-1
76	天神山	小田原市南1丁目	2	竪穴	A	4.3×4.1	A-2	A	A	略全面	無		縁石とその周辺敷石を検出	IV-2
77	欠ノ上	小田原市久野	3		A	径4.7	不明	不明	不明	F主体	不明		主体部は一部敷石を欠く、接続部石棒2敷設	IV-1
78	星山	小田原市久野			B？		不明	C？	不明	C？	有1	A	約1/4検出	II
79	沼代	小田原市沼代	J-55		B	4.2×3.5	A-1	C	A	G	無		埋甕をもつ柄鏡形敷石住居址か	IV-1
80	諏訪ノ原浦場	小田原市久野	J-64	竪穴	A	3.5×3.3	A-2	C	A	B+F+G	有1	B	4軒と重複	II
81	久野北側下II	小田原市久野	J-65		B	4.1×3.9	A-1	C	B？	部分	無		柄鏡形敷石住居址と想定	不明

82 第2章 柄鏡形(敷石)住居の地域的展開

分布番号	遺跡名	所在地	住居番号	構造	主体形状	規模 長×短軸	張出部形状	柱穴配置	炉址	敷石状態	埋甕	埋設位置	特記事項	時期
84	森上第I地点	小田原市久野	J-69		B?		A-2	不明	不明	G	不明		70号住と重複、敷石をもつ張出部の検出	II
85	御組長屋	小田原市南町1丁目	1敷				A-2?	A	A	散漫	無		不整円形の柄鏡形敷石住居か	II
			J-1	竪穴	B	長軸6.1	不明	A	A	全面	不明		砂利敷、J-2号住とJ-1号石垣状積み石と重複	IV-1
86	曽我谷津 I	小田原市曽我谷津	J-2	竪穴	B	4.3×4.0	E-2	C	A	C+G+H	無		炉址から張出部敷石、周堤塊状石垣状積み石	V-1
													堀之内期敷石住居址、詳細未報告	IV

静岡県

分布番号	遺跡名	所在地	住居番号	構造	主体形状	規模 長×短軸	張出部形状	柱穴配置	炉址	敷石状態	埋甕	埋設位置	特記事項	時期
87	仲田	熱海市熱海	7		B	5.6×4.3	A-1	A	A	B+C+G	有1	A	敷石の部分的検出、詳細不明	II?
88	上西ノ窪A	伊豆の国市浮橋	8		B	5.3×4.5	A-1	A	A	B+C+G	無		曽利V式埋甕	II
			10		A	径5.8	A-1?	A	A	F+G	無		壁柱穴をもつ10号住の大半を切る	IV-1
			11	竪穴	B	径5.3	A-1?	A	A	G	無		張出部のみ敷石	IV-1
			14	竪穴	B	径4.9	不明	A	A	F部分	不明		炉辺部のみ検出	III-1
			19		B	3.3×3.0	不明	不明	A	A+B+F	無			不明
89	神崎	伊豆の国市神崎	3		A		不明	不明	A	部分	不明		石囲炉とその周辺敷石積存、プラン不明	II
90	井戸川	伊東市和田町	8	竪穴	A	4.2×4.1	無	B	A	B	無		炉辺部敷石	III-1
91	赤坂	伊東市赤坂	8	竪穴	A	径4.2	不明	A	A	略全面	無		壁際敷石を欠く、南東壁際に立石状石あり	V-2
92	伊東高校	伊東市岡入の道											伊東高校テニスコート遺跡、詳細不明	II
93a	東小学校	伊東市大原2丁目	1敷		A				A				1950年調査、炉辺部敷石、詳細不明	不明
b	1991年調査		2敷	竪穴	A		不明	不明	A	D・E欠	不明		炉辺部敷石、詳細不明	不明
94	竹の台	伊東市竹の台	敷	竪穴	A	5.0×4.4	A?	不明	A	全面	無		市役所新庁舎建設に伴い調査	不明
95	内野	伊東市岡			A	径4.0	A-2	不明	不明	全面	不明		下面に壁柱穴を伴う住居址、同一時期か、石棒	IV
							不明						大型石皿敷石材に転用	V-1

第 2 節 三浦半島・神奈川県西部域〜伊豆半島周辺域 83

			数								
96	宇佐美	伊東市宇佐美				2.8×2.5	A-2	不明	A	全面	無		Ⅱ
97	西鬼ヶ窪	伊東市川奈	1	竪穴	B		A-1	A	A	B	無		Ⅱ
98	宮後	賀茂郡東伊豆町白田	1	竪穴	B		不明	A	不明	部分	不明	壁際部分敷石検出	Ⅳ
			3	竪穴	A	径4.6	不明	A	不明	略全面	不明	約1/2検出	Ⅳ-1
			4	竪穴	C	4.3×3.8	A-1	A	B	A+B+C	無	主軸空間敷石	Ⅳ-2
99	原畑	伊豆市八幡	1	竪穴	B	4.7×3.8	不明	B?	A	B	無	炉辺空間敷石	Ⅳ-2
			2	竪穴	B	5.3×4.2	無	A	A?	散漫	無		Ⅴ-1
			3				E-2	不明	A	C+G+H	無	周堤礫をもつ柄鏡形敷石住居か	Ⅴ-1
			4	竪穴	E	4.8×4.5	無	A	A	H	無	周堤礫	Ⅳ-2
			5	竪穴	B	径4.5	無	A	不明	散漫	無	集石遺構と重複	Ⅱ?
			6	竪穴	B	5.7×4.5	A-1	A	A	B+C+G	無		Ⅳ-1
			7	竪穴	B	5.0×3.5	A-1	不明	A	G主体	無	周堤礫伴うか、複数の配石遺構の可能性あり	Ⅳ-1
			8		A?		A-2?	不明	A	全面?	無	炉辺部敷石、部分検出	Ⅱ
			9			4.2×3.6	不明	不明	不明	F主体	無	プラン不明	Ⅱ?
100	上白岩	伊豆市上白岩	6	竪穴	B	径3.0	A-2	A	A	散漫	無	全体的に散漫な敷石	Ⅱ
101	大仙山	伊豆市八幡	13	竪穴	B	径4.6	A-1	A	A	B+G+F	無		Ⅲ-1
102	大塚	伊豆市大平	3	竪穴	B	3.6×3.3	A-1	A	A	略全面	不明	1号敷石、奥壁部石棒横位出土	Ⅲ-1
			4	竪穴	B	5.1×4.9	類E-2	A	A	B+F	不明	部分的検出、プラン不明	Ⅲ-1
			5	竪穴			不明	不明	A	B+C+G	無		Ⅳ-1
			6	竪穴	A	径4.1	A-1	A	A	散漫	不明		Ⅳ-2
			7	竪穴	A	径4.3	不明	不明	不明	F	無	縁石をもつのは別の住居の重複か	Ⅳ-2
			8	竪穴	A	径4.0	不明	不明	不明	C+G+F+H	無	「配石囲鏡円形竪穴家屋址」とされる、石棒	Ⅳ-2
			9	竪穴	B	5.7×5.5	類E-2	A	不明	F	不明	縁石をもつ	Ⅳ-1
			10	竪穴	B	4.7×2	不明	A	A	F	不明		Ⅳ-2
			11	竪穴	A	径4.6	不明	不明	A	F	無	12号住と重複	Ⅳ-2
			12	竪穴	A	径4.0	無	不明	A	散漫	無		Ⅳ-2
			13	竪穴	A	4.4×4.2	A-2	A	A	F+G	無	不規則な敷石	Ⅳ-2

84　第2章　柄鏡形(敷石)住居の地域的展開

分布番号	遺跡名	所在地	住居番号	構造	主体形状	規模 長×短軸	張出部形状	柱穴配置	炉址	敷石状態	埋甕	埋設位置	特記事項	時期
			14	竪穴	D	5.3×5.0	E-2	A	A	B+C+G+F	無		「配石縁方形竪穴家屋址」、石棒5	IV-2
			15	竪穴	C		不明	A	B?	F	不明		方形プラン、縁石をもつ	IV-2?
			16	竪穴	D	一辺4.5	不明	B?	不明	無	不明		方形プラン、張出部不明	IV-2?
			17	竪穴	B	4.6×4.4	不明	不明	A	B主体	無		炉辺部敷石、配石囲縁方形竪穴家屋址下面	IV-1
			19	竪穴	B	径6.0	不明	A	A	A+D+E	不明		配石囲縁方形竪穴家屋に切られる	IV-1
103	段間	賀茂郡河津町	1				不明	不明	A	B	有		大場磐雄調査	II?
104	大谷津	沼津市岡一色	2	竪穴	B	3.0×2.5	A-1	不明	A	部分	不明	A?	埋甕上に凹み痕をもつ平石	I
105	三用寺	沼津市大岡	3	竪穴	A	径4.0	A-1	A	不明	全面	不明		中央付近に石棒を樹立した敷石、配遺構か	II?
106	丸尾北	沼津市足高	5	竪穴	A	径4.2	A-2	A	D	略全面	無		炉辺部の敷石を検出	II?
107	十石洞	三島市川原ヶ原	2次1	竪穴	A	径3.3	不明	A	A	B	無		敷石材に石棒片	II
108	千枚原	三島市千枚原	敷	竪穴	D	2.9×2.8	E-2?	不明	A	F+G	無		主体部中央敷石希薄	II
			B-1敷				E-2	不明	不明	E欠	無		5基の柄鏡形敷石住居址、詳細未報告	II
			B-2敷				E-2	不明	A	C+G	無		石囲炉脇部に石棒、他に1軒柄鏡形敷石住居	不明
			3		B?		不明	A	不明	B+C+G	無		石棒位立出土	V?
109a	北山	三島市山新田	5	竪穴	D	一辺4.5	有	C	B	F	無		2号敷石としたものが凸字状張出部の可能性	V-1
			12	竪穴	A	径2.9	E-2	不明	B	G	無		凸字状張出部のみ検出	不明
b			15	竪穴	A	4.0×2?	不明	A	不明	略全面	無		石囲炉と凸字状張出部のみ検出	V-1
			16	竪穴	B	3.8×3.6	有?	A	不明	無	不明		縁石、その他の敷石は弥生時代溝に破壊	IV-2
110	観音洞B	三島市観音洞	4	竪穴	B		無	A	A	A	無		張出部のみに敷石、張出部形状不明、石棒敷石をもつ凸字状張出部検出、石棒樹立	IV-1
111	猪追面	三島市谷田	1	竪穴	B	径4.2	不明	A	A	略全面	不明		外周部にも柱穴列	I
			5	竪穴	B	4.6×4.3	A-2?	A	A	A+C+G+F	無		奥壁部石柱・石壇、3号住と重複	II

第2節 三浦半島・神奈川県西部域〜伊豆半島周辺域 85

112	源平山B・C	三島市谷田	1	竪穴	B	径3.8	A-2	A	B	F+G	無		縁石一部残存	Ⅱ
113	押出し	三島市谷田	3B-34	竪穴	C	3.8×3.5	無	B	A	F	無		壁際敷石、報告書では時期明確でない	Ⅱ?
114	中峰	駿東郡長泉町上長窪	1配	竪穴	B	4.5×3.8	A-2	不明	不明	F+G主体	有1		柄鏡形敷石住居の可能性	Ⅱ
115	鉄平	駿東郡長泉町下長窪	1	竪穴	B	4.0×3.6	A-2	A	A	B+G主体	不明	B	壁外周に柱穴巡る	Ⅱ
116	桜畑上	駿東郡長泉町上長窪		竪穴	A		A-2	不明	A	F+G	有1		外周部に縁石巡る	Ⅱ?
117	天間沢	富士市天間	52土	竪穴	B	3.6×3.1	無	不明	B	F	無	A	土坑とされている、張出部なし、長大な炉址	Ⅱ
118	宇東川A	富士市原田	86	竪穴	A	径5.0	A-1	不明	A	F+G散漫	無		壁際と張出部に敷石残存	不明
			87	竪穴	A		A-2	不明	A	F+G主体	不明			Ⅳ-1
119	大北	富士市(旧・富士川町)大北	配石				E-2	不明	不明	G	無		敷石をもつ凸字状張出部検出	Ⅳ
120	破魔射場C	富士市(旧・富士川町)岩渕	SB-25	竪穴	B	3.3×3.2	A-2	E	A2	F+G	無		炉址重複	Ⅳ

追補 2009.5以降

48	下北原	伊勢原市日向	J2	竪穴	C	5.4×4.5	A-1	A	B	無	無		下北原遺跡東側隣接地の調査、焼失家屋	V?

出現していることが注意される。
　この時期、主体部のプランはおおむね円形ないし楕円形を呈し、壁柱穴を巡らすものが一般的となる。構造的に特異な例としては、王子ノ台 J -11号住（第12図6）がある。後期前葉によくみられるヒゲ状の溝をもつ張出部を含めた全体を覆う竪穴構造をもつのが特徴である。この時期の張出部は、基本的には、筆者のいうA - 1・2型の単柄タイプのものが主体を占め、埋甕の埋設が顕著である。張出部への埋甕を埋設した事例は77例中17例と、それほど多いとはいえないが、全体のプランがとらえられなかった事例などもあることから、実際はさらに事例は増えるものと思われる。埋設位置は、A（主体部と張出部の接続部埋設5例、B（張出部先端部埋設）10例、A＋B1例、C（張出部空間埋設）1例が認められる。張出部の接続部と先端部に埋設する傾向が強いことは他地域と同様である。
　敷石は、全面ないし部分的にせよ敷設が一般的であり、下依知大久根1号敷石住（第12図7）や及川天台敷石住（第12図8）のように全面ないしそれに近い敷石をもち、張出部に埋甕を埋設する典型例がある。出土遺物では、最近報告された、がんだ畑2号住例のように、遺存状態は悪いが、張出部敷石とともに無頭石棒が敷設された事例がある。

Ⅲ期・後期初頭期（第12図9〜12）

　この時期の事例は、33例を数えるが、静岡県域では4例と少ない。全体の事例からみると、約9.7％を占める。出土土器型式から細かな時期がとらえられた事例をみると、称名寺Ⅰ式段階が16例、Ⅱ式段階が11例である。この時期は、集落の一時的衰退期とされるが、そうした中で、柄鏡形（敷石）住居の安定的な存在がうかがえる。プラン、柱穴配置や張出部の形状は前段階を踏襲する。埋甕の埋設事例は少なく、わずかに、諏訪ノ原清掃工場建設予定地敷石住例をあげるにとどまる。この住居址は周壁と張出部に敷石をもつ事例で接続部に胴下半を欠く称名寺Ⅰ式土器が埋設されている。また、張出部の存在は顕著ではないが、下鶴間長堀1号住（第12図12）は、炉辺部にわずかな敷石をもつ事例で、覆土中に、被熱を帯びた破砕状態の石棒が出土したことで知られる事例である。この時期石棒の出土する事例が顕著で、ほかに、がんだ畑8号住（第12図11）のように、張出部にわずかな敷石をもち、無頭石棒2本が張出部の長軸に沿って縦列状態で敷設された例や、鳥居前 J -2号住（第12図10）のように、周壁部に敷石をもち、奥壁部の周礫に沿って有頭石棒が横位状態で出土した例、下鶴間長堀1号住と同様、被熱して破砕状態で石棒が出土した原口 J -4号住（第12図9）例など、この時期に柄鏡形（敷石）住居と石棒が深く関わり、かつ火との関わりの中でかの儀礼的行為が行われていたことをよく示している（山本 2006b）。

Ⅳ期・後期前葉期（第12図13〜17）

　前述したように、この時期の事例は141例ともっとも多く検出されている。神奈川県域では112例、静岡県域では28例である。全体の事例からみると、約41.2％を占める。ほかにも、詳

細な報告がなされていないため、正確な時期が不明な事例中にも、たとえば塚田遺跡例などのように敷石やプランのありかたから、この時期に含めて考えてよい事例もあり、実数はさらに増加するものといえる。出土土器型式から細かな時期がとらえられた事例をみると、堀之内Ⅰ式段階が62例、Ⅱ式段階が46例とⅠ式例が多いがそれほどの顕著な差はうかがえない。

　こうした事例数の多さを反映して、大規模なあるいは複数の柄鏡形(敷石)住居址を伴う集落が各地で検出されているという特徴がとらえられる。いくつかの代表的な遺跡を列挙するなら、神奈川県域では、杉久保・東正院・神成松・八幡台・三ノ宮下谷戸・下北原・王子ノ台・原口・曽屋吹上・中里・馬場・塚田などの遺跡が、静岡県域では、宮後・原畑・大塚などの遺跡をあげることができる。とくにこれらの遺跡のうち、秦野盆地・丹沢山地寄りの地域や伊豆半島域では、大小の配石遺構や柄鏡形敷石住居址が一体となった遺跡が数多く検出されているのが特徴として指摘され、多くは次のⅤ期・後期中葉期まで継続する(註3)。

　この時期は柄鏡形(敷石)住居址の構造が大きく変化を見せ始める時期である。その典型例として、原口J-9号敷石住(第12図15)をあげながら、その特徴をみてみよう。まず、この住居址の時期は堀之内Ⅱ式期であり、続くⅤ期への変化の先駆けをみせる住居址ともいえる。主体部のプランは明瞭ではないが、方形に巡る環礫方形配石から想定すると、一辺約4.6mの方形を呈すると思われ、壁柱穴と石囲炉をもつ。また、外周部には周堤礫状の配石が残る。敷石は炉辺部から張出部にかけて主軸上に認められ、張出部はE-2(長凸字)型を呈する。

　原口J-9号敷石住を例にとってこの時期の柄鏡形(敷石)住居址の特徴を指摘したが、それらの特徴を要約してみると、次のようになる。

　①主体部プランが円形・楕円形を主体とする(王子ノ台J-1号住[第12図13])が、方形・隅円方形プランが出現し、円形→方形への移行過程が看取される(王子ノ台J-2号住[第12図14]・曽屋吹上6号敷石住[第12図17])。柱穴は壁柱穴を継承する。②張出部の凸字状に変化したり長大化する(王子ノ台J-2号住[第12図14]・原口J-9号敷石住[第12図15]・三ノ宮・宮ノ前1号敷石住[第12図16])。③張出部の構造にヒゲ状・コの字状の溝やピット列が認められる。④炉辺部から出入口部と張出部の主軸上に敷石されることが顕在化する。⑤周堤礫と環礫方形配石が出現する。⑤埋甕の埋設事例が激減し、住居内埋甕風習の衰退が指摘される(註4)。

Ⅴ期・後期中葉期(第12図18〜21)

　この時期の事例は37例であり、神奈川県域に29例、静岡県域に8例が知られる。Ⅳ期に比較して事例数は激減するが、Ⅳ期とくに後半段階に顕在化した特徴がより明確となる。出土土器から細別型式がわかるものをみると、加曽利BⅠ式期34例、Ⅱ式期2例と、圧倒的にⅠ式期に集中する。このことは柄鏡形(敷石)住居構造が、この時期にほぼ終焉を迎えたことを意味しており、この傾向は他地域と大きな差はない。ただ、今回対象とした地域では、Ⅵ期・後期後葉期以降の住居址事例が知られていない(註5)ので、他地域に見られる柄鏡形(敷石)住居の張出部の伝統を受け継いだ出入口施設をもつ住居がどのようなものであるかは不明である。

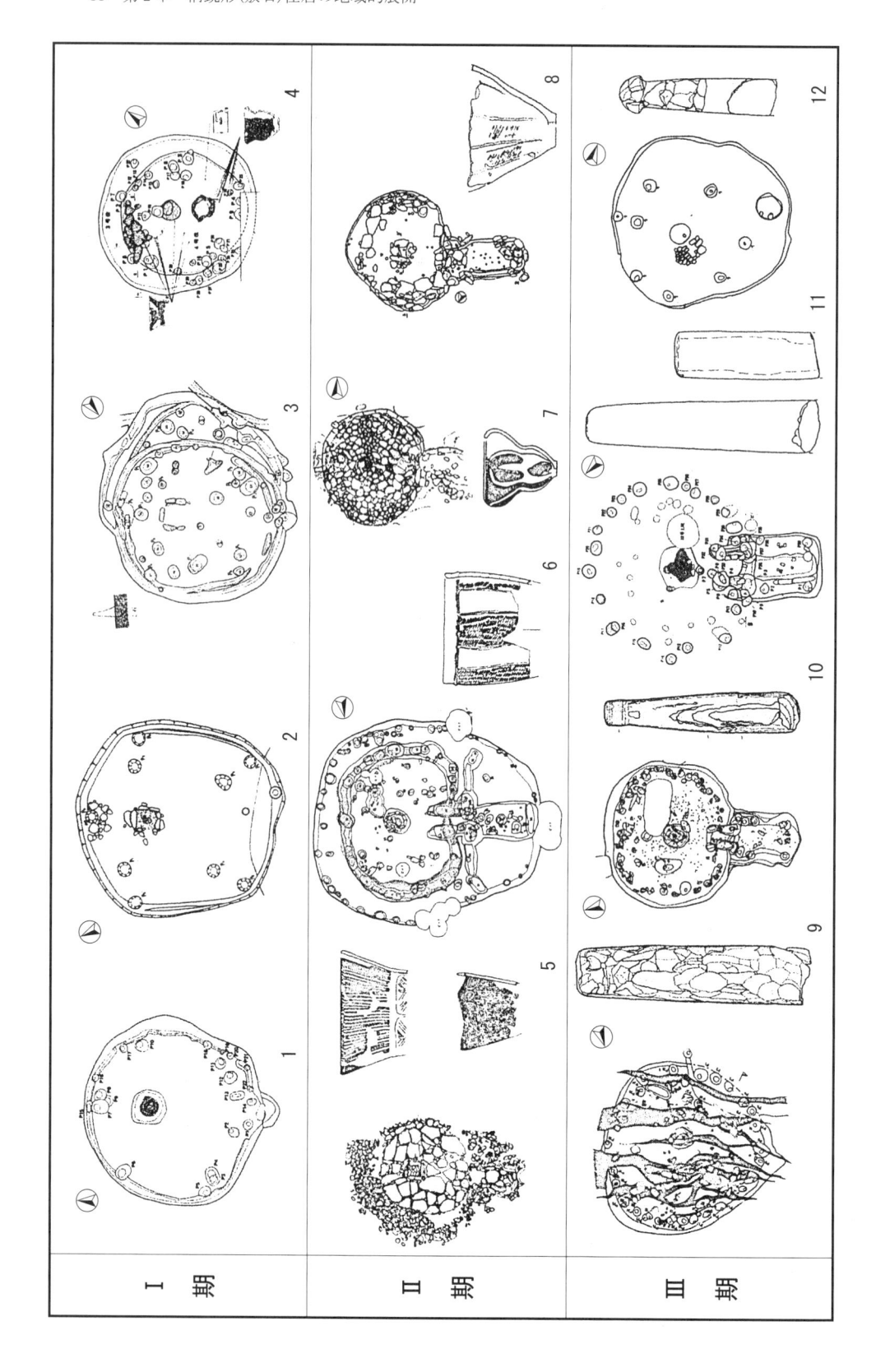

88 第2章 柄鏡形(敷石)住居の地域的展開

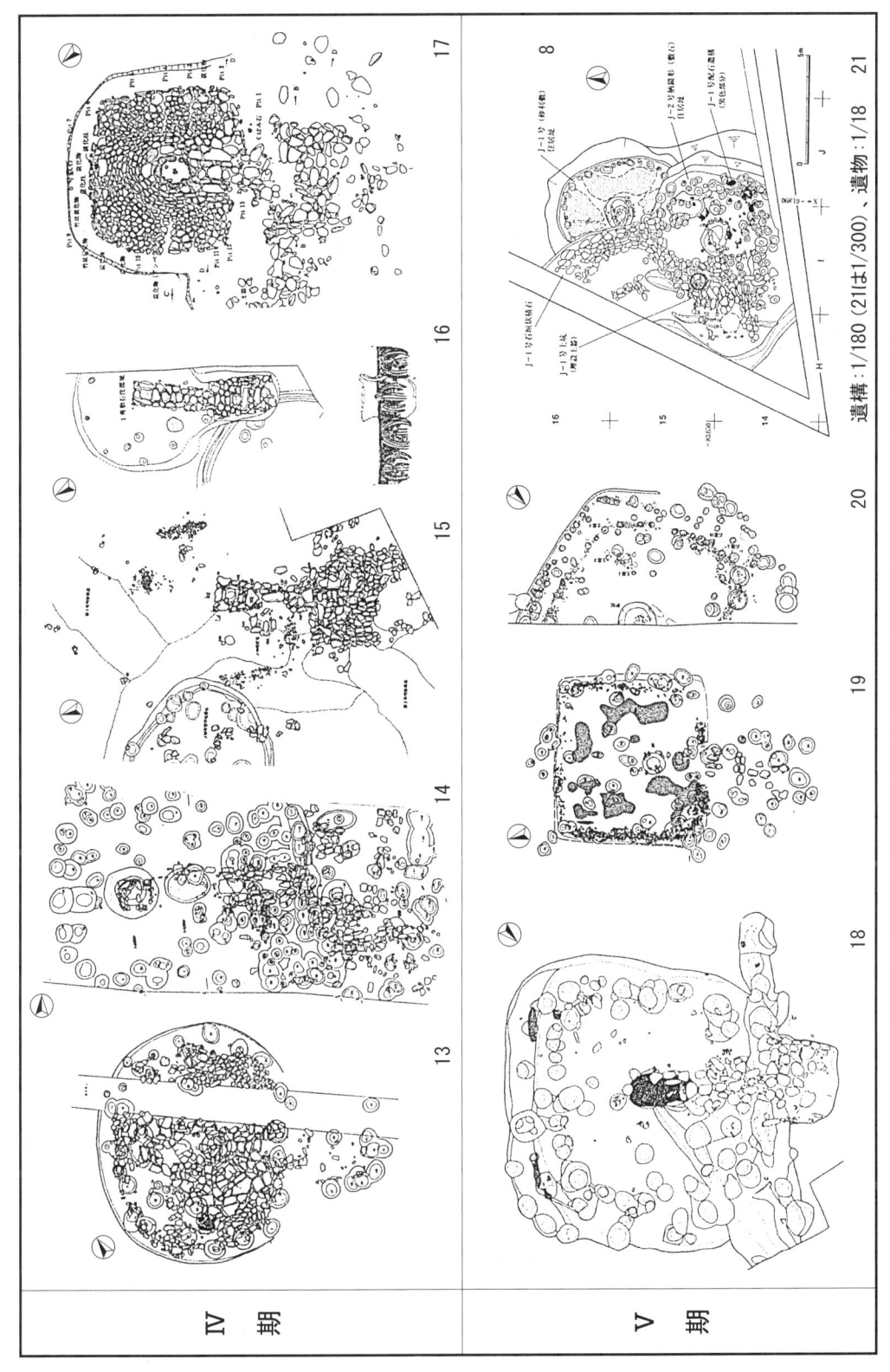

第2節　三浦半島・神奈川県西部域～伊豆半島周辺域　89

第12図　三浦半島・神奈川県西部域～伊豆半島周辺域の柄鏡形（敷石）住居址変遷図

Ⅳ期後半に出現した環礫方形配石をもつ事例は、上土棚南5次4号住、東正院1・2号環礫方形配石、三ノ宮下谷戸環礫方形配石2基、沼目・坂戸Ⅱ3号住の二重に巡る環礫方形配石(第12図20)、下北原1・2・3号環礫方形配石、王子ノ台20号配石、曽屋吹上10号敷石、王子ノ台20号配石(第12図19)、太岳院2006年調査時検出例など多数にのぼる。また環礫方形配石とともに周堤礫をもつ事例には、三ノ宮下谷戸環礫方形配石、下北原2・3号環礫方形配石、曽屋吹上10号敷石などや原畑3号住などがある。

　この時期の代表的な事例として、御組長屋J-2号住例(第12図21)と最近報告されたがんだ畑1号住(第12図18)をあげてみよう。御組長屋J-2号住は、砂利を床面に敷いた特異なⅣ期のJ-1号住を切って構築されている。炉址から張出部にかけて敷石されたこの時期の典型的な特徴をもつ。この住居址の北壁に沿うように、J-1号石垣状配石と呼んでいる遺構が重複して検出されている。横口積みされた石積みは最大5段積みされており、きわめて丁寧な造りを示している。また、石棒胴部破片が石積みの上面に置かれるようにして出土したほか、ほぼ完形の加曽利BⅠ式期小形深鉢も上面から出土しており、構築時期が明瞭である。

　ここで注意すべきは同じ加曽利BⅠ式期のJ-2号住との関係である。住居址の張出部北西部を起点としているかにみえることから、同時期の構築が想定されそうであるが、報告書で指摘されているように、この石垣状配石を構築するにあたって、「2号柄鏡形(敷石)住居址の主体部の敷石が抜き取られた痕跡があり、この部分への石積み石材として使用(転用)された可能性もある」(小林他 2001, 198頁)という構築の時間差が想定されている。石垣状配石の広がり・全体像は不明であるが、柄鏡形敷石住居址の張出部に接して構築される列状配石が時間的な大きな隔たりはない住居廃絶後間もない時期、いいかえると住居廃絶に伴う儀礼行為として構築されたものととらえるべきではないかと思われる。この点は、環礫方形配石や柄鏡形敷石住居址を取り囲むいわゆる「周堤礫」と同様に解釈すべきと考えている(山本 1998・2002・09b)。

　がんだ畑1号住は隅円方形プランに、炉辺部から張出部が敷石されたもので、一辺が7mを超す大型住居址で、張出部に主体部と張出部を遮蔽するように、ヒゲ状の溝・柱穴列を左右対称にもつ例で何段階かの建替による変遷が認められる。

　このように、この時期、柄鏡形(敷石)住居は環礫方形配石や周堤礫を伴いながら、構造上の変容を遂げ、徐々に終焉に向かったものと考えられる。また、埋甕をもつ事例は、東正院2号環礫方形配石、三ノ宮・前畑3号住に認められる。とくに後者の事例は主体部の形状は不明だが、炉址から張出部にかけて敷石が認められ、張出部先端部に加曽利BⅠ式の粗製土器が埋設されたもので、中期末葉段階の事例との違いを感じさせない。他地域の事例からすると、この時期は埋甕の設置はほとんど廃れたものといえるが、このような残存するありかたもうかがえるのである。

註

（１）分布図は、杉本智彦「カシミール３Ｄ」（ver.8.8.2)による20万分の１地形図をもとに改変して使用した。分布図番号のない、ドットは、前稿で取り上げた相模川上流域に検出されている柄鏡形敷石住居址発見遺跡を示す。詳しくは前稿参照のこと。また、一部遺跡の正確な位置が不明なものがあり、それらの遺跡は除外している。

（２）前稿と同様、複数の柄鏡形（敷石）住居址が検出されているものの、詳細が未報告のため、個々の住居址のデータが不明な事例については、便宜的ではあるが、１事例としてカウントしている。また、時期の確定に？マークを付けた事例はその時期に、時期のまたがる事例については、古い時期のものに含めてカウントしており、各時期の事例数はあくまで概算値であり正確なものではない。

（３）こうした遺跡を筆者は、仮に「配石集落址」と呼んでみることとしている。その点についてはは別稿（山本 2009ｂ）を参照願いたい。

（４）埋甕が認められた事例では、杉久保３ＢJT１・６号住、東谷戸Ｂ-２号住、神成松29号敷石住、三ノ宮下谷戸(No.14)２号敷石住、三ノ宮・宮ノ前１号敷石住、上吉沢市場地区Ｊ-１号住などをあげることができる。このことから、埋甕の設置はこの時期に、全く廃れてしまったものではないことは明らかである。

（５）2006年に調査された太岳院遺跡（近江屋2008ａ・ｂ）では、晩期の住居址が環礫方形配石をもつ住居址と重複して検出されているが、正式報告が、現段階なされていないため、出入口部の構造の有無は不明である。

追記　初出原稿発表後の追補事例は第２表末に追加している。

第3節　多摩丘陵東部〜下末吉台地域

はじめに

　第1節・2節では、相模川上流域と三浦半島・神奈川県西部域〜伊豆半島周辺域に検出されている柄鏡形(敷石)住居址事例の分析を行い、その地域的特性について検討を試みてきた。本節では、多摩川右岸・多摩丘陵東部〜下末吉台地域、行政区画では横浜・川崎市域とそれに隣接する東京都稲城・多摩・町田市域を対象として柄鏡形(敷石)住居址事例の検討を試みることとする。この地域は早くから都市化の影響を受けて開発に伴う大規模な発掘調査が行われ、これまでにも多数の遺跡から柄鏡形(敷石)住居址事例が検出されていることは周知のとおりである。とくに、横浜市域では港北ニュータウン造成地域、東京都域では、稲城・多摩・町田・八王子市域にまたがる多摩ニュータウン造成地域から多くの事例が検出されている。本稿では、東京都域側の多摩丘陵西部、日野・八王子市域や多摩川上流域の事例については、また別に取り組むとして、東部域に限定している点を断っておきたい。

　多摩丘陵は、東側は多摩川低地を挟んで武蔵野台地に、西側は境川を挟んで相模原台地に接し、南側は東京湾に接している。西側に高位の丘陵地帯が広がり、東に向かうに従って低位な台地域となり、横浜・川崎市域は下末吉台地と呼ばれている。

　前節と同様、発見事例数が多く、一覧表でのデータ提示と参考文献の列挙に頁数がかさんでしまったので、データの提示を優先させ、事例の細かな検討は割愛して、簡単な記述にとどめざるを得なかった。

1．柄鏡形(敷石)住居址発見事例とその分布

　筆者の管見に触れた当該地域に発見された柄鏡形(敷石)住居址事例は、第3表に示したように、137遺跡503例である。県別にみると、神奈川県域97遺跡384例、東京都域40遺跡119例である。ただし、事例数は一遺跡から複数の発見例が報じられているものの、詳細が未報告のため正確な時期別事例数が不明なものも含んでおり正確なものではない。とくに、港北ニュータウン地域内の遺跡事例は未報告のものが未だ多いので、実数は相当数増加すると思われる。また、管見に触れなかった事例や、発見が報じられているものの、報告等がなされていないため、ここで取りあげていない事例もあることを断っておく。

　これらの発見遺跡の分布を第13図に示した(註1)。これまで検討を加えてきた相模川上流域では、83遺跡211例、三浦半島・神奈川西部域〜伊豆半島周辺域では、120遺跡342例であったことと比較すると、狭い地域でありながら、きわめて多数の遺跡に柄鏡形(敷石)住居址が検出されていることがわかる。前述したように、この地域が他地域に比べ都市化の波が早く、開発

第3節　多摩丘陵東部〜下末吉台地域　93

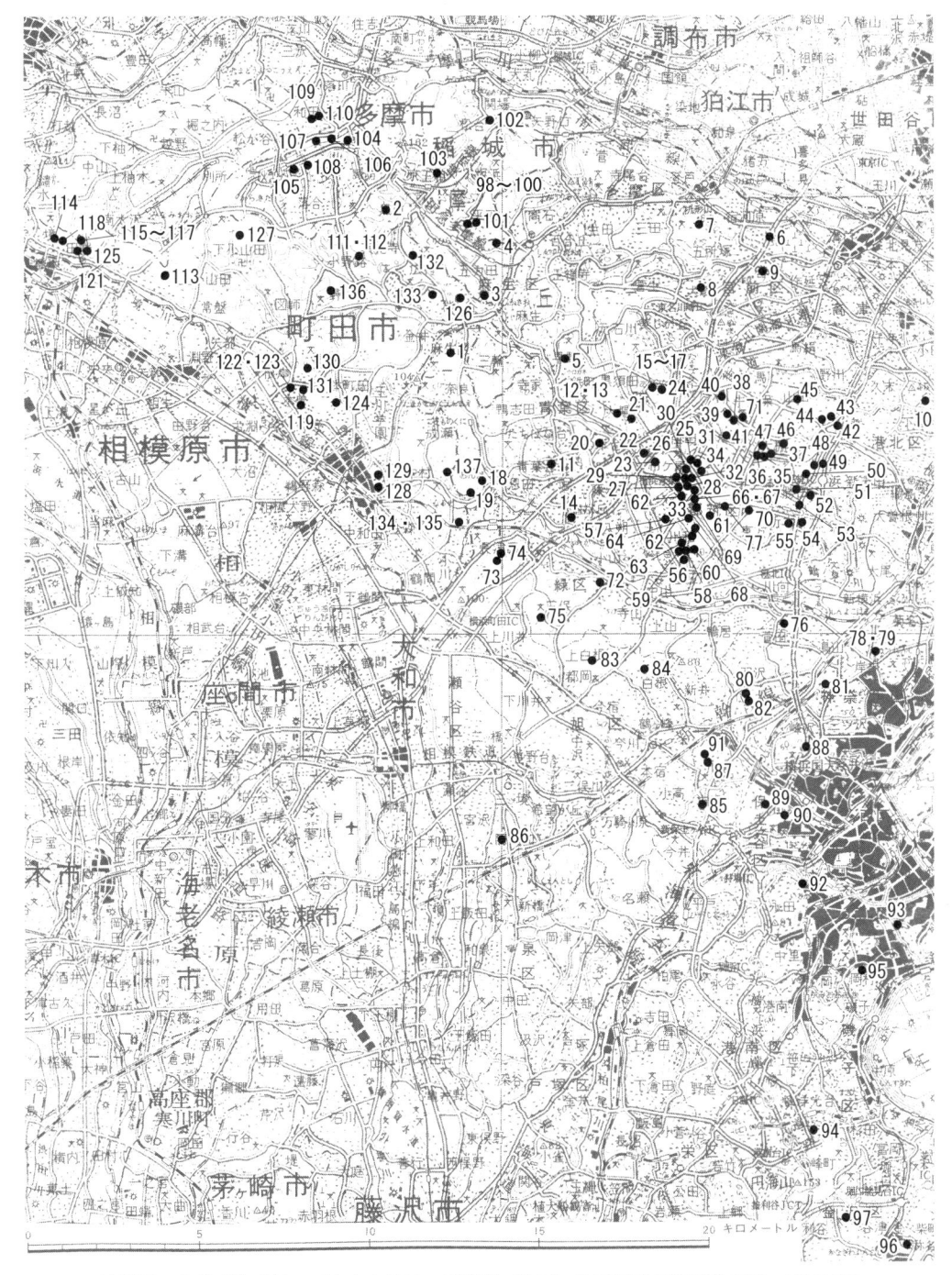

第13図　多摩丘陵東部〜下末吉台地域の柄鏡形（敷石）住居址発見遺跡分布図　1/200,000

94　第2章　柄鏡形(敷石)住居の地域的展開

川崎・横浜市域

第3表　多摩丘陵東部～下末吉地域の柄鏡形(敷石)住居址発見遺跡一覧表

分布番号	遺跡名	所在地	住居番号	構造	主体形状	規模 長×短軸	張出部形状	柱穴配置	炉址	敷石状態	埋甕	埋設位置	特記事項	時期
1	岡上丸山	川崎市麻生区岡上	J2	竪穴	B	5.6×5.0	不明	A	B	無	無		他に堀之内Ⅰ式期竪穴住居址、葛壙、屋外埋甕	Ⅳ
			J3	竪穴	B	3.0×2.5	A-2	C	B	無	無			Ⅳ-1
			J4	竪穴	A	径4.5	A-1	B	B	無	無			Ⅱ
			J5	竪穴	B	4.7×3.8	A-1	A	B	無	無		床面下土坑、堀之内Ⅰ式期の倒置深鉢と注口	Ⅱ
			J7	竪穴	A	径4.6	A-1	A	B	無	無			Ⅱ
			J8	竪穴	A	径3.8	B-1	A	不明	無	無		削平されている	Ⅱ
			J12	竪穴	A	8.5×8.3	不明	A	B	無	無		張出部は不明	Ⅳ-2
			J16	竪穴	A	径6.5	B-1	A	B	無	無		削平されている	Ⅳ?
2	黒川丸山	川崎市麻生区黒川	1	竪穴	B	5.0×4.3	A-1	B	A	無	無		下面に竪穴住居址重複	Ⅱ?
3	仲町	川崎市麻生区片平	敷石	竪穴	A	4.0×3.7	A-2	A	B	B	無			Ⅱ
4	細山向原ⅰ	川崎市麻生区向原2丁目	9	竪穴	B	4.8×3.8	不明	A	A	G	不明		斜面部検出、張出部とプラン一部流失	Ⅲ-1
5	早野上ノ原	川崎市麻生区早野	7		A		B-1	A	B	無	無		2007年調査未報告、2008年でも複数検出	Ⅲ?
6	下原	川崎市多摩区長尾	2	竪穴	D	10×9.2	類F-1	C	A2	無	無		特殊遺物、焼獣骨多量出土、3回の建替	Ⅶ
			3	竪穴	D	一辺3.8	不明	A	不明	無	無		遺存状態悪くプラン不明	Ⅶ
7	西菅第3	川崎市多摩区菅仙谷	敷石	不明	不明		不明	不明	A	B主体	不明			Ⅱ
8	初山	川崎市宮前区南平台	1	竪穴	A	径3.0	A-2	A	A	C	有2	A	埋甕は入れ子	Ⅱ
9	大野	川崎市宮前区宮崎		竪穴	C	3.8×3.7	A-2	A	C	C	有2	A+B		Ⅱ
10	井田中原B	川崎市中原区井田	JT-1		A	径3.7	A-2	A	A	C+G主体	無	B	無頭石棒完形	Ⅲ-1
11	松風台	横浜市青葉区松風台	JT-3	竪穴	A	4.8×3.8	A-1	A	B	G+F	有1	B	大型有頭石棒2、破片3、焼失住居	Ⅲ-1
12	大場2?A	横浜市青葉区大場町											詳細未報告、中期末住居址4	Ⅱ
13	大場2?C	横浜市青葉区大場町											詳細未報告、柄鏡形住居址2	Ⅱ?
14	稲ヶ原A	横浜市青葉区さつきが丘	B-1		A	径6.0	A-2?	A	B	G散漫	有3	A2+B	石棒3、軽石製浮子	Ⅱ
			B-2		A	径4.0	A-2?	B?	B	G散漫	有1	A		Ⅱ
			B-3		A	径3.5	A-2	不明	不明	F+G	有2	A+B		Ⅱ

第3節 多摩丘陵東部〜下末吉台地域

15	赤田地区 No.1	横浜市青葉区荏田町		B-4	竪穴	A	径4.4	A-2	A	A?	散漫	無	A+B	散漫だが全面に敷石、小型石棒2	Ⅲ-1
				B-5		A	径4.1	A-2	B?	B	散漫	有2		埋甕に接して石棒基部破片樹立	Ⅱ
				B-6		A	径5.4	A-2?	A	B	F部分	無		張出部に散漫な配裂	Ⅳ-1
				B-7		A	径7.0	A-2	A	不明	F部分	無		出土土器僅少のため時期不明	不明
				B-8	竪穴	不明		不明	A	B	無	不明		約1/4の検出、張出部不明	Ⅳ-2
				B-9		A		不明	A	B	無	無		B-10号住と重複、張出部不明	Ⅳ-1
				B-10		B	7.3×6.5	不明	A	B	A	無	A	出土遺物なく確実な時期不明	Ⅳ?
				B-12		A	径6.3	A-2?	A	A	無	無		奥壁柱状石(石棒?)は立石の可能性あり	Ⅲ-1
				B-13	竪穴	A	径3.3	不明	不明	C	無	無		柱穴・張出部不明	Ⅱ
				B-15	竪穴	B	4.3×4.2	不明	A	D	無	無		張出部は不明だが柄鏡形住居址の典型例	Ⅱ
				B-17	竪穴	C	5.6×5.5	A-1	B	C	無	無	A+B	加曾利E式後葉期小張出部の典型例	Ⅰ
				B-18		B	7.5×7.0	不明	A	A	無	無		張出部不明	Ⅲ-1
				B-19		B	7.5×6.5	不明	A	A	無	無			Ⅲ-1?
				B-23		A	径4.7	A-2?	B?	A	A	有1	B	炉址は張出部ピット+石囲	Ⅱ
16	赤田地区 No.15	横浜市青葉区荏田町		JT-2	竪穴	A	3.8×3.0	A-2?	A	B	A+B+F	無		張出部はピットのみ、奥壁部中心に敷石	Ⅱ
				JT-1		B	3.9×3.3	不明	A	B	無	無		張出部不明	Ⅱ
				JT-2		A	4.2×3.7	A-1?	A	B	散漫	有2	A+B	上面散漫な配裂	Ⅱ
				JT-3		A	3.3×2.9	A-1	A	B	A	無		奥壁部近く散漫な配裂	Ⅱ
				JT-4		E	3.9×2.5	A-2?	A	B	無	不明		張出部遺存状態悪い	Ⅱ
				JT-5		B	3.4×3.2	A-1	A	B	A	無			Ⅱ
				JT-6		A	3.0×2.0	A-2	A	B	A+B	無		奥壁から炉辺部に散漫な配裂	Ⅱ
17	赤田地区 No.17	横浜市青葉区荏田町		JT-1	竪穴	A	径3.0	不明	C	C	A+B	無		中・後期多数の柄鏡形(敷石)住居址、張出部不明	Ⅱ
18	杉山神社	横浜市青葉区荏田町												炉は土器片囲?、壁柱穴配列と張出部に配裂、未報告	不明
19	堀之内B	横浜市青葉区上谷本町		B1101	竪穴	B	4.3×4.1	A-2	B?	B	G+F	不明		張出部不明	Ⅱ?
20	上谷本第2			B1102	竪穴	A	4.9×?	不明	不明	不明	無	有1		張出部不明、ブラシから見て堀之内期か?	Ⅳ?
21	小黒谷	横浜市青葉区荏田北2丁目		I-F	竪穴	A	3.2×2.3	不明	A	不明	無	無	不明	加曾利E末住居、張出部不明	Ⅱ

96　第2章　柄鏡形(敷石)住居の地域的展開

分布番号	遺跡名	所在地	住居番号	構造	主体形状	規模 長×短軸	張出部形状	柱穴配置	炉址	敷石状態	埋甕	埋設位置	特記事項	時期
22	朝光寺原A区	横浜市青葉区かが尾町	1		C		不明						概報に二種の敷石住居と記載あり、詳細不明	不明
23	中里	横浜市青葉区かが尾町								部分			接続部に敷石	II
24	あざみ野	横浜市青葉区あざみ野	11	竪穴		2.8×2.8	A-2	A	A	C	有1	B		II
25	荏田1	横浜市都筑区荏田	1										未報告のため、詳細不明、堀之内期住居址にヒゲ状張出部あり	IV
			6											IV
26 a・b	荏田2	横浜市都筑区荏田	15	竪穴	B	6.3×4.5	A-1	A	B	C+F			ほかに中期末？後期前葉住居址多数、報告のためか不明	III
			17	竪穴	A		A-2	A	B	F+G		A+B		II
27 a-c	荏田9	横浜市都筑区荏田	1	竪穴	B		類B-2	C	B	無	無		堀之内期集落、詳細未報告	IV-1
			2	竪穴	B		A-2	A	B	無	無			IV？
28	キケ谷	横浜市都筑区荏田南2丁目	2	竪穴	A	径7.6	類B-2	A	B	無	無		4回の建替	IV-1
			3	竪穴	B	6.6×5.5	類B-2	A	B	無	無			IV-1
29	荏田17	横浜市都筑区荏田			A		A-2	A	A	C+F	有2	A+B	加曽利E末住居址2	II
30	荏田25	横浜市都筑区荏田	1	竪穴	D	7.1×6.3	内F-1	C	B	無	無		加曽利E末住居址1	II
31	華蔵台	横浜市都筑区荏田南5丁目	2		A	8.4×？	不明	A	B	不明	無		護土中脊片多、異形台付土器胴部破片床上	VI
			3	竪穴	D		内F-1	C	A	無	無		土器小片のみ出土、張出部は調査区外	IV？
			4	竪穴	C	5.5×5.4	C-2？	A	B	無	無		2軒の重複、主体部内コの字状出入口施設	VI
			5		C	4.2×3.5	不明瞭	A	B？	無	無		建替、遺存状態悪いが対ピットとヒゲ状張出	VI
			6	竪穴	D	3.3×2.7		C	B	無	無		張出部は不明瞭	VI
			7	竪穴	D	6.0×5.3	不明	C	B	無	無		建替、出入口部内側に回む	VI
			8	竪穴	D	7.3×7.0	B-1	C	B	無	無		建替	VII
			9		D？		B-1	C	A+B？	無	無		3回の建替	VI-VII
			11	竪穴	A	6.6×4.5	A-1	A	B	無	無		対ピット、滑車形耳飾6	VII
			14	竪穴	D	4.7×4.2	F-1	C	A	無	無		対ピット	IV？
														VII
			15	竪穴	D		F-1	A	B	無	無		台形、建替、44号住と重複	VI

第3節　多摩丘陵東部～下末吉台地域　97

44		A	5.2×4.9	C-2	A	B	無	無	15号住と重複	IV-2
16	竪穴	C		B・C-2	A	B 3	無	無	10回ほどの建替、小型石棒	V-1
17	竪穴	A		B-1	A	B 2	無	無	建替	IV-V
18	竪穴	C		類C-2	A	B	無	無		V
19	竪穴	B	5.4×4.6	類D-1	A	不明	無	無		IV-1
20	竪穴	B	7.4×6.3	類C-1	A	B	無	無	対ピット	IV-1
21	竪穴	B	6.8×5.0	F-2?	A	B	無	無	張出部の正確な形状不明	IV-1
25	竪穴	C	5.0×4.8	B-1	C	B	無	無	北壁部凸字状に張り出す	VI
26	竪穴	C	6.0×5.5	B-2	C?	B	無	無		IV
28	竪穴	C	6.0×5.0	B・E・F2	A	B 2	無	無	建替、火災住居、張出部逆コの字状	IV-V
29		D	一辺4.5	B-1?	C	B	無	無	対ピット	V
30	竪穴	A		C-2	A	A+B2	無	無	激しい重複、ヒゲ状張出部もつ住居含む	IV-V
31	竪穴	A	10.5×9	B-1	A	B 3	無	無	多数の柱穴、大型住居3回の重複	IV
32	竪穴	C	5.6×5.0	B-1	C	A	無	無		V-2
34	竪穴	C	4.8×?	B-1	A	B+土	無	無	炉址は地床炉と土器片囲炉	IV-2
35a	竪穴	A		C-1	A	A	無	無	建替、炉址は地床炉と土器片囲炉	IV-2
35b		B	10×9	C-2	C	B	無	無	35b住と重複	IV-2
36		B	9.3×7.8	B-1	A	B 3	無	F+G	周壁焼土中に小礫、張出部散漫な配棟	IV
37		B	9.8×9.2	B-1	A	B	無	無	3回の建替	IV
38		B	4.5×3.	C-1	A	B	無	無	奥壁部周壁沿いに焼土堆積、有脚石皿	IV-1
39		C	5.6×4.4	C-2	A	B	G	無	住居址不明確、時期も不確定	IV?
40		A		B-2?	A	不明	B	無	時期不確定	IV?
41		B		B-1	B	B	B	無	プラン不明瞭	IV?
42		B		不明	C	B	G	無		VII
43b	竪穴	B	7.2×5.8	C-1	A	B	B	無	a2d号の重複、壁柱穴に沿って配棟	IV-2
47		不明		不明	不明	B	B	無	炉址近く配棟、プラン不明	IV-1
48	竪穴	B	7.6×6.4	類A-2	A	B	無	無	張出部の形状は不整形	IV-2

98 第2章 柄鏡形(敷石)住居の地域的展開

分布番号	遺跡名	所在地	住居番号	構造	主体形状	規模 長×短軸	張出部形状	柱穴配置	炉址	敷石状態	埋甕	埋設位置	特記事項	時期
32	華蔵台南	横浜市都筑区荏田南1丁目	1		不明		不明	D	B	部分	無		重複著しい、4回の建替、形状把握困難	Ⅱ
			2	竪穴	B	3.3×4.2	B-1	C	A	散漫	有1	A	他に張出部(出入口施設)不明の住居址あり	Ⅱ
			3	竪穴	A	7.6×7.2	類A-2	A	B	無	無			Ⅳ-1
			4	竪穴	A	6.4×6.2	B-2	A	B	無	無			Ⅳ-2
			12	竪穴	A	8.3×7.7	A-C-1	A	B	無	無		5軒の重複(建替)、石棒胴部破片	Ⅳ-1
			15	竪穴	A	6.4×5.5	類C-1	A	B	無	無			Ⅳ-1
			16	竪穴	A	4.0×3.0	A-2	A	B	G+F	無		奥壁部配礫＋土器片並び立てる	Ⅱ
			17		A	5.5×4.9	類C-1	A	B	無				Ⅳ-1
33	池辺15	横浜市都筑区池辺町											堀之内Ⅰ期1（柄鏡形住居址？）、詳細不明	Ⅳ-1
34	荏塚	横浜市都筑区荏田											中期末？後期初頭3、柄鏡形含む、詳細不明	Ⅱ・Ⅲ
35a	歳勝土	横浜市都筑区大棚西	28	竪穴	B	4.5×4.0	B-1	A	B	無	無		対ピットもつ柄鏡形住居址	Ⅱ
36	歳勝土南	横浜市都筑区大棚西											中期末、柄鏡形住居址？詳細不明	Ⅱ
37	宗玄塚	横浜市都筑区大棚町											柄鏡形(敷石)住居址3、詳細不明	Ⅱ-Ⅳ
38	E-3	横浜市都筑区中川											中期末7、柄鏡形(敷石)住居址含、詳細不明	Ⅱ
39	E-5	横浜市都筑区中川	1	竪穴	A			A	A	C+F	有1	A	中期末柄鏡形住居址4、詳細不明	Ⅱ
40	F-2	横浜市都筑区中川	1	竪穴	B	5.3×4.3	A-2	A	B	無	有1	B	2軒の重複	Ⅲ-1
41	水窪	横浜市都筑区中川	2	竪穴	B	5.3×4.3	A-2	A	B	無	有1	B		Ⅲ-1
42	道中坂上	横浜市都筑区東山田町											中期末、堀之内期3、詳細不明	Ⅱ・Ⅳ
43	G-5	横浜市都筑区東山田町	4	竪穴	A	2.3×2.8	A-2	B	B	無	無		中期末1、詳細不明	Ⅱ
44	打越	横浜市都筑区東山田町	11		A	5.5×4.6	A-2	A	B	無	無		中期末1、詳細不明	Ⅱ
45	山田大塚	横浜市都筑区東山田町	12		A	4.7×3.8	A-2	A	B	無	無		他に土取りで破壊された敷石住居址あり	Ⅳ-2
			13		A	4.0×3.5	不明	A	B	無	無			Ⅲ
														Ⅳ-1
														Ⅱ

第3節 多摩丘陵東部〜下末吉台地域

14	竪穴	A	3.8×3.6	対P	A	B	無	無		Ⅳ-1
17	竪穴	B	4.5×3.7	対P	A	B	無	無		Ⅳ-1
18	竪穴	A	5.9×5.2	不明	A	B	無	無	炉址外側に方形掘り込み	Ⅳ-1
19	竪穴	A	5.1×5.0	不明	A	B	無	無	3回建替、21号住と重複、張出部不明	Ⅳ-1
20	竪穴	B	5.5×4.8	不明	A	B	無	無		Ⅳ-2
21	竪穴	B	4.7×3.5	不明	A	不明	G	無	張出部相当位置に配礫	Ⅲ-1
22		A	5.9×5.0	C-1	A	B	無	無	3回建替、ヒゲ状張出部	Ⅳ-1
23		C	4.5×3.7	F-1	A	B	無	無	2回建替	Ⅳ-2
24	竪穴	B	5.7×4.6	D-2	A	B	無	無		Ⅳ-1
26		C	6.0×5.0	C-2	C	B	無	無	2回建替、27号住と重複	Ⅳ-2
27		A	8.5×7.7	C-1	A	B	C+G	無	3回建替、散漫な配礫、小型石棒状製品	Ⅳ-1?
28		D		B-2	A	B	無	無	建替	Ⅳ-2
29		A	6.7×6.0	C-2	A	B	無	無		Ⅳ-1
30		B	6.6×5.7	内B-1	A	不明	無	無		Ⅳ
32		A	5.9×5.2	不明	A	不明	無	無		Ⅳ
33		A	4.9×4.2	対P?	A	B	無	無		Ⅳ-1
34		A		F-1	A	B	無	無		Ⅳ-2
35		A	5.3×5.2	類F-1	A	B	無	無	36号住と重複	Ⅳ-1
36		C	4.7×4.3	C-2	A	B	無	無		Ⅳ-1
37	竪穴	A	4.0×3.6	B-1	A	B	無	無		Ⅳ
38	竪穴	B	4.3×3.4	B-1	A	B	無	無		Ⅱ
39		A	5.2×4.6	A-1	A	不明	無	無	40号住と重複	Ⅳ-1
40	竪穴	A	6.7×5.7	不明	A	B2	G	無	39号住と重複	Ⅳ-1
41	竪穴	A	4.5×4.2	B-1	A	B	無	無	2回建替、周壁に配礫、42号住と重複	Ⅳ-1
42		A	4.3×4.2	D-2	A	B	無	無	41号住と重複	Ⅳ
15	竪穴	C	6.2×5.3	対P	A	B	無	無	16・17号住と重複	Ⅳ-1
16		C	5.3×4.3	D-2	A	B	無	無	15号住と重複	Ⅳ-1

| 46 | 西ノ谷貝塚 | 横浜市都筑区南山田町 |

100　第2章　柄鏡形(敷石)住居の地域的展開

分布番号	遺跡名	所在地	住居番号	構造	主体形状	規模 長×短軸	張出部形状	柱穴配置	炉址	敷石状態	埋甕	埋設位置	特記事項	時期
47	C-16・17	横浜市都筑区南山田町	23	竪穴	C	7.4×6.1	B-2	A	B	無	無		24号住と重複、出入口部は内側に凹む	Ⅳ-1
			24	竪穴	A	6.7×5.2	D-2	A	C	無	無		23号住と重複、ハの字状張出部	Ⅳ-1
48	榎原	横浜市都筑区中川											中期終末柄鏡形(敷石)住居址、詳細不明	Ⅱ
49	北川貝塚	横浜市港北区新吉田町	J5	竪穴	A	径4.0	A-2	A	B	無	無		中期末9、柄鏡形(敷石)住居址？詳細不明	Ⅱ
50a	権田上	横浜市都筑区勝田町	1	竪穴	A	4.9×4.7	A-2	A	A	G	有1	C	石囲ピット上棟位	Ⅲ
51a	蛇山下	横浜市都筑区勝田町	1	竪穴	A	3.5×3.2	A-2	A	B	C+F	有2	C	J4号住(称名寺式期)柄鏡形(敷石)住居か	Ⅱ
			4	竪穴	A	3.7×3.2	A-2	A	B	C+F	有1	A		Ⅱ
52a	神隠丸山	横浜市都筑区早渕											詳細未報告、後期集落址に柄鏡形住居址多数	Ⅳ-Ⅵ
53	新羽9	横浜市港北区新羽町	1	竪穴	B	4.1×3.6	A-2	C	B	C	有2	A+B	炉址は土器片囲石囲炉	Ⅱ
54	大熊仲町	横浜市都筑区仲町台	50	竪穴	A	4.0×3.6	A-2	C	A	F	有1	B	石棒、65号住・9号掘立と重複	Ⅱ
			62		A	4.3×3.8	A-2	A	B	F	有2	A+B	石囲炉の可能性もあり	Ⅱ
			92		A	4.0×3.6	B-1	A	B？	無	無		石囲炉の可能性もあり	Ⅱ
			155		A	4.3×3.3	A-2	A	B	F+G	有2	A+B	159号住・3号ピットも重複	Ⅱ
			158		A	4.5×4.0	不明	A	B？	無	有1	A	石囲炉の可能性もあり	Ⅱ
			159		A	3.5×2.6	A-2	A	A	無	有2	A+B	石囲炉片囲い石囲炉か、155・160号住と重複	Ⅱ
55	大熊17	横浜市都筑区大熊町	2	竪穴	A		A-1	A	B	無	無		張出部先端にさらに張出部がある特異な形状	Ⅱ
56	殿森	横浜市都筑区佐江戸町											称名寺式期柄鏡形住居址、詳細不明	Ⅲ
57	けんか山	横浜市都筑区佐江戸町											中期末柄鏡形住居址？、詳細不明	Ⅱ
58	月出松	横浜市都筑区加賀原	J-1	竪穴	B	4.7×4.0	B-1	A	A	無	有1	A	土器片囲石囲炉	Ⅱ
			J-5	竪穴	B	4.4×4.1	不明	D	B？	無	有1	B？	張出部不明腋だが先端部相当部に埋甕	Ⅲ-1
			J-7	竪穴	B	9.2×8.3	C-2	A	B	無	無		周壁焼土堆積、壁柱穴覆う	Ⅳ-2
			J-21	竪穴	A	径5.0	A-2	A	A	F+G	有2	A+B	土器片囲石囲炉、配礫	Ⅱ
			J-31	竪穴	A	4.4×4.2	A-2	B	B	F+G	無	無	配礫	Ⅲ-1
			J-36		A？		A-2？			無	有2	A+B	プラン不明	Ⅱ

第3節　多摩丘陵東部～下末吉台地域

59	原出口	横浜市都筑区川和台	J-38			B		A?	B	無	有1		張出部接続部に石皿と配礫、石棒	II
			J-39	竪穴			4.6×4.0	A-1	A	B	C	無	接続部に石棒・敲石・凹石	III-1
			J-40	竪穴			4.5×4.0	A-2	A?	B	C	無		III-1
			J-74		B		4.8×4.0	A-2	A	B	C+F+G	無		III-2
			6		B		6.1×4.3	対P	A	B	無	有1	炉址東側に近接して埋甕、住居址に伴うか？	IV
			9	竪穴	A		7.1×6.4	対P	A	不明	無	不明		IV-2
			11	竪穴	C		5.3×4.0	B-2	A	B	無	無	11・14・15号住と重複、石棒状重飾	IV-2
			12	竪穴	A		6.5×5.6	C-2	A	B	無	無		IV-2
			13	竪穴	A		7.0×5.5	対P	A	B	無	無		IV-1
			15	竪穴	B		7.3×6.0	対P	A	B2	無	無	建替、13・14号住と重複、小型石棒2	IV-2
			16	竪穴	A		6.0×4.8	C-1	A	B	無	無	15号住と重複	IV-1
			17		A		5.2×4.8	C-2	A	B	無	無		IV
			18	竪穴	A		6.2×5.6	類D-2	A	B	無	無	建替	IV-1
			21	竪穴	A		7.2×6.1	類A-1	A	B	無	無	20号住と重複、火災住居、石棒破片	IV-1
			22	竪穴	A		4.3×3.5	C-1	A	B	無	無	24号住と重複	IV-1
			23		A				A	B3	無	無	4回建替	IV-2
60	加賀原	横浜市都筑区江戸町											中期最終末住居址多く検出、詳細未報告	II
61	東方19	横浜市都筑区川和台	7		C		7.5×6.7	C-2	A	B3	無	無	堀之内I期住居址1、詳細不明、柄鏡形？	IV-1
62	寅ヶ谷東	横浜市都筑区川和台	8		C		5.6×4.8	C-2?	A	B	無	無	中期末住居址1、詳細不明、柄鏡形？	II
63	川和向原	横浜市都筑区川和台	9		A		5.0×4.4	C-2	A	B	G	無	3回の建替	IV-1
			11	竪穴	A		5.7×5.4	対P	A	B	無	無	ヒゲ状の張出部か、小型石棒	IV-2
			12		A		6.0×5.2	対P	A	B	無	無	10号住と重複、張出部に配礫	IV-1
			13		A		6.0×5.2	対P	A	B	無	無	対ピットのみ	IV-1
			14		B		7.8×6.8	対P	A	B	無	無	火災住居	IV
			15		B		7.0×6.4	対P	A	B	無	無	15号住と重複	IV
													14号住と重複	IV

102　第2章　柄鏡形(敷石)住居の地域的展開

分布番号	遺跡名	所在地	住居番号	構造	主体形状	規模 長×短軸	張出部形状	柱穴配置	炉址	敷石状態	埋甕	埋設位置	特記事項	時期
64 a・b	三の丸	横浜市都筑区富士見が丘	16		A	5.5×5.0	F-1	A	B	無	無		コの字状出入口部、17号住と重複	Ⅳ
			18	竪穴	B	6.3×5.8	B-1	A	B2	無	無		4回の建替	Ⅳ-1
			A49		A？	径5.0	不明		B	無	無			Ⅲ？
			A55	竪穴	B	3.5×?	不明	B	B	無	無			Ⅲ？
			A65	竪穴	A	4.2×3.8	A-2	A	B	無	無		張出部先端部壁形土器一括	Ⅳ-1
			A66	竪穴	A	4.5×4.3	不明		B	無	無		張出部不明	Ⅳ-1？
			A82	竪穴	A	6.0×5.6	A-2	A	B	G	無		張出部に敷石	Ⅳ-1
			A86	竪穴	B	5.5×5.0	E-1	A	B	無	無		A87号住の外側に重複	Ⅳ-2
			A87	竪穴	B	4.5×3.2	A-2？	A	B	無	無		A86号住の内側に重複	Ⅳ-1
			A91	竪穴	C	9.0×8.0	C-2	A	B2	無	無		3回の建替、火災住居	Ⅴ-1
			A93		C	径8.0	C-2	C	B	無	無		A95・A94号住と重複	Ⅴ-1
			A94		D	8.5×7.5	C-2	C	B	無	無		A93・A95号住と重複	Ⅴ-1
			A95		D	7.0×5.7	C-1	C	B	無	無		A93・A94号住と重複	Ⅴ-1？
			B5	竪穴	B？	4.8×3.8	不明		B	無	不明		張出部は不明	Ⅳ-1
			B6	竪穴	B？	5.8×4.9	不明		不明	無	不明		張出部不明	Ⅳ-1？
			B7	竪穴	B？	5.7×?	不明		B	無	無		張出部不明	Ⅳ-1？
			B16	竪穴	A	5.3×5.0	A-2	B	B	G	無		B17号住と重複、張出部にわずかな配礫	Ⅳ-1
			B17	竪穴	A	6.9×5.9	A-1	C	B	C	無		B16号住と重複、接続部に敷石	Ⅳ-1
			B18	竪穴	B	5.8×5.0	E-1	A	B	G	無		張出部接続部敷石	Ⅳ-1
			B22		A	5.5×4.6	不明		C	C	無		張出部接続部敷石	Ⅳ-2
			B27		A	4.7×4.2	対P	A	B	無	無			Ⅲ
			B46		B	7.8×6.8	不明		B	無	不明		張出部不明	Ⅳ-1
			B55		A	径4.0	不明		不明	無	不明		張出部不明	Ⅲ
			B63		A	径4.5	不明		B	無	不明		張出部不明	Ⅲ？
			B65	竪穴	B	7.5×7.0	D-2	C	B	無	無		B68号住と位置ずらして重複	Ⅳ-1

第3節　多摩丘陵東部〜下末吉台地域

No.	種別	形状	規模	型式	柱配列	壁溝	炉	埋甕	敷石	備考	時期
B66	竪穴	A		E-2	A	B2	無	無		建替、入口部はC-1	IV-1
B68	竪穴	B	6.4×6.2	D-2	C	B	無	無		南壁近く甕棺、B58号住と位置ずらして重複	IV-1
B75	竪穴	A	9.8×8.0	不明		不明	無	不明		南半部未調査	IV-1
B86	竪穴	C	5.0×?	C-2	C	B3	無	不明		3段階の建替	V-1?
B87		C	7.2×6.0	C-2		不明	無	無			V-1?
B91		C	5.3×4.6	C-2	A	B	無	無		B92号住と重複	IV-1
B92		C	9.5×9.0	C-2+A	C	B	無	有2	B	B91号住と重複、張出部に埋甕2	IV-1
B103		B	11×9.7	D-2		B	C	有1	A		IV-1
B110	竪穴	A	3.6×3.1	A-1	A	B	無	不明		接続部配礫、張出部大形石棒横位出土	II
B112		B	5.1×4.9	不明		B	無	不明		張出部不明	III
B121	竪穴	A	6.1×5.2	A-2		B	無	有1	A	遺存状態悪く張出部不明	II
B123		A	径3.2	B-1?	A	B?	無	無			II
B131		C	5.3×5.0	C-2	C	B	無	無		B132号住と重複	IV-2
B132		D	8.8×8.0	A-1		B	無	不明		B131号住と重複	IV-1
B133		不明	4.8×4.4	不明		不明	無	有1	C		III
B148		不明	5.2×4.2	C-2	A	A	無	無	A+B	主体部不明	IV-2?
B170	竪穴	A		有	C	B	無	不明	A+B	張出部と奥壁部に大形石棒状石柱横位出土	IV-1
B174			径7.5	有	A	A	F+G	有2	C	炉址と奥壁部位不明	V-1?
E2	竪穴	A	5.5×5.0	A-2	A	B	無	有2	B	敷石部位不明	II
E5			3.8×3.7	B-1	A	不明	無	有1		火災住居、埋甕に接して配礫	II
E6	竪穴	A	4.2×3.4	A-2		B	C	無	C		II
E7		A	3.7×3.0	A-2	A	A	無	有1		土器片囲石炉	III
E8		A	6.5×5.4	不明	A	不明	無	無			IV
F2	竪穴	A	径4.6	A-2	A	A	無	無			II
F5		A	径3.4	B-1	A	B	無	無		東半部未調査	II
F6	竪穴	A	径4.5	不明	A	不明	無	無			IV-1
F11	竪穴	B	6.9×5.5	D-1	A	C	無	無			IV-1

104　第2章　柄鏡形(敷石)住居の地域的展開

分布番号	遺跡名	所在地	住居番号	構造	主体形状	規模 長×短軸	張出部形状	柱穴配置	炉址	敷石状態	埋甕	埋設位置	特記事項	時期
65	大丸	横浜市都筑区大丸	F13		B	5.0×?	不明	A	不明	無	無		張出部不明	IV
66	小高見	横浜市都筑区大丸	H3	竪穴	A	6.2×4.2	A-1	A	A・B	F+G	無			III
			H16	竪穴	A	6.6×4.6	有		不明	無	不明			III?
			H18	竪穴	A	3.2×3.0	A-2	A	B	無	無		堀之内I期住居址1、柄鏡形?、詳細未報告	IV-1
			J9	竪穴	A	4.5×4.3	A-2	C	A	F	有3	A2+B	3回の建替、周壁に配礫	IV
			J11	竪穴	B	4.0×3.0	A-2		B	無	有1	B		II
67	小丸	横浜市都筑区大丸	1	竪穴	C	6.2×5.6	C-2		B2	無	無		2号住と重複、柱穴多数、10回を越す重複	II
			2	竪穴	C		C-2		B	無	有2	B?	1号住と重複、多建替、埋甕ヒゲ状張出外側	V-1
			4		B	4.6×4.0	対P	A	B?	無	無		炉址不明瞭	V-1
			10	竪穴	C	6.8×6.0	B-2	A	B	無	無			IV-1?
			11	竪穴	C	5.4×4.3	B-2	A	B2	無	無		建替、堀之内II～加曽利BI期	IV-1
			12	竪穴	C	8.3×8.1	C-2	A	B	無	無		13号住と重複	IV-V
			13	竪穴	C	9.0×7.5	B-2?	A	B	無	無		12・14号住と重複	IV-2
			14	竪穴	B	6.0×5.3	C-2	A	B3	無	無		主体部にも不規則な柱穴、建替、小型石棒	IV
			15	竪穴	B	7.7×7.2	不明	A	不明	F	不明		攪乱のため張出部不明、周壁に配礫	V-1
			18		C	10.2×9.3	不明	A	B	無	無		主体部内外にも不規則なピット、張出部不明	IV-1
			19	竪穴	B	7.7×6.0	B-1?	A	B2	無	無		建替、張出部対ピット	IV-1
			20	竪穴	B	4.1×3.2	C-1	A	A	無	無			IV-1
			22	竪穴	C	5.4×4.8	C-2	A	C	無	無		建替、火災住居	IV-2
			25	竪穴	A	4.3×4.0	C-1	A	B	A	無		奥壁部に配礫、周壁配礫か?	IV-2
			29	竪穴	B	5.9×4.9	A-2?	A	B	G	無		3軒の重複、張出部に配礫、火災住居	IV-1
			30		A	6.6×6.0	対P	A	不明	無	無			IV?
			34		A	5.0×4.5	B-2	A	B	無	無		堀之内II～加曽利BI期	IV-V
			44	竪穴	C	5.3×4.9	A-1	C	B	無	無			V-2

第3節　多摩丘陵東部〜下末吉台地域

68	二ノ丸	横浜市都筑区二ノ丸	47		A	5.1×4.9	B-2	A	B	無	無	46号住と重複	IV-2
			48	竪穴	B	5.2×4.0	E-1	A	A	B+C+G	無	凸字状張出部、炉から張出部敷石、石棒2	IV-2
			52	竪穴	B	5.6×4.4	B-2	A	B	無	無	張出部はハの字×ピット列	V-1
			54	竪穴	A	径4.6	D-2	A	B	無	無		IV-1
			J11	竪穴	B	5.7×5.3	A-1	A	B	C	有1	A	接続部わずかな配礫、埋甕はⅠ期土器転用?	Ⅲ
			J12	竪穴	A	径4.0	A-2	A	B	F+B+G	有2	A+B	火災住居、奥壁部床上埋葬人骨、配礫	Ⅱ
			J24		A	5.8×4.9	A-2	A	B	G	無		3軒の重複、張出部中央石列	Ⅲ
			J26		A	4.2×4.1	A-2	A	A	C	有2	A+B	土器片囲石囲炉、J27号住と重複	Ⅱ
			J27		A	4.1×3.5	対P	A	土器	不明	有1		J60号囲炉、J26号住と重複、張出部不明	Ⅱ
			J59		A?		不明	A?	B?	無	有2	B?	J59号住と重複、プラン不明瞭、柄鏡形?	Ⅱ
			J60		B?		A-2?	A?	B	無	有1	A+B?	柄鏡形?	Ⅰ
			J70	竪穴	B?	7.2×6.2	A-1	B	A	F+G	有2	A2	中期後葉期小張出部もつ住居、	Ⅱ
			J85	竪穴	B	4.1×3.4	A-2	A	A	A+G	有1	B	土器片囲石囲炉	Ⅲ-1
			J89	竪穴	A	4.3×3.9	B-1	A	B	F+G	無		奥壁と張出部接続部に配礫、先端部ピット有	Ⅱ
			J95	竪穴	A	4.4×4.2	A-2	A	A?	C	有1	B	接続部扁平礫、炉石ないが土器片囲石囲炉?	Ⅲ-1
			J96		B	5.8×4.6	A-2	A	B	無	無		建替、接続部に配礫と石棒胴部破片	Ⅲ
			J97	竪穴	A?	5.2×4.8	A-1	A	B	G+F	無		J98号住もつ住居	Ⅱ
69	高山	横浜市都筑区高山	18		C	4.5×3.7	対P	A	B	無	有1	D	張出部に石皿、散漫な敷石	Ⅱ
			28	竪穴	B	3.9×3.5	A-1	A	B	F+G	無		奥壁寄りに埋甕	Ⅲ-2
			49	竪穴	B	4.0×4.0	A-1	A	土器	Gほか	有1	A?	炉址は土器片囲、散漫な配礫	Ⅱ
			54	竪穴	B	4.1×3.2	B-1	A	B	C	無		土器片囲石囲炉、埋甕塗鮭、敷石部位不明	Ⅱ
			67		A	4.2×3.7	B-1	A	A?	無	有1	A+B	勝坂期住居址不明	Ⅱ
70	桜並	横浜市都筑区桜並木	J4	竪穴	A	6.2×5.6	不明	A	B	無	有2	A	張出部状不明、有頭石棒	Ⅱ
			J6		A	5.6×4.0	B-1	A	B	無	有1	A	対ピットあるが張出部不明瞭	Ⅱ
			J7	竪穴	A?		不明	A	B	無	無		遺存状態悪い	Ⅱ
			J10		A	4.4×4.2	A-2	A	B	F	無		壁柱穴沿いに配礫、柄鏡形石囲2	Ⅱ
71	A-8	横浜市都筑区牛久保町											堀之内Ⅰ期4、石剣1、詳細未報告	Ⅳ

106　第2章　柄鏡形(敷石)住居の地域的展開

分布番号	遺跡名	所在地	住居番号	構造	主体形状	規模 長×短軸	張出部形状	柱穴配置	炉址	敷石状態	埋甕	埋設位置	特記事項	時期
72	ドウ屋敷	横浜市緑区十日市場	3	竪穴	A	5.4×5.2	不明	A	B	無	無		周壁沿い配礫、張出部不明	II?
73	玄海田	横浜市緑区長津田町	S1005	竪穴	B	3.9×3.3	A-2	A	B	F+G	有4	A2+B2	張出部接続部と先端部にそれぞれ埋甕2	II
			S1006	竪穴	A	径4.2	A-2	A	B	F+G	有1			II
74	住橋	横浜市緑区長津田町	S1011	竪穴	A	径5.0	C-1	A	B	無	無			IV-1
			S1012	竪穴	A	径3.5	不明	A	B	無	有1	D	埋甕は奥壁際	IV-1
75	西之谷大谷	横浜市緑区三保町	51	竪穴	A	3.7×3.2	A-1	A	不明	無	有1	B	詳細不明、44号住上面に構築	III-1
			79	竪穴	A	5.6×4.5	A-1	A	B	無	無			II
76	伊勢原	横浜市港北区小机町											詳細不明、柄鏡形住居址2	II?
77	大原	横浜市港北区新吉田町	J1				A-2						詳細不明、全体図から判断	II
			J2				A-2						詳細不明、全体図から判断	II
			J3				A-2						詳細不明、全体図から判断	II
78	篠原大原	横浜市港北区篠原町	2	竪穴	A	4.0×3.6	A+C-1	A	B2	無	無		焼土・灰層上面貝層ブロック	IV-1
			11		B	5.2×4.5	不明	A	B	無	不明		壁柱穴の一部、張出部不明	II?
			38	竪穴	B	3.8×3.5	A-2	A	不明	不明	無		中央部撹乱、炉址不明	II
			63		A	径7.8	C-1	多数	B	無	無		64号住に柱穴配列不規則	IV?
			66		不明		B-1	不明	不明	無	不明		遺存状態悪い、対ピット	不明
			85		C	径7.0	B-2	A	B	無	無		遺存状態悪い、横平行出入口部柱穴列	IV?
			91	竪穴	A	8.0×7.5	不明	A	不明	無	無		中央部撹乱、炉址・張出部不明	IV?
			95		B	径8.5	B-2	A	B	無	無		長大な地床炉	IV?
79	篠原大原北	横浜市港北区篠原町	6	竪穴	A	径4.5	A-1	A	B	F	無		周壁沿い配礫、土器片、埋設に設置か	II
			16	竪穴	C	9.1×7.6	C-2	A	B	F	無		礫堆方形配石(被熱なし)、建替著しい	V-1
			19	竪穴	C	5.7×5.5	C-2	A	A	無	無		3軒の重複、ヒゲ状張出部	IV-2?
			20	竪穴	B	径5.8	対P	A	B	無	無			III-1
			22		A	6.8×6.0	対P?	A	B	無	無		対ピットか？	IV-1
			39		B	7.5×5.5	B-2	A	不明	無	無		遺存状態悪い	IV?

80	菅田・羽沢	横浜市神奈川区菅田町	41・56		B		7.0×4.5	B-2?	A	B	無	無	B?	56号住に横平行柱穴列の張出部?	V-1?
			44		B		7.0×6.5	対P?	A	B	無	有1		遺存状態悪い、出入口部付近く埋甕	V-1
81	平台北	横浜市神奈川区菅田町	52		B			A-1	A	B	無	無		60号住(張出部もつ可能性居住あり)と重複	Ⅲ-1
82	羽沢大道	横浜市神奈川区羽沢町	C-1	竪穴	C		3.5×3.2	A-2	A	A	G+F	無		不整形の柄鏡形住居址	Ⅱ-Ⅲ
			4地点	竪穴	A		4.5×4.3	B?	B?	B	G	有1		周壁沿いに配礫、被熱	V-1
			A-1	竪穴	B		4.6×4.1	A-1?	A	A	無	無	B	埋甕に伴い配礫	Ⅱ
			D-2		B		5.6×5.5	B-1	A	B?	無	無		遺存状態悪い、対ピット列	Ⅱ
			D-3	竪穴	A		5.9×5.4	A-1	A?	B	G	無		炉址石抜痕、張出部散漫な配礫	Ⅱ
			D-4		A		6.0×5.2	A	A	A?	無	有1	A	接続部埋甕と対ピット、張出部石棒胴部片	Ⅱ
			D-5		A		5.5×5.2	A-1	A	B	無	無	A	張出部遺存状態悪い	Ⅱ
			D-6	竪穴	A		4.5×4.3	A-1?	A	B	無	無		遺存状態悪い	Ⅱ
			D-7		不明			A-2?	A?	B	無	無	A+B	遺存状態悪い	Ⅱ
			D-8	竪穴	A		径5.5	A-1?	A	A	無	有2		張出部方形土坑	Ⅱ
			D-9		A		5.0×4.7	A-2	A	B	G	無	A+B	埋甕周囲配礫	Ⅱ
			D-10	竪穴	不明		5.2×4.5	A-1?	A	B	無	有2	A	埋甕入れ子、その下に1個体	Ⅱ
			D-11	竪穴	B		6.6×5.1	A-2?	A	B	無	有3		奥壁部壁沿いに遺物列状分布	Ⅱ
			D-12	竪穴	B		4.0×3.8	A-1	A	A	無	無			Ⅲ-1
			D-13				4.1×2.6	C-1	A	B	無	無		No.5 地点、火災住居	Ⅳ-2
83	都筑自然公園	横浜市旭区上白根町	1	竪穴	A		径4.8	対P	A	C	無	無		張出部は対ピットのみ検出	Ⅱ
84	上白根おもて	横浜市旭区上白根町	44	竪穴	A		径3.6	不明	C	B	無	無		曽利末期、柄鏡形住居址?	Ⅱ
85	市ノ沢団地	横浜市旭区市沢町	50	竪穴	A		径2.8	A-2	不明	A	B+C+F	無		接続部対ピット	Ⅱ
			C-1敷		不明			不明	不明	A	部分	有1	A?	遺存状態悪い、プラン不明	Ⅱ
			D-1敷		不明			A-2?	不明	不明	部分	有1	B?	遺存状態悪い、プラン不明、散漫な配礫	Ⅱ
			D-2敷		不明			不明	不明	不明	部分	有1	B?	遺存状態悪い、散漫な配礫、埋甕から判断	Ⅰ
			D-3敷		不明			不明	不明	A	B	有1		遺存状態悪い、炉周辺に散漫な配礫	Ⅰ
86	阿久和営墓	横浜市瀬谷区阿久和西	D-4敷		不明									大規模環状集落址、未報告、柄鏡形住居有	不明

108　第2章　柄鏡形(敷石)住居の地域的展開

分布番号	遺跡名	所在地	住居番号	構造	主体形状	規模 長×短軸	張出部形状	柱穴配置	炉址	敷石状態	埋甕	埋設位置	特記事項	時期
87	川島町西原	横浜市保土ヶ谷区川島町	1埋		不明		不明	不明	不明	G?	有1	不明	屋外埋甕とされるが柄鏡形住居址の可能性有	Ⅱ
			2埋		不明		不明	不明	不明	不明	有1	不明	埋甕のみ、柄鏡形住居址の可能性有	Ⅱ
			3埋		不明		不明	不明	不明	不明	有2	不明	埋甕は入れ子、柄鏡形住居址の可能性有	Ⅱ
			4埋		不明		不明	不明	不明	G?	有2	不明	埋甕は入れ子、埋甕に接して配礫	Ⅱ
			配石		不明		不明	不明	不明	G?	有1	不明	埋甕と石棒を伴う柄鏡形住居址?	Ⅱ
88	椎子峯	横浜市保土ヶ谷区峰沢町	Ⅱ-12	竪穴	A	4.2×3.8	不明	A	A	無	不明		土器片囲石囲炉、張出部は不明	Ⅱ
			Ⅱ-14		A	4.3×3.9	不明	A	B	F	無		周壁に部分的に配礫	Ⅱ-1
			Ⅱ-15		A	4.6×4.0	不明	A	B	F			周壁	Ⅳ-1
89	仏向貝塚	横浜市保土ヶ谷区仏向町	1	竪穴	D								住居内貝層、詳細未報	Ⅵ
90	明神台A	横浜市保土ヶ谷区明神台	B-1		A	径3.7	A-2	A	B	F	無		対ピットから張出部推定、周壁に一部配礫	Ⅲ-1
91	南原	横浜市保土ヶ谷区川島町	6	竪穴	B	4.4×4.1	A-2	A	B	F			壁柱穴に沿って配礫	Ⅱ
			10		B	径4.3	A-2	C	A	F	有2	A+B	わずかな配礫、接続部埋甕に接して柱状石	Ⅱ
92	清水が丘	横浜市南区永田南	1		不明		A-2	不明	A?	C+F	不明		詳細未報告	Ⅱ
93	稲荷山貝塚	横浜市南区山谷	2-2	竪穴	C	一辺6.7	類A-2	A	B	無	無		建替、柱穴多数	Ⅴ-1
			2-3		A	径6.0	不明	A	不明	無	無		1号敷石住と重複	Ⅳ-1
			2-1敷	竪穴	A	4.0×3.6	A	A	D	C+G	無		全面礫土、火災住居、敷石材に石棒転用	Ⅳ-1
			2-2敷		不明		E-1	不明	A	C+G	無		巨大石囲炉、炉から張出部にかけて敷石	Ⅳ-2
94b	洋光台猿田	横浜市磯子区洋光台	10	竪穴	A	4.0×3.6	A-2	B	A	無	有1	A	土器片囲石囲炉、張出部先端部に礫2層	Ⅱ
95	三殿台	横浜市磯子区岡村町	303B	竪穴	D		内B-1	不明	A	無	不明		対ピットブラン内側	Ⅴ-2
96	称名寺Ⅰ貝塚	横浜市金沢区金沢町	Ⅰ区		不明		不明	不明	C	B周辺	有1	A?	部分的な検出のため全体の形状不明	Ⅱ
97	青ヶ台貝塚	横浜市金沢区釜利谷町	敷石		不明		A-2?	不明	A	B+C+G	不明		張出部敷石中石棒転用、敷石先端部石皿	Ⅳ-2

第3節 多摩丘陵東部〜下末吉台地域

東京都域

分布番号	遺跡名	所在地	住居番号	構造	主体形状	規模 長×短軸	張出部形状	柱穴配置	炉址	敷石状態	埋甕	埋設位置	特記事項	時期
98	平尾No.2	稲城市平尾	配石		A?		不明	不明	不明	散漫	無		柄鏡形敷石住居址か、倒置土器	Ⅱ
99	平尾No.4	稲城市平尾	1配		不明		有?	不明	不明	部分	有2	位置?	埋甕の存在から柄鏡形敷石住居址か	Ⅱ
			2配		不明		A-2	D	不明	G配礫	有1	位置?	柄鏡形敷石住居址の張出部か	Ⅱ
100	平尾No.9	稲城市平尾	6	竪穴	D	5.5×4.8	内B-1	A	A	無	無		土偶、他に加曽利B住居址2	V-2
101	平尾台原	稲城市平尾	A-6	竪穴	不明		A-1	A	C	配礫	有1	A		Ⅱ-Ⅲ
			A-7	竪穴	A	径5.2	A-1	A	B	F	無		壁際に配礫	Ⅱ
			D-7	竪穴	A?	径4.8	A-1?	A	B	G	無		確実性乏しいが、柄鏡石棒	Ⅳ-1
			3次2	竪穴	不明		A-2	不明	A	B+C+G	無		張出部に有頭石棒横位、正確な時期不明	Ⅳ?
102	六間台Ⅱ	稲城市百村	4-1		A	4.5×4.0	A-1	A	A	F	無		壁際に配礫	Ⅱ
103 a・b	多摩NTNo.9	稲城市若葉台1丁目	3A		B	4.0×3.5	A-2	不明	A	略全面	有1	B	埋甕は両耳壺、有頭石棒	Ⅱ
			7		A	径4.0	A-2	A	A	略全面	無		称名寺古い	Ⅱ
			44		A		不明	B	A	G?	無		ごく一部敷石、張出部か	Ⅱ
			61		不明		不明	不明	不明	部分	無		敷石住居址か確実性欠く	Ⅱ
			75	竪穴	A	径4.5	不明	不明	不明	部分	無		敷石住居址か確実性欠く、床面上小礫多数	Ⅱ
			76	竪穴	不明		不明	不明	不明	部分	無		敷石住居址か確実性欠く、遺物石器のみ	Ⅱ
			77	竪穴	不明		有	不明	A	部分	無		敷石をもつ張出部と思われる部位に埋甕	Ⅱ?
			78	竪穴	B	4.1×4.0	A-1	対P	A	B+C+D+G	有1		炉と張出部相当部に敷石	Ⅲ-1
			81	竪穴	B	4.7×3.5	A-1?	不明	A	B+G	無	位置?	張出部の埋甕に敷石	Ⅱ
			97	竪穴	A	径5.0	A-1	A	B	略全面	有1	B	平安時代住居址に切られる	Ⅱ
104	多摩NTNo.27	多摩市永山	18	竪穴	A?	4.0×3.7	A-2	A	B	F+G	無	A+B	張出部敷石は散漫	Ⅱ
105	多摩NTNo.57	多摩市落合	A-2	竪穴	C	径3.0	A-2	A	A	略全面	有2			Ⅱ
			A-3	竪穴	A	径4.5	A-1	A	A	略全面	無			Ⅱ
			A-4	竪穴	A?	径4.8	不明	不明	A	散漫	有1	A	石組み状敷石、敷石住居址か確実性欠く	Ⅱ
			A-10											

110　第 2 章　柄鏡形(敷石)住居の地域的展開

分布番号	遺跡名	所在地	住居番号	構造	主体形状	規模 長×短軸	張出部形状	柱穴配置	炉址	敷石状態	埋甕	埋甕位置	特記事項	時期
106	多摩NTNo.281	多摩市愛宕	1	竪穴	C	径4.5	A-2?	A	B	G	無		火災住居	Ⅲ-Ⅳ
107	多摩NTNo.450	多摩市乞田	85-1		不明		不明	不明	D	B	不明		炉址南側敷石残存、張出部の可能性あり	Ⅱ
108	多摩NTNo.769	多摩市乞田	27	竪穴	B	3.4×3.1	A-2	A	A	無	無			Ⅱ
			29	竪穴	C	5.0×4.3	B-1	A	B?	無	無			Ⅱ-Ⅲ
109	多摩市道1458	多摩市和田	敷石	竪穴	A	径約4.0	E-1	A	D	B+C+G	無		張出部先端に円形土坑	Ⅳ-1
110	東寺方	多摩市東寺方	JS12	竪穴	A	径6.7	A-2	A	B	G	無		張出部のみ敷石、他に堀之内Ⅰ住居址1	Ⅳ-1
111	連光寺北	町田市真光寺	2	竪穴	B		不明	A	B	散漫	無		詳細不明	不明
112	桜ヶ丘ゴルフ場内	町田市真光寺	敷石		A?	径4.5	A-1?	不明	不明	略全面	不明		石棒、散漫に全面敷石、堀之内Ⅰ住居と重複	Ⅳ-2
113	多摩NTNo.194	町田市小山町	1	竪穴	A?	5.8×4.3	A-2	A	B	G	無		石棒片	Ⅳ-1
			2	竪穴	D	4.8×4.6	C-2	A	A	B+C+G	無			Ⅳ-2
			3	竪穴	A	4.1×3.8	B-1	A	A	B	無		石囲炉を囲んで敷石	Ⅴ-1
			4	竪穴	B	5.6×4.4	A-2?	A	B	無	無		13号住と建替、張出部か不明、被熱石棒2	Ⅳ-2
			6	竪穴	A	5.6×5.5	A-1	A	A	C+G	無			Ⅳ-2
			9	竪穴	A	6.0×5.9	C-2	A	B	無	無			Ⅳ-2
			12	竪穴	B	6.1	C-1	A	B	無	無		筒形土偶体部	Ⅳ-2
			13	竪穴	B	4.4×3.6	不整形	A	B	無	無		主体部内に対し近い出入口施設	Ⅳ?
114	多摩NTNo.235	町田市相原町	5	竪穴	B	4.5×3.7	A-2?	C	不明	G主体	無		張出部もつ可能性あり、流失か	Ⅱ
			6	竪穴	B	4.1×3.5	不明	A	D	部分	不明		主体部にも散漫な配礫	Ⅱ
			7	竪穴	C		不明	A	D?	無	無		床面散漫配礫	Ⅱ
115	多摩NTNo.243	町田市小山町	17	竪穴	A	4.5×3.8	C-1	C	B	F部分	無		規模は残存部分、小型石棒	Ⅳ
116	多摩NTNo.245	町田市小山町	1	竪穴	A	3.5×2.3	不明	A	B	F	無		3軒の重複、焼失住居	Ⅳ-1
			9	竪穴	A		不明	A	B	無	無			Ⅳ-1
			14	竪穴	B	4.8×4.3	類A-1	A	B	無	無			Ⅳ-1
			17	竪穴	C	6.0×5.1	C-2	A	B	無	無		28住と重複、焼失住居	Ⅳ-2

第3節 多摩丘陵東部〜下末吉台地域 111

								形	A+E	B	F 他		A		
117	多摩NT No.341	町田市小山町		21	竪穴	B	5.4×3.5	形不明	A	不明	無	有1	A	覆土中礫集中、埋甕は勝坂式を利用、石棒	Ⅱ
				28		C	5.7×4.0	B-2	A	A	無	無		27住と重複	Ⅳ
118	多摩NT No.960	町田市小山町		35	竪穴	B	4.5×4.5	形不明	A	A	F部分	無		張出部不明だが、ヒゲ状を呈する可能性あり	Ⅳ-1
119 a・b	木曽森野	町田市木曽町・森野4丁目		45	竪穴	B	5.4×5.0	形不明	A	添石	B中心	無		奥壁部上口、焼土・炭化物堆積	Ⅳ-1
				52	竪穴	C	5.6×4.9	不明	A	B	F	無		床面上砂利敷、焼失住居、被熱石柱状石棒	Ⅳ-2
				53	竪穴	B	5.2×4.2	B-1?	C	B	F	無		環礫方形配石に近い、焼土・炭化物体積	Ⅳ-1
				16	竪穴	A	6.2×6.0	不明	A	B?	F	無		奥壁部横位埋設土器	Ⅳ-1
				21	竪穴	C	5.3×5.0	形不明	A	C?	B	無		柱穴土に小型石棒	Ⅳ-1
				15	竪穴	A	3.1×3.0	A-2	A	A	散漫	無		壁際・張出部他散漫な敷石、奥壁部石棒	Ⅱ
				J1敷	竪穴	B	4.2×3.6	A-2	B	B	F+G	有1	B	奥壁部中央部に平石、石棒断片	Ⅱ
				J2敷	竪穴	A	3.3×3.1	A-1	C	B	略全面	有1	B	散漫な配礫、敷石材として石棒4	Ⅱ
				J3敷	竪穴	A	径5.5	A-1	A	B	散漫	有1	B		Ⅲ
				J4敷		A	4.1×3.9	A-1	A	不明	無	有1	B	プラン・張出部不明、土器片囲炉	Ⅱ
				5		A	径6.0	不明	B	C	無	有1	A	対状ピット間埋甕と配礫	Ⅱ
120	向村			6	竪穴	A	径5.0	B-1?	B	B	C			詳細不明	不明
121	田端	町田市田端												詳細不明	不明
122	忠生B1・2	町田市矢部町他		JT21A	竪穴	A	3.8×3.3	A-2	A	A	B+F	無		被熱焼礫壁際、張出部に石棒埋設、上面深鉢	Ⅲ-1
123	忠生D	町田市忠生4丁目他		JT1	竪穴	A	径3.5	A-1	C	A	B	無		完形石棒・異形石片口土器・注口、丸石、焼土	Ⅱ-Ⅲ
124	原東	町田市木町田		JT1	竪穴	C	6.0×5.0	A-2	不明	不明	F+G	無		堀之内期住居上面に構築された環礫方形配石	Ⅳ-2
				Jt2	竪穴	A	5.6×3.6	D-2	A	B	B+C+F+G	無		上面に環礫方形配石、2号住と重複、石棒片	Ⅳ-1
				JT4	竪穴	B	5.0×3.1	D-2	A	A 2	F	無		1号住の下面に構築	Ⅳ-1
125	都道2・1・5線	町田市小山町		13	竪穴	A	6.6×5.9	D-1	A	不明	F主体	無		他に堀之内期・加曽利B I 期1、中期15軒	Ⅳ-1
126	平和台No.1	町田市能ケ谷						不明	不明	不明	不明	不明		詳細不明、称名寺期敷石住居4	Ⅱ
127	大久保台	町田市小山田町						不明	不明	A?	略全面	不明		詳細不明、加曽利E末敷石3、竪穴8、配石	Ⅲ
128c	年場	町田市高ヶ坂				B?		不明						半壊、炉址不明	不明

112 第2章 柄鏡形(敷石)住居の地域的展開

分布番号	遺跡名	所在地	住居番号	構造	主体形状	規模 長×短軸	張出部形状	柱穴配置	炉址	敷石状態	埋甕	埋設位置	特記事項	時期
129c	八幡平	町田市高ヶ坂			A	径3.0	不明	不明	A	略全面	無		張出部不明瞭、炉石に石皿	Ⅱ
130	山崎遺跡群B	町田市山崎町	敷石				不明	不明	A	B			炉辺部敷石甕棺4、伏甕1	Ⅳ-1
131	木曽田地Ⅰ区	町田市木曽町											詳細不明、後期敷石住居址4	Ⅳ?
132	真光寺広袴向	町田市広袴町	2	竪穴	C	8.0×7.0	類E-2	A	不明	G	無		砂利敷住居、他に後期住居址あり	Ⅴ-1
133	鶴川M	町田市鶴川6丁目他	5	竪穴	A	5.3×4.0	B-1	A	B	無	無		他に堀之内期1、加曽利B期2	Ⅳ
134	なすな原No.1	町田市南成瀬	102	竪穴	C	7.0×6.0	C-2	A	B	無	無		101?104号重複、焼土堆積、注口3	Ⅳ-2
			103	竪穴	A	6.5×6.0	C-1	A	B	無	無			Ⅳ-1
			107	竪穴	D	5.9×5.2	C-1	A	B	無	無		106号住と重複	Ⅳ-1
			108	竪穴	C		C-2	A	B	無	無		覆土焼土堆積、3回の建替	Ⅳ-2
			111		C	一辺4.2	C-1	A	B	無	無			Ⅳ
			116	竪穴	D	8.0×6.2	C-2	C	B	無	無		土偶・耳栓・石剣・焼獣骨片	Ⅳ-Ⅴ
			120	竪穴	B	5.5×5.5	B-1	C	B	無	無		覆土中焼土、炭化物堆積	Ⅳ-2
			121	竪穴	C	一辺7.5	B-1	C	B	無	無		香炉・石剣・翡翠玉・耳飾、覆土中焼獣骨	Ⅶ
			123	竪穴	D	6.5×5.7	類A-1	C	A	無	無		耳栓	Ⅶ
			124	竪穴	D	4.1×3.9	内F-1	C	A	無	無		多量の焼土、注口、小型壺	Ⅳ-Ⅴ
			127	竪穴	A	径5.4	A-2	C	B	無	無		焼失住居、柄鏡形敷石住居址の外側に壁柱穴	Ⅳ-2
			129	竪穴	A	6.5×6.4	E-2	A	A	B+C	無		131号住と重複、出入口部敷石	Ⅳ-2
			130	竪穴	A	径7.0	A-2?	C	B	C+G	無		炉址に部分敷石	Ⅳ-1
			132	竪穴	A	径6.0	不明	A	A?	B	不明		焼土厚く堆積	Ⅵ-Ⅶ
			139	竪穴	D	7.2×5.1	類A-1	C	B	無	無			Ⅳ-2
			147	竪穴	D	4.0×3.5	類F-2	C	B	無	無		火災住居	Ⅶ
			154	竪穴	A	一辺5.4	類A-1	A	不明	略全面	無			Ⅳ-1
			101敷	竪穴	A	径6.6	無	A	B	無	無		環礫方形配石	Ⅴ-1
			101配		A	6.2×6.0	A-2	不明	不明	F	無			
			102配		A	径4.0				G主体	無		配石とされるが柄鏡形石敷住居	Ⅳ

第3節 多摩丘陵東部～下末吉台地域

135	町田市南成瀬	なすな原 No.2	103配	A	径8.0	A-2?	A	B	G	無		張出部相当部に敷石	Ⅳ
			104配	A	径8.0	不明	A	B	F	無		壁際に配礫	Ⅳ
			101	A	5.8×5.5	類A-1	A	B	無	無		無敷石の柄鏡形住居址と判断される	Ⅳ-1
			102-3	A	7.2×6.0	類F-2	C	A	B	無		大型石棒、103号住としたものは張出部	Ⅳ-1
			106	A	径6.2	不明	A	B	無	無		出入口施設不明瞭	Ⅳ-1
			113	A	8.0×7.0	D-2	A	A?	B+C+G	無		焼土柱穴沿いに堆積、大型の張出部施設	Ⅳ-2
			101敷	A	径4.0	A-2	A	B	G+F	無		張出部中心に散漫な敷石	Ⅳ-1
			102敷	A	5.0×4.0	A-2?	A	B	C+G	無		接続部と張出部のみに敷石	Ⅳ-1
			103敷	A	径4.0	A-2?	A	B	G	無		張出部に散漫な敷石	Ⅳ
			104敷	A	径4.8	不明	A	B	略全面	無		壁柱穴以外にほぼ全面敷石	Ⅳ-1
136	町田市野津田町	野津田上の原	1環礫	C	一辺4.4	E-2	C	A	B+C+G	無		環礫方形配石	Ⅴ-1
			2環礫	D		形不明	不明	不明	F+G	不明		加曽利BⅡの10号住と重複、環礫方形配石	Ⅴ-1
			1敷	A	4.2×3.9	A-2	A	B	F	無		壁柱穴2住	Ⅱ
			2敷	C	4.0×3.5	A-2	不明	A	A+F	有1	B		Ⅱ
			3敷	A	径3.1	不明	A	A	F主体	有1	A	張出部不明、壁際を中心に配礫	Ⅱ
			4敷	C	2.7×2.3	不明	不明	A	B	無		石棒胴部	Ⅱ
			5敷	A	3.8×3.0	A-2?	A	A?	略全面	無		散漫だが全面に敷石広がる	Ⅱ
137	町田市成瀬	東雲寺上	1環礫	D	5.4×4.9	A-2	A	B3	F+G	無		環礫方形配石	Ⅴ-1

*Ⅰ期の小張出付住居址の大半は除いてある。

に伴い多数の遺跡が調査されてきたことによる見かけ上の分布集中傾向ともいえようが、他地域と比較して、多摩丘陵域に柄鏡形(敷石)住居を主体とする集落が多数造営されたことも事実といえよう。

　一連の集成の結果、対象として取り上げた柄鏡形(敷石)住居址発見遺跡は総数は、340遺跡、1056事例となった。柄鏡形(敷石)住居址発見事例数は、詳細不明なものも含めればさらに多数増加するものと思われる。神奈川県域に限っていえば、筆者が2001年3月末時点で集成した発見遺跡が199遺跡であった(山本　2002)ものが、2010年1月現在で242遺跡と、約9年間で43遺跡が新たに追加されたことになる。なお、東京都域の多摩川両岸地域の事例については、和田哲により集成されており、この地域での柄鏡形(敷石)住居址発見事例の詳細を知ることができる(和田　2002)。

2．当該地域における柄鏡形(敷石)住居址の時期別変遷の概要

　検出事例全体からみた、時期別変遷のありかたをみると次のようになる(註2)。
Ⅰ期(中期後葉期・加曽利E式期併行期)：4例、Ⅱ期(中期終末期・加曽利E式終末併行期)：175例、Ⅲ期(後期初頭期・称名寺式併行期)：48例、Ⅳ期(後期前葉期・堀之内式併行期)：217例、Ⅴ期(後期中葉期・加曽利B式併行期)：30例、Ⅵ期(後期後葉期：曽谷・安行Ⅰ・Ⅱ式併行期)10例、Ⅶ期(晩期前葉期：安行Ⅲ式併行期)12例、時期不明：7例、の503例である。

　この大まかな時期別変遷のありかたをみると、前稿で検討した三浦半島・神奈川県西部域～伊豆半島周辺域と同様、柄鏡形(敷石)住居成立期のⅡ期・中期終末期よりも、Ⅳ期・発展期の後期前葉期に事例全体の約43.1％と、集中する傾向が指摘できる。また、第Ⅴ期以降Ⅶ期まで事例が確認される特徴が指摘できる。柄鏡形(敷石)住居址変遷の最終段階の様相を知るうえで重要な地域といえよう。

　県別にみると、神奈川県域では、Ⅰ期4例、Ⅱ期133例、Ⅲ期43例、Ⅳ期161例、Ⅴ期23例、Ⅵ期9例、Ⅶ期8例、不明3例の384例、東京都域では、Ⅱ期42例、Ⅲ期5例、Ⅳ期56例、Ⅴ期7例、Ⅵ期1例、Ⅶ期4例、不明4例の119例である(註3)。両地域とも、Ⅳ期の事例がⅡ期の事例を凌駕していることがうかがえよう。

　次に、各期ごとに柄鏡形(敷石)住居址事例の特徴の概略についてまとめてみよう。本稿では、事例の一覧表と参考文献掲載に頁数がかさんでしまったため、前節と同様、各時期ごとに事例を図示することはやめて、Ⅰ期からⅤ期までの変遷図(第14図)に代表的な事例をあげるにとどめざるをえなかった。

Ⅰ期・中期後葉期(第14図1～4)

　この時期の事例は4例ときわめて少なく、全体の事例の約0.8％を占めるにすぎない。とくに、いわゆる石柱・石壇等をもつ事例が知られていないのが大きな特徴である(註4)。この点は、

第1節（山本 2008）でみた相模川上流域でのありかたとは大きな違いをみせている。それとは対照的に、部分的な敷石をもたず、埋甕に伴い小張出部をもつ事例については数多く知られている。ただし、今回の一覧表には、そうした事例はほとんど取り上げていない。わずかに張出部の成立過程を良く示す代表的な事例として、稲ヶ原A・B-16号住（第14図1）と二ノ丸J70号住（第14図2）をあげてみた。小張出部のみをもつ事例を追加するなら、Ⅰ期の事例は相当数増加しよう。

ほかに、この時期の事例として、市ノ沢D-3号敷石住（第14図3）とD-4号住（第14図4）を含めてみた。配礫に近い散漫な敷石が遺存する例で、プランは不明であるが、埋甕は幅広の磨消帯をもつもので、加曽利EⅢ式に相当しよう。Ⅰ期からⅡ期にかけての柄鏡形（敷石）住居成立期の事例とみなされる。

Ⅱ期・中期終末期（第14図5～8）

柄鏡形（敷石）住居が成立する段階で、175例、全体の約34.8％を占める。この期に入って、柄鏡形（敷石）住居が一気に完成し普及したことを良く示している。神奈川県域では、133例、東京都域では42例と、Ⅳ期の事例に次いで発見事例が多い。とくに同一遺跡から複数の事例が検出されている遺跡が多いのが特徴である。これは港北ニュータウン地域内を含めて大規模な開発に伴い、集落規模での調査が実施されてきたことによるものといえる。

このうち、中期終末段階でも古段階の土器を伴う例では、Ⅰ期に含めた市ノ沢D-3号敷石住とD-4号住もその一例に含まれようが、他に、著名な事例としては、新羽第9や洋光台猿田10号住がある。ともに壁柱穴構造をもたない事例である。このほか、稲ヶ原A遺跡での検出事例も注意される。本遺跡からはⅠ期からⅣ期にかけて17基と、多数の柄鏡形（敷石）住居址が検出されている遺跡であるが、B-1、B-2、B-5、B-23号住例のように加曽利E末でも古様相を示す土器を出土していることが注目される。Ⅰ期とした埋甕に伴い小張出を付設するB-16号住例から、柄鏡形（敷石）住居が成立する過程を知る好例といえよう。

この時期は、プランはおおむね円形ないし楕円形を呈し、壁柱穴を巡らすものが一般的となるのが特色である。また、張出部は、基本的には、筆者のいうA-1・2型の単柄タイプのものが主体を占め、埋甕の埋設が顕著である。張出部への埋甕を埋設した事例は175例中75例と、約44.6％の高率となる。未報告のため詳細が不明な事例などもあることから、埋甕設置率はさらに高くなるものと思われる。埋設位置は、A（主体部と張出部の接続部埋設24例、B（張出部先端部埋設）18例、A＋B25例、C（張出部空間埋設）2例が認められる。張出部の接続部と先端部に埋設する傾向が強いことは他地域と同様であるが、その両者に埋設する強い規則性がうかがえる。中には、小高見J95号住（第14図6）例のように、接続部に2個体と先端部に1個体の計3個体が埋設されている例もみられる。

敷石は、八幡平遺跡や木曽森野J2号敷石住のように、全面ないし略全面に付設された事例は8例と少なく、小高見J9号住やあざみ野11号住（第14図7）例のように、部分的な敷石をも

つ事例や羽沢大道D-5号住(第14図5)例のように全く敷石をもたない事例が圧倒的に多い。部分的な敷石では、炉辺部、接続部から張出部といった主軸空間や壁柱穴沿いに配礫が付設された例、あるいはそれらの組み合わせのものなどが見られ、この地域では、全面敷石を施すことは稀であったものと思われる。この点は、これまで検討してきた相模川上流域や神奈川西部の山間地域とは際だった差異を示している。ただ、敷石敷設の傾向は、多摩丘陵でも東京都域の事例に多い。すなわち、これまでにも何度も指摘してきたように、あたかもグラデーション状態のごとく山間地域から低位な台地域に向かって希薄となる傾向が指摘できるのである(山本 1980a 等)。このことは、炉址構造にも指摘できることで、炉址が確認されている事例をみると、石囲炉や石囲炉埋甕炉が52例に対して、地床炉ないし埋甕炉(土器片囲炉を含む)例は77例であり、石材の利用が不活発であったことがうかがえる。石材入手の難易性に影響されたことも否定できない。このほか、高山18号住(第14図8)は、短柄の張出部に石皿設置されており、ほかにも石棒も出土しており、両者の結びつきの強さをうかがわせている。

Ⅲ期・後期初頭期(第14図9～11)

この時期の事例は、48例を数えるが、このうち、東京都域では5例数える。全体の事例からみると、約9.5％を占める。この時期は、集落の一時的衰退期とされるが、神奈川西部域と同様に、柄鏡形(敷石)住居の安定的な存在がうかがえる。出土土器型式から細かな時期がとらえられた事例をみると、称名寺Ⅰ式段階が26例、Ⅱ式段階が1例と、圧倒的に称名寺Ⅰ式段階の事例が多い。称名寺式古段階には加曽利E系土器が残存する傾向が指摘されている(縄文セミナーの会 2007、千葉 2009)が、稲ヶ原B-4号住(第14図10)、B-12号住などがその好例である。B-12号は、奥壁部に柱状石があり、立石(無頭石棒)の可能性が考えられる。

プラン、柱穴配置や張出部の形状は前段階を踏襲する。埋甕の埋設事例をみると、埋甕を伴わない事例が27例、埋甕が認められる例が11例と事例数は減少するものの確実に存在し、張出部接続部や先端部など張出部空間に埋設される傾向はⅡ期のありかたを受け継いでいる。

敷石は全面に施された事例はなく、無敷石の事例が多い傾向はⅡ期と同様であるが、部分的な敷石をもつ事例も多く、主軸空間や張出部、周壁沿いに伴うものがあることも同様である。

石棒が出土する事例として著名なのは、松風台JT-3号住(第14図9)である。大形有頭石棒2本が床面出土した他、石棒破片が3点出土した焼失住居であり、なんらかの廃屋儀礼が予測される(山本 2006b)。石棒をもつ事例として、月出松J39号住(第14図11)をあげてみた。接続部に配礫し、石皿と石棒を伴う事例である。また、忠生B1・2地点JT21A号住は、勝坂式期住居址と重複しているが、炉辺部と壁際に敷石、被熱した小礫が壁際に認められる。また、張出部に石棒頭部が埋め込まれ、直上から胴下半を欠く深鉢が出土している。

Ⅳ期・後期前葉期(第14図12～17)

前述したように、この時期の事例は217例ともっとも多く検出されている。神奈川県域では

161例、東京都域では56例である。全体の事例からみると、約43.1％を占める。出土土器型式から細かな時期がとらえられた事例をみると、堀之内Ⅰ式段階が106例、Ⅱ式段階が51例と、Ⅰ式例が多いが、それほどの顕著な差はうかがえない。

　Ⅳ期の事例数の多さは、この地域の集落規模の遺跡調査例が多いことと関係が深い。その代表的な遺跡をあげると、横浜・川崎市域では、岡上丸山、稲ヶ原A、華蔵台、華蔵台南、山田大塚、西ノ谷、原出口、川和向原、三の丸、小丸、篠原大原、篠原大原北、稲荷山遺跡、東京都域では、多摩ニュータウンNo.194、同No.245、原東、なすな原No.1遺跡などがある。このように、とくに港北ニュータウン地域内の全域的な調査結果がこの事例数の多さに影響しているといえよう。未報告例を含めるなら、さらに実数は増加するものと思われる。

　集落規模で調査された遺跡例をみると、これまで検討してきた相模川上流域や神奈川西部、秦野盆地・丹沢山地寄りの地域および伊豆半島域と比較すると大きな違いが指摘できる。それは、相模川上流域や神奈川西部、秦野盆地・丹沢山地寄りの地域および伊豆半島域では、この時期には、大小の配石遺構や柄鏡形敷石住居址が一体となった遺跡が数多く発見され、「配石集落址」（山本　2009a・b）としての特徴を有しているのに対して、この地域では、配石遺構の存在がきわめて希薄であるという違いである。こうした違いは、前述したようにⅡ・Ⅲ期とも共通することであるが、無敷石の柄鏡形住居址が多いこととも共通する。事例中、敷石をもたない事例は153例と多数にのぼる。一方、部分的な敷石をもつ例は50例で、全面に近い敷石をもつ事例は4例にすぎない。Ⅱ期でも指摘したように、敷石の敷設は、傾向として横浜・川崎市域の低位な下末吉台地域には少なく、東京都域の多摩丘陵域に多いという地域差がうかがえよう。この傾向は、今回検討対象からはずしたが、多摩丘陵西部から奥多摩地域の多摩川上流域には全面に敷石をもつ事例が多いことと対照的である。

　Ⅳ期に入ると、柄鏡形（敷石）住居址の構造が大きく変化を見せ始める。主体部のプランは、Ⅰ・Ⅱ期と同様、円形もしくは楕円形のものが164例と圧倒的多数を占めるが、隅円方形ないし方形に近い事例も37例と少なからず認められるようになる。山田大塚28号住や、なすな原No.1-107・116・147号住などがその代表的な事例であり、Ⅴ期以降の方形化の先駆けをなしている。この時期、とくに張出部の構造変化が顕著である。山田大塚4号住（第14図12）のように、Ⅱ期までの柄鏡形という名にふさわしい短柄・長柄状の張出部のほかに、小丸20号住（第14図13）やなすな原No.1-108号住（第14図14）のように、ハの字状、凹字状、ヒゲ状、平行状など、対状のピット列や溝状の掘込みをもつ構造が現れる。この現象は、敷石の有無に関わらず共通性を示しているのが特徴である。こうした構造がなぜ出現したのか、また、上屋構造はどのようなものであったのかといった点については不明な点が多いが、柄鏡形（敷石）住居址が分布する地域における共通する現象といえよう。

　敷石を伴う事例は少ないが、小丸48号住（第14図15）、稲荷山2-1号敷石住、青ヶ台敷石住、平尾台原3次2号住、多摩市道1458敷石住（第14図16）、多摩ニュータウンNo.194-6号住（第2図17）など、この時期特有の炉辺部から張出部にかけて敷石された事例が知られる。とくに小

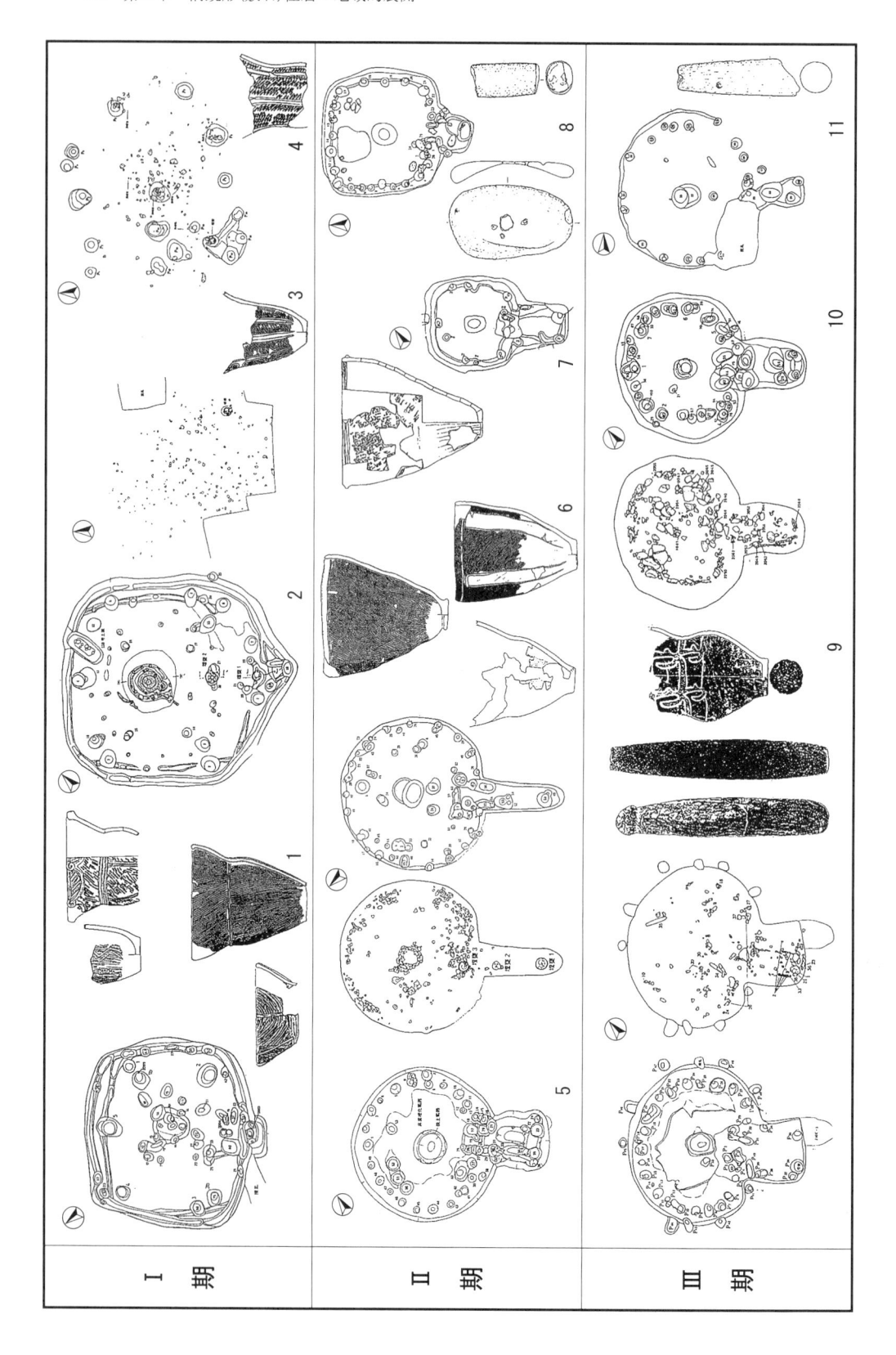

118 第2章 柄鏡形(敷石)住居の地域的展開

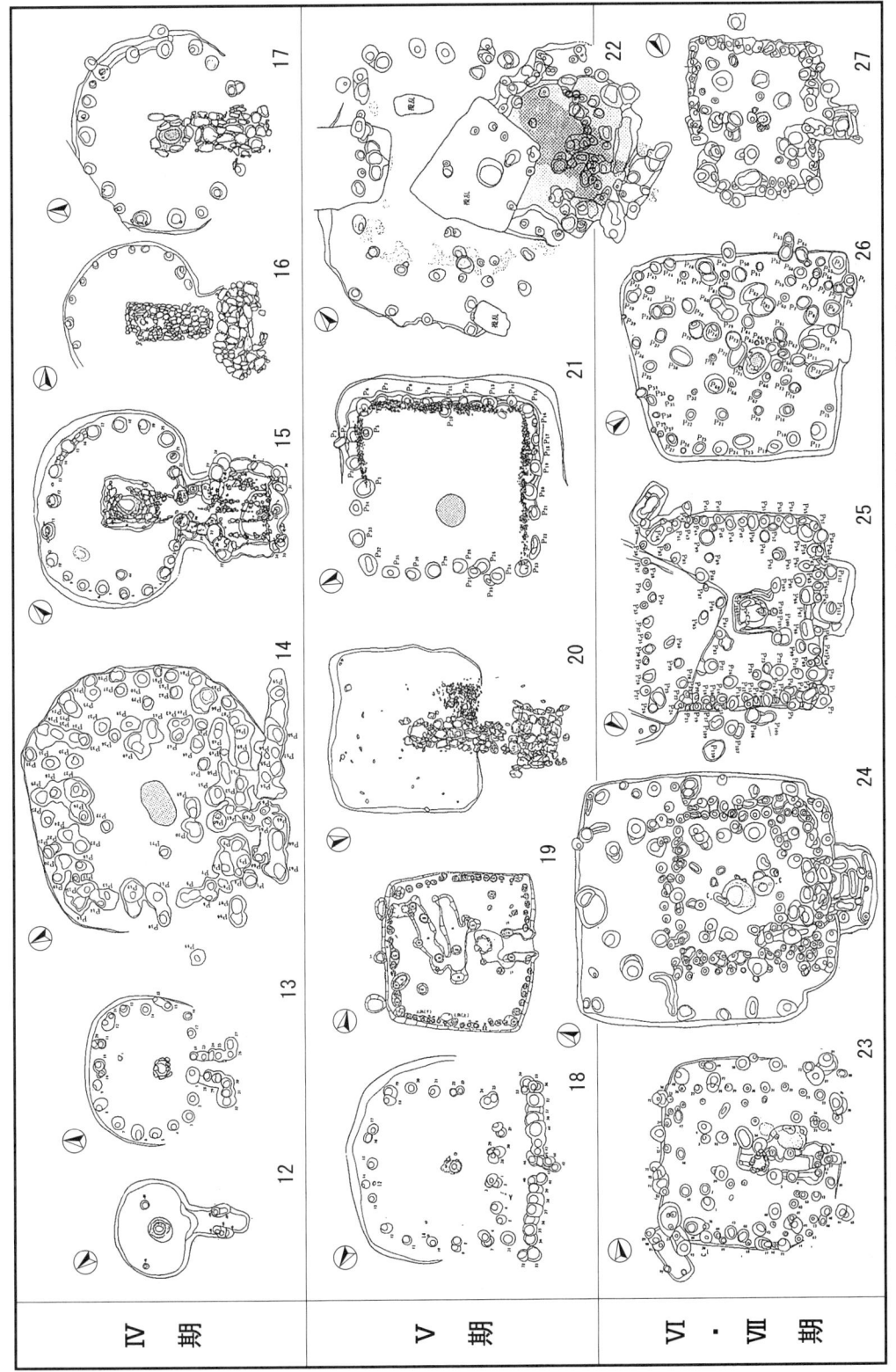

第3節　多摩丘陵東部〜下末吉台地域　119

第14図　多摩丘陵東部〜下末吉台地域の柄鏡形（敷石）住居址変遷図（遺構 1/180, 遺物 1/18）

丸48号住や多摩市道1458敷石住例のように凸字状に敷石された張出部をもつ例なども他地域と共通性を示している。また、多摩ニュータウンNo.245-52号住は、床面の一部に砂利が敷かれた住居址で多量の焼土・炭化物を伴う火災住居址で、被熱した立柱状石棒などの出土から廃屋儀礼に伴う火入れ行為が想定されよう。原東遺跡からは堀之内式期の住居址上面から環礫方形配石を伴う住居址が検出されている。下面の住居址も壁際に周礫をもち、炉辺部から張出部にかけて敷石された、この時期特有の柄鏡形敷石住居址である。環礫方形配石を伴う住居址の時期は堀之内Ⅱ式末ごろと判断される。このほか、注目される事例には、なすな原No.2-113号住がある。炉辺部からヒゲ状に張り出す部位に敷石を施した例であるが、その張出部に連接してピットを伴う扇形の施設を伴う。群馬、長野県方面で検出されている事例に近い(石坂 2004)もので、堀之内Ⅱ式期に相当する。

　埋甕の埋設事例はこの期に入るときわめて少なくなる。事例としては、原出口6号住、三の丸B92号住・B103号住、住撰SI012号住の4例のみである。三の丸B92号住(2個体)・B103号住は張出部に埋設されたものであるが(ともに詳細は未報告)、原出口6号住例は炉址脇に、住撰SI012号住は奥壁部のピット内に大形胴部破片が埋設されたもので、Ⅱ期でとらえられる強固な張出部への偏在性を欠いている。他地域と同様にⅡ期に入って、埋甕埋設風習は急激に廃れていったものと思われる。

Ⅴ期・後期中葉期(第14図18～22)

　この時期の事例は30例であり、神奈川県域に23例、東京都域に7例が知られる。全体の事例からみると、約6％と、Ⅳ期に比較すると事例数は激減する。これは、後期中葉以降、集落址発見事例がこの地域では極端に減少することによる。出土土器から細別型式がわかるものをみると、加曽利BⅠ式期24例、Ⅱ式期4例と、圧倒的にⅠ式期に集中する。この期に入って柄鏡形(敷石)住居構築そのものが衰退期を迎えたことを意味しており、この点も他地域の様相と共通する。このことは敷石のありかたに顕著に表れている。敷石が施された事例は6例あるが、環礫方形配石を伴う例は、篠原大原北16号住、野津田上の原104号敷石住(第14図20)、なすな原No.1-101号配石(第14図21)、東雲寺上1号環礫のほかに、平台北4地点住例も周壁沿いに被熱した小礫が楕円形に巡る例で、環礫方形配石に近いものである。真光寺広袴向2号住(第14図22)は砂利敷きの柄鏡形(敷石)住居址であり特異性をうかがわせている。このように、この期の敷石をもつ事例は、環礫方形配石に集中する傾向があり、他に住居内に敷石をもつ例はないことや、環礫方形配石は、住居内床面への敷石敷設ではなく、住居廃絶に伴う儀礼行為の結果とみるべきである(山本 1998)から、Ⅳ期まで続いた屋内敷石風習はこの段階で終焉したということができよう。

　一方、Ⅳ期に構造上の変化を遂げた張出部は、この時期、その伝統を継承し発達を遂げる。敷石をもたない代表的な事例をあげると、華蔵台16号住、三の丸A91号住、小丸52号住(第14図18)、三殿台303B号住、平尾No.9-6号住(第14図19)などがある。プランも方形基調のもの

が主体を占める。

　埋甕をもつ事例も少なく、小丸2号住のように、ヒゲ状張出部の外側に2個体並列して埋設された例や、壁柱穴沿いに1個体埋設された篠原北大原44号住などをあげるにすぎない。他地域の事例からすると、この時期は埋甕の設置はほとんど廃れたものといえるが、わずかながらな残存するありかたもうかがえるのである。

Ⅵ・Ⅶ期・後期後葉～晩期前葉（第14図23～27）

　この時期の事例は22例であり、神奈川県域に17例、東京都域に5例が知られる。全体の事例からみると、約4.4％を占めるにすぎない。このうち、Ⅵ期は10例（Ⅶ期にまたがるものも含む）、Ⅶ期は12例である。関東・中部域では、竪穴住居址は、ほぼ晩期前葉段階まで事例を辿ることができるが、それ以降弥生時代初頭段階の事例はきわめて少なくなる。それがどのような背景からなのか、居住形態に変化が生じたものなのか、いまだ不明な点が多いが、当該時期の遺跡数そのものも減少する傾向は明らかであり、居住条件の劣悪化が予想される。

　そうした問題はとりあえずおいて、この期の住居址の特徴をみてみよう。これまでこの期の事例が検出された遺跡を列挙すると、神奈川県域では、下原、華蔵台、仏向貝塚（詳細未報告）、東京都域では、なすな原№1の4遺跡が知られている。下原遺跡は晩期前葉の多重複住居址が検出されたことで知られ、とくに2号住は、凹字状の張出部をもつ方形プランをもつ。各種特殊遺物や焼獣骨片の出土も多い。華蔵台遺跡は、Ⅳ期からⅦ期にかけての集落址であり、Ⅵ期からⅦ期にかけての良好な住居址が7軒検出されている。張出部ではなく主体部内側に凹字状張出部をもつ3号住（第14図23）、対ピットとヒゲ状張出部をもつ4号住、凹字状の張出部をもつ8号住（第14図24）や14号住（第14図27）など、後期後葉以降のこうした事例を柄鏡形（敷石）住居址の範疇に含めるべきかどうか躊躇せざるをえない。張出部との呼称よりも出入口部を有する住居と呼んだ方がふさわしいようにも思える。とくに後期後葉以降の住居址の多くが、東部関東を含めて、こうしたさまざまな形態構造をもつ出入口施設を付設しているが、その伝統の萌芽は、Ⅳ期に求められることは確実であろう。なすな原№1遺跡はⅣ期からⅦ期にかけての大規模集落址であり、とくにⅦ期の事例には、120号住、123号住（第14図26）、124号住、154号住（第14図25）などをあげることができる。いずれも出入口施設を付設していることは他遺跡例と同様である。

　この時期はプランの方形化が顕著であり、壁柱穴配置から主柱穴を伴う事例が多い。また、敷石の付設と埋甕の存在は皆無となる。

お わ り に

　以上、多摩丘陵東部～下末吉台地域の柄鏡形（敷石）住居址検出事例にもとづいて、ごく概略にとどめざるをえなかったが、その変遷上の特徴についてまとめてみた。これまで検討してき

た相模川上流域や神奈川西部から伊豆半島周辺域でのありかたとの大きな違いは、敷石付設のありかたにあるといえよう。しかし、そうした違いは指摘されるものの、大まかな時期別変化の特徴にはあまり差がないことも事実である。

石材利用の活発、不活発という特性を超えて、柄鏡形(敷石)住居と総称される住居構造は、この地域の諸集落に受容され発展・変容を遂げていったことが指摘できるのである。

これまでの地域的検討を第一段階として、今後他地域でのありかたについても検討を加えてゆく必要性を感じている。

註

(1) 横浜市港北ニュータウン地域に事例発見遺跡が集中しているため、20万分の1の図面を10万分の1に拡大して、ドットマップを作成し、それを1/2縮尺製版した。

(2) 前稿と同様、複数の柄鏡形(敷石)住居址が検出されているものの、詳細が未報告のため、個々の住居址のデータが不明な事例については、便宜的ではあるが、1事例としてカウントしている。また、時期の確定に？マークを付けた事例はその時期に、時期のまたがる事例については、古い時期のものに含めてカウントしており、各時期の事例数はあくまで概算値であり正確なものではない。

(3) ちなみに、筆者の集成によれば、東京都域では今回対象とした地域を含めて、206遺跡例をあげることができた。先に集成した2001年3月時点(山本 2002)では、177遺跡であったから、その後29遺例が追加されたこととなる。なお、今回検討対象から外した多摩丘陵西部から奥多摩地域の多摩川上流域では、88遺跡を数える。多摩丘陵東部域と比較すると、柄鏡形(敷石)住居に敷石の敷設が顕著である特徴を有する。

(4) 石柱・石壇等の部分敷石をもつ事例は多摩川上流域の八王子市宇津木(佐々木 1973)、福生市長沢(和田 2001)、羽村市山根坂上(C.T.キーリ他 1981)などの遺跡知られている。

第 3 章　配石集落と縄文時代階層化社会論

第1節　縄文時代階層化社会論の行方

はじめに

　近年、縄文時代社会を不平等な階層化した社会と理解する研究者が多い。とくに、縄文時代全般を通じて階層化した社会であったとみるのではなく、縄文時代の後半期、土器型式の編年区分でいう、後期から晩期にかけて、すでに階層化した社会、もしくは、階層化が進行しつつある社会へと移行していたとするのである。しかし、それは本当のことなのだろうか。

　筆者は、『縄文時代』第15号において、「柄鏡形（敷石）住居址をめぐる最近の研究動向について」と題する論攷の中で、この階層化論議について簡単ではあったが触れてみた（山本2004、第1章第1節に再録）。ただし、そこでの論議が柄鏡形（敷石）住居址にかかわることであったため、この問題について十分意をつくせたとはいえなかった。そこで、別稿にて、この階層化社会論と関連づけて、東日本域の後・晩期集落址の再検討を試みる心算で、資料の検討・分析を行ってきたが、その前提として、最近の縄文時代の階層化社会論議について、自分なりの整理をなし、その考え方の枠組みを示しておく必要性を感じたため、本稿において「研究展望」としてまとめることとした。したがって、具体的な考古学的事実にもとづく分析・検討は、本稿を基礎として、あらためて行いたいと思う。

1. 階層と階級

　ここで用いる「階層」という用語は、しばしば「階級」という用語と明確な区別がなされないまま使用されてきた。そこで、はじめに、その用語上の問題について言及しておきたい。

　『縄文時代』第15号の拙稿では、松木武彦氏の解説（松木 2000）を引用したが、その後、2004年に刊行された、安斎正人編『現代考古学事典』において、松木により再度解説されている（松木 2004b）。ただし、若干の記載内容に相違がみられるので、定義づけ部分を以下に引用しておく。

　「階層」(hierarchy, stratification) とは、社会的に構造化された不平等、またはたがいに不平等な個々の集群のことである。この不平等とは、食欲・性欲などの身体的欲求、および名誉欲・権勢欲などの文化的欲求を充足する機会やその充足程度が、同じ社会に属する個体群相互で同様でないことをいう。具体的には、財（富）・配偶機会・威信といった社会的資源が均等に配分されない構造が社会階層である。その研究では、社会的資源のうちの財の配分の不均等すなわち経済的位相が重視される場合と、身分・出自・職掌などにもとづく文化的位相が軸とされる場合とがある。

　経済的位相を重視する階層の研究は、カール・マルクスによって最初に体系化された。

マルクス主義で本質的な概念として扱われる「階級」(class)とは、「生産手段に対する関係の違いを基礎として、「そのうちの一方が他方の労働をわがものとすることができるような、人間の集団」である。階層とは、階級の細分概念、すなわち主として経済面での量的かつ漸移的な差、ないし質的・対立的差である階級の形成までには到らない不平等としてとらえられる場合が多い。

すなわち、「階層」という用語は、一般的な概念として、しばしば用いられるのに対して、「階級」という用語は、マルクス主義・史的唯物論の立場に立つ用語とすることができる。

たとえば、手元にある『社会学辞典』(福武　直・日高六郎・高橋　徹編　有斐閣　1969、初版は1958)から、それぞれの解説を抜粋引用してみると、以下のごとくである。

「階層」(stratum)とは、「威光の尺度(prestige scale)によって識別された一社会の各層をいう。したがって、階級のように各層の間に力関係の存在する要はないが、また単なる統計的集団とは異なり、威光の質・量において、差等のあることが要件とされる。階層は、威光の標識に何を採るかによって、政治階層・経済階層・職業階層などに分かれ、またこれら綜合して、社会階層ということもある。このように、階層それ自体は操作概念であるから、いかなる標識を採るか、あるいは、いかなる諸標識をいかに組み合わせるかは自由であるけれども、この選択は、その社会の価値体系に従ってなされることが望ましい」(内藤 1969)とされる。

一方、「階級」(class)については、「ここでは一応、階級とは、全体社会の内部における勢力分配の不平等にもとづいて形成された上下の関係、しかも対立性と自己主張性をともなう支配と服従の関係に立つ人々の集群である、と考えておく」とされている(浜島 1969)。

この有斐閣『社会学辞典』での解説も、「階級」を「階層」とは、あえて区別して、とくに「支配と服従の関係に立つ人々の集群」を「階級」としているが、その背景には、マルクス主義の存在があることはいうまでもない。

一方、文化人類学の立場からは、どのような概念が規定されているかを、『文化人類学事典　縮刷版　石川栄吉他編・弘文社　2000』(初版は1994)を例にとってみると、「階級(class)」は、「権利義務関係の不平等な社会の分析上有用な概念だが、唯物論的階級と関係づけられるのを避けるために、英語圏では、1940年代に地球科学から導入したstratificationをほぼ同義で用いることが多い」が、「生産手段所有の有無による唯物論区分も部分的に有効だから、classとstratificationを同義とみなして、階級を双方の訳語にあてても大きな混乱はないだろう」(佐々木明 2000)とされており、階級も階層も英語圏では同義に用いられているが、マルクス主義（史的唯物論）に用いられる「階級」とは区別して用語としては、本来は「地層」を意味する「stratification」が用いられることが多いとしている。

次に、考古学の論攷の中から拾い出してみると、まず、史的唯物論に立つ「階層」と「階級」定義を、都出比呂志の論文「農業共同体と首長権－階級形成の日本的特質－」(都出　1970)からみてみると、「階級関係のとらえ方」について、「個人的能力・財産などなんらかの具体的基準から、社会的地位の高低を量的に測定しようとするブルジョア社会学の階層論からいえば、

縄文時代からすでに階層差は存在する」が、「これに対して階級差とは、生産手段の所有のあり方、労働組織の中での役割・そして生産された富の分け方において互いに他と区別される人間集団の差と規定され」、「量的な、漸移的な差ではなく質的な差である」として、縄文時代にみられる「階層差」と、魏志倭人伝に記された3世紀の「尊卑各々差序有」にみられる「階級差」の「質的差」異を指摘している。すなわち、縄文時代は「量的な、漸移的な差」のある「階層差」社会段階であったものが、弥生時代以降に「質的な差」のある「階級」差社会段階へと変質したもの理解していることになろう。

　また、林　謙作も、「縄紋社会は階層社会か」（林 1998）と題する論攷の中で、「私は、階層・階層社会と、階級・階級社会をはっきり区別しておくことが必要だ」としたうえで、「階層社会というのは、一つの社会がいくつかのグループに分かれており、財貨・名誉など、有形・無形の社会的財産の分け前がグループによって違う、つまり社会的な価値が不平等に支配される社会のことである。一方、階級社会とは、社会的な価値を生産するためのハードウエア（土地・原料・設備）やソフトウエア（資本・技術・イデオロギー）を管理・所有する立場の人々と、その人々にサーヴィスあるいは労働力を提供する人々に社会が分裂し、そのあいだに支配するもの、されるものの関係が成立している社会のことである。階層は、社会的価値の分配のプロセスを説明する概念で、階級は、その分配と同時に、社会的価値の生産のプロセスを説明する概念である」と定義づけたうえで、縄文時代における「階層化社会」の存否を論じている。また、別にも、「階級と階層」という用語については「日本と英米の間には、関心の対象のズレがある」が、「英米－とりわけ米国の大多数の研究者は、この差に無頓着であって、その影響のもとにある日本の文化人類学者も同様な不感症に罹患している」と、手厳しい批判を加えている（林 2000）。

　また、「階層」と「階級」を厳密に区別すべきとする立場は、縄文時代の階級・階層論が、現在ほどさかんに論議されていなかった時期に、その学史的展望を示した論攷、小杉　康の「縄文社会に階級社会は存在したのか」（小杉 1991）においても指摘できる。

　小杉は、「階級や階層の内容・定義が明確に示されないままで、あるいは考古学専用の概念として再定義されることもなく、使用されている点」を指摘しつつ、「階層・階級は、縄文時代研究においては、未だ分析に有効な用語・概念にはなりえてないのである」と、そのあいまい性を鋭く突きつつ、「縄文時代の研究に階層・階級概念を導入した場合、『階級』は今日の縄文（ならびに弥生）時代の定義の一端にまちがいなく抵触することになり、なんらかの否定語付きで取り扱われるのが常である。一つのまとまりのある分析を行う際に、予め階層概念と階級概念とを分離して、かつ前者のみを使用して実際の分析にあたるとしたらその結論は大枠として予見した結果にしか達しえないであろう」し、「予め階級概念を消去する分析方法では、これまで階級概念に付随するものとして処理されてきた支配／被支配、平等／不平等、権力などの社会的な関係も自動的に抜け落ちることになり、当該社会における集団内・集団間にはたらく力動的な緊張関係の解明の緒が断たれかねない。すなわち、今日一般的に定義されるような階層・

階級概念をもってしては、あるいは階層関係から階級関係へ、そして階級社会へといった目標達成的な筋道を前提としたのでは、その社会の集団内・集団間にはたらく力動的な緊張関係を時間的に追求することの可能性が薄らぐのではないかと危惧されるのである。主張すべきことは、この追求を可能にする分析方法とそれにともなう有効な概念の模索であり、提出である」と述べ、1990年代初頭における縄文時代「階層・階級」論議の現状を総括している。

　しかし、社会学者の原　純輔と盛山和夫が指摘しているように、「ながいあいだ、近代社会の主要テーマの一つは『階級』であった。とりわけ第一次大戦末期にソ連邦が出現してそれが解体するまでの二〇世紀の七〇年間というものは、階級は世界を理解するために欠くべからざる概念と考えられてきた。日本では社会科学の導入と展開の歴史的経緯から、マルクス主義的な立場が階級の語を用い、それ以外が階層の語を用いるという傾向があるが、欧米には現在こうした使い分けはない」のであり、「今日、欧米の社会学者によって言われる『階級の死』とか『脱階級』という想念は、基本的に、階層一般ではなく、歴史的主体としての階級が消失したという認識を表現したものだといえる」し、「むろん今日でも依然としてマルクス主義的な枠組みで社会を理解しようとする知的伝統が特に知識人の間には根強いから、暗黙のうちに主体的行為者という期待を込めて階級の用語が用いられることはある」が、「現在のマルクス主義階級論を自称するライト(Wright 1985, 1997)の階級論は、実質的には階層論に帰着してしまっている」(原・森山 1999)とされており、林　謙作や小杉　康らの指摘にもかかわらず、階層と階級の概念はあいまいなことに変わりはなく、むしろ、マルクス主義に導かれた史的唯物論による歴史観・世界観が、ソビエト連邦に代表される東欧諸国の社会主義政権の崩壊とリンクして、その輝きを失い、「階級」という用語が色あせてしまった現状と反比例するかのように、「縄文時代階層化社会論」が声高に主張されている現在と総括することも可能かもしれない。史的唯物論がかかえる現状とその問題点については、新納　泉が触れている(新納 2004)が、戦後、我が国における自然・人文科学の諸分野が、マルクス主義と史的唯物論一色に染まっていた時代の一部を経験した戦後世代の筆者にとって、今日の階層化論にある種の抵抗感をいだくのも、その根底には、そうしたトラウマがあるのかもしれない(註1)。

　このように、階層・階級はあいまいのままというか、実はその背景にイデオロギーに規定された面が強くあったともいえるが、以下、そうした定義づけ・概念規定の深みに入ることは避け、ここでは、今日、広く一般的に用いられている「階層」という用語に統一してみていくことにしよう。

2. 階層化社会の特徴と縄文時代階層化社会論登場の背景

　前述の定義論議からすると、階層社会は、社会的な不平等が認められること、具体的には、財(富)・威信・権力により身分が分かれることが大きな特徴として指摘できるが、それに加えて、その「身分」が世襲されることが大きな特徴とされている。たとえば、縄文時代社会が階

層化社会であると強く主張する中村　大は、「階層化社会とは、何らかの基準で区別される複数の階層間における社会的不平等が制度化された、つまり固定化され世襲的になった社会である、と定義する」としている（中村　2000）。

　階層化社会の典型例は、日本でいえば、江戸時代における「士農工商」があるし、インドの「カースト制度」も代表的な例とされる。また、最近、その実態があからさまになってきた、「朝鮮民主主義人民共和国」すなわち、北朝鮮の社会も、その典型例の一つにあげられる。北朝鮮では、身分階層は「成分」と呼ばれ、「核心階層」「動揺階層」「敵対階層」の３階層に分かれ、さらにそれぞれが細かく、51部類に分かれているという（註２）。社会主義政権のもとで、「地上の楽園」のはずが、その実態は、この地球上で最大・最悪の階層化社会となってしまっているというのも皮肉だが、権力が金日成から金正日に世襲され、さらに、こうした体制が崩壊しないかぎり、いまだ決定されていないにせよ、今後も世襲されていくことは確実だろう。

　戦後、マルクス主義・史的唯物論が主流を占めていた歴史学界（広く考古学を含む）では、縄文時代は、狩猟・漁撈・採集を生業とする原始共産制の平等社会であり、それが弥生時代に入って、水稲耕作による農業生産が開始され、階級社会が成立するとともに、階級分化が進行し、古墳時代以降、国家の形成へと向かうものと理解されてきたのである。

　しかし、1960年代以降、北米を中心として、ニューアーケオロジーが勃興するとともに、プロセス考古学、とくに、そこから派生した民族（誌）考古学（Ethno-Archaeology）の影響を強く受け、民族誌にもとづく採集・狩猟民との対比から縄文時代社会が平等な社会でなく、すでに階層化した社会であった可能性が指摘されるようになるのである。

　たとえば、フランスの人類学者であるアラン・テスタールは次のように云う。「新石器革命は文明への道をひらいた。いいかえると階級に分かれた国家社会への道をひらいた、と考えられている。つねにひきあいにだされるその想定理由は、農業だけが、非生産階級、司祭、戦士、その他の人々を扶養するに足るだけの剰余を規則正しく供給できたはずだから、というのだった。この考えはチャイルドにもすでに明らかにみられ、人類史の一般的な著作すべての決まり文句になっている。このテーマはマルクス主義の著作家にもとりあげられた。剰余ないし剰余生産物、つまり生産者の必要との関連での超過生産という想念がその鍵となっている。たえず自分たちの生活の資を探しまわっていると想定されてきた狩猟＝採集民は、きっちり最低限必要なものしか生産できず、したがって剰余の可能性がない。剰余と階級社会を生み出したのは、農業に固有の生産力の増大によってだけである。ソヴィエトの著作家やいろんな傾向のマルクス主義者による説明はこうしたものだった」、しかし、「こうした論旨は、事実に反しているので、もはや支持されなくなった。生計の確保のために一日平均三、四時間しか狩猟＝狩猟民は働かないのだから、もう少し働けば十分に剰余生産物を作りだすことができ、人間による人間の搾取も可能となるだろう。いいかえると、剰余は、狩猟＝採集経済でも可能だったのであり、こうして、階級社会への道をひらいたという、新石器革命に帰された長所－両価的だが－はもろくも崩壊してしまったのである」（テスタール・山内訳　1995）。

このように、テスタールは、マルクス主義が定説としてきた、階層・階級発生論を否定し、「豊かな」定住的採集・狩猟民たちも、獲得生産物の剰余を備蓄することにより、社会的・経済的不平等な「階層化社会」を生み出していたとするのである。そして、その具体的証拠として、民族誌例－北米北西岸とカルフォルニアの諸部族－をあげる。

先にも引用した、弘文社『文化人類学事典』中の「アメリカ・インディアン American Indian」を引くと、「スペイン人がアメリカ大陸を発見する以前からこの大陸に住んでいた人々。北米に住む者をインディアン、中南米に住む者をインディオ(Indio)」と呼んでいる。「北西沿岸文化領域(Northwest Coast Area)：アラスカ南部からカリフォルニア北岸にかけての太平洋沿岸部がこれで、トリンギット、ハイダ、チヌーク、クワキウトル、ヌトーカなどの諸族がおり、狩猟、漁撈、採集を行う。ここでは貴族・平民・奴隷の3階級(傍点筆者加筆)に分かれてポトラッチの慣習があり、トーテム・ポールを立てるのが特色である」とされる(祖父江 2000)。

また、縄文文化社会との対比のうえで、「北米北西海岸部の比較考古・民族学的研究」を精力的に進める、菊池徹夫・高橋龍三郎・熊林佑允によれば、「北西海岸先住民に共通するのは、生業面において農耕を持たず、主にサケ類を中心に魚類への依存が高いことである。加えて海獣狩猟、陸棲動物の狩猟、貝類の採集、野生植物の採集等が生業の大部分を占め、それらの多くが貯蔵されることも大きな特徴」であり、「主に海岸部の自然環境の恵みを享受して、狩猟、漁労、採集の生業に依拠しながらも」、とくに「高度に発達した物質文化、政治的統合、社会階層化を生み出した」とされている(菊池・高橋・熊林 2004)。

北米北西海岸・カルフォルニアインディアンの民族誌を、縄文文化と対比させる先駆的業績は、山内清男の「サケ・マス・ドングリ論」として良く知られている(山内 1964・佐藤 1974)が、近年、それをより具体的に「階層化社会論」と関係づけて論じる傾向が強い。しかし、北米北西海岸でのインディアンの民族誌にみる階層化社会が、なぜ、いつどのような過程を辿って出現したのかということは、今ひとつ明瞭ではない。たとえば、北米北西海岸インディアンの民族誌を、縄文時代と積極的に対比する小林達雄も、佐原　真との対談の中で、「まだだれも説明し切れていないんですよ。『なぜ階層化が始まったか』という話。少なくともぼくは読んでいません」が、「銛は、銛を打つ者しか作れない。それが、その子供に世襲されるんですね。その世襲が階層化を生む」し、「世襲されることによって階層化するんです」(佐原・小林 2000中の小林達雄の発言・40頁)として、階層化の要因はあまり明確にされていない。

アラン・テスタールも自ら問うているように、「不平等の顕現に関わる要素が農業の存在、不存在ではなく、それが狩猟－採集に基づくものであれ、要は貯蔵経済が存在するか、しないかであることを示唆している。それ故どのようにして、定住の過程と集約的な食料の貯蔵が、社会的経済的不平等の発生を誘発することになるかを説明することが課題として残されるのである」(テスタール・親澤訳 1990)としている。

3．縄文時代階層化社会肯定派と懐疑派の論点

　今日、縄文時代が階層化、もしくは階層化過程にある社会とする立場と、そうした考え方に懐疑的な立場の両者に研究者が分かれている。そうした潮流のなかで、階層化社会の立場に立つ研究者が、積極的な発言や論文の発表を繰り返しているのが現状といえよう。

　そこで、立場の異なる見解がどのようなものであるのか、仮に、階層化社会「肯定派」と「懐疑派」（註3）と区分して、その考え方を以下にみてみよう。

　順序は逆になるかもしれないが、最初に、懐疑的な立場の研究者の見解をみてみよう。筆者が、そうした立場にある（もしくは、そうした立場に近い）と、論文等で判断した研究者は、林　謙作、春成秀爾、山田康弘、金子昭彦、勅使河原彰、藤本　強、等であり、筆者もそのうちの一人に含まれる（註4）。

　林　謙作は、この問題について触れた論攷（林 1998）の中で、次のような立場を明らかにしている。すなわち、「縄紋人が、年間を通じた作業の見通しを立て、効率のよい分業・協業の仕組みを運用するためには、すぐれた指導者が必要であったに違いない。そのような指導者は、一般の住民とは区別されており、縄紋時代の社会は平等な社会ではなく、貴族・平民さらには奴隷というような身分に分かれた階層社会であったに違いない」とされている。しかし、「なぜ縄紋社会を階層社会と考えなければならないのか、どのようにすれば考古学の立場から階層社会というものをとらえることができるのか、その点の吟味はまったくおこなわれていない、というのが実情である」という、階層化社会論のもつ問題点を鋭く指摘する。

　そして、考古学的立場から、「墓を手がかりとして、縄紋時代の社会身分・階層の区別の問題を考える」としたうえで、「住まいと身なり。これが身分・階層を示すもっともありふれた手段である。特別に大規模な住まい、複雑な構造の住まいが、特別に区画された場所にいくつかあれば、その場所の住民は特別な身分・階層だ、といえる。しかし、身分・階層の区別が住まいも映し出されるようになるのは、佐賀県吉野ヶ里遺跡や群馬県三ツ寺遺跡など、弥生〜古墳時代以降のことで、縄紋時代にそんな例はない」とされる。

　また、「墓は死者の住まいと身なりの両方にまたがる情報を提供するのだが」、なかでも「特別に多量の副葬品をともなったり、手間をかけた構造の墓が見つかったとする。このような墓に葬られている人物が、社会的に高い評価を受けていたことは間違いない。しかしそれだけでは、身分・階層の区別が制度として成り立っていた証拠とはならないのだ。身分や階層が制度として維持されていれば、社会的に高い評価を受ける人物がくり返し現れるはずだから、おなじような特徴をそなえた墓がくり返しつくられるはずなのだ。そして、住まいの場合と同じく、そのような墓が特定の場所にまとまっているはずなのである」としたうえで、「墓地の区画と頭位方向規制」や三内丸山遺跡に代表される「列状墓」や西田遺跡・大湯環状列石などの「環状墓」、北海道にみられる「環状周堤墓」など、考古学的な事実にもとづいた検討・分析を行っている。その結果、「社会的な評価を示す『客観的』な基準のない社会。それが縄紋の社会な

のであ」ると結論づけるのである。

　林のいう、「住まい」の差については、後述するように、階層化社会論の立場に立つ研究者からすると、縄文時代後・晩期に現れる、「核家屋・多重複家屋・要家屋・巨大住居址」などと呼ばれる住居址の評価をめぐっては見解が分かれる点でもあろう。しかし、縄文時代が階層化した社会であると断定するためには、林が指摘するように、考古学的な成果にもとづいた慎重な検討が要求されることは、しごく当然のことといえよう。

　また、林はこの論攷以前にも、この問題について触れ、「彼らは特権をもった家族などではなく、ムラビトの誰もが認めるだけの知恵と経験をもったグループなのだ」、「地域と時期によって、縄紋社会にもエリートは登場したに違いない。しかし彼らは何人かの指導層の一人で、あるときは棟梁として腕を振るい、あるときはムラビトの一人として踊りの輪のなかにいたに違いない」として、構造化された社会的不平等、すなわち、社会的不平等が世襲されることについて否定的な見解を明らかにしている(林 1995)。

　春成秀爾も縄文時代社会のあり様に関心をいだく研究者の一人であるが、その著書『縄文社会論究』(春成 2002)中で、「縄文階層社会論」について触れ、「装身具を着けている人と、着けていない人との違いを解明することは容易でない。しかし、階層社会の問題は、当時の生業のあり方や住居・集落・墓地の構造から接近することは十分に可能である。階層社会論は親族組織とくに出自規制との関係を追究することによって、社会構造としてとらえていくことに進展の道が開けている、と私は考える」として、その研究の方向性を示している。

　山田康弘は、葬墓制・埋葬人骨の研究を通じて縄文社会の復元を目指す研究者の一人であるが、階層化社会論にも大きな関心を寄せ、多くの論攷を発表している(山田 1997・99・2000・01・03a・b・04a・b・c)。その中で、ここでは2003年に発表した「『子供への投資』に関する基礎的研究－縄文階層社会の存否をめぐって－」と題する論攷(山田 2003b)を、まずみてみよう。

　山田は、今日の縄文階層化社会論が「もはや縄文社会を語る上で一つのスタイルとなったと言ってもよい註(1)」と評価する。その註にあげた文章をみると、「ただ、階層の存在を否定する、あるいはその存在に慎重な態度をとる研究者は、あたかも旧体制派に属するがごとくのニュアンスで分類される事態に至っては、学問的にいささか違和感を覚える」とある。いわば、階層化社会論否定(懐疑)論者に対して、研究の潮流に乗り遅れた、あるいは無理解な「守旧派」のレッテルを貼り付けているのに等しいのだと云っているのだと思う。筆者も、かつて縄文社会が移動に富んだ社会であったとする、いわゆる「集団移動論」が盛んに主張された時期や、プロセス考古学と民族(誌)考古学が声高に主張された時期に、そうした考え方の枠組みに異を唱えたことがあった(山本 1987c・91d)。あれから、それほど年月は経ってはいないのに、いつのまにやら、学史的総括もなされないままに、縄文社会は豊かな採集狩猟経済に支えられて、「定住」と「剰余」により、階層化社会へと変化したと理解されているのである。この縄文階層化社会論もそのような学史を辿るのだろうか。

さて、山田は、1997年の論攷(山田 1997)において、「生得的に高い身分であると推定される子供の事例は存在せず、制度としての世襲的な身分階層は考えにくいと主張した」が、「縄文社会が場面によっては不平等な側面を持つという点については、これまでも春成秀爾による一連の抜歯と装身具に関する研究などを読めば十分に理解できることであ」るが、「筆者自身もその意味で縄文社会は不平等な社会であったとすることには、やぶさかではない。しかし、縄文時代の子供の埋葬に伴う装身具や副葬品が『投資』であり、階層化社会の指標になるとする考えには、にわかに賛同できない」として、後に触れる中村　大の見解(中村 1999)に対する批判を行い、「中村の論理では『豊富な副葬品』や『手厚く葬る習慣』こそが『子供への投資』であり、これが子供の埋葬例に見られるならば、その社会は階層化社会であるということになる」が、「何をもって『子供への投資』と認定するかが重要であ」り、「階層社会なるものの有無について議論するよりも、まず装身具や副葬品をもつ子供の埋葬例が一体どのようなあり方をしているのか、実態に即した形で把握することの方が先決であろう」としたうえで、各地の遺跡の子供の埋葬例を分析し、なかでも、「北海道地方における遺跡において、埋葬例に伴う装身具や副葬品の量が比較的多いということは、これまでにもつとに指摘されている」し、「東北地方では晩期になると子供の埋葬に限らず、装身具や副葬品としての玉類の伴出が多くなる」が、「一人の子供の埋葬例が多種多量の装身具や副葬品を独占しているような状況は、ほとんど無いといってよい」こと、「問題は、厚葬化現象が階層化と連動しているものかどうかという点であ」り、「北海道南部から東北地方の晩期には、呪術的な意味で装身具を着装する風習が存在したらしい」として、階層化社会の証拠とみる考えに否定的な見解を示している。

　また、2004年度日本考古学協会第70回総会では、「縄文階層社会の存否に関する予備的考察－考古学的属性と出土人骨の形質との対比から－」と題する研究発表を行っている(山田 2004ｂ)。そこでは、「上位階層が重要な食料資源などを独占するという現象」があるとするなら、「上位階層の人々と下位階層の人々の間に栄養状態に起因すると思われる形質差が観察される」はずであり、そこに「階層差が存在したことを推定することも可能」であるという視点に立って埋葬人骨を形質学的に分析している。そして、具体的には「抜歯」と「推定身長と脛骨の扁平示数」との相関関係をみる。その結果、「抜歯型式の異なる人々の間には何らかの社会的差が存在したということは肯定してもよいだろう」が、抜歯人骨に顕著な栄養状態の差が見いだせないことから、「特定の抜歯型式の人々が重要資源を独占的に利用するという現象は、少なくとも東海地方の晩期には存在しなかった」ことや、「蝦島貝塚(岩手県貝鳥貝塚・・筆者注)では埋葬小群間において、有意な形で形質差が存在しなかったこともわかった」ことから、「埋葬小群で装身具のあり方が異なるが、この場合もやはり保有状況が、人骨の形質差と連動するようなものでなかったとも考えられるだろう」として、「縄文時代に、抜歯や埋葬小群のあり方といった考古学的属性を反映した形で、何らかの社会的規制が存在したことは間違いない」が、それは「米北西海岸地域などの採集狩猟民に見られるような明確な階層差に起因するものではなかったと推察できるだろう」と述べている。

金子昭彦は、東北地方晩期亀ケ岡文化に階層化社会が読み取れるかどうかについて関心をいだき、いくつかの論攷を発表している(金子　2001・04 a・b)。とくに、亀ケ岡文化における墓壙内副葬品についての検討を行った論攷(金子　2004 a)をみると、階層化社会を裏付けるとされる「副葬品は、必要条件であるが十分条件ではないということになる」としたうえで、事例の分析を行い、結論的には、「副葬品から、当該社会が階層化社会であったか否かを読みとることは、難しいということになる」としている。筆者には、縄文時代社会の、ある特定の時空的に限られた集団(ここでは晩期亀ケ岡式土器を使用した集団＝亀ケ岡文化)に、特化して階層化社会を仮構することの意味がいまひとつよく理解できないが、考古学的な具体的事実の検討を通じてみると、階層化社会を裏付けるデータに乏しいことが指摘されている点は重要である。

　さて、次に史的唯物論の立場を鮮明にする、勅使河原彰の最近の見解に目を向けてみよう。勅使河原は、2003年に発刊した、『縄文の素顔』と題する単行本(勅使河原　2003)の中で、「身分階層はあったか」とする項で、北海道恵庭市カリンバ3遺跡(上屋・佐藤　2000)の縄文後期土壙墓から出土した朱漆塗り櫛・腕輪・腰飾りなどの事例や、福岡県遠賀郡芦屋町山鹿貝塚(前川　1972)の装身具を装着する埋葬人骨例をあげながら、「こうした特定の墓に副葬品がともなうことから、近年、縄文社会は不平等な社会で、身分階層があったと主張する人が増えてきている」としたうえで、「縄文社会でも、安定した生活を営むためには、そこに豊かな経験と知識をもった長老がリーダーとして、指導的な役割をはたしていたことは間違いない。また、そうした社会を維持していくためには、原始的なアニミズムがあったと思う」が、「しかし、これらの人物が共同墓地の一角に葬られており、傑出した墓を築かなかったことから、これらの人物が身分階層として固定した階層から生まれたものではないことは明らかであ」り、「それよりも縄文時代の大規模な土木工事をともなう大型遺構が、たとえば弥生時代の墳丘墓や古墳時代の前方後円墳などの古墳のように、特定の個人や集団の権力と結びつかない、いわば共同体の記念物として構築されていることは、その社会が年齢や性にみられる分化はあったとしても、基本的には互恵と平等主義につらぬかれた社会であったことを、雄弁に物語っている」として、階層化社会論に批判的な見解を示している。こうした理解は、先にあげた林　謙作の考えに近いものといえよう。

　また、藤本　強も、東日本の縄文後・晩期社会を「熟れた採集社会」と表現し、「ある種の階層化が後期と晩期の社会に出現してきた」ことを指摘しつつも、「問題は、こうした身分の人間がその個人限りのものであったのか、あるいは世襲的に受け継がれ、ある血縁に連なる人びとが次つぎにそうした身分についていた」不平等な階層化社会であったのかどうか、それは「現状では不明とせざるをえない」としたうえで、「家系による身分の固定化があったかどうかが最大の分かれ目になろう。決定的な結論は留保したいが、どちらかといえば、家系によるものではないように思われる。家系によって固定化しているのならば、それらしい証拠がもう少しあってもいいように思われるが、そうした証拠は得られていないからであ」り、「ようするに、

この時期の社会には、個人個人の才能により、ある種の分業が多方面にわたって成立してはいたが、それは家系もしくは血縁により固定的に受け継がれるものではなく、個人一代限りのものであり、家系に関係なく、個人の才能により集落の中の伝統として受け継がれたものと思われる。社会は単純ではなくなってきてはいるが、身分は固定的に聖俗・貴賎・貧富というようなもので分けられるまでは至っていない、というのが実情であろう」としている(藤本 1994)。

以上、縄文時代社会が階層化した社会であるとする立場に懐疑的な研究者の理解を、いくつかみてきたが、そこで言えることは、誰しも、縄文時代社会が、単純な平等社会＝原始共産制社会であったとしてとらえているわけではないが、「世襲的な」階層化社会段階にあったとするのではなく、集団やムラの統率者は、集団成員の合意のもとに、「選ばれし者」となったものとする点において共通性が見いだせるものといえよう。

では、今日の縄文時代階層社会を肯定的にとらえる立場の研究者の見解について、次にみてみよう。前述したように、階層化社会を論ずる多くの研究者は北米北西海岸の民族誌を有力な根拠とする傾向が強い。また、それと連動して、その背景には、プロセス・ポストプロセス考古学と民族(誌)考古学の影響が色濃くうかがえるのである。

ところで、「肯定派」に属すると判断される代表的な研究者をみると、まず、北米北西海岸の民族誌を重視する研究者として、小林達雄を筆頭として、武藤康弘、中村　大、等をあげることができる。青森県三内丸山遺跡と北米北西海岸民族誌における階層化社会とを対比する小山修三や岡田康博も、同様な見解をもつ研究者といえよう。また、北米北西海岸民族誌にとどまらず、広く民族(誌)考古学を重視する研究者として、安斎正人や高橋龍三郎をあげることができよう。渡辺　仁もその先駆的業績をあげたひとりといえる。このほか、集落址や環状列石・柄鏡形敷石住居址などの個別の遺構・遺跡の研究を通じて、階層化社会や不均等性を論じているのが、谷口康浩、佐々木藤雄、石井　寛、石坂　茂、等の研究者である。

はじめに、わが国における、民族(誌)考古学(「土俗考古学」)の先駆者として一部において高く評価されている、渡辺　仁の『縄文式階層化社会』(渡辺　1990 a)をみてみよう。渡辺は、「階層社会の発生は狩猟社会の段階での職業分化(生業分化)よる第一次階層化と農耕社会化以後(文明社会)の段階での職業分化(第1次－第2次産業分化)による第二次階層化の2段階のプロセスになる。この経過からみると、階層社会の発生は革命的ではなく進化的現象といえる」としたうえで、「北西海岸原住民社会の階層化はつとに知られた事実にもかかわらずその要因の追究は進んでいなかった。それに対する最近の挑戦者がパリの生態学派に属する人類学者A. Testart であ」り、「彼はその要因を高度の食物貯蔵 intensive food storage に伴う(伴うの誤りか－筆者注)、定住経済 sedentary economy の存在に求めたが、筆者はそれを原因よりもむしろ結果であるという視点に立って、それとは別の筆者の生態学的要因と階層化プロセス－社会的経済的不平等性の所以についての見解を提出した(Watanabe, 1983)。それが筆者の『生業分化』であ」り、「この理論は狩猟採集時代のアイヌの生態にもとづいている」こと、すなわち、「男の生業形態に狩猟中心と漁撈中心の2種類があることが判った。前者は技術的－儀

礼的に特別の訓練をうけ一定の資格をもつ職業的(熟練)狩猟者 professional (expert) hunters であり、後者はその資格をもたない者である」とする。

　このように、渡辺の階層化社会論は、具体的には、アイヌの民族誌から導き出された仮説であり、「非自由人、即ち奴婢の類(ウッシウ)も存在して、アイヌ地域社会の最下層として機能していた」が、ただし、「前近代的農耕社会にみられた階級のように閉鎖的ではな」く、「この点は北米狩猟採集民社会に広く分布した所謂奴隷と同格である」とするのである。ようは、危険な命をかけてする狩猟・捕鯨など、「勇敢さと高度の技倆を要する生業が社会の上層部と結びついて」おり、それが「富と威信の源泉」なのだとする考え方に立つのである。だとするなら、定住してなくとも、旧石器時代、マンモスに立ち向かった勇敢な狩猟者もまた階層化していた可能性はないのだろうか。だが、定住や剰余を生み出さない採集狩猟民は階層化しないとしているので、渡辺のいう生業分化説とテスタールのいう定住＝備蓄説は、ニワトリと卵の関係のように、どちらが先かという、循環論法にすぎなくなるが、それはそれとして、こうした前提に立って、縄文時代が階層化社会であったことを仮説検証するのである。そのことは別に批判を加えているので、ここでの重複は避けることとしたい(山本 1991 d)。

　さて、北米北西海岸民族誌から、縄文時代を階層化社会と論ずる研究者の理解をみてみよう。まず、武藤康弘の見解を引いてみる(武藤 1999)。武藤は、ブライアン・ヘイデンが「階層化が発達した沿岸部の北西海岸先住民に比較して平等社会とみなされていた内陸部の先住民社会の階層化の過程を考古学的に解明しようとして」、「階層化の発達を示す考古学的特徴として、豊富な食料資源の存在、高い人口密度、戦争、多くの副葬品を伴う墓(特に子供の墓)、交易、工芸品、儀礼、動物の飼育、装飾された食器の存在をあげている」こと参考として、縄文時代の考古学的成果と対比させることを試みている。その結果、「社会の分節構造が考古学的にも最も明確な形で反映されるのは住居よりも墓制といえる」が、「縄文早・前・中期における墓地遺跡では、土壙の規模や副葬品において別格のものは存在していない。また、副葬品を伴う墓の事例は非常に少なく、そこから被葬者の生前の地位や階層化社会の存在を明らかにすることは困難といわざるをえない」こと、「一方、後・晩期になると豊富な副葬品を伴う墓地の事例は確実に増加している」ことを、北海道・東北地域の事例から指摘し、このことから「この時期に集団内部の社会経済的な分節化が進行し、階層化が発達しているものと考えられる」とする。しかし、「チーフダム社会にみられるような世襲的な役職(オフィス；その地位につくことによって権力が発生するもの)の存在を示す証拠は縄文時代の考古学的資料の中に見いだせない」ともいう。この武藤の理解では、先に懐疑派としてあげた研究者たち見解とあまり違いはないことになるのではなかろうか。別に、この見解を発表したあとに行われた武藤康弘と松本直子氏との討議記録(武藤他 1999)をみても、なぜ後・晩期階層化社会論を論ずるのかよくわからない。ようするにブライアン・ヘイデンの見解や民族誌に引きずられているとしかいいようがないと思うのは私だけだろうか。

　次に、近年、階層化社会論を強く主張する、中村　大の見解について触れてみよう。中村は、

主に埋葬のありかたをもとに論じている。たとえば、「墓制から読む縄文社会の階層化」と題する論攷(中村 1999)では、「階層化と不平等の存在は、人間社会に普遍的にみられる現象といえよう」としたうえで、「少数の墓にみられる装身具や副葬品は、ムラや集団の首長、呪術師など、平等な社会で特別な職務に就く人物を顕彰するシンボルとみなされてきたのである。特別な地位は一代限りのもので、世襲的で上下の差をともなう階級・階層化社会の成立は、食料生産段階の弥生時代以降であり、狩猟採集経済を基盤とする縄文社会に階級は存在しない。これが、近年まで考古学のみならず人類学、社会学でも、『常識』であった」とする。「しかし、特定の地位や集団に属する人々が、他人とは異なる装身具や副葬品を保有するのであれば、それはれっきとした社会的不平等である」として、北米北西海岸の民族誌やブライアン・ヘイディンなどの見解を引きながら、「階層化社会にいたる三つの過程」として、「段階一」・「階層化の未発達な社会」、「段階二」・「階層化社会的な文化要素がいくつか認められる社会」、「段階三」・「階層化社会」と、北西海岸先史文化の諸段階を進化論的にあとづけ、縄文時代後・晩期の東北から北海道地方にも、そのような階層化過程が進行していたとするのである。

同様な主張は、別にも、「長らく縄文社会は平等社会とされてきた。しかし、特定の地位や集団に属する人々が他人と異なる装身具や副葬品を保有するのであれば、それはれっきとした社会的不平等であり、縄文社会は不平等社会である。第Ⅰ期から第Ⅲ期(早期～後期・・筆者注)への副葬品の変化は社会的不平等が拡大していく過程であり、第Ⅲの縄文時代後・晩期の北海道と東北地方には階層化した社会が存在していた可能性はとくに高いように思われる」(中村 2000)と述べて、より具体的に階層化する過程を縄文時代にあてはめて論じている。

しかし、この点は、山田康弘も指摘している(山田 2003 a)点ではあるが、長沼　孝が、続縄文文化期の副葬行為について触れた論攷(長沼 2000)において、北海道の後・晩期の延長線上にある続縄文文化における多種多様な墓への副葬品は「弥生文化のいわゆる『王墓』や『首長』というものの影はみられない。精々『世話役』、『シャーマン』、『狩猟名人』、『石器作り名人』的な個人の特性が反映し」た社会、すなわち、非世襲的な社会、個人の技倆におおきくあずかった社会であった可能性が強いとしているのが興味深い。同じ『季刊考古学』誌上で「採集狩猟民の副葬行為」と題する同一テーマのもと書かれた見解がこれほど違うというのも面白いが、両者の見解がどちらも正しいとするなら、北海道では、縄文時代後・晩期は階層化社会であったものが、続縄文時代になると、階層化社会ではなくなるという、先祖返りしてしまったことになってしまうのである。

ところで、中村は別に縄文時代階層化社会論に関連して、その学説史を整理し直している(中村 2002)が、そこでは、これまでの縄文時代の「不平等の評価をめぐる対立」は、「考古資料からみて縄文社会に不平等や競争が存在したという認識では共通しながらも、その評価をめぐり袂を分かった」としてとらえ、今後は、「平等と不平等が複雑に絡み合い、時には一方が顕在化し、時には互いを抑止し、社会を維持する。いわば『平等と不平等の相補性』」という視点からこの問題を掘り下げていくべきことを強調している。しかし、先にも引用したが、そ

もそも中村がいう階層差とは、「世襲」を前提にして論じられていたのではないだろうか(中村 2000)。「世襲」という社会的不平等の制度化の可否を論じないなら、これまた、先にも引用したが、都出比呂志が指摘したように「縄文時代からすでに階層差は存在する」(都出 1970)のは当たり前のことなのである。

次に、最近、階層化社会論に関する論攷を続けて発表している高橋龍三郎の見解(高橋 2001a・b・02・03・04、菊池・高橋・熊林 2004)について触れてみよう。一連の論攷は同様な趣旨・内容で書かれているが、筆者は先の論攷(山本 2004)において、『早稲田大学大学院文学研究科紀要』に掲載された論攷(高橋 2002)について触れているので、ここでは、その後刊行された、『縄文文化研究の最前線』(高橋 2004)を中心にみてみる。

まず、高橋は、「縄文時代中期の集落と社会」がどのようなものであったかを、環状集落址、とくに千葉県市原市草刈貝塚を例にとって、廃屋墓と埋葬人骨にみる佩用品の分析を通じて、「鹿角製腰飾り、ヘアピン、イノシシ牙製腕輪」などの「威信財は基本的に社会的区分を表徴するものに他ならず、何らかの区分原理にしたがって、佩用を許され、あるいは義務づけられたことを示している。その意味で、それらは『レガリア(regalia)』(位階表示装置)であるということができる」としたうえで、そうした装身具をもつ、「これらの男性は重要な地位を占めるリーダーであったと考えられる」が、「ただし、それらの位階が世代を超えて、次世代の血縁者に継承された事実は窺えないので、世襲的な制度ではなく、個人の生得的な生まれだけでなく、むしろ個人的な人望や、後天的な努力の賜であったと考えられる」として、中期縄文社会の特徴を説明し、そこに、「社会が複雑化して階層化がある程度進展した状況を物語っている」可能性を指摘する。また、「縄文時代が戦闘行為のない平和でのどかなユートピア的社会であったと考えるのは、余りに理想化しすぎた時代像であ」り、「威信財をもつ人物が、戦闘時における指導者であったことも十分可能性がある」としている。

さて、高橋は、このように、まず、縄文時代中期が「階層化がある程度進展した」社会と位置付けたうえで、次に「縄文後期の集落と社会」を論じている。そこでは、「多遺体再葬土坑墓」や集落内の「大型住居址」の存在に着目し、「縄文後・晩期のリーダーと階層化」が論じられる。高橋も指摘するように、「縄文後・晩期社会は、さまざまな呪術的・祭祀的な遺構・遺物があふれた社会であ」り、「関東地方でも、加曾利B式を頂点に、土偶や土版、石剣、石棒、動物形土製品、異形台付き土器などを用いた祭祀・儀礼の痕跡が認められる」という特徴をもつ。こうした考古学的事実に対して、高橋は、「それらを掌握したのは、しかるべき富と位階を得て、名声を博した地域の顔、ビッグマン(big man)のような地域的リーダーの可能性が高」く、縄文「後期のリーダーは、大型住居を管理し居住する、中核的な世帯の家長(長老)であり、地域社会に分散する親族組織の要であった」のであり、「彼はそのように祭祀や儀礼、呪術を司り、蓄積した財と富を耐久財や威信財に変換し、それらを社会の階層的秩序のシンボル、すなわちレガリアとして展示した」ものとして理解するのである。大形住居の性格をどうとらえるべきなのか、すなわち、住まいに階層化の兆候を読みとることが可能なのかどうか、論議が分かれ

るし、筆者も後・晩期集落址における大形とそうでない住居址のありかたに興味を抱いているが、この点の論議については後述したい。

ところで、高橋の縄文時代後・晩期階層化社会論の背景には、北米北西海岸やオセアニアなどの民族誌から導き出された「階層化過程に関する理論的研究」がある。そのことに詳しくここで立ち入ることは紙数の都合上無理なのでまた、別な機会に触れるとして、ここでは、そうした研究から導き出された、高橋の縄文時代階層化社会観をみてみたい。

高橋は、「階層化社会とは元来M.フリードの用語で、位階社会の果てに登場する社会的進化段階で、富の集積と出生による財産や地位の継承が制度的に確立した社会のことである。個人的な位階や身分の上下関係なら、既に位階社会に存在する。したがって、地位や位階の上下関係が認められるだけでは階層化社会とはいえない。階層化社会はそのような社会的地位と身分が、明確な制度化によってカテゴライズされ、規定により人々をグループ分けする社会である」と、定義づけている。この「位階社会」とは、社会的な地位や身分の序列・等級が明瞭な社会を想定していると思うが、それが「明確な制度化」がなされた社会が「階層化社会」であるというのである。この「明確な制度化」は文脈からすると、「位階」が固定化・世襲化されたことを指していると解釈されるが、高橋は、そのような定義づけをもってすれば、「縄文時代にそのような定義に一致する階層化社会が出現したかどうかについては、筆者は疑問をもっている。むしろその過程にある社会とみなしたほうが適切であろう。その意味で、筆者はB.ヘイデンの提唱するトランスエガリタリアン社会(階層化過程にある社会)に近似した社会であろうと考える。従来のフリードの表現に従うならば、縄文社会は位階社会の中に位置づけられることになる。地位と位階に明確な上下関係があり、資源や権利などの富や財産の所有と利用に関して、個人間で差異が存在する」、「平等社会ではなく、階層化過程の社会」とするのである。階層化社会を厳密にとらえて、それとは区別して「階層化過程の社会」を、縄文時代の、とくに後・晩期に認めるべきだとするのが、高橋の主張といえるが、だとすると、固定化された「世襲」は縄文時代社会に認められないのだろうか。その点はあいまいではあるが、社会的不平等を強調する点からすると、高橋の主張する「階層化過程の社会」は限りなく「階層化社会」に近いものとみなすことができよう。

本書末に記されているように、高橋は、「従来の考古学では、縄文社会の階層化過程に登場する一人のリーダーについては考慮してこなかったし、彼の歴史的な役割を評価することもなかった。しかし、民族誌の知見によれば、野心的なリーダーと称される一人の政治的立場の人間が、さまざまな操作を通じて富を蓄積し、名声を博すことにより、社会の複合化・階層化が進展するということ」を強調したかったと理解されるが、先にあげた林　謙作の「リーダー」観との懸隔はあまりに大きい。高橋が縄文中期にみた社会観で、なぜ後・晩期社会は語られないのだろうか。筆者は、東日本における後・晩期社会の特質について、高橋とはまったく異なった見解をもっているが、その点については、別稿で詳しく触れる予定でいる。

さて、ようは、縄文時代が「階層化社会」か、あるいは「階層化過程社会」であるかどうか

は、高橋自らが指摘しているように、「これを考古学的に証明しようとするならば、結局は遺跡・遺物の上で把握することになる」わけである。そこで、高橋は、考古学的「階層化過程の兆候」として、次の項目をあげている。

　①実用を超えた規模の製品や豪華な装飾をもつ器物の出現
　②戦争の証拠
　③ポトラッチを含む贈与交換の痕跡
　④祭祀・儀礼の催行
　⑤先祖祭祀の事例
　⑥大型施設の有無
　⑦親族組織の分節化
　⑧威信財的なレガリア(位階表示装置)の有無
　⑨子供の厚葬
　⑩墓における特別な施設、副葬品または佩用品の格差

　この高橋があげる「階層化過程の兆候」のすべてにわたって、ここで触れるのは紙数の都合もあるので、また別な機会に取り上げるとして、②の「戦争の証拠」と④〜⑥に関連させて、大形住居址の問題、環状列石等の配石記念物についての論議に焦点を絞って触れてみたい。

4．縄文時代に戦いはあったのか

　北米北西海岸の民族誌によれば、その最下層階層に奴隷の存在がある。奴隷は、その多くが戦争による捕虜であるという(佐原 1985)・(註5)。この奴隷と戦争の存在が縄文時代に存在していることを強調するのは、小林達雄である。たとえば、佐原　真との対談においても、北米北西海岸民族誌と関連させて、奴隷の存在を指摘する。これに対して、佐原　真は「縄紋に戦争があったかどうかについても、ぼくはむしろ否定的。そこがぼくと小林さんの違うところです」と述べている(佐原・小林 2001)。奴隷の存在は考古学的に証明が難しいが、埋葬人骨からそのような証拠は認めがたいのが現状であろう。

　問題は、戦いがあったかどうかである。ここでの「戦い」とは個人的な、いがみ合いのようなものでなく、組織的な集団間の戦争行為を指すが、佐原　真は、戦争の考古学的証拠として、「守りの村＝防御集落」、「武器」、「殺傷(されたあとを留める)人骨」、「武器の副葬」、「武器形祭器」、「戦士・戦争場面の造形」をあげている(佐原 1999)。佐原は、こうした戦争の存在を裏付ける考古学的証拠は、縄文時代にほとんど認められず、水稲耕作が開始された弥生時代に入って以降、顕著になることをしばしば論文・講演・座談会等で発言してきた(佐原 2005)。

　また、松木武彦も最近の著作『人はなぜ戦うのか—考古学からみた戦争—』(松木 2001)において、「戦争はいつはじまったか」について、「考古学で明らかとなった戦争の証拠の九割以上が農耕社会にともなう事実は、佐原氏の説くとおりだ」として、「考古資料から判断するか

ぎり、縄文社会には戦争は行われなかった」し、「戦争の存在を物語るほかの証拠はほとんどない」と、指摘している。また、松木は、戦争をめぐる考古学からみた理論的展望を別に示している（松木 2004 a）。

一方、古病理学者の鈴木隆雄は、そうした理解に疑問を呈し、『骨から見た日本人－古病理学が語る歴史－』と題する著作（鈴木 1998）や「本当になかったのか縄文人の集団的戦い」と題する論攷（鈴木 1999）において、「縄文人骨に残された戦闘の痕」を検討し、「骨角器や石鏃などの利器（武器）が骨に残存した骨損傷例は少なくとも五例知られ、さらに石鏃や石斧などによって受傷したり死亡したりした可能性のある例が、一〇例ほど知られている」として、縄文時代にも戦いは存在した可能性を考えている。

しかし、数多ある縄文時代埋葬人骨例（山田 2002）の中で、20例に満たない、それも戦いの結果と断定できない事例から、縄文時代人たちが活発な戦闘行為（集団間抗争）を繰り返していたと主張できるのだろうか。偶発的な争いの結果や犯罪者の処罰の可能性も排除できまい。

また、小杉 康も、この問題について、「石製棍棒が発達した縄文後・晩期の日本列島各地では、武器使用の集団戦闘が発生する段階に既に達しており、またそれがエスカレートするのを抑止する文化制度をもっていた」と主張する（小杉 2004 a）。「石製棍棒」とは、石棒・石剣・石刀・青龍刀石器などの呪術具を指しているが、これらが武器だとする根拠は薄弱であり、そうした解釈を通じて「縄文文化研究を呪術的社会観から解放し、そこに政治的問題性を導入することを可能にする」ようには筆者には思えない。

このように、縄文時代階層化社会論と連動して、縄文時代における戦闘行為の有無や奴隷の存在についても、議論が分かれているが、筆者は、弥生時代と比較するなら、縄文時代に組織的な戦闘行為が存在していたことには否定的とみなさざるをえないのである。

なお、この縄文時代に戦いの存在を認める立場の方に留意しておいて欲しい点がある。それは、戦いとはなにも外敵に対するだけではなく、そうした階層化した社会を維持していくためには、内なる敵に対しても、それを抑圧するための暴力装置（軍隊）の存在も不可欠であるという点である。縄文時代が階層化した社会と論ずる場合には、そのような点を考古学的に、どのように証明しうるかといったことも視野に入れておく必要があるだろう。

5．住まいに階層化社会の兆候は読みとれるのか

高橋龍三郎が強調する縄文時代後・晩期の「大型施設」＝大形住居を、どう評価するかにより、縄文時代が階層化した社会あるいは階層化過程の社会とすることが可能かどうかの分かれ目となろう。縄文時代には、すでに早期前半（草創期後半）段階から、集落址内にひときわ大きな住居址の存在が認められる（宮崎 2004）が、とくに前期以降の大形・巨大化した住居址の存在をめぐってはこれまで多くの論議がなされてきたことは周知のとおりである（石井 1999）。

ここでは、大形・巨大住居址の性格をめぐる全般的な問題については触れず、後・晩期の集

落址内に存在する大形住居址の論議に絞ってみたい。

　この論議に参考となるのが、2001年11月に開かれた、第2回大学合同考古学シンポジウム「縄文社会を探る－縄文後晩期　下総台地の地域社会から－」の報告ならびに記録をまとめた『縄文社会を探る』（大学合同考古学シンポジウム実行委員会編・学生社 2003）である。

　高橋は、「〈報告4〉縄文後期社会の特質」（高橋 2003）において、「大形住居の登場と居住集団の編成」について触れ、「千葉県では縄文後期の前半から直径10mを越える大形住居が出現する」が、「大形住居が居住を前提に建設されたものか、集会所のような公共的建物であったかについては議論の余地があり、今後の検討課題である」としつつも、「大形住居では祭祀、儀礼が行われたことは確実とみえる。しかしだからといって大形住居がそのためだけの目的で集会所的に設営されたかどうかは判明しない。リーダーの居住施設を兼ね、そこでリーダーの主催のもとで祭祀、儀礼が執行されたとも考えられるからである。またメンズハウスのような若者達を中心とする男だけが日常的に生活している場合もある」ものの、「神への接近は、決して万人に平等ではなく、ステータスやランクによって異なる場合が多く、階層化の高みに達した社会では、地域的リーダーがもっぱら執り行うことが多い。また、有力で大規模な世帯の家屋において、そのような祭祀、儀礼が執り行われた可能性も考慮する必要がある」と、大形住居に階層化の兆候を読みとろうとするのである。

　こうした解釈は前述したように高橋の一貫した、後・晩期社会観なのであるが、そうした立場に批判的な見解を示すのが、このシンポジウムの発表者の一人であった阿部芳郎である。阿部は、下総台地を中心とした後・晩期集落・社会のあり方に関心を向けている研究者である（阿部 2000・01a・b・03・阿部他 2000・04）が、ここでは、このシンポジウムでの発表をまとめた論攷（阿部 2003）に沿ってみてみよう。

　阿部は、栃木県寺野東遺跡とその周辺域、神奈川県港北ニュータウン地域という、「比較した二つの地域は加曽利B式期以降の遺跡数の激減という共通性が指摘できる。そしてこの特徴は印旛沼周辺地域とは極端に異なるのだ。だからこれらの重大な違いを無視して、縄文後期～晩期の地域社会のしくみを広く同列に考えるのは、正しい比較の方法ではない」と、高橋の見解を批判する。そして、具体的には、「加曽利B1式以降に出現する大形竪穴建物址は、ムラの中では通常の住居とは占地を別にしていて」、「発見されるムラが遺跡群の中でも限定されている」ことから、「大形竪穴建物址は特定のムラにのみ構築され、内部では周辺のムラから出向した複数の集団が共同の祭祀をおこなった共同施設であるとわたしは考えた」が、「その反面で寺野東遺跡などのように、遺跡密度の低い地域に多量の生活用具を保有して、あたかも独立するように形成されたムラは、過疎的な地域においてさまざまな活動を一つのムラでおこなう多機能な集落遺跡として理解すべきであるというのがわたしの考えである」とするのである（註6）。

　ようは、下総台地周辺域に認められる後・晩期の大形住居址（阿部のいう「大形竪穴建物址」）が、高橋が考えるような、上位階層の住まいなのではなく、複数の村々からなる人々の共同呪

術・祭祀施設であったと解釈するわけであるが、高橋も阿部もこうした大形住居が、共同の祭祀の場として機能したことについては、ほぼ同様な見解に立っているものといえよう。筆者は、後・晩期に現れる大形住居の性格や共同祭祀のありかたについては、別な角度からとらえるべきものと考えている（山本 1989ｂ）が、その点については、冒頭で触れたように、別に、東日本域の後・晩期集落址の再検討を通じて明らかにさせてみたい。

なお、阿部は、民族誌を重視する研究方法について、「近年の考古学の中には、ある特定の遺跡に縄文時代のイメージを上乗せして、これを海外の民族誌と比較するという手法があるが、この方法の前提には、比較する相互の時間と地域が、ひとつの遺跡によって代表し得るという等質性が暗黙の前提となっている点を、比較分析する立場と、その成果を聞く両方の側は見逃してはならないだろう」と、同書中で批判している。たしかに、下総台地に限らず幅広い地域からの検討を通じて、階層化社会の存否を検討しなければならないと思う。

さて、縄文後期以降の集落址における、住まいの等質性への疑問は、石井 寛の、いわゆる「核家屋」論として提起されたことで良く知られている（石井 1994）。石井は、神奈川県横浜市港北ニュータウン地域に所在する小丸遺跡の分析を通じて、この「核家屋」論を展開した（註７）。それは、敷石住居址＝柄鏡形（敷石）住居址の性格と関連させて、「敷石住居そのものが一般住居として認識される方向にある現在、環礫方形配石遺構もそこに含まれることとなる。しかし、そうした対処は、何もかもをも一般住居として片付けてしまう危険性を育むもので、この時期の集落址には、いたって平板的な様相しかもたらされないかに思えてくる」こと、「張出部に関する諸相、周堤礫の敷設、あるいは張出部から横位に展開する列石、そしてそれに伴う墓壙の存在などからは、特に堀之内２式から加曽利Ｂ１式期へ向けての時期、住居外部からの視点が意識された施設構築が活発化し、その部位が何らかの意味を有しながら集落内に存在した可能性を窺うべきかとも思え、全ての住居址を等質な存在として一律化できない可能性が示されているとしたい」という理解の上に立って、横浜市小丸（池辺14）遺跡（石井 1999）の後期集落を具体的な事例として分析したものである。

その結果、「独立性の高い住居単位、それらから成る中小規模の集落のまとまり、そしてそれにより示される地域集団の形成という構造を堀之内１式期社会の特質とすれば、堀之内２式期は内部的に結束力ある集落形成へ向かう道程として位置付けられる」のに対して、「加曽利Ｂ１式期集落の特徴」は、「（ａ）集落を見おろす『要』たる位置に規模の大きめな住居址が多次に亘り構築される。これを現象面から『多重複住居址』と便宜的に呼称した（石井 1989他）」、「（ｂ）全体としての住居址数自体は減少する。それらの構築回数は多重複住居址に比較して少数回、乃至１回限りに限定される」、「（ｃ）多重複住居址の前面を中心として、そこから弧状に墓域が設定される」、「（ｄ）住居址・掘立柱建物跡は全体として略環状を呈するように配置される。但し、掘立柱建物跡の細かな時期把握は、実際には困難が伴っている」という点にあり、「加曽利Ｂ１式期集落址を象徴するのは『要』の位置にある多重複住居址であり、掘立柱建物跡はいわばそれに従属する位置関係にある」ことから、「掘立柱建物跡とした建物のかなりのものが

居住施設として機能していた可能性を考え」、「以上から導き出される集落の姿は、『要』に位置する特定住居と、掘立柱建物跡に表される『一般住居』の組み合わせであり、大形化した張出部位、特に多重複住居址のそれが、集落全体の特定の場（祭祀のような）、あるいは象徴的な場として機能していた可能性」を指摘する。

そして、その「『要』の位置にある多重複住居址」の性格を、「そこに住まう人物は他の一般住居の住人とは何らかの意味をもって区別された存在であったろうし」、「集落全体の祭祀を司る立場に居た人物であった可能性を考えることも出来る。そうした面を含め、当面は集落の『長』の住居として位置付けてゆきたいが、その住居内部では集落内の集会や、室内祭祀も執り行われたかもしれない」ことから、「『多重複住居址』という外面的な呼称は今回限りで放棄し、集落の『要』・『核』としての意義に鑑み、『核家屋』と名を変更」するとしたのである。

柄鏡形（敷石）住居址をめぐる問題については、『縄文時代』第15号で、その立場を明らかにした（山本　2004）ので、その点は繰り返さないとして、ここでは、石井の「核家屋」論のもつ問題点を指摘しておきたい。一つは、資料操作上の問題である。すなわち、小丸遺跡の集落構成の時期別分析から「集落を見おろす『要』たる位置に規模の大きめな住居址が多次に亘り構築され」、それを「核家屋」と認定した結果、一般住居として掘立柱建物址を組み入れざるをえなくなっている点である。石井も自ら記しているように、「特定家屋発生のメカニズムが具体的かつ詳細に解釈されている訳ではなく、また、掘立柱建物のかなりの部分（棟持ち柱を有するものを主体とする）を一般住居として位置付けるとしても、それらは現状では検出される地域が限定されており、その系譜問題を含め、港北ニュータウン地域での理解をそのまま他地域、特に東京湾東岸以東の地域に適用できないのも事実」なのである。二つ目は、小丸遺跡での検討結果を正しいと認めた場合、掘立柱建物址と同様、広くそのようなありかたが認められるかどうかという点が問題とされる。石井が小丸遺跡以外にあげた遺跡事例の検討結果からしても、必ずしも「核家屋」の存在は明瞭ではないのである。私には、「核家屋」論は危ない綱渡りに思える。この点は、別稿で論じてみたい。

いずれにせよ、高橋龍三郎や石井　寛の見解は、後・晩期集落内に存在する大形住居址や多重複住居址に特殊な地位にある居住者を認めることに共通性があるが、それが、集落構成員を束ねるリーダーであったとしても、構造化された不平等を証明することになるかは大いに疑問である。今後とも、後・晩期の集落址の具体的かつ詳細な分析の上から、この問題はアプローチしていく必要があることを痛感する。

6．配石遺構は階層化社会の指標たりうるのか

縄文時代中期後半期の東日本域に構築され始める配石構築物＝配石遺構は、後期以降、大規模化し、内陸部を中心とした各地に多数構築されるようになる。また、この配石構築物とともに構築が活発化するのが、筆者の云う柄鏡形敷石住居である。ともに、多数の石を用いて構築

された施設であり、いわば、縄文時代の後半期を特徴づける施設であるといえる。この配石遺構(とくに環状列石)と柄鏡形敷石住居址に階層化社会を読みとろうとするのが、佐々木藤雄である。筆者は先に柄鏡形(敷石)住居址の最近の研究動向について触れたさい、そうした佐々木の見解の一端について触れ、筆者の考えを明らかにしておいた(山本 2004)が、ここでは、環状列石を含めた配石遺構が階層化社会の指標たりうるのかといった観点から佐々木の見解についてあらためて触れてみたい。

周知のように、佐々木は、1973年に発表した『原始共同体論序説』以来、一貫して、縄文時代社会のありようを問うてきた。佐々木が主宰する共同体研究会機関誌『異貌』を中心とする一連の著作の中でも、本稿と関連する論攷は多数に及んでいる(佐々木 1973・76・78・79・84・93・2000・01・02a・b・03・04)。佐々木は、史的唯物論の立場から縄文時代が階層化した社会であったとする主張する研究者である。たとえば、和島誠一の集落論を中心として論じた論攷(佐々木 1993)の中でも、「縄文社会が全体として原始共同体のどのような段階に位置し、どのような特殊かつ普遍的な問題を内在させていたのかという問題を縄文時代各期の流れにそって歴史的・論理的に明らかにしていくことであり、この点にこそ史的唯物論にもとづく縄文集落研究の大きな存在理由の一つがあ」るという立場を明確にしている。この点、北米北西海岸民族誌に依拠しながら、縄文階層化社会を論ずる研究者とは一線を画しているといっていいだろう。しかも、佐々木は、勅使河原彰の見解(勅使河原 1989)を鋭く批判しつつ、「原始共同体の"公式"や"定式"の安易な適用、とりわけ原始共産制の盲目的な絶対化はこうした史的唯物論的な方法とは無縁であ」るとしたうえで、「縄文社会発展の不均等性」の存在を強調するのである。そうした視点から、階層化社会を論じているわけであるが、ここでは、ほぼ同時期に発表された、環状列石・環状周堤墓・柄鏡形敷石住居址を論じた論攷(佐々木 2001・02a・b・03)の中で、とくに、安斎正人の編による『縄文社会論(下)』に掲載された論攷(佐々木 2002a)を中心に佐々木の主張をみることとする。

佐々木は、鹿児島県上野原遺跡や青森県三内丸山遺跡などの調査成果を「背景に近年盛んに喧伝されている『新しい縄文学』や『新しい縄文観』と呼ばれるものも、その大半は、縄文時代をめぐる定住性や社会的不平等性の強調、それらと相俟った貯蔵経済や分業の積極的成果、縄文文化の系統的多様性の指摘など、早いものではすでに数十年も前から佐々木をはじめとする研究者によって試みられてきた先駆的な作業のリニューアル版によって占められるという、きわめて滑稽かつ不可解な現実がある」としたうえで、「葬送と祖先祭祀の場としての環状列石」について触れ、「大規模記念物としての環状列石の登場自体は後期に先行する中期段階まで明確にさかのぼるのであり、さらに明確な集団墓地そのものの形成はそれ以前から認められる」ことから、「中央広場に墓地をもつ環状集落から『集絡内環状列石』、さらには『集落外環状列石』の形成へといたる一連の動きこそは縄文社会をめぐる祖先祭祀そのものの特殊化・高次化の過程のあらわれにほかならず、とりわけ後期を中心とする『集落外環状列石』、従来の基本構造から日常生活空間のみを明確に取り去った巨大な葬送・祭祀専用空間の形成は、縄文

時代における祖先祭祀のいわば一つの完成された姿として位置づけることも可能であろう」とする。

環状列石が中期後半段階の環状集落に出現する事例は、近年増えつつあり（阿部 1998ｂ・石坂 2002）、そうしたありかたが後期以降の大規模配石構築物や環状列石へと発展したことは、佐々木の指摘どおりであろう。それが一つの地域・複数の集団間を結ぶ「共同墓地兼祭祀的なセンター」とみるべきかどうかは、先に触れたように、阿部芳郎が提起した下総台地における後・晩期の大形住居の性格をどうとらえるべきかという論議（阿部 2003）に共通するが、ここでは、それについては触れない。ただ、「多くの人びとを結び付ける求心的・中核的な役割を担っていた」、「祖先祭祀」として機能したことはほぼ間違いないものと思われる。

問題は、「祖先祭祀の高次化されたステージとしての環状列石は、何よりもそれ自体が不平等な葬送と祭儀の場として存在していたのであり、しかもその萌芽は、環状集落をめぐる中央広場とその墓地のなかにすでに刻印されつつあったことが知られるのである」とする評価にかかわる部分である。佐々木によれば、長野県木曽郡大桑村大野遺跡（百瀬他 2001）でとらえられた「環状列石と地域集団の結びつきを示唆することになった墓壙群の分布は」、「一集落ないし隣接する集落群という枠組みに対しては多すぎるとしても、その上位に想定される『地域内小集団』や「地域共同体」という枠組みに対しては逆に少なすぎる」ことなどから、「集落中央広場や環状列石に葬られた人、その中心部に葬られなかった人、その中心部に葬られた人と外側に葬られた人、さらには明瞭な埋葬施設さえ持つことのなかった人それぞれの意味に対する根本的な検討が必要であろう」として、それを「不平等な葬送と祭儀の場」と認識するのである。

さらに、「環状列石に代表される縄文時代の大規模記念物を貧富や身分上の差など、社会的な不平等性との関連においてとらえようとする試みそのものは、北東北や北海道の当該資料を分析した一九五〇年代の後藤守一や河野広道、駒井和愛などの作業にまでさかのぼってみることができる」と、学史をあとづけたうえで、近年の階層化論議について、渡辺　仁や小林達雄の業績（渡辺 1990ａ・小林 1995）を引用しながら、「縄文時代をめぐってこれまで展開されてきた階層化をめぐる議論に対しては、その根幹にかかわるいくつかの問題点を指摘しなければならない」とする。

すなわち、「第一の問題点は、従来の縄文式階層化論は、その主要な関心が環状列石をはじめとする墓制や祭祀施設、あるいは奢侈品といった特殊な遺構・遺物のあり方に集中し、階層化の土台となった経済的・社会的な諸条件に対する検討がおろそかにされていたことであ」り、「第二に、こうした縄文式階層論がもっぱら用いてきた手法は階層化社会にかかわる海外の考古資料や民族資料の比較・援用作業であり、前述した特殊な遺構・遺物の場合でも、それらを対象とした縄文社会内部からの個別具体的な分析作業の積み重ねにもとづく問題提起の類いは意外なほどに少なかったという事実」、「そして、以上をふまえた第三のもっとも重要な問題点が縄文式階層論全般にみられる階層概念そのものの定義の曖昧さであり、階層化をめぐるこ

第1節　縄文時代階層化社会論の行方　147

れまでの議論には、したがって研究者ごとの認識上の大きな差、内容的な混乱が数多く残されていたこと」であるとしている。

　佐々木は、「『階層差』とは何かと問われるならば」、「分業、すなわち個別的生産諸力の発達と剰余の一定の蓄積を基盤とした社会的・経済的な不平等・不均等にもとづく威信的な序列である、と定義しておきたい」としたうえで、「この威信的序列による上下、優劣、貴賤という区分はあくまでも量的・漸移的な差であり、生産と所有との分裂、すなわち社会的分業の歴史的な成立にもとづく、支配と非支配、搾取と非搾取などの強制関係をともなう『階級差』とは本質的に区別される」として、「階層」と「階級」を厳密に区別している。この点は、先にあげた松木武彦の用語解説（松木2000・04ｂ）や都出比呂志や林　謙作らの理解とほぼ共通しているものといえる（都出1970・林1998）。

　「階層」・「階級」という用語上の問題点については、前述したように、唯物史観に立つ研究者が厳密な区別を要求するのであるが、そのことには、これ以上立ち入るのは避けて、佐々木の云う、「縄文社会発展の不均等性」に目を向けてみよう。

　自らが述べているように、「佐々木は縄文時代の貯蔵穴（チグラ）資料の総合的分析を試みた一九七三年の『原始共同体論序説』において、食料の長期的・安定的な確保とその供給を保証する大量の貯蔵植物の存在が、同時に縄文集落の定着化と定型化、集落規模の拡大と分布の増大、それに経済的・社会的な不均等性の進展と構造的に一体のものとして顕現していた可能性をはじめて指摘し、縄文社会を原始的な平等性がつねに支配した社会とみるそれまでの『常識』に大きな疑問符を突き付け」たことで知られているが、この佐々木の問題「提起は、原始共同体の『固有の内的矛盾』を共同労働にもとづく共同所有と個別的労働の成果の個別的占有との矛盾として基本的に位置づけ、共同管理型と個別管理型の二つの貯蔵穴の特徴的な分布からうかがわれる労働生産物の分配・占有のあり方などをもとに縄文社会の歴史的な特質と発展の具体相をその動態においてとらえようとしたものであり、『階層』という言葉こそ使用していないものの、本質を貫く『固有の内的矛盾』論や『縄文社会の不均等発展』論こそは、経済的位相、とりわけ分業論的視座から明確に縄文式階層論を見通した作業として学史的にも重要な意義を有していたということができる」と自らを評価してたうえで、「経済的位相を基軸に設定された生成・発展・変質・爛熟の各段階が縄文時代をめぐる階層化の動きを色濃く反映していたこと、何よりもこうした階層化の動きは墓制をも含めた構造的・全体的な変化として顕現していたことを強く示唆している」として、その具体的な考古学的証拠として、環状列石を取り上げているのである。

　すなわち、「『発展期』の後半段階に『集落内環状列石』として登場した環状列石は、続く『変質期』の前半には祖先祭祀の最高のステージである巨大な『集落外環状列石』を各地に生み出すにいた」り、「環状列石の建設そのものが当該共同体の豊かさ・威信を誇示する指標ともなりえた」し、「『地域共同体』の指導者（層）にとっては、環状列石は、当該共同体とあわせて、自らの個人的な威信を高めるための最高の舞台装置でもあった」と理解されている。

しかし、筆者からすれば、後・晩期における集落規模の衰退化と反比例するかのように、大規模な配石施設や環状列石などが構築される呪術的色彩の強い社会が現出している事実をみるなら、階層化の進行というよりも、すでに岡本　勇により指摘されている（岡本　1974・75）ように、共同体的規制の強化が進行したものの、結果的には、その限界性を突破するに至らず、東日本縄文文化の終焉を迎えたものと理解すべきと思う（山本　1989ｂ）が、その具体的な再検討については別稿で試みてみたい。

なお、佐々木が提起した縄文時代の集落址内貯蔵穴をめぐる研究は、近年別に、宮路淳子や坂口　隆らによって試みられているが、佐々木の到達点を超えるものではないので、ここでの言及は省略したい（宮路　2002・坂口　2003）。

また、関東・中部の環状列石事例の詳細な分析を通じて、「中期から後期への変容と地域的様相」について触れた、石坂　茂の論攷も注目される（石坂　2004）。先に発表した中期末葉に出現する環状列石にかかわる論攷（石坂　2002）の続編に相当する。階層化論議に関係する部分を、冒頭の論文要旨から引用すると、関東・中部地方の「中期末葉から後期前半にかけた列石遺構の動向は、詳細に見れば各地域毎に若干の差異を見出すこともできるが、その差は僅少であり、ほぼ斉一的な文化的様相が存在していたと考えられ」、「そこには、大規模環状列石による祭儀を統括・執行する特定の居住者群から、祖先祭祀を含む葬祭儀礼を統括・執行する特定の住居＝「核家屋」の居住者への移行という、階層的な社会構造の深化する過程を窺うことができる」とされているが、具体的な事例分析の上に立った論攷でもあるので、その評価はあらためて別稿で検討してみたい。

7．まとめと展望

以上、長々と今日の縄文時代階層化社会論について、それについて触れた論攷をいくつか取り上げながら、恣意的ではあったが、テーマごとに触れてきた。

そこで明らかとなったのは、一口に「階層化」社会といってもいろいろな見解があり、必ずしも統一されたものではないということであった。とくに、「階級」と「階層」という用語の概念・定義一つとってみても、一致をみていないということがある。しかも、階層化社会といっても、それがはたして世襲を伴うような構造化・制度化した階層社会であったのかという点になると、あまり明瞭ではなくなるのが現状といえよう。

かつてのように、縄文時代を平等なユートピア社会とするような単純な考え方は廃れたとしても、そこに構造的な不平等を強調しうるかどうかは筆者には甚だ疑問といわざるをえない。とくに、北米北西海岸の民族誌を、時空をはるかに超えて縄文時代に当て嵌めて理解しようとする、民族（誌）考古学の立場には与することはできないことは、筆者の一貫した立場でもある（山本　1991ｄ）。

たしかに、縄文時代には、後・晩期でもなくとも、集団の統率者・リーダー・呪術を司祭す

る者は存在していたはずである。しかし、それは、集団あるいは集団間を統率する選ばれしリーダーであったのであって、それが制度化・固定化され、世襲される不平等な社会となっていたとは考えがたいとするのが筆者の立場である。

　今後は、縄文時代階層化社会論を、問題意識としては正当に評価したうえで、個別の具体的な考古学的事実の分析・検討から検証してゆかねばならないことはいうまでもないことであろう。そうした作業は、次なる課題として残されてしまった。あらためて取り組んでみたい。

註

（1） この感を強くしたのは、昨年刊行が開始された、歴史学研究会・日本史研究会編による『日本史講座』（東京大学出版会刊）の編集方針をみたからである（歴史学研究会・日本史研究会 2004）。同研究会編による、1956年の『日本歴史講座』、1970年の『講座日本史』、1984年の『講座日本史』を経て、『日本歴史講座』刊行から、半世紀近くを経た今日、刊行が開始された『日本史講座』をみると、かつてのマルクス主義・史的唯物論一色であったイデオロギー状況がはたして何を意味していたのかを問い直さずにはいられない。歴史学・考古学もまた、政治的現状の枠組みから自由ではありえないことを良く示している。同様なことを、考古学でいうなら、岡山の『考古学研究会』にもみることができるが、ここでは論が脱線するので触れない。

（2） 北朝鮮の階層化社会の実態については、各種ネットから情報を収集した。

（3） 階層化社会「懐疑派」であって、「否定派」としなかったのは、かつてのような、単純かつ固定化した歴史観にもとづいて、縄文時代社会の不平等性を否定し、平等な原始共同体・原始共産制の社会であったとする考える研究者は、今日、ほとんどいないであろうと考えるからである。

（4） 「懐疑派」「肯定派」として、それぞれ、あげさせていただいた研究者は、筆者が論文等を通じて判断したものであり、ご本人にとって意に沿わぬ点もあろうかと思うが、ご寛恕願いたい。また、ここにあげた研究者以外にもおられるかと思うが、筆者が本稿に関わって接した論文を通じたものであることを断っておきたい。

（5） 北米北西海岸の民族誌に疎い筆者には、興味・関心をいだくことがある。それは、集団間・部族間抗争としての戦争により獲得されたとされる捕虜は、捕虜になるまでは、どのような階層に含まれていたのかどうかという点である。首長であったかどうかはわからないが、貴族に属していた場合も当然あったのだろう。また、戦いにより、捕虜から解放されたような場合や、捕虜による武装蜂起や解放闘争などの戦いはなかったのだろうか。

（6） この『縄文社会を探る』では、シンポジウムに参加した高橋龍三郎・阿部芳郎らによる座談会の記録が収録されている（阿部・金箱・高橋・樋泉 2003）。紙数の都合で引用することはできないが、下総台地の大形住居址をめぐり、両者の見解は真っ向から対立しているのが興味深い。なお、阿部の「大形竪穴建物址」に対する見解は、別に詳しく論じられているのが参考となる（阿部 2001a）。

（7） この論攷以前にも、「集落内における特定家屋の発達が後期中葉へ向けて活発化した」ことが石井により指摘されている（石井 1989）。

第2節　配石集落に階層化社会は読み取れるのか

はじめに

　関東山地寄りから中部山地を中心とした地域において、縄文時代後期から晩期にかけての諸集落址に配石遺構や柄鏡形敷石住居址といった自然石を多用して構築した石造遺構が多数検出されることは周知のとおりである。この種の遺構の性格づけをめぐっては、これまで多くの論議がなされてきた。その研究史的あとづけをめぐっては、筆者も、別に触れたことがある（山本 1999 a・b・2002）ので、それを参照願うこととし、ここでは省略するが、近年の傾向としてとくに注目されるのが、こうした石造遺構の存在を、階層化社会の存在の有無と関連して論じられる傾向が強いことである。

　たとえば、佐々木藤雄は一連の論攷を通じて、縄文時代に不平等な階層化社会が成立していたことの考古学的証拠として、配石遺構や柄鏡形敷石住居址を取り上げて論じている（佐々木 2001・02 a・b・03・05 a・bなど）。また、石坂　茂も、関東・中部地方を中心とした地域の中期末から後期にかけての環状列石・配石遺構を詳細に分析しつつ、階層化社会論議と関連して論ずる中で、中期終末期環状列石は墓を伴わない祭祀施設であり、それが後期前半に至って核家屋による葬送・祭祀儀礼の統合化を契機として、列石下部に墓域が取り込まれていく過程をとらえる考え方を示しており注目される（石坂 2002・04）。

　筆者もこうした研究動向に関心をいだき、階層化社会論議に疑問をいだく立場から、筆者なりの考え方の枠組みを示してみた（山本 2004・05）。それは、縄文文化が栄えた東日本の、とくに後・晩期がすでに階層化社会ないし、そうした社会へと移行する段階にあることの考古学的証拠として、環状列石を含む配石遺構や柄鏡形敷石住居の性格づけに求めることへの疑問から提起したものであった。

　これまで、筆者は、柄鏡形敷石住居址（ここでは総称としての柄鏡形（敷石）住居址と呼ぶが）、すなわち、中期終末期期に完成を遂げ、概ね後期中葉にかけて各地に多数構築された、この特異な形状をもつ住居址に対して、一般的な住居としてとらえる考え方を何度となく示してきた（山本 2002他）。そうした立場からするなら、当然のことながら、柄鏡形（敷石）住居址のすべてではないにせよ、その一部を特殊視し、「核家屋」（石井 1994）であるとか、佐々木藤雄が「『一般住居』云々といった言葉でことさら当該期の等質性や均等性を強調すること自体、実体論・本質論を忘れた幻想であり、山本自身が『時代的な、社会構造の変化を十分に認識』していたとは思われない」（佐々木 2003、116頁）と批判する考え方に同調はできない。そのことは、旧稿（山本 2004）において述べたとおりであるが、佐々木藤雄の解釈との懸隔はいぜんとして大きいものといわざるをえない（山本 2005、佐々木 2005 a）。

　そこで、本稿では、あらためて、この問題について具体的な考古資料にもとづいて論じてみ

たいと思う。ただ、与えられた紙幅の都合や時間的な制約から、本稿では、柄鏡形敷石住居址と配石遺構が多数構築された南西関東から伊豆半島・中部山地域における後・晩期集落址の事例を分析することを通じて、その性格づけをめぐる問題について触れることとしたい。

ところで、配石遺構や敷石の住居内敷設が認められない、もしくはその存在が稀薄な東部関東地域やその周辺域の後・晩期集落址では、近年、大型住居址や環状盛土遺構などの相次ぐ検出とあいまって、その性格づけが種々論議されていることは周知のとおりである（大学合同考古学シンポジウム実行委員会編 2003、「馬場小室山遺跡に学ぶ市民フォーラム」実行委員会編 2005など）が、そうした地域でのありかたとの対比については、また別な機会に取り組んでみたいと思う。このほか、東北北半部から北海道東部に顕著に認められる環状列石を伴う遺跡の性格等についても、関東・中部域との対比のうえで論ずることが重要と考えるが、この点についても別にあらためて触れてみたい。

1. 配石と敷石をもつ後・晩期集落址

ここで、検討対象とするのは、前述したように配石遺構や柄鏡形敷石住居址が多数構築された、南西関東から伊豆半島・中部山地域における後・晩期集落址である。これまで、これらの地域からは、検討対象の時期に限ってみても、多数の配石遺構や柄鏡形敷石住居址を検出した遺跡が知られている（註1）。これら地域における中期末葉を含めた配石遺構の事例については、石坂 茂の論攷に詳しい（石坂2002・04）。また、他にも、関東・中部地方については、データ的には古いが、1990年11月、山梨県考古学協会・山梨学院大学が主催して行ったシンポジウム「縄文時代屋外配石の変遷－地域的特色とその画期－」にあわせてまとめられた資料集（山梨県考古学協会・山梨学院大学編 1990）、東北・北海道地域の事例については、日本考古学協会1997年度秋田大会実行委員会が主催して行ったシンポジウム「縄文時代の集落と環状列石」にあわせてまとめられた資料集（日本考古学協会1997年度秋田大会実行委員会編 1997）などが参考となる。これらの集成結果をみても縄文時代中期末以降、後期から晩期にかけての東日本の広範な地域に、いかに多くの石造構築物が造営されたかがわかる。また、柄鏡形（敷石）住居址の発見遺跡事例についても、筆者が発見遺跡事例をまとめたものが参考となろう（山本 2002）。

なぜ配石・柄鏡形敷石住居がこうした地域に多数構築されるようになったのか、その点についてはいまだ謎に包まれた点が多いが、縄文文化が栄えた東日本地域を中心として、これほど多数の石造施設が構築されたことの意味を、階層化社会論と結び付けて考えるべきなのだろうか。その答えを導き出すための作業として、そのすべての遺跡にあたって検討を加えることは膨大な作業となるので、以下、甚だ恣意的ではあるが、筆者なりに関心をいだいたいくつかの遺跡を俎上にのせて検討を加えてみたい。

（１）南西関東の様相

神奈川県横浜市小丸遺跡(石井 1994・99)・(第15図１)

はじめに、いきなり分析対象とずれるような気もするが、配石遺構や敷石の住居内敷設が稀薄な神奈川県横浜市小丸遺跡を例にとってみよう。この遺跡は、石井　寛が、いわゆる「核家屋」論を提唱したさい、その根拠となった遺跡として知られる(石井 1994)。この「核家屋」論は、東日本域の縄文後・晩期集落の性格を考えるうえで、その後の研究に大きな影響を与えており、縄文階層化社会論とも大きな関わりをもつに至っているので、あえて触れてみることとする。

小丸遺跡の集落の形成は、中期初頭、十三菩提・五領ケ台式期に始まるが、中期全体を通じても集落規模はあまり大きくなく、本格的集落形成は堀之内Ｉ式後半以降からである。報告書中に記された時期別変遷について触れた石井の見解(石井 1999、373～374頁)を要約して引用すると、「堀之内１式期」は、遺跡北東部ブロック・北西部ブロック・同一個所で重複するブロック・南部ブロックに分けられ、環状構造が顕著に認められる。

次に、「堀之内２式前半期」は住居の形成は稀薄となるが、続く「堀之内２式期の中頃以降、再び活動が活発化」するものの、「同一個所での構築回数や重複が少ないのが、この段階の住居址の特徴である」とされる。そして、「加曽利Ｂ１式期」に入ると、１・２号住が「集落の要たる位置への占地、同一個所への執拗なまでに繰り返された構築、若干なりとも大きめな規模、そして墓域との関係などがこの住居址の性格を考える上での視点」(石井 1999、376頁)とされ、「核家屋」と命名されるに至る。

このように小丸遺跡は、堀之内Ｉ式から加曽利ＢＩ式期にかけて継続的に続く環状集落であり、北西部＋北東部＋南部＋西部ブロックからなり、墓域は中央広場北側から西側に弧状に偏在して分布する特徴をもち、加曽利ＢＩ式期の小型土器を副葬する土壙墓はとくに１・２号住の南に隣接する。掘立柱建物址・貯蔵穴は集落内側に展開する。

石井の「核家屋」論のもつ問題点についてについては、先に触れたことがある(山本 2005)が、そこで指摘しておいた点をあらためて再録しておこう。

『一つは、資料操作上の問題である。すなわち、小丸遺跡の集落構成の時期別分析から「集落を見おろす『要』たる位置に規模の大きめな住居址が多次に亘り構築され」、それを「核家屋」と認定した結果、一般住居として掘立柱建物址を組み入れざるをえなくなっている点である。石井も自ら記しているように、「特定家屋発生のメカニズムが具体的かつ詳細に解釈されている訳ではなく、また、掘立柱建物のかなりの部分（棟持ち柱を有するものを主体とする）を一般住居として位置付けるとしても、それらは現状では検出される地域が限定されており、その系譜問題を含め、港北ニュータウン地域での理解をそのまま他地域、特に東京湾東岸以東の地域に適用できないのも事実」なのである。二つ目は、小丸遺跡での検討結果を正しいと認めた場合、掘立柱建物址と同様、広くそのようなありかたが認められるかどうかという点が問題とされる。石井が小丸遺跡以外にあげた遺跡事例の検討結果からしても、必ずしも「核家屋」の存在は明瞭ではないのである。私には、「核家屋」論は危ない綱渡りに思える』

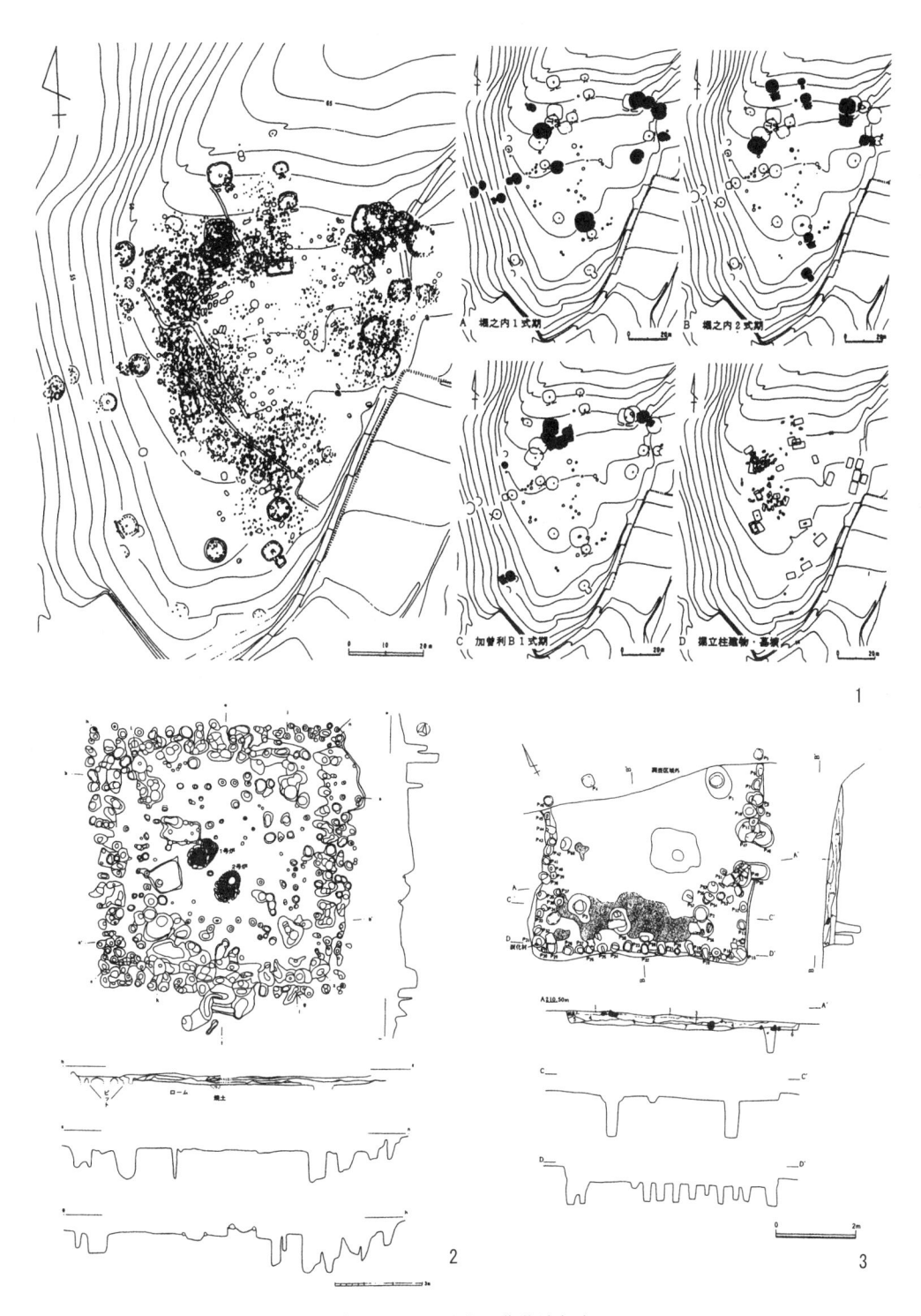

第 2 節　配石集落に階層化社会は読み取れるのか　153

第15図　後・晩期の集落址(1)
1：小丸遺跡と時期別変遷(石井 1994)，2：下原遺跡 2 号住，3：青山開戸 4 号住

（山本 2005、130頁）。

　そうした問題点が指摘されるのだが、小丸遺跡だけを限定的にみた場合、竪穴住居址の配置は石井の分析結果を見るかぎり、堀之内式期から加曽利BⅠ式期に至る竪穴住居址の配置は、環状構造を意識した配置となっており、筆者には、石井のいう「集落を見おろす『要』たる位置に規模の大きめな住居址が多次に亘り構築される」（石井 1994、94頁）という現象把握が可能かどうか疑問をいだかざるをえない。とくに、加曽利BⅠ式期の集落は小規模化しており、集落北西部の高位な丘陵上位にある「1・2号住居址」の重複の多さをとらえて、「核家屋」と区別しうるものなのだろうか。その小規模化した集落構成に無理矢理に「核家屋」として、住居の質的差異を認めるがゆえに、掘立柱建物址を一般的住居として組み込まざるをえなくなるように思うのは私だけだろうか。

　それはそれとして、この時期、すなわち、後期中葉以降から晩期前葉の関東・中部に検出される竪穴住居址には、たび重なる重複・建替現象がとらえられる場合が多い。古くは、埼玉県岩槻市真福寺遺跡第2地点第1号住居址（酒詰 1962、塚田 1959・82）が著名であるが、この時期の集落規模の縮小化と重複事例の多さは、「核家屋」論に必ずしも結びつかないものと判断される。

神奈川県川崎市下原遺跡（浜田他 2000・01）・（第15図2）

　次に、晩期集落址の事例をとりあげよう。東日本、とくに関東・中部地域といった、縄文中期文化が最も高揚した地域では、縄文後期中葉以降、晩期に至ると、集落数・規模等に見る影もなく衰退を遂げてしまうのが大きな特徴である（山本 1989）。そうした時代的背景を無視して、後・晩期階層化社会論が論じられている傾向に疑問をいだかざるをえないが、それはそれとして、敷石の住居内敷設や配石遺構は認められないが、南西関東の事例として、神奈川県川崎市下原遺跡と神奈川県津久井町青山開戸遺跡例を取りあげてみよう。

　下原遺跡は東名高速道路建設に伴い調査され、神奈川県内ではその当時きわめて珍しい晩期遺跡が検出されたことで知られる。長い間、その正式報告は未刊行のままであったが、川崎市民ミュージアムの手により、近年、報告書がまとめられた。高速道路建設に伴う事前調査の関係上、路線幅内に調査は限定されたが、群在かつ重複した長方形・長楕円形プランの土壙墓54基とともに、晩期中葉の住居址2軒が検出されている。路線幅に限定されているとはいえ、詳細は未報告であるが、ほぼ同時期の集落址として知られる横浜市華蔵台遺跡（石井 2008）の集落規模から判断して、集落の主体部は調査されているものと思われる。

　遺存状態が良好であった2号住は、最大規模10×9.2mの長方形の大型住居で、石囲炉が2基レベルを異にして検出されていることや、柱穴の配置などから、最低2回の拡張、3軒の住居の重複が指摘されている。前述したようにこの時期の多重複大型住居址の典型例とみなすことができよう。出土した土器は安行Ⅲc〜Ⅲd式期のものが主体を占めることから、晩期中葉の段階の住居址と判断される。最下層に大量の焼土が堆積し床面が被熱しており、住居廃絶に

あたっての火入れといった儀礼行為の存在をうかがわせている。

　また、住居内からは遺物の出土が豊富で、土偶・土版・岩版・土製耳飾・石剣・石棒・石錘・骨角器・土製勾玉・翡翠玉とともに、住址居内外600点を越す石鏃がこの遺跡から出土しているのが特徴である。検出された住居址数に比して、土壙墓の数が多いが、出土土器から判断して、住居とほぼ同時期に構築されたものとみなされる。土器破片が覆土から出土したものや石鏃・磨製石斧・石錘・石皿などが出土した土壙があるが、出土遺物から際だった副葬品の存在はうかがえない。

神奈川県津久井町青山開戸遺跡（小川他 1997）・（第15図 3）

　青山開戸遺跡も道路幅の調査に限定されたが、清水天王山式土器と安行Ⅲa・大洞B式土器を出土する晩期前葉の住居址が 2 軒検出されている。このうち、J 4 号住は、約1/3が既設の道路により破壊されているが遺存状態の良好な住居址で、一辺5.2〜5.4mの隅円方形を呈し、東側にこの時期特有の張出部（出入口施設）をもつ。柱穴は 4 本柱の主柱穴に壁柱穴が巡る。覆土最下部に焼土が広範囲に分布し、その上面に大小の礫や遺物が散乱状態で検出されている。遺物は土器のほか、石器・石製品、土製品が出土している。目立った遺物としては、石冠 1 点や滑車形をはじめとする土製耳飾が31点出土している。住居の重複・建替は認められないが、焼土や床面被熱の状況は下原遺跡例と同様であり、この時期、廃屋に伴う顕著な儀礼行為がうかがえる。

神奈川県秦野市曽屋吹上遺跡（高山他 1975、今泉他 2002）・（第16図）

　神奈川県域では、東部の横浜・川崎市域で検出される後・晩期集落址では、配石遺構や住居内敷石の敷設は顕著でないのに対して、北西部の相模川上流・丹沢山地域の内陸地域では、多くの配石・敷石を伴う集落が検出されている。とくに柄鏡形（敷石）住居の分布的傾向については、1996年 2 月に開催された「パネルディスカッション　敷石住居の謎に迫る」にあわせて刊行された資料集（神奈川県立埋蔵文化財センター・財団法人かながわ考古学財団編 1996）が参考となろう。配石遺構と柄鏡形（敷石）住居址のとくに敷石の敷設は、ほぼ一体化して、中期末以降の県西部地域の諸集落址に認められることが一般的な傾向なのである。その代表的な遺跡としては、伊勢原市下北原遺跡（鈴木 1977）・三ノ宮下谷戸遺跡（小出 1971、宍戸他 2000）やここで取り上げる秦野市曽屋吹上遺跡などをあげることができる。

　曽屋吹上遺跡は、1974年 4 月〜1975年 1 月にかけて調査が行われ（7403地点と呼ばれる）、1975年に簡単な概要報告に近い写真集が刊行されただけで、長らく遺跡の細かな検討ができないままであった。今もそれに変わりはないが、2001年 4 月〜 5 月にかけて隣接する部分（200102地点と呼ばれる）が新たに調査され、報告されたことが注目される（今泉他 2002）。新たに調査が行われたのは前回の7403地点のちょうど西側に隣接する台地の傾斜面に位置する。検出された遺構は、7403地点とほぼ同様に台地傾斜面の地形変換点に沿って列状の配石が敷石住居と重な

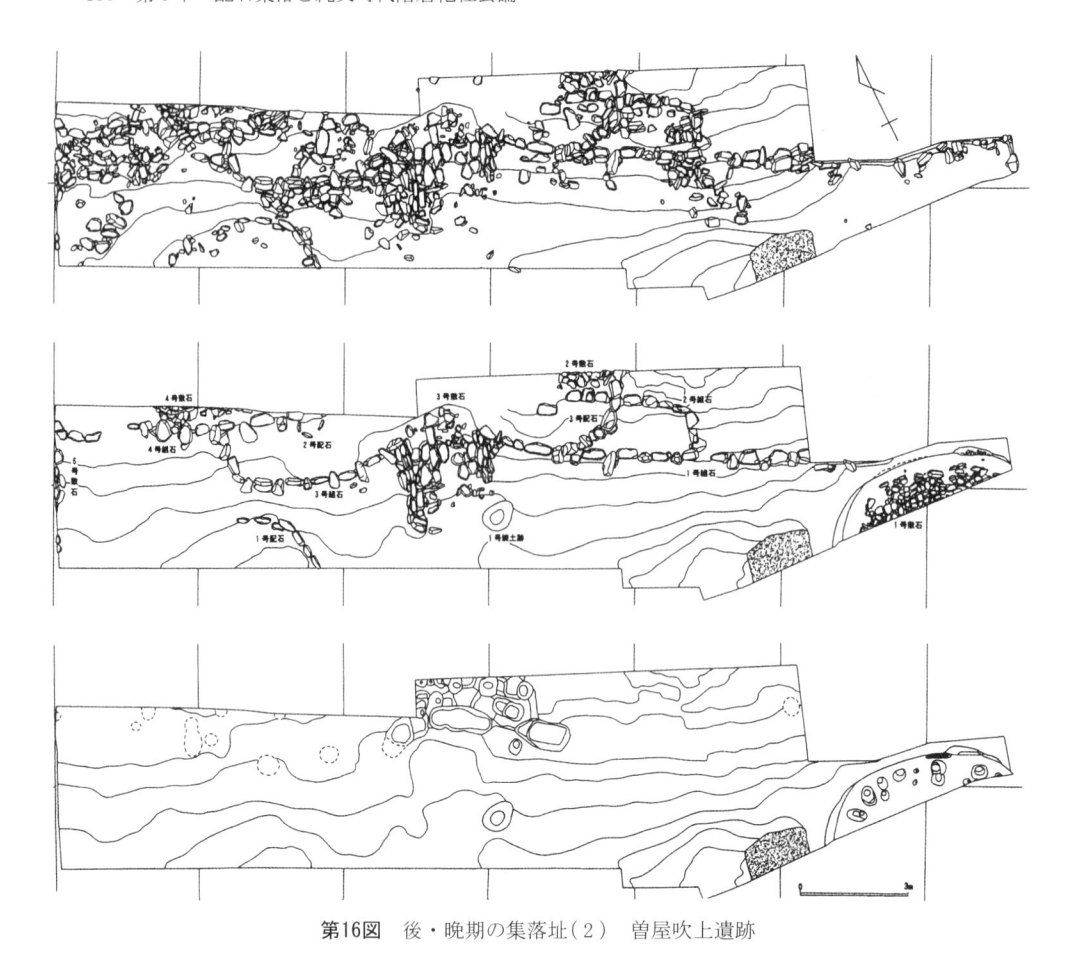

第16図　後・晩期の集落址（2）　曽屋吹上遺跡

り合うように認められる。7403地点西端部は地形的にはくびれるありかたを示しているように、ここに谷状の地形があることから、いったんはとぎれるものの、200102地点へも同様な遺構配置が認められたことになる。こうした柄鏡形敷石住居址と列状の配石との融合は、近年しばしば認められ、石井　寛や石坂　茂らによりその関係の強さが論じられていることである（石井 1994、石坂 2004）が、後期前葉から中葉にかけて、大規模な配石墓を含む配石遺構・列石遺構と柄鏡形敷石住居址が融合した遺跡が多数各地に認められることに注意の目を向ける必要があろう。問題は、柄鏡形敷石住居址と列状の配石の構築時期の関係がほぼ同時期のものととらえられるものなのかどうかという点にある。200102地点の報告の所見に従うと、「3号敷石の構築時期（加曽利B1式期）に前後して1～4号組石・3号配石のような配石遺構が構築されたことが明らかとなった」（今泉他 2002、118頁）とされていることから、多少の時間的なズレはあるものとみなせるが、柄鏡形敷石住居址と一体視することは可能であろう。ただ、それはおそらく構築当初からのものでなく、いわゆる「周堤礫」や「環礫方形配石」を伴う柄鏡形敷石住居址のように、廃屋儀礼にともなうものと理解すべきではないかというのが筆者の立場なのである（山本 1998）。

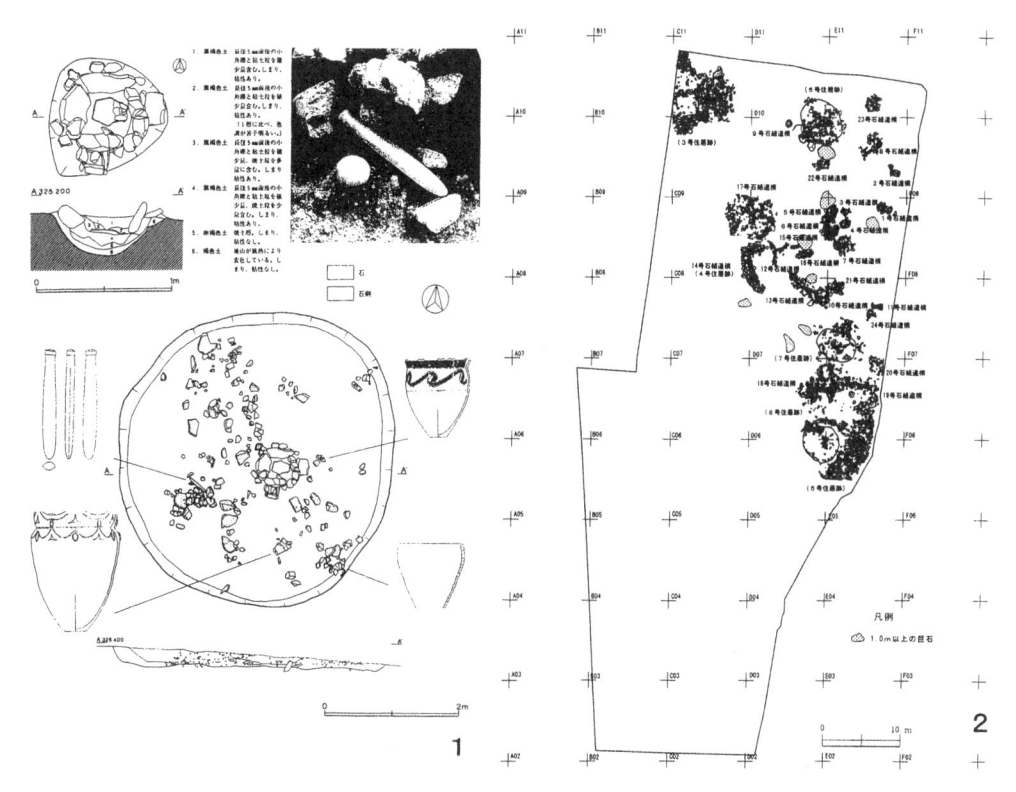

第17図　後・晩期の集落址(3)　1：下平遺跡，2：原畑遺跡

　柄鏡形敷石住居址に付属するかに見える列状配石の問題は、今後構築時期の細かな新旧関係の把握が望まれる。そうした点で200102地点での報告における、「2号敷石」や「3号敷石」とそれに連接する組石・配石との新旧関係が把握されているのは重要であろう(今泉　2002、116頁)。いずれにせよ、石井　寛も指摘するように、「これら住居址(配石・列石遺構を含めて：筆者注)が斜面構築された一群であり、集落の要たる一群は台地上に存する可能性にある」(石井　1994、104頁)わけだから、一見特殊に見える曽屋吹上遺跡の配石・敷石群も、その中に質的に区別しうる「要」たる存在は認めがたいのである。

埼玉県小鹿野町下平遺跡(小林・田部井・橋本　1995)・(第17図1)
　下平遺跡は、埼玉県西部の秩父山地、小鹿野町に所在する遺跡で、吉田川流域にあり、合角ダム建設に伴い調査が行われた。別に、ダム建設地域内の吉田町(現・秩父市)塚越向山遺跡(小林・橋本　1995)からも、大規模な弧状を呈する環状列石をはじめとする配石遺構とともに中期末を主体とする柄鏡形敷石住居址群と中期の竪穴住居址が検出されているが、ここでは触れない。
　下平遺跡はA～C地区の3地区が調査されている。A地区から土坑を伴う配石遺構15基が検出されている。時期は安行Ⅲb～c・d式期に相当し、その配置は環状を呈する。配石下に検

出された土坑中には内部に石棒を容れた埋甕が検出された事例もあることなどから、これら配石遺構は墓地とみなされよう。B地区はA地区の東側に隣接し位置にあり、A地区で検出された配石遺構と土坑群が一部B地区にも広がりをみせている。C地区はA地区の北西にやや離れた位置にある。B・C地区から晩期前葉、安行Ⅲa・b式期に相当する竪穴住居址が5軒検出されている。このうち、1号住の特徴をみてみよう(第17図1)。

径4.0〜4.2mの不整円形を呈する竪穴住居址で、石囲炉をもつ。出土遺物は土器のほかに、長さ約31cmの頭部を欠く石剣が床面上に横位で出土しているのが注目される。また、覆土中から多量角礫とともに耳飾、石皿、磨石なども出土している。石剣の出土状況を含めて廃屋儀礼にかかわるものであろうか。他に検出された住居址を含めて顕著な建替現象や大型の住居は認められず、配石墓を伴う小規模な晩期前葉の集落の特徴を良く示しているものといえよう。

(2)伊豆半島の様相

静岡県中伊豆町(現・伊豆市)原畑遺跡(小金澤 2003・04)・(第17図2)

静岡県東部、伊豆半島を中心とした地域にも柄鏡形敷石住居址や配石遺構がこれまで数多く発見されている(宮本 1998)。後期の代表的な集落址としては、修善寺町(現・伊豆市)大塚遺跡(小野他 1982)をあげることができるが、ここでは、最近報告された原畑遺跡をとりあげてみよう。

原畑遺跡は柄鏡形敷石住居址と配石遺構を主体とする大規模な集落遺跡である。近接して、中期後半の環状列石を伴う集落址として知られる上白岩遺跡がある。9軒の敷石・配石を伴う住居址が検出されている。このうち、2軒は中期末の典型的な柄鏡形敷石住居址であり、残る7軒が堀之内Ⅰ・Ⅱ式期の相当し、周堤礫が顕著にとらえられる。ほかに石組遺構とされたものが24基検出されているが、配石墓と判断される。

このように原畑遺跡は大塚遺跡と同様な集落址と考えられ、周堤礫の存在が顕著であり、検出された遺構間になんらの格差を認めることはできない。

(3)中部山地域の様相

山梨県大月市塩瀬下原遺跡(笠原他 2001)・(第18図1)

山梨県域には大規模な配石遺構や柄鏡形敷石住居址が検出された遺跡が多い。代表的な遺跡をあげると、後期前葉の敷石住居址が多数検出された須玉町(現・北杜市)上ノ原遺跡(櫛原他 1999)、後期後葉から晩期の大規模な配石集落である大泉村(現・北杜市)金生遺跡(新津他 1989)、後期中葉から後葉期の敷石をもつ住居址とともに大規模な配石遺構・石棺墓群が検出された高根町(現・北杜市)青木遺跡(雨宮 1988・98)、同・石堂遺跡B地区(雨宮 1986・87)などがある。

ここでは、後期前葉の周堤礫をもつ柄鏡形敷石住居址が検出され注目を集めた塩瀬下原遺跡を取り上げてみよう。1号敷石住居址に伴う周堤礫・環礫方形配石の評価をめぐっては、先に

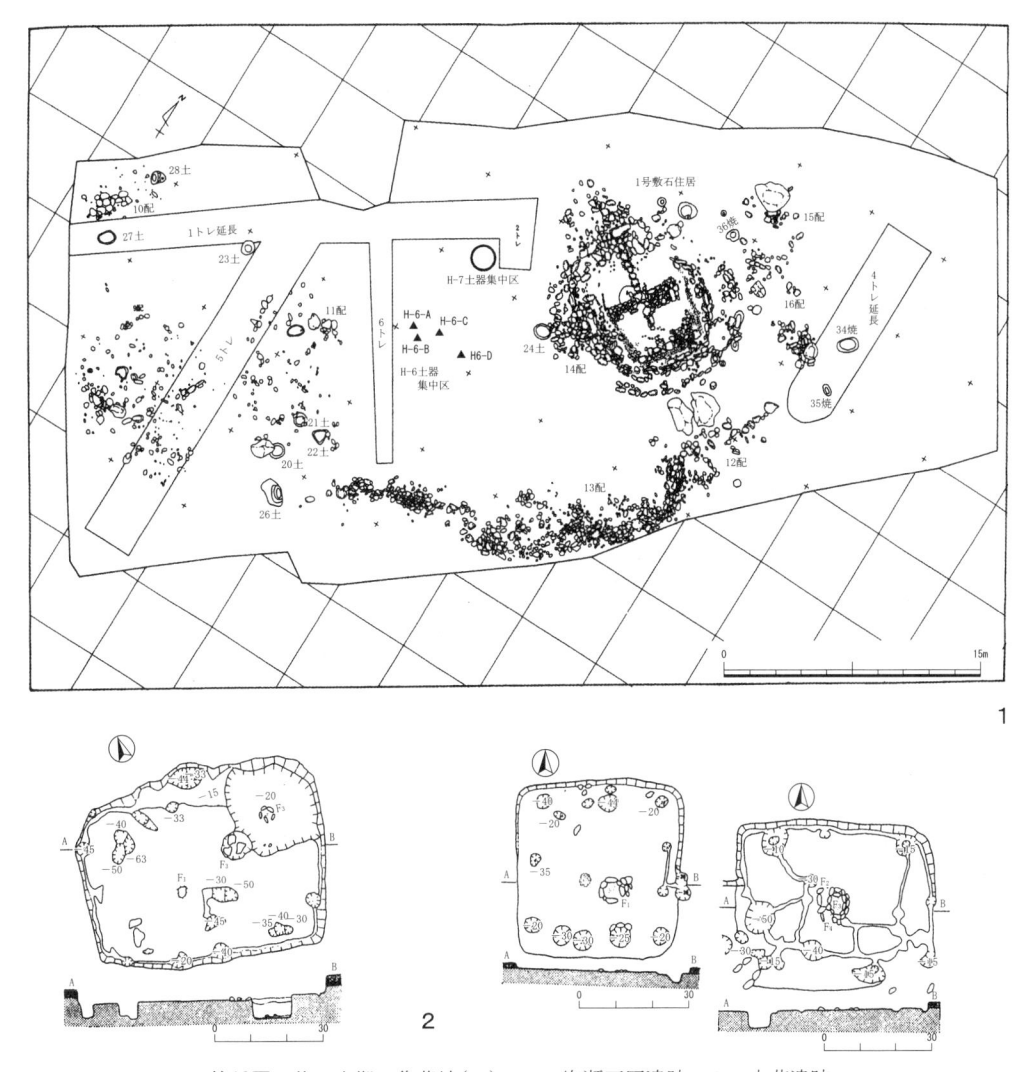

第 2 節　配石集落に階層化社会は読み取れるのか　159

第18図　後・晩期の集落址（4）　1：塩瀬下原遺跡，2：大花遺跡

触れたことがある（山本 2002・04）が、構築当初から壁外に構築された周堤礫が住居廃絶後崩壊して奥壁部にずれこんだた可能性を考える末木　健の見解（末木 2000）に対して、直接調査を担当した笠原みゆきが示した上層配石＝周堤礫を敷石住居廃絶後の行為としてとらえる視点（笠原 2002）は、筆者の見解と大きな差はない。ただ、そこでも触れたように、「当初構築されていた『焼土坑1』＝炉をもつ敷石住居が廃絶されたあとの行為、すなわち、環礫方形配石→十字形敷石と張出部敷石の構築→上層配石＝周堤礫は、筆者なりに理解すると、時間的流れからすれば一連のものと理解されることになるだろう」（山本 2004、209頁）。

　後期前葉以降、柄鏡形敷石住居址はその構造的な変化を、とくに張出部＝出入口施設を中心に見せはじめ、同時に配石施設の構築活発化にあわせて、廃屋儀礼が盛んに行われるようになる。その典型例が塩瀬下原遺跡の柄鏡形敷石住居址と評価される。こうした最終的な姿として

の環礫方形配石や周堤礫の存在を住居構築当初からの付属施設とみなし、その特異性から特殊な住居と認識し、階層化社会論と結びつける考え方には同意できない。

長野県富士見町大花(おおばな)遺跡(藤森・武藤 1961・62、藤森他 1965)・(第18図2)

長野県域にも多数の配石遺構・柄鏡形敷石住居址を伴う集落址の存在が知られている。後期の事例では、埋葬人骨が300体以上検出されたことで著名な明科町(現・安曇野市)北村遺跡(平林 1993)をはじめ、柄鏡形敷石住居址が群在して検出された望月町(現・佐久市)平石遺跡(福島他 1989)、柄鏡形敷石住居址に付属するように列状配石、配石墓が検出された小諸市三田原遺跡群(宇賀神 2000a)、同・岩下遺跡(宇賀神 2000b)などの遺跡が代表的な遺跡として知られる。また、後期中葉から晩期の事例では、配石墓・石棺墓群が検出された長野市宮崎遺跡(矢口他 1988、家根・中村 1996)、穂高町(現・安曇野市)離山遺跡(藤澤他 1972)などがあげられる。

ここでは、配石、住居内敷石の敷設は認められないが、土製耳飾を大量に出土した遺跡として古くから知られる富士見町大花遺跡を晩期の事例として取り上げ、その対比で、小諸市石神遺跡の集落の様相について検討してみたい。そして、時間的には前後するが、最近、大規模な列状配石を伴う茅野市聖石遺跡の報告が刊行されたので、近接する中期環状集落である、聖石遺跡・長峯遺跡(柳澤他 2005)と対比させながら、その様相について検討してみよう。

富士見町大花遺跡からは、3軒の方形プランの竪穴住居址が近接して検出された。後期中葉〜晩期初頭前葉に属する住居址で、その最大の特徴は、1・2号住から100個に近い多量の土製耳飾が検出されたことにある。このことから「土製耳栓ファクトリー」(藤森・武藤 1961)・「耳栓製作者の家」(藤森・武藤 1962)などとされ、土製耳飾製作者の家という認識がもたれたのであった。しかし、後期中葉から晩期にかけては、土製耳飾の出土がきわめて多いのが特徴であり、製作者の家とか、製作工房に限定することはむずかしい。むしろ、そのような土製耳飾の極端な発達という特性を時代の中に読みとるべきであり、土製耳飾、しかも透し彫りをもつ精巧な滑車形耳飾も、出土状況からみるなら、それを保有・装着する者が、とくに階層的に高いランクにあるということにはならないのである。耳飾以外の出土遺物にも取り立てて特徴的な様相は認められない。

1号住は炉址が3箇所確認され、出土遺物からも加曽利BⅠ式期から安行Ⅲa・b式期にかけて最低3時期の建替が考えられている。また、2号住も炉址が3箇所重複しており、1号住とほぼ同時期の3時期の建替が考えられる。3号住は炉址は1箇所のみで、耳飾の出土は1点のみである。時期的には、加曽利BⅡ式から安行Ⅱ式期と考えられている。報告では、これら3軒の建替状況と出土土器の分析から、同時に3軒が併存したものではなく、相互に移動しながら構築されたものとされている。集落全体が調査されているわけではないにせよ、これら3軒がたえず同時併存して集落が形成されていたものではなく、きわめて小規模な集落址として評価される。耳飾製作者の家とする考え方には否定的であるが、たとえもしそうだとしても、

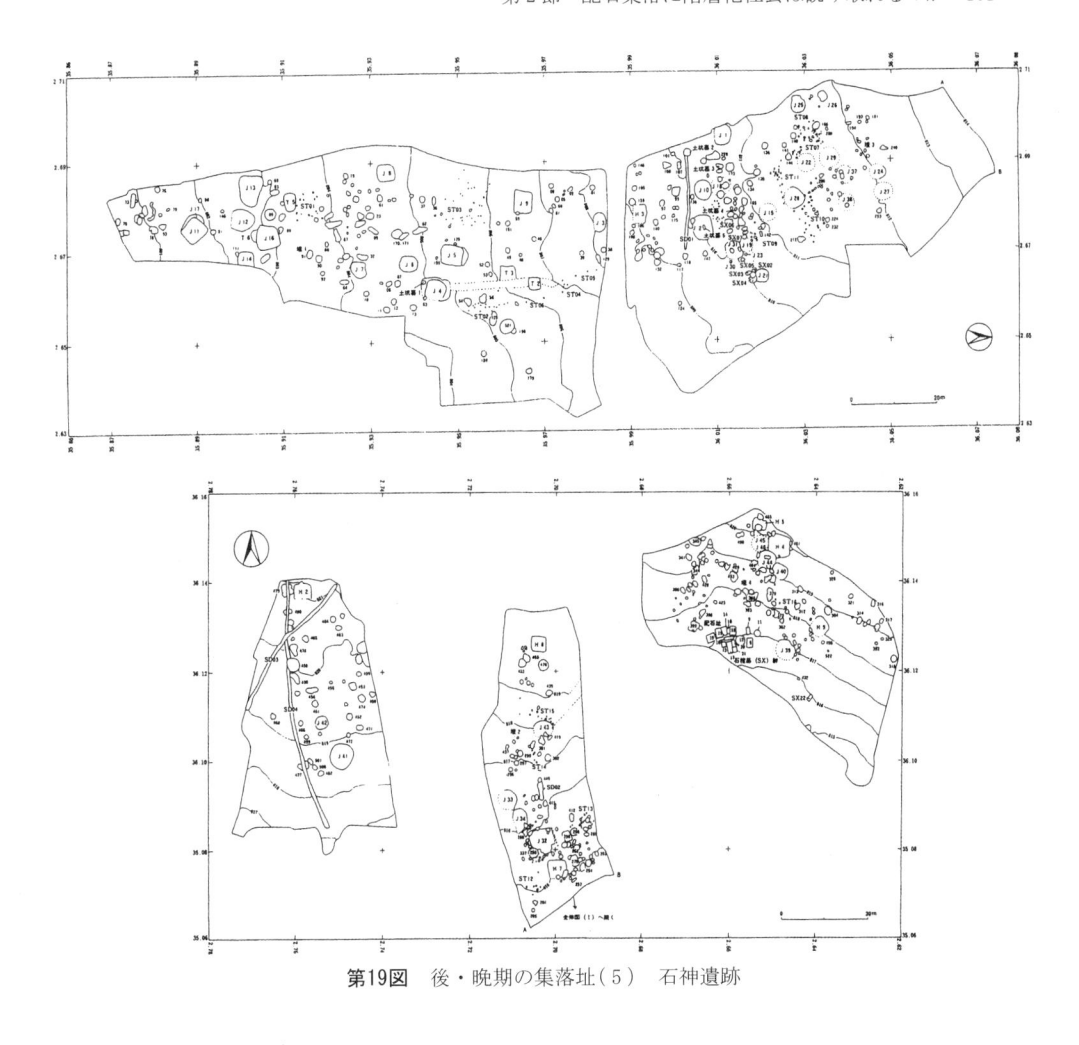

第2節　配石集落に階層化社会は読み取れるのか　161

第19図　後・晩期の集落址（5）　石神遺跡

それをもって特殊な階層にある者の家とは認められない。

小諸市石神遺跡(花岡他　1994)・(第19図)

　圃場整備に伴い、広範囲に発掘調査が行われ、後・晩期の住居址26軒とともに石棺墓・土壙墓・配石遺構などが検出されている。帯状に長い調査範囲のため、集落構造はつかみにくいが、早期末・前期初頭期の住居址2軒を除くと、後・晩期が主体をなす集落址である。後・晩期の細かな時期が特定できた住居址をみると、後期では、称名寺式期1軒、堀之内Ⅰ式期3軒、堀之内Ⅱ式期5軒、後期中葉9軒、後期後葉2軒、晩期では、前葉2軒、中葉4軒からなり、後期中葉にピークがみられるが、報告では3時期に細分されるとしている。時期不明の住居址を含めて敷石の敷設が認められる住居址が12軒あり、堀之内式期から加曽利B式期には敷石住居址が主体を占める傾向がとらえられるが、遺存状態が悪く典型的な柄鏡形敷石住居址は認められない。これら住居址とともにいわゆる石棺墓が土壙墓とともに検出されており、内部に埋葬人骨が認められた事例もある。出土土器から後期中葉から後葉期のものと判断されている。

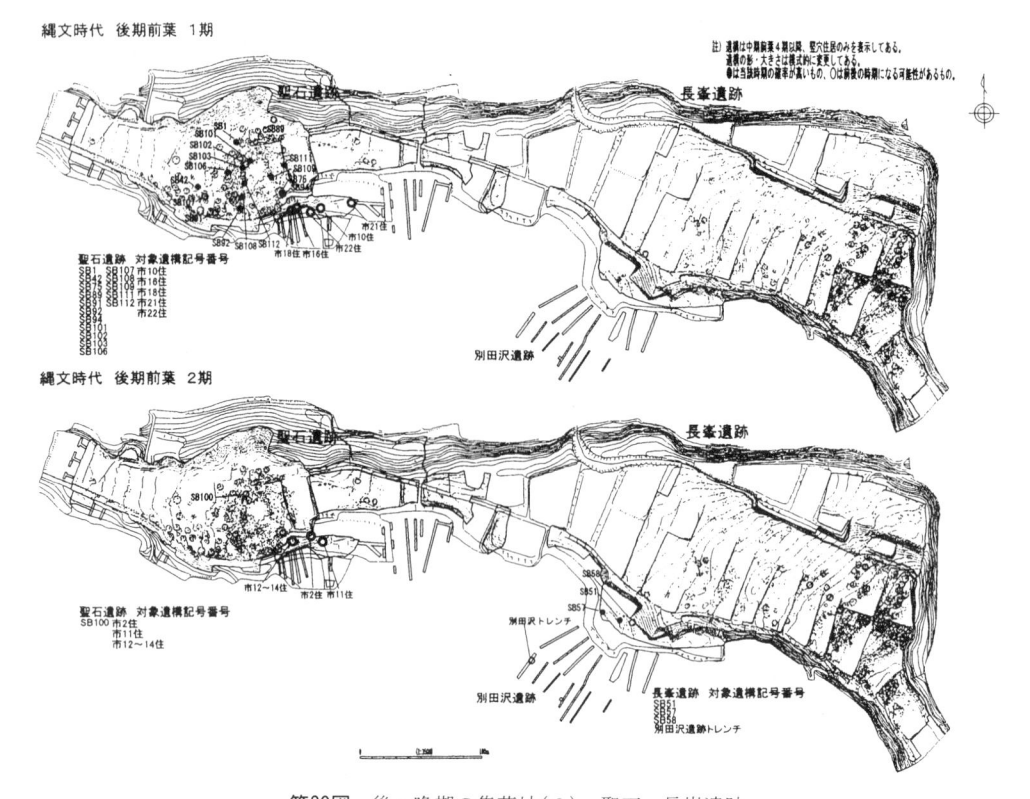

162 第3章 配石集落と縄文時代階層化社会論

第20図 後・晩期の集落址(6) 聖石・長峯遺跡

また、分布に集中が認められ、集落内墓域が形成されていたものと判断される。石棺墓集中地区付近からは配石遺構も検出されており、墓地の造営と一体化した姿がうかがえよう。

このように、石神遺跡は配石や敷石の敷設状態は遺状態が良くないものの、中部山地の後期集落址の特徴を良く示しており、その典型の一つとみなすことができよう。そこには、際だった差異をもつ住居址や土壙墓・石棺墓の存在は認められない。

長野県茅野市聖石遺跡(小池他 2004)・(第20・21図)

長野県八ヶ岳西麓、茅野市域にも、これまで多数の配石遺構や柄鏡形敷石住居址を伴う集落遺跡が発見されてきた。茅野市教育委員会が刊行した近年の報告書をみても、たとえば、後期堀之内〜加曽利B式期敷石住居址10基以上検出した大桜遺跡(小池 2001)、複数の堀之内式期敷石住居址と帯状配石遺構を検出した勝山遺跡(小林・武藤 1994)、部分的な敷石、石壇をもつ住居址、堀之内期敷石住居や甕被葬土坑・仮面土偶が検出されて注目された中ッ原遺跡(小池他 1993、百瀬・守矢 2003)、張出部は不明であるが、堀之内Ⅰ期小型全面敷石住居址を検出した新井下遺跡(小林 1996)、後期前半〜後半柄鏡形敷石住居址・配石墓群を検出した一ノ瀬・芝ノ木遺跡(守矢 2001)、後期前半敷石住居址・対ピットもつ住居址などが検出された稗田頭A遺跡(柳川・功力 1995)、堀之内Ⅱ式期柄鏡形敷石住居址1・加曽利B式期甕被葬含む

第2節　配石集落に階層化社会は読み取れるのか　163

第21図　後・晩期の集落址（7）　聖石遺跡

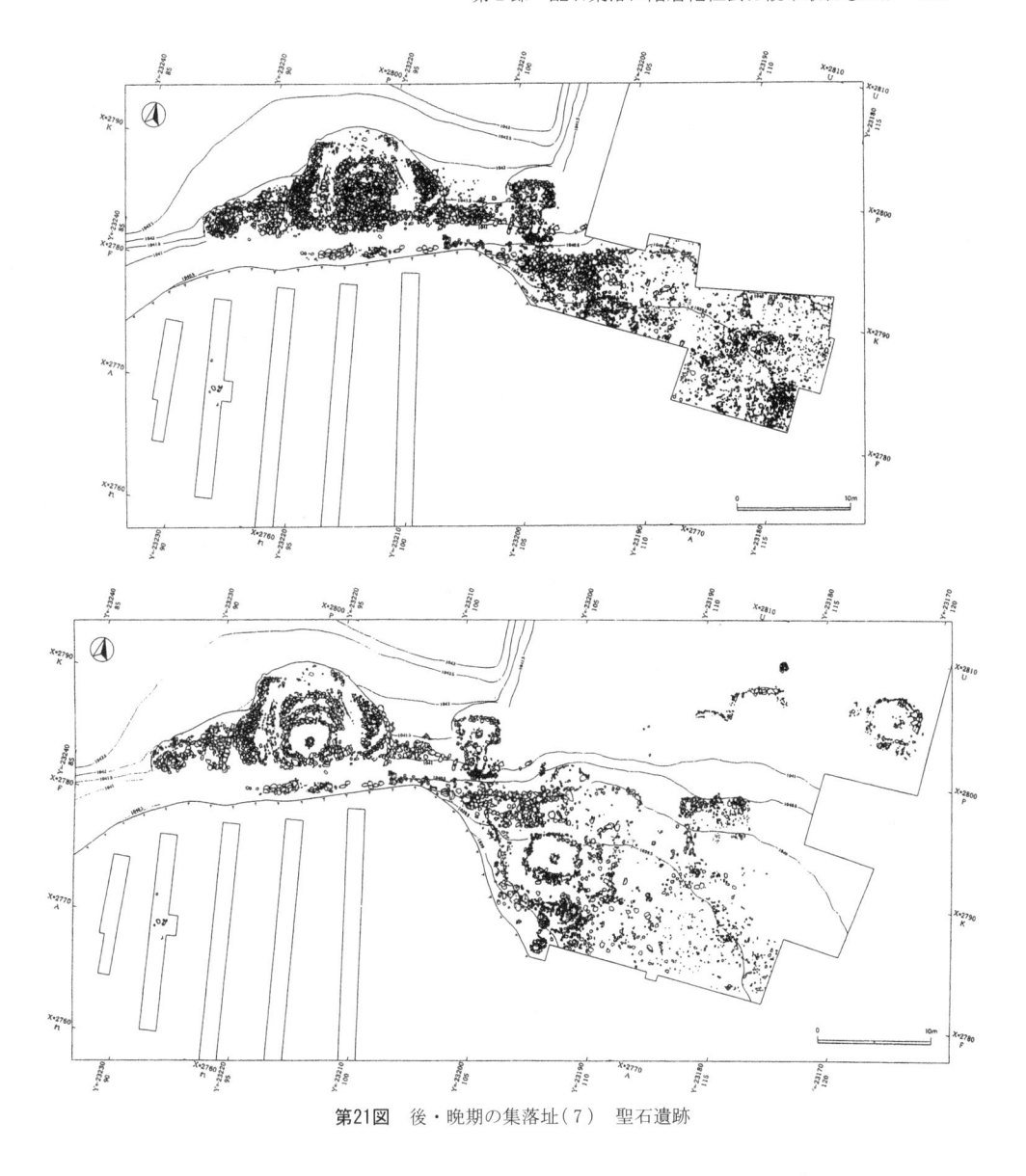

土壙墓群が検出された駒形遺跡（小池他 2002）など、多数の遺跡にその存在が確認されている。
　ここでは、列状配石と柄鏡形敷石住居址が検出され注目を集めた聖石遺跡を取り上げてみよう。
　聖石遺跡は、台地平坦面に中期91軒・後期25軒からなる大規模な環状集落址と台地南端縁辺斜面部に、ここで取り上げる後期の配石・柄鏡形敷石住居址が検出が検出されている。また、聖石遺跡の東側の同一台地上にも中期の大規模環状集落址である長峯遺跡がある。聖石遺跡の中・後期環状集落址と長峯遺跡は長野県埋蔵文化財センターが調査を行い、最近報告書が刊行された（柳澤他 2005）。したがって、聖石遺跡の配石・柄鏡形敷石住居址の性格を考える場合、長野県埋蔵文化財センターが調査した台地平坦面の遺構を含めてとらえていく必要があろう。

聖石遺跡では、中期から後期前葉へと集落は継続する。しかし、環状構造は継承されず、住居は概ね敷石を敷設するものが大半を占め、時期が降るにしたがって、台地縁辺部へと集落占地を変える傾向がとらえられよう(第20図)。

台地南端部傾斜面に構築された後期前葉期の配石遺構と一体化した柄鏡形敷石住居址はきわめて特異な有り様を示している(第21図)。柄鏡形敷石住居址と配石遺構との関係を示した図を報告書から転載したが、3・12・23・24号住居址とされた遺構を中心として度重なる建替えを経て、最終的には、列状配石とともに配石で覆い尽くされる過程を読み取ることができる。先に取り上げた曽屋吹上遺跡や周堤礫を伴う塩瀬下原遺跡などのの事例と共通性を示している。焼土や炭化材の出土など、この時期特有の火入れ行為の存在がうかがえる。

周堤礫を伴う重複する住居址群に対して、『要』の住居と認定が可能なのだろうか。台地縁辺に占地するありかたからすると、『要』たる位置にはみえない。後期前葉以降の柄鏡形敷石住居と石造構造物の一体化する姿として素直にとらえるべきであろう。

2．配石と敷石をもつ縄文集落と階層化社会論

以上、南西関東から伊豆半島・中部山地域の後・晩期集落址の中から配石遺構と柄鏡形敷石住居址からなる集落址と、それと対比させる意味から晩期の配石や住居内敷石敷設の認められない遺跡を含めて、いくつか取り上げてその特徴について検討してみた。はじめに触れたように、ここで取り上げた遺跡はきわめて限られたものであることや、筆者の恣意的というか、関心を引いた遺跡になってしまい、その全体像を把握するには不十分という謗りは受けそうであるが、基本的な傾向はとらえられたものと判断している。そこで、本稿のテーマである、配石・敷石をもつ集落になんらかの階層性を読み取れるものなのかという問題について言及してみたい。本論の遺跡を検討したさいにもしばしば触れてきたように、後・晩期社会を階層化社会もしくは階層化へと進行した段階としてとらえることには賛意を示しがたい。そのことは、すでに考え方の枠組み示しておいた(山本 2004・05)が、ここで分析結果を通じてあらためて再論しておこう。

なお、ここでは、配石遺構や住居内敷石敷設という現象が階層化社会の指標たりうるのかという問題に絞ってはいるが、筆者は、縄文後・晩期の東日本の、とくに配石遺構や柄鏡形敷石住居址が検出される遺跡が分布する地域にだけ、階層化社会が認められないということを主張しているのではなく、東日本全域、すなわち、石造施設の構築の不活発な地域を含めて、そのように考えているのであり、この点も指摘した点ではある(山本 2005、120頁)が、たとえば、金子昭彦の一連の論攷(金子 2004a・b・05a・b・c)のように、東北地方の晩期・亀ヶ岡式土器分布圏内に階層化社会が読み取れるものなのかどうかというような、時空的に限定して論議する立場には与しない。なお、西日本地域をどうとらえるべきかについては、今のところ確たる考えはないが、縄文社会は基本的に構造化された階層化社会ではないとする立場からす

ると、西日本地域においても、とくに際だった差異は認められないと考えている。

　さて、検討した遺跡事例は少ないものの、概ね次のような特性が指摘できる。すなわち、配石遺構と柄鏡形敷石住居址は一体化した姿として諸集落址に存在し、なおかつ、その中で際だった存在を示すような柄鏡形敷石住居址(敷石敷設の顕著でない住居址を含む)の存在は認めがたいこと、出土遺物をみても、この時期特有の、石棒・石剣などのいわゆる第二の道具の出土は認められるものの、そうした遺物を出土する、あるいは保有した住居址が限定的にとらえられうなありかたは示さないこと、環礫方形配石・周堤礫・列状配石といった特殊な付属施設は、この時期しばしば認められるが、それも、火災住居の多さを考えると、なんらかの廃屋儀礼の存在をうかがわせ、後・晩期の時代的な特性としてとらえるべきであること、また、配石遺構とともに、配石墓・石棺墓が墓域として構築され、その中にも副葬品などから際だった差異を認めがたい、等々といった点である。

　このことは、一見特異にみえる、配石・敷石集落もそれは時代的な特性として理解しうることを意味するのであり、そこにきわだった階層性・階層差を認識することはできないと理解すべきであろう。

　ところで、配石遺構・柄鏡形敷石住居址をもつ集落址に階層差を認めようとする立場は、はじめに触れたように佐々木藤雄の最近の一連の論攷(佐々木 2001・02 a・b・03・05 a・bなど)において声高に主張されている点でもある。この佐々木藤雄の論攷に対する筆者の考えかたについては別に触れたことがある(山本 2004・05)ので重複は避けて、ここでは旧稿であまり触れることのできなかった石坂　茂の論攷を中心に取り上げてみよう。

　石坂は、2002年に発表した中期末葉の環状集落の崩壊と軌を一にして出現した環状列石をめぐる問題について触れた論攷(石坂 2002)を踏まえて、中期末葉〜後期を対象とし、環状・列状配石に質的な差異を求める論攷を発表した(石坂 2004)。それは、後期の「弧状列石には、規模の違いと共に柄鏡形敷石住居や墓坑・配石墓との融合・一体化という新たな動向が存在し、中期末葉とは異なった展開をみせている」(石坂 2004、64頁‥以下引用箇所の頁数のみ記載する)とする視点に立って、まず、「中期末葉に出現した大規模環状列石は、後期初頭まで構築され続けることはなく、関東各地においてほぼ斉一的に中期の枠内という短期間で消滅したことが看取できる」こと、すなわち、「明確に列状構造を有する環状・弧状列石の出現期は、遡ったとしても加曽利Ｅ３式期末段階であり、そしてその構築は同Ｅ４式期末までの中で終焉して確実に後期まで継続する事例は見あたらない」(81〜82頁)こと、「関東・中部・東海の各地方を通じて、明確な列状構造をもつ環状列石や弧状配石の出現は、加曽利Ｅ３式後半段階であり、曽利式で言えば同Ⅳ式期を遡ることはない」(82頁)、と評価する。このように、石坂は、中期の石造構築物とくに、「環状・弧状列石」の出現を、柄鏡形(敷石)住居の形成時期、すなわち、中期終末期に求めていくわけであるが、そのように断定するには、事例を牽強付会すぎる傾向があるように思う。もう少し幅広くとらえて中期環状集落が最盛期を迎えた中期後葉期に構築され、それが中央広場の墓域を区画する役割を果たしたとみるべきではないだろうか。という

のは、環状構造を失った集落最終段階＝柄鏡形（敷石）住居出現期になぜ、環状を意識する列石が出現するのかという疑問をいだくからであり、中期後半段階の集落衰退期へと向かう過程の中に石造施設の構築活発化を読みとるべきではないかと思う（山本 1981ａ）。

　中期の配石遺構出現の問題は本稿のテーマとずれるのでそれ以上の言及は避けて、ここでは後期のありかたについて触れた箇所をみる。石坂は後期の配石遺構について、「柄鏡形敷石住居の張出部基部に連接するⅠタイプ」と「単独形成されるⅡタイプ」に分け、さらに、「Ⅰａタイプ」＝「下部に墓坑・配石墓を伴う」ものと、「Ⅰｂタイプ」＝「伴わない」、「Ⅱａタイプ」＝「下部に墓坑・配石墓を伴う」ものと「Ⅱｂタイプ」＝「伴わない」ものに分類し（83頁）、「柄鏡形敷石住居と連接するⅠタイプの弧状列石は」、「ともに一集落内では同時期の１基のみが存在する事例が大半を占めており、基本的には1棟の特定住居との融合関係が認定できる」こと、「換言すれば、先の特定住居を中心とする後期前半の集落構造は、中期後半の環状集落に存在した『環原理』とは、異質の原理・観念で構成されていると想定される」（85頁）とする。近年事例が増えつつある後期段階の周堤礫とは別に柄鏡形敷石住居址に連接する列状配石に着目したものであるが、下部に墓坑・配石墓の有無にかかわらず、柄鏡形敷石住居址と列石が伴うことを前提としているが、本当に同一時期の構築なのか、という視点が無視されてはいないだろうか。先の事例分析でも指摘した点ではあるが、柄鏡形敷石住居の構築と列状配石・周堤礫などの構築には、時間差がうかがえるのである。

　さらに、そうした前提に立ち、「後期前半に顕在化する特定住居と弧状列石・集団墓との結合関係を視野に入れれば、階層的社会やその矛盾が柄鏡形敷石住居と大規模列石遺構の出現・構築の背景とみる佐々木の想定は、真摯に検討する必要があろう」（87頁）と評価したうえで、後期前半段階を「列石遺構・集団墓を伴う『核家屋』の出現」としてとらえている。すなわち、「堀之内１式期の段階で葬祭儀礼の統括者の登場を促すような新たな社会的契機を背景として、特定の柄鏡形敷石住居と弧状列石との融合・一体化が開始されたと考えられる」（88頁）とするのである。また、「『核家屋』の系譜と周堤礫を伴う柄鏡形敷石住居」（89頁）については、「同時期の一般的な住居とは機能・性格を違えることが想定される」（91頁）こと、すなわち、「『核家屋』のような特定住居の出現を促す階層的な社会構造がその背景に存在しているのであろう」（91頁）と評価する。

　石坂によれば、「特定の柄鏡形敷石住居＝『核家屋』との融合化・一体化は堀之内1式期に始まり、堀之内２式期には弧状列石の下部に集団墓を随伴するⅠａタイプが出現して、集団墓を伴わないⅠｂタイプと共に２つの系統で構成するが、両タイプともに加曽利Ｂ１式期内で終焉を迎える」、「このⅠタイプの弧状列石の消滅と相前後して」、「Ⅱａタイプの弧状列石が顕在化し、後期後半以降の列石遺構を象徴するものとなる」、「つまり、こうした状況は、『核家屋』の居住者によって直接的に統括されていた葬祭儀礼が、その手を放れて別の様態へと変化したことを示唆するものであろう」（91頁）として後期前葉から後葉に至る変化を考慮し、結論的には、「特定集落から特定住居＝『核家屋』への帰属に収斂してゆく動向が認められ、葬祭儀礼

を媒介とした社会構造の階層性と複合性の深化する過程を窺うことができよう」（92頁）と結んでいる。

　この石坂の論攷は長論であり、引用が長くなってしまったが、中期後半以降多発化する配石遺構と柄鏡形敷石住居址を取り上げて、その社会的意味を時代の変遷の中に位置づけて考察した労作であると評価できるが、とくに石井　寛が提起した「核家屋論」を発展させて、階層化社会論との関わりにおいて論じたことは意義あるものといえる。ただ、配石遺構と柄鏡形敷石住居址を伴う集落址をそのような視点から評価することには同意できない。中期後半〜末葉にかけて集落内に出現した石造構築物と柄鏡形敷石住居が、後期以降大規模に東日本各地に構築され続ける現象を、社会の階層化過程の進行の結果として評価するのではなく、東日本縄文社会の限界性の過程の中に位置づけないと、後期中葉以降の柄鏡形敷石住居の終焉と、見る影もなく落ち込む南西関東から中部山地域のありかたを理解することはむずかしいのではないだろうか。

　石造構築物と結びついた祭祀・祭儀の背景には、それを執り行った司祭者の存在は十分考慮されうるが、その存在を階層化社会論と結び付け、集落に存在する「住まい」の中に格差を認める手法は、階層化社会を前提としたが故の見込み違いといわざるをえない。

　山梨県金生遺跡の後期中葉から晩期にかけての大規模な配石遺構群について、「八ヶ岳南麓の中心的な祭祀集落で、特に1号配石は特定の「クラス」の墓域（新津 1992）であると解釈されている」ことに対して、佐野　隆は、「石器組成を主要な論点とし」て、「階層性」を論じた中で、小杉　康の論攷（小杉 1991）を引用し、「豊かな副葬品を伴う墓、あるいは多数の石を用いた配石墓に、ある特定の社会的な地位にあった人物を想定し、安易に『階級』や『階層』、『身分』などの用語を用いてしまう」ことを指摘し、「現代日本の社会科学における用語の定義や概念から解き放たれて、縄文社会にふさわしい定義や概念を模索しなければならない。そのためには、先験性を排して考古学的現象を分析し、成果を蓄積することから始めなければならないと考える」（佐野 2001、138頁）とした、原則的な立場に賛同したい。前提として「階層化社会」を位置づけるのではなく、あくまでも、考古学的事実の厳密な分析を通じて、縄文社会の有り様を時空的にとらえてゆかねばならないはずであろう。

おわりに

　以上、甚だ雑ぱくではあったが、先の論攷（山本 2004・05）を補完する意味で、具体的な考古学的事実の分析の中から、配石と敷石をもつ縄文集落に階層化社会を読みとろうとする立場への反論を試みてみた。細かな考古学的事実の分析が果たし得ていない点に忸怩たるものがあるが、原則的な立場は、本稿にとどまるものでもなく、今後もこの問題についての言及を続けてゆきたいと思う。

　なお、このほか、ここでの言及は避けたが、配石遺構＝石造構築物を「記念物」・「モニュメ

ント」としてとらえ、それを天体の運行と二至二分、四季の移り変わりに結び付けて論ずる、いわゆる「ランドスケープ」論(小林編・著2002・05など)についても言及すべきと思ったが、これもまた別な機会に論じてみたい。

註

(1) ここでは検討対象地域を南西関東から伊豆半島・中部山地域に限ってみた。いうまでもなく、北関東、群馬県域や東京都の山間地域にも配石遺構・柄鏡形敷石住居址が検出されている遺跡は多く知られており、本来ならば、分析対象に加えるべきであろうが、今回は割愛せざるをえなかった。後・晩期集落址の関東地方でのありかたについては、別に触れたことがある(山本 1986・89)。データ的には古くなってしまったが、基本的な考え方に変化はないので参照願えれば幸いである。

第3節　縄文時代後期の配石集落址
　　　－秦野市曽屋吹上遺跡の再検討を通じて－

はじめに

　もう35年以上も前のこととなってしまったが、1973(昭和48)年4月、筆者が神奈川県職員として教育庁文化財保護課(当時の所属名)へ奉職して直ぐに、鈴木保彦さんが中心となって行っていた伊勢原市下北原遺跡(鈴木　1977)の調査の応援を命ぜられて参加した。県広域水道企業団が建設する伊勢原浄水場の事前調査であった。はじめてこの遺跡を訪れたとき、膨大な量の石で覆いつくされた下北原遺跡の配石遺構や敷石住居址群を目の当たりにしたときの驚きと、これを調査し、記録図面を作成する困難さも同時に抱いたことを思い出す。今、もしこのような遺跡が発見されたとしたら、間違いなく保存策が講じられて、国指定の史跡ともなっていたであろう。だが、遺跡は一部が埋め戻されただけで、その大半は調査後消滅してしまった。下北原遺跡は、筆者が配石遺構や敷石住居址に研究の目を向けるきっかけともなった遺跡の一つといえよう。

　ところで、ほぼ相前後して、下北原遺跡に近い秦野市曽屋吹上遺跡の調査が、高山　純らを中心としたメンバーによって、1974(昭和49)年4月～1975(昭和50)年1月までの約9ヶ月間行われた。この遺跡からも大規模な配石遺構と敷石住居址群が検出され、下北原遺跡とほぼ同様な性格をもつ集落址と考えられた。

　このほかにも、神奈川県西部、丹沢山地南縁の秦野盆地域や酒匂川流域には、縄文時代後期に属する大小の配石遺構や柄鏡形敷石住居址が一体となった遺跡が数多く検出されている。こうした遺跡を仮に「配石集落址」と呼んでみることとしよう。環状盛土遺構や中央窪地などをもつ下総台地、大宮台地の後・晩期集落址との違いは歴然たるものがあるが、その違いは何を意味するのだろうか。

　本稿では、とくに曽屋吹上遺跡の再検討を通して南西関東から中部地方を中心としてこれまで数多く検出されてきた、縄文時代後・晩期の「配石集落址」の特性について論じ、あわせて最近の環状列石・配石遺構をめぐる研究動向について触れてみたいと思う。

1.　秦野市曽屋吹上遺跡の再検討

　前述したように、曽屋吹上遺跡は、1974(昭和49)年4月～1975(昭和50)年1月にかけて調査が行われたが、調査後まもない、1975(昭和50)年10月に記録写真と遺物写真を主体とした『図録篇』(高山・佐々木　編　1975)が刊行されただけで、今日まで長らく遺跡の詳細は検討ができないままとなってきた。今もそれに変わりはないが、その後、2001(平成13)年4月から5月に

かけて西側に隣接する箇所が新たに調査、報告された(今泉他 2002)。この新たな調査によって曽屋吹上遺跡の調査当初から注目されていた台地端部を南東から北西方向に走る列石遺構の延長部分が新たに発見されたことにより、この列石遺構の性格や、それとともに多数検出されていた柄鏡形敷石住居址との関係をとらえ直すうえで貴重な新たなデータが追加されたのである。

そこで、まずはじめに、1974(昭和49)年4月～1975(昭和50)年1月にかけての調査成果の概要を紹介し、次に2001(平成13)年の調査成果とそれにもとづいた列石遺構の特徴と柄鏡形敷石住居址との関係について再検討を加えてみたい。

(1) 1974(昭和49)年1月～1975(昭和50)年1月の調査成果の概要(高山・佐々木 編 1975)

この調査箇所は、その後、7403地点と呼ばれている(今泉他 2002)ので、以下その表記にしたがっていくこととする。

調査された7403地点は水無川と葛葉川に挟まれた台地上の水無川に面する台地縁辺部に相当する。発見された遺構は、この台地縁辺部と水無川河床面へと落ちる傾斜面に検出されている(第22図上段)。調査された範囲はおおよそ東西の長さ約190m、南北幅約20mに相当する。

発見遺構は、正確な種類別・員数の記載を欠くため、確定されないが、敷石住居址12軒、列石遺構、立石を伴う石組遺構6、石組遺構(石囲炉か?)などからなる。ほとんど事実記載のない『図録篇』から各遺構の時期を正確に確定することも困難であるが、掲載された出土土器写真からすると堀之内Ⅰ式から加曽利BⅠ式期に相当するものと判断される。

まず敷石住居址の特徴をみてみよう。発見された住居址数は12軒で、3号と4号敷石住居址を除くと、いずれも、ほぼ東西に走る列石遺構の北側、すなわち、台地縁辺部に、ほぼ東西二群に分かれて検出されている(第22図下段)。1号と2号敷石住居址(第23図1)は、調査区西端部で上下に重なって検出されており、下面の2号敷石住居址が古い。3号敷石住居址(第24図3)は、1・2号敷石住居址の南側にやや離れて検出されており、石囲炉を中心とした敷石をもち、プランははっきりしない。4号敷石住居址(第23図2)は、主体部が円形を呈する遺存状態の良好な柄鏡形敷石住居址である。形状からみて、一群の柄鏡形敷石住居址のなかでは古い時期のものと思われる。主体部北側上面に列石遺構が覆い被さるように重複している。5号敷石住居址(第23図3)は明瞭な方形プランをもち、南側は列石遺構と重なり、張出部の存在は明瞭でない。方形プランからすると時期的には新しいものと思われる。6号敷石住居址(第24図4)は竪穴構造をもち、主体部は隅円方形を呈し、張出部が凸字形を呈する後期、堀之内式期にみられる典型的な柄鏡形敷石住居址である。この住居の壁際には半截された炭化柱が残っており、火災を受けた住居址と思われる。また、7号敷石住居址(第24図1)も堀之内式期にしばしばみられる炉址から張出部に敷石を伴うものである。10号敷石住居址(第24図4)はいわゆる環礫方形配石と周堤礫を伴う柄鏡形敷石住居址であり、周堤礫と関係するかのように、張出部にかかって列石が連なっている。時期は堀之内Ⅱ式ないし加曽利BⅠ式期に属するものと思われる。11

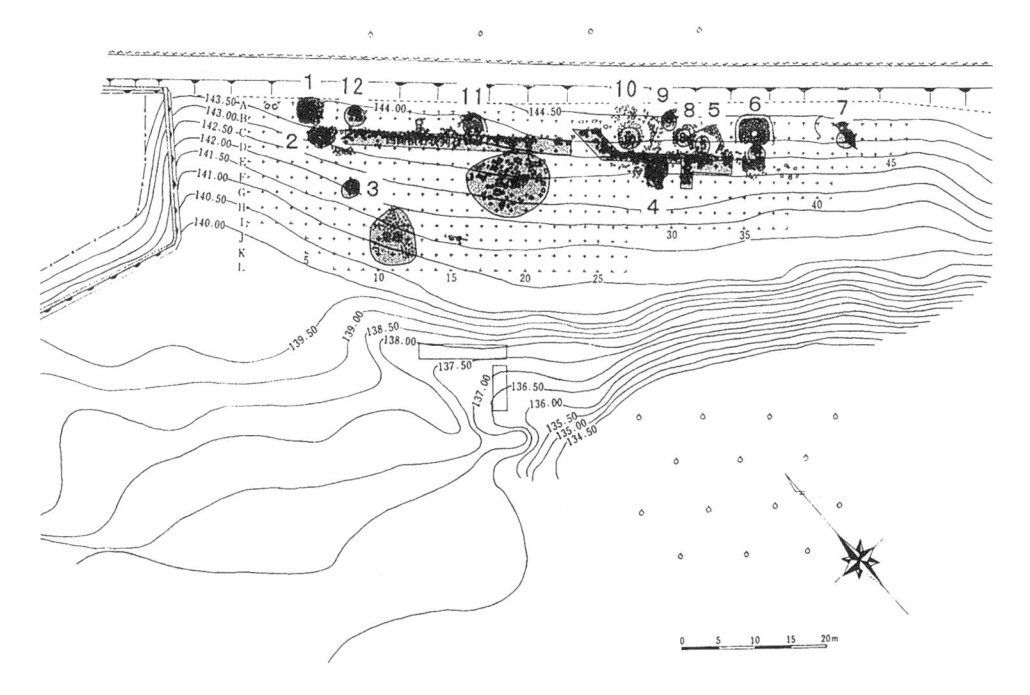

第3節　縄文時代後期の配石集落址　171

第22図　7403地点の空撮全景及び検出遺構全体図（高山・佐々木編　1975より転載）

号敷石住居址(第24図2)はプランがはっきりしないが、列石遺構の関係は明瞭で、敷石住居上面を覆うように伸びていることがとらえられる。このほか、8号・9号敷石住居址が検出されているが、遺存状態は悪い。

このように、検出された敷石住居址は、いくつかのバリエーションが認められることや、重複している例もあることから、すべて同一時期のものとは認められず、堀之内式期から加曽利B式期に構築され続けたことは間違いないものと思われる。

次に、列石遺構であるが、6号敷石住居址の張出部付近から西方向へ連なり、方形プランの5号敷石住居址と8号敷石住居址の南端部、4号敷石住居址の主体部北側上面を通り、環礫方形配石をもつ10号敷石住居址の張出部に接しながら、やや内側に蛇行し、一部途切れるが、その西で11号敷石住居址に重なりつつ、第2号敷石住居址まで延びる構造を呈している。この、列石遺構と敷石住居址群との関係は、10号敷石住居址との関係のように周堤礫と融合するようなあり方を示すものの、総じて敷石住居址の上面に重なるように延びていることからすると、構築時期に差のあることがうかがえよう。この点は、次に触れる2001年の調査の結果、一層明瞭となる。列石はかなり構築当初の原位置を保たず、散乱状態を示しているが、第25図上段に示したように、立石と横口積みされた石を交互に組み合わせた、石垣状を本来は呈していたものと思われる。この点は2001(平成13)年の調査の結果からも明瞭にとらえられている。このほか、11号敷石住居址の南側には立石を伴う石組遺構群が検出されているが、これらは掲載写真から判断すると、墓壙をもつ配石墓群と判断される。

このように、7403地点は、いまだ、詳細に不明な点が多いが、台地縁辺部に構築された柄鏡形敷石住居群と列石遺構ならびに配石墓群を伴う、典型的な「配石集落址」の一部であるものと思われる。集落址の主体は台地上にあると考えられ、事実、部分的な調査であるが、秦野市教育委員会による台地上の8704・8706地点においても敷石住居址・配石遺構も検出されている(今泉他 2002, 3頁)。ただ、本集落址の範囲は明瞭にされていない。

(2) 2001(平成13)年4・5月の調査成果の概要(今泉他 2002)

新たに調査が行われたのは前回の7403地点のちょうど西側に隣接する台地の傾斜面に位置する。200102地点と呼ばれているので、以下それに従う。7403地点との位置関係は第26図に示したとおりである。調査面積は狭いものの、7403地点とほぼ同様に台地傾斜面の地形変換点に沿って列状の配石が敷石住居址と重なり合うように認められる(第26図下段)。7403地点西端部は地形的には括れるありかたを示しており、ここに谷状の地形があることから、列石遺構はいったんは途切れる可能性があるが、200102地点にも同様な遺構配置が認められたことになる。この列石遺構とからんで、5基の敷石遺構が確認されている。このうち、1号敷石は調査区東端に検出されたもので、列石遺構の南側に接して検出されている。部分的な調査であったが、円形プランと思われる竪穴構造の敷石住居址の主体部と判断される。出土した大型土器個体からすると堀之内Ⅱ式段階に相当しよう。他の2号から5号敷石は列石遺構と重なり合っており、し

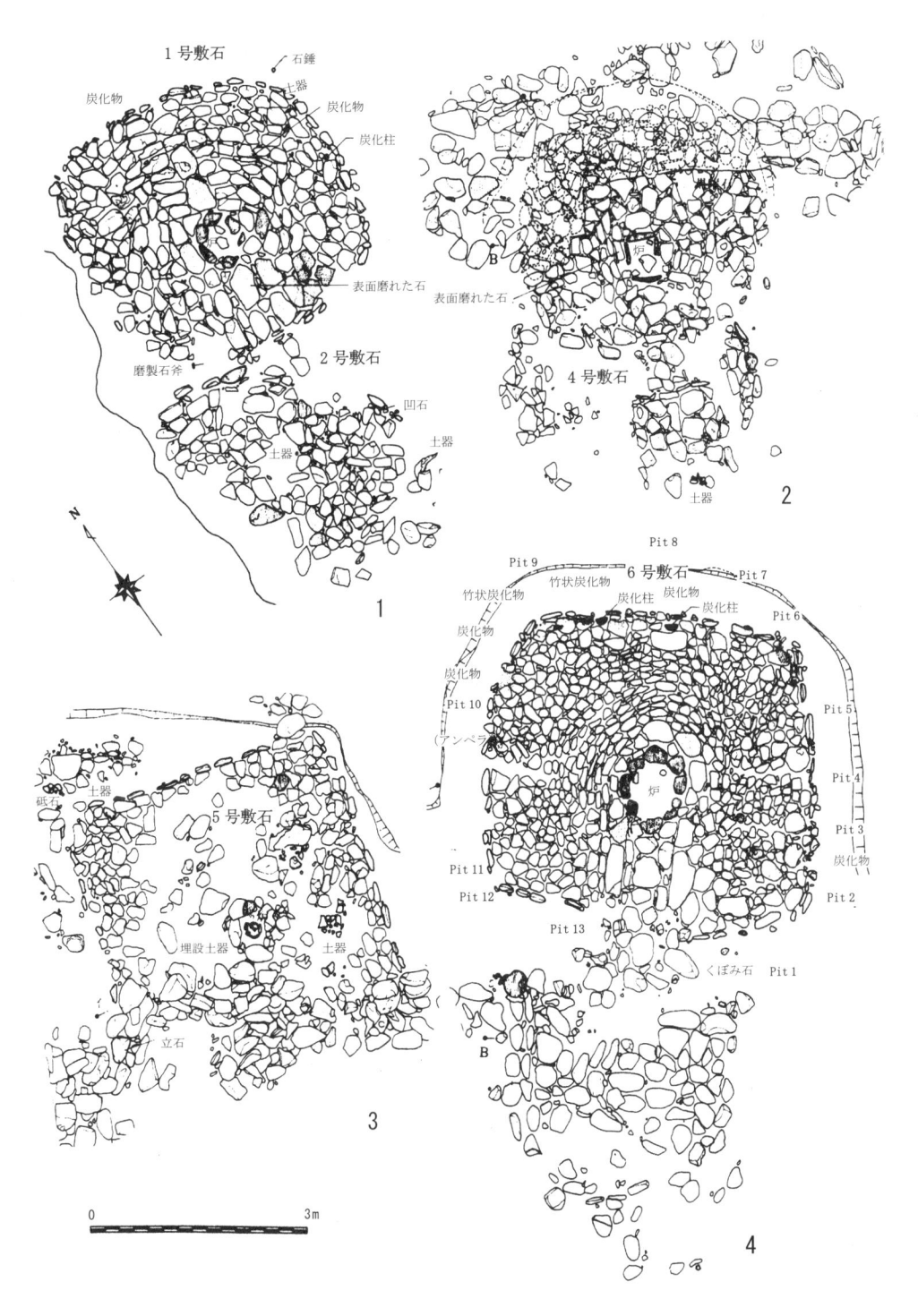

第23図　7403地点検出の柄鏡形敷石住居址(1)　(高山・佐々木編 1975より転載)　1/90

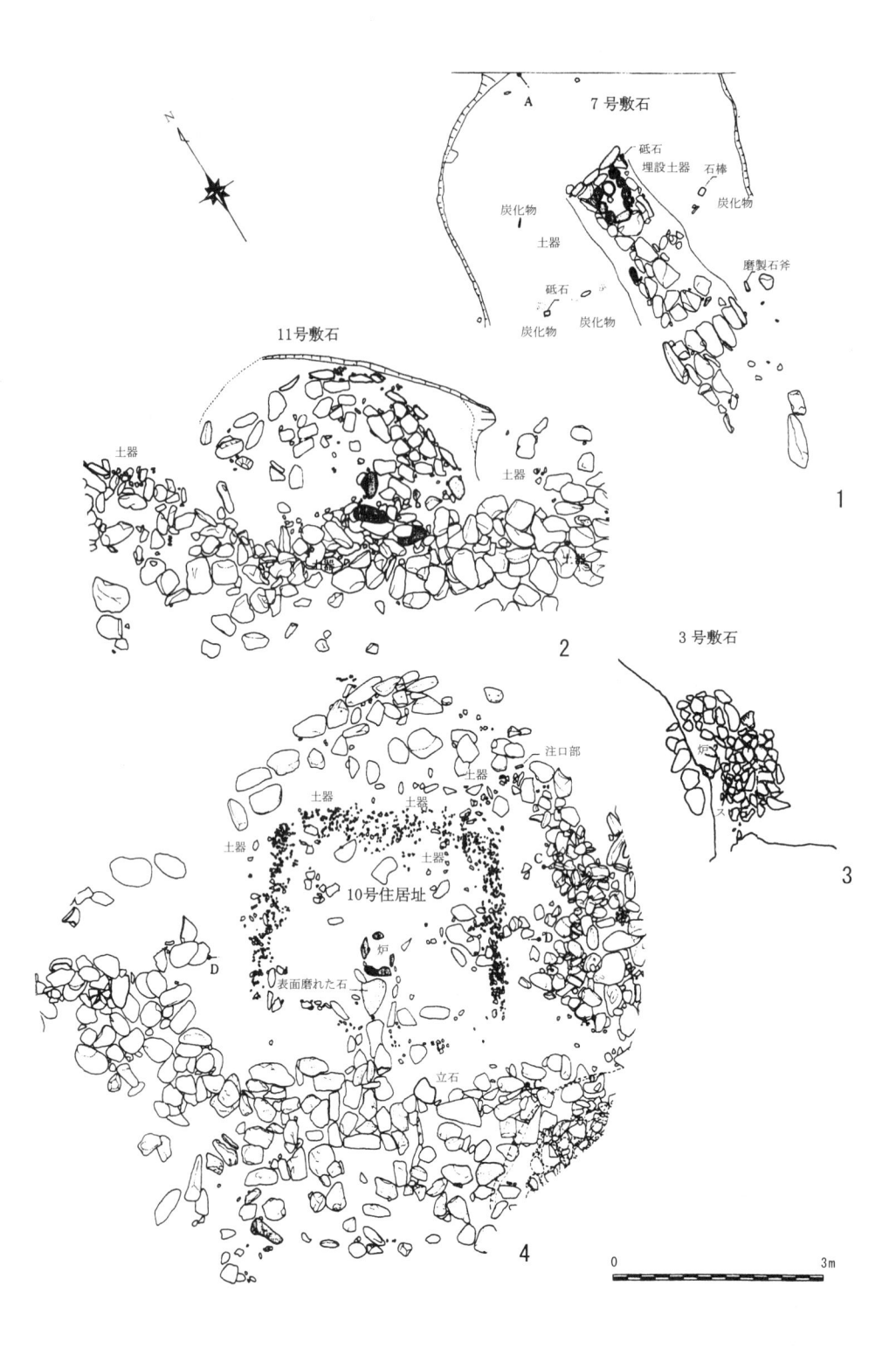

174 第3章 配石集落と縄文時代階層化社会論

第24図 7403地点検出の柄鏡形敷石住居址（2）（高山・佐々木編 1975より転載） 1/90

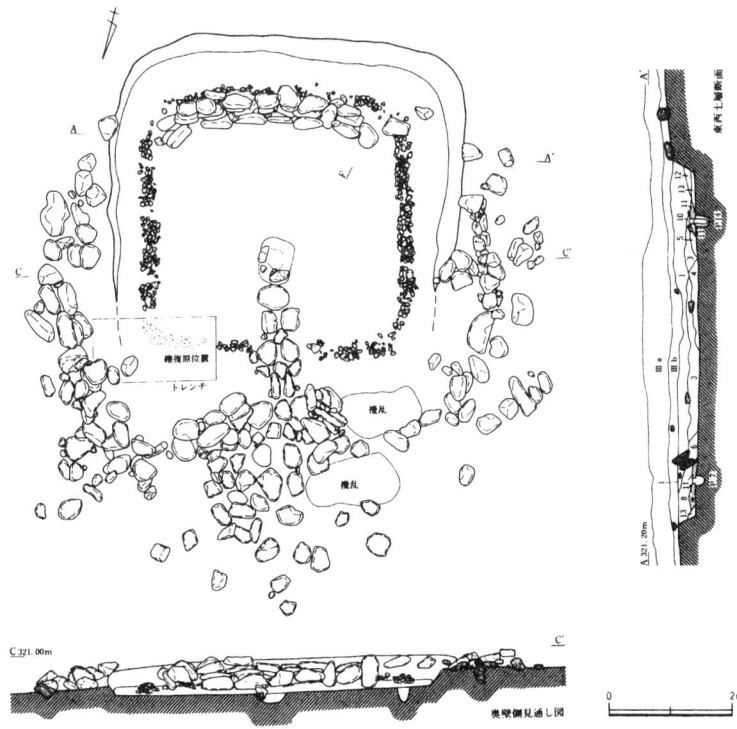

第3節 縄文時代後期の配石集落址 175

第25図 7403地点の列石遺構石積み状態(高山・佐々木編 1975より転載)
相模原市津久井町青根馬渡遺跡群№2遺跡J4号住(池田他 1999より転載1/120)

かも部分的な検出のため、断定はできないものの、敷石住居址の可能性が考えられている。とくに3号敷石は、列石遺構と連なるように存在し、柄鏡形敷石住居址の張出部の可能性が考えられている。7403地点の広域な調査から判断すると、列石遺構と柄鏡形敷石住居址が複雑に重なり合って検出されているものと理解できよう。この張出部と考えられる3号敷石の下面からはピット・土坑状の掘込みが確認されている。張出部に伴うヒゲ状張出の可能性も考えられるが、その性格は不明である。

今回の調査により、いくつかの重要な所見が得られたものといえる。とくに、東西に走る列石遺構は、いくつかの配石・組石の単位からなること、7403地点の調査の際にもとらえられていた点ではあったが、より良好な状態で横口積みと立石を交互に組み合わせて石積みされていたことが判明した。この横口積みと立石の交互積み手法は、青森県青森市小牧野遺跡（児玉 2004）の環状列石遺構にみられる構築法と共通し、近接した遺跡例としては、相模原市津久井町青根馬渡遺跡群№2遺跡J4号住（池田他 1999）のように、奥壁部の環礫方形配石上面に構築された石積み方法との共通性をうかがわせている（第25図下段）。

さて、列石遺構と敷石との関係についてであるが、その新旧関係については、調査者は次のようにとらえている。すなわち、「・2号敷石→2号組石→1号組石→3号配石（旧→新、以下同）　・4号敷石→4号組石　・3号組石→4号組石」との新旧関係がとらえられることから、「2号敷石→2号組石→1号組石→3号敷石→（あるいは＝）3号組石＝3号配石→4号組石」（今泉他 2002, 115-116頁）の構築変遷が考えられるとしている。組石及び配石と呼んだ遺構は、その構築の特徴から列石遺構の中の一つの単位としてとらえたものであるが、柄鏡形敷石住居址の張出部と考えられている3号敷石とは密接な関係をもちつつも、同時ないしは前後関係があることが指摘されたわけである。7403地点の調査では、そうした細かな構築過程は明らかにできないこともあり、この200102地点での調査所見は重要である。

この点は旧稿（山本 2006a, 6頁）でも指摘した点であるので、詳しくはそれを参照願いたいが、列状配石と柄鏡形敷石住居が密接な関わりを有しつつも、時間差をもって構築され続けた結果として、この曽屋吹上遺跡の配石集落址が形成されたものと理解すべきであろう。

曽屋吹上遺跡にみる台地端部を走る列石遺構が、配石集落を区画する役割を果たしていたのかはさだかではないが、そうした点を解明するためにも、今後遺跡の主体部の台地上の調査の進展が期待される。

（3）曽屋吹上遺跡についてのこれまでの解釈について

ここでは、これまでに曽屋吹上遺跡を取り上げて論じた、石井　寛のと石坂　茂の論攷（石井 1994、石坂 2004）について触れてみよう。石井はこの論攷において、いわゆる「核家屋」という考え方を提起したことでよく知られている。その中で曽屋吹上遺跡も考察対象の遺跡として取り上げられている（石井 1994）。論攷の発表時点の関係から、200102地点の成果については触れられていない。そこでは、「集落の主体部は北側の平坦部にある」ことを認識しつつ、7403

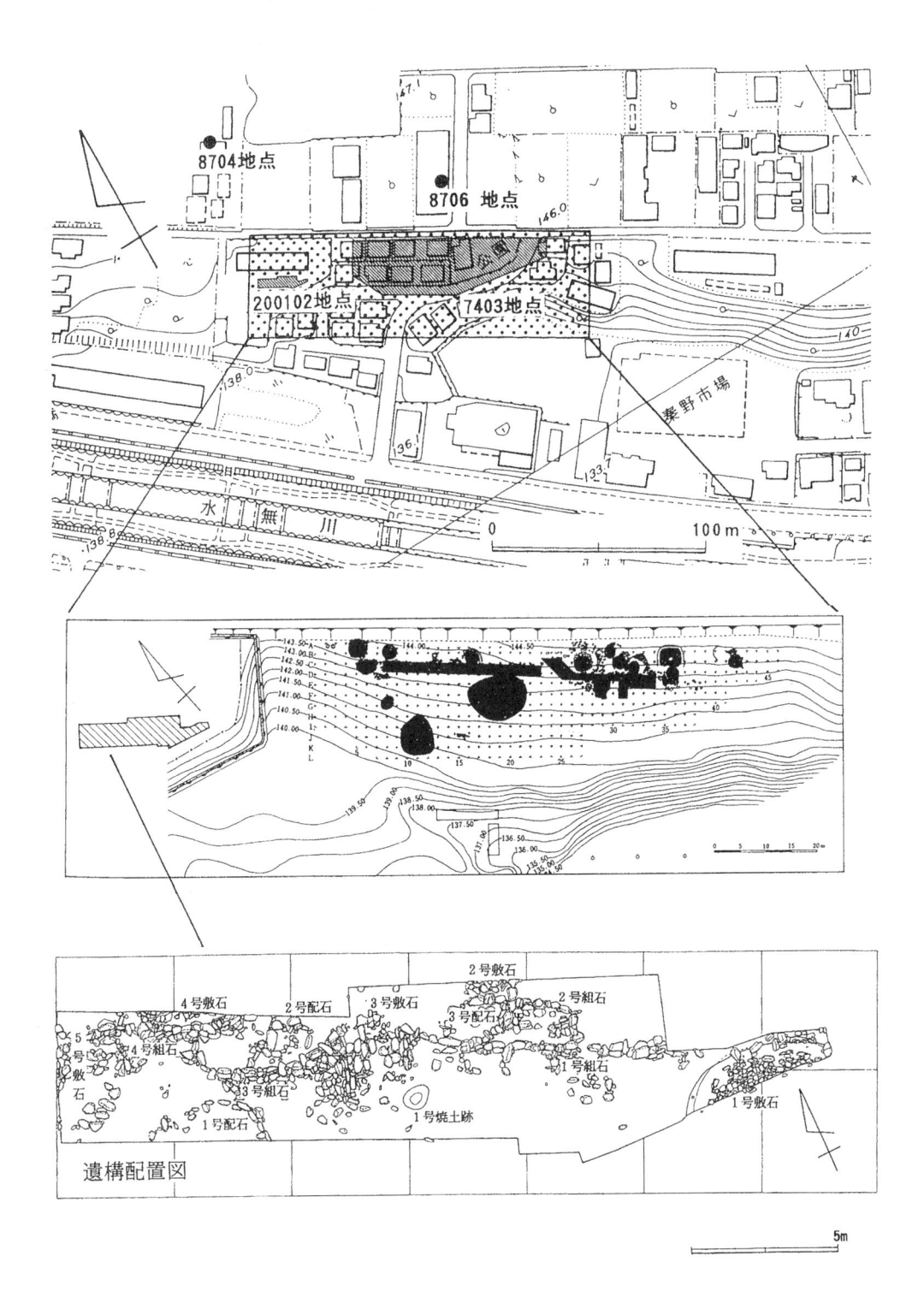

第3節　縄文時代後期の配石集落址　177

第26図　7403地点と200102地点の位置関係及び200102地点全体図（今泉他 2002より転載）

地点の「敷石住居址に関しての時期比定」を中心に試みているが、その点はここでは取り上げず、列石に関する所見をみてみよう。氏は「この地点にはこれら住居址群により形成される列に沿う形で列石が構築されている。この列石は東西の住居址群の分布にあわせ、中央が途切れる。さらに、東側にあっては中央で列石を造るラインの若干のズレを認め、これを積極的に評価し、構築段階が異なる可能性を想定」する。そして、「これらを住居址に組み合わせて理解すると、中央のズレから東側のものは 6 号敷石住居址に、西側は10号住居址に伴うとの想定もあながち無謀とはされない」こと、「つまり、これら列石は住居址と全く別個の遺構とするのではなく、 6 号及び10号敷石住居址の張出部基部から左右に広がる施設」として「張出部位の特異な発達の一例」と理解し、列石と柄鏡形敷石住居址との関連性を強調している（石井 1994, 102-104頁）。こうした解釈は、石井の論攷を前後として検出され始めた各地の事例から、今も強く主張されている点でもあるが、前述したように、その密接な関連性は指摘されるとしても、同時存在か否かの吟味、構築時期の差などにも目を向けるべきであろう。その点からすると、前述したように200102地点での成果は示唆的なのである。

　次に石坂　茂の解釈についてみてみよう（石坂 2004）。石坂は中期から後期にかけての関東・中部地方の環状列石・配石遺構を取り上げた論攷の中で、200102地点の成果については触れていないが、7403地点のありかたについて次のようにとらえている。

　すなわち、「各時期の柄鏡形敷石住居址は、地形変換点に集中的に構築され、相互に重複しつつ東西方向に配置されているが」、「弧状列石の規模は、西側が約25m、東側が約20mの延長を確認できる。西側の弧状列石の場合、『石組』遺構の近縁では、部分的ながらも長径40cm前後の河床礫を少なくとも4段以上に横口積みした状況が認められる。かなり大規模な土木工事を窺わせる。弧状列石と各柄鏡形敷石住居との関係は、西側では堀之内1式期の11号住の主体部上位を通過して西走し、堀之内2式期の2号住居の張出部基部に連接する。一方、東側では堀之内2式期の6号住居の張出部基部東側を起点として、堀之内1式期の4・5・8号住居の張出部や主体部を囲繞した周堤礫に連接する」、「この東西グループが、堀之内2式期において同時併存したのか、あるいは西グループから東グループへと時間差をもって段階的に構築されたのかが問題であろう」、「各住居の張出部基部の両側に連接された弧状列石の経年・累積的な構築が想定でき、最終的に周堤礫を伴う10号住居に連接されて長大化したと理解される」、「尚、東・西両グループの中間地点の南側に隣接して、堀之内1〜加曽利B1式期の土器を伴う配石墓群が存在している」、「このような配石墓が東西グループの弧状列石下部に存在しない点に留意を要する」（石坂 2004, 66-68頁）。

　このように、石坂も、石井と同様に、7403地点の配石・柄鏡形敷石住居址群を東西二群に分け、列石遺構と柄鏡形敷石住居址の間にある程度の構築の時間差を理解するのであるが、柄鏡形敷石住居址の張出部との密接な関わりを強調している。その点は、前述した筆者の考え方にも共通性を有しているが、柄鏡形敷石住居址群の構築後に列石が付随して構築されている、その時間差を十分に認識する必要があると思う。

2．列状配石を伴う配石集落址の類似例

　近年、柄鏡形敷石住居址と密接な関わりをもつと思われる列状配石を伴う事例が多く知られるようになってきた。その性格については、これまで石井　寛や石坂　茂らによって論じられてきたことは周知のとおりである(石井 1994、石坂 2004)。

　曽屋吹上遺跡と同様なありかたを示す事例としては、長野県茅野市聖石遺跡(小池 2004)をあげることができる。台地中央部に展開する大規模な中・後期環状集落址(柳澤他 2005)とは別に、台地南端縁辺斜面部にかけて後期の配石・柄鏡形敷石住居址が検出されているが、柄鏡形敷石住居址を取り囲むように構築された列石遺構が特徴的である(第27図)。曽屋吹上遺跡と同様、台地縁辺部に構築されているが、この聖石遺跡の配石・柄鏡形敷石住居址の性格を考える場合、長野県埋蔵文化財センターが調査した台地平坦面の遺構を含めてとらえていく必要があろう。聖石遺跡では、中期から後期前葉へと集落は継続する。しかし、環状構造は継承されず、住居は概ね敷石を敷設するものが大半を占め、時期が降るにしたがって、台地縁辺部へと集落占地を変える傾向がとらえられている。

　神奈川県内の事例の中で、曽屋吹上遺跡と近い事例としては、小田原市御組長屋遺跡第Ⅱ地点」(小林他 2001)をあげることができよう。調査面積が狭く全体像が不明であるが、砂利を床面に敷いた特異な「J-1号(砂利敷)住居址」、炉址から張出部にかけて敷石された「J-2号柄鏡形(敷石)住居址」及び「J-1号石垣状配石」遺構が重複して検出されている。その時期と変遷のありかたは、J-1号(砂利敷)住居址(堀之内Ⅰ)→J-2号柄鏡形(敷石)住居址(加曽利BⅠ)→J-1号石垣状配石(加曽利BⅠ)としてとらえられている(第28図)。1号石垣状配石は「1号(砂利敷)住居址の西側部分、2号柄鏡形(敷石)住居址の北側部分を削平して石積みがなされていた」(小林他 2001, 198頁)ものとされ、横口積みは最大5段積みされており、きわめて丁寧な造りを示している。石棒胴部破片が石積みの上面に置かれるようにして出土したほか、ほぼ完形の加曽利BⅠ式期小形深鉢も上面から出土しており、構築時期が明瞭である。

　ここで注意すべきは同じ加曽利BⅠ式期のJ-2号柄鏡形(敷石)住居址との関係である。住居址の張出部北西部を起点としているかにみえることから、同時期の構築が想定されそうであるが、報告書で指摘されているように、この石垣状配石を構築するにあたって、「2号柄鏡形(敷石)住居址の主体部の敷石が抜き取られた痕跡があり、この部分への石積み石材として使用(転用)された可能性もある」(小林他 2001, 198頁)という構築の時間差が想定されている。石垣状配石の広がり・全体像は不明であるが、柄鏡形敷石住居址の張出部に接して構築される列状配石が時間的な大きな隔たりはない住居廃絶後間もない時期、いいかえると住居廃絶に伴う儀礼行為として構築されたものととらえるべきではないかと思われる。この点は、環礫方形配石や柄鏡形敷石住居址を取り囲むいわゆる「周堤礫」と同様に解釈すべきと考えている(山本 1998)。曽屋吹上遺跡でとらえられた列石遺構と柄鏡形敷石住居址の構築時期の差は、このよ

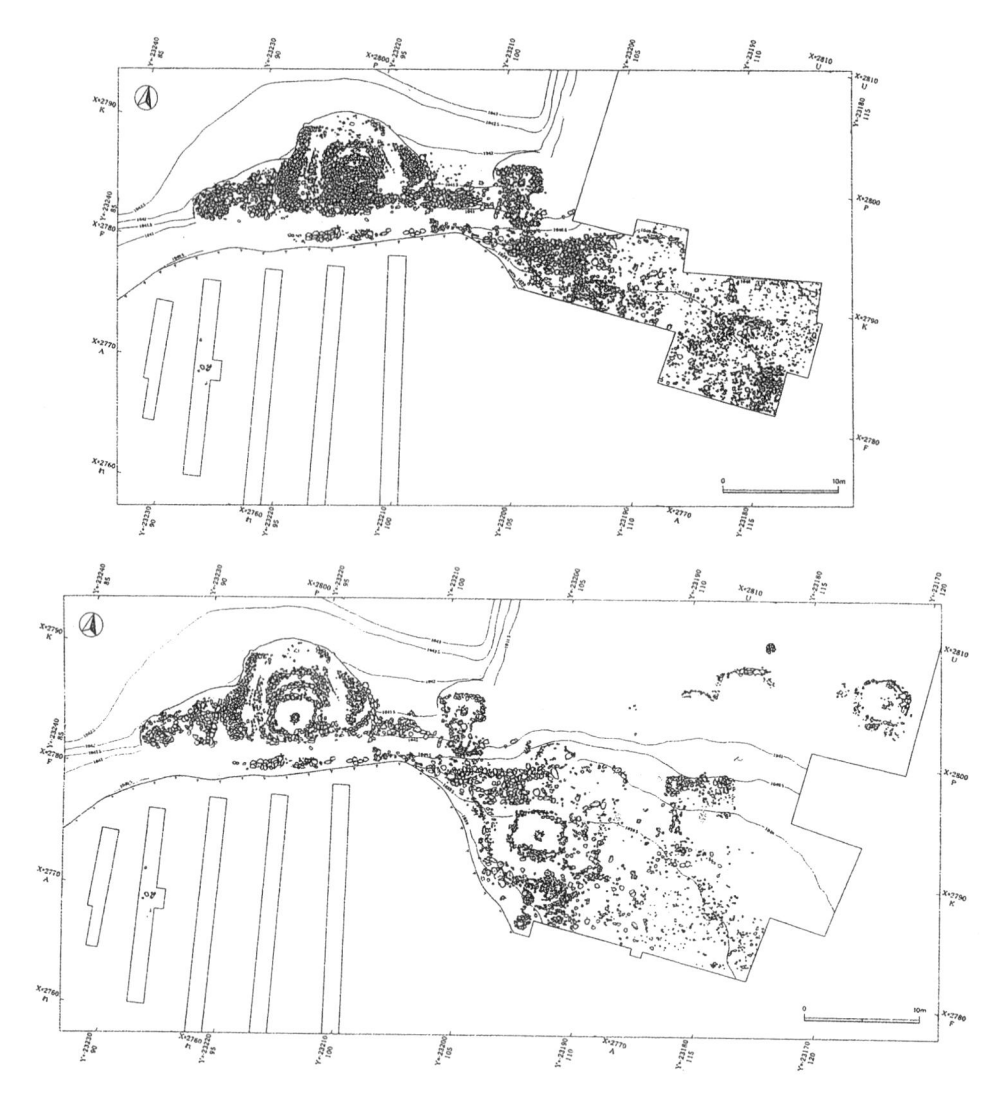

第27図　長野県茅野市聖石遺跡全体図　上面・下面（小池他 2004より転載）

うに解釈すべきものと考える。

3. 最近の環状列石・配石遺構研究をめぐって

　配石遺構をめぐるこれまでの研究の歩みと現状については、別にまとめたことがあるので、それを参照願いたい（山本 1999b）が、近年新たな調査成果の増加とともに論議が再び活発化しつつある。とくに、2006（平成18）年10月、群馬県安中市ふるさと学習館が開催した『ストーンサークル出現－縄文人の心、環の思想－』（大工原他 2006）において、関東・中部地方の環状列石を中心とする配石遺構の出現と展開のありかたに関する特徴が明らかにされたことや、

2007(平成19)年11月には、『季刊考古学』第101号において、列島各地の環状列石のありかたが特集された(鈴木 2007他)ことは特筆されよう。今後とも活発な論議が展開されることを期待したい。

こうした動向の中、後期以降に顕在化する配石構造物の構築活発化現象について、とくに、環状列石を中心に取り上げて再三にわたって論じているのが佐々木藤雄である(佐々木 2001・02 a・b・03・05 a・b・07 a・b・08 a・b)。佐々木は、中期後葉期の長野県木曽郡大桑村大野遺跡(百瀬他 2001)や神奈川県相模原市城山町川尻中村遺跡(天野他 2002)の中期環状集落址中央広場に構築された環状列石を、後期以降に顕在化する環状列石の初源期としてとらえ、「集落内環状列石」→「集落外環状列石」へと変化する、その歴史的意味について論及している。この一連の論攷において佐々木が主張する階層化社会論の問題点については、すでに触れている(山本 2004・05)のでここでは繰り返さないが、北東北・北海道南部に顕著に認められる後期環状列石の系譜を中期後葉段階の「集落内環状列石」に求める考え方はどうであろうか。

集落内外にみられる環状列石を中心にすえて、中期から後期へと至る過程に質的変化をみとめようとする立場は、筆者が「配石集落址」と呼んだ、後期以降の関東・中部地方における環状を呈さない多数の配石構築物が、墓地とともに集落をも付随させている特徴をなかば無視しているといわざるをえない(山本 2007)。また、例としてあげている大野遺跡はあまりにも小

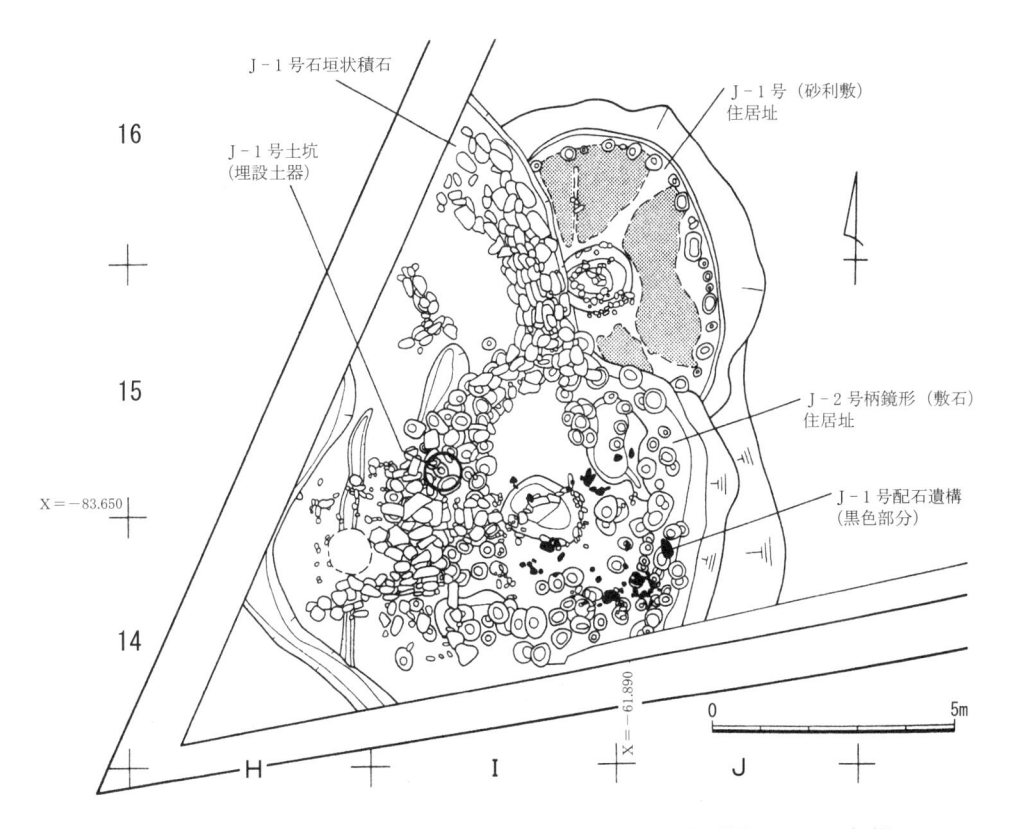

第28図　神奈川県小田原市御組長屋遺跡第Ⅱ地点遺構配置図(小林他 2001より転載)

規模な集落であり、「地域集団の共同墓地兼祭祀センター」(佐々木 2005b, 8頁)とする断定する根拠は薄弱であり、中期後葉期の個別集落に顕在化した配石構築物と墓地造営がこの大野集落にも認められたということであろう。類例としてあげている川尻中村遺跡の場合も、隣接して大規模な中・後期集落址である川尻遺跡(中川他 2005)や対岸には原東遺跡(天野他 2000)も存在しており、川尻中村遺跡を祭祀センターとみなすことは困難である。むしろ川尻遺跡こそが、中期から後期へと、断絶期間はあるものの、この地域における大規模な拠点的な集落址と考えられ、後期においても配石墓・配石遺構とともに柄鏡形敷石住居を主体とする集落が構築され、「集落内配石」をもつ拠点的な集落と認識できるのである。しかも、佐々木のいう中期環状集落址に認められる「集落内環状列石」事例は今のところ少なく、東北北半部・道南部の後期環状列石へと直接結びつけることは困難と思われる。

　この点については、別に、石坂　茂によって批判が加えられているので触れておこう。2006(平成18)年10月、群馬県安中市ふるさと学習館が開催した『ストーンサークル出現－縄文人の心、環の思想－』(大工原他 2006)における連続講座要旨(石坂 2006, 40-46頁)において、東北地方北部と関東・中部地方という「両地域の環状列石に対しては同一系統上で理解したり、あるいは環状列石の認識において齟齬を内包しつつ、その機能・性格や葬送儀礼をめぐる文化論を展開する向きも少なからず認められる」として、「両地域における環状列石には、その出現・消長や機能・性格面において差異があり、同じ土俵の上で論じることは少なからず問題を含んでいる」との指摘を行ったうえで、中期「環状集落の解体と軌を一にして、加曽利E3式期末葉に環状列石の形成が開始される」ことから、「環状列石の構築が環状集落の立地する地点を意識的に避けた結果であ」り、「環状列石の形成が環状集落の空間規制や重層構造の中から生起したものではな」く、「関東・中部地方と東北地方の環状列石には、直接的な系譜関係を見いだすことはできない」と結論づけている。筆者も、東北地方北部・道南地方に検出される後期前葉以降の環状列石の系譜を、関東・中部地方の中期環状集落中央広場に展開する墓壙群に伴う環状列石に求めることには、前述したように賛同はできない。かつて分析したことでもある(山本 1981)が、中期後葉期における環状列石を含む各種配石構築物は、柄鏡形(敷石)住居の生成と深く関わりを有しながら出現し、後期以降の大規模「配石集落」を構築するに至るのであり、その系譜上にここで取りあげたような、曽屋吹上遺跡や下北原遺跡に代表される後期「配石集落」の形成を読み取らねばなるまい。

　なお、この石坂　茂の見解と関連して、『ストーンサークル出現－縄文人の心、環の思想－』展示図録中の「環状列石から弧状列石へ」というコラム(大工原他 2006, 17頁)において、「大規模な環状列石は中期終末に突然終焉を迎える」が、「再び列石の構築が再開されるのは後期前葉(堀之内1式期)で、柄鏡形敷石住居一体となった弧状列石が出現する。この時期の弧状列石は柄鏡形敷石住居の張出基部から左右へ弧状に列石を構築させてゆくものが一般的である。列石には墓が伴わないタイプと、立石や土壙墓・配石墓が組み込まれるタイプがある」、「おそらく、地域集団全体の儀礼・祭祀が列石のある特定の集落に集まって行われるようになったの

であろう」、「その後、住居を伴わず、土壙墓・配石墓と組み合わされた弧状列石が出現する。居住域と墓域の分離されてゆくのである」、「地域集団全体の墓域と列石の融合は、列石墓群が造られる場所が再び連帯を強めるための儀礼・祭祀の場となったことを意味している」、「これが、後期中葉以降には天神原(安中市)や深沢遺跡(みなかみ町)などのような配石墓群へと変容してゆくのである」という解説が展示を企画した大工原　豊によってなされている。すなわち、中期後葉：環状列石の出現→後期前葉：柄鏡形敷石住居と弧状列石の融合(墓を伴うものと伴わないもの)→居住域からの分離→後期中葉以降：配石墓群、という変化のありかたをとらえるのである。大規模な配石遺構群を伴う遺跡を地域集団の儀礼・祭祀の場と評価すべきかどうかは議論が分かれようが、後期から後期中葉以降の変化が居住域と墓域との分離としてとらえられるかどうかは問題であろう。曽屋吹上遺跡や下北原遺跡での配石墓群のありかたは、配石集落内での墓域の形成とみなせるからである。神奈川県域では、後期中葉以降の集落址の検出は少ないものの、最近の調査事例では、相模原市城山町川尻遺跡(中川他　2005)に検出された配石墓群も後期中葉以降の集落内に形成された墓域と考えられる。この点は、最近、集落から独立する墓壙・墓域を分析した鈴木保彦の論攷からも、その時空的多様性は明らかであろう(鈴木2008)。

　ところで、佐々木藤雄は大湯環状列石の外縁を取り囲む掘立柱建物址を「祖霊に守護されるべき共同の食料貯蔵施設、クラ」(佐々木　2005b, 12頁)とする立場から、石井　寛が主張する居住施設とみる考え方(石井　1995・2004)を批判するが、最近、石井は、この問題について再論している(石井　2007・08)。ここでは、柄鏡形(敷石)住居と掘立柱建物址との関係について触れた2007年の論攷を中心にみてみよう。

　石井は、「関東西部や中部地方など中部日本で検出される縄文時代後期前葉の掘立柱建物跡の主体は、新潟県などを中心に存続されてきた長方形を呈する住居址に系譜する居住施設であることがほぼ確実視される研究情勢にある。一方で、これらの地方には中期最終末期以降、複式炉住居址や柄鏡形住居址が存在しており、居住施設としての掘立柱建物跡は、それら他系列の居住施設と同一地域・同一集落内で共存していたことになる」ことから、「掘立柱建物跡系列の住居が柄鏡形住居系列といかなる関係をもちながら同一集落内に共存したのか、そして、それぞれの住居型式は居住する集団の違いを表すのかといった問題を、当該期集落の構成との関連から考察し」、「関東地方西部への掘立柱建物跡の進出ないし移入が、後期前葉段階における社会変動の一環としてあった可能性への問いかけ」を行い、「居住施設としてほぼ限定可能な掘立柱建物跡に対しては、『掘立柱建物系住居』との呼称を用い、掘立柱建物跡全般から区別」すべきであることを強調している(石井　2007, 51-52頁)。こうした理解は核家屋論の元となった横浜市小丸遺跡での分析(石井　1994・99)が、その出発点としてあったわけであるが、この解釈に対する問題点については、すでに指摘しているのでここでは繰り返さない(山本　2005, 130頁)。ただ、掘立柱建物址の一部を「掘立柱建物系住居」と認定する根拠として、「炉址の具備が通例」(石井　2007, 61頁)とする点には納得がいかない。柄鏡形(敷石)住居となぜ共存するの

か、たとえ炉址が存在していたとしても、火を用いた公共的な施設・共食・祭儀の施設という解釈も可能であり、一般住居に組み入れるのには無理があるように思われる。

　石井は、「掘立柱建物系住居」との共存については、新潟方面からの系譜の異なる集団の住居とする考え方を用意するのであるが、問題は、自らも指摘しているように、「異系譜の居住施設、強いて言えば異系譜集団が、この時期に関東南西部へ進入、あるいは招来された背景はどのように説明されるのか」、「新潟県域と長野県茅野市域、そして関東南西部という、飛び火的に存在する集中域の意味さえ理解に苦しむのが実状」ならば、その立論・仮説・解釈にこそ問題があるのではないだろうか。後期前葉、堀之内Ⅰ式後葉以降における土器の広範な広がり、交流を居住施設という観点から系譜を異にする集団の移住へと結びつけるのはあまりに無謀な考え方であろう。自らも述べているように「堀之内1式後葉期に広域に及ぶ交渉が活発化したとしても、それだけでは関東南西部に掘立柱建物系住居が進入あるいは移入された説明とはならない。単なる交渉にとどまらない、集団の移動を伴う動きが考慮される必要がある。その説明は更に容易ではない」（石井　2007, 67-68頁）のである。後期掘立柱建物は、中期と同様、居住施設としては考えがたく、倉庫・集会所・祭儀場などの公共施設として、柄鏡形（敷石）住居を主体とする集落に付属する施設とみなすことが、もっとも蓋然性が高い解釈で、この期に大規模な集団移住を考えることは困難といわざるをえない。

　いささか、論点が環状列石から派生して、掘立柱建物址の性格論議へとシフトしてしまったが、後期以降の配石遺構・環状列石と柄鏡形（敷石）住居址をめぐる問題は、縄文時代社会論を含めたさまざまな論点を内包しつつ、今日活発な論議がまさに行われているのが現状といえよう。

おわりに

　以上、雑ぱくではあったが、曽屋吹上遺跡にみられる大規模配石・列石遺構と柄鏡形敷石住居址が共存した遺跡を「配石集落址」と呼び、縄文後期における一つの時代的な特性について再論しつつ、最近の配石遺構をめぐる研究動向について触れてみた。

第4節　石神台遺跡と縄文時代の配石墓

はじめに

　大磯町石神台遺跡は、1972(昭和47)年3月から約4箇月間にわたって、神奈川中央交通株式会社の宅地造成工事に伴い、東海大学の宮本延人教授を団長として、鈴木八司助教授・高山純講師(職名はともに当時)を中心とする東海大学石神台遺跡発掘調査団によって発掘調査が行われ、その当時としては珍しい縄文時代後期に属する配石墓群が検出され、それとともに墓壙から遺存状態は悪かったものの、埋葬人骨が検出されたことで注目された。この遺跡の調査報告書は、1975(昭和50)年3月に、『大磯・石神台配石遺構発掘報告書』として、大磯町教育委員会から刊行された。ただ、残念ながら、この報告書は検出遺構や出土遺物の詳細な実測図が掲載されておらず、写真を主とする概報程度にとどまり、遺跡の実態を知るうえでは甚だ不十分なものとして終わってしまっている。石神台遺跡が調査・報告された時期は、開発に伴う事前調査、記録保存と呼ばれる調査がようやく行政側において体制を整え始めた時期であり、とくに神奈川県では、埋蔵文化財担当の専門職員を雇用し始めた時期にもあたり、したがって、そうした不備を補うため大学に所属する考古学研究者に依頼して調査団を組織して短期間な調査が行われることが多かった時期でもあった。そうした事情からすると、報告書の不備もやむを得ないことであったかもしれない。その後、出土遺物・記録等は大磯町教育委員会に移管され、大磯町郷土資料館に展示・保管されて現在に至っている。

　それから約8年後、石神台遺跡は、1985(昭和60)年5月1日から同年6月6日と、翌々年の1987(昭和62)年9月24日から同年11月8日の両度にわたって、杉山幾一(博久)を団長とする石神台遺跡発掘調査団によって再度調査が行われた。この調査は宅地開発に伴うもので、調査の結果、配石墓群のさらなる広がりをとらえることができた。この調査成果は、1992(平成4)年、『石神台遺跡』(『大磯町文化財調査報告書』第35集)として、大磯町教育委員会から刊行された。この報告書は詳細なもので、石神台遺跡の特徴を知ることができるが、1972年に調査した箇所に隣接することは確かなものの、両調査箇所の正確な位置関係を明瞭にすることはできなかった。

　さて、筆者は大磯町史執筆委員考古部会の一員として、縄文時代を担当し、資料の調査にこれまであたってきた。そこで、町史執筆前の基礎的な作業として、大磯町の縄文時代遺跡の中でも、とくに注目される、この石神台遺跡における配石墓について、本稿において再検討を加え、あわせて神奈川県域中心とした縄文時代後期段階の墓制との関連のうえから、その地域的な特性を明らかにさせてみたいと思う。

1. 石神台遺跡の配石墓

　遺跡は、大磯丘陵南端、標高約80mの丘陵上に立地する。1972年の調査では、この丘陵上の平坦地北端部の第1地区と南端部の第2地区の2地区が調査されたが、第2地区からは遺構・遺物は検出されず、第1地区から古墳時代の竪穴住居、弥生時代の方形周溝墓とともに西端部に縄文時代の配石墓群が検出された。なお、この調査以前の1968 (昭和43) 年には、遺跡が所在する丘陵頂部付近に神奈川県企業庁水道局国府配水池が建設されているが、この建設工事にさいしては、発掘調査は行われていない。また、その後、1978 (昭和53) 年には、1972年調査の第1地区にかかるように新池が建設されているが、このさいにも、調査済みとして扱われたのかさだかではないが、発掘調査は行われていない (第29図)。

　第1調査区からは総計56個の河原石が約27㎡の範囲に検出され、そのまとまりから「石組」Ⅰ～Ⅲの三箇所に区別されている。また、この面からは、土器・石器類が多く出土している (第30図)。この石組下から土壙墓群が密集・重複しながら検出され、遺存状態は悪いものの、埋葬人骨を伴っていた (第31図)。報告書中の森本岩太郎氏らの鑑定によれば、「すくなくとも青年期1個体分、成人12個体分、合計13個体分と思われる」とされ、その詳細は表としてまとめられているので転載しておく (第4表)。ほかにも鑑定不能の取り上げ人骨もあるようで、人骨番号からすると25体ほどになるらしい。

　この石組と下部土壙墓との正確な関連性については、報告書図面からは判断が困難であるが、土壙墓自体には、明瞭な石棺状の石組は認められないことから、石組は土壙墓群上の墓標・墓石的な役割を果たしていたものらしい。報告の記載が不十分なため、土壙内検出人骨と鑑定人骨との対応関係に一部不明なものがあるが、各土壙墓の特徴・出土遺物・人骨についてまとめてみた (第5表)。

　出土遺物については、簡単な記載と写真図版が掲載されているだけで、実測図がないため、大磯町史執筆のための基礎資料調査の過程で一部実測を行ったので、ここで紹介しておきたい (第32図)。1は土壙№3から倒置状態で出土した小型壺である。4・8は土壙№11から入子状態で出土した小型の舟形土器である。10は№1土壙から横位状態で出土した小型の深鉢土器である。これら土壙内から出土した小型土器は、後期中葉加曽利BⅠ式期にしばしばみられる副葬用に製作された土器と考えられる。また11は土壙№3から伏せた状態で出土したとされる大型の深鉢破片で、口縁部に刻目隆帯と八の字貼付文をもつ、堀之内Ⅱ式から加曽利BⅠ式にかけての土器と思われる。このほか、出土位置・状態の記載はないが、2・5～7も小型の鉢・壺形土器であり、土壙墓内の副葬土器と共通している。

　また9は石組検出面近くから出土した小型壺で、内部には赤色顔料の酸化第二鉄 (ベンガラ) の粉末が納められており、土器などの赤彩に用いられたものと思われ貴重な発見といえる。

　石器では、石鏃・定角式磨製石斧・磨製・打製石斧・石錘・磨石・石皿・石棒などが出土しているが、3は頭部に細かな浮彫彫刻を施した小型石棒の破片で、断面が扁平なことから石剣

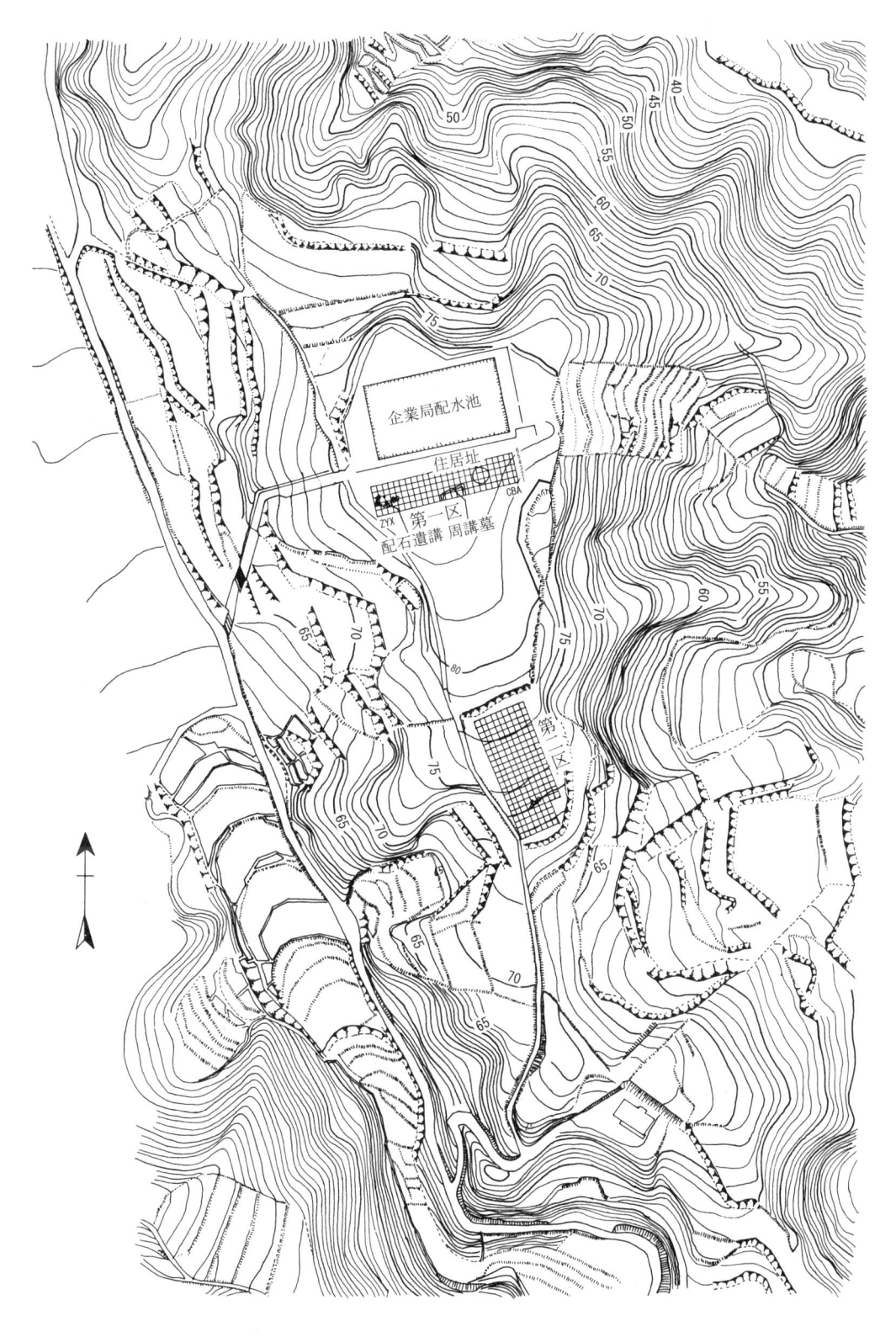

第29図　石神台遺跡全体図（1972年調査）　1/1,000

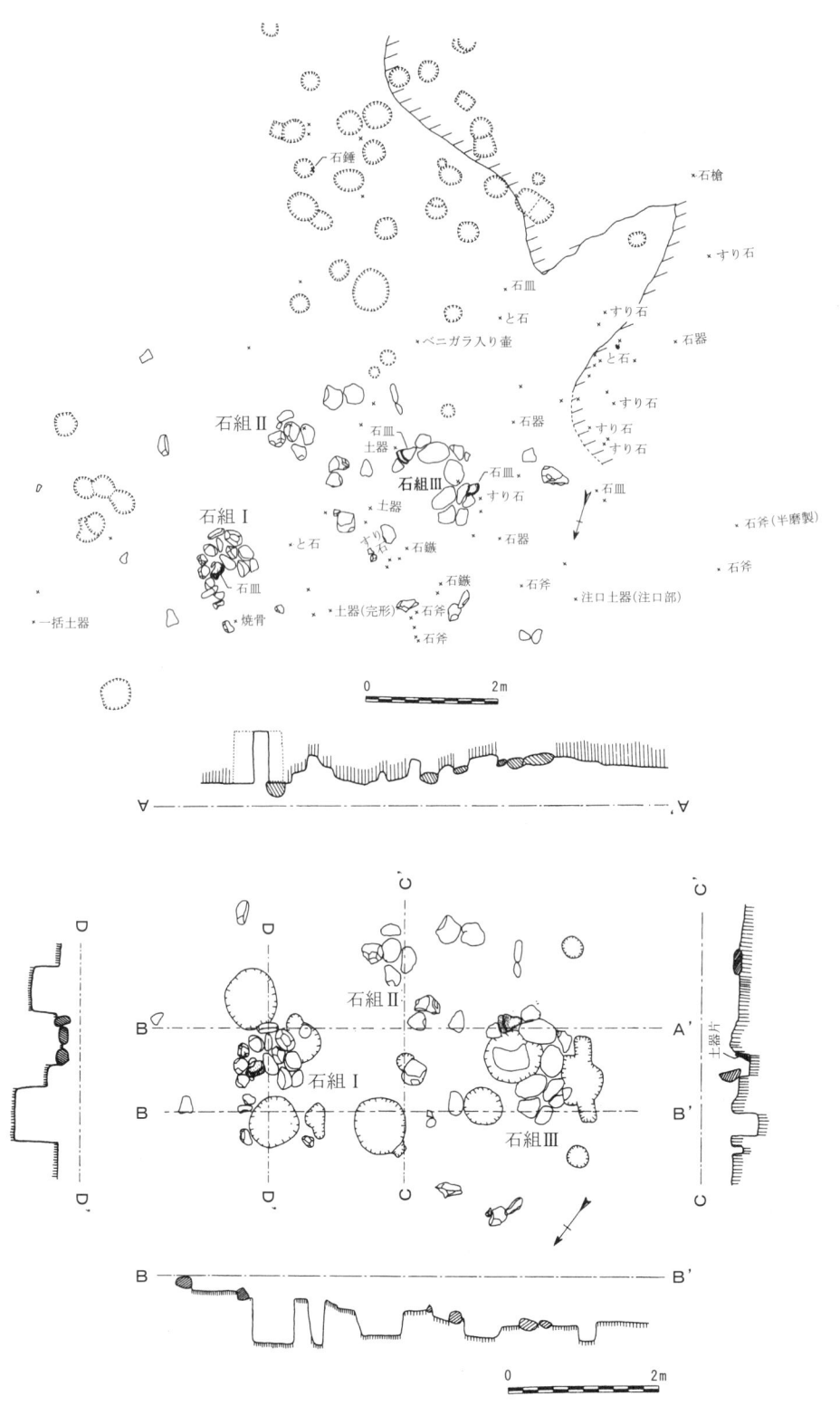

188 第3章 配石集落と縄文時代階層化社会論

第30図 石組遺構検出状況 上面・下面（1972年調査）

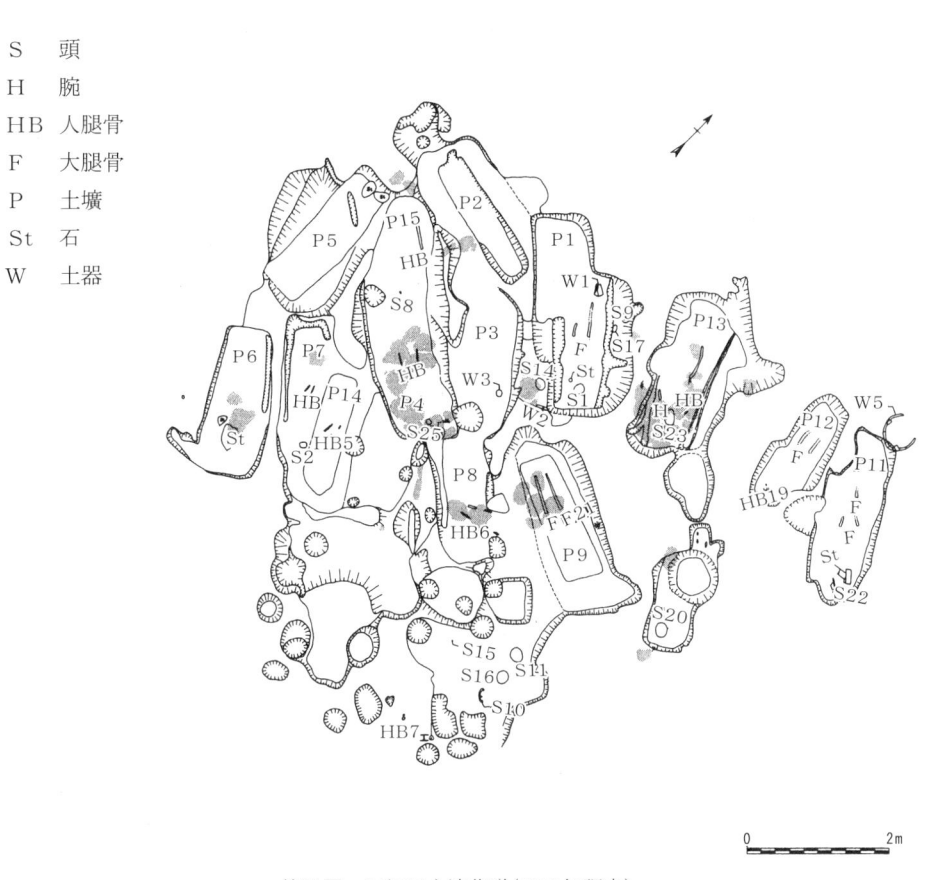

第4節 石神台遺跡と縄文時代の配石墓　189

S　頭
H　腕
HB　人腿骨
F　大腿骨
P　土壙
St　石
W　土器

第31図　石組下土壙墓群(1972年調査)

第4表　石神台遺跡出土人骨一覧表(1972年調査)

人骨番号	性別	年齢	残存人骨の概略部位
第 1 号	不明	成人	脛骨
第 6 号	不明	青年期	歯
第 11 号	不明	成人	頭蓋
第 15 号	不明	成人	頭蓋・大腿骨
第 16 号	不明	成人	頭蓋
第 17 号	男性	壮年期	頭蓋
第 19 号	不明	成人	歯・大腿骨
第 20 号	不明	壮年期	頭蓋
第 22 号	不明	成人	頭蓋・長骨
第 23 号	男性	壮年期	頭蓋
W—4 南壁寄り	不明	成人	寛骨・大腿骨
No.625	不明	成人	長骨
石組Ⅱの南東	不明	成人	歯

第5表　石神台遺跡配石下土壙墓一覧表（1972年調査）

土壙番号	長軸・短軸・深度	出土遺物と出土状態	埋葬人骨の特徴
土壙No.1	2.7・1.3・0.6	土壙中央底面近く復元可能深鉢土器横位出土	頭蓋骨片と脛骨（1号人骨）、頭蓋骨片2（9・17号人骨）
土壙No.2	2.4・1.2・—		大腿骨2本並置（遺存状態悪く人骨番号なし）
土壙No.3	2.1・0.9・—	加曽利BⅠ式小型壺形土器倒置出土	頭蓋骨（14号人骨）
土壙No.4	2.1・1.1・—	底部	頭蓋・大腿骨（25号人骨）
土壙No.15	1.7・1.2・—		頭蓋骨（8号人骨）、大腿骨の一部
土壙No.5	2.3・1.4・—	底面北壁立石2	
土壙No.6	2.1・0.85・—		頭蓋骨（3号人骨）直下枕石状石、他に歯（12号人骨）、骨粉（4号人骨）
土壙No.7	2.5・0.9・0.25		頭蓋骨（2号人骨）・鑑定不能骨2
土壙No.8	2.0・0.8・—		脚らしき骨2本（6号人骨）・歯
土壙No.9	2.7・1.15・—		大腿骨2本（21号人骨）
土壙No.10	1.4・0.6・0.2		頭蓋骨（20号人骨）、他に骨粉化した骨2本
土壙No.11	2.4・0.9・0.15	北東壁上深鉢土器　土壙南西端上部25号人骨近く入子の船形土器	頭蓋骨（22号人骨）、ほかに2本の平行する人骨・1本の人骨遺存状態悪く鑑定不能　遺物の報告中に25号人骨の記載あり
土壙No.12	1.8・0.7・0.2		頭蓋骨（19号人骨）・大腿骨2本
土壙No.13	2.3・1.3・—	上層石組Ⅰ	頭蓋骨（23号人骨）
土壙No.14	2.0・0.75・—		2本の人骨（5号人骨）

大きさは単位m（長軸・短軸は確認面、深度は最大深度）・推定値含む

もしくは石刀の可能性もある。時期的には晩期前半に降るかもしれない。

　このように、1972年の調査は、石組（配石）下の土壙墓群に神奈川県域では珍しい埋葬人骨を検出するという貴重な成果をあげることができたのである。

　さて、その後、石神台遺跡が所在する丘陵は大規模な宅地造成により地形は全く改変され、わずかに神奈川県企業庁水道局の国府配水池を中心とした丘陵頂部付近が独立丘陵状を呈する形で残されてきたが、1985（昭和60）年、残されたわずかな範囲に新たな宅地造成が計画されたことにより、あらためて調査が行われた。調査はこの1985（昭和60）年と1987（昭和62）年の2度にわたり行われた。調査箇所は前回の調査の第1地区の南側に隣接し、ほぼ南北方向に細長く調査区が設定されている（第33図左下）。

　検出された遺構は配石遺構4、土壙29、土壙墓11、ピット群2、土器廃棄場1からなる（第33図）。このうち、SH04とした配石遺構の下面から前回の調査同様に土壙墓群が11基重複して検出され、これが、第1調査区から連なる配石を伴う土壙墓群と思われる。その南側にも配石は上面を覆わないが土壙群が密集しており、これも、土壙墓群の一角を形成していたものと判断される。また、調査区南側にも配石は延びており、それと一部は関連して土壙群が認められる。調査区南端部は傾斜に沿って土器廃棄場が形成されており、ここから多量の土器が出土している。ほかにピット群と報告されている遺構は略円形にピットが集中し、焼土址も認められることから南側に出入口部をもつ略円形ないし隅円方形の住居址の可能性が強い。時期は加曽

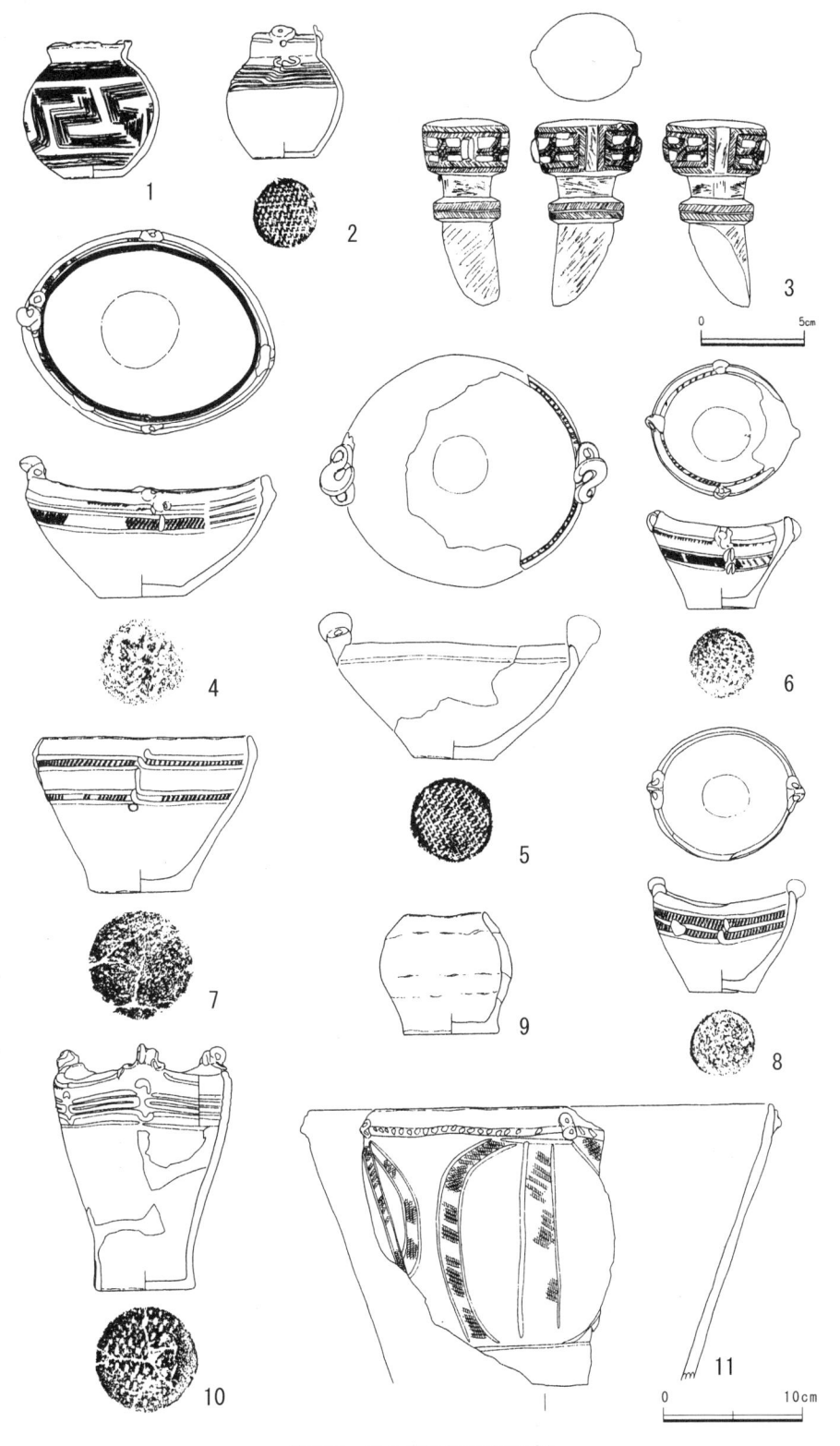

第4節　石神台遺跡と縄文時代の配石墓　191

第32図　出土遺物(1972年調査)

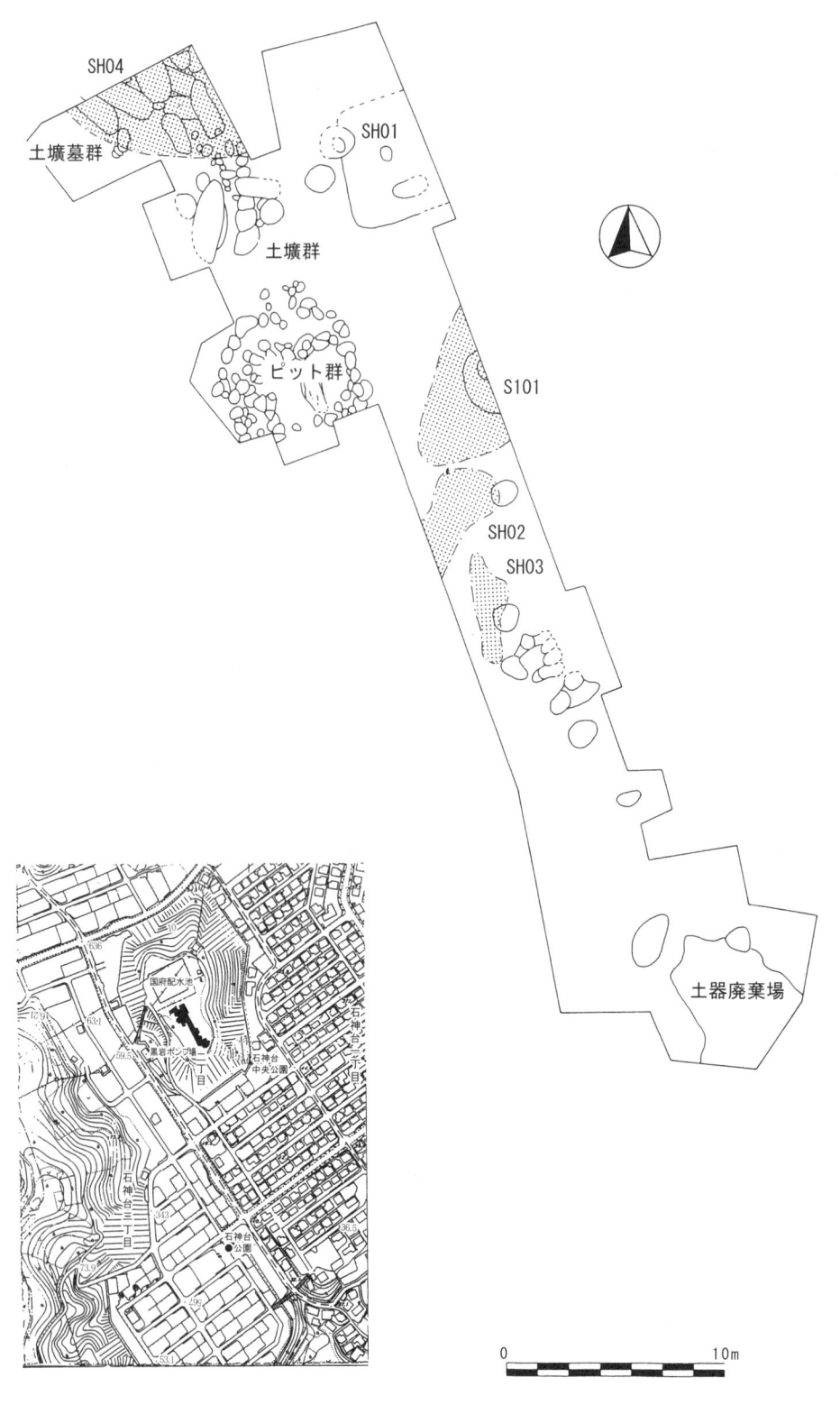

192 第3章 配石集落と縄文時代階層化社会論

第33図　石神台遺跡全体図(1985・87年調査)

第6表　石神台遺跡土壙墓一覧表(1985・87年調査)

土壙番号	平面形	長軸	短軸	深度	主軸方位	遺物	備考
SKD01	長楕円形	2.0	1.1	0.3	N−61°−W	土器片2	人骨・ピット有
SKD02	卵形	1.2	1.0	0.1	N−90°−W		
SKD03	長楕円形	0.75	0.6	0.3	N−15°−W	土器片3	ピット有
SKD04	楕円形	0.8	0.5	0.2	N−23°−W		
SKD05	楕円形			0.3			
SKD06	長楕円形	0.8	0.6	0.5	N−16°−W	土器(1/2)	
SKD07	長楕円形	2.0	0.8	0.3	N−27°−W	土器片1	
SKD08	長楕円形	1.3	0.5	0.1	N−86°−W		
SKD09	長楕円形	2.5	0.8	0.25	N−26°−W	完形土器	石棒が突き刺さっていた
SKD10	長楕円形	1.1	1.0	0.1	N−52°−W		ピット有
SKD11	長楕円形	1.6	1.1	0.3	N−49°−W	土器片3	人骨

利B式期とされる。

　さて配石を伴う土壙墓群は、前回の第1調査区の配石と共通する点が多く、上面を覆う墓石・墓標の色彩が強いが、SKD09のように土壙の東壁際に川原石を連ねた石棺状に構築されているものもある(第34図上)。この土壙の南端には大型石棒の胴部破片が立った状態で出土している。土壙墓の計測値と出土遺物のありかたを報告書掲載の表から転載しておく(第6表)。土壙墓内からは、SKD06と09に小型の鉢形土器が副葬されていた(第34図)。いずれも加曽利BⅠ式土器である。人骨の検出は少なく土壙墓群中からは2基にとどまっており、しかも遺存状態が悪く、人骨の鑑定に至っていない。

　このように石神台遺跡の調査から、縄文時代後期中葉加曽利BⅠ式期に相当する配石を伴う土壙墓群と、それと関連する遺構・遺物が検出され、この地一帯が、当時の集団墓地・墓域であったことをうかがわせてくれている。住居址の検出はピット群とされたものがその可能性はあるものの明瞭ではないが、他遺跡例を参考とすると、集落に伴う墓域であった可能性は高いものと思われる。

　土壙墓の形状は、長軸2m内外の長方形・長楕円形を呈するものが多い。これは、埋葬人骨の遺存状態が良好ではなかったため断定はできないが、埋葬姿勢が伸展葬が多かった可能性を示唆している。また、この時期特有の小型の鉢・壺・舟形土器が副葬されている例も認められた。土壙墓上面を覆う配石は、大規模なものではなく、また、個々の土壙墓との対応関係は明瞭ではないが、墓域を示す墓石・墓標としての機能を果たしていたことは疑いを得ないであろう。

　以上、報告書をもとに、石神台遺跡の配石と土壙墓群の特徴について、その概略をまとめてみた。次に、石神台遺跡発見の配石墓のもつ特性について、神奈川県域における配石墓・土壙墓検出遺跡の分析を通じて明らかにさせてみたい。

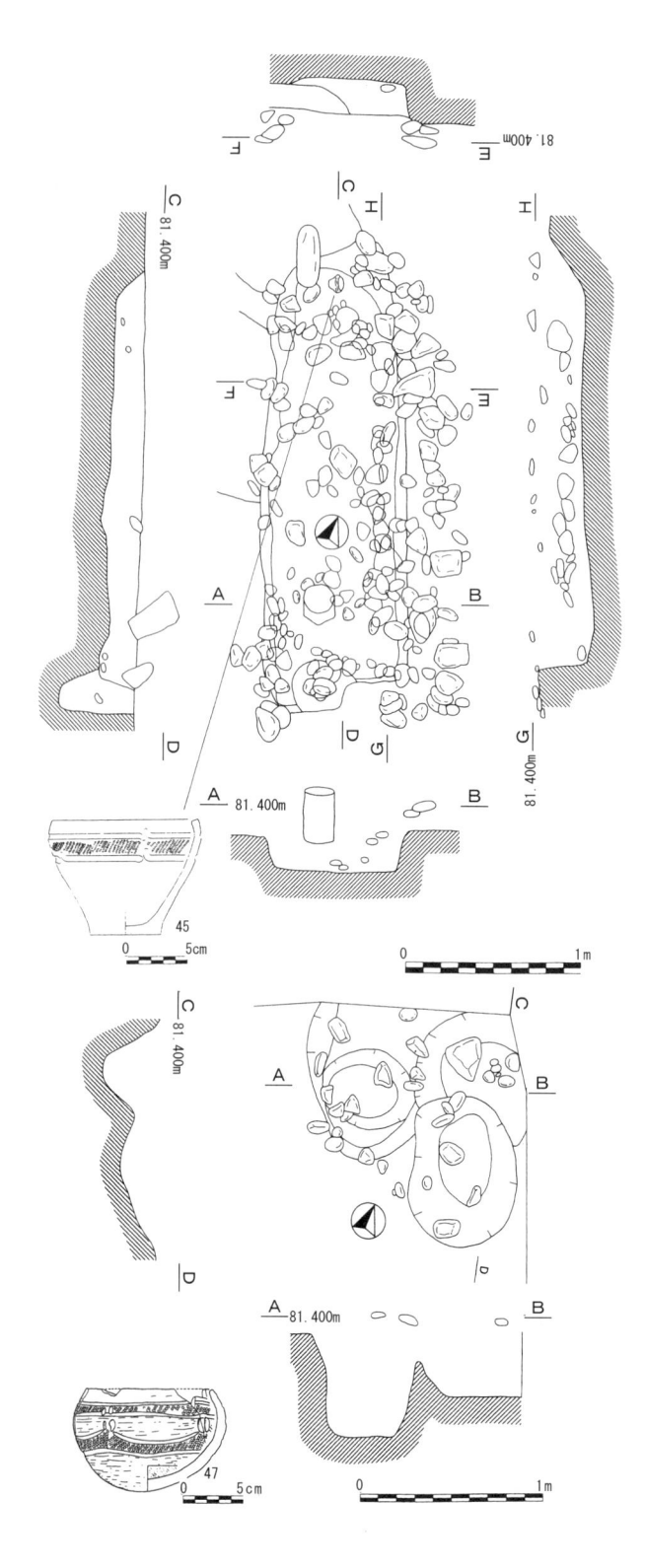

194　第3章　配石集落と縄文時代階層化社会論

第34図　土壙墓 SKD09・SKD04〜06（1985・87年調査）

2. 神奈川県域における縄文時代後・晩期の配石墓と土壙墓

　配石遺構、とくに配石墓をめぐる研究の歴史は長い。配石遺構全般の研究の歩みについては、筆者が別にまとめたことがある（山本 1999b）。また、配石墓については、鈴木保彦による各地の事例を集成した詳細な研究（鈴木 1980・86）や新津 健による研究史的総括がなされている（新津 1999）ので、それら参照願うとして、ここでは省略するが、配石遺構は、一部、早・前期に認められるものの、その構築が活発化するのは、中期終末以降、とくに後期に入ってからであり、東日本の広域な地域に大規模な配石施設（配石遺構）が構築されるようになる（山本 1981a）。

　一方、関東・中部地方を中心として、中期終末期の配石施設構築の活発化と軌を一にして、柄鏡形（敷石）住居が多数構築され始める。柄鏡形（敷石）住居は、関東・中部域に栄えた中期文化崩壊を告げる象徴的な存在であったといえよう。この柄鏡形（敷石）住居の登場とともに大規模な中期環状集落は、その長きにわたった集落継続の伝統を絶つに至るのである。その原因はいまだ十分に解明されたわけではないが、自然環境の悪化、すなわち気候の冷涼化にともなう食糧資源の減少とともに、拡大を続けた中期集落内部に胚胎した内部矛盾が引き金になったことが考えられる（山本 1976a）。こうして縄文時代文化は、後期以降、新たな変質を遂げる段階を迎えるに至る。

　周知のように、柄鏡形敷石住居や配石遺構にみる石材を多用する施設の構築は、関東・東北域の後・晩期遺跡、集落址に一般的に認められる現象であるが、関東をみると、千葉県域に代表されるように、東部関東では石材利用がきわめて不活発である傾向が認められる。その理由のひとつとして、これまで、石材入手の困難さが背景にあることがしばしば指摘されてきたが、それだけでは十分な理由の説明たりえないのではないだろうか。この関東地方における東部関東と西部関東にみる差異は、土器型式の様相の違いにもよく表れており、縄文時代全体を貫く傾向ともいえるのであり、居住した集団のなんらかの質的な違いをも暗示させているのである。

　そうした地域的偏在性のもつ歴史的意味を明らかにさせるためにも、具体的な事例にもとづいた細かな分析が要求されているように思う。筆者はこれまで中期終末以降の関東地方における諸集落のありかたを分析した中で、柄鏡形（敷石）住居址にみる地域的な違いを明らかにさせてきたことがある（山本 1980a・86・89b）。

　そこで、ここでは視点を変え、神奈川県域の後・晩期集落における配石墓・土壙墓のありかたを例にとって、地域性を含めた特性を明らかにさせてみよう。いうまでもなく、神奈川は三浦半島に境されて東京湾と相模湾に面し、多摩川右岸に東京都域から続く多摩丘陵と、その東に接して一段低い下末吉台地が広がり、南は多摩丘陵より高位の丘陵性地形の三浦半島がある。また、県央部は境川を境として、相模川左岸に相模野台地が広がり、相模川を越えた西部は、北を丹沢山地、南が足柄山地という山地帯を擁する変化に富んだ地形的特色を有しているのである。そうした地理的特性が凝縮する形で柄鏡形（敷石）住居や土壙墓・配石墓の分布に反映され

ているといえよう。

ところで、神奈川県における後・晩期の集落遺跡は、中期に比して激減する傾向が指摘できる。2001年末段階での筆者らの集成によれば、これまでの調査によって判明している中期中葉から後葉期の集落遺跡数は271遺跡であるのに対して、後・晩期に属する遺跡は110遺跡と、半分以下に減少し、とくに後期後葉から晩期に相当する遺跡は数えるほどしかあげることができず、それも晩期前半で集落遺跡の痕跡は皆無となってしまうのである(山本・長岡・恩田・松田 2001)。しかも、遺跡数の半減化傾向をさらに細かくみると、中期にみられた大規模な環状集落は形成されず、検出された住居址数も激減し、集落規模が縮小化の一途を辿ったことは明らかである。

そうした傾向にあって、これまで神奈川県域に検出されてきた後期以降の集落遺跡における、配石墓、土壙墓の特徴をみてみよう。まず、石神台遺跡を含めて該期の配石墓・土壙墓が検出された主な遺跡は次のとおりである(第36図・第7表)。

川崎市多摩区下原(浜田他 2000・01)、横浜市都筑区華蔵台(石井 2008)、横浜市都筑区華蔵台南(石井 1993)、横浜市都筑区牛ヶ谷(石井 1993)、横浜市都筑区川和向原(石井 1995)、横浜市都筑区原出口(石井 1995)、横浜市都筑区三の丸(伊藤他 1983・85)、横浜市都筑区小丸(石井 1999)、横浜市港北区神隠丸山(伊藤 1980)、横浜市青葉区杉山神社(大川他 1985)、海老名市杉久保(河野 1983・84、小宮・中島 1998)、綾瀬市上土棚南(阿部 1996)、大和市相ノ原第V地点(曽根他 1995)、厚木市及川山ノ上(大上 1989)、相模原市下溝鳩川B・C地区(迫他 1994)、津久井郡城山町川尻(三上他 1988、大貫 1992、中川 2002)、津久井郡藤野町椚戸中原(赤星 1974)、伊勢原市下北原(鈴木 1977)、伊勢原市三ノ宮・下谷戸(小出 1971、宍戸他 2000)、伊勢原市沼目・坂戸第II地点(福田他 1999)、伊勢原市東大竹・山王塚[八幡台](諏訪間 1992)、伊勢原市神成松(高橋他 1975)、秦野市曽屋吹上(高山他 1975、今泉他 2002)、秦野市寺山(八幡・矢島 1935、石野 1936、安藤 1990・96)、秦野市中里(村上他 1997)、平塚市王子ノ台(秋田他 1991、岡本 1999)、大磯町石神台(高山 1974、鈴木他 1992)、足柄上郡大井町金子台(神沢 1966、赤星 1974)、南足柄市馬場(杉山・神沢 1969、杉山 1989)、南足柄市塚田(安藤 1994・96)、南足柄市五反畑(安藤 1998)

これらの遺跡のうち、配石墓が検出された遺跡は、県西部の相模川上流域、丹沢山地、それに派生する秦野盆地周辺から大磯丘陵にかけての地域に分布が集中する傾向が認められ、神奈川県域でも山寄り地域に構築されるという地域的特色をもつ(第35図)。

集落との関係を明瞭に捉えられる事例は少ないが、下北原遺跡例のように、大規模な配石遺構・柄鏡形敷石住居址とともに二群に分かれて配石墓群が存在する例からみると、集落内の墓域として営まれていた可能性が強い。墓標・墓石としての上面配石は、下北原遺跡例をはじめ、金子台、馬場遺跡に好例をみるが、2002年夏、史跡整備に関連して確認調査が行われた川尻遺跡(国指定史跡「川尻石器時代遺跡」)からも金子台や馬場遺跡とほぼ同様な規模の比較的大きい配石墓群が確認され注目された。詳細は未報告であるが、今後の報告に期待される(註1)。

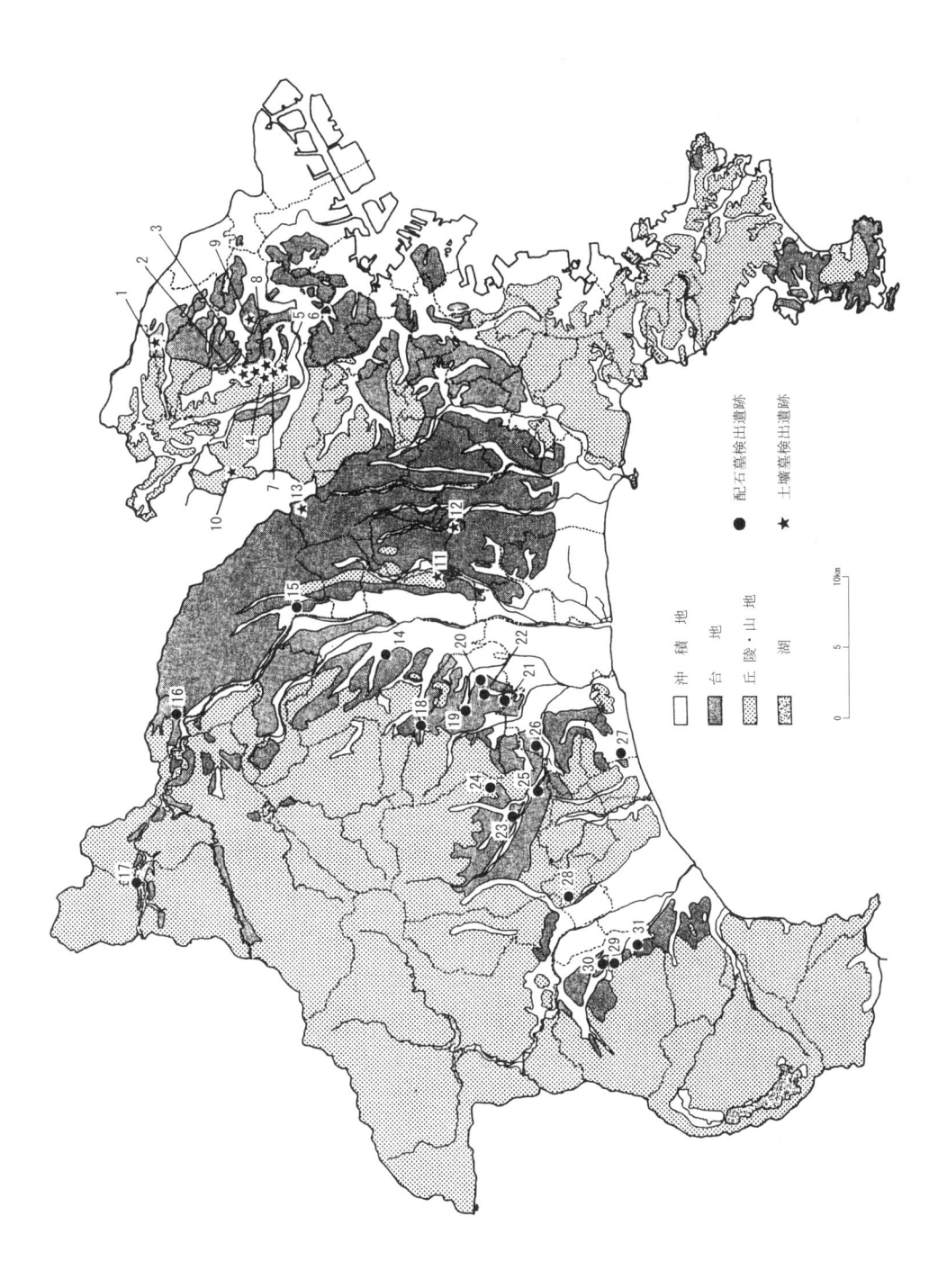

第4節 石神台遺跡と縄文時代の配石墓 197

第35図 神奈川県域の縄文時代後・晩期配石墓・土壙墓検出遺跡分布図

上部配石下の下部土壙に配石・組石をもつ、いわゆる石棺墓・組石墓状を呈する事例は、そのほとんどの遺跡に認められ、上部配石と一体となって下部土壙にも配石されたことがうかがえる。詳細は未報告ではあるが、五反畑遺跡例は、典型的な石棺墓を呈する。また、下北原遺跡では、蓋石をもつ丁寧な造りの石棺墓が認められ、同様な事例は川尻遺跡からも2002年夏の調査で確認されている。

　この時期の墓壙には、小型の鉢や壺形、舟形土器が副葬される特徴を有しているが、下北原、石神台、金子台、馬場遺跡などから好例が検出されている。土壙墓内からの埋葬人骨が検出された遺跡は少なく、石神台遺跡の他に金子台遺跡に歯の断片の痕跡が認められた程度である。神奈川県域では、今後ともこの時期の土壙墓から埋葬人骨を検出することは困難と思われる。

　これら配石墓の時期は副葬された土器からすると、後期中葉・加曽利B式期に相当する事例が多い。とくに加曽利BⅠ式期に集中するようである。ただ、五反畑遺跡例はやや時期が降り晩期前葉の可能性がある。前段階の堀之内期の様相があまり明瞭ではないが、下溝鳩川遺跡C地区に検出された一部配石を伴う土壙墓群は、内部からの遺物の出土が少ないので断定できないが、柄鏡形(敷石)住居を伴う堀之内式期の土壙墓群と思われる。また、下北原遺跡では、その集落展開からすると、配石墓の出現はやや後出する傾向が指摘できよう。この配石墓には、配石遺構や柄鏡形敷石住居址がともに検出される遺跡が多い。ただし、柄鏡形敷石住居址はそのほとんどが後期前葉・堀之内式期のものであり、配石墓の構築主体時期とは、やはりずれがあるようである。

　これまで神奈川県域の配石墓のありかたをみてきたが、配石墓そのものは、鈴木保彦氏の集成的作業(鈴木 1980・86)からも明らかなように、関東山地から中部山地、北陸・東北北半部にかけて広く事例が認められ、縄文時代後期の墓制のうえで中心をなしたものといえ、その一環として、神奈川県域の事例をとらえることが可能である。

　次に、配石を伴わない土壙墓のありかたについてみてみると、横浜市域、とくに市北部、港北ニュータウン事業地域内遺跡に事例が多く知られる。これは広域かつ遺跡の広範囲な調査結果が反映されているものともいえるが、神奈川県域でも、東部、多摩丘陵から派生する低位な下末吉台地域に事例が集中する傾向に変わりはないと思われる。横浜市北部域を除くと、海老名市杉久保、綾瀬市上土棚南遺跡などに知られ、多くは、堀之内式期から加曽利B式期に形成された集落に付随して形成された墓域・土壙墓群と考えられる。とくに加曽利B式期に形成された土壙墓群には、壺・鉢・舟形などの小型土器が副葬される事例が多く、先にみた配石を伴う墓壙群のありかたと共通性をみせており、配石の有無を問わず、この時期の一つの特徴といえよう。土壙墓の平面形態も配石を伴うものも同様であるが、長軸の長い長方形・長楕円形のものが多い。中期後半の環状集落内に形成された土壙墓の多くは、楕円形ないし長楕円形のものが多い傾向と若干の違いをみせている(山本 2003)。これが直接埋葬姿勢と関わって伸展葬が多くなることを意味しているかどうかは断定できないが、興味深い傾向といえよう。

　土壙墓の上面ないし下部土壙に配石を伴わない事例は、このように県東部域に集中する傾向

が指摘できるが、これは、柄鏡形(敷石)住居址にみる石材利用の多寡傾向と同様であり、神奈川県域をみた場合、敷石を含めた配石という行為に地域的な違いが認められることに注目しておく必要があろう(第35図)。

また、後期末から晩期前葉期の事例は少なく、下原、華蔵台遺跡をあげるにとどまる。ともに土壙墓群が集中的に構築されており、後期前葉からの傾向が受け継がれていることは確かである。ただ、それ以降は集落の形成もほとんど認められなくなる。

以上、紙数の都合もあり、ごく簡略に神奈川県内の後・晩期集落にみる墓壙・墓域の特徴について触れてみた。さいごに、埋葬人骨との関わりについて触れておきたい。神奈川県域の縄文時代埋葬人骨発見事例については、別にまとめたことがある(山本 1995 b)が、その後も若干の事例数の増加はあるものの大きな変化はない。前掲の石神台遺跡や土壙内から再葬焼人骨が検出された小丸遺跡例を除く、後期の事例としては、横浜市南区稲荷山貝塚(松田 2002)、横浜市金沢区称名寺貝塚(吉田他 1968、和島他 1968、岸上他 1984、岡本他 1990)、茅ヶ崎・藤沢市遠藤貝塚(寺田他 1993)など、わずかな遺跡をあげるにとどまる。この中で、称名寺D貝塚(仮称D貝塚北側含む)をみると、貝層下土層から、計24体の埋葬人骨が検出されている。時期は後期後半(加曽利B式期を含むか)以降とされ、埋葬姿勢は伸展葬はみられるものの屈葬が主体をなしている。集落内の位置関係は不明だが、確実に墓域としての埋葬集中場所が存在していることがとらえられよう。

おわりに

以上、石神台遺跡の配石墓についての概要をまとめ、それと関連させて神奈川県域の縄文時代後・晩期の配石墓と土壙墓の特徴について触れてみた。いうまでもなく、石神台遺跡から検出された配石墓は、神奈川県内に限られるものでもなく、関東・東北域に広範な分布を示しており、そうした広い視野から検討を加えなければ有意な歴史的意味を見いだせないが、その基礎的な作業として、神奈川県内でのありかたについて検討を試みてみた。その結果、縄文時代後・晩期の集落には確実に墓域が存在すること、それは、中期環状集落におけるありかたとも共通するが、とくに県西部の相模川上流、丹沢山地寄りの山地域に配石墓群が集中し、県東部の低位な台地域には土壙墓群が卓越するという傾向が認められ、この石材利用の地域的な違いは、柄鏡形(敷石)住居にみられる傾向と同様であることが指摘できた。

こうした違い、すなわち、石材利用に表れた差異は、はじめに触れたように、大きくみると、関東地方の東西に表れた差異に収斂されるが、その地域的な狭間でのありかたが、神奈川県域に凝縮されていたともいえるだろう。しかしながら、そうした差異をもたらしたその意味、集団間の質的な違いについては、いまだ明確にされたとはいえず今後にまかされた課題とされるのである。

このような観点からすると、石神台遺跡そのものは、地上からその姿をほとんど消したとし

200　第3章　配石集落と縄文時代階層化社会論

第7表 神奈川県域の縄文時代後・晩期配石墓・土壙墓検出遺跡一覧表

No.	遺跡名	所在地	検出数	配石墓・土壙墓の特徴 上面配石	土壙墓内配石	副葬品	時期	関連遺構	集落内の位置	備考
1	下原	川崎市多摩区	54	×	×	土器・石器	晩期前葉	晩期前葉住居址2	調査区南半部に集中	陥穴含む。集落内墓域と思われる
2	華蔵台	横浜市都筑区	90	×	×	○小型土器副葬あり	後期～晩期前葉	後期～晩期前葉住居址48、内晩期6、掘立8、貯蔵穴14	環状集落中央部	堀之内～安行式期の土壙墓多数検出
3	華蔵台南	横浜市都筑区	7	×	×	土器破片	堀之内	住居址15（加曽利E末3、堀之内12）、掘立建物3他	住居周辺に分布	貯蔵穴、陥穴状土坑あり。明瞭な墓域形成していない
4	牛ヶ谷	横浜市都筑区	5	×	×		堀之内	住居址3、掘立3他	住居周辺に分布	小規模集落、貯蔵穴、陥穴あり
5	川和向原	横浜市都筑区	13	×	×	土器破片	堀之内	住居址20、掘立19他	環状集落前葉集落址。環状集落前葉集落に隣接、孤状分布	後期初頭～前葉集落址。原出口遺跡西側に隣接、ほかに貯蔵穴、陥穴
6	原出口	横浜市都筑区	22	×	×	土器破片、注口	堀之内	住居址19、掘立4他	中среди集落内側北半に弧状分布	貯蔵穴
7	三の丸	横浜市都筑区	241	×	×	土器破片、小型土器副葬顕著	加曽利B～加曽利BI期の半数	称名寺～加曽利B期、住居址45、掘立19他	双環状集落中央広場に加曽利B期集中、南群墓域は放射状配置	中期双環状集落と重複。北群の墓域は加曽利BI期、南群の墓は堀之内？加曽利BI期に形成
8	小丸	横浜市都筑区	106	×	×	土器破片、小型土器副葬	堀之内～加曽利B期	堀之内～加曽利B期住居址39、掘立40他	環状集落内側西部に偏して分布。所住居に近接	勝坂期集落と重複。再葬成人焼骨出土壙墓あり。
9	神隠丸山	横浜市港北区	40	×	×	土器破片、小型土器副葬	堀之内～安行	堀之内～安行I期住居址45、掘立12他	環状集落東西2群、東群はさらに南北2群に分かれる	後期集落は中期環状集落と位置を変えて形成される。正報告未刊のため詳細不明
10	杉山神社	横浜市青葉区	22	×	×	土器破片、小型土器副葬	堀之内～加曽利B	称名寺～加曽利B期住居址16	集落内中央やや西側に集中	中期集落と重複。正報告未刊のため詳細不明
11	杉久保	海老名市	42	×	×	土器破片、小型土器副葬、入子状	堀之内～加曽利B	堀之内～加曽利B期住居址48	北側集落内に2群	中期集落と重複。南側に大規模中期環状集落。正報告未刊のため詳細不明
12	上土棚南	綾瀬市	50以上	×	×	小型土器副葬顕著	加曽利B	堀之内期住居址2	集落内位置は不明	正報告未刊のため詳細不明。小型土器実測図あり
13	相ノ原第V地点	大和市	8	一部○	×	大型土器	後期？	後期？住居址7	位置関係は不明	6次調査に上面配石土壙あり。石皿含む
14	山ノ上	厚木市	3	○	○		堀之内～加曽利B	称名寺後期柄鏡形敷石住居址3	位置関係は不明	蓋石をもつ配石墓1、配石土壙2

No.	遺跡名	市町	基数			土器	時期	関連遺構	調査状況	備考
15	下溝鳩川 B地区	相模原市	3	○	×	大型土器破片	称名寺〜堀之内	称名寺〜堀之内期柄鏡形敷石住居址2	部分的調査のため位置関係は不明だが柄鏡形敷石住居内の土壙墓を伴う	円形・楕円形土壙に配石が伴う
	C地区		4	○	×	土器破片	堀之内	柄鏡形（敷石）住居址3、配石		配石土壙
			64	×	×	土器破片	堀之内			土壙墓群　遺物出土少ない
16	川尻 2002年調査	城山町	10基以上	○	○		加曽利B	中期末柄鏡形敷石住居址1	部分的な調査のため集落内の位置関係は不明	中期末〜後期多数の環状集落と重複。柄鏡形敷石住居址・配石遺構が既に検出されており、配石墓と関連する可能性あり
17	樫戸中原	藤野町	5	○	○	土器破片	加曽利B		位置関係は不明	石棺墓状組石土壙あり
18	下北原 第1配石墓群	伊勢原市	11	○	○	5基に鉢形・深鉢形土器、小型土器含む	加曽利BⅠ	柄鏡形敷石住居址2、配石2、環礫方形配石3、配石遺構他	柄鏡形敷石住居・配石を伴う後期集落中央に2群に分かれて配石墓群あり	22基の上部配石群
	第2配石墓群		14	○	○	3基に深鉢・浅鉢・鉢・鉢形土器	堀之内Ⅱ〜加曽利BⅠ			5基の上部配石群、石蓋をもつ石棺状組石土壙あり
19	三ノ宮下谷戸 1965〜67年調査	伊勢原市	基数不明	○	○		堀之内〜加曽利B	柄鏡形敷石住居、環状配石2、大規模な後期配石墓	柄鏡形敷石住居・配石を伴う大規模な後期集落内の配石墓	環状配石下に土壙群。正報告未刊のため詳細不明
	1992〜95年調査		35	○	○	土壙墓内小型土器副葬あり	堀之内〜加曽利B	柄鏡形敷石住居址6、配石5、集石4他	全体の集落構造は不明	環礫方形配石1含む。中期集落と重複。14基の上部配石下33基の土壙墓群
20	沼目・坂戸 第Ⅱ地点 第5地区	伊勢原市	33	○	×		堀之内〜加曽利B	環礫方形配石1	集落構造は部分調査のため不明	中期集落と重複。上部配石は部分的、下部配石にほとんど配石なし
21	東大竹・山王塚（八幡台）	伊勢原市	19	×	一部○	注口土器、耳栓	加曽利BⅠ	柄鏡形敷石住居址1、掘立2他	集落構造は部分調査のため不明	土壙墓は集中する
22	神成松	伊勢原市	18	一部○	×	大型土器破片	堀之内	柄鏡形敷石住居址5、住居址1	柄鏡形敷石住居址を取り囲むように分布	中期集落と重複。中期の土壙墓もあり
23	曽屋吹上 1974〜75年調査	秦野市	基数不明	○	○		堀之内〜加曽利B	柄鏡形敷石住居址1、環礫方形配石1、配石他	集落全体は不明	柄鏡形敷石を組み合せて立ても配石の続きが検出されており、2001年調査でも配石が検出されているが、配石下の土壙墓は不明瞭

202　第3章　配石集落と縄文時代階層化社会論

#	遺跡名	市町村	不明	不明	配石下小型土器舟形土器	加曽利B	住居址等	集落内の位置関係	備考
24	寺山 1935年調査	秦野市	不明					集落内の位置関係は不明	立石を伴う配石下遺構、炉址もなく配石鏡形敷石住居とは考えがたい。配石下に舟形土器出土していることから配石墓の可能性あり
	1988・89年調査		25	○	小型土器	加曽利Bか	柄鏡形敷石住居址4、配石約20、配石45他	集落内の位置関係は不明	土壙集落と重複。上面に配石をもつ土壙墓・配石墓集中箇所あり
25	中里	秦野市	1	○		後期？	柄鏡形敷石住居址3、配石10他	集落内の位置関係は不明	1基のみ配石下に立石状の配石をもつ土壙あり。他の配石下には土壙なし
26	王子ノ台西区	平塚市	7	○	小型壺形土器	加曽利B	柄鏡形敷石居址約30、掘立、環濤方形配石1他	調査区中央部に集中	柄鏡形敷石住居址を主体とする集落
27	石神台 1972年調査 1985	大磯町	14	不明瞭	小型壺・舟形・深鉢形土器	加曽利BI		集落内の位置関係は不明	配石下土壙内埋葬人骨25体
	1985・87年調査		11	一部○	小型鉢形土器	加曽利BI	配石4、土壙29、ピット群2、土器廃棄場		埋葬人骨出土土壙2。ピット群は住居址か
28	金子ノ台D地区	大井町	20以上	○	小型壺・鉢・深鉢形土器	加曽利BI	配石単位31、住居址1	集落との関係不明	配石下に土壙墓一部確認。配石の単位は赤星報告で31、神沢報告18と差がある。土壙内歯断片出土例あり
29	馬場	南足柄市	6	○	小型深鉢形土器	加曽利BI	配石単位4、柄鏡形敷石住居址2、竪穴住居址1、破砕礫集積1	集落内位置関係は不明	上面配石（組石）に石棒伴うものあり
30	塚田	南足柄市	約150	○		後期	柄鏡形敷石住居址7、柄鏡形住居址2、竪穴住居址18、配石約50、列石1他	集落内位置関係は不明	正報告未刊行のため詳細不明。中期集落と重複
31	玉反畑	南足柄市	26	○	注口土器石刀、鉢形土器、勾玉、耳飾など	加曽利B～晩期前葉	柄鏡形敷石住居址2、竪穴住居址1、配石他	集落内位置関係は不明	正報告未刊行のため詳細不明。中期配石中大型立石伴うものあり、下部配石出石棺状

*大磯町史研究第11号(2004)に発表以降の追補遺跡を下記にあげておく。
伊勢原市三ノ宮・前畑遺跡：戸田哲也・諏訪間伸 2002『三ノ宮・前畑遺跡発掘調査報告書Ⅱ』(『いせはらの遺跡』Ⅲ) 伊勢原市教育委員会
伊勢原市東大竹・下谷戸(八幡台)：坪田弘子 2005『神奈川県伊勢原市東大竹・下谷戸(八幡台)遺跡の調査Ⅱ 玉川文化財研究所

ても、その価値は普遍であり、今後とも縄文時代の配石墓研究のうえで重要な役割を果たしていくことであろう。

註

（1）その後、2005年に調査報告書が刊行された（中川他 2005）。

結　語

本書は、2002年10月に刊行した『敷石住居址の研究』以降に筆者が発表した諸論文をもとに一書としてまとめたものである。とくに、2007(平成19)年から2009(平成21年)の3ヶ年間、独立行政法人日本学術振興会科学研究費基盤研究（C）の交付を受けて研究課題「縄文時代における柄鏡形(敷石)住居址の研究」に取り組んできた。本書はその研究成果を中心としているが、それに加えて、近年多くの研究者により主張されている「縄文時代階層化社会論」をめぐる研究動向及び、それと関連して、近年分析・検討を加えた、後・晩期の配石・敷石集落址をめぐる研究を付け加えてみた。

　柄鏡形(敷石)住居址の発見遺跡事例は、『敷石住居址の研究』刊行後も、増加し続けている。2001年3月末段階で集成した中期後葉段階の「石柱・石壇をもつ住居址」発見遺跡数は74遺跡であったものが90遺跡と、16遺跡が増加した。また、中期終末期以降の柄鏡形(敷石)住居址発見遺跡数は、都県別にみると、神奈川県が199遺跡から242遺跡、東京都が177遺跡から206遺跡、埼玉県が116遺跡から139遺跡、千葉県が56遺跡から70遺跡、茨城県が11遺跡から12遺跡、栃木県が16遺跡から23遺跡、群馬県が158遺跡から192遺跡、山梨県が60遺跡から71遺跡、長野県が113遺跡から137遺跡、福島県が42遺跡から52遺跡、宮城県が6遺跡から8遺跡、岩手県が14遺跡から18遺跡、秋田県が5遺跡から7遺跡、山形県が2遺跡、青森県が13遺跡と変わらず、新潟県が16遺跡から17遺跡、富山県が2遺跡から3遺跡、福井県が1遺跡から2遺跡、静岡県が21遺跡から36遺跡、愛知県が1遺跡から2遺跡、岐阜県が1遺跡から2遺跡、三重県が1遺跡と変わらず、奈良県が新たに1遺跡追加された。総数でいうと、1031遺跡から1256遺跡と、225遺跡増加している。この他、管見に触れなかった事例もまだ多数あると思われるので、実数はさらに増加することは確実である。このうち、北東北における事例については、敷石や柄鏡形を呈する事例は少なく、出入口施設が後期以降を中心に発達しており、これを関東・中部域の柄鏡形(敷石)住居と同列に扱うことができるか、判断に迷うので、それらの事例については、十分な事例の検索を行っていない。また、事例数も正式報告書が未刊行のものも多いので、正確な住居址数をあげることはできない。加えて、報告書等の未見のものも含まれるので、そうした不備は今後とも補ってゆきたいと思う。ご教示願えれば幸いである。

　さて、1256遺跡という多数の柄鏡形(敷石)住居址発見遺跡数は、こうした住居構造が東日本の関東・中部地方を中心とした諸集落に、中期後半から終末期にかけて受け入れられ、その後分布域を拡大しつつ、東日本に定着したことを如実に示している。事例からみて、分布的傾向は変わらず、関東でも南西関東から関東山地寄り、中部山地帯といった内陸部に事例が多く、東関東での事例数は少なく、とくに敷石を施した柄鏡形敷石住居址例は極めて少ない傾向は事例数が増えても変わらない。

　柄鏡形(敷石)住居址を特殊視化する傾向、近年では、階層化社会論との関わりで、その性格を論ずる傾向が強いが、このように多くの遺跡から検出されている柄鏡形(敷石)住居址のすべてが階層差を表すものでないとしたら、どれが、どのような理由により階層差を表すものなのか、階層化社会論者は、そのことに答えるべきであろう。正しくは、何度も主張しているよう

に、中期後葉以降の配石施設の構築の活発化と軌を一にして柄鏡形(敷石)住居は集落内の一般的な住居として構築され続けたのである。

　柄鏡形(敷石)住居の出現は、中期大規模環状集落の崩壊過程と深く関わっていたことはいうまでもない。問題は、なぜ、関東・中部域に繁栄を誇った中期大規模環状集落は崩壊を迎えたのか、その要因はいったいなんであったのかという点にある。その点を解明するためには柄鏡形(敷石)住居の研究深化は不可欠であろう。

　今後、研究のさらなる発展を目指して、こうした中期から後・晩期へと移る縄文社会の変質を、階層化社会論に偏向することなく解明し続けなければならないと思う。

　本書がそうした点を研究するうえで、基礎的な資料としても参考となれば望外の喜びである。

　前述したとおり、本書は、近年発表した論文を補訂しつつ再録して一書にまとめたものであるが、とくに、第2章において、柄鏡形(敷石)住居址発見事例を南西関東を具体例としてその地域的なありかたを微細に検討を加えている。ただ、第1節では、集落址におけるありかたなど、詳しく検討しているが、第2節・3節は、事例の提示に多くの頁数を要したので、細かな分析・検討は割愛せざるを得なかった。その点、統一性がとれていないが、第1節でみた傾向には大きな変化はないものと考えている。今後、さらに地域を広げて分析・検討を行っていく必要性を感じている。柄鏡形(敷石)住居址の研究に取り組んで久しいが、その原点ともなったのは、1967(昭和42)年3月に行われた、横浜市南区(現・磯子区)洋光台猿田遺跡第10号住居址を自ら調査したことにあった。無敷石の柄鏡形住居址の初発見となった、この住居址を調査できたことにより、その後の研究の方向性が定まった思い出深い遺跡調査であった。そのような感慨をこめて、裏表紙カバーにこの住居址の写真をカットとして用いさせてもらった。

　また、科学研究費基盤研究(C)の採択を受けて、2007(平成19)～2009(平成21)年度の3ヶ年間行った「縄文時代における柄鏡形(敷石)住居址の研究」(研究課題名)において、神奈川県域を中心とした南西関東地方の柄鏡形(敷石)住居址事例について、報告書等から転載して資料集成図を作成した。A4版で約2000頁という膨大なものとなったが、今後、なんらかの形で公表したいと考えている。

　なお、本書で用いた挿図等の多くは、一々出典を明記しなかったが、報告書等からの引用転載したものである。引用文献は、付編に掲載した遺跡参考文献を参照願いたい。転載にあたっては、都合上、加除筆を加えている。ご容赦願いたい。

　本書表紙カバーのカット写真は、神奈川県相模原市磯部所在の『国指定史跡勝坂遺跡D区』30号住居址の全景写真を用いている。写真掲載にあたっては、相模原市教育委員会の許可をいただき、写真原図のポジフィルムをお借りした。尽力いただいた相模原市教育委員会中川真人さんにお礼申し上げたい。また、科学研究費による研究期間中、資料集成図の作成に尽力してくれた、昭和女子大学大学院研究生大野節子さんに感謝申し上げる次第である。

　本稿作成にあたっては、資料見学、ご教示、文献の入手等で、下記の方々にご協力をいただ

いた。文末であるが篤くお礼申しあげる次第である(順不同・敬称略)。

阿部昭典(國學院大學)・早勢加菜(アム・プロモーション)、石坂　茂・関根慎二・谷藤保彦(群馬県埋蔵文化財調査事業団)、池谷信之(沼津市教育委員会)、石川真理子(松本市教育委員会)石原正敏・笠井洋祐(十日町市教育委員会)、井部一徳・新開基史・松田光太郎・三瓶裕司・宗像義輝・新山保和・井関文明(かながわ考古学財団)、植月　学(山梨県立博物館)、鵜飼幸雄・小池岳史(茅野市教育委員会)、閏間俊明(韮崎市教育委員会)、大石崇史・岩田　崇(高山市教育委員会)、大坪宣雄・山田仁和・相川　薫(吾妻考古学研究所)、長田友也(南山大学)、大野節子(昭和女子大学大学院)、金子浩之・杉山宏生(伊東市教育委員会)、北原實徳・今泉克巳(有明文化財研究所)、金子直行・細田勝(埼玉県埋蔵文化財調査事業団)、櫛原功一(山梨文化財研究所)、小金澤保雄((株)東日)、佐藤雅一(津南町教育委員会)、佐野　隆(北杜市教育委員会)、鈴木敏中(三島市教育委員会)、鈴木保彦(日本大学芸術学部)、須山幸雄・廣瀬有紀雄(横浜市教育委員会)、大工原　豊(安中市教育委員会)、滝沢　亮・小池　聡(盤古堂)、千葉　毅(慶應義塾大学大学院)、戸田哲也・坪田弘子・小林義典(玉川文化財研究所)、中川真人・領家玲美・多崎美沙(相模原市教育委員会)、長沢宏昌、中村耕作(國學院大學大学院)、中村良幸(花巻市教育委員会)、新津　健(山梨県教育委員会)、服部隆博(川崎市教育委員会)、浜田晋介(川崎市民ミュージアム)、林原利明、御堂島正・長岡文紀・恩田　勇(神奈川県教育局)、村田文夫、本橋恵美子(練馬区教育委員会)

引用・参考文献

相沢貞順　1988「縄文時代」『群馬県史　資料編1』（原始古代1）　群馬県史編纂委員会
会田容弘・藤原妃敏・森　幸彦他　2006「シンポジウムⅠ『複式炉と縄文文化』総合討論の記録」『福島考古』第47号
相原淳一　2005「宮城県における複式炉と集落の様相」『日本考古学協会2005年度福島大会シンポジウム資料集』日本考古学協会2005年度福島大会実行委員会
青木美代子　1982「縄文中期土器群の再編　ⅩⅢ期」『研究紀要　1982』　財団法人埼玉県埋蔵文化財調査事業団
赤城高志　1992「縄文時代柄鏡形敷石住居の微視的分析」『人間・遺跡・遺物－わが考古学論集2－』発掘者談話会
赤星直忠　1938「神奈川県伊勢原町八幡台石器時代住居阯」『考古学』第9巻3号
赤山容造　1980『三原田遺跡(住居編)』　群馬県企業局
秋田かな子　1991「柄鏡形住居研究の視点」『東海大学校地内遺跡調査団報告』2　東海大学校地内遺跡調査委員会・東海大学校地内遺跡調査団
秋田かな子　1995「柄鏡形住居の一構造－張出部をめぐる空間処遇の理解－」『帝京大学山梨文化財研究所研究報告』第6集
秋田かな子　1999「石のある風景」『入門講座　縄文ムラの風景』　神奈川県考古学会
秋元信夫　1997「大湯環状列石」『日本考古学協会1997年度大会発表要旨』
浅川利一　1967「高ヶ坂石器時代遺跡・復旧報告」『多摩考古』第8号
浅川利一他　1970「町田市高ヶ坂八幡平遺跡調査報告」『多摩考古』第10号
麻生　優　1965「住居と集落」『日本の考古学』Ⅱ（縄文時代）　河出書房
阿部昭典　1998a「縄文時代の卵形住居跡－信濃川上流域を中心として－」『新潟考古学談話会報』第19号
阿部昭典　1998b「縄文時代の環状列石－新潟県中魚沼郡津南町道尻手遺跡・堂平遺跡を中心として－」『新潟考古学談話会報』第18号
阿部昭典　2000「縄文時代中期末葉～後期前葉の変動－複式炉を有する住居の消失と柄鏡形敷石住居の波及－」『物質文化』69
阿部昭典　2001「縄文時代中期末葉の集落構造の変容」『新潟考古』第12号
阿部昭典　2008『縄文時代の社会変動論』（『未完成考古学叢書』6）　アム・プロモーション
阿部昭典　2009a「新潟県における縄文後期集落の様相」『考古学ジャーナル』№284
阿部昭典　2009b「新潟県における縄文時代後期前葉集落と配石遺構の隆盛－信濃川流域を中心として－」『國學院大學考古学資料館紀要』第25輯
阿部昭典・寺崎裕助・佐藤雅一　2005「新潟県における複式炉の様相」『日本考古学協会2005年度福島大会シンポジウム資料集』　日本考古学協会2005年度福島大会実行委員会
阿部伸一郎　1995「後・晩期社会と集団－住居の分析を中心に－」『なわ』第33号
阿部芳郎　1996「上土棚南遺跡」『綾瀬市史』九(別編考古)　綾瀬市
阿部芳郎　1997「池之元遺跡第1号住居址の施設構造－焼失住居の調査所見からみた居住施設の『痕跡化の過程と工法の復元－」『池之元遺跡発掘調査研究報告書』（『富士吉田市史資料叢書』14）富士吉田市史編さん室
阿部芳郎　2000「縄文時代における土器の集中保有化と遺跡形成－千葉県下総台地中央部における後期の遺跡群と土器塚の形成－」『考古学研究』第47巻2号
阿部芳郎　2001a「縄文時代後晩期における大形堅穴建物址の機能と遺跡群」『貝塚博物館紀要』第28号
阿部芳郎　2001b「遺跡群研究と地域社会の成り立ち」『第2回大学合同考古学シンポジウム　縄文社会を

　　　　　　　　　　探る－縄文後晩期　下総台地の地域社会から－』　早稲田大学文学部考古学研究室・明治
　　　　　　　　　　大学文学部考古学研究室編
阿部芳郎　　2003「＜報告３＞遺跡群と生業からみた縄文後期の地域社会」『縄文社会を探る』　大学合同考
　　　　　　　　　　古学シンポジウム実行委員会編・学生社
阿部芳郎他　　2000「縄文後期における遺跡群の成り立ちと地域構造」『駿台史学』第109号
阿部芳郎他　　2004「縄文時代後・晩期における谷奥型遺丘集落の研究－千葉県佐倉市曲輪ノ内貝塚の調査
　　　　　　　　　　方法を考える－」『駿台史学』第122号
阿部芳郎・金箱文夫・高橋龍三郎・樋泉岳二　　2003「[座談会]縄文社会を探る」『縄文社会を探る』大学
　　　　　　　　　　合同考古学シンポジウム実行委員会編・学生社
安斎正人　　2001「マルクス主義考古学の行方－現代考古学入門講座（３）－」『先史考古学論集』第10集
安斎正人　　2002ａ「序論　縄紋社会論へのアプローチ」『縄文社会論』上　同成社
安斎正人　　2002ｂ「北方猟漁採集民の社会　後期の北海道」『縄文社会論』下　同成社
安藤文一　　1996「西丹沢山麓の縄文集落と柄鏡形（敷石）住居址」『パネルディスカッション「敷石住居の
　　　　　　　　　　謎に迫る」』資料集　神奈川県立埋蔵文化財センター・財団法人かながわ考古学財団
池田政志　　2000「三ツ子沢中遺跡の敷石住居－群馬県内検出の敷石住居の集成を通して－」『三ツ子沢中
　　　　　　　　　　遺跡』（『北陸新幹線地域埋蔵文化財発掘調査報告書』第12集・『財団法人群馬県埋蔵文化
　　　　　　　　　　財調査事業団調査報告書』第260集）　群馬県教育委員会・財団法人群馬県埋蔵文化財調査
　　　　　　　　　　事業団・日本鉄道建設公団
池谷信之　　1988「東北地方における縄文時代中期末葉土器の変遷と後期土器の成立」『沼津博物館紀要』
　　　　　　　　　　12　沼津市歴史民俗資料館・沼津市明治史料館
池谷信之　　1994「愛鷹・箱根山麓の縄文中期集落と石器保有」『地域と考古学』（『向坂鋼二先生還暦記念
　　　　　　　　　　論集』）　向坂鋼二先生還暦記念論集刊行会
石井　寛　　1989「縄文集落と掘立柱建物跡」『調査研究集録』第６冊　港北ニュータウン埋蔵文化財調査
　　　　　　　　　　団
石井　寛　　1992「称名寺式土器の分類と変遷」『調査研究集録』第９冊　横浜市ふるさと歴史財団
石井　寛　　1994「縄文後期集落の構成に関する一試論－関東地方西部域を中心に－」『縄文時代』第５号
石井　寛　　1995「縄文時代掘立柱建物址に関する諸議論」『帝京大学山梨文化財研究所研究報告』第６集
石井　寛　　1996「縄文時代中期終末期以降の集落と住居址－横浜市港北ニュータウン地域を例に－」『パ
　　　　　　　　　　ネルディスカッション「敷石住居の謎に迫る」』資料集　神奈川県立埋蔵文化財センター・
　　　　　　　　　　財団法人かながわ考古学財団
石井　寛　　1998「柄鏡形住居址・敷石住居址の成立と展開に関する一考察」『縄文時代』第９号
石井　寛　　1999「縄文時代文化研究の成果と展望　遺構研究　大形住居址と大形建物跡」『縄文時代文化
　　　　　　　　　　研究の100年』（『縄文時代』第10号）
石井　寛　　2003「東北地方における礫石附帯施設を有する住居址とその評価－中期最終末以降を対象とし
　　　　　　　　　　て－」『縄文時代』第14号
石井　寛　　2004「後晩期環状配列掘立柱建物跡群をめぐって－東北地方北部を中心に－」『縄文時代』第
　　　　　　　　　　15号
石井　寛　　2007「後期集落における二つの住居系列－柄鏡形住居址系列と掘立柱建物跡系列－」『縄文時
　　　　　　　　　　代』第18号
石井　寛　　2008「掘立柱建物跡から観た後晩期集落址」『縄文時代』第19号
石井　寛　　2009ａ「居住システムの変化－関東後晩期」『生活空間　集落と遺跡群』（『縄文時代の考古学』
　　　　　　　　　　8）　同成社

石井　寛　2009b「総論　縄文後期集落の変遷と特質」『考古学ジャーナル』No.284
石井　寛　2009c「周石型礫石施設の系譜と性格－北日本を対象として－」『縄文時代』第20号
石井　寛・中川二見　2008『特別展　縄文文化円熟－華蔵台遺跡と後・晩期社会－』展示図録　横浜市歴史博物館・財団法人ふるさと歴史財団埋蔵文化財センター
石川栄吉他編　2000『縮刷版　文化人類学事典』第4刷　弘文堂（初版は1994）
石坂　茂　1985「柄鏡形住居址について」『荒砥二之堰遺跡－昭和55年度県営圃場整備事業荒砥南部地区に係る埋蔵文化財発掘調査報告書－』　群馬県埋蔵文化財調査事業団
石坂　茂　2002「縄文時代中期末葉の環状集落の崩壊と環状列石の出現－各時期における拠点的集落形成を視点とした地域的分析－」『研究紀要』第20号　財団法人群馬県埋蔵文化財調査事業団
石坂　茂　2004「関東・中部地方の環状列石－中期から後期への変容と地域的様相を探る－」『研究紀要』第22号　財団法人群馬県埋蔵文化財調査事業団
石坂　茂　2006「環状列石の出現と展開－関東・中部地方を中心として－」『ストーンサークル出現－縄文人の心、環の思想－』安中市学習の森　安中市ふるさと学習館
石塚和則他　1986『将監塚－縄文時代－』（『埼玉県埋蔵文化財調査事業団報告書』第63集）　財団法人埼玉県埋蔵文化財調査事業団
石野　瑛　1934a「相模国八幡台石器時代住居址調査報告」『史前学雑誌』第6巻1号
石野　瑛　1934b「神奈川県下に於ける石器時代住居址」『神奈川県史跡名勝天然紀念物調査報告書』第2輯　神奈川県
石野　瑛　1935a「東秦野村寺山金目台石器時代住居址」『考古集録』第3集
石野　瑛　1935b「伊勢原町八幡台石器時代住居址群調査記」『考古集録』第3集
石野博信　1975「考古学から見た古代日本の住居」『家』（『日本古代文化の探求』）　社会思想社
石野博信　1990『日本原始・古代住居の研究』　吉川弘文館
石丸和正　2001「新潟県における縄文時代後期後葉～晩期の竪穴建物」『新潟県考古学談話会会報』第23号
泉　拓良　1999「新たな縄文観の創造に向けて」『季刊考古学』第69号
井関文明　2001「環礫方形配石について」『上土棚南遺跡　第4次調査　蓼川改修事業に伴う発掘調査』（『かながわ考古学財団調査報告』109）　財団法人かながわ考古学財団
市川光雄　1991「平等主義の進化史的考察」『ヒトの自然誌』　田中二郎・掛谷　誠編　平凡社
伊東信雄　1935「古代に於ける国家の発達」『文化』第2巻5号
井　憲治　1996「真野川上流域における縄文中期末葉の集落構成」『論集しのぶ考古　目黒吉明先生頌寿記念』論集しのぶ考古刊行会
猪越公子　1973「縄文時代の住居址内埋甕について」『下総考古学』5
今村啓爾　1977「称名寺式土器の研究」『考古学雑誌』第63巻1号・2号
今村啓爾　1999『縄文の実像を求めて』（『歴史文化ライブラリー』76）　吉川弘文館
今村啓爾　2004「日本列島の新石器時代」『日本史講座』第1巻（東アジアにおける国家の形成）　歴史学研究会・日本史研究会編　東京大学出版会
岩井尚子　1998「敷石住居址の石材敷設状況からみた集団と集団構成」『駿台史学』第103号
岩崎長思　1932「戌立先住民族住居址」『長野県史蹟名勝天然紀念物調査報告』第13輯　長野県
上田三平　1933「石器時代の住居址に就て」『建築雑誌』第47輯・566号
上野佳也　1973「敷石遺構についての一考察」『古代文化』第25巻4号
上野佳也　1983a『縄文人のこころ』　日本書籍
上野佳也　1983b「総括」『軽井沢町茂沢南石堂遺跡総集編』　軽井沢町教育委員会

上野佳也　1985a「縄文時代敷石住居についての一研究」『三上次男博士喜寿記念論文集　考古編』　平凡社
上野佳也　1985b『日本先史時代の精神文化』　学生社
上野佳也　1988「敷石遺構の性格」『論争・学説日本の考古学』2　(先土器・縄文時代Ⅱ)　雄山閣
魚沼先史文化研究会　1998「原遺跡の研究」『新潟考古』第9号
宇田川浩一・小林　克　2001「縄文時代(東北)」『月刊考古学ジャーナル』No.473
上屋真一　1992「第Ⅲ章　成果と課題　3.出入口遺構のある住居址について」『ユカシンボE3遺跡A地点・ユカシンボE8遺跡B地点』(『北海道恵庭市発掘調査報告書1992』)　ユカシンボE3・E8遺跡発掘調査団
上屋眞一・佐藤幾子　2000「恵庭市カリンバ3遺跡の装身具」『考古学ジャーナル』No.466
江坂輝弥　1971「縄文時代の配石遺構について」『北奥古代文化』第3号
江坂輝弥　1973「配石遺構と敷石遺構」『古代史発掘』2 (縄文土器と貝塚)　講談社
江坂輝弥　1985「配石遺構とは」『考古学ジャーナル』No.254
榎本剛治　2009「米代川流域における集落遺跡と環状列石について」『考古学ジャーナル』No.584
江原　英　2005「北関東中部域における縄紋時代後晩期居住形態の検討(予察)－乙女不動原北浦遺跡の住居と集落を中心に－」『怒濤の考古学　三澤正善君追悼記念論集』　三澤正善君追悼記念論集刊行会
江原　英　2009「関東地方の縄文後期集落」『考古学ジャーナル』No.584
海老原郁雄　1997「接圏の敷石住居」『奈和』第35号
海老原郁雄　1998「南限の複式炉」『しのぶ考古』11
海老原郁雄　1999「接圏の縄文中・後期文化」『企画展　よみがえる縄文人』　ミュージア氏家
大石浩士　2002「住居跡に関する一考察－敷石住居跡の出現－」『入間市博物館紀要』第2号　入間市博物館
大沢　哲他　1979『長野県東筑摩郡明科町こや城遺跡発掘調査報告書』
大塚靖夫　1985「住居址内における立石について－炉址辺における事例を中心として－」『下依知大久根遺跡　神奈川県厚木市下依知大久根遺跡調査報告書』　厚木市下依知大久根遺跡調査団
大場磐雄　1933「新たに発見した石器時代敷石住居阯」『上代文化』第10号
大場磐雄　1936「自由学園内の石器時代敷石住宅阯」『史前学雑誌』第8巻4号
大林太良　1971「縄文時代の社会組織」『季刊人類学』第2巻2号
岡田康博　2000『遙かなる縄文の声　三内丸山を掘る』(『NHKブックス』844)　日本放送出版協会
岡村道雄　1993「埋葬にかかわる遺物の出土状態からみた縄紋時代の墓葬礼」『論苑考古学』(坪井清足先生古稀記念論集)
岡村道雄　2000『日本列島の石器時代』　青木書店
岡村道雄　2003「東北日本、縄文時代晩期の墓制とカリンバ3遺跡」『カリンバ3遺跡(1)』(『北海道恵庭市発掘調査報告書』)　恵庭市教育委員会
岡本　勇　1963「横須賀市吉井城山第一貝塚の土器(二)」『横須賀市博物館研究報告(人文科学)』第7号　横須賀市博物館
岡本　勇　1974「日本歴史のあけぼの」『日本民衆の歴史』1　三省堂
岡本　勇　1975「原始社会の生産と呪術」『岩波講座日本歴史』1 (原始および古代1)　岩波書店
岡本　勇　1979「縄文時代」『神奈川県史資料編』20(考古資料)
岡本　勇・橋本昌幸　1990「(仮称)称名寺D貝塚北側遺跡」『平成元年度文化財年報(埋蔵文化財その8)』　横浜市教育委員会

岡本孝之　1984「縄文人の死産児」『異貌』第11号
岡本孝之　1997「1996年の学界動向　遺構論」『縄文時代』第8号
小川和博　1979「千葉県における縄文中期末の居住形態(予察)」『なわ』第17号
小川和博　1980「千葉県における縄文中期末の居住形態」『大野政治先生古稀記念房総史論集』
小川岳人　2001『縄文時代の生業と集落－小奥東京湾沿岸の社会－』(『未完成考古学叢書』3)　ミュゼ
小川英文　2000「狩猟採集民」『用語解説　現代考古学の方法と理論Ⅲ』　安斎正人編　同成社
小倉和重　1998「斜位土器埋設炉に付いての一考察」『奈和』第36号
小倉和重　2003a「大形住居があるムラ［佐倉市宮内井戸作遺跡］」『縄文社会を探る』　大学合同考古学シンポジウム実行委員会編・学生社
小倉和重　2003b「盛土遺構があるムラ［佐倉市井野長割遺跡］」『縄文社会を探る』　大学合同考古学シンポジウム実行委員会編・学生社
長田友也　2008「大型石棒にみる儀礼行為」『考古学ジャーナル』No.578
忍澤成視　2003「大形住居と土製品［市原市能満上小貝塚］」『縄文社会を探る』　大学合同考古学シンポジウム実行委員会編・学生社
押山雄三　1990「福島県の複式炉」『郡山市文化財研究紀要』5
葛西　勵　2002『再葬土器棺墓の研究　縄文時代の洗骨葬』再葬土器棺墓の研究刊行会
笠原みゆき　1996「県内における敷石住居跡の分布について」(『中谷遺跡　山梨リニア実験線建設に伴う発掘調査報告書』・『山梨県埋蔵文化財センター調査報告書』第116集)　山梨県教育委員会・日本鉄道建設公団
笠原みゆき　1999a「大月遺跡の敷石住居跡について」『研究紀要』15　山梨県立考古博物館・山梨県埋蔵文化財センター
笠原みゆき　1999b「山梨県東部地域の敷石住居の様相」『山梨考古学論集』Ⅳ　(『山梨県考古学協会20周年記念論文集』) 山梨県考古学協会
笠原みゆき　2001「敷石住居」『山梨県考古学協会誌』第12号
笠原みゆき　2002「塩瀬下原遺跡出土の敷石住居址について」『研究紀要』18　山梨県立考古博物館・山梨県埋蔵文化財センター
金井安子　1984「縄文時代の周礫を有する住居址について」『青山考古通信』第4号
掛谷　誠　1991「平等性と不平等性のはざま－トングウェ社会のムワミ制度－」『ヒトの自然誌』　田中二郎・掛谷　誠編　平凡社
門倉久人　1962「敷石遺跡の分布について」『立正考古』第20号
神奈川考古同人会編　1980・81「シンポジウム『縄文時代中期後半の諸問題』－とくに加曽利E式と曽利式土器との関係について－」『神奈川考古』第10号・11号
神奈川県立埋蔵文化財センター・財団法人かながわ考古学財団　1996『パネルディスカッション　敷石住居の謎に迫る資料集』
神奈川県立埋蔵文化財センター・財団法人かながわ考古学財団　1997『パネルディスカッション　敷石住居の謎に迫る記録集』
金関　恕　1986「呪術と祭」『岩波講座　日本考古学』4　(集落と祭祀)　岩波書店
可児通宏　1986「敷石住居を復原する」『東京の遺跡』No.13
金子昭彦　2001『遮光器土偶と縄文社会』(『ものが語る歴史シリーズ』④)　同成社
金子昭彦　2004a「東北北部縄文晩期における副葬品の意味(予察)－階層化社会を読みとることはできるか－」『縄文時代』第15号
金子昭彦　2004b「大型遮光器土偶の特殊性と階層化社会－亀ケ岡(縄文時代晩期・東北地方北部)－社会

は階層化社会か」『考古学からみた社会の複雑化　研究報告集』　早稲田大学シルクロード調査研究所・比較考古学研究所・先史考古学研究所

金子昭彦　2005a　「大型遮光器土偶の規格性を階層化社会から理解する」『社会考古学の試み』　岡内三眞・菊池徹夫編・同成社

金子昭彦　2005b　「階層化社会と亀ヶ岡文化の墓－東北地方北部における縄文時代晩期の墓－」『日本考古学』第19号

金子昭彦　2005c　「階層化社会と袋状転用墓－縄文時代晩期の東北地方北部の様相－」『縄文時代』第16号

金子裕之　2004「伊豆を中心とした縄文中期後半土器の様相」『地域と考古学』(『向坂鋼二先生還暦記念論集』)　向坂鋼二先生還暦記念論集刊行会

金子義樹　1984「縄文時代における埋甕についての一試論－事例分析を中心に－」『神奈川考古』第19号

加納　実　2000「集合的居住の崩壊と再編成」『先史考古学論集』第9集

加納　実　2001「柄鏡形住居跡分析の一視点－縄文時代後期前半集落の解明にむけて－」『土曜考古』第25号

加納　実　2002「非居住域への分散居住が示す社会－中期終末の下総台地－」『縄文社会論(上)』　安斎正人編　同成社

神村　透　1973「南信地方の埋甕について－その学史と事例－」『長野県考古学会誌』第15号

神村　透　1975「縄文中期後半の室内祭祀遺跡(長野県瑠璃寺前遺跡)」『どるめん』第6号

神村　透　1993a　「下伊那型石柱(?)・石壇　1」『伊那』第41巻6号(通巻第781号)

神村　透　1993b　「下伊那型石柱(?)・石壇　2」『伊那』第41巻8号(通巻第783号)

神村　透　1993c　「下伊那型石柱(?)・石壇　3」『伊那』第41巻9号(通巻第784号)

神村　透　1993d　「下伊那型石柱(?)・石壇　4」『伊那』第41巻11号(通巻第786号)

神村　透　1995「炉縁石棒樹立住居について」『王朝の考古学』(『大川清博士古稀記念論文集』)　雄山閣

川崎義雄他　1980『調布市下布田遺跡』　調布市教育委員会

川名広文　1984「下総台地とその周辺における柄鏡形住居址について」『千葉県松戸市一の谷西貝塚発掘調査報告書』一の谷遺跡調査会

川名宏文　1985「柄鏡形住居址の埋甕にみる象徴性」『土曜考古』第10号

関西縄文文化研究会編　1999『第1回関西縄文文化研究会　関西の縄文住居　発表要旨・資料集』

神沢勇一　1966『金子台遺跡の縄文時代墓地』　第一生命保険相互社

菊池徹夫　2004「考古学からみた社会の複雑化－比較考古学の方法を探りつつ－」『考古学からみた社会の複雑化　研究報告集』　早稲田大学シルクロード調査研究所・比較考古学研究所・先史考古学研究所

菊池徹夫・高橋龍三郎・熊林佑允　2004「北米北西海岸の比較考古・民族学的研究－縄文文化社会の複雑化過程解明のために－」『史観』第150冊

菊池　実　1991「鏑川流域における敷石住居址住居跡の様相」『白石大御堂遺跡－園池を伴う中世寺院址の調査－』(『財団法人群馬県埋蔵文化財調査事業団調査報告』第122集・『関越自動車道(上越線)地域埋蔵文化財発掘調査報告書』第8集)

菊池　実　1995「脂肪酸分析と考古学的成果」『考古学ジャーナル』No.386

木下　忠　1981『埋甕　古代の出産習俗』(『考古学選書』18)　雄山閣

木下尚子　2000「装身具と権力・男女」『古代史の論点』2 (女と男、家と村)　小学館

岐阜県宮川村・同教育委員会編　1995『飛騨みやがわシンポジウム　石棒の謎をさぐる』資料集

木村英明　2003「柏木B遺跡からカリンバ3遺跡－縄文時代後期後半～晩期初頭の墓と副葬品の変遷－」

　　　　　　　『カリンバ3遺跡（1）』（『北海道恵庭市発掘調査報告書』）　恵庭市教育委員会
Ｃ．ギャンブル・田村　隆訳　2004『入門現代考古学』　同成社
桐原　健　1964「南信八ヶ岳山麓における縄文中期の集落構造」『古代学研究』第38号
桐原　健　1969「縄文中期にみられる室内祭祀の一姿相」『古代文化』第21巻3・4号
桐原　健　1971「和田遺跡東地区に見られる縄文中期集落の問題点」『長野県考古学会誌』第11号
桐原　健　1977「中期縄文土器の性格とその構成」『信濃』第29巻4号
桐原　健　1988『縄文のムラと習俗』（『雄山閣考古学選書』30）　雄山閣
桐原　健　2000「イエと墓　北村遺跡Ｅ地区覚書」『異貌』第18号
桐原　健　2004「松本平における縄文中・後画期の様相」『異貌』第22号
櫛原功一　1989「縄文時代の住居形態と集落－甲府盆地を中心にして－」『山梨考古学論集』Ⅱ（『山梨考
　　　　　　　古学協会10周年記念論文集』）
櫛原功一　1995「柄鏡形住居の柱穴配置」『帝京大学山梨文化財研究所研究報告』第6集
櫛原功一　1999「敷石住居にみられる居住空間」『帝京大学山梨文化財研究所所報』第37号
櫛原功一　2000「敷石住居の居住空間」『山梨県考古学協会誌』第11号
櫛原功一他　2004a「山梨県域における縄文中期末の敷石住居」『桂野遺跡－取付農道地区発掘調査報告
　　　　　　　書－』　山梨文化財研究所
櫛原功一　2004b「敷石住居の発生－柄のない敷石住居の存在－」『山梨県考古学論集』Ⅴ（『山梨県考古
　　　　　　　学協会25周年記念論文集』）　山梨県考古学協会
櫛原功一　2009「縄文時代中期の竪穴住居内における空間区分」『帝京大学山梨文化財研究所研究報告』
　　　　　　　第13集
郷田良一　1982「いわゆる『柄鏡形住居址』について」『千葉県文化財センター研究紀要』第7号
小菜一夫他　1989「住居跡から住居へ－縄文時代の竪穴住居における研究史的素描として－」『東国史論』
　　　　　　　第4号
小暮伸之　2004「縄文中期集落における火災住居の性格－馬場前遺跡・上ノ台Ａ遺跡の事例分析から－」
　　　　　　　『2003年度研究紀要』福島県文化財センター
小崎　晋　2005「静岡県における縄文時代中期後葉～後期初頭にかけての土器様相」『勢濃尾』第4号勢
　　　　　　　濃尾研究会
小島俊彰　1976「加越能飛における縄文中期の石棒」『金沢美術工芸大学学報』第20号
小島俊彰　1986「鍔をもつ縄文中期の大型石棒」『大境』第10号
小杉　康　1986「配石遺構に関する問題－縄文時代における配石伝統の分析のためのメモワール－」『利
　　　　　　　島村大石山遺跡－範囲確認調査報告書Ⅳ－』　利島村教育委員会・利島村大石山遺跡調査
　　　　　　　団
小杉　康　1991「縄文社会に階級社会は存在したのか」『考古学研究』第37巻4号
小杉　康　2000「威信」『用語解説　現代考古学の方法と理論Ⅲ』　安斎正人編　同成社
小杉　康　2001「縄文時代の集団と社会組織」『現代の考古学』6（村落と社会の考古学）　朝倉書店
小杉　康　2004a「縄文文化に戦争は存在したのか－棍棒をもつ社会－」『文化の多様性と比較考古学』
　　　　　　　（『考古学研究会50周年記念論文集』）　考古学研究会
小杉　康　2004b「威信」『現代考古学事典』　安斎正人編　同成社
児玉大成　2004「環状列石にみる縄文時代の土木技術」『月刊文化財』485号（平成16年2月号）
後藤和民　1986「縄文人の習俗と信仰」『日本の古代』第4巻（縄文・弥生の生活）　中央公論社
後藤和民　1988「縄文時代集落考(Ⅷ)」『貝塚博物館紀要』第15号　千葉市立加曽利貝塚博物館
後藤守一　1940「上古時代の住居(中)Ｂ．敷石住居址」『人類学・先史学講座』第16巻　雄山閣

後藤守一　1952「上代に於ける貴族社会の出現」『日本民族』　岩波書店
小林公明　1981「後期縄文文化における沿北太平洋的要素とメソアメリカ要素」『どるめん』29
小林謙一　1993「縄文遺跡における廃棄行為復元の試み－住居覆土中一括遺存遺物及び炉体土器の接合関係－」『異貌』第13号
小林謙一　1994「竪穴住居廃絶時の姿－ＳＦＣ遺跡・大橋遺跡の縄文中期の事例から－」『日本考古学協会第60回総会研究発表要旨』
小林謙一　1995「住居跡のライフサイクルと一時的集落景観の復元」『シンポジウム　縄文中期集落研究の新地平』資料集　縄文中期集落研究グループ・宇津木台地区考古学研究会
小林謙一　1996a「竪穴住居跡のライフサイクルからみた住居廃絶時の状況－南関東の縄文中期集落での遺物出土状態を中心に－」『「すまいの考古学」－住居の廃絶をめぐって－』資料集　山梨県考古学協会
小林謙一　1996b「竪穴住居跡のライフサイクルの理解のために」『異貌』第15号
小林謙一　1997「竪穴住居跡調査における一視点－集落論の前に住居調査論を－」『山梨県考古学協会誌』第9号
小林達雄　1974「縄文世界における土器の廃棄について」『国史学』第93号
小林達雄　1988「縄文時代の居住空間」『国学院大学大学院紀要文学研究科』第19輯
小林達雄　1986「原始集落」『岩波講座日本考古学』4（集落と祭祀）　岩波書店
小林達雄　1988a「身分と装身具」『古代史復元』3（縄文人の道具）　講談社
小林達雄　1988b「日本文化の基層」『日本文化の源流』　学生社
小林達雄　1995「縄文時代の『自然の社会化』」『縄文時代における自然の社会化』（『季刊考古学』別冊6）
小林達雄　1996『縄文人の世界』（『朝日選書』557）　朝日新聞社
小林達雄　2000a「縄文時代のムラと社会と世界観」『日本考古学を見直す』　日本考古学協会編・学生社
小林達雄　000b『縄文人追跡』　日本経済新聞社
小林達雄他　1998『シンポジウム日本の考古学』2（縄文時代の考古学）　学生社
小林達雄編　2002『縄文ランドスケープ』　ＮＰＯ法人ジョーモネスクジャパン機構　有朋書院
小林達雄編・著　2005『縄文ランドスケープ』　アム・プロモーション
小宮恒雄　1990「住まいの入口」『季刊考古学』第32号
小宮山　隆　1995「八ヶ岳山麓とその周辺地域の縄文時代後期前半集落の形成と変遷について」『帝京大学山梨文化財研究所研究報告』第6集
小山修三　1993「狩猟採集時代の生活と心性」『日本通史』第2巻　岩波書店
小山修三　1996「食料採取時代の家族・親族」『考古学による日本歴史』15（家族と住まい）　雄山閣
坂上克弘・石井　寛　1976「縄文時代後期の長方形柱穴列」『調査研究集録』第1冊　港北ニュータウン埋蔵文化財調査団
坂口　隆　1999「西日本縄文時代狩猟採集民モデルのための試論－渡辺仁著『縄文式階層化社会』の再検討を通して－」『動物考古学』第12号
坂口　隆　2002「西日本縄文時代狩猟採集民の住居構造－その変遷と社会生態学的意義－」『物質文化』74
坂口　隆　2003『縄文時代貯蔵穴の研究』（『未完成考古学叢書』⑤）　小林達雄監修　アム・プロモーション
迫　和幸　1997「石棒片敷設の敷石住居址」『考古論叢神奈河』第6集
佐々木　明　2000「階級」『縮刷版　文化人類学事典』（初版は1994）　石川栄吉他編・弘文社
佐々木藤雄　1973『原始共同体論序説』　共同体研究会

佐々木藤雄　1976「縄文社会論ノート(上)」『異貌』第5号
佐々木藤雄　1978「縄文社会論ノート(中)」『異貌』第7号
佐々木藤雄　1979「縄文社会論ノート(下)」『異貌』第8号
佐々木藤雄　1981「縄文時代の通婚圏」『信濃』第33巻9号
佐々木藤雄　1982「集落を通して縄文時代の社会性を探る」『考古学ジャーナル』No.203
佐々木藤雄　1984「方形柱穴列と縄文時代の集落」『異貌』第11号
佐々木藤雄　1993「和島集落論と考古学の新しい流れ－漂流する縄文時代集落論－」『異貌』第13号
佐々木藤雄　2000「縄文的社会像の再構成－二つの「新しい縄文観」のはざまで－」『異貌』第18号
佐々木藤雄　2001「環状列石と地域共同体」『異貌』第19号
佐々木藤雄　2002a「環状列石と縄文時代階層化社会－中・後期の中部・関東・東北－」『縄文社会論』下　同成社
佐々木藤雄　2002b「環状列石と環状周堤墓－二つの階層墓論のためのノート－」『異貌』第20号
佐々木藤雄　2003「柄鏡形敷石住居址と環状列石」『異貌』第21号
佐々木藤雄　2004「広瀬和雄『日本考古学の常識を疑う』を疑う」『異貌』第22号
佐々木藤雄　2005a「縄文と弥生、階層と階級」『異貌』第23号
佐々木藤雄　2005b「環状列石考(上)－環状集落中央墓地の形成と環状列石－」『長野県考古学会誌』109
佐々木藤雄　2007a「環状列石考(下)－環状集落中央墓地の形成と環状列石－」『長野県考古学会誌』120
佐々木藤雄　2007b「海峡を渡った環状列石－重環状構造をもつ『葬祭型環状列石』の系譜と環状周堤墓－」『縄紋時代の社会考古学』　安斎正人・高橋龍三郎・編　同成社
佐々木藤雄　2008a「列石と配石、階層と不平等『日本のストーン・サークル』を批判する」『異貌』第26号
佐々木藤雄　2008b「東北の環状列石　その謎に迫る」『季刊東北学』第15号　東北文化研究センター
笹森健一　1977「縄文時代住居址の一考察－張り出し付き住居址・敷石住居址について－」『情報』第2号・3号
笹森健一　1990「住まいのかたち－上屋復元の試み－」『季刊考古学』第32号
佐藤　攻　1970「縄文時代中期集落についての問題点」『信濃』第22巻4号
佐藤　啓　1998「集落研究における複数住居跡群の検討～『特性』と『居住回数』を用いて～」『しのぶ考古』11
佐藤健二　2005「小張出部に配石を有する竪穴住居址について」『荻野上ノ原遺跡第2地点』(『厚木市埋蔵文化財調査報告書』第5集)　厚木市教育委員会
佐藤達夫　1974「学史上における山内清男の業績」『山内清男集』(『日本考古学選集』21)　築地書館
佐藤　洋　1976「縄文時代の埋甕習俗」『物質文化』27
佐藤宏之　2004「狩猟採集民」『現代考古学事典』　安斎正人編　同成社
佐藤宏之　2004「クマ送り儀礼に見る社会的威信と階層化社会－北太平洋北岸狩猟採集民社会の比較民族考古学－」『考古学からみた社会の複雑化　研究報告集』　早稲田大学シルクロード調査研究所・比較考古学研究所・先史考古学研究所
佐藤雅一　1997「堂平遺跡第1号住居跡について」『新潟考古』第8号
佐野　隆　2001「金生遺跡と階層性」『山梨県考古学協会誌』第12号
佐野　隆　2003「縄文時代中期の住居内配石について－敷石住居発生以前の住居内祭祀施設の様相－」『山梨県考古学協會誌』第14号
佐野　隆　2004「縄文時代中期の住居内配石について(再論)」『時空をこえた対話－三田の考古学－』(『慶應義塾大学民族学考古学専攻設立25周年記念論集』)　慶應義塾大学文学部民族学考古

学研究室
佐野　隆　2007「縄文時代中期末葉の低地利用－山梨県梅之木遺跡の報告と覚書－」『列島の考古学』Ⅱ
（『渡辺誠先生古稀記念論文集』）　渡辺誠先生古稀記念論文集刊行会
佐野　隆　2008「縄文時代の住居廃絶に関わる呪術・祭祀行為」『考古学ジャーナル』No.578
佐野　隆　2009「中部地方の縄文後期集落」『考古学ジャーナル』No.584
佐原　真　1985「奴隷をもつ狩猟採集民」『歴史公論』第11巻5号
佐原　真　1986「家畜・奴隷・王墓・戦争」『歴史科学』第103号
佐原　真　1987『体系日本の歴史』1（日本人の誕生）　小学館
佐原　真　1993「戦争はいつはじまったか」『考古学の散歩道』（『岩波新書』312）　岩波書店
佐原　真　1996「戦いの歴史を考える」『倭国乱る』　国立歴史民俗博物館
佐原　真　1996「戦争と平和」『考古学千夜一夜』（『小学館ライブラリー』88）　小学館
佐原　真　1999「日本・世界の戦争の起源」『人類にとって戦いとは』1（戦いの進化と国家の形成）　東洋書林
佐原　真　2000「日本列島のあけぼの」『要説日本歴史』　創元社
佐原　真　2000「世界の戦争考古学」『考古学による日本歴史』6（戦争）　雄山閣出版
佐原　真　2005『戦争と考古学』（『佐原真の仕事』4）　金関　恕・春成秀爾編・岩波書店
佐原　真・小林達雄　2001『世界史のなかの縄文』　新書館
沢田伊一郎　1995「縄文文化　呪術世界の系譜（2）－柄鏡形住居の起源とその観念－」『考古学フォーラム』7
設楽博己　1993「縄文人の通過儀礼はどのようなものだったか」『新視点　日本の歴史』第1巻（原始編）　新人物往来社
品田高志　1999「越後における縄文後期住居の検討－柱穴配置による住居認定への模索－」『新潟考古学談話会会報』第20号
篠崎譲治　2001「敷石住居の構造と調査方法－縄文時代中期末～後期初頭の柄鏡形敷石住居をモデルとして－」『七ツ塚遺跡11』（『日野市埋蔵文化財発掘調査報告』72）　日野市東光寺上第1土地区画整理組合・日野市東光寺上第2土地区画整理組合・日野市遺跡調査会
柴田常恵　1927b「石器時代の住居阯　石器時代住居阯概論」『考古学研究録』第1輯　雄山閣
渋谷文雄　1998「竪穴住居址の小柱穴位置について」『松戸市立博物館紀要』第5号　松戸市立博物館
嶋崎弘之　2004「縄文人の方位観」『帝京大学山梨文化財研究所研究報告』第12集　帝京大学山梨文化財研究所
縄文セミナーの会編　2007『第20回セミナー　中期終末から後期初頭の再検討』資料集・記録集
縄文時代研究プロジェクトチーム　2002「神奈川における縄文時代文化の変遷Ⅵ－中期後葉期　加曽利E式土器文化期の様相　その2　土器編年案－」『かながわの考古学』（『研究紀要』）7　財団法人かながわ考古学財団
縄文時代研究プロジェクトチーム　2003「神奈川における縄文時代文化の変遷Ⅵ－中期後葉期　加曽利E式土器文化期の様相　その3　文化的様相（1）－」『かながわの考古学』（『研究紀要』8）　財団法人かながわ考古学財団
縄文中期集落研究グループ・宇津木台地区考古学研究会　1995『シンポジウム　縄文中期集落研究の新地平』資料集
新谷正孝　1992「第7・10・38号住居址に見られる祭壇状施設について」『松本市大村塚田遺跡－緊急発掘調査報告書－』（『松本市文化財調査報告』No.96）　松本市教育委員会
末木　健　2000「縄文時代の石積みについて（予察）－山梨県塩瀬下原遺跡の敷石住居復元－」『山梨県考

古学協会誌』第11号

末木　健　2006「環礫方形配石遺構の復元について－塩瀬下原遺跡敷石住居から－」『研究紀要』22　山梨県立考古博物館・山梨県埋蔵文化財センター

菅谷通保　1985「竪穴住居の型式学的研究－縄文時代後・晩期の諸問題－」『なわ』第23号

菅谷通保　1995「竪穴住居から見た縄紋時代後・晩期－房総半島北部（北総地域）を中心とした変化について－」『帝京大学山梨文化財研究所研究報告』第6集

菅谷通保　2009「竪穴住居の型式(後・晩期)」『生活空間　集落と遺跡群』（『縄文時代の考古学』8）　同成社

鈴鹿良一　1986「複式炉と敷石住居」『福島の研究』1（地質考古篇）　清文堂

鈴鹿良一・押山雄三　1989「福島県における縄文時代中期末葉から後期前葉の住居址」『シンポジウム縄文の配石と集落－三春町西方前遺跡と柴原A遺跡の問題点－』資料　三春町教育委員会

鈴木一男他　1992『石神台神奈川県大磯町における縄文時代墓地の調査』（『大磯町文化財調査報告書』第35集）　大磯町教育委員会

鈴木克彦　2007「日本のストーン・サークル眺望」『季刊考古学』第101号

鈴木公雄　1984「日本の新石器時代」『講座日本史』1（原始および古代1）　東京大学出版会

鈴木隆雄　1998『骨から見た日本人－古病理学が語る歴史－』（『講談社選書メチエ』142）　講談社

鈴木隆雄　1999「本当になかったのか縄文人の集団的戦い」『最新縄文学の世界』　朝日新聞社

鈴木徳雄　1994「敷石住居址の連接部石囲施設－群馬県における敷石住居址内施設の一様相－」『群馬考古学手帖』VOL. 4

鈴木秀雄　1997「埼玉県内における柄鏡形住居の地域的様相（その1）」『研究紀要』第13号　財団法人埼玉県埋蔵文化財調査事業団

鈴木正博　2004「『加曽利B式』貝塚から観た集落と労働様式の複雑性」『考古学からみた社会の複雑化』研究報告集　早稲田大学シルクロード調査研究所・比較考古学研究所・先史考古学研究所

鈴木保彦　1976「環礫方形配石遺構の研究」『考古学雑誌』第62巻1号

鈴木保彦　1978「伊勢原市下北原遺跡におけるセトルメント・パターン」『日本大学史学科50周年記念歴史学論文集』　日本大学史学会

鈴木保彦　1980「関東・中部地方を中心とする配石墓の研究」『神奈川考古』第9号

鈴木保彦　1981「関東・中部・北陸地方　加曽利E式土器」『縄文土器大成』第2巻（中期）　講談社

鈴木保彦　1986「続・配石墓の研究」『神奈川考古同人会10周年論集』（『神奈川考古』第22号）

鈴木保彦　1988「加曽利E式土器様式」『縄文土器大観』2（中期Ⅰ）　小学館

鈴木保彦　2005「縄文時代の集落と乙女不動原北浦遺跡」『怒濤の考古学　三澤正善君追悼記念論集』三澤正善君追悼記念論集刊行会

鈴木保彦　2006『縄文時代集落の研究』　雄山閣

鈴木保彦　2008「縄文集落から独立する墓壙・墓域」『縄文時代』第19号

鈴木保彦他　1980「神奈川県における縄文時代中期後半土器編年試案　第2版」『シンポジウム　縄文時代中期後半の諸問題－とくに加曽利E式と曽利式土器との関係について－』（『神奈川考古』第10号）

関根慎二　2004「諸磯b式土器に付けられたイノシシ顔－装飾の意味を考える－」『研究紀要』22　財団法人群馬県埋蔵文化財調査事業団

関野　克　1934「日本古代住居址の研究」『建築雑誌』第48輯・591号

祖父江孝男　2000「アメリカ・インディアン American Indian」『縮刷版　文化人類学事典』　石川栄吉他編・弘文堂（初版は1994）

大学合同考古学シンポジウム実行委員会編　2003『縄文社会を探る』　学生社
大工原　豊他　2006『ストーンサークル出現－縄文人の心、環の思想－』展示図録　安中市学習の森　安中市ふるさと学習館
高倉洋彰　1973「墳墓から見た弥生時代社会の発展過程」『考古学研究』第20巻2号
高橋龍三郎　2001a「集落と墓制、祭祀から見た縄文社会」『第2回大学合同考古学シンポジウム　縄文社会を探る－縄文後晩期　下総台地の地域社会から－』　早稲田大学文学部考古学研究室・明治大学文学部考古学研究室編
高橋龍三郎　2001b「総論　村落と社会の考古学」『現代の考古学』6（村落と社会の考古学）　朝倉書店
高橋龍三郎　2002「縄文後・晩期社会の複合化と階層化過程をどう捉えるか－居住構造と墓制よりみた千葉県遺跡例の分析－」『早稲田大学大学院文学研究科紀要』第47輯第4分冊　早稲田大学大学院文学研究科
高橋龍三郎　2003「〈報告4〉縄文後期社会の特質」『縄文社会を探る』　大学合同考古学シンポジウム実行委員会編・学生社
高橋龍三郎　2004『縄文文化研究の最前線』（早稲田大学オンデマンド出版シリーズ）　早稲田大学文学部
高山　純他　1974『大磯・石神台配石遺構発掘報告書』　大磯町教育委員会
田代　孝　1989「縄文時代の丸石について」『山梨考古学論集』Ⅱ（『山梨県考古学協会10周年記念論文集』）　山梨県考古学協会
田中　信　1982「埋甕形態論」『土曜考古』第6号
田中良之　2004「親族論からみた日本考古学」『文化の多様性と比較考古学』（『考古学研究会50周年記念論文集』）　考古学研究会
田中良之　2000「出自」『用語解説　現代考古学の方法と理論Ⅲ』　安斎正人編　同成社
田中良之　2000「墓地から見た親族・家族」『古代史の論点』2（女と男、家と村）　小学館
田中良之　2004「出自」『現代考古学事典』　安斎正人編　同成社
谷井　彪・細田　勝　1995「関東の大木式・東北の加曽利E式土器」『日本考古学』第2号
谷井彪・細田勝　1997「水窪遺跡の研究－加曽利E式土器の編年と曽利式の関係からみた地域性－」『研究紀要』13　財団法人埼玉県埋蔵文化財調査事業団
谷川磐雄　1927「石器時代の住居阯　南豆見高石器時代住居阯の研究」『考古学研究録』第1輯　雄山閣
谷口康浩　2002「環状集落と部族社会－前期・中期の列島中央部－」『縄文社会論』上　同成社
谷口康浩　2004「環状集落の比較生態論」『文化の多様性と比較考古学』（『考古学研究会50周年記念論文集』）　考古学研究会
谷口康浩　2008「総論：コードとしての祭祀・儀礼行為」『考古学ジャーナル』No.578
丹野　正　1991「『分かち合い』としての『分配』－アカ・ピグミー社会の基本的性格－」『ヒトの自然誌』田中二郎・掛谷　誠編　平凡社
千葉　毅　2009「加曽利E式土器の終末－異系統土器の貫入・拡散についての基礎的研究－」『慶應義塾大学大学院文学研究科史学専攻民族考古学分野　平成20年度(2008)修士論文』
千葉直樹　2005「東北地方における斜位土器埋設複式炉」『宮城考古学』第7号
塚田　光　1959「真福寺の巨大な住居址の再検討」『考古学手帳』8
塚田　光　1982「縄文時代竪穴住居の研究」『縄文時代の基礎研究』　縄文時代の基礎研究刊行会
塚原正典　1987『配石遺構』（『考古学ライブラリー』49）　ニュー・サイエンス社
塚原正典　1989「縄文時代の配石遺構と社会組織の復元」『考古学の世界』　新人物往来社
都筑恵美子　1990「竪穴住居の系統について－縄文中期後半から後期初頭の住居変遷と時期的動態－」『東京考古』第8号

都出比呂志　1970「農業共同体と首長権－階級形成の日本的特質－」『講座日本史』1（古代国家）　歴史学研究会／日本史研究会編　東京大学出版会
坪井清足　1962「縄文文化論」『岩波講座日本歴史』1（原始および古代1）　岩波書店
坪田(舘)弘子　2004「縄文時代前期の墓域と土壙墓－関東・中部地方の事例から－」『縄文時代』第15号
坪田弘子　2008「八幡台遺跡の調査略史」2008『神奈川県伊勢原市東大竹・下谷戸(八幡台)遺跡発掘調査報告書』　玉川文化財研究所
勅使河原　彰　1986「宮坂英弌と尖石・与助尾根遺跡」『茅野市史』上巻　原始・古代　茅野市
勅使河原彰　1989「縄文時代集落をめぐる問題」『歴史評論』No.466
勅使河原彰　1998『縄文文化』（『新日本選書』488）　新日本出版社
勅使河原彰　2003『縄文の素顔』　白鳥舎
テスタール，A．・親澤　憲訳　1990「狩猟・採集民における食料貯蔵の意義－住居形態、人口密度、ならびに社会的不平等－」『現代思想』第18巻12号　青土社
テスタール，A．著・山内　昶訳　1995『新不平等起源論』（『叢書・ウニベルシタス』505）　法政大学出版局
寺田兼方　1955「敷石遺址研究上の諸問題」『若木考古』第37号
寺田兼方　1957 a「敷石住居址の研究（1）」『若木考古』第44号
寺田兼方　1957 b「敷石住居址の研究（2）」『若木考古』第45号
寺田兼方　1957 c「敷石住居址の研究（3）」『若木考古』第46号
寺田兼方　1958 a「敷石住居址の研究（4）」『若木考古』第49号
寺田兼方　1958 b「敷石住居址の研究（5）」『若木考古』第50号
寺田兼方　1958 c「敷石住居址の研究（6）」『若木考古』第51号
寺田兼方　1959「敷石住居址の研究（7）」『若木考古』第53号
寺田兼方他　1993『遠藤貝塚（西部217地点）』藤沢市西部開発地域内埋蔵文化財発掘調査団・藤沢市開発経営公社・藤沢市　西部開発事務所
寺田良喜他　1984『廻沢北遺跡Ⅰ』世田谷区教育委員会・世田谷区遺跡調査会
藤間生大　1951『日本民族の形成』　岩波書店
富樫秀之　1999「アチヤ平遺跡の敷石住居址について」『新潟考古学談話会会報』第20号
戸沢充則　1988「縄文時代の住居と集落」『長野県史考古資料編』全1巻（4）　遺構・遺物　長野県史刊行会
戸沢充則　1990『縄文時代史研究序説』　名著出版
戸田哲也　1986「縄文土器の型式学的研究と編年(前篇)」『神奈川考古同人会10周年記念論集』（『神奈川考古』第22号）
戸田哲也　1995「石棒出土の具体例」『飛騨みやがわシンポジウム　石棒の謎をさぐる』資料集　岐阜県宮川村・同教育委員会
戸田哲也他　1997『堂之上遺跡－縄文時代集落跡の調査記録－』岐阜県大野郡久々野町教育委員会
戸田哲也　1998「南西関東における加曽利E式末期の土器様相」『列島の考古学』（『渡辺誠先生還暦記念論集』）　渡辺誠先生還暦記念論集刊行会
鳥居龍蔵　1924『諏訪史』第1巻　信濃教育会諏訪部会
鳥居龍蔵　1926『先史及原史時代の上伊那』
内藤莞爾　1969「階層」『社会学辞典』　福武　直・日高六郎・高橋　徹編　有斐閣(初版は1958)
長井正欣　1989「行田Ⅰ遺跡出土の遺物について」『群馬文化』第220号
長岡文紀　1996『謎の敷石住居』（『平成7年度かながわの遺跡展図録』）神奈川県立埋蔵文化財センター

長岡文紀　　1997「付編　パネルディスカッション『敷石住居の謎に迫る』－論点の整理－」『パネルディスカッション敷石住居の謎に迫る　記録集』　神奈川県立埋蔵文化財センター・財団法人かながわ考古学財団

長崎元廣　　1973「八ヶ岳西南麓の縄文中期集落における共同祭式のありかたとその意義」『信濃』第25巻4号・5号

長崎元廣　　1976「石棒祭祀と集団構成－縄文中期の八ヶ岳山麓と天竜川流域－」『どるめん』第8号

長崎元廣　　1977a「中部地方の縄文時代集落」『考古学研究』第23巻4号

長崎元廣　　1977b「屋外における石棒祭祀」『信濃』第29巻4号

長崎元廣　　1978「曽利遺跡における集落の復元」『曽利第三・四・五次発掘調査報告書』　長野県富士見町教育委員会

長崎元廣　　1980「縄文集落研究の系譜と展望」『駿台史学』第50号

長崎元廣・宮下健司　1984「長野県における縄文時代集落遺跡資料集成図集」『シンポジウム　縄文時代集落の変遷』(『日本考古学協会昭和59年度大会資料』)　日本考古学協会・日本考古学協会山梨大会実行委員会

中沢　厚他　1981「座談会　丸石神と考古学」『どるめん』第28号

中島将太　　2008「石皿に関わる儀礼行為」『考古学ジャーナル』No.578

仲田茂司　　1992「敷石住居跡に関する二、三の問題－福島県三春町柴原A遺跡を中心に－」『考古学と生活文化』(『同志社大学考古学シリーズ』V)

長沼　孝　　1997「北海道の縄文時代墓地」『考古学ジャーナル』No.422

長沼　孝　　2000「狩猟採集民の副葬行為　続縄文文化」『季刊考古学』第70号

中村　大　　1993「身分階層」『考古学の世界』2(関東・中部)　ぎょうせい

中村　大　　1993「秋田県柏子所貝塚からみた亀ヶ岡文化」『考古学ジャーナル』No.368

中村　大　　1999「墓制から読む縄文社会の階層化」『最新縄文学の世界』　朝日新聞社

中村　大　　2000「採集狩猟民の副葬行為　縄文文化」『季刊考古学』第70号

中村　大　　2002「階層社会」『季刊考古学』第80号

中村　大・宮尾　亨　2000「埋葬方法の類型とその配置から見た縄文社会」『史跡三内丸山遺跡年報』3　青森県教育委員会

中森敏晴　　1995「配石内出土の石皿の呪的性格について－関東周辺地域の事例を中心に－」『帝京大学山梨文化財研究所研究報告』第6集

中村友博　　1993「ヨレ遺跡と配石遺跡研究」『ヨレ遺跡・イセ遺跡・筆田遺跡』　島根県匹見町教育委員会

奈良泰史　　1984「山梨県東部(桂川流域)における縄文時代遺跡群の研究－富士山の火山活動と遺跡－」『山梨考古』第14号　山梨県考古学協会

成田滋彦　　2000「縄文時代住居跡の出入り口－青森県の事例を中心として－」『研究紀要』第5号(平成11年度)　青森県埋蔵文化財センター

成田滋彦　　2007「十腰内文化概説」『三浦圭介氏華甲記念考古論集』　三浦圭介氏華甲記念考古論集刊行委員会

新津　健　　1992「縄文晩期集落の構成と動態－八ヶ岳南麓・金生遺跡を中心に－」『縄文時代』第3号

新津　健　　1999「葬墓制研究　配石墓」『縄文時代文化研究の100年』(『縄文時代』第10号)

新津　健　　2008「山梨の石棒～出土状態の整理と課題～」『研究紀要』24　山梨県立考古博物館・山梨県埋蔵文化財センター

新納　泉　　2004「史的唯物論の現在」『文化の多様性と比較考古学』(『考古学研究会50周年記念論文集』)　考古学研究会

西野秀和　　1994「金沢市米泉遺跡の環状柱列」『考古学ジャーナル』No.377
西村正衛　　1956「信仰」『日本考古学講座』3（縄文文化）　河出書房
西山太郎　　1990「柄鏡形住居跡小考」『研究連絡誌』第27号　財団法人千葉県文化財センター
日本考古学協会1997年度秋田大会実行委員会編　1997『シンポジウムⅠ　縄文時代の集落と環状列石』発表要旨・資料集
日本考古学協会2005年度福島大会実行委員会編　2005『日本考古学協会2005年度福島大会シンポジウム資料集・発表要旨』
禰津正志　　1935「原始日本の経済と社会」『歴史学研究』第4巻4・5号
羽鳥政彦・藤巻幸男　1989「新発見の縄文時代前期の呪術具二例」『群馬文化』第220号
塙　静夫　　1999『（図説）とちぎ古代文化の源流を探る　旧石器時代〜弥生時代』　随想舎
「馬場小室山遺跡に学ぶ市民フォーラム」実行委員会編　2005『「環状盛土遺構」研究の到達点　予稿集』
浜島　朗　　1969「階級」『社会学辞典』　福武　直・日高六郎・高橋　徹編　有斐閣（初版は1958）
林　謙作　　1995「階層とは何だろうか？」『展望考古学』（『考古学研究会40周年記念論集』）
林　謙作　　1998「縄紋社会は階層社会か」『古代史の論点』第4巻（権力と国家の戦争）　小学館
林　謙作　　2000「連載講座　縄文時代史39　定住社会の成立と普及（9）」『季刊考古学』第70号
林　謙作　　2001『縄文社会の考古学』　同成社
林田利之　　2006「『三角形』を用いた住居設計の理論」『千葉縄文研究』1　千葉縄文研究会
原　純輔・森山和夫　1999『社会階層　豊かさの中の不平等』　東京大学出版会
春成秀爾　　1982「縄文社会論」『縄文文化の研究』8（社会・文化）
春成秀爾　　1987「縄文・弥生時代の親族組織をさぐる」『日本の古代』11（ウジとイエ）　大林太良編・中央公論社
春成秀爾　　1997『歴史発掘』4（古代の装い）　講談社
春成秀爾　　2002『縄文社会論究』　塙書房
樋口誠司　　1995「柄鏡形住居の世界観」『山麓考古』第18号
福島邦男　　2002「石を敷いた縄文の住居−千曲川水系における敷石住居の在り方−」『千曲』第115号　東信史学会
福島雅儀　　1989「福島県の敷石住居跡について」『日本考古学協会第55回総会研究発表要旨』　日本考古学協会
福田友之　　1994「下北半島上尾鮫（1）遺跡の縄文時代晩期の墓とヒスイ製品」『北奥古代文化』第23号
藤巻幸男　　2007「縄文時代中期の住居内施設について−横壁中村遺跡覚書−」『研究紀要』25　財団法人群馬県埋蔵化財調査事業団
藤本　強　　1994「熟れた採集社会−縄文時代後期・晩期−」『モノが語る日本列島史−旧石器時代から江戸時代まで−』　同成社
藤本英夫　　1971『北の墓』　学生社
藤森栄一　　1969「縄文の呪性」『伝統と現代』8
藤森栄一他　1965『井戸尻』　中央公論美術出版
藤森栄一・武藤雄六　1961「長野県富士見町信濃境大花第1号竪穴調査概報−縄文後晩期の土製耳栓ファクトリー−」『信濃』第13巻2号
藤森栄一・武藤雄六　1962「信濃境大花第2・第3号竪穴調査概報−耳栓製作者の家−」『信濃』第14巻7号
古谷　清　　1932「神奈川県寸沢嵐石器時代遺蹟」『史蹟調査報告書』第6輯
ふれいく同人会　1971「水野正好氏の縄文時代集落論批判」『ふれいく』創刊号

北條芳隆　2004「権力」『現代考古学事典』　安斎正人編　同成社
北條芳隆　2004「国家」『現代考古学事典』　安斎正人編　同成社
堀越正行　1976「殿平賀の抱甕葬」『史館』第６号
堀越正行　1984「加曽利EⅢ式土器断想」『史館』第17号
堀越正行　1985「縄文時代における分業の問題」『論集　日本原史』　吉川弘文館
堀越正行　1988「縄文時代の研究」『新版　日本考古学を学ぶ(1)』　有斐閣
堀越正行　2001「縄文時代前期土壙群の数的研究」『史館』第31号
堀越正行　2003「盛土の上の集落［君津市貝塚］」『縄文社会を探る』　大学合同考古学シンポジウム実行委員会編・学生社
本間　宏　1991「土器型式設定上の基本原則」『福島考古』第32号
本間　宏　1994「大木10式土器の考え方」『しのぶ考古』10
前川威洋　1972「山鹿貝塚人骨着装品とその考察」『山鹿貝塚－福岡県遠賀郡芦屋町山鹿貝塚の調査－』山鹿貝塚調査団
松木武彦　1999「戦争」『用語解説　現代考古学の方法と理論Ⅰ』　同成社
松木武彦　1999「首長制」『用語解説　現代考古学の方法と理論Ⅰ』　安斎正人編　同成社
松木武彦　2000「階層」『用語解説　現代考古学の方法と理論Ⅱ』　同成社
松木武彦　2001『人はなぜ戦うのか－考古学からみた戦争－』(『講談社選書メチエ』213)　講談社
松木武彦　2004ａ「戦争の生成と持続に関する考古学的展望」『文化の多様性と比較考古学』(『考古学研究会50周年記念論文集』)　考古学研究会
松木武彦　2004ｂ「階層」『現代考古学事典』　安斎正人編　同成社
松木武彦　2004ｃ「首長制」『現代考古学事典』　安斎正人編　同成社
松本一男　1994「竪穴住居跡の分析について－縄文時代中期における住居跡の特性と地域について－」『地域と考古学』(『向坂鋼二先生還暦記念論集』)　向坂鋼二先生還暦記念論集刊行会
松本直子　2000『認知考古学の理論と実践的研究－縄文から弥生への社会・文化変化のプロセス－』　九州大学出版会
松本直子　2002「伝統と変革に揺れる社会－後・晩期の九州－」『縄文社会論』下　同成社
三上徹也　2007「縄文時代屋内祭祀研究に関する覚書－石皿と石棒・立石祭祀の考古学的所見－」『山麓考古』20 (『武藤雄六さん喜寿記念号』)
水沢教子　2002「千曲川水系における柄鏡形敷石住居の成立－長野県更埴市屋代遺跡群の研究その１－」『長野県の考古学Ⅱ』　長野県埋蔵文化財センター
水野正好　1963「縄文式文化期における集落構造と宗教構造」『日本考古学協会第29回総会研究発表要旨』
水野正好　1969ａ「縄文時代集落研究への基礎的操作」『古代文化』第21巻３・４号
水野正好　1969ｂ「縄文の社会」『日本文化の歴史』Ⅰ (大地と呪術)　学習研究社
溝口孝司　1999「国家形成」『用語解説　現代考古学の方法と理論Ⅰ』　安斎正人編　同成社
溝口孝司　2001「弥生時代の社会」『現代の考古学』6 (村落と社会の考古学)　朝倉書店
溝口孝司　2004「葬送」『現代考古学事典』　安斎正人編　同成社
三春町教育委員会編　1989ａ『シンポジウム縄文の配石と集落－三春町西方前遺跡と柴原Ａ遺跡の問題点』資料集　三春町教育委員会
三春町教育委員会編　1989ｂ『シンポジウム縄文の配石と集落－三春町西方前遺跡と柴原Ａ遺跡の問題点－討議集』　三春町教育委員会
宮坂英弌　1950「八ヶ岳西山麓与助尾根先史聚落の形成についての一考察」『考古学雑誌』第36巻３号・４号

宮坂英弌　1957『尖石』

宮坂虎次　1983「与助尾根遺跡」『長野県史　考古資料編』全一巻（3）主要遺跡（南信）　長野県史刊行会

宮坂虎次　1986「北山長峯遺跡」『茅野市史』上巻　原始・古代　茅野市

宮坂光昭　1965「縄文中期における宗教的遺物の推移－八ヶ岳山麓の住居址内を中心として－」『信濃』第17巻5号

宮坂光昭　1971「茅野和田遺跡における縄文中期集落の分析」『長野県考古学会誌』第11号

宮坂光昭　1983「茅野和田遺跡」『長野県史　考古資料編』全一巻（3）主要遺跡（南信）　長野県史刊行会

宮崎朝雄　2004「縄文早期撚糸文文化の竪穴住居について－関東地方における初期定住化－」『縄文時代』第15号

宮沢賢臣　1992「敷石住居址における規格性」『国学院大学考古学資料館紀要』第8輯

宮下健司　1980「長野県内検出の敷石住居・配石遺構一覧表」『信濃考古』60・61

宮下健司　1990「敷石住居・祭祀建物の構造と性格」『季刊考古学』第32号

宮路淳子　2002「縄紋時代の貯蔵穴－社会組織との関わりから－」『古代文化』第54巻3号

宮本達希　1998「縄文時代後期集落の一様相－東伊豆町宮後遺跡をめぐって－」『静岡の考古学』（『植松章八先生還暦記念論文集』）『静岡の考古学』編集委員会

宮本長二郎　1983「関東地方の縄文時代竪穴住居の変遷」『文化財論叢』（奈良国立文化財研究所創立30周年記念論文集）　同朋社

宮本長二郎　1985「縄文時代の竪穴住居－長野県－」『信濃』第37巻5号

宮本長二郎　1986「住居」『岩波講座　日本考古学』第4巻（集落と祭祀）　岩波書店

宮本長二郎　1988「縄文の家と村」『古代史復元』2　講談社

武藤康弘　1985「縄文集落研究の動向」『民俗建築』第87号

武藤康弘　1999「縄文、階層化した採集狩猟民」『考古学研究』第45巻4号

武藤康弘他　1999「考古学研究会第45回総会　研究報告についての討議　武藤報告に関する討議」『考古学研究』第46巻3号

武藤康弘　2001「亀ヶ岡文化の集落遺跡の構造」『亀ヶ岡文化－集落とその実体－』（『日本考古学協会2001年度盛岡大会研究発表資料集』）　日本考古学協会2001年度盛岡大会実行委員会編

村上達哉他　2001「飯能市域における敷石住居址について」『落合上ノ台遺跡第1次調査－医療法人くすのき会飯能ホスピテル地内埋蔵文化財調査報告書－』　飯能市遺跡調査会

村木　淳　2005「風張（1）遺跡の縄文時代後期後半の土器と住居」『葛西　勵先生還暦記念論文集　北奥の考古学』　葛西　勵先生還暦記念論文集刊行会

村田文夫　1975「柄鏡形住居址考」『古代文化』第27巻11号

村田文夫　1976「縄文時代集落址研究の一動向」『考古学ジャーナル』No.130

村田文夫　1979「続・柄鏡形住居址考」『考古学ジャーナル』No.170

村田文夫　1985「縄文集落」『考古学ライブラリー』36　ニューサイエンス社

村田文夫　1995「柄鏡形住居址考－その後－」『季刊考古学』第50号

村田文夫　1996「柄鏡形住居址出現期研究をめぐる一試論」『考古学論究』第4号

村田文夫　2006『縄文のムラと住まい』　慶友社

村田文夫　2007「柄鏡形敷石住居址の意義」『川崎市宮前区初山遺跡発掘調査報告書』　名古屋大学名誉教授渡辺　誠・編　川崎市教育委員会

本橋恵美子　1987「縄文時代の柄鏡形敷石住居址について」『佐久考古通信』No.42・43合併号

本橋恵美子　1988a「縄文時代における柄鏡形住居址の研究－その発生と伝播をめぐって－」『信濃』第40巻8号・9号

本橋恵美子　1988 b 「柄鏡形住居址研究における問題点」『東京の遺跡』No.20
本橋恵美子　1992「『埋甕』にみる動態について－縄文時代中期後半の遺跡の検討から－」『古代』第94号
本橋恵美子　1995「縄文時代の柄鏡形敷石住居址の発生について」『帝京大学山梨文化財研究所研究報告』第6集
本橋恵美子　2000「浅間山麓の敷石住居址」『宮平遺跡　長野県北佐久郡御代田町宮平遺跡発掘調査報告書』　御代田町教育委員会
本橋恵美子　2003「縄文時代中期後葉の住居構造の分析－浅間山麓周辺における柄鏡形住居の発生について－」『長野県考古学会誌』第103・104号
本橋恵美子　2005「縄文中期後葉の集落形態の検討－石神井川流域の住居分析から－」『土曜考古』第29号　土曜考古談話会
本橋恵美子　2006 a 「柄鏡形敷石住居の出現と環状集落の終焉－縄文時代中期集落形態の変化を追う－」『縄文「ムラ」の考古学』　雄山閣
本橋恵美子　2006 b 「縄文時代中期後葉の柄鏡形住居出現期の様相－埼玉県を中心として－」『埼玉の考古学Ⅱ　埼玉考古学会50周年記念論集』(『埼玉考古』第41号)
本橋恵美子　2009「柄鏡形(敷石)住居の発生と変遷」『季刊考古学』第107号
百瀬忠幸　1987「埋甕と境界性について」『長野県埋蔵文化財センター紀要』1
百瀬忠幸他　2001『長野県木曽郡大桑村　中山間総合整備事業地内埋蔵文化財発掘調査報告書－H.8～H.12年度－』　長野県木曽地方事務所・大桑村教育委員会・木曽広域連合
百瀬忠幸　2004「縄文時代中期中葉末～後葉の土器と集落－松本平西山麓・熊久保遺跡第10次発掘調査の成果から－」『長野県考古学会誌』第106号
森　貢喜　1974 a「縄文時代における敷石遺構について」『福島考古』第15号
森　貢喜　1974 b「縄文時代中期から後期への移行期における社会の展開に関する一考察－特に東日本(東北地方南部)を中心として－」『福島大学考古学研究会研究紀要』第4冊
森島　稔　1982「幅田遺跡」『長野県史　考古資料編』全一巻(2)　主要遺跡(北・東信)
八木光則　1976「縄文中期集落の素描－信濃伊那谷における集落共同体をめぐって－」『長野県考古学会誌』第25号・26号
柳沢清一　1986「竜ヶ崎市南三島遺跡出土の土器その1－加曽利E 3－4 中間式について－」『古代』第81号
柳沢清一　1991 a 「加曽利E 3－4 (中間)式考－中期後半土器の広域編年の観点から－」『古代探叢』Ⅲ　早稲田大学出版部
柳沢清一　1991 b 「神奈川加曽利E式後半編年の再検討－加曽利E 3－4 式期を中心として－」『古代』第92号
柳沢清一　1992「加曽利E (新)式編年研究の現在」『古代』第94号
柳沢清一　1996「東日本における縄紋中・後期の大別境界と広域編年軸の検討」『古代』第102号
柳沢清一　2000「武蔵野台地周辺における縄紋後期初頭土器の成立(予察)－称名寺Ⅰ式と続加曽利E 4 式のあいだ－」『古代』第108号
山内清男　1964「日本先史時代概説　Ⅲ縄文式文化」『日本原始美術』1 (縄文式土器)　講談社
山口逸弘　2008「中期住居跡の北壁施設について－長野原一本松遺跡の事例から－」『考古学の窓－巾隆之氏定年退職記念号－』　國學院大學卒業生有志 in 群馬
山梨県考古学協会・山梨学院大学編　1990「シンポジウム『縄文時代屋外配石の変遷－地域的特色とその画期－』資料
山梨県考古学協会編　1996『すまいの考古学－住居の廃絶をめぐって』(『山梨県考古学協会1996年度研究

集会』資料)
山田康弘　1997「縄文時代の子供の埋葬」『日本考古学』第4号
山田康弘　1999「出土人骨にみられる骨病変と考古学的属性の対応関係」『第53回日本人類学会大会抄録集』
山田康弘　2000「墓制論」『縄文時代』第11号
山田康弘　2001「縄文人骨の装身具・副葬品の保有状況と土壙長」『物質文化』第70号
山田康弘　2002『人骨出土例の検討による縄文時代墓制の基礎的研究』(『平成12・13年度科学研究費補助金［奨励研究（Ａ）］研究成果報告書』)
山田康弘　2003 a「頭位方向は社会組織を表すのか－縄文時代の人骨出土例による再検討－」『立命館大学考古学論集』Ⅲ-1（『家根祥多さん追悼論集』）　立命館大学考古学論集刊行会
山田康弘　2003 b「『子供への投資』に関する基礎的研究－縄文階層社会の存否をめぐって－」『関西縄文時代集落・墓地と生業』(『関西縄文論集』1)　関西縄文文化研究会編・六一書房
山田康弘　2004 a「公募研究Ａ（個人研究）　三内丸山遺跡における墓域の基礎的研究」『特別史跡三内丸山遺跡　年報』7（平成15年度）　青森県教育委員会
山田康弘　2004 b「縄文階層社会の存否に関する予備的考察－考古学的属性と出土人骨の形質との対比から－」『日本考古学協会第70回(2004年度)総会研究発表要旨』
山田康弘　2004 c「縄文時代の装身原理－出土人骨にみられる骨病変等と装身具の対応関係を中心に－」『古代』第115号
山村貴輝・前田秀則　1997「柄鏡形(敷石)住居跡について」『牟邪志』第8号
山本孝司　1992 a「神奈川県における加曽利Ｅ式の変遷について－神奈川編年案の再検討より－」『神奈川考古』第29号
山本孝司　1992 b「加曽利Ｅ3-4式と曽利Ⅴ式について－神奈川県新戸遺跡出土資料を再検討して－」『古代』第94号
山本寿々雄　1960「山梨県下の敷石遺構」『県立富士国立公園博物館研究報告』第4号　山梨県立富士国立公園博物館
山本典幸　2003「東京都郷田原遺跡の長方形大形住居のもつ社会的な意味」『異貌』第21号
山本暉久　1976 a「敷石住居出現のもつ意味」『古代文化』第28巻2号・3号
山本暉久　1976 b「住居跡内に倒置された深鉢形土器について」『神奈川考古』第1号
山本暉久　1977「縄文時代中期末・後期初頭期の屋外埋甕について」『信濃』第29巻11号・12号
山本暉久　1978「縄文中期における住居跡内一括遺存土器群の性格」『神奈川考古』第3号
山本暉久　1979「石棒祭祀の変遷」『古代文化』第31巻11号・12号
山本暉久　1980 a「縄文時代中期終末期の集落」『神奈川考古』第9号
山本暉久　1980 b「地域別報告　神奈川における中期後半の各期の様相」『シンポジウム　縄文時代中期後半の諸問題－とくに加曽利Ｅ式と曽利式土器との関係について－』発表要旨（『神奈川考古』第10号）
山本暉久　1981 a「縄文時代中期後半期における屋外祭祀の展開－関東・中部地方の配石遺構の分析を通じて－」『信濃』第33巻4号
山本暉久　1981 b「縄文時代中期末における配石面の存在について」『小田原考古学会々報』第10号
山本暉久　1981 c「地域別報告　神奈川における中期後半の各期の様相」『シンポジウム　縄文時代中期後半の諸問題－とくに加曽利Ｅ式と曽利式土器との関係について－』記録集（『神奈川考古』第11号）
山本暉久　1982 a「敷石住居」『縄文文化の研究』8（社会・文化）　雄山閣

山本暉久　1982b「住居の構造と分布　柄鏡形(敷石)住居」『日本歴史地図』原始・古代篇［上］　柏書房
山本暉久　1983「石棒」『縄文文化の研究』9（縄文人の精神文化）　雄山閣
山本暉久　1985a「縄文時代の廃屋葬」『古代』第80号（西村正衛先生古稀記念石器時代論集）
山本暉久　1985b「いわゆる『環礫方形配石遺構』の性格をめぐって」『神奈川考古』第20号
山本暉久　1986「縄文時代後期前葉の集落」『神奈川考古同人会10周年記念論集』（『神奈川考古』第22号）
山本暉久　1987a「敷石住居終焉のもつ意味」『古代文化』第39巻1号・2号・3号・4号
山本暉久　1987b「石棒性格論」『論争・学説日本の考古学』3　（縄文時代Ⅱ）　雄山閣
山本暉久　1987c「縄文時代社会と移動－『集団移動』論をめぐる研究の現状と問題点について－」『神奈川考古』第23号
山本暉久　1988「中部山地における柄鏡形(敷石)住居の成立をめぐって」『長野県考古学会誌』第57号
山本暉久　1989a「関東の敷石住居址について－とくにその変遷過程をめぐって－」『シンポジウム縄文の配石と集落－三春町西方前遺跡と柴原A遺跡の問題点－』資料　三春町教育委員会
山本暉久　1989b「縄文時代終末期の集落」『神奈川考古』第25号
山本暉久　1991a「まつりの石器」『季刊考古学』第35号
山本暉久　1991b「人とモノの動き」『日本村落史講座』第6巻（生活Ⅰ）　雄山閣
山本暉久　1991c「環状集落址と墓域」『古代探叢』Ⅲ
山本暉久　1991d「縄文時代文化研究とエスノアーケオロジー－最近の研究動向をめぐって－」『縄文時代』第2号
山本暉久　1993a「横浜市洋光台猿田遺跡発見の柄鏡形住居址とその出土遺物」『縄文時代』第4号
山本暉久　1993b「縄文時代における竪穴住居の廃絶と出土遺物の評価」『21世紀への考古学』（『桜井清彦先生古稀記念論文集』）雄山閣
山本暉久　1993c「竪穴住居の形態」『季刊考古学』第44号
山本暉久　1994「石柱・石壇をもつ住居址の性格」『日本考古学』第1号　日本考古学協会
山本暉久　1995a「柄鏡形(敷石)住居成立期の再検討」『古代探叢』Ⅳ（滝口宏先生追悼考古学論集）
山本暉久　1995b「関東地方の縄文時代埋葬人骨事例　神奈川県」『シンポジウム一　縄文人と貝塚　関東地方の縄文時代埋葬』（『平成7年度日本考古学協会　シンポジウム「縄文時代と貝塚」資料』）　日本考古学協会茨城大会実行委員会・ひたちなか市
山本暉久　1996a「敷石住居址研究の現状と課題」『パネルディスカッション「敷石住居の謎に迫る」』資料集　神奈川県立埋蔵文化財センター・財団法人かながわ考古学財団
山本暉久　1996b「柄鏡形(敷石)住居と石棒祭祀」『縄文時代』第7号
山本暉久　1996c「柄鏡形(敷石)住居と埋甕祭祀(上)－事例の集成－」『神奈川考古』第32号（『神奈川考古同人会20周年記念論集』）
山本暉久　1997「柄鏡形(敷石)住居と埋甕祭祀(下)」『神奈川考古』第33号
山本暉久　1998「柄鏡形(敷石)住居と廃屋儀礼－環礫方形配石と周堤礫－」『列島の考古学』（『渡辺　誠先生還暦記念論集』）
山本暉久　1999a「遺構研究　敷石住居址」『縄文時代文化研究の100年』（『縄文時代』第10号）
山本暉久　1999b「遺構研究　配石遺構」『縄文時代文化研究の100年』（『縄文時代』第10号）
山本暉久　2000「外縁部の柄鏡形(敷石)住居」『縄文時代』第11号
山本暉久　2002『敷石住居址の研究』　六一書房
山本暉久　2003「墓壙内に倒置された土器」『神奈川考古』第39号
山本暉久　2004「柄鏡形(敷石)住居址をめぐる最近の研究動向について」『縄文時代』第15号
山本暉久　2005「縄文時代階層化社会論の行方」『縄文時代』第16号

山本暉久　2006a　「配石と敷石をもつ縄文集落に階層化社会は読み取れるのか」『新尖石縄文考古館開館5周年記念考古論文集』　茅野市尖石縄文考古館

山本暉久　2006b　「浄火された石棒」『神奈川考古』第42号

山本暉久　2006c　「村田文夫の縄文集落論を読む」　村田文夫著『縄文のムラと住まい』　慶友社

山本暉久　2005d　「学界動向　集落・領域論」『縄文時代』第16号

山本暉久　2007　「東日本のストーン・サークル　東日本　総論」『季刊考古学』第101号

山本暉久　2008　「柄鏡形(敷石)住居址の地域的展開(1)－相模川上流域の事例から－」『縄文時代』第19号

山本暉久　2009a　「柄鏡形(敷石)住居址の地域的展開(2)－三浦半島・神奈川県西部域～伊豆半島周辺域の事例－」『縄文時代』第20号

山本暉久　2009b　「縄文時代後期の配石集落址－秦野市曽屋吹上遺跡の再検討を通じて－」『地域と学史の考古学』(『杉山博久先生古稀記念論集』)　杉山博久先生古稀記念論集刊行　会編・六一書房

山本暉久・長岡文紀・恩田　勇・松田光太郎　2001　「神奈川県における縄文時代集落の諸様相」『第1回研究集会基礎資料集　列島における縄文時代集落の諸様相』　縄文時代文化研究会

八幡一郎　1918　「信濃諏訪郡に於ける表面採集」『人類学雑誌』第33巻10号

八幡一郎　1925　「遺跡にある自然石(其二)」『人類学雑誌』第40巻4号

八幡一郎　1929　「敷石遺跡の新資料」『人類学雑誌』第44巻7号

八幡一郎　1934a　『北佐久郡の考古学的調査』　信濃教育会北佐久教育部会

八幡一郎　1934b　「日本石器時代の住居型式」『人類学雑誌』第49巻6号

八幡一郎・矢島栄一　1935　「相模国中郡寺山の敷石遺蹟」『人類学雑誌』第50巻12号

横田正美　1983　「柄鏡形住居址とその遺物について」『貝塚博物館紀要』第9号　千葉市立加曽利貝塚博物館

横浜市教育委員会　1984・92　『横浜市文化財地図』

吉田敦彦　1993　「柄鏡形住居に見る女神の子宮と産道」『東アジアの古代文化』第77号

吉田敦彦　1995　「縄文の宗教」『季刊考古学』第50号

吉田敦彦　1997　『縄文の神話』　青土社

吉田敦彦　2000　『神話のはなし』　青土社

吉田　格　1959　「漁撈文化の展開－縄文後・晩期文化－」『世界考古学大系』日本Ⅰ(先縄文・縄文時代)　平凡社

吉田格他　1968　「横浜市称名寺D貝塚調査報告」『武蔵野』第47巻2・3号

吉野健一　2007　「房総半島における縄文時代後・晩期の大形住居」『縄紋時代の社会考古学』　同成社

米田耕之助　1980　「縄文後期における住居形態の一様相」『伊知波良』3

米田耕之助　1998　「縄文時代住居跡の形態変化について－養老川流域の縄文時代住居跡集成－」『立正考古』第37号　立正大学考古学研究会

米田明訓　1980　「南信天竜川沿岸における縄文時代中期後半の土器編年－所謂『唐草文土器』を中心として－」『甲斐考古』第17巻1号(通巻40号)

歴史学研究会・日本史研究会　2004　「刊行にあたって」『日本史講座』第1巻(東アジアにおける国家の形成)　東京大学出版会

和島誠一　1948　「原始聚落の構成」『日本歴史学講座』　東京大学歴史学研究会編・学生書房

和島誠一　1973　『日本考古学の発達と科学的精神－和島誠一主要著作集－』　和島誠一著作集刊行会

和島誠一・藤澤長治　1956　「階級社会の成立」『日本歴史講座』第1巻(原始－古代)　歴史学研究会・日

本史研究会編・東京大学出版会
和島誠一・井上義弘　1968「神奈川県横浜市称名寺貝塚Ｃ地点」『日本考古学年報』16
綿田弘美　1983「北信地方における縄文時代中期後葉より後期初頭の土着土器」『須高』17
綿田弘美　1989ａ「長野県東北信地方の中期末葉縄文土器群」『第三回縄文セミナー　縄文中期の諸問題』群馬県考古学研究所・千曲川水系古代文化研究所・新潟県考古学談話会・北武蔵古代文化研究会
綿田弘美　1989ｂ「北信濃における縄文時代中期後葉土器群の概観」『長野県埋蔵文化財センター紀要』２　財団法人長野県埋蔵文化財センター
和田　哲　2001「口絵解説　示唆に富む長沢遺跡の住居址」『多摩考古』第31号　多摩考古学研究会
和田　哲　2002「多摩の敷石住居」『多摩考古』第32号
渡辺清志　1998「加曽利ＥⅢ式期の住居跡について」『日高市宿東遺跡　一般国道407号線埋蔵文化財発掘調査報告書』(『埼玉県埋蔵文化財調査事業団報告書』第197集)　財団法人埼玉県埋蔵文化財調査事業団
渡辺清志　2002「複式炉と柄鏡－縄文時代中期末葉～後期初頭における二者－」『古代』第111号
渡辺　仁　1966「縄文時代人の生態　住居の安定性とその生物学的民族史的意義」『人類学雑誌』第74巻２号
渡辺　仁　1978「狩猟採集民の食性の分類－進化的、生態学的見地から－」『民族学研究』第43巻２号
渡辺　仁　1981「竪穴住居の体系的分類、食物採集民の住居生態学的研究（Ｉ）」『北方文化研究』第14号
渡辺　仁　1984ａ「竪穴住居の廃用と燃料経済」『北方文化研究』第16号
渡辺　仁　1984ｂ「狩猟採集民の住居－北方からの視点－」『日本における住まいの源流－日本基層文化の探求－』　文化出版局
渡辺　仁　1990ａ『縄文式階層化社会』　六興出版
渡辺　仁(栂　正行・訳)　1990ｂ「生業分化と社会階層化－北太平洋沿岸採集民における事例（１）－」『現代思想』第18巻12号
渡辺　仁　1998ａ「土俗考古学の勧め－考古学者の戦略的手段として－」『縄文式生活構造－土俗考古学からのアプローチ－』　同成社
渡辺　仁　1998ｂ「縄文土偶と女神信仰－民族誌的情報の考古学への体系的援用に関する研究（Ｉ）－」『国立民族学博物館研究報告』第22巻４号
渡辺　仁　1998ｃ「縄文土偶と女神信仰－民族誌的情報の考古学への体系的援用に関する研究（Ⅱ）－」『国立民族学博物館研究報告』第23巻１号
渡辺　仁　1999「縄文土偶と女神信仰－民族誌的情報の考古学への体系的援用に関する研究（Ⅲ）－」『国立民族学博物館研究報告』第24巻２号
渡辺　仁　2001『縄文土偶と女神信仰』　同成社
渡辺　誠　1970「縄文時代における埋甕風習」『考古学ジャーナル』No.40

石柱・石壇をもつ住居址発見遺跡　参考文献

東京都

1．宇津木
佐々木蔵之助他　1973『宇津木遺跡とその周辺－方形周溝墓発見の遺跡－』　中央高速八王子地区遺跡調
　　　　　　　　　査団

2．長沢
和田　哲　2001「口絵解説　示唆に富む長沢遺跡の住居址」『多摩考古』第31号

3．山根坂上
C．T．キーリ他　1981『山根坂上遺跡(羽村町羽ヶ田上・山根坂上遺跡Ⅲ)・(1979年度の調査)』　東京
　　　　　　　　　都建設局・羽村町羽ヶ田上・山根坂上遺跡調査会

神奈川県

1．蟹ヶ沢
大場磐雄他　1966『蟹ヶ沢鈴鹿遺跡－座間町における1962、1964年の考古学的調査－』(『神奈川県座間町
　　　　　　　　　文化財調査報告』第2）　座間町教育委員会

2．荻野上ノ原第2
佐藤健二他　2005『荻野上ノ原遺跡第2地点』(『厚木市埋蔵文化財調査報告書』第5集）　厚木市教育委
　　　　　　　　　員会

3．下依知大久根
江藤　昭他　1985『下依知大久根遺跡　神奈川県厚木市下依知大久根遺跡調査報告書』　厚木市下依知大
　　　　　　　　　久根遺跡調査団

4．山王平
戸田哲也他　1998『神奈川県相模原市山王平遺跡発掘調査報告書－縄文時代編－』　淵野辺山王平遺跡発
　　　　　　　　　掘調査団

5．勝坂1826遺跡
大貫英明　1979「勝坂1,826遺跡(勝坂遺跡№.6地点)」『昭和51年度埋蔵文化財発掘調査概報集』(『相模原
　　　　　　　　　市埋蔵文化財調査報告』3）　相模原市教育委員会

6．川尻
a．三上次男他　1988「史跡『川尻石器時代遺跡』の調査報告」『青山考古』第6号
b．中川真人　2002『平成14年度国指定史跡川尻石器時代遺跡確認調査概要報告書』　城山町教育委員会
c．中川真人　2003『平成15年度国指定史跡川尻石器時代遺跡確認調査概要報告書』　城山町教育委員会
d．中川真人　2004「旧石器・縄文時代－国指定史跡川尻石器時代遺跡の発掘調査－」『かながわ考古ト
　　　　　　　　　ピックス2004』神奈川県考古学会
e．中川真人　2004「城山町　国指定史跡川尻石器時代遺跡－縄文時代中期末～後期の石造遺構－」『第
　　　　　　　　　28回神奈川県遺跡調査・研究発表会発表要旨』神奈川県考古学会
f．中川真人他　2005『国指定史跡川尻石器時代遺跡確認調査報告書Ⅰ』　城山町教育委員会

7．向原中村
山田仁和他　2003『神奈川県津久井郡城山町向原中村遺跡・向原下村遺跡－城山町川尻向原土地区画整理
　　　　　　　　　事業地内遺跡の発掘調査－』　城山町川尻向原土地区画整理事業地内遺跡発掘調査団

8．川尻中村
天野賢一他　2002『川尻中村遺跡　県道510号(長竹川尻線)新小倉橋新設事業に伴う調査報告2』(『財団
　　　　　　　　　法人かながわ考古学財団調査報告』133）　財団法人かながわ考古学財団

9．寺原

a．明星大学考古学研究部　1985『写真集寺原遺跡』
　b．高橋健樹他　1997『神奈川県津久井郡津久井町　寺原遺跡発掘調査報告書』　津久井町教育委員会
10．大地開戸
河野喜映他　1996『青野原バイパス関連遺跡　梶ヶ原遺跡・大地開戸遺跡・明日庭遺跡・長谷原遺跡・大地遺跡』（『かながわ考古学財団調査報告』5）　財団法人かながわ考古学財団
11．寸嵐一号
田中悟道他　1982『寸嵐一号遺跡発掘調査報告書　昭和56年度』　相模湖町教育委員会
12．尾崎
岡本孝之他　1977『尾崎遺跡－酒匂川総合開発事業にともなう調査－』（『神奈川県埋蔵文化財調査報告』13）　神奈川県教育委員会
13．南（No.2）
恩田　勇他　1996『宮ヶ瀬遺跡群Ⅷ　南（No.2）遺跡・馬場（No.5）遺跡　宮ヶ瀬ダム建設にともなう発掘調査』（『かながわ考古学財団調査報告』10）　かながわ考古学財団
14．下依知多久根
江藤　昭他　1985『下依知大久根遺跡　神奈川県厚木市下依知大久根遺跡調査報告書』　厚木市下依知大久根遺跡調査団

群馬県

1．長野原一本松
　a．山口逸弘　2008「中期住居跡の北壁施設について－長野原一本松遺跡の事例から－」『考古学の窓－巾隆之氏定年退職記念号－』　國學院大學卒業生有志 in 群馬
　b．諸田康成　2008『長野原一本松遺跡（3）八ッ場ダム建設工事に伴う埋蔵文化財発掘調査報告書第19集』（『（財）群馬県埋蔵文化財調査事業団調査報告』第433集）　財団法人群馬県埋蔵文化財調査事業団
　c．山口逸弘　2008『長野原一本松遺跡（4）　八ッ場ダム建設工事に伴う埋蔵文化財発掘調査報告書第24集』（『（財）群馬県埋蔵文化財調査事業団調査報告』第441集）　財団法人群馬県埋蔵文化財調査事業団

山梨県

1．坂井
志村滝蔵　1965『坂井』　地方書院
2．宮谷白山
川崎義雄他　1973『山梨県大月市宮谷遺跡発掘調査報告』　大月市教育委員会
3．柳坪
末木　健他　1975『山梨県中央道埋蔵文化財包蔵地発掘調査報告書－北巨摩郡長坂・明野・韮崎地内－』　山梨県教育委員会・日本道路公団東京第二建設局
4．狐原
上野原町教育委員会　1995『'95　狐原遺跡　山梨県最東端の古代集落』（『遺跡見学会資料』）
小西直樹　1998「狐原Ⅰ・Ⅱ遺跡」『山梨県史　資料編1　原始・古代1　考古（遺跡）』　山梨県
5．宮の前
奈良泰史他　1993『宮の前遺跡発掘調査報告』（『西桂町文化財シリーズ』第15号）　西桂町教育委員会
6．諏訪原

佐野　隆　2003「諏訪原遺跡」『八ヶ岳考古　北巨摩市町村文化財担当者会　平成14年度年報』北巨摩市町村文化財担当者会

7．寺所第2
a．伊藤公明　1996「寺所第2遺跡」『年報－平成7年度－』　北巨摩郡市町村文化財担当者会
b．伊藤公明他　2001『遠い記憶Ⅰ－八ヶ岳南麓　大泉村の縄文時代－』　大泉村歴史民俗資料館・大泉村教育委員会

8．方城第1
伊藤公明　1998「方城第1遺跡」『山梨県史　資料編1　原始・古代1　考古（遺跡）』　山梨県史編さん室
大泉村教育委員会編　1988『方城第1遺跡』（『大泉村埋蔵文化財調査報告書』第6集）　大泉村教育委員会・峡北土地改良事務所

9．真原A
坂口広太　2004「≪資料紹介≫武川村真原A遺跡12号住居跡の配石遺構について」『八ヶ岳考古　平成15年度年報』　北巨摩市町村文化財担当者会

　長野県
1．井戸尻
武藤雄六・宮坂光昭　1968「長野県諏訪郡富士見町井戸尻遺跡第2次調査概報」『信濃』第20巻10号

2．広原
宮坂虎次　1965「休戸・広原遺跡」『井戸尻　長野県富士見町における中期縄文時代遺跡の研究』　中央公論美術出版

3．甲六
唐木孝雄他　1974「甲六遺跡」『長野県中央道埋蔵文化財包蔵地発掘調査報告書－諏訪郡富士見町内その1－昭和48年度』　日本道路公団名古屋建設局・長野県教育委員会

4．坂上
小林公明他　1988「坂上遺跡」『唐渡宮　八ヶ岳南麓における曽利文化期の遺跡群発掘報告』　富士見町教育委員会

5．大畑
武藤雄六　1965「長野県諏訪郡富士見町大畑遺跡第3次調査報告」『長野県考古学会誌』第3号

6．藤内
宮坂英弌他　1965「烏帽子・藤内遺跡」『井戸尻　長野県富士見町における中期縄文時代遺跡の研究』　中央公論美術出版

7．一ノ沢
宮坂英弌他　1965「南原山・一ノ沢遺跡」『井戸尻長野県富士見町における中期縄文時代遺跡の研究』　中央公論美術出版

8．曽利
a．藤森栄一他　1964「信濃境曽利遺跡調査報告　昭和35・36年発掘区」『長野県考古学会誌』第1号
b．藤森栄一　1965「池袋・曽利遺跡」『井戸尻　長野県富士見町における中期縄文時代遺跡の研究』　中央公論美術出版
c．武藤雄六他　1978『曽利　第三・四・五次発掘調査報告書』　長野県富士見町教育委員会

9．居沢尾根
青沼博之他　1981「居沢尾根遺跡」『長野県中央道埋蔵文化財包蔵地発掘調査報告書－原村その4－昭和51・52年度』　日本道路公団名古屋建設局・長野県教育委員会

10. 大石
樋口昇一他　1976「大石遺跡」『長野県中央道埋蔵文化財包蔵地発掘調査報告書－茅野市・原村その1・富士見町その2－昭和50年度』　日本道路公団名古屋支社・長野県教育委員会
11. 茅野和田
宮坂虎次他　1970『茅野和田遺跡』　茅野市教育委員会
12. 棚畑
鵜飼幸雄他　1990『棚畑　八ヶ岳西山麓における縄文時代中期の集落遺跡』　茅野市教育委員会
13. 山の神
宮坂虎次　1986「山ノ神遺跡」『茅野市史』上巻　原始・古代　茅野市
14. 尖石
宮坂英弌　1957『尖石』　茅野町教育委員会
15. 与助尾根
宮坂英弌　1957『尖石』　茅野町教育委員会
16. 駒形
宮坂虎次　1986「駒形遺跡」『茅野市史』上巻　原始・古代　茅野市
17. 中原
小池岳史他　1993『中ッ原遺跡－県営圃場整備事業芹ヶ沢地区に伴う埋蔵文化財緊急発掘調査概要報告書－』　茅野市教育委員会
18. 家下
小池岳史　2008「家下遺跡『市内遺跡Ⅱ－平成18・19年度埋蔵文化財発掘調査報告書－』　茅野市教育委員会
19. 荒神山
大沢和夫他　1974「荒神山遺跡」『長野県中央道埋蔵文化財包蔵地発掘調査報告書－諏訪市内その1・その2－昭和48年度』　日本道路公団名古屋建設局・長野県教育委員会
20. 本城
郷道哲章他　1975「本城遺跡」『長野県中央道埋蔵文化財包蔵地発掘調査報告書－諏訪市内その3－昭和49年度』　日本道路公団名古屋建設局・長野県教育委員会
21. 城山
大沢和夫他　1974「城山遺跡」『長野県中央道埋蔵文化財包蔵地発掘調査報告書－諏訪市内その1・その2－昭和48年度』　日本道路公団名古屋建設局・長野県教育委員会
22. 穴場
岩崎孝治他　1988『穴場－長野県諏訪市穴場遺跡第5次発掘調査報告書－』　諏訪市教育委員会・穴場遺跡調査団
23. 駒形
中村龍雄　1964「環状住居阯群と立石」『古代』第42・43合併号
24. 花上寺
a．高林重水他　1987『花上寺遺跡　昭和61年度小規模排水対策特別事業栃久保地区に伴う発掘調査概報』　岡谷市教育委員会
b．高林重水他　1996『花上寺遺跡－中部山岳地の縄文・平安時代集落址－』(『郷土の文化財』19)　岡谷市教育委員会
c．長塚：武藤雄六他　1971『長塚遺跡』(『郷土の文化財』第5集)　岡谷市教育委員会
25. 六地在家

福沢幸一他　1975「六地在家遺跡」『長野県中央道埋蔵文化財包蔵地発掘調査報告書－岡谷市その１・その２－昭和49年度』　日本道路公団名古屋支社・長野県教育委員会

26．小段

小口達志他　1993『小段遺跡発掘調査概報』　塩尻市教育委員会

27．大村塚田

高桑俊雄他　1992『松本市大村塚田遺跡－緊急発掘調査報告書－』　松本市教育委員会

28．大深山

八幡一郎　1976『信濃大深山遺跡』　川上村教育委員会

29．中村

林幸彦他　1983『中村遺跡』　佐久市教育委員会(但し未見)、長崎他1984による。

30．八千原

久保田敦子他　1991『林之郷・八千原　林之郷遺跡ほか緊急発掘調査報告書』(『上田市文化財調査報告書』第37集)　上田市教育委員会・上小地方事務所

31．四日市

宇賀神　恵他　1990『四日市遺跡』(『長野県小県郡真田町埋蔵文化財調査報告書』)　真田町教育委員会

32．洞

倉科明生他　1971『唐沢・洞』(『長野県考古学会研究報告』10)　長野県考古学会

33．熊久保

ａ．樋口昇一他　1964「長野県東筑摩郡朝日村熊久保遺跡調査概報」『信濃』第16巻４号・７号

ｂ．樋口昇一他　2003『熊久保遺跡第10次発掘調査報告書－松本平西山麓における縄文時代中期の集落址－』(『朝日村文化財調査報告書』第１集)　長野県東筑摩郡朝日村教育委員会

ｃ．百瀬忠幸　2004「縄文時代中期中葉末～後葉の土器と集落－松本平西山麓・熊久保遺跡第10次発掘調査の成果から－」『長野県考古学会誌』第106号

34．大庭

島田恵子他　1990『大庭遺跡－縄文中期末～後期初頭における環状集落および古墳時代末期～奈良・平安時代の集落の調査－』　長野県北佐久郡立科町教育委員会

35．長丘大俣

桐原　健　1964「南信八ヶ岳山麓における縄文中期の集落構造」『古代学研究』第38号

36．月見松

林茂樹他　1968『月見松遺跡緊急発掘調査報告書－天竜川河岸段丘上における縄文中期(初頭－終末)集落址－』　長野県伊那市教育委員会

37．御殿場

伊那市教育委員会　1967「伊那市御殿場遺跡緊急発掘調査概要」『伊那路』第11巻１号

38．城平

宮沢恒之他　1973「城平遺跡」『長野県中央道埋蔵文化財包蔵地発掘調査報告書－伊那市　西春近－昭和47年度』　日本道路公団名古屋支社・長野県教育委員会

39．高河原

福沢幸一他　1971「高河原遺跡」『長野県中央道埋蔵文化財包蔵地発掘調査報告書－阿智・飯田・宮田地区－昭和45年度』　日本道路公団名古屋支社・長野県教育委員会

40．丸山南

気賀沢進　1977『丸山南遺跡－緊急発掘調査報告書－県営ほ場整備事業太田切(３)地区(昭和51年度分)埋蔵文化財緊急発掘調査』(『発掘調査報告』第６集)　南信土地改良事務所・駒ヶ根市教

　　　　　　育委員会
41. 大城林
福沢正陽他　1974『大城林・北方Ⅰ・Ⅱ・湯原・射殿場・南原・横前新田・塩本・北原・富士山－緊急発
　　　　　　掘調査報告－』(『発掘調査報告』第4集)　駒ヶ根市教育委員会
42. 辻沢南
気賀沢進　1988『辻沢南遺跡　馬住ヶ原工業団地及び馬住ヶ原運動公園造成事業緊急発掘調査報告』(『発
　　　　　　掘調査報告』第24集)　駒ヶ根市土地開発公社・駒ヶ根市教育委員会
43. 南原
気賀沢進他　1977『南原－緊急発掘調査報告書－』(『発掘調査報告書』第5集)　南信土地改良事務所・
　　　　　　駒ヶ根市教育委員会
44. 山出
友野良一　1951「長野県上伊那郡伊那村遺跡第一次調査概報」『信濃』第3巻6号
45. 反目
気賀沢進他　1990『反目・遊光・殿村・小林遺跡－駒ヶ根市東部地区県営ほ場整備事業埋蔵文化財緊急発
　　　　　　掘調査－』(『発掘調査報告』第29集)　上伊那地方事務所・駒ヶ根市教育委員会
46. 尾越
矢口忠良他　1972「尾越遺跡」『長野県中央道埋蔵文化財包蔵地発掘調査報告書－上伊那郡飯島町その1
　　　　　　－昭和46年度』　日本道路公団名古屋支社・長野県教育委員会
47. 北原西
友野良一他　1980『県営ほ場整備事業(昭和54年度)埋蔵文化財緊急発掘調査報告　北原東・北原西』長野
　　　　　　県上伊那郡飯島町・南信土地改良事務所
48. 庚申原Ⅱ
矢口忠良他　1973「庚申原Ⅱ遺跡」『長野県中央道埋蔵文化財包蔵地発掘調査報告書－下伊那郡松川町－
　　　　　　昭和47年度』　日本道路公団名古屋支社・長野県教育委員会
49. 中原Ⅰ
岡田正彦　1973「中原Ⅰ遺跡」『長野県中央道埋蔵文化財包蔵地発掘調査報告書－下伊那郡松川町地内－
　　　　　　昭和46年度』　日本道路公団名古屋支社・長野県教育委員会
50. 増野新切
遮那藤麻呂他　1973「増野新切遺跡」『長野県中央道埋蔵文化財包蔵地発掘調査報告書－下伊那郡高森町
　　　　　　地区その2－昭和47年度』　日本道路公団名古屋支社・長野県教育委員会
51. 御射山原
木下平八郎他　1983『御射山原－下伊那郡高森町下市田御射山原緊急発掘調査報告書－』　長野県農政部・
　　　　　　長野県下伊那郡高森町教育委員会
52. 瑠璃寺前
佐藤甦信他　1972「瑠璃寺前遺跡　中島地区」長野県中央道埋蔵文化財包蔵地発掘調査報告書－下伊那郡
　　　　　　高森町地区その1－昭和46年度』　日本道路公団名古屋支社・長野県教育委員会
53. 小垣外・辻垣外
矢口忠良他　1973「小垣外・辻垣外遺跡」『長野県中央道埋蔵文化財包蔵地発掘調査報告書－飯田市地区
　　　　　　その2－昭和47年度』　日本道路公団名古屋支社・長野県教育委員会
54. 和知野
宮沢恒之　1991「和知野遺跡」『下伊那史』第1巻　下伊那誌編纂会
55. 大洞

神村　透　1980『長野県木祖村大洞遺跡－縄文時代中期竪穴住居址－』　長野県木曽郡木祖村教育委員会
56．マツバリ
a．神村　透　1993「下伊那型石柱(?)・石壇　1」『伊那』第41巻6号（通巻第781号）
b．神村　透他　1995『マツバリ遺跡－木曽谷の縄文中期拠点集落－在家地区圃場整備事業に伴う発掘調査報告書』（『日義村の文化財』11）　長野県木曽郡日義村教育委員会
57．お玉の森
神村　透　1998『長野県木曽郡　お玉の森遺跡(第9次調査)－のむら木材株式会社用地造成事業に伴う発掘調査報告書－縄文時代中期後半住居址群』（『日義村の文化財』12）　のむら木材株式会社・日義村教育委員会・木曽郡町村会
58．蟻ヶ崎・峯の平
腰原典明・龍野　守・小林康男　1986「縄文中期祭祀住居の一例－松本市蟻ヶ崎・峯の平遺跡－」『平出遺跡考古博物館　歴史民俗資料館紀要』第3集　塩尻市立博物館

富山県
1．直坂
橋本　正　1973『富山県大沢野町直坂遺跡発掘調査概要』　富山県教育委員会
2．二ツ塚
柳井　睦　1978『富山県立山町二ツ塚遺跡緊急発掘調査概要』　富山県教育委員会

岐阜県
1．堂の上
a．戸田哲也他　1978『岐阜県久々野町堂之上遺跡　第1次～5次調査概報』　岐阜県大野郡久々野町教育委員会
b．戸田哲也他　1997『堂之上遺跡－縄文時代集落跡の調査記録－』　岐阜県大野郡久々野町教育委員会
2．牛垣内
野村崇作他　1998『牛垣内遺跡　丹生川ダム水没地区(五味原遺跡群)埋蔵文化財発掘調査報告書第3集』（『岐阜県文化財保護センター調査報告書』第44集）　財団法人岐阜県文化財保護センター

静岡県
1．観音洞B
a．杉本誠他　1990『静岡県三島市三島C.Cゴルフ場内埋蔵文化財発掘調査概要報告書』　三島市教育委員会
b．池谷初恵他　1994『静岡県三島市五輪・観音洞・元山中・陰洞遺跡－グランフィールズC.Cゴルフ場内埋蔵文化財調査報告書－』　三島市教育委員会

柄鏡形(敷石)住居址発見遺跡　参考文献

1．本参考文献は、先に公表した柄鏡形(敷石)住居址発見遺跡参考文献(山本 2002)に、その後の発見事例を追補したものである。
2．2009年12月末現在で筆者の管見に触れた事例をあげている。
3．遺跡ごとに参考文献をあげているが、一部文献の未確認や未見のものを含む。また、文献ではなく、ネット等からの情報も一部掲載した。今後補訂をなしてゆきたい。
4．本文中に記載された遺跡の参考文献は、本参考文献を参照願いたい。
5．前稿(山本 2002)と同様、北東北地方の事例のうち、敷石をもたず出入口施設(張出部を含む)を有する住居址については、柄鏡形(敷石)住居址の範疇に含めて考えるべきか問題が多いと考えている。また、悉皆的な集成作業は行っていないため、脱漏が多い。

神奈川県

1．岡上丸山
竹石健二他　1990『神奈川県川崎市麻生区岡上丸山遺跡発掘調査報告書』　川崎市教育委員会

2．黒川丸山
丸子　亘他　1985『神奈川県川崎市黒川丸山遺跡発掘調査報告』　川崎市黒川地区配水池用地内遺跡発掘調査団・川崎市水道局

3．仲町
甲元真之他　1971『仲町遺跡－川崎市片平所在縄文時代遺跡の調査－』　仲町遺跡発掘調査団

4．細山向原ⅰ地点
麻生順司・迫　和幸　2003『細山向原遺跡ⅰ地点発掘調査報告書』　玉川文化財研究所

5．早野上ノ原
大坪宣雄・山田仁和　2009「早野上ノ原遺跡－縄文中期を中心とした集落－」『第33回神奈川県遺跡調査・研究発表会発表要旨』　神奈川県考古学会

6．下原
浜田晋介他　2000『下原遺跡－縄文時代晩期、弥生時代後期、古墳時代前期の集落址の調査－』(『川崎市民ミュージアム考古学叢書』4）　川崎市民ミュージアム

7．西菅第三
持田春吉他　1976『川崎市多摩区西菅遺跡第3地点発掘調査報告－日本住宅公団西菅地区土地区画整理事業に伴う埋蔵文化財調査－』　日本住宅公団・西菅遺跡調査団

8．初山
渡辺　誠他　2007『川崎市宮前区初山遺跡発掘調査報告書』　川崎市教育委員会

9．大野
高山　純　1970「川崎市宮崎字大野遺跡発掘調査報告」『川崎市文化財調査集録』第5輯　川崎市教育委員会

10．井田中原B
北原実徳他　2003『神奈川県川崎市井田中原遺跡B地点』　井田中原遺跡B地点発掘調査団

11．松風台
渡辺　努　1990『横浜市緑区松風台遺跡』　日本窯業史研究所

12．大場第2地区A地点（No.1地区）
大川　清他　1991「大場第2地区遺跡群A地点（No.1地区）」『平成2年度文化財年報（埋蔵文化財その9）』　横浜市教育委員会

13．大場第2地区C地点（No.4地区）
大川　清他　1992「大場第二地区遺跡群C地点（No.4地区）」『平成3年度文化財年報（埋蔵文化財その10）』　横浜市教育委員会

14．稲ヶ原A
平子順一他　1992『稲ヶ原遺跡A地点発掘調査報告－横浜市さつきが丘小学校建設に伴う埋蔵文化財調査報告－』　財団法人横浜市ふるさと歴史財団

15．赤田地区遺跡群No.1
渡辺　努　1994『横浜市緑区赤田地区遺跡群　集落編』　日本窯業史研究所

16．赤田地区遺跡群No.15
渡辺　努　1998『横浜市青葉区赤田地区遺跡群　集落編Ⅱ』日本窯業史研究所

17．赤田地区遺跡群No.17

渡辺　努　1998『横浜市青葉区赤田地区遺跡群　集落編Ⅱ』日本窯業史研究所
18．杉山神社
大川　清他　1985「上恩田遺跡群杉山神社遺跡の調査」『第9回神奈川県遺跡調査・研究発表会発表要旨』
　　　　第9回神奈川県遺跡調査・研究発表会準備委員会
19．堀之内b
大川　清他　1985「堀之内b遺跡」『昭和59年度文化財年報(埋蔵文化財その3)』　横浜市教育委員会
20．上谷本第2
合田芳正他　1971『横浜市緑区上谷本町上谷本第2遺跡A地区・B地区発掘調査概報』　中央大学考古学
　　　　研究会・上谷本第二遺跡発掘調査団
21．小黒谷
中央大学考古学研究会　1973『横浜市緑区荏田町小黒谷遺跡発掘調査概報』
22．朝光寺原
朝光原遺跡調査団　1968「朝光寺原A地区遺跡第1次発掘調査略報」『昭和42年度横浜市域北部埋蔵文化
　　　　財調査報告書(経過概報)』　横浜市北部埋蔵文化財調査委員会
23．中里
青木健二他　1979「中里遺跡」『神奈川県横浜市市ヶ尾・川和地区遺跡群』　東急電鉄株式会社
24．あざみ野
小西雅徳他　1988『あざみ野遺跡－国学院大学あざみ野運動場内遺跡発掘調査報告書－』　国学院大学
25．荏田第1
今井康博　1990「荏田1遺跡(リ1)」『全遺跡調査概要』(『港北ニュータウン地域内埋蔵文化財調査報告』
　　　　Ⅹ　横浜市埋蔵文化財センター
26．荏田第2
a．坂上克弘・石井　寛　1976「縄文時代後期の長方形柱穴列」『調査研究集録』第1冊　港北ニュータ
　　　　ウン埋蔵文化財調査団
b．宮沢　寛　1990「荏田2遺跡(リ2)」『全遺跡調査概要』(『港北ニュータウン地域内埋蔵文化財調査報
　　　　告』Ⅹ　横浜市埋蔵文化財センター
27．荏田第9
a．坂上克弘・石井　寛　1976「縄文時代後期の長方形柱穴列」『調査研究集録』第1冊　港北ニュータ
　　　　ウン埋蔵文化財調査団
b．今井康博　1990「荏田9遺跡(リ9)」『全遺跡調査概要』(『港北ニュータウン地域内埋蔵 文化財調査
　　　　報告』Ⅹ　横浜市埋蔵文化財センター
c．今井康博　1976「荏田第9遺跡(リ－9)」『日本考古学年報』27　日本考古学協会
28．牛ヶ谷
石井　寛　1993「牛ヶ谷遺跡・華蔵台南遺跡」『港北ニュータウン地域内埋蔵文化財調査報告』ⅩⅣ　財団
　　　　法人横浜市ふるさと歴史財団
29．荏田第17
石井　寛　1990「荏田17遺跡(リ17)」『全遺跡調査概要』(『港北ニュータウン地域内埋蔵文化財調査報告』
　　　　Ⅹ)　横浜市埋蔵文化財センター
30．荏田第25
宮沢　寛　1990「荏田25遺跡(リ25)」『全遺跡調査概要』(『港北ニュータウン地域内埋蔵文化財調査報告』
　　　　Ⅹ)　横浜市埋蔵文化財センター
31．華蔵台

石井　寛　2008『華蔵台遺跡』(『港北ニュータウン地域内埋蔵文化財調査報告』41)　財団法人横浜市ふ
　　　　　るさと歴史財団

32．華蔵台南
石井　寛　1993「牛ヶ谷遺跡・華蔵台南遺跡」『港北ニュータウン地域内埋蔵文化財調査報告』XIV　財団
　　　　　法人横浜市ふるさと歴史財団

33．池辺15
石井　寛　2008『華蔵台遺跡』(『港北ニュータウン地域内埋蔵文化財調査報告』41)　財団法人横浜市ふ
　　　　　るさと歴史財団

34．京塚
石井　寛　1990「京塚遺跡(リ8)」『全遺跡調査概要』(『港北ニュータウン地域内埋蔵文化財調査報告』
　　　　　X)　横浜市埋蔵文化財センター

35．歳勝土
ａ．小宮恒雄他　1975「歳勝土遺跡」『港北ニュータウン地域内埋蔵文化財調査報告』V　横浜市埋蔵文
　　　　　化財調査委員会
ｂ．小宮恒雄他　1990　「歳勝土遺跡」『全遺跡調査概要』(『港北ニュータウン地域内埋蔵文化財調査報告』
　　　　　X)　横浜市埋蔵文化財センター

36．歳勝土南
伊藤　郭　1990「歳勝土南遺跡」『全遺跡調査概要』(『港北ニュータウン地域内埋蔵文化財調査報告』X)
　　　　　横浜市埋蔵文化財センター

37．宗元塚
伊藤　郭　1990「歳勝土南遺跡」『全遺跡調査概要』(『港北ニュータウン地域内埋蔵文化財調査報告』X)
　　　　　横浜市埋蔵文化財センター

38．Ｅ－３
武井則道　1990「Ｅ－３遺跡」『全遺跡調査概要』(『港北ニュータウン地域内埋蔵文化財調査報告』X)
　　　　　横浜市埋蔵文化財センター

39．Ｅ－５
武井則道　1990「Ｅ－５遺跡」『全遺跡調査概要』(『港北ニュータウン地域内埋蔵文化財調査報告』X)
　　　　　横浜市埋蔵文化財センター

40．Ｆ－２
鈴木重信　1990「Ｆ－２遺跡」『全遺跡調査概要』(『港北ニュータウン地域内埋蔵文化財調査報告』X)
　　　　　浜市埋蔵文化財センター

41．水窪
伊藤　郭　1985『水窪遺跡・茅ヶ崎町遺跡群』(『港北ニュータウン地域内埋蔵文化財調査報告』VII)
　　　　　横浜市埋蔵文化財調査委員会

42．道中坂上
石井　寛　1990「道中坂上遺跡(Ｇ１・２)」『全遺跡調査概要』(『港北ニュータウン地域内埋蔵文化財調
　　　　　査報告』X)　横浜市埋蔵文化財センター

43．Ｇ－５
宮沢　寛　1990「Ｇ－５遺跡」『全遺跡調査概要』(『港北ニュータウン地域内埋蔵文化財調査報告』X)
　　　　　横浜市埋蔵文化財センター

44．打越
伊藤　郭　1990「打越遺跡(Ｇ14)」『全遺跡調査概要』(『港北ニュータウン地域内埋蔵文化財調査報告』X)

　　　　　　横浜市埋蔵文化財センター

45. 山田大塚

石井　寛他　1990「山田大塚遺跡」『港北ニュータウン地域内埋蔵文化財調査報告』XI　横浜市埋蔵文化財センター

46. 西ノ谷貝塚

坂本　彰他　2003『西ノ谷貝塚』(『港北ニュータウン地域内埋蔵文化財調査報告』33)　財団法人横浜市ふるさと歴史財団

47. C-16・17

武井則道　1990「C-16・17遺跡」『全遺跡調査概要』(『港北ニュータウン地域内埋蔵文化財調査報告』X)　横浜市埋蔵文化財センター

48. 権田原

鈴木重信　1990「権田原遺跡(ル8・9)」『全遺跡調査概要』(『港北ニュータウン地域内埋蔵文化財調査報告』X)　横浜市埋蔵文化財センター

49. 北川貝塚

坂本　彰他　2007『北川貝塚』(『港北ニュータウン地域内埋蔵文化財調査報告』39)　財団法人横浜市ふるさと歴史財団

50. 権田上(勝田第6)

a．今井康博　1978「横浜市勝田第6・16遺跡の調査」『第2回神奈川県遺跡調査・研究発表会発表要旨』第2回神奈川県遺跡調査・研究発表会準備委員会

b．今井康博　1990「権田上遺跡(ヌ6)」『全遺跡調査概要』(『港北ニュータウン地域内埋蔵文化財調査報告』X)　横浜市埋蔵文化財センター

51. 蛇山下(勝田第16)

a．今井康博　1978「横浜市勝田第6・16遺跡の調査」『第2回神奈川県遺跡調査・研究発表会発表要旨』第2回神奈川県遺跡調査・研究発表会準備委員会

b．今井康博　1990「蛇山下遺跡(ヌ16)」『全遺跡調査概要』(『港北ニュータウン地域内埋蔵文化財調査報告』X)　横浜市埋蔵文化財センター

52. 神隠丸山

伊藤　郭　1980「横浜市神隠丸山遺跡(ル1・2)の調査」『第4回神奈川県遺跡調査・研究発表会発表要旨』第4回神奈川県遺跡調査・研究発表会準備委員会

53. 新羽第9

a．坂上克弘・石井　寛　1976「縄文時代後期の長方形柱穴列」『調査研究集録』第1冊　港北ニュータウン埋蔵文化財調査団

b．伊藤　郭　1990「新羽遺跡(ハ9)」『全遺跡調査概要』(『港北ニュータウン地域内埋蔵文化財調査報告』X)　横浜市埋蔵文化財センター

54. 大熊仲町

坂上克弘他　2000『大熊仲町遺跡』(『港北ニュータウン地域内埋蔵文化財調査報告』26)　財団法人横浜市ふるさと歴史財団・横浜市教育委員会

55. 大熊第17

今井康博　1990「大熊17遺跡」『全遺跡調査概要』(『港北ニュータウン地域内埋蔵文化財調査報告』X)　横浜市埋蔵文化財センター

56. 殿森

小宮恒雄　1990「殿森遺跡(ホ1)」『全遺跡調査概要』(『港北ニュータウン地域内埋蔵文化財調査報告』

57．けんか山
鈴木重信　1990「けんか山遺跡(ヘ6)」『全遺跡調査概要』(『港北ニュータウン地域内埋蔵文化財調査報告』Ⅹ)　横浜市埋蔵文化財センター

58．月出松
坂上克弘　2005『月出松遺跡・月出松南遺跡』(『港北ニュータウン地域内埋蔵文化財調査報告』37)　財団法人横浜市ふるさと歴史財団・横浜市教育委員会

59．原出口
石井　寛　1995『川和向原遺跡・原出口遺跡』『港北ニュータウン地域内埋蔵文化財調査報告』ⅩⅨ　財団法人横浜市ふるさと歴史財団

60．加賀原
石井　寛　1990「加賀原遺跡(ホ2・チ9)」『全遺跡調査概要』(『港北ニュータウン地域内埋蔵文化財調査報告』Ⅹ)　横浜市埋蔵文化財センター

61．東方19
宮沢　寛　1990「東方19遺跡(ト19)」『全遺跡調査概要』(『港北ニュータウン地域内埋蔵文化財調査報告』Ⅹ)　横浜市埋蔵文化財センター

62．寅ヶ谷東
小宮恒雄　1990「寅ヶ谷東遺跡(チ5)」『全遺跡調査概要』(『港北ニュータウン地域内埋蔵文化財調査報告』Ⅹ)　横浜市埋蔵文化財センター

63．川和向原
石井　寛　1995『川和向原遺跡・原出口遺跡』『港北ニュータウン地域内埋蔵文化財調査報告』ⅩⅨ　財団法人横浜市ふるさと歴史財団

64．三の丸
ａ．伊藤　郭他　1983『三の丸遺跡発掘調査報告書』(『文化財シリーズ』57-1)　横浜市教育委員会
ｂ．伊藤　郭他　1985「三の丸遺跡調査概報」『港北ニュータウン地域内埋蔵文化財調査報告』Ⅵ　横浜市埋蔵文化財調査委員会

65．大丸
伊藤　郭　1990「大丸遺跡(チ6)」『全遺跡調査概要』(『港北ニュータウン地域内埋蔵文化財調査報告』Ⅹ)　横浜市埋蔵文化財センター

66．小高見
山田光洋　2005『大高見遺跡・小高見遺跡』(『港北ニュータウン地域内埋蔵文化財調査報告』38)　横浜市教育委員会・財団法人横浜市ふるさと歴史財団

67．小丸
石井　寛　1999『小丸遺跡』(『港北ニュータウン地域内埋蔵文化財調査報告』25)　財団法人横浜市ふるさと歴史財団

68．二ノ丸
坂上克弘他　2003『二ノ丸遺跡』(『港北ニュータウン地域内埋蔵文化財調査報告』34)　財団法人横浜市ふるさと歴史財団　埋蔵文化財センター

69．高山
石井　寛　2004『高山遺跡』(『港北ニュータウン地域内埋蔵文化財調査報告』35)　財団法人横浜市ふるさと歴史財団・横浜市教育委員会

70．桜並

坂上克弘　1995『桜並遺跡』(『港北ニュータウン地域内埋蔵文化財調査報告』XVIII)　財団法人横浜市ふるさと歴史財団

71．A－8
宮沢　寛　1990「A－8遺跡」『全遺跡調査概要』(『港北ニュータウン地域内埋蔵文化財調査報告』X)　横浜市埋蔵文化財センター

72．ドウ屋敷
三宅正吉　1984『横浜市緑区十日市場ドウ屋敷遺跡発掘報告』　横浜市埋蔵文化財調査委員会

73．玄海田
伊丹　徹他　1997『長津田遺跡群III　玄海田遺跡・玄海田南遺跡　長津田地区特定土地区画整理事業に伴う発掘調査』(『かながわ考古学財団調査報告』14)　財団法人かながわ考古学財団

74．住撰
伊丹　徹他　1996『長津田遺跡群II　住撰遺跡　長津田地区特定土地区画整理事業に伴う発掘調査』(『かながわ考古学財団調査報告』12)　財団法人かながわ考古学財団

75．西之谷大谷
滝沢　亮他　1988『西之谷大谷遺跡－東洋英和女学院横浜校地造成にかかる埋蔵文化財調査概要報告書－』　相武考古学研究所

76．伊勢原
伊藤秀吉　1985「昭和58年度県内埋蔵文化財発掘調査概要　伊勢原遺跡」『神奈川県埋蔵文化財調査報告』27　神奈川県教育委員会

77．大原
坂本　彰・鈴木重信　1982「横浜市大原(新吉田第7)遺跡の調査－弥生時代後期の集落址を中心として－」『第6回神奈川県遺跡調査・研究発表会発表要旨』第6回神奈川県遺跡調査・研究発表会準備委員会

78．篠原大原
天野賢一他　2004『篠原大原遺跡　篠原団地(先工区)建て替え事業に伴う発掘調査』(『かながわ考古学財団調査報告』175)　財団法人かながわ考古学財団

79．篠原大原北
山田仁和他　2007『横浜市港北区篠原大原北遺跡』　(有)吾妻考古学研究所

80．菅田羽沢農業専用地区
井上義弘他　1973「横浜市神奈川区菅田・羽沢農業専用地区造成予定地内発掘調査報告」『昭和47年度横浜市埋蔵文化財調査報告書』II　横浜市埋蔵文化財調査委員会

81．平台北
戸田哲也他　1984『横浜市菅田町平台北遺跡群発掘調査報告書』　横浜市東部方面高校建設予定地内遺跡発掘調査団

82．羽沢大道
中山　良他　1993『横浜市神奈川区羽沢大道遺跡発掘調査報告書』　県営羽沢団地内遺跡調査団

83．都筑自然公園予定地内No.5
橋本昌幸　1991『都筑自然公園予定地内遺跡群(2)発掘調査報告』　横浜市埋蔵文化財センター

84．上白根おもて
平子順一他　1984『上白根おもて遺跡発掘調査報告－県営上白根団地建設に伴う埋蔵文化財調査報告書－』　横浜市埋蔵文化財調査委員会

85．市ノ沢団地

境　雅仁他　1997『市ノ沢団地遺跡　県営市ノ沢団地建設に伴う発掘調査報告書』　市ノ沢団地遺跡調査団

86．阿久和宮腰

戸田哲也・中山良　1995「横浜市阿久和宮腰遺跡(一次調査)」『第19回神奈川県遺跡調査・研究発表会発表要旨』　神奈川県考古学会

87．川島町西原

橋本昌幸　1989『川島町西原遺跡発掘調査報告－市営西原住宅建替に伴う埋蔵文化財発掘調査報告書－』　横浜市埋蔵文化財調査委員会

88．帷子峯

近藤英夫他　1984『帷子峯遺跡－横浜新道三ツ沢ジャンクション建設予定地区遺跡発掘調査報告書－』　横浜新道三ツ沢ジャンクション遺跡調査会

89．仏向貝塚

戸田哲也　1993「仏向貝塚」『平成4年度文化財年報(埋蔵文化財その11)』　横浜市教育委員会

90．明神台

平子順一・橋本昌幸　2006『明神台Ａ地区本発掘調査　市営コンフォール明神台第2期新築工事に伴う埋蔵文化財調査報告書』　独立行政法人都市再生機構神奈川地域支社・横浜市まちづくり調整局・財団法人横浜市ふるさと歴史財団

91．南原

中山　豊他　2002『横浜市保土ヶ谷区南原遺跡発掘調査報告書』　県営南原団地遺跡発掘調査団

92．清水ヶ丘

横浜市埋蔵文化財調査団(石井　寛)　1979「横浜市清水ヶ丘遺跡(仮称)の調査」『第3回神奈川県遺跡調査・研究発表会発表要旨』　第3回神奈川県遺跡調査・研究発表会準備委員会

93．稲荷山貝塚

松田光太郎他　2002『稲荷山貝塚　根岸米軍(11)法面整備工事に伴う発掘調査』(『かながわ考古学財団調査報告』131)　財団法人かながわ考古学財団

94．猿田

ａ．桜井清彦　1967「縄文中期の集落跡－横浜市洋光台猿田遺跡－」『考古学ジャーナル』No.7
ｂ．山本暉久　1993「横浜市洋光台猿田遺跡発見の柄鏡形住居址とその出土遺物」『縄文時代』第4号

95．三殿台

田中義昭他　1968『三殿台－横浜市三殿台遺跡集落址発掘調査の記録－』　三殿台遺跡調査報告書刊行会

96．称名寺Ⅰ

岸上興一郎他　1984『称名寺Ⅰ貝塚発掘調査報告』　横浜市埋蔵文化財調査委員会

97．青ヶ台

佐野大和・西田泰民他　1994『横浜市金沢区青ヶ台貝塚発掘調査概報』

98．島ノ神西

永井正憲　1985『関谷島ノ神西遺跡発掘調査報告書』関谷島ノ神西遺跡発掘調査団・鎌倉市教育委員会

99．東正院

鈴木保彦　1972『東正院遺跡調査報告－神奈川県鎌倉市関谷所在の縄文時代遺跡について－』　神奈川県教育委員会・東正院遺跡調査団

100．江戸坂貝塚

八重畑ちか子　2005「江戸坂貝塚(No.7)」『埋蔵文化財発掘調査概要集』ⅩⅢ　横須賀市教育委員会

101．油壺

須田英一他　2003『油壺遺跡－個人専用住宅新築工事に伴う発掘調査－』(『三浦市埋蔵文化財調査報告

書』第11集） 三浦市教育委員会

102. がんだ畑

山田仁和他　2006『神奈川県三浦市三戸地区遺跡群発掘調査報告書　不入斗遺跡・上の原遺跡・釜田遺跡・がんだ畑遺跡』三浦市三戸土地改良区三戸地区埋蔵文化財発掘調査団

103. 西富貝塚

ａ．寺田兼方　1964『西富貝塚発掘調査報告』（『藤沢市文化財調査報告』第1集）　藤沢市教育委員会

ｂ．寺田兼方　1970「藤沢市西富貝塚第3次調査概報」（『藤沢市文化財調査報告』第6集）　藤沢市教育委員会

104. 善行

秋山重美他　1994『神奈川県藤沢市善行遺跡発掘調査報告書』　善行遺跡発掘調査団

105. 鳥居前

天野賢一他　2002『用田鳥居前遺跡　県道23号（横浜伊勢原）線道路改良事業（用田バイパス建設）に伴う発掘調査』（『かながわ考古学財団調査報告』128）　財団法人かながわ考古学財団

106. 行谷貝塚

西村正衛　1954「神奈川県高座郡行谷貝塚」『日本考古学年報』2

107. 行谷（文教大学校地）

未報告

108. 海老名本郷

富士ゼロックス株式会社　1979『海老名市富士ゼロックス工場敷地内　海老名本郷遺跡』

109. 望地

寺田兼方　1957「敷石住居址の研究（3）」『若木考古』第46号

110. 杉久保

ａ．河野一也他　1983「杉久保遺跡」『日本窯業史研究所年報』Ⅱ

ｂ．河野一也他　1984「杉久保遺跡」『日本窯業史研究所年報』Ⅲ

ｃ．小宮恒雄・中島初子　1998「杉久保遺跡」『海老名市史』1　資料編　原始・古代　海老名市

111. 中原

阿部友壽他　2005「中原遺跡　国道246号線バイパス建設に伴う調査」『神奈川県埋蔵文化財調査報告』48　神奈川県教育委員会

112. 上土棚南

ａ．阿部芳郎　1996「上土棚南遺跡」『綾瀬市史』9　別巻考古　綾瀬市

ｂ．阿部芳郎他　1998『上土棚南遺跡第3次調査』（『綾瀬市埋蔵文化財調査報告』5）　綾瀬市教育委員会・上土棚遺跡発掘調査団

ｃ．井関文明他　2000『上土棚南遺跡　第4次調査　蓼川改修事業に伴う発掘調査』（『かながわ考古学財団調査報告』109）　財団法人かながわ考古学財団

ｄ．小滝　勉他　2008『上土棚南遺跡　第5次〜第7次調査の記録』（『綾瀬市埋蔵文化財調査報告』6）　綾瀬市教育委員会

113. 伊勢山（No.13）

神奈川県教育委員会編　2004「平成14年度神奈川県埋蔵文化財発掘調査一覧　No.239伊勢山遺跡（No.13）」『神奈川県埋蔵文化財調査報告』46　神奈川県教育委員会

114. 平和坂

滝沢　亮他　1993『神奈川県座間市平和坂遺跡』　平和坂遺跡発掘調査団

115. 米軍キャンプ座間地内

佐々木竜郎他　2000『神奈川県座間市米軍キャンプ座間地内遺跡発掘調査報告書』　米軍キャンプ座間地内遺跡発掘調査団

116. 間の原
浅野　寛他　1987『間の原遺跡－目久尻川栗原遊水池建設に伴う発掘調査記録(昭和61年度総合治水対策特定河川事業)－』　神奈川県土木部・座間市教育委員会・間の原遺跡発掘調査団

117. 中原加知久保
浅野　寛他　1984『中原・加知久保遺跡発掘調査報告書』(『座間市文化財調査報告書』第10集)　座間市教育委員会

118. 上栗原D
浅野　寛他　1982『上栗原D遺跡発掘調査報告書』(『座間市文化財調査報告書』第10集)　座間市教育委員会

119. 栗原
石野　瑛　1953「湘西酒匂平野地域の遺跡　史跡と文化財」『神奈川県文化財調査報告』第20集　神奈川県教育委員会

120. 台山
麻生順司他　1988『神奈川県大和市台山遺跡発掘調査報告書』　台山遺跡発掘調査団

121. 下鶴間長堀
相田　薫他　1993『下鶴間長堀遺跡第2地点』(『大和市文化財調査報告書』第57集)　大和市教育委員会

122. 月見野遺跡群相ノ原遺跡第Ⅴ地点
曽根博明他　1995『月見野遺跡群相ノ原遺跡第Ⅴ地点』(『大和市文化財調査報告書』第61集)　大和市教育委員会

123. 九坊院
江藤　昭　1983『九坊院遺跡』　相模原市九坊院遺跡調査団

124. 新戸
御堂島正　1988『新戸遺跡－県立新磯高校建設にともなう調査－』(『神奈川県立埋蔵文化財センター調査報告』17)　神奈川県立埋蔵文化財センター

125. 橋本
大貫英明他　1986『橋本遺跡Ⅶ　縄文時代編』　相模原市橋本遺跡調査会

126. 下溝鳩川
ａ．迫　和幸他　1994『神奈川県相模原市下溝鳩川遺跡発掘調査報告書』　下溝鳩川遺跡発掘調査団
ｂ．迫　和幸　1997「石棒敷設の敷石住居址」『考古論叢　神奈河』第6集

127. 下溝上谷開戸
小池　聡他　1998『神奈川県相模原市下溝上谷開戸遺跡－相模原市下溝上谷開戸土地区画整理事業地内遺跡の発掘調査－』　相模原市下溝上谷開戸遺跡発掘調査団

128. 下溝袋沢
相原俊夫他他　1997『神奈川県相模原市下溝袋沢遺跡発掘調査報告書』　公共下水道緑ヶ丘雨水幹線整備工事地内埋蔵文化財発掘調査団

129. 稲荷林
江藤　昭　1981『稲荷林遺跡－神奈川県相模原市下溝稲荷林遺跡調査概報－』　相模原市下溝稲荷林遺跡調査団

130. 下森
寺田兼方　1957「敷石住居址の研究(2)」『若木考古』第45号

131. 半在家
八幡一郎　1925「遺跡にある自然石(其二)」『人類学雑誌』第40巻4号
132. 田名半在家
相川　薫他　2009『相模原市田名半在家E遺跡－発掘調査報告書－』　久佑ハウジング株式会社・(有)吾妻考古学研究所
133. 大島
石野　瑛　1934「神奈川県下に於ける石器時代住居址」『神奈川県史跡名勝天然記念物調査報告書』第2輯　神奈川県
134. 大島岨山・下台
大塚靖夫　1985「相模川流域にみられる配石遺構について」『相模原の自然と文化』第6号　相模原市文化財研究協議会
135. 大島下台
大貫英明　2004「大島下台(相模原市№95)遺跡調査報告」『平成16年度相模原市文化財年報』　相模原市教育委員会
136. 古清水
水澤丈史他　2007『神奈川県相模原市　古清水遺跡　第1次発掘調査報告書』　株式会社アーネントワン・加藤建設株式会社
137. 勝坂D地点
ａ．大川　清他　1975『神奈川県相模原市勝坂遺跡D地点調査概報(遺構確認調査報告)』　相模原市教育委員会
ｂ．大貫英明・高須賀由美　2007『史跡勝坂遺跡公園整備に伴う第2期発掘調査3年次の概要報告－勝坂遺跡第81次調査－』　相模原市教育委員会
ｃ．大貫英明　2008「勝坂遺跡の保存と整備」『國學院大學考古学資料館紀要』第24輯　國學院大學考古学資料館
ｄ．中川正人・領家玲美　2009『国指定史跡　勝坂遺跡D区－勝坂遺跡保存整備に伴う発掘調査報告書－』(『相模原市埋蔵文化財調査報告』36)　相模原市教育委員会
138. 勝坂D地点隣接地
青木　豊他　1981『勝坂遺跡－勝坂遺跡国指定隣接地遺跡試掘調査報告－』　相模原市教育委員会
139. 当麻第3地点
白石浩之他　1977『当麻遺跡・上依知遺跡－一般国道129号線改良工事にともなう調査－』(『神奈川　県埋蔵文化財調査報告』12)　神奈川県教育委員会
140. 田名花ヶ谷
滝沢　亮他　1993『相模原市田名塩田原地区遺跡群　田名花ヶ谷戸遺跡(資料編)』　田名塩田原地区埋蔵文化財調査団
141. 田名四ッ谷
相模原市教育委員会・河本雅人　2001「田名四ッ谷遺跡－公共下水道清水系統整備工事に伴う工事立会の報告－」『埋蔵文化財発掘調査概報集』(『相模原市埋蔵文化財調査報告』25)　相模原市教育委員会
142. 上中丸A
三ツ橋正夫　1994『神奈川県相模原市上中丸遺跡』　相模原市当麻・下溝遺跡群調査会
143. 当麻亀形
小林克利他　2002『神奈川県相模原市当麻亀形遺跡－相模原都市計画道路嶽之内当麻線道路改良事業地内

　　　　　　　　　　埋蔵文化財発掘調査報告書－』　都市計画道路嶽之内当麻線道路改良事業地内遺跡調査団
144. 田名塩田・西山
長谷川宙輝他　2002.3『田名塩田・西山遺跡－市営田名塩田団地建設に伴う埋蔵文化財調査報告－』(『相
　　　　　　　　　模原市埋蔵文化財調査報告』27)　相模原市教育委員会
145. 相模原市№84
岡本勇・三ッ橋和正　1998「相模原市№84遺跡」『相模原市埋蔵文化財調査報告』22　相模原教育委員会
146. 相模原市№104
ａ．相模原市教育委員会　2002「(2)発掘調査概要　相模原市№104遺跡」『平成14年　相模原市文化財年報』
ｂ．香村紘一　2003『神奈川県相模原市№104遺跡発掘調査報告書』　相模原市№104遺跡発掘調査団
147. 田名塩田遺跡群Ｂ地区
迫　和幸他　1999『神奈川県相模原市　田名塩田遺跡群Ⅰ　発掘調査報告書』　田名塩田遺跡群発掘調査団
148. 川尻
ａ．八幡一郎　1929「敷石遺跡の新資料」『人類学雑誌』第44巻7号
ｂ．石野　瑛　1931「相模国谷ヶ原石器時代住居址群」『史跡名勝天然記念物』第6巻10号
ｃ．石野　瑛　1934「神奈川県下に於ける石器時代住居阯」『史跡名勝天然記念物調査報告書』第2輯
　　　　　　　　　神奈川県
ｄ．荻野仲三郎・古谷　清　1935「神奈川県川尻石器時代遺跡」『史跡調査報告』第7輯　文部省
ｅ．石野　瑛　1941「相模国津久井郡川尻村谷ヶ原住居阯群調査報告」『考古集録』第四　武相考古会
ｆ．三上次男他　1972『史跡川尻石器時代遺跡調査概報』　神奈川県教育委員会
ｇ．石野　瑛　1961『神奈川県大観』5　(西湘・湘北)　武装学園
ｈ．石野　瑛　1963「神奈川県津久井郡谷ヶ原住居址群」『日本考古学年報』10　日本考古学協会
ｉ．三上次男他　1988「史跡『川尻石器時代遺跡』の調査報告『青山考古』第6号
ｊ．御堂島正他　1992『川尻遺跡－県道相模原津久井線川尻バイパス建設にともなう調査－』(『神奈川県
　　　　　　　　　立埋蔵文化財センター調査報告』21)　神奈川県立埋蔵文化財センター
ｋ．大貫英明　1992「谷ヶ原遺跡(川尻遺跡)」『城山町史』1　資料編　考古・古代・中世　城山町
ｌ．吉田浩明他　1999『神奈川県城山町川尻遺跡(城山町№1遺跡)発掘調査報告書』　城山町№1遺跡発
　　　　　　　　　掘調査団
ｍ．加藤勝仁他　2000『川尻遺跡Ⅱ　谷ヶ原浄水場内事業に伴う発掘調査』(『かながわ考古学財団調査報
　　　　　　　　　告』69)　財団法人かながわ考古学財団
ｎ．山本暉久他　2000『国指定史跡　川尻石器時代遺跡範囲確認調査報告書』　神奈川県教育委員会・城山
　　　　　　　　　町教育委員会・(財)かながわ考古学財団
ｏ．中川真人　2002『平成14年度国指定史跡川尻石器時代遺跡確認調査概要報告書』　城山町教育委員会
ｐ．中川真人　2003『平成15年度国指定史跡川尻石器時代遺跡確認調査概要報告書』　城山町教育委員会
ｏ．中川真人　2004「旧石器・縄文時代－国指定史跡川尻石器時代遺跡の発掘調査－」『かながわ考古ト
　　　　　　　　　ピックス2004』　神奈川県考古学会
ｒ．中川真人　2004「城山町国指定史跡川尻石器時代遺跡－縄文時代中期末　〜後期の石造遺構－」『第28
　　　　　　　　　回神奈川県遺跡調査・研究発表会発表要旨』　神奈川県考古学会
ｓ．中川真人他　2005『国指定史跡川尻石器時代遺跡確認調査報告書Ⅰ』　城山町教育委員会
ｔ．中川真人　2006『平成18年度国指定史跡川尻石器時代遺跡確認調査概要報告書』　城山町教育委員会
ｕ．中川真人　2008「相模原市国指定史跡川尻石器時代遺跡－縄文時代後期後半の中央窪地型集落の形成－」
　　　　　　　　　『第32回神奈川県遺跡調査・研究発表会発表要旨』　神奈川県考古学会
ｖ．中川真人　2008『平成19年度国指定史跡川尻石器時代遺跡確認調査概要報告書』　相模原市教育委員会

w．中川真人　2009『平成20年度国指定史跡川尻石器時代遺跡確認調査概要報告書』　相模原市教育委員会
x．中川真人　2009『川尻石器時代遺跡敷石住居屋外展示施設確認調査概要報告書』　相模原市教育委員会

149．川尻中村
a．天野賢一　2000『新小倉橋関連遺跡　原東遺跡・川尻中村遺跡　図録』財団法人かながわ考古学財団
b．天野賢一他　2002『川尻中村遺跡　県道510号(長竹川尻線)新小倉橋新設事業に伴う調査報告2』(『財団法人かながわ考古学財団調査報告』133)　財団法人かながわ考古学財団

150．原東
a．天野賢一他　2000『原東遺跡県道510号(長竹川尻線)新小倉橋新設事業に伴う調査報告1』(『かながわ考古学財団調査報告』79)　財団法人かながわ考古学財団
b．天野賢一他　2000『新小倉橋関連遺跡　原東遺跡・川尻中村遺跡　図録』　財団法人かながわ考古学財団

151．原西
天野賢一他　2002『川尻中村遺跡　県道510号(長竹川尻線)新小倉橋新設事業に伴う調査報告2』(『財団法人かながわ考古学財団調査報告』133)　財団法人かながわ考古学財団

152．はじめ沢下
井辺一徳他　2009『はじめ沢下遺跡　一般国道468号首都圏中央連絡道(さがみ縦貫道路)建設事業に伴う発掘調査』(『かながわ考古学財団調査報告』236)　財団法人かながわ考古学財団

153．寸沢嵐
古谷　清　1932「神奈川県寸沢嵐石器時代遺跡」『史跡調査報告』第6輯

154．寸嵐二号
吉田浩明　1998『神奈川県相模湖町寸嵐二号遺跡発掘調査報告書』　相模湖町No.6遺跡発掘調査団

155．内郷中学校
寺田兼方　1957「神奈川県津久井郡内郷中学校の敷石住居址」『上代文化』第27輯

156．嵯峨
滝沢　亮　1987『藤野町嵯峨遺跡』　藤野町嵯峨遺跡調査会・藤野町教育委員会

157．椚戸中原
長谷川　孟　1981「大倉遺跡(敷石遺構)」『上野原町埋蔵文化財調査報告書』1　上野原町教育委員会

158．中原(大刀)
長谷川　孟　1981「大倉遺跡(敷石遺構)」『上野原町埋蔵文化財調査報告書』1　上野原町教育委員会

159．下小渕
長谷川　孟　1981「大倉遺跡(敷石遺構)」『上野原町埋蔵文化財調査報告書』1　上野原町教育委員会

160．川坂
石野　瑛　1934「神奈川県下に於ける石器時代住居址」『神奈川県史跡名勝天然記念物調査報告書』第2輯　神奈川県

161．川坂(津久井町No.2)
神奈川県立埋蔵文化財センター・財団法人かながわ考古学財団　1996『パネルディスカッション「敷石住居の謎に迫る』資料集

162．青根中学校
a．石野　瑛　1958「津久井郡青根中学校庭敷石住居址」『武相文化』第114号、石野　瑛　1959「津久井郡青根中学校校庭敷石住居跡」『神奈川県文化財調査報告』第25集　神奈川県教育委員会
b．米沢容一　1986「昭和59年度県内埋蔵文化財発掘調査概要　青根中学校遺跡」『神奈川県埋蔵文化財調査報告』28

163. 青根
a．石野　瑛　1958「津久井郡青根中学校庭敷石住居阯」『武相文化』第114号
b．小池原：門倉久人　1960「相模津久井における敷石住居資料」『立正考古』第15号
c．三井：青木純三　1899「武相境界奥部に於ける石器土器の分布に就て」『東京人類学雑誌』第15巻164号

164. 寺原
a．明星大学考古学研究部　1979『寺原遺跡見学会資料』、同　1985『写真集寺原遺跡』
b．高橋健樹他　1997『神奈川県津久井郡津久井町　寺原遺跡発掘調査報告書』　津久井町教育委員会

165. 三ヶ木
岡本　勇　1989「縄文時代」『神奈川県史資料編』20（考古資料）

166. 大地開戸
河野喜映他　1995『青野原バイパス関連遺跡　梶ヶ原遺跡・大地開戸遺跡・明日庭遺跡・長谷原遺跡・大地遺跡』（『かながわ考古学財団調査報告』5）財団法人かながわ考古学財団

167. 青根馬渡遺跡群No.2
池田　治他　1999『道志導水路関連遺跡　青根馬渡No.1・2・3・4・5遺跡・青根引山遺跡　宮ヶ瀬ダム関連事業に伴う発掘調査』（『かながわ考古学財団調査報告』59）財団法人かながわ考古学財団

168. 青根馬渡遺跡群No.4
池田　治他　1999『道志導水路関連遺跡　青根馬渡No.1・2・3・4・5遺跡・青根引山遺跡　宮ヶ瀬ダム関連事業に伴う発掘調査』（『かながわ考古学財団調査報告』59）財団法人かながわ考古学財団

169. 青山開戸
小川岳人他　1997『青山開戸遺跡』（『かながわ考古学財団調査報告』29）財団法人かながわ考古学財団

170. 上細野
石野　瑛　1953「湘西・湘北に遺跡・遺物を探ねて」『武相文化』第51号

171. 臼ヶ谷
a．石野　瑛　1934「神奈川県下に於ける石器時代住居址」『神奈川県史跡名勝天然記念物調査報告書』第2輯　神奈川県
b．石野　瑛　1941「相模国愛甲郡半原臼ヶ谷及び原臼住居址調査記」『考古集録』第4

172. 原臼
石野　瑛　1941「相模国愛甲郡半原臼ヶ谷及び原臼住居址調査記」『考古集録』第4冊

173. ナラサス(No.15)
長岡史起他　1990『宮ヶ瀬遺跡群Ⅱ　ナラサス遺跡・ナラサス北遺跡－宮ヶ瀬ダム建設にともなう調査－』（『神奈川県立埋蔵文化財センター調査報告』21）神奈川県立埋蔵文化財センター

174. 久保ノ坂(No.4)
恩田　勇他　1998『宮ヶ瀬遺跡群ⅩⅥ　久保ノ坂(No.4)遺跡　宮ヶ瀬ダム建設にともなう発掘調査』（『かながわ考古学財団調査報告』42）財団法人かながわ考古学財団

175. 北原(No.9)
市川正史他　1994『宮ヶ瀬遺跡群Ⅳ　北原(No.9)遺跡(2)・北原(No.11)遺跡　宮ヶ瀬ダム建設にともなう調査』（『神奈川県立埋蔵文化財センター調査報告』21）神奈川県立埋蔵文化財センター

176. 北原(No.11)
市川正史他　1994『宮ヶ瀬遺跡群Ⅳ　北原(No.9)遺跡(2)・北原(No.11)遺跡　宮ヶ瀬ダム建設にとも

なう調査』(『神奈川県立埋蔵文化財センター調査報告』21) 　神奈川県立埋蔵文化財センター

177. 北原(No.10・11北)
市川正史他　1998『宮ヶ瀬遺跡群ⅩⅤ　北原(No.10・No.11北)遺跡－宮ヶ瀬ダム建設にともなう発掘調査－』(『かながわ考古学財団調査報告』41)　財団法人かながわ考古学財団

178. 馬場(No.3)
冨永樹之　1996『宮ヶ瀬遺跡群Ⅶ　馬場(No.3)遺跡　宮ヶ瀬ダム建設にともなう発掘調査』(『かながわ考古学財団調査報告』9)　財団法人かながわ考古学財団

179. 馬場(No.6)
鈴木次郎　1995『宮ヶ瀬遺跡群Ⅴ　馬場(No.6)遺跡－宮ヶ瀬ダム建設に伴う発掘調査－』(『かながわ考古学財団調査報告』4)　財団法人かながわ考古学財団

180. 表の屋敷(No.8)
恩田　勇他　1997『宮ヶ瀬遺跡群ⅩⅢ　表の屋敷(No.8)遺跡　宮ヶ瀬ダム建設に伴う発掘調査』(『かながわ考古学財団調査報告』19)　財団法人かながわ考古学財団

181. 南(No.2)
恩田　勇他　1996『宮ヶ瀬遺跡群Ⅷ南(No.2)遺跡・馬場(No.5)遺跡　宮ヶ瀬ダム建設にともなう発掘調査』(『かながわ考古学財団調査報告』10)　かながわ考古学財団

182. 萱山
石野　瑛　1954「神奈川県愛甲郡萱山遺跡」『日本考古学年報』2

183. 山ノ上
大上周三　1989「厚木市山ノ上遺跡Ⅱ」『神奈川県文化財調査報告書』第48集　神奈川県教育委員会

184. 及川天台(及川遺跡群第10区)
香村紘一　1997『及川天台遺跡－神奈川県厚木市一般国道412号本厚木・上荻野バイパス事業に伴う発掘調査報告書(Ⅶ)－』　国道412号線遺跡発掘調査団

185. 関口久保
小池　聡　1994「平成4年度神奈川県内埋蔵文化財調査概要　関口久保遺跡(No.166)」『神奈川県埋蔵文化財調査報告』36

186. 東谷戸
戸田哲也・迫和幸　1994『神奈川県厚木市東谷戸遺跡発掘報告書』　上荻野東部土地区画整理事業区域内遺跡発掘調査団

187. 下依知大久根
北川吉明他　1987『下依知大久根遺跡－神奈川県厚木市下依知大久根遺跡第2次調査報告－』　厚木市下依知大久根遺跡調査団

188. 神成松
髙橋勝広他　1995『神奈川県伊勢原市神成松遺跡発掘調査報告書』　神成松遺跡発掘調査団

189. 東大竹・山王塚(八幡台)
ａ．伊勢原市・伊勢原市教育委員会　1991『市制20周年記念　第4回考古資料展－東大竹地区の遺跡群の調査から－』
ｂ．諏訪間伸　1992「東大竹・山王塚(八幡台)遺跡」『文化財ノート』2　伊勢原市教育委員会
ｃ．秋田かな子　1995「八幡台遺跡出土の縄文後期土器について」『東海史学』第29号

190. 東大竹・下谷戸(八幡台)
ａ．坪田弘子　2005『神奈川県伊勢原市東大竹・下谷戸(八幡台)遺跡の調査』　玉川文化財研究所

b．坪田弘子・佐々木竜郎　2008『神奈川県伊勢原市東大竹・下谷戸(八幡台)遺跡発掘調査報告書』　玉川文化財研究所

191．八幡台

a．石野　瑛　1934「相模国八幡台石器時代住居址群調査報告」『史前学雑誌』第6巻1号
b．石野　瑛　1934「神奈川県下に於ける石器時代住居址」『神奈川県史跡名勝天然記念物調査報告書』第2輯　神奈川県石野　瑛　1936「伊勢原町八幡台石器時代住居址群調査記」『考古集録』第3
c．赤星直忠　1938「神奈川県伊勢原町八幡台住居址」『考古学』第9巻3号
d．江藤　昭　1979『八幡台遺跡－神奈川県伊勢原市八幡台敷石住居址調査報告書－』　伊勢原市八幡台遺跡調査団
e．坪田弘子　2008「八幡台遺跡の調査略史」2008『神奈川県伊勢原市東大竹・下谷戸(八幡台)遺跡発掘調査報告書』　玉川文化財研究所

192．三ノ宮・宮ノ上(第1次～3次)

林原利明　2001『神奈川県伊勢原市　三ノ宮・宮ノ上遺跡(第1～3次)発掘調査概報』　三ノ宮・宮ノ上遺跡発掘調査団

193．三ノ宮

石野　瑛　1934「神奈川県下に於ける石器時代住居址」『神奈川県史跡名勝天然記念物調査報告書』第2輯　神奈川県

194．三ノ宮・宮ノ前Ⅰ～Ⅴ次

a．難波　明・諏訪間順　1989「伊勢原市三ノ宮・宮ノ前遺跡の調査」『第13回神奈川県遺跡調査・研究発表会発表要旨』　第13回神奈川県遺跡調査・研究発表会準備委員会
b．伊勢原市教育委員会　1990「三ノ宮・宮ノ前遺跡」『文化財ノート』第1集　伊勢原市教育委員会
c．諏訪間　伸　1990「三ノ宮・宮ノ前遺跡(Ⅲ)」『神奈川県埋蔵文化財調査報告』32　神奈川県教育委員会
d．諏訪間　伸　1991「三ノ宮・宮ノ前遺跡(Ⅳ)」『神奈川県埋蔵文化財調査報告』33　神奈川県教育委員会
e．立花　実　1993「三ノ宮・宮ノ前(Ⅴ)遺跡」『神奈川県埋蔵文化財調査報告』35　神奈川県教育委員会

195．三ノ宮・下谷戸

小出義治　1971「神奈川県三の宮配石遺構」『北奥古代文化』第3号

196．三ノ宮・下谷戸(東海自動車道№14)

宍戸信悟他　2000『三ノ宮・下谷戸(№14)Ⅱ　第一東海自動車道(東名高速道路)　厚木～大井松田間拡幅工事に伴う調査報告17－伊勢原市内－』(『かながわ考古学財団調査報告』76)　財団法人かながわ考古学財団

197．三ノ宮・前畑

戸田哲也・諏訪間伸　2002『三ノ宮・前畑遺跡発掘調査報告書』(『いせはらの遺跡』Ⅲ)　伊勢原市教育委員会

198．下北原

a．鈴木保彦　1977『下北原遺跡－伊勢原市下北原所在の縄文時代配石遺構の調査－』(『神奈川県埋蔵文化財調査報告』14)　神奈川県教育委員会
b．大塚健一・小西絵美　2008『下北原遺跡Ⅱ　伊勢原調整池築造工事に伴う発掘調査』(『かながわ考古学財団調査報告』222)　財団法人かながわ考古学財団

199. 沼目・坂戸第Ⅱ地点
福田　良他　1999『神奈川県伊勢原市沼目・坂戸遺跡第Ⅱ地点発掘調査書』　沼目・坂戸(Ⅱ)遺跡発掘調査団

200. 池端・椿山
小川岳人・井部一徳　2004『池端・椿山遺跡　緊急地方道路整備事業(主要地方道路横浜・伊勢原線)に伴う発掘調査』(『かながわ考古学財団調査報告』165)　財団法人かながわ考古学財団

201. 御嶽
井上　淳　1993「平成3年度神奈川県内埋蔵文化財発掘調査概要　岡崎・御嶽遺跡(No.1)」『神奈川県埋蔵文化財調査報告』35　神奈川県教育委員会

202. 上粕屋・川上(No.5)
宍戸信悟他　1998『東富岡・杉戸遺跡(No.38)、東富岡・北三間遺跡(No.4)、上粕屋・川上遺跡(No.5・6)、上粕屋・三本松遺跡(No.7)、上粕屋・川上西遺跡(No.8)(1)本文　第一東海自動車道(東名高速道路)厚木～大井松田間拡幅工事に伴う調査8　伊勢原市内』(『かながわ考古学財団調査報告』34)　財団法人かながわ考古学財団

203. 天王原
後藤喜八郎　1996『伊勢原市天王原遺跡発掘調査報告書第Ⅲ地点』　天王原遺跡(Ⅲ)発掘調査団

204. 西富岡・向井畑(伊勢原市No.160)
新開基史　2009「西富岡・向畑遺跡－類例のない縄文時代の『帯状粘土列』－」『第33回神奈川県遺跡調査・研究発表会発表要旨』　神奈川県考古学会

205. 子易・大坪
未報告　2009.3調査、後期柄鏡形敷石住居址1検出

206. 寺山
a．八幡一郎・矢島栄一　1935「相模国中郡寺山の敷石遺構」『人類学雑誌』第50巻12号
b．石野　瑛　1936「東秦野村寺山金目台石器時代住居址」『考古集録』第3
c．安藤文一他　1990「秦野市寺山遺跡の調査」『第14回神奈川県遺跡調査・研究発表会発表要旨』　第14回神奈川県遺跡調査・研究発表準備委員会
d．安藤文一　1996「西丹沢山麓の縄文集落と柄鏡形(敷石)住居址」『パネルディスカッション「敷石住居の謎に迫る」』資料集　神奈川県立埋蔵文化財センター・財団法人かながわ考古学財団

207. 東開戸
a．安藤文一　1992「秦野市東開戸遺跡の調査」『第16回神奈川県遺跡調査・研究発表会発表要旨』　神奈川県考古学会
b．安藤文一　1996「西丹沢山麓の縄文集落と柄鏡形(敷石)住居址」『パネルディスカッション「敷石住居の謎に迫る」』資料集　神奈川県立埋蔵文化財センター・財団法人かながわ考古学財団
c．安藤文一　1999「平塚の縄文時代」『平塚市史』11上　別編　考古(1)　平塚市

207. 東開戸
a．安藤文一　1992「秦野市東開戸遺跡の調査」『第16回神奈川県遺跡調査・研究発表会発表要旨』神奈川県考古学会
b．安藤文一　1996「西丹沢山麓の縄文集落と柄鏡形(敷石)住居址」『パネルディスカッション「敷石住居の謎に迫る」』資料集　神奈川県立埋蔵文化財センター・財団法人かながわ考古学財団
c．安藤文一　1999「平塚の縄文時代」『平塚市史』11上　別編　考古(1)　平塚市

208. 落播
石野　瑛　1934「神奈川県下に於ける石器時代住居址」『神奈川県史跡名勝天然記念物調査報告書』第2輯

神奈川県

209. 曽屋吹上
ａ．高山　純・佐々木博昭・編　1975『曽屋吹上－配石遺構発掘調査報告書－＜図録編＞』(『REPORTS OF PACIFIC ARCHAEOLOGICAL SURVEY NUMBER』Ⅲ
ｂ．今泉克巳他　2002『神奈川県秦野市曽屋吹上遺跡－200102地点－』　曽屋吹上遺跡発掘調査団

210. 中里
ａ．上田　薫　1993「平成３年度神奈川県内埋蔵文化財発掘調査概要　東名No.31・中里遺跡(No.49)」『神奈川県埋蔵文化財調査報告』35　神奈川県教育委員会
ｂ．村上吉正他　1997『中里遺跡(No.31)・西大竹上原遺跡(No.32)』(『かながわ考古学財団調査報告』30)　財団法人かながわ考古学財団

211. 太岳院
ａ．山本守男　1994「太岳院遺跡92－５地点発掘調査」『秦野の文化財』第30集　秦野市教育委員会
ｂ．山本守男　1994「太岳院遺跡92－６地点発掘調査」『秦野の文化財』第30集　秦野市教育委員会
ｃ．近江屋成陽　2008「秦野市太岳院遺跡－縄文時代後・晩期の墓域と集落－」『第31回神奈川県遺跡調査・研究発表会　発表要旨』　神奈川県考古学会

212. 今泉峰(Ⅱ号遺跡B地区)
増田精一他　1998『今泉遺跡群　秦野市今泉台特定土地区画整理事業に伴う今泉地区遺跡群発掘調査報告書』今泉地区遺跡群発掘調査団

213. 稲荷木
天野賢一他　2002『稲荷木遺跡県営農林漁業用揮発油税財源身替農道整備事業に伴う発掘調査』(『かながわ考古学財団調査報告』127)　財団法人かながわ考古学財団

214. 王子ノ台
ａ．近藤英夫　1980「平塚市王子台遺跡の調査」『第４回神奈川県遺跡調査・研究発表会発表要旨』　第４回　神奈川県遺跡調査・研究発表会準備委員会
ｂ．常木　晃他1990「平塚市王子ノ台遺跡(西地区)」『第14回神奈川県遺跡調査・研究発表会発表要旨』第14回神奈川県遺跡調査・研究発表会発表要旨準備委員会
ｃ．秋田かな子他　1991『東海大学校地内遺跡調査団報告』２　東海大学校地内遺跡調査委員会・同調査団
ｄ．岡本孝之　1999「王子ノ台遺跡」『平塚市史』11上　別編考古(１)　平塚市

215. 上吉沢
江坂輝弥他　1964「平塚市上吉沢敷石遺跡調査」『平塚市文化財調査報告』第５集　平塚市教育委員会

216. 上吉沢市場地区(A地区)
佐々木竜郎他　2000『神奈川県平塚市上吉沢市場地区遺跡群発掘調査報告書』　平塚市・平塚市上吉沢市場地区遺跡群発掘調査団

217. 上ノ入B
ａ．小島弘義他　1975「上ノ入遺跡B地点第１次・第２次」『平塚市発掘調査の回顧と展望』(『平塚市博物館資料』No.2)　平塚市教育委員会・平塚市博物館準備室
ｂ．平塚市博物館　1976『秋季特別展　発掘への招待－相模川流域の縄文文化－』
ｃ．小島弘義他　1978「上ノ入B遺跡第３次・第４次調査」『平塚市発掘調査の回顧と展望Ⅱ』(『平塚市博物館資料』No.13)　平塚市博物館

218. 原口
長岡文紀他　2002『原口遺跡Ⅲ　縄文時代　農業総合研究所建設に伴う発掘調査』(『かながわ考古学財団

調査報告』134） 財団法人かながわ考古学財団
219. 真田大原
ａ．秋田かな子　1990『真田大原遺跡』　東海大学校地内遺跡調査委員会・真田大原遺跡調査団
ｂ．秋田かな子　1990『東海大学校地内遺跡調査団報告』１　東海大学校地内遺跡調査団
220. 東向
村上吉正他　1998『東向遺跡(No.33)　第一東海自動車道厚木・大井松田間改築事業に伴う調査報告５－中井町内－』(『かながわ考古学財団調査報告』31)　財団法人かながわ考古学財団
221. 入谷津総合グラウンド
石野　瑛　1953「湘西酒匂平野地域の遺跡　史跡と文化財」『神奈川県文化財調査報告』第20集　神奈川県教育委員会　寺田1957によれば石器時代のものではないとしている
222. 南船ヶ原
石野　瑛　1955「神奈川県小田原市南船ヶ原遺跡」『日本考古学年報』４
223. 天神山
ａ．寺田兼方　1957「敷石住居址の研究(２)」『若木考古』第45号
ｂ．杉山幾一　1995「考古」『小田原市史　史料編　原始古代中世Ⅰ』　小田原市
224. 星山
石野　瑛　1953「湘西酒匂平野地域の遺跡　史跡と文化財」『神奈川県文化財調査報告』第20集　神奈川県教委員会
225. 欠ノ上
寺田兼方　1957「敷石住居址の研究(２)」『若木考古』第45号
226. 沼代
西村正衛　1950「神奈川県足柄下郡下中村沼代石器時代敷石住居址調査略報」『考古学雑誌』第36巻２号
227. 諏訪ノ原清掃工場建設予定地
山内昭二他　1981『小田原市久野諏訪ノ原清掃工場建設予定地遺跡発掘調査報告書』(『小田原市文化財調査報告書』第11集)　小田原市教育委員会
228. 久野北側下第Ⅱ地点
小池　聡他　2004『久野北側下遺跡第Ⅱ・Ⅳ・Ⅴ地点・久野北久保下遺跡第Ⅰ地点』(『小田原市文化財調査報告書』第123集)　小田原市教育委員会
229. 久野北側下第Ⅳ地点
小池　聡他　2004『久野北側下遺跡第Ⅱ・Ⅳ・Ⅴ地点・久野北久保下遺跡第Ⅰ地点』(『小田原市文化財調査報告書』第123集)　小田原市教育委員会
230. 御組長屋(No.11)第Ⅱ地点
小林義典他　2001『神奈川県小田原市御組長屋遺跡第Ⅰ・Ⅱ・Ⅲ・Ⅳ地点発掘調査報告書－都市計画道路小田原早川線街路整備事業に伴う埋蔵文化財発掘調査－』都市計画道路小田原早川線改良工事遺跡発掘調査団
231. 森上
小林義典　1998『森上遺跡第Ⅰ・Ⅱ・Ⅲ地点』小田原市No.114遺跡発掘調査団
232. 久野一本松
吉田浩明他　2002『久野諏訪ノ原遺跡群Ⅰ　久野一本松・久野天野薮・久野坂下窪遺跡－市道0036号線道路改良工事に伴う埋蔵文化財調査－』(『小田原市文化財調査報告』第101集)　小田原市教育委員会
233. 曽我谷津岩本第Ⅰ地点

小池　聡　2007「曽我谷津岩本第Ⅰ地点（縄文〜中世）」『平成19年度小田原市遺跡調査発表会』

234. 馬場
ａ．杉山博久・神沢勇一　1969『馬場遺跡の縄文時代配石遺構』　富士フィルム株式会社
ｂ．杉山博久　1989「原始編」『南足柄市史』1（資料編　自然・原始・古代中世）　南足柄市

235. 狩野一色（化粧地蔵）
石野　瑛　1953「湘西酒匂平野地域の遺跡　史跡と文化財」『神奈川県文化財調査報告』第20集　神奈川県教育委員会

236. 塚田
ａ．安藤文一　1994「南足柄市塚田遺跡」『第18回神奈川県遺跡調査・研究発表会発表要旨』神奈川県考古学会・財団法人かながわ考古学財団
ｂ．安藤文一　1996「西丹沢山麓の縄文集落と柄鏡形(敷石)住居址」『パネルディスカッション「敷石住居の謎に迫る」』資料集　神奈川県立埋蔵文化財センター・財団法人かながわ考古学財団

237. 五反畑
安藤文一　1998「南足柄市五反畑遺跡」『第22回神奈川県遺跡調査・研究発表会発表要旨』　神奈川県考古学会・鎌倉市教育委員会

238. 芭焦
ａ．石野　瑛　1939「相模国田村芭焦住居址と金田村金子台遺跡」『神奈川県史跡名勝天然記念物調査報告書』第7輯　神奈川県
ｂ．石野　瑛　1941「相模国足柄上郡山田村住居址と金子台遺跡」『考古集録』第4　武相考古会

239. 金子台
赤星直忠　1974『神奈川県金子台遺跡』（『横須賀考古学会研究調査報告』3）　横須賀考古学会

240. 根石
安藤文一　1991「根石遺跡」『神奈川県埋蔵文化財調査報告』33　神奈川県教育委員会

241. 城山
安藤文一　1989「足柄上郡松田町城山遺跡発掘調査報告」『神奈川県埋蔵文化財調査報告』31　神奈川県教育委員会

242. 尾崎
岡本孝之他　1977『尾崎遺跡－酒匂川総合開発事業にともなう調査－』（『神奈川県埋蔵文化財調査報告』13)　神奈川県教育委員会

東京都

1．伊皿子
高山　優他　1981『伊皿子貝塚』　日本電信電話公社・港区伊皿子貝塚遺跡調査会

2．馬込
ａ．野本孝明　1984「昭和57年度遺跡発掘調査報告」『大田区の文化財』第4集　大田区教育委員会
ｂ．野本孝明　1984「大田区馬込貝塚の調査」『東京都遺跡調査・研究発表会Ⅸ発表要旨』　武蔵野文化協会考古学部会・東京都教育委員会・世田谷区教育委員会

3．百人町三丁目西
德澤啓一他　2004「新宿区百人町三丁目西遺跡における縄文時代後期集落跡の調査」『日本考古学協会第70回総会研究発表要旨』　有限責任中間法人日本考古学協会

4．喜久井町
木田　真他　1998『東京都新宿区喜久井町遺跡　早稲田大学喜久井町キャンパス地点－文部省ハイテク

リサーチ補助事業による研究棟新築工事に伴う埋蔵文化財発掘調査報告書―』 早稲田大学・新宿区喜久井町遺跡調査団

5．豊沢貝塚
菊池　真他　1999『東京都渋谷区豊沢貝塚第2地点発掘調査報告書』 豊沢貝塚遺跡調査会

6．鷺谷
未報告

7．千駄ヶ谷大谷戸
川田壽文・岩橋陽一　2008『渋谷区千駄ヶ谷大谷戸遺跡（環状第5の1号線地区）―環状第5の1号線（千駄ヶ谷）整備事業に伴う調査―』（『東京都埋蔵文化財センター調査報告』第225集）東京都埋蔵文化財センター

8．東山
a．吉田　格　1989「目黒区東山遺跡」『東京都遺跡調査・研究発表会14発表要旨』 武蔵野文化協会考古学部会・東京都教育委員会・北区教育委員会
b．吉田　格他　1993『東京都目黒区東山遺跡X地点―(株)鴻池組社員寮建設に伴う調査―』（『目黒区埋蔵文化財発掘調査報告書』第4集） 目黒区東山遺跡（X地点）調査会
c．吉田　格他　1996『東京都目黒区東山遺跡（I・M・N・O地点）』（『目黒区埋蔵文化財発掘調査報告書』第10集） 目黒区東山遺跡調査団

9．大蔵
a．石井則孝他　1962「大蔵遺跡」『新修世田谷区史』付編　新修世田谷区史編纂委員会
b．十菱駿武他　1984『上之台遺跡I・大蔵遺跡』 世田谷区教育委員会・世田谷区遺跡調査会

10．廻沢北
a．品川裕昭他　1981『廻沢北遺跡　第5・6次調査概報』 世田谷区教育委員会・世田谷区遺跡調査会
b．十菱駿武他　1984『廻沢北遺跡I』 世田谷区教育委員会・世田谷区遺跡調査会

11．下野毛
a．高杉尚宏他　1992『下野毛遺跡II』 世田谷区教育委員会・下野毛遺跡第5次調査会
b．品川裕昭　2000『下野毛遺跡IV・野毛大原横穴群―東京都世田谷区野毛2丁目20番の発掘調査記録―』 下野毛遺跡第11次調査会・世田谷区教育委員会

12．明大前
品川裕昭・森本隆史　2009『明大前駅遺跡第2次調査略報』 世田谷区教育委員会

13．殿竹
未報告　世田谷区上北沢都立松原病院敷地内、東京都埋文センター2009年調査、中期末柄鏡形(敷石)住居1(部分敷石あり)

14．釜寺東
重住　豊　1981『釜寺東　方南2丁目都営住宅跡地内埋蔵文化財調査報告書』（『杉並区埋蔵文化財調査報告書』第9集） 東京都住宅局・杉並区教育委員会

15．高井戸山中
平山久夫他　1982「杉並区高井戸山中遺跡の調査」『遺跡調査・研究発表会VII発表要旨』 武蔵野文化協会考古学部会・東京都教育委員会

16．光明院南
重住　豊　1979『光明院南』（『埋蔵文化財調査報告書』II） 杉並古代研究会

17．扇山
a．矢島清作・村主誠二郎　1940「東京都上石神井扇山遺跡の平地住居遺跡」『考古学雑誌』第30巻2号

ｂ．佐伯弘晃他　1982『扇山遺跡－石神井台・東京医大校地縄文遺跡－』　東京医科大学
18．貫井２丁目
富樫雅彦他　1985『貫井二丁目遺跡』　練馬区遺跡調査会
19．中島
河野重義他　1995『東京都練馬区中島遺跡調査報告書』　中島遺跡調査会・東京都住宅局
20．大門
石川日出志・隅田　真　1989「板橋区大門遺跡」『東京都遺跡調査・研究発表会14』発表要旨　武蔵野文
　　　　　　　化協会・東京都教育委員会・北区教育委員会
21．東谷戸
中島広顕他　1994『西ヶ原貝塚・東谷戸遺跡』(『北区埋蔵文化財調査報告』第12集　東京都北区教育委員会)
22．西ケ原
西澤　明　2009「西ヶ原貝塚」『発掘された日本列島 2009　新発見考古速報』　文化庁編・朝日新聞社
23．八幡原
　ａ．鈴木敏弘他　1984『八幡原遺跡の発掘－八幡神社地区の調査の概要－』　東北新幹線赤羽地区遺跡調
　　　　　　　査会
　ｂ．鈴木敏弘他　1990『赤羽台遺跡－八幡神社地区－』　東北新幹線赤羽地区遺跡調査会・東日本旅客鉄
　　　　　　　道株式会社
24．御殿前
小林三郎他　1988『御殿前遺跡』(『北区埋蔵文化財調査報告書』第４集)　北区教育委員会
25．下野谷
柳谷　博他　2000『下野谷遺跡Ⅱ－縄文時代中期(２)－』早稲田大学校地埋蔵文化財整理室編・早稲田大学
26．自由学園
大場磐雄　1936「自由学園内の石器時代敷石住宅阯」『史前学雑誌』第８巻４号
27．自由学園南
　ａ．井口直司他　1991『自由学園南遺跡』(『東久留米市埋蔵文化財発掘調査報告書』第16集)　東久留
　　　　　　　米市教育委員会
　ｂ．奈良忠寿他　2005『自由学園南遺跡Ⅳ・Ⅴ　東京都東久留米市自由学園南遺跡第Ⅳ次・第Ⅴ次発掘調
　　　　　　　査報告書』　学校法人自由学園
28．新山
　ａ．山崎　丈他　1981『新山遺跡』(『東久留米市埋蔵文化財調査報告』第８集)　新山遺跡調査会・東久
　　　　　　　留米市教育委員会
　ｂ．山崎　丈他　1984『新山遺跡－第Ⅴ次調査区域発掘調査報告書－』(『東久留米市埋蔵文化財調査報告』
　　　　　　　第11集　東久留米市教育委員会)
29．笹塚
　ａ．寺村光晴他　1971『東村山市史』東村山市史編纂委員会
　ｂ．佐々木蔵之助　1971「東京都東村山市南秋津遺跡」『日本考古学年報』18
　ｃ．勅使河原彰編　2001『東村山市史』5（資料編 考古）　東村山市史編さん委員会
　ｄ．土井悦枝他　1983『笹塚遺跡－1981年度調査－』(『東村山市埋蔵文化財調査報告』第３集　笹塚遺跡
　　　　　　　調査団・東村山市教育委員会)
　ｅ．戸沢充則他　1998『笹塚遺跡－1990・1992年度調査－』(『東村山市埋蔵文化財調査報告』第５集)
　　　　　　　笹塚遺跡調査団・東村山市教育委員会
30．下沢

ａ．寺村光晴他　1971『東村山市史』　東村山市史編纂委員会
　ｂ．大場磐雄他　1966「秋津町下沢遺跡発掘調査について－遺跡編－」『東村山市史資料集』第1集
　ｃ．勅使河原彰編　2001『東村山市史』5（資料編　考古）　東村山市史編さん委員会
31．下大沼田
勅使河原彰編　2001『東村山市史』5（資料編　考古）　東村山市史編さん委員会
32．中の割（日向）
寺村光晴他　1971『東村山市史』
勅使河原彰編　2001『東村山市史』5（資料編　考古）　東村山市史編さん委員会
33．廻田下組
大場磐雄他　1966「北多摩北部地区における考古学上の調査」『北多摩文化財総合調査報告』第2分冊
　　　　　　（『東京都文化財調査報告書』18）　東京都教育委員会
34．御殿山
　ａ．吉田　格他　1965「武蔵野市御殿山遺跡調査報告」『武蔵野市史』資料編
　ｂ．竹花俊之他　1986『井の頭池遺跡群－武蔵野市御殿山第2地区Ｂ地点遺跡－』　御殿山遺跡調査会
35．宮前川南
　ａ．大場磐雄他　1966「北多摩北部地区における考古学上の調査」『北多摩文化財総合調査報告書』第2
　　　　　　分冊（『東京都文化財調査報告書』18）　東京都教育委員会
　ｂ．佐々木蔵之助　1973『都立五日市高校構内発見の敷石住居址』
36．坂上
高麗　正　1985『坂上遺跡－東京都三鷹市大沢坂上遺跡発掘調査報告書－』（『三鷹市埋蔵文化財調査報告』
　　　　　　第11集）　三鷹市遺跡調査会・三鷹市教育委員会
37．井の頭池遺跡群Ａ地点
　ａ．吉田　格・高麗　正　1988「三鷹市井の頭池遺跡群Ａ地点」『東京都遺跡調査・研究発表会13発表要旨』
　　　　　　武蔵野文化協会考古学部会・東京都教育委員会・新宿区教育委員会
　ｂ．高麗　正他　2001『井の頭池遺跡群Ａ　Ⅱ　東京都三鷹市井の頭池遺跡群Ａ発掘調査報告書』（『三鷹
　　　　　　市埋蔵文化財調査報告』第22集）　三鷹市教育委員会・三鷹市遺跡調査会・三菱商事株式
　　　　　　会社
38．ＩＣＵ校地内（Loc. 4）
大場磐雄他　1966「北多摩北部地区における考古学上の調査」『北多摩文化財総合調査報告』第2分冊
　　　　　　（『東京都文化財調査報告書』18）　東京都教育委員会
39．出山
関塚英一他　1979『出山遺跡』（『三鷹市埋蔵文化財調査報告』第4集）　三鷹市遺跡調査会
40．天文台構内
沼上省一他　2004『天文台構内遺跡Ⅲ　東京都三鷹市大沢天文台構内遺跡発掘調査報告書』（『三鷹市埋
　　　　　　蔵文化財調査報告』第27集）　東京都北多摩南部建設事務所・三鷹市教育委員会・三鷹市
　　　　　　遺跡調査会
41．狛江駅北
寺畑滋夫他　1995『小田急線遺跡調査報告書　小田急小田原線（成城学園前駅～登戸駅間）線増連続立体
　　　　　　交差事業に伴う遺跡調査』　小田急小田原線（成城学園前駅～登戸駅間）線増連続立体交
　　　　　　差事業遺跡調査会
42．弁財天池
永峯光一・対比地秀行他　1992『弁財天池遺跡』　狛江市教育委員会

43. 弁財天池
寺畑滋夫他　1995『小田急線遺跡調査報告書　小田急小田原線(成城学園前駅～登戸駅間)線増連続立体
　　　　　　　交差事業に伴う遺跡調査』　小田急小田原線(成城学園前駅～登戸駅間)線増連続立体交
　　　　　　　差事業遺跡調査会
44. 田中・寺前
寺畑滋夫他　1995『小田急線遺跡調査報告書　小田急小田原線(成城学園前駅～登戸駅間)線増連続立体
　　　　　　　交差事業に伴う遺跡調査』　小田急小田原線(成城学園前駅～登戸駅間)線増連続立体交
　　　　　　　差事業遺跡調査会
45. 和泉駄倉
ａ．秋山道生　1995「東京都」『日本考古学年報』46(1993年度版)
ｂ．狛江市教育委員会　1997『狛江市埋蔵文化財調査概報』Ⅱ
46. 下石原(はけ通)
生田周治　1985「調布市・下石原(はけ通)遺跡」『東京の遺跡』No.6
47. 中台
赤城高志　1986「調布市・中台遺跡」『東京の遺跡』No.11
48. 上布田
ａ．赤城高志　1992『調布市上布田遺跡－第2地点の調査－』(『調布市埋蔵文化財報告』23)　調布市教
　　　　　　　育委員会・調布市遺跡調査会
ｂ．伊藤博司　1995「1994年　東京の考古学動向　縄文時代」『東京考古』13
49. 下布田
秋山道生　1995「東京都」『日本考古学年報』46(1993年度版)
50. 下布田第37地点
長瀬　衛　1997「下布田遺跡第37地点調査概報」『東京都調布市埋蔵文化財年報　平成7年度(1995)』調
　　　　　　　布市教育委員会
51. 深大寺寺山
佐々木蔵之助　1973『都立五日市高校構内発見の敷石住居址』
52. 柳谷戸
佐々木蔵之助　1973『都立五日市高校構内発見の敷石住居址』
53. 中山谷
ａ．伊藤富治夫他　1987『東京都小金井市中山谷遺跡－第9～11次調査(1981～1983)－』　小金井市中山
　　　　　　　谷遺跡調査会
ｂ．吉田　格他　1990「小金井市中山谷遺跡」『東京都遺跡調査・研究発表会15発表要旨』　武蔵野文化協
　　　　　　　会考古学部会・東京都教育委員会・練馬区教育委員会
54. 前原
小田静夫他　1976『前原遺跡』(『ICUARC Ocasional Papers』No.3)　国際基督教大学考古学研究センター
55. 貫井
実川順一他　1978『貫井』(『小金井市文化財調査報告』5)　小金井市教育委員会
56. 野川中洲北
伊藤富治夫他　1989『野川中洲遺跡』　東京都建設局・小金井市遺跡調査会
57. 野川公園北境界
J.E.Kidder他　1990「野川公園北境界遺跡」『都内緊急立会調査収録』Ⅲ(『東京都埋蔵文化財調査報告書』
　　　　　　　第17集)　東京都教育委員会

58. 中山谷
a．伊藤富治夫他　1987『東京都小金井市中山谷遺跡－第9～11次調査(1981～1983)－』　小金井市中山
　　　　谷遺跡調査会
b．吉田　格他　1990「小金井市中山谷遺跡」『東京都遺跡調査・研究発表会15　発表要旨』　武蔵野文化
　　　　協会考古学部会・東京都教育委員会・練馬区教育委員会
59. はけうえ
小田静夫他　1980『はけうえ』　国際基督教大学考古学研究センター
60. 浜尾ビル地区
坂詰秀一他　1982「府中市武蔵国府関連遺跡の調査－浜尾ビル地区－」『調査・研究発表会Ⅶ発表要旨』
　　　　武蔵野文化協会・東京都教育委員会
61. 清水が丘
中野良一他　1985『清水が丘遺跡－府中都市計画道路2・1・4号線建設に伴う事前調査－』　東京都建
　　　　設局・府中市遺跡調査会
62. 武蔵野公園
吉田　格　1966「市内都立武蔵野公園遺跡」『府中市史史料集』第10集
63. 武蔵台
河内公夫　1987「府中市・武蔵台第3次調査」『東京の遺跡』No.16、河内公夫他　1994『武蔵国分寺跡西
　　　　方地区　武蔵台遺跡Ⅱ－資料編2－』　都立府中病院内遺跡調査会
64. 都営府中宮町三丁目第二団地
坂詰秀一他　2002『都営府中宮町三丁目第二団地発掘調査概報』　府中市遺跡調査会・府中市教育委員会
65. 武蔵台東
a．西野善勝他　1994『武蔵台東遺跡発掘調査概報4　武蔵国分寺尼寺北方地区－都営川越道住宅改築に
　　　　伴う平成5年度発掘調査概報－』　都営川越道住宅遺跡調査会
b．板東雅樹他　1999『武蔵国分寺西方地区　武蔵台東遺跡Ⅱ』　都営川越道住宅遺跡調査団・都営川越
　　　　道住宅遺跡調査会
66. 都営本町4丁目団地区
上敷領　久　1995「国分寺市・都営本町四丁目団地区第二期調査」『東京の遺跡』No.50
67. 武蔵国分寺跡北方地区
福島宗人他　2003『武蔵国分寺跡遺跡北方地区　西国分寺地区土地区画整理事業に伴う調査』(『東京都埋
　　　　蔵文化財調査報告』第136集第2分冊)　東京都埋蔵文化財センター
68. 恋ヶ窪
後藤守一　1937「武蔵国分寺村に於ける敷石住居遺跡の発掘」『考古学雑誌』第27巻11号
a．広瀬昭弘　1989・91「国分寺市・恋ヶ窪地区」『東京の遺跡』No.24・No.32
b．国分寺市教育委員会編　1995『大昔の国分寺』
69. 恋ヶ窪東
a．滝口　宏他　1992「国分寺市恋ヶ窪東遺跡」『東京都遺跡調査・研究発表会17　発表要旨』　武蔵野文
　　　　化協会考古学部会・東京都教育委員会・板橋区教育委員会
b．国分寺市教育委員会編　1995『大昔の国分寺』
c．吉田　格・上敷領久　2003『恋ヶ窪東遺跡発掘調査概報Ⅲ－都営本町四丁目団地建替工事に伴う調査－』
　　　　国分寺市遺跡調査団・国分寺市教育委員会
70. 羽根沢
a．市川健二郎　1948「武蔵国分寺恋ヶ窪敷石遺跡発掘調査報告」『学習院史学会報』

ｂ．吉田　格他　1986『国分寺市史』上巻　国分寺市史編纂委員会
71．谷保東方
　ａ．渡辺忠胤他　1978『谷保東方遺跡』(『国立市文化財調査報告書』第5集)　国立市教育委員会
　ｂ．秋山道生　1995「東京都」『日本考古学年報』46（1993年度版）
　ｃ．佐々木克典他　1997『東京都国立市谷保東方遺跡Ⅱ』(『国立市文化財調査報告』第40集)　国立市教
　　　　育委員会
72．南養寺裏
西村希一　1970「東京都国立市南養寺裏遺跡」『日本考古学年報』18（昭和40年度）
73．南養寺
　ａ．和田　哲他　1984『南養寺遺跡報告書Ⅰ』(『国立市文化財調査報告』第15集)　国立市教育委員会
　ｂ．和田　哲　1986「大型の壺を納置した敷石住居」『東京の遺跡』No.11
　ｃ．和田　哲　1987『南養寺遺跡Ⅳ　昭和60年度調査報告』(『国立市文化財調査報告書』第24集)　国
　　　　立市教育委員会
　ｄ．和田　哲他　1990『南養寺遺跡Ⅶ　昭和63年度調査報告』(『国立市文化財調査報告書』第30集)　国
　　　　立市教育委員会
　ｅ．馬橋利行他　1994『東京都国立市南養寺遺跡－Ⅷ・Ⅸ－平成元・3年度調査報告』(『国立市文化財調
　　　　査報告』第35集　東京都国立市遺跡調査会・国立市教育委員会
　ｆ．馬橋利行他　1995『東京都国立市南養寺遺跡－Ⅹ－平成4年度調査報告』(『国立市文化財調査報告』
　　　　第38集)　国立市教育委員会
74．緑川東
和田哲・馬橋利行・桜井聖悟　2003『東京都国立市　緑川東遺跡Ⅱ』(『国立市文化財調査報告』第47集
　　　　国立市遺跡調査会・国立市教育委員会
75．向郷
　ａ．大場磐雄他　1965「北多摩郡南部地区における考古学上の調査」『北多摩文化財総合調査報告』第1
　　　　分冊（『東京都文化財調査報告』15）　東京都教育委員会
　ｂ．吉田　格他　1992『東京都立川市向郷遺跡』　立川市向郷遺跡調査会
　ｃ．和田　哲他　2002『東京都立川市　向郷遺跡Ⅴ－集合住宅建設に伴う埋蔵文化財発掘調査－』(『立川
　　　　市埋蔵文化財調査報告』11)　立川市遺跡調査団
　ｄ．高橋　学　2008「15－17地点の調査」『東京都立川市埋蔵文化財調査報告書集Ⅱ』(『立川市埋蔵文化
　　　　財調査報告』15)　立川市教育委員会
76．柴崎町
　ａ．大場磐雄他　1965「北多摩郡南部地区における考古学上の調査」『北多摩文化財総合調査報告』第1
　　　　分冊（『東京都文化財調査報告』15）　東京都教育委員会
　ｂ．立川市　1968『立川市史』上巻
77．大和田
　ａ．大場磐雄他　1965「北多摩郡南部地区における考古学上の調査」『北多摩文化財総合調査報告』第1
　　　　分冊（『東京都文化財調査報告』15）　東京都教育委員会
　ｂ．立川市教育委員会　『立川市教育資料』
78．吉祥山
高橋健樹他　1979『吉祥山－武蔵村山市吉祥山遺跡第2次調査詳報－』　武蔵村山市教育委員会
79．龍津寺東
和田　哲　1982「昭島市龍津寺東遺跡の敷石住居址」『多摩考古』第15号

80. 平尾No.2
安孫子昭二他　1971『平尾遺跡調査報告』　稲城市平尾土地整理組合・南多摩郡平尾遺跡調査会
81. 平尾No.4
安孫子昭二他　1971『平尾遺跡調査報告』　稲城市平尾土地整理組合・南多摩郡平尾遺跡調査会
82. 平尾No.9
安孫子昭二他　1971『平尾遺跡調査報告』　稲城市平尾土地整理組合・南多摩郡平尾遺跡調査会
83. 平尾台原
小谷田政夫　1981『稲城市平尾台原遺跡』　稲城市平尾土地区画整理組合・稲城市遺跡調査会
84. 六間台Ⅱ（第4地点）
呉地英夫他　1995『東京都稲城市六間台Ⅱ（第4地点）発掘調査報告書－特別養護老人ホーム建設に伴う調査－』　稲城市六間台遺跡調査会
85. 多摩ニュータウンNo.9
ａ．千田利明　1999「多摩ニュータウンNo.9遺跡」『東京都埋蔵文化財センター調査報告』第69集　東京都教育文化財団　東京都埋蔵文化財センター
ｂ．竹田　均他　2004『稲城市多摩ニュータウンNo.9遺跡－上谷戸基盤整備工事に伴う発掘調査－』（『東京都埋蔵文化財センター調査報告』第158集）　東京都埋蔵文化財センター
86. 多摩ニュータウンNo.27
原川雄二他　1998『多摩ニュータウン遺跡　No.27遺跡』（『東京都埋蔵文化財センター調査報告』第54集）　東京都埋蔵文化財センター
87. 多摩ニュータウンNo.57
安孫子昭二他　1988『多摩ニュータウンNo.57遺跡－遺跡の概要と整備のあらまし－』　東京都教育委員会
88. 多摩ニュータウンNo.281
塩野崎直子　1996「多摩ニュータウンNo.281遺跡」『多摩ニュータウン遺跡』（『東京都埋蔵文化財センター調査報告』第24集）東京都埋蔵文化財センター
89. 多摩ニュータウンNo.450
千野裕道他　1999『多摩ニュータウン遺跡　450・451・452遺跡』（『東京都埋蔵文化財センター調査報告』第72集）東京都埋蔵文化財センター
90. 多摩ニュータウンNo.769
丹野正人他　1983「No.769遺跡」『多摩ニュータウン遺跡－昭和57年度－』第5分冊（『東京都埋蔵文化財センター調査報告』第4集）　東京都埋蔵文化財センター
91. 多摩市道1458号（和田・百草遺跡群）
中島庄一　1979『多摩市道1458号線遺跡－昭和53年度調査報告－』（『多摩市道1458・1461号線遺跡調査会報告』）　多摩市道1458・1461号線遺跡調査会
92. 東寺方
山崎克巳他　1998『東寺方遺跡　多摩都市計画道路3・4・19号線築造工事に伴う調査』（『多摩市埋蔵文化財調査報告』44）　多摩市遺跡調査会
93. 連光寺北
吉田　格　1961「縄文式文化」『南多摩文化財調査報告』第1分冊（『東京都文化財調査報告書』10）　東京都教育委員会
94. 桜ヶ丘ゴルフ場
吉田　格　1961「多摩村連光寺桜ヶ丘ゴルフ場内遺跡」『南多摩文化財調査報告』第1分冊（『東京都文化財調査報告書』10）　東京都教育委員会

95. 多摩ニュータウンNo.194
山口慶一　1996「多摩ニュータウンNo.194遺跡」『多摩ニュータウン遺跡』(『東京都埋蔵文化財センター調査報告』第25集) 東京都埋蔵文化財センター

96. 多摩ニュータウンNo.235
原川雄二他　2004「No.235遺跡」『多摩ニュータウン遺跡』(『東京都埋蔵文化財センター調査報告』第151集)　東京都埋蔵文化財センター

97. 多摩ニュータウンNo.243・244
山本孝司他　2003『多摩ニュータウン遺跡－No.243・244遺跡－(旧石器・縄文)』(『東京都埋蔵文化財センター調査報告』第132集)　東京都埋蔵文化財センター

98. 多摩ニュータウンNo.245
山本孝司他　1998『多摩ニュータウン遺跡－No.245・341遺跡－』(『東京都埋蔵文化財センター調査報告』第57集)　東京都埋蔵文化財センター

99. 多摩ニュータウンNo.341
山本孝司他　1998『多摩ニュータウン遺跡－No.245・341遺跡－』(『東京都埋蔵文化財センター調査報告』第57集)　東京都埋蔵文化財センター

100. 多摩ニュータウンNo.960
金持健司他　2002『多摩ニュータウン遺跡－No.960遺跡－』(『東京都埋蔵文化財センター調査報告』第103集)　東京都埋蔵文化財センター

101. 木曽森野
ａ．前田秀則他　1993『東京都町田市木曽森野遺跡Ⅱ　旧石器・縄文時代編』　町田市木曽森野遺跡調査会
ｂ．前田秀則他　1997『東京都町田市木曽森野遺跡Ⅳ　旧石器・縄文時代編2』　町田市木曽森野遺跡調査会

102. 向村
佐々木蔵之助　1973『都立五日市高校構内発見の敷石住居址』

103. 田端
佐々木蔵之助　1973『都立五日市高校構内発見の敷石住居址』

104. 忠生Ｂ１・2地点
川口正幸他　2006『東京都町田市忠生遺跡群発掘調査概要報告書』　忠生遺跡調査会

105. 忠生Ｄ地点
川口正幸他　2006『東京都町田市忠生遺跡群発掘調査概要報告書』　忠生遺跡調査会

106. 原東
阿部　真・相川　薫　2005「原東遺跡」『東京都町田市遺跡分布調査報告書　付編　町田市内遺跡緊急発掘調査概報Ⅰ．原東遺跡、Ⅱ．芹ヶ谷遺跡、Ⅲ．飯守神社遺跡』　町田市教育委員会

107. 都道2・1・5線
浅川利一他　1989「町田市都道2・1・5号線遺跡」『東京都遺跡調査・研究発表会14発表要旨』　武蔵野文化協会考古学部会・東京都教育委員会・北区教育委員会

108. 能ヶ谷平和台No.1
浅川利一他　1974「町田市の原始・古代」『町田市史』上巻　加曽利Ｅ式敷石住居址4　詳細不明

109. 大久保台
浅川利一　1973「大久保台遺跡」『日本考古学年報』24

110. 牢場
ａ．柴田常恵　1926「高ヶ坂の石器時代住宅址」『史蹟名勝天然記念物』第1集10号

b．後藤守一　1926「高ヶ坂発石器時代聚落遺趾」『東京府史蹟名勝天然記念物調査報告書』第4冊
c．後藤守一　1927「南多摩郡南村高ヶ坂に於ける石器時代聚落遺蹟」『東京府史蹟名勝天然記念物調査報告書』第5冊
d．浅川利一他　1970「町田市高ヶ坂八幡平遺跡調査報告」『多摩考古』第10号

111. 八幡平
a．柴田常恵　1926「高ヶ坂の石器時代住宅址」『史蹟名勝天然記念物』第1集10号
b．後藤守一　1926「高ヶ坂発見石器時代聚落遺趾」『東京府史蹟名勝天然記念物調査報告書』第4冊
c．後藤守一　1927「南多摩郡南村高ヶ坂に於ける石器時代聚落遺蹟」『東京府史蹟名勝天然記念物調査報告書』第5冊
d．浅川利一他　1970「町田市高ヶ坂八幡平遺跡調査報告」『多摩考古』第10号

112. 山崎遺跡群B地点
久保常晴・坂詰秀一　1965『町田市山崎遺跡群　第1次調査概報』(『立正大学考古学研究室小報』第3) 立正大学考古学研究室

113. 木曽遺跡群I地区
浅川利一他　1974「町田市の原始・古代」『町田市史』上巻

114. 真光寺広袴遺跡群・向
和田　豊他　1991『東京都町田市真光寺・広袴遺跡群Ⅴ－大久保遺跡・向遺跡－』鶴川第二地区遺跡調査会

115. 鶴川M
永峯光一・安孫子昭二　1972『鶴川遺跡群』(『町田市埋蔵文化財調査報告』第3冊)　町田市教育委員会

116. なすな原№1地区
成田勝範他　1984『なすな原遺跡　№1地区調査』なすな原遺跡調査会

117. なすな原遺跡№2地区
成田勝範他　1996『なすな原遺跡　№2地区調査』なすな原遺跡調査会

118. 野津田上の原
後藤貴之他　1997『東京都町田市野津田上の原遺跡』野津田上の原遺跡調査会

119. 東雲寺上
若井千佳子他　2000『東京都町田市東雲寺上遺跡発掘調査報告書』吾妻考古学研究所・町田市教育委員会

120. 吹上
上川名昭　1970『日野吹上遺跡』日野吹上遺跡調査団

121. 東光寺上
佐々木蔵之助　1973『都立五日市高校構内発見の敷石住居址』

122. 第1小学校校庭
坂詰秀一他　1984「日野第一小学校校庭遺跡発掘調査略報」『日野市史料集　考古資料編』日野市史編纂委員会

123. 七ツ塚
a．和田　哲他　1997『東京都日野市七ツ塚遺跡1－七ツ塚遺跡発掘調査報告書－』日野市東光寺上第1土地区画整理組合・日野市東光寺上第2土地区画整理組合・日野市遺跡調査会編
b．和田　哲他　1998『東京都日野市七ツ塚遺跡3－七ツ塚遺跡発掘調査報告書－』日野市東光寺上第1土地区画整理組合・日野市東光寺上第2土地区画整理組合・日野市遺跡調査会編
c．中島光世　1999『東京都日野市七ツ塚遺跡7－七ツ塚遺跡発掘調査報告書－』日野市東光寺上第1土地区画整理組合・日野市東光寺上第2土地区画整理組合・日野市遺跡調査会編

d．和田　哲他　2001『七ツ塚遺跡11』(『日野市埋蔵文化財発掘調査報告』72)　日野市東光寺上第１土地区画整理組合・日野市東光寺上第２土地区画整理組合・日野市遺跡調査会
　　e．田中美千代他　2004『東京都日野市七ツ塚遺跡14－七ツ塚遺跡発掘調査報告書－』　日野市東光寺上第１土地区画整理組合・株式会社第三開発編
124. 山王上
未報告　東京都埋文センター調査、中期末柄鏡形敷石住居址１
125. 南広間地
篠崎譲治他　1996『田中タダによる共同住宅建築に伴う埋蔵文化財発掘調査報告書－南広間地遺跡第36次調査－』(『日野市埋蔵文化財発掘調査報告』39)　田中タダ・日野市遺跡調査会
126. 平山
篠崎譲治・小黒恵子　2003『東京都日野市　平山遺跡－株式会社西都開発マンション建設事業に伴う埋蔵文化財発掘調査報告書－』　豊田南地区平山遺跡調査団・(株)西都開発
127. 多摩ニュータウンNo.64
塩野崎直子他　1996「No.64遺跡」『多摩ニュータウン遺跡』(『東京都埋蔵文化財センター調査報告』第24集)　東京都埋蔵文化財センター
128. 多摩ニュータウンNo.67
可児通宏　1995『多摩ニュータウン遺跡－No.67遺跡－』(『東京都埋蔵文化財センター調査報告書』第18集)　東京都埋蔵文化財センター
129. 多摩ニュータウンNo.72
　　a．丹野雅人他　1992「No.72・795遺跡」『多摩ニュータウン遺跡－平成２年度－』第１分冊(『財団法人東京都埋蔵文化財センター調査報告』第14集　東京都埋蔵文化財センター
　　b．竹尾　進・山本孝司　1991「多摩ニュータウン地域における縄文時代中期の住居形態」『多摩のあゆみ』第62号　多摩信用金庫
　　c．丹野雅人他　1998～2003『多摩ニュータウン遺跡－No.72・795・796遺跡－(１)～(20)』(『東京都埋蔵文化財センター調査報告』第50集)　東京都埋蔵文化財センター
130. 多摩ニュータウンNo.107
佐藤宏之他　1999『多摩ニュータウン遺跡－No.107遺跡－旧石器・縄文時代編』(『東京都埋蔵文化財センター調査報告』第64集)　東京都埋蔵文化財センター
131. 多摩ニュータウンNo.304
　　a．財団法人東京都埋蔵文化財センター　1988「多摩ニュータウンNo.304遺跡」『東京都埋蔵文財センター年報』８　(昭和62年度)
　　b．川島雅人　1987「多摩ニュータウン遺跡群('87第３報)」『東京の遺跡』No.17
132. 多摩ニュータウンNo.446
　　a．松崎元樹　1988「多摩ニュータウン遺跡群('88第１報)」『東京の遺跡』No.20
　　b．松崎元樹　1989「多摩ニュータウン遺跡群('88第２・３期)『東京の遺跡』No.22
　　c．千田利明　1997『多摩ニュータウン遺跡　先行調査報告５』(『東京都埋蔵文化財センター調査報告』６集)　東京都教育委員会・東京都埋蔵文化財センター
133. 多摩ニュータウンNo.796
川崎邦彦他　1986「No.796遺跡」『多摩ニュータウン遺跡－昭和59年度－』第３分冊　(『財団法人東京都埋蔵文化財センター調査報告』第７集)　東京都埋蔵文化財センター
134. 大原Ｃ
吉田浩明他　1986『八王子南部地区遺跡調査報告』２　八王子南部地区遺跡調査会

135. 滑坂
佐々木克典他　1988『滑坂遺跡』(『南八王子地区遺跡調査報告』4)　八王子市南部地区遺跡調査会
136. 小比企向原
ａ．吉田浩明他　1998『南八王子地区遺跡調査報告』12　八王子市南部地区遺跡調査会
ｂ．戸田哲也・吉田浩明　2001『原始・古代のみなみ野　八王子市みなみ野シティ内の遺跡調査』　八王子市南部地区遺跡調査会
137. 南八王子地区№25
吉田浩明他　2001『南八王子地区遺跡調査報告』14　八王子南部地区遺跡調査会
138. 北野
吉田　格　1959「漁撈文化の展開」『世界考古学体系』Ⅰ
139. 船田向
後藤守一　1933「船田石器時代住居遺蹟」『府下に於ける石器時代住居阯発掘調査報告』(『東京府史蹟保存物調査報告』第10冊)　東京府
140. 船田
城近憲市他　1970『船田－東京都八王子市船田遺跡における集落址の調査Ⅰ－』　八王子市船田遺跡調査会
141. 船田長房地区
原川雄二・並木　仁　2005『八王子市　船田遺跡(第１分冊)－都営長房団地建替工事事業に伴う第３次調査－』(『東京都埋蔵文化財センター調査報告』第161集)　東京都埋蔵文化財センター
142. 宇津木向原
佐々木蔵之助他　1973『宇津木遺跡とその周辺』　中央高速道八王子地区遺跡調査団
143. 椚田第Ⅲ
服部敬史他　1976『椚田遺跡群　1975年度調査概報』　八王子市椚田遺跡調査会
144. 狭間
未報告　環礫方形配石遺構
145. 峰開戸
ａ．後藤守一　1933「附　峰開戸の住居遺蹟」『府下に於ける石器時代住居阯発掘調査』(『東京府史蹟保存物調査報告』第10冊)　東京府
ｂ．柴田常恵　1927「新に発見したる多摩陵附近石器時代住居址」『史蹟名勝天然記念物』第２集６号
146. 甲の原
ａ．吉田　格　1980「八王子市甲の原遺跡調査概報－浅川流域の縄文文化－」『文化財の保護』第12号　東京都教育委員会
ｂ．松井泉・岡田大輔　2002『東京都八王子市　中野甲の原遺跡－市営住宅西中野団地建て替えに伴う埋蔵文化財発掘調査報告書－』　八王子市中野甲の原遺跡発掘調査団
147. 深沢
土井義夫他　1981『深沢遺跡・小田野城跡』　八王子市深沢遺跡及び小田野城跡調査会
148. 小田野
戸田哲也・中山　良・麻生順司　1996『小田野遺跡発掘調査報告書』　小田野遺跡発掘調査団
149. 小田野
相川　薫他　2009『東京都八王子市小田野遺跡－第４次・第５次発掘調査報告書－』　社会福祉法人永寿会・有限会社吾妻考古学研究所
150. 横川弁天池
中村　威　1961「八王子市横川町縄文後期遺跡発掘調査報告」『多摩考古』第２号

151. 山王台
中村　威　1960「八王子市小比企町山王台敷石式住居址発掘報告」『多摩考古』第1号

152. 西中野
佐々木蔵助　1967「八王子市西中野遺跡発掘調査概報」『多摩考古』第8号

153. 熊野堂
天羽大器　1979「八王子の敷石住居」『くぬぎだ』第2号

154. 十内入上原
天羽大器　1979「八王子の敷石住居」『くぬぎだ』第2号

155. 宮田
天羽大器　1979「八王子の敷石住居」『くぬぎだ』第2号

156. 北大谷
天羽大器　1979「八王子の敷石住居」『くぬぎだ』第2号

157. 横山中学校
天羽大器　1979「八王子の敷石住居」『くぬぎだ』第2号

158. 上宿
1981　武蔵野考古部会ニュース26・27

159. 落越
阿部朝衛他　1992『東京都八王子市落越遺跡Ⅰ』　落越遺跡調査団

160. 御嶽山
北條　浩他　1985「御嶽山遺跡」『八王子市埋蔵文化財年報　1985年度』　八王子市教育委員会

161. 犬目中原
佐々木蔵之助　1973『都立五日市高校構内発見の敷石住居址』

162. 下根芝原
吉田　格　1961「縄文式文化」『南多摩文化財調査報告』第1分冊（『東京都文化財調査報告書』10）　東京都教育委員会

163. 南八王子地区遺跡群№3
吉田浩明他　1997『南八王子地区遺跡調査報告』11　八王子南部地区遺跡調査会

164. 郷田原（南八王子地区遺跡群№12）
戸田哲也他　1996『南八王子地区遺跡調査報告』10（郷田原遺跡）　八王子南部地区遺跡調査会

165. 二宮
河野重義　1975「二宮敷石住居跡」『秋川市二宮神社境内周辺の遺跡』（『秋川市埋蔵文化財発掘調査報告書』第2集）　秋川市教育委員会

166. 前田耕地
ａ．紀野自由他　1979『前田耕地』Ⅱ（『秋川市埋蔵文化財調査報告書』第6集）　前田耕地遺跡調査会・秋川市教育委員会
ｂ．加藤晋平・関谷　学　1982「秋川市前田耕地遺跡の調査」『遺跡調査・研究発表会Ⅶ　発表要旨』　武蔵野文化協会・東京都教育委員会

167. 野辺
河野重義　1975「野辺敷石住居跡」『秋川市二宮神社境内周辺の遺跡』（『秋川市埋蔵文化財発掘調査報告書』第2集）　秋川市教育委員会

168. 宮ノ腰
大場磐雄他　1969「秋川流域の考古学的調査」『東京都文化財調査報告』21　東京都教育委員会

169. 油平清水上

大場磐雄他　1969「秋川流域の考古学的調査」『東京都文化財調査報告』21　東京都教育委員会

170. 羽ヶ田

ａ．後藤守一　1937「武蔵国羽ヶ田の敷石住居遺蹟」『考古学雑誌』第27巻7号

ｂ．後藤守一　1938「東京府下に於ける石器時代住居阯　第二」『東京府史蹟名勝天然記念物調査報告書』第14冊　東京府

171. 西秋留

後藤守一　1933「府下に於ける石器時代住居阯調査報告　西秋留の石器時代住居遺蹟」『東京府史蹟保存物調査報告』第10冊　東京府

172. 橋場

安藤保子他　1998『東京都あきる野市橋場遺跡－細谷ビル(仮称)建設に伴う埋蔵文化財発掘調査報告書－』細谷火工株式会社・橋場遺跡細谷ビル地区調査会

173. 網代門口

宇佐美哲也他　1997『東京都あきる野市網代門口－東京都網代母子寮改修工事にともなう発掘調査報告書－』東京都網代母子寮遺跡調査会

174. 中高瀬

及川良彦他　2007『あきる野市中高瀬遺跡－秋多3・3・9号線整備事業に伴う埋蔵文化財発掘調査－』(『東京都埋蔵文化財センター調査報告』第201集)　東京都埋蔵文化財センター

175. 精進バケ

羽村市教育委員会　2002『精進バケ遺跡』(『羽村市文化財調査報告』2)　羽村市教育委員会

176. 山根坂上

Ｃ．Ｔ．キーリ他　1981『羽ヶ田上遺跡(羽村町羽ヶ田上・山根坂上遺跡Ⅱ)』　東京都建設局・羽村町羽ヶ田上・山根坂上遺跡調査会

177. 小庄

大場磐雄他　1969「秋川流域の考古学的調査」『東京都文化財調査報告』21　東京都教育委員会

178. 前道路

大場磐雄他　1969「秋川流域の考古学的調査」『東京都文化財調査報告』21　東京都教育委員会

179. 戸倉オオッパラ

大場磐雄他　1969「秋川流域の考古学的調査」『東京都文化財調査報告』21　東京都教育委員会

180. 五日市高校

ａ．佐々木蔵之助　1981「五日市町都立五日市高等学校遺跡」『東京都埋蔵文化財調査報告』第8集　東京都教育委員会

ｂ．佐々木蔵之助　1973『都立五日市高校構内発見の敷石住居址』

181. 前原

ａ．伊藤博司　1995「1994年　東京の考古学動向　縄文時代」『東京考古』13

ｂ．秋山道生　1995「東京都」『日本考古学年報』46(1993年度版)

182. 三トウゲ

大場磐雄他　1969「秋川流域の考古学的調査」『東京都文化財調査報告』21　東京都教育委員会

183. 留原字中村

大場磐雄他　1969「秋川流域の考古学的調査」『東京都文化財調査報告』21　東京都教育委員会

184. 新井

酒詰仲男他　1942「東京府下大久野村新井敷石住居址の発掘」『人類学雑誌』第57巻10号

185. 平之内
大場磐雄他　1969「秋川流域の考古学的調査」『東京都文化財調査報告』21　東京都教育委員会
186. 岳の上
服部敬史　1972『岳の上遺跡－東京都西多摩郡日の出村岳の上遺跡の発掘調査報告書－』　東京都西多摩郡日の出村文化財保護委員会
187. 大久保平
佐々木蔵之助　1973『都立五日市高校構内発見の敷石住居址』
188. 寺改戸
久保田正寿　1986『東京都青梅市寺改戸遺跡』　青梅市遺跡調査会
189. 大船
小松修治　1984「青梅市・大船遺跡」『東京の遺跡』No.5
190. 方砂
ａ．大場磐雄他　1967「西多摩北東部地区における考古学上の調査」『西多摩文化財総合調査報告』第1分冊（『東京都文化財調査報告』19）　東京都教育委員会
ｂ．佐々木蔵之助　1973『都立五日市高校構内発見の敷石住居址』
191. 宮ノ平
ａ．大場磐雄他　1967「西多摩北東部地区における考古学上の調査」『西多摩文化財総合調査報告』第1分冊（『東京都文化財調査報告』19）　東京都教育委員会
ｂ．佐々木蔵之助　1973『都立五日市高校構内発見の敷石住居址』
192. 崩橋
ａ．大場磐雄他　1967「西多摩北東部地区における考古学上の調査」『西多摩文化財総合調査報告』第1分冊（『東京都文化財調査報告』19）　東京都教育委員会
ｂ．久保田正寿　1981『崩橋遺跡・霞台遺跡群－昭和55年度調査概報－』　青梅市遺跡調査会
193. 喜代沢
久保田正寿他　1979『喜代沢遺跡発掘調査概報－保存のための確認調査－』　青梅市遺跡調査会
194. 裏宿
久保田正寿他　1985『東京都青梅市裏宿遺跡－青梅市市営住宅建替えに伴う事前調査－』　青梅市遺跡調査会
195. 市立第1中学校
大場磐雄他　1967「西多摩北東部地区における考古学上の調査」『西多摩文化財総合調査報告』第1分冊（『東京都文化財調査報告』19）　東京都教育委員会
佐々木蔵之助　1973『都立五日市高校構内発見の敷石住居址』
196. しな沢
佐々木蔵之助　1973『都立五日市高校構内発見の敷石住居址』
197. 小中尾
佐々木蔵之助　1973『都立五日市高校構内発見の敷石住居址』
198. 駒木野
ａ．佐々木蔵之助　1973『都立五日市高校構内発見の敷石住居址』
ｂ．伊藤博司他　1998『東京都青梅市駒木野遺跡発掘調査報告書－青梅簡保険保養センター改築に伴う事前発掘調査－』　青梅市遺跡調査会
199. 杉平
ａ．伊藤博司他　1994「青梅市・杉平遺跡」『東京の遺跡No.44』

b．伊藤博司　1995「1994年　東京の考古学動向　縄文時代」『東京考古』13
200．K－5
和久裕昭　2001『東京都青梅市K－5遺跡』　株式会社新日本建物・加藤建設株式会社
201．西の平
安藤精一　1991『東京都西多摩郡奥多摩町白丸・西の平遺跡発掘調査報告書』　白丸・西の平遺跡調査会
202．下野原
谷口康浩他　2007『下野原遺跡　奥多摩町梅沢チャート原産地における縄文時代の発掘調査－特別養護老人ホーム『寿楽荘』建て替え工事に伴う埋蔵文化財発掘調査報告書』下野原遺跡発掘調査団・下野原遺跡発掘調査会
203．上河内平
佐々木蔵之助　1973『都立五日市高校構内発見の敷石住居址』
204．檜原中学校
大場磐雄他　1969「秋川流域の考古学的調査」『東京都文化財調査報告』21　東京都教育委員会
205．本村田原
永峯光一・加藤秀行　1989「新島本村田原遺跡の調査」『東京都遺跡調査・研究発表会14発表要旨』　武蔵野文化協会考古学部会・東京都教育委員会・北区教育委員会
206．大石山
　　a．後藤守一他　1959「北伊豆五島における考古学的調査」(『伊豆諸島文化財総合調査報告』第2分冊・『東京都文化財調査報告書』7　東京都教育委員会
　　b．小杉　康他　1986『利島村大石山遺跡－範囲確認調査報告書Ⅳ－』利島村教育委員会・利島村大石山遺跡調査団

埼玉県
1．東の上
　　a．飯田充晴他　1976『東の上遺跡』(『所沢市文化財調査報告』第1集)　所沢市教育委員会
　　b．千葉裕之　1996『東の上遺跡　第61次調査』(『所沢市埋蔵文化財調査報告書』第9集)　所沢市教育委員会・所沢市立埋蔵文化財調査センター
2．膳棚
埼玉県教育委員会編　1987『埼玉県埋蔵文化財調査年報　昭和61年度』
3．海谷
阿部由紀子　1999「所沢市海谷遺跡の調査」『第32回遺跡発掘調査報告会発表要旨』　埼玉考古学会・財団法人埼玉県埋蔵文化財調査事業団・埼玉県立博物館・埼玉県埋蔵文化財センター
4．水窪
　　a．野村　智　1992『水窪遺跡』　埼玉入間市遺跡調査会
　　b．斉藤祐司　1997『水窪遺跡　第3次調査』　埼玉県入間市遺跡調査会
5．坂東山
　　a．谷井　彪他　1973『坂東山』(『埼玉県遺跡発掘調査報告書』第2集)　埼玉県教育委員会
　　b．斎藤祐司　1982「入間市坂東山(2)遺跡の調査」『第15回遺跡発掘調査報告会発表要旨』　埼玉考古学会・埼玉県遺跡調査会・埼玉県教育委員会
　　c．斉藤祐司他　1992『坂東山遺跡　第1次・第2次調査』　入間市遺跡調査会
　　d．鈴木秀雄他　1996『坂東山／坂東山西／後B　首都圏中央連絡自動車道関係埋蔵文化財発掘調査報告－Ⅸ－』(『埼玉県埋蔵文化財調査事業団報告書』第166集)　財団法人埼玉県埋蔵文化財調

　　　　　　査事業団
　e．斉藤祐司　1992『坂東山遺跡　第3次調査』　埼玉県入間市遺跡調査会
　f．斉藤祐司　1997『坂東山遺跡　第6次調査』　埼玉県入間市遺跡調査会
6．久保
斉藤祐司　1996『久保遺跡第3次調査』　埼玉県入間市遺跡調査会
7．箭ノ根ケ原
今井正美　1994『箭ノ根ヶ原遺跡』　埼玉県入間市遺跡調査会
8．宮地
城近憲市他　1972『宮地』(『狭山市文化財調査報告』Ⅰ)　狭山市教育委員会
9．字尻
石塚和則　1995『字尻遺跡　完成駐車場建設工事に伴う埋蔵文化財発掘調査報告』(『狭山市遺跡調査会報告書』第8集)　狭山市遺跡調査会
10．宮原
石塚和則　2007『宮原遺跡－携帯電話用無線鉄塔建設に伴う埋蔵文化財発掘調査報告書－』(『狭山市遺跡調査会報告書』第19集)　埼玉県狭山市遺跡調査会
11．森ノ上
石塚和則他　2005『森ノ上遺跡－流通センター建築工事に伴う埋蔵文化財発掘調査報告書－』(『狭山市遺跡調査会報告書』第14集)　埼玉県狭山市遺跡調査会
12．揚櫨木(うつぎ)
狭山市教育委員会　1986『揚櫨木遺跡』(『狭山市文化財報告書』11)
13．稲荷
　a．埼玉県教育委員会編　1989『埼玉県埋蔵文化財調査年報　昭和62年度』
　b．梅沢太久夫　1989「埼玉県」『日本考古学年報』40 (1987年度版)
14．宿東
渡辺清志他　1998『宿東遺跡　一般国道407号線埋蔵文化財発掘調査報告書』(『埼玉県埋蔵文化財調査事業団報告書』第197集)　財団法人埼玉県埋蔵文化財調査事業団
15．寺脇
　a．中平　薫　1998「日高市寺脇遺跡の調査」『第31回遺跡発掘調査報告会発表要旨』　埼玉考古学会・埼玉県立博物館・財団法人埼玉県埋蔵文化財調査事業団・埼玉県立埋蔵文化財センター
　b．中平　薫他　2006『寺脇』(『日高市埋蔵文化財調査報告』第32集)　日高市教育委員会
16．加能里
　a．富元久美子他　1989『飯能の遺跡(8)　加能里遺跡第8・9次調査、張摩久保遺跡第9・10次調査』(『飯能市内遺跡群発掘調査報告書』6)　飯能市教育委員会
　b．富元久美子他　1991『加能里遺跡第12次調査』(『飯能市遺跡調査会発掘調査報告書』4)　飯能市遺跡調査会
17．新堀
村上達哉　2002『新堀遺跡第1次～8次調査』(『傘縫土地区画整理事業地内埋蔵文化財調査報告書』2)　飯能市遺跡調査会
18．落合上ノ台
富元久美子他　2001『落合上ノ台遺跡第1次調査－医療法人くすのき会飯能ホスピタル地内埋蔵文化財調査報告書－』飯能市遺跡調査会
19．原郷

村上達哉他　2001「飯能市域における敷石住居址について」2001『落合上ノ台遺跡第1次調査－医療法
　　　　人くすのき会飯能ホスピテル地内埋蔵文化財調査報告書－』　飯能市遺跡調査会
20．南原
ａ．埼玉県史編纂室編　1980「南原遺跡」『新編埼玉県史資料編』1（原始　旧石器・縄文）　埼玉県
ｂ．越生町教育委員会　1968『南原遺跡（A地区）発掘調査概報』
21．岩の上
栗原文蔵他　1973『岩の上・雉子山』（『埼玉県遺跡発掘調査報告書』第1集）　埼玉県教育委員会
22．五明
ａ．坂詰秀一　1961「埼玉県比企郡五明遺跡」『日本考古学年報』11
ｂ．坂詰秀一　1961「埼玉県中野原における敷石遺跡」『古代文化』第6巻3号
ｃ．埼玉県史編纂室　1980「五明遺跡」『新編埼土県史資料編』1（原始　旧石器・縄文）　埼土県
23．関場
野村　智　1999「東秩父村関場遺跡の調査」『第32回遺跡発掘調査報告会発表要旨』　埼玉考古学会・財団
　　　　法人　埼玉県埋蔵文化財調査事業団・埼玉県立博物館・埼玉県埋蔵文化財センター
24．露梨子
並木　隆他　1978『大里郡寄居町甘粕原・ゴシン・露梨子遺跡－国道254号バイパス建設用地に係る埋蔵
　　　　文化財発掘調査－』（『埼玉県遺跡調査会報告書』第35集）　埼玉県教育委員会
25．北塚屋
黒坂禎二他　1985『北塚屋Ⅱ－国道140号バスパス関係（寄居町・花園町工区）埋蔵文化財発掘調査報
　　　　告－』（『埼玉県埋蔵文化財調査事業団報告書』第48集）　財団法人埼玉県埋蔵文化財調査事
　　　　業団
26．上郷西
谷井　彪　1976「上郷西遺跡」『日本考古学年報』27（1974年度版）
27．東
梅沢太久夫　1973「大里郡寄居町東遺跡発掘調査報告－埋甕等を伴う配石遺構－」『埼玉考古』第11号
28．樋ノ下
細田　勝　1994『寄居町樋ノ下遺跡　埼玉県住宅供給公社リバーサイド玉淀建設事業関係埋蔵文化財発掘
　　　　調査報告』（『埼玉県埋蔵文化財調査事業団報告書』第135集）　財団法人埼玉県埋蔵文化
　　　　財調査事業団
29．台耕地
小島糸子他　1983『関越自動車道関係埋蔵文化財発掘調査報告書ⅩⅥ－台耕地Ⅰ－』（『埼玉県埋蔵文化財
　　　　調査事業団報告書』第27集）　財団法人埼玉県埋蔵文化財調査事業団
30．古井戸
宮井英一他　1989『児玉郡児玉町古井戸－縄文時代－児玉工業団地関係埋蔵文化財発掘調査報告』Ⅴ－』
　　　　（『埼玉県埋蔵文化財調査事業団報告書』第75集）財団法人埼玉県埋蔵文化財調査事業団
31．阿久原平
矢内　勲　1991「神泉村下阿久原平遺跡の調査」『第24回遺跡発掘調査報告会発表要旨』　埼玉考古学会・
　　　　埼玉会館・財団法人埼玉県埋蔵文化財調査事業団・埼玉県教育委員会
32．大背戸
田部井　功他　1988『秩父・大背戸遺跡 '63』　埼玉県秩父郡皆野町教育委員会
33．駒形
ａ．埼玉県史編纂室　1980「駒形遺跡」『新編埼玉県史資料編』1（原始　旧石器・縄文）　埼玉県

b．田部井功他　1981『秩父・駒形遺跡　'78発掘調査報告書』　駒形遺跡発掘調査会
c．菊池伸之　1998「皆野町駒形遺跡(第7次)の調査」『第31回遺跡発掘調査報告会発表要旨』　埼玉考古学会・埼玉県立博物館・財団法人埼玉県埋蔵文化財　調査事業団・埼玉県立埋蔵文化財センター
d．菊池伸之　1998「埼玉県秩父郡皆野町駒形遺跡第7次調査について」『祭祀考古』第12号
e．菊池伸之　1998「皆野町駒形遺跡の調査」『埋文さいたま』№31　埼玉県立埋蔵文化財センター

34．下平
小林　茂・田部井　功・橋本康司　1995「下平遺跡」『秩父合角ダム水没地域埋蔵文化財発掘調査報告書』　合角ダム水没地域総合調査会

35．塚越向山
小林　茂・橋本康司　1995「塚越向山遺跡」『秩父合角ダム水没地域埋蔵文化財発掘調査報告書』　合角ダム水没地域総合調査会

36．木戸原
埼玉県史編纂室　1980『埼玉県史資料編』1　(原始　旧石器・縄文)　埼玉県

37．姥原
栗島義明　1988『姥原遺跡－自治セミナーハウス関係埋蔵文化財発掘調査報告－』(『埼玉県埋蔵文化財調査事業団報告書』第72集)　財団法人埼玉県埋蔵文化財調査事業団

38．薬師堂
小林　茂他　1981『秩父・薬師堂遺跡'79』　両神村薬師堂遺跡発掘調査会

39．入波沢西
渡辺清志　2000『浜平岩陰／入波沢西／入波沢東　滝沢ダム建設事業地内埋蔵文化財発掘調査報告書』(『埼玉県埋蔵文化財調査事業団報告書』第243集)　財団法人埼玉県埋蔵文化財調査事業団

40．入波沢東
渡辺清志　2000『浜平岩陰／入波沢西／入波沢東　滝沢ダム建設事業地内埋蔵文化財発掘調査報告書』(『埼玉県埋蔵文化財調査事業団報告書』第243集)　財団法人埼玉県埋蔵文化財調査事業団

41．丸山台
a．野中和夫他　1992『埼玉県和光市丸山台遺跡群Ⅰ－丸山台土地区画整理事業に伴う発掘調査報告書－』(『和光市埋蔵文化財調査報告書』第5集)　和光市遺跡調査会・和光市教育委員会
b．野中和夫他　1993『埼玉県和光市丸山台遺跡群Ⅱ－丸山台土地区画整理事業に伴う発掘調査報告書－』(『和光市埋蔵文化財調査報告書』第6集)　和光市遺跡調査会・和光市教育委員会

42．義名山
野中和夫他　1992『埼玉県和光市丸山台遺跡群Ⅰ－丸山台土地区画整理事業に伴う発掘調査報告書－』(『和光市埋蔵文化財調査報告書』第5集)　和光市遺跡調査会・和光市教育委員会

43．柿の木坂
新屋雅明他　1994『花ノ木・向原・柿の木坂・水久保・丸山台』(『埼玉県埋蔵文化財調査事業団報告書』第134集)　財団法人埼玉県埋蔵文化財調査事業団

44．泉水山
宮野和明他　1974「朝霞市泉水山遺跡の調査」『第7回埼玉県遺跡発掘調査報告会発表要旨』　埼玉考古学会・埼玉県遺跡調査会・埼玉県教育委員会

45．西原大塚
佐々木保俊　1998「7　敷石住居の埋甕か－両耳壺と大型石皿－」『企画展　最新出土品展』パンフレット　埼玉県立博物館

46．卜伝
柿沼幹夫他　1980『卜伝－川口ジャンクション埋蔵文化財発掘調査報告－』(『埼玉県遺跡発掘調査報告書』第25集)　埼玉県教育委員会
47．宮合貝塚
ａ．川口市遺跡調査会　1984『宮合貝塚遺跡』(『川口市遺跡調査会報告』第4集)
ｂ．埼玉県教育委員会編　1986「宮合貝塚」『埼玉県埋蔵文化財調査年報　昭和59年度』
48．叺原
ａ．小川順一郎　1984「川口市叺原遺跡の調査」『第17回遺跡発掘調査報告会発表要旨』　埼玉考古学会・埼玉県教育委員会・埼玉会館
ｂ．金箱文夫　1985『叺原遺跡(先土器・縄文時代編)』(『川口市文化財調査報告書』第23集)　川口市教育委員会
49．赤山
金箱文夫他　1989『赤山－一般国道298号(東京外郭環状道路)新設工事に伴う埋蔵文化財発掘調査報告書－』(『川口市遺跡調査会報告』第12集)　川口市遺跡調査会
50．石神貝塚
ａ．浅野晴樹他　1997「石神貝塚」『年報』17　平成8年度　財団法人埼玉県埋蔵文化財調査事業団
ｂ．元井　茂他　1997『川口市石神貝塚　県道大宮鳩ヶ谷線関係埋蔵文化財発掘調査報告』(『埼玉県埋蔵文化財調査事業団報告書』第182集)　財団法人埼玉県埋蔵文化財調査事業団
ｃ．新屋雅明　2000『川口市石神貝塚　県道大宮鳩ヶ谷線関係埋蔵文化財発掘調査報告－Ⅱ－』(『埼玉県埋蔵文化財調査事業団報告書』第254集)　財団法人埼玉県埋蔵文化財調査事業団
51．住吉
坂詰秀一　1961「埼玉県中野原における敷石遺跡」『古代文化』第6巻3号
52．俣埜
埼玉県史編纂室　1980『新編埼玉県史資料編』1(原始　旧石器・縄文)　埼玉県
53．東台
ａ．坪田幹男　1986『埼玉県入間郡東部遺跡群』Ⅵ(『文化財調査報告書』第15集)　埼玉県大井町教育委員会
ｂ．坪田幹男　1987『埼玉県入間郡大井町東部遺跡群Ⅶ』(『文化財調査報告』第16集　大井町教育委員会
ｃ．高橋直成　1996『埼玉県入間郡大井町　町内遺跡群Ⅳ』(『文化財調査報告書』第27集)　大井町教育委員会
54．苗間東久保
鍋島直久他　1994『西ノ原遺跡52・55、苗間東久保遺跡18、浄禅寺跡遺跡7、大井館跡遺跡5　発掘調査報告書』(『文化財調査報告書』第15集)　埼玉県大井町教育委員会
55．北通第2
会田　明　1976「北通遺跡第2地点」『富士見市文化財報告』Ⅺ　富士見市教育委員会
56．関沢第2＝節沢
会田　明　1977「関沢遺跡第2地点」『富士見市文化財報告』ⅩⅢ　富士見市教育委員会
57．本目第4
佐々木保俊他　1978「本目遺跡第3・4地点」『富士見市中央遺跡群Ⅰ』(『文化財調査報告』第15集)　富士見市教育委員会
58．打越
荒井幹夫他　1983『打越遺跡』(『富士見市文化財報告』第26集)　富士見市教育委員会

59．八ヶ上
和田晋司他　1994『富士見市内遺跡Ⅱ』(『富士見市文化財報告』第44集)　富士見市教育委員会
60．貝塚山
 a．荒井幹夫他　1985『貝塚山遺跡発掘調査報告書－第3地点－』(『富士見市遺跡調査会調査報告書』第
    24集)　富士見市遺跡調査会
 b．荒井幹夫他　1985『貝塚山遺跡発掘調査報告書－第3地点－』(『富士見市遺跡調査会調査報告書』第
    25集)　富士見市遺跡調査会
61．宅地添
笹森健一　1985『埋蔵文化財の調査(Ⅶ)　川崎遺跡(宅地添地区第4次)の調査』　上福岡市教育委員会
62．北宿
青木義脩他　1990『北宿遺跡発掘調査報告書－浦和市立病院総合化に伴う埋蔵文化財発掘調査報告6－』
　　　　(『浦和市遺跡調査会報告書』第134集)　浦和市遺跡調査会
63．本太3丁目
青木義脩他　1992『本太3丁目遺跡(第4次)発掘調査報告書』(『浦和市遺跡調査会調査会報告書』第1
　　　　54集)　浦和市遺跡調査会
64．大谷場下町
青木義脩他　1991『大谷場下町遺跡発掘調査報告書(第2次)』(『浦和市遺跡調査会報告書』第141集)　浦
　　　　和市遺跡調査会
65．馬場北
青木義脩他　1989『馬場北遺跡(第8・9・10次)』(『浦和市東部遺跡群発掘調査報告書』第11集)　浦和市
　　　　教育委員会
66．上木崎東
青木義脩他　1984『上木崎東遺跡発掘調査報告書』(『浦和市遺跡調査会報告書』第42集)　浦和市遺跡調
　　　　査会
67．大間木内谷
青木義脩他　1988『大間木内谷遺跡発掘調査報告書』(『浦和市遺跡調査会報告書』第95集)　浦和市遺跡
　　　　調査会
68．広ヶ谷戸稲荷越
岩井重雄他　1987『広ヶ谷戸稲荷越遺跡発掘調査報告書』(『浦和市遺跡調査会報告書』第82集)　浦和市
　　　　遺調査会
69．明花東
青木義脩他　1994『明花東遺跡発掘調査報告書－県道大宮東京線新設工事に伴う発掘調査－』(『浦和市遺
　　　　跡調査会調査報告書』第181集)　浦和市遺跡調査会
70．会ノ谷
 a．青木義脩他　1991『会ノ谷遺跡発掘調査報告書(第3次)－浦和都市計画道路大牧三室線建設工事に伴
    う発掘調査－』(『浦和市遺跡調査会報告書』第145集)　浦和市遺跡調査会
 b．青木義脩他　1994『会ノ谷遺跡発掘調査報告書(第4・5次)－浦和都市計画道路大牧三室線建設工事
    に伴う発掘調査－』(『浦和市遺跡調査会報告書』第178集)　浦和市遺跡調査会
 c．青木義脩他　1996『会ノ谷遺跡発掘調査報告書(第7次)』(『浦和市遺跡調査会報告書』第203集)　浦
    和市遺跡調査会
71．大古里
青木義脩他　1994『大古里遺跡発掘調査報告書(第15・第16地点)』(『浦和市遺跡調査会調査報告書』第184

集)　浦和市遺跡調査会

72．井沼方

青木義脩他　1994『井沼方遺跡発掘調査報告書(第12次)』(『浦和市遺跡調査会報告書』第185集)　浦和市遺跡調査会

73．馬場小室山

a．小倉　均他　1983『馬場(小室山)遺跡(第5次)』(『浦和市東部遺跡群発掘調査報告書』第3集)　浦和市教育委員会・浦和市遺跡調査会

b．青木義脩他　1990『馬場小室山遺跡(第21・24・25次)　宮本遺跡(第2次)』(『浦和市東部遺跡群発掘調査報告書』第13集)　浦和市教育委員会

c．鈴木正博　2005「馬場小室山遺蹟研究から観た寺野東遺蹟の所謂『環状盛土遺構』－縄紋式文化研究における『環境(気候)変動と文化変容の相互作用における三元論』視座－」『異貌』第23号

d．鈴木正博　2005「高井東遺蹟から馬場小室山遺蹟へ－『焼獣骨角小片群』、『住居址空間多目的利用』、そして『敷土遺構』から所謂『環状盛土遺構』へ－」『埼玉考古』第40号

e．鈴木正博　2005「馬場小室山遺蹟における『環堤土塚』の終焉－遅ればせながら紅村　弘も曰く、『兎も角、このＣ２－Ａ古ステージには何か秘密が隠されている。』－」『利根川』27

f．鈴木正博　2005「馬場小室山遺蹟における『環堤土塚』の構成と形成プロセス－『環堤土塚』の『外部構造』と『5号土塚』の『内部構造』、そして『斜面掘削』の意義－」『婆良岐考古』第27号

74．東洋大学川越校舎

金井塚良一　1963「東洋大学川越校舎敷地内より出土した環状の配石遺構」『埼玉考古』第1号

75．上組

黒坂貞二他　1989『川越市上組Ⅱ－住宅・都市整備公団霞ヶ関土地区画整理事業関係埋蔵文化財発掘調査報告書Ⅲ－』『埼玉県埋蔵文化財調査事業団報告書』第80集　財団法人埼玉県埋蔵文化財調査事業団

76．牛原

黒坂禎二　2008『牛原／御新田／番匠・下道／横沼新田／北谷　一般国道468号首都圏中央連絡自動車道新設工事に伴う川越坂戸地区埋蔵文化財発掘調査報告』(『埼玉県埋蔵文化財調査事業団報告書』第353集　国土交通省関東地方整備局・財団法人埼玉県埋蔵文化財調査事業団)

77．足洗

細田　勝他　1994『坂戸市足洗遺跡－住宅都市整備公団坂戸入西地区土地区画整理事業関係埋蔵文化財発掘調査報告Ⅶ－』(『埼玉県埋蔵文化財調査事業団報告書』第136集)　財団法人埼玉県埋蔵文化財調査事業団

78．神明

細田　勝　1987『神明・矢垂－東北新幹線関係埋蔵文化財発掘調査報告書Ⅶ－』(『埼玉県埋蔵文化財調査事業団報告書』第65集)　財団法人埼玉県埋蔵文化財調査事業団

79．鎌倉公園

山形洋一他　1984『鎌倉公園遺跡』(『大宮市遺跡調査会報告』第9集)　大宮市遺跡調査会

80．深作東部

山形洋一他　1984『深作東部遺跡群』(『大宮市遺跡調査会報告』第10集)　大宮市遺跡調査会

81．下加

山形洋一他　1992『下加遺跡－大宮駐屯地における埋蔵文化財発掘調査－』(『大宮市遺跡調査会報告』第35集)　大宮市遺跡調査会

82．東北原
a．埼玉県史編纂室　1980『新編埼玉県史資料編』1　(原始　旧石器・縄文)　埼玉県
b．山形洋一他　1985『東北原遺跡－第6次調査－』(『大宮市遺跡調査会報告』別冊Ⅰ)　大宮市遺跡調査会
c．山形洋一他　1991『市内遺跡群発掘調査報告　東北原遺跡－第8次調査－・C－78号遺跡』(『大宮市文化財調査報告』第30集)　大宮市教育委員会
d．山形洋一他　1995『東北原遺跡－第10次調査』(『大宮市遺跡調査会報告』第49集)　大宮市遺跡調査会
e．田代　治他　1999『市内遺跡発掘調査報告－東北原遺跡（第4次調査）－』(『大宮市文化財調査報告』第46集・『大宮市遺跡調査会報告』別冊12)　大宮市教育委員会

83．西大宮バイパスNo.5
山形洋一　1989『西大宮バイパスNo.5遺跡－一般国道16号バイパス関係Ⅲ－』(『大宮市遺跡調査会報告』第24集)　大宮市遺跡調査会

84．西大宮バイパスNo.6
山形洋一　1995『西大宮バイパスNo.6遺跡－一般国道16号バイパス関係Ⅳ－』(『大宮市遺跡調査会報告』第48集)　大宮市遺跡調査会

85．A－64号
山形洋一他　1987『A－64号遺跡(大宮都市計画道路3・4・4中央通線)』(『大宮市遺跡調査会報告』第18集)　大宮市遺跡調査会

86．A－69号
山形洋一他　1991『A－69号遺跡』(『大宮市遺跡調査会報告』第31集)　大宮市遺跡調査会

87．B－91号
田代　治　1991『B－66号遺跡・B－91号遺跡・B－92号遺跡』(『大宮市遺跡調査会報告』第32集)　大宮市遺跡調査会

88．C－49号
a．埼玉県教育委員会編　1993『埼玉県埋蔵文化財調査年報　平成3年度』
b．水村孝行　1993「埼玉県」『日本考古学年報』44 (1991年度版)

89．指扇下戸
山形洋一他　1992『指扇下戸遺跡』(『大宮市遺跡調査会報告』第39集)　大宮市遺跡調査会

90．御蔵山中
山形洋一他　1989『御蔵山中遺跡－Ⅰ－』(『大宮市遺跡調査会報告』第26集)　大宮市遺跡調査会

91．今羽丸山
a．新屋雅明他　1995「今羽丸山遺跡」『年報』15 (平成6年度)　財団法人埼玉県埋蔵文化財調査事業団
b．新屋雅明他　1996『大宮市今羽丸山遺跡　県営大宮今羽団地関係埋蔵文化財発掘調査報告』(『埼玉県埋蔵文化財調査事業団報告書』第173集)　財団法人埼玉県埋蔵文化財調査事業団

92．黒谷田端前
宮崎朝雄他　1976『黒谷田端前遺跡』　岩槻市遺跡調査会

93．裏慈恩寺東
並木　隆他　1978『裏慈恩寺東遺跡試掘調査報告書』(『埼玉県遺跡調査会報告書』第33集)　埼玉県遺跡調査会

94．真福寺貝塚第2地点
a．酒詰仲男　1962「埼玉県真福寺貝塚第2地点第1号住居址について」『人文学』第59号　同志社大学
b．塚田　光　1982「縄文時代竪穴住居址の研究」『縄文時代の基礎研究』

95. 宿前Ⅲ

小宮山克己他　1995『宿前Ⅲ遺跡』(『上尾市遺跡調査会調査報告書』第14集)　上尾市遺跡調査会

96. 山下

山崎広幸他　1988『石神遺跡・山下遺跡－第1・2次調査－』(『上尾市文化財調査報告』第31集)　上尾市教育委員会

97. 柏座

上尾市教育委員会　1986『柏座遺跡』(『上尾市文化財調査報告』第26集)

98. 宿北Ⅴ

上野真由美他　1999『上尾市宿北Ⅴ遺跡　県道川越上尾線関係埋蔵文化財発掘調査報告』(『埼玉県埋蔵文化財調査事業団報告書』第214集)　財団法人埼玉県埋蔵文化財調査事業団

99. 諏訪坂貝塚

細田　勝　2005『諏訪坂貝塚　栄北高等学校上尾総合グラウンド建設事業関係埋蔵文化財発掘調査報告』(『埼玉県埋蔵文化財調査事業団報告書』第316集)　財団法人埼玉県埋蔵文化財調査事業団

100. 東谷

鈴木秀雄　1997「埼玉県内における柄鏡形住居の地域的様相(その1)」『研究紀要』第13号　財団法人埼玉県埋蔵文化財調査事業団

101. 高井東

a．城近憲一他　1974『高井東遺跡発掘調査報告書』(『埼玉県遺跡調査会報告』第25集)　埼玉県遺跡調査会

b．吉川國男　1979「高井東遺跡」『桶川市史』第2巻(原始・古代 資料編)　桶川市

c．安孫子昭二　1989「加曽利B様式土器の変遷と年代(下)」『東京考古』7

d．吉岡卓真　2007「高井東遺跡－全面発掘された学史的な集落－」『「環状盛土遺構」研究の現段階－馬場小室山遺跡から展望する縄文時代後晩期の集落と地域－』馬場小室山遺跡に学ぶ市民フォーラム」実行委員会

102. 八幡耕地

今井正文　1986『昭和60年度　桶川市遺跡群発掘調査報告書』　桶川市教育委員会

103. 志久

笹森健一他　1976『伊奈町小室志久遺跡』(『埼玉県遺跡調査会報告書』第31集)　埼玉県教育委員会

104. 向原

a．橋本　勉他　1997「向原遺跡」『年報』17　財団法人埼玉県埋蔵文化財調査事業団

b．橋本　勉　2000『北足立郡伊奈町　向原／相野谷－上尾都市計画事業伊奈特定土地区画整理事業関係埋蔵文化財発掘調査報告書Ⅴ－』(『埼玉県埋蔵文化財調査事業団報告書』第233集)　財団法人埼玉県埋蔵文化財調査事業団

105. 戸崎前

a．金子直行他　1997『戸崎前遺跡　上尾都市計画事業伊奈特定土地区画整理事業関係埋蔵文化財発掘調査報告－Ⅱ－』(『埼玉県埋蔵文化財調査事業団報告書』第187集)　財団法人埼玉県埋蔵文化財調査事業団

b．橋本　勉他　1999『伊奈町戸崎前Ⅱ／薬師堂根Ⅱ　上尾都市計画事業伊奈特定土地計画整理事業関係埋蔵文化財調査報告－Ⅳ－』(『埼玉県埋蔵文化財調査事業団報告書』第218集)　財団法人埼玉県埋蔵文化財調査事業団

106. ささらⅡ

橋本　勉他　1985『ささらⅡ－国道122号線バイパス関係埋蔵文化財調査報告Ⅳ－』(『埼玉県埋蔵文化財

　　　　　調査事業団報告書』第47集）　財団法人埼玉県埋蔵文化財調査事業団
107. 雅楽谷
ａ．埼玉県史編纂室編　1980「雅楽谷遺跡」『新編埼玉県史』資料編1（原始 旧石器・縄文）　埼玉県
ｂ．橋本　勉他　1990『蓮田市雅楽谷遺跡－県立蓮田養護学校関係埋蔵文化財発掘調査報告書－』（『埼玉県埋蔵文化財調査事業団報告書』第93集）　財団法人埼玉県埋蔵文化財調査事業団
ｃ．渡辺清志他　2005『蓮田市雅楽谷遺跡Ⅱ　独立行政法人国立病院機構東埼玉病院筋ジス病棟更新築整備事業関係埋蔵文化財発掘調査報告書』（『埼玉県埋蔵文化財調査事業団報告書』第307集）独立行政法人国立病院機構・財団法人埼玉県埋蔵文化財調査事業団
ｃ．渡辺清志　2007「雅楽谷遺跡－ドーナツ状高まりと擂鉢状の凹地－」「環状盛土遺構」研究の現段階－馬場小室山遺跡から展望する縄文時代後晩期の集落と地域－』　馬場小室山遺跡に学ぶ市民フォーラム」実行委員会
108. 久台
ａ．橋本　勉他　1984『久台－国道122号線バイパス関係埋蔵文化財発掘調査報告Ⅱ－』（『埼玉県埋蔵文化財調査事業団報告書』第36集）　財団法人埼玉県埋蔵文化財調査事業団
ｂ．新屋雅明他　2007『久台遺跡Ⅲ　国道122号線道路改築事業関係埋蔵文化財発掘調査報告』Ⅷ』（『埼玉県埋蔵文化財調査事業団報告書』第339集）　財団法人埼玉県埋蔵文化財調査事業団）
109. 上手
柿沼幹夫他　1989『埼玉県北本市上手遺跡発掘調査報告書』　北本市上手遺跡調査会
110. 市場Ⅰ
磯野治司　1997『市場Ⅰ遺跡　第3次調査』（『北本市埋蔵文化財調査報告書』第5集）　北本市教育委員会
111. 提灯木山
ａ．浜野美代子　1990『提灯木山遺跡』（『埼玉県埋蔵文化財調査事業団報告書』第92集）財団法人埼玉県埋蔵文化財調査事業団
ｂ．磯野治司他　1996『提灯木山遺跡　第2次調査－大規模店舗建設関係埋蔵文化財発掘調査報告－』（『北本市遺跡調査会報告書』第2集）　北本市遺跡調査会
112. 赤台
山崎　武　1985『赤台遺跡　第1・2・3次調査』（『鴻巣市遺跡調査会報告書』第5集）　鴻巣市遺跡調査会
113. 中三谷
細田　勝他　1989『鴻巣市中三谷遺跡－県警察運転免許センター関係埋蔵文化財発掘調査報告書－』（『埼玉県埋蔵文化財調査事業団報告書第76集』）　財団法人埼玉県埋蔵文化財調査事業団
114. 赤城
新屋雅明他　1988『赤城遺跡－川里工業団地関係埋蔵文化財発掘調査報告書－』第74集（『埼玉県埋蔵文化財調査事業団報告書』第74集）　財団法人埼玉県埋蔵文化財調査事業団
115. 修理山
吉田　稔　1995『騎西町修理山遺跡　ファミリータウン藤の里宅地造成事業関係埋蔵文化財発掘調査報告』（『埼玉県埋蔵文化財調査事業団報告書』第158集）　財団法人埼玉県埋蔵文化財調査事業団
116. 皿沼
青木美代子他　1983『皿沼遺跡発掘調査報告書』（『白岡町文化財調査報告』第1集）　白岡町教育委員会
117. 前原
青木秀雄他　1983『前原遺跡』（『宮代町文化財調査報告書』第1集）　宮代町教育委員会
118. 山崎山

宮代町教育委員会　1984「山崎山遺跡」『埼玉県埋蔵文化財調査年報　昭和57年度』　埼玉県教育委員会
119. 星谷
埼玉県史編纂室　1980『新編埼玉県史資料編』1（原始　旧石器・縄文）　埼玉県
120. 金原・金原前
河井伸一　1999「宮代町金原遺跡の調査」『第32回遺跡発掘調査報告会発表要旨』　埼玉考古学会・財団法
　　　　　　　人埼玉県埋蔵文化財調査事業団・埼玉県立博物館・埼玉県埋蔵文化センター
121. 足利
青木秀雄他　1980『足利遺跡』（『久喜市埋蔵文化財調査報告書』）　久喜市教育委員会
122. 御陣山
埼玉県教育委員会編　1988「御陣山遺跡」『埼玉県埋蔵文化財調査年報　昭和56年度』
123. 西原
新井　端他　1993『埼玉県大里郡江南町千代遺跡群－江南町千代遺跡群発掘調査概報－』　江南町教育委
　　　　　　　員会・江南町千代遺跡群発掘調査会
124. 四十坂下
埼玉県教育委員会編　1987「四十坂下遺跡」『埼玉県埋蔵文化財調査年報　昭和61年度』、財団法人埼玉県
　　　　　　　埋蔵文化財調査事業団編　1987「四十坂下遺跡」『埼玉県埋蔵文化財調査事業団年報』7
　　　　　　　（昭和61年度）
125. 原ヶ谷戸
村田章人他　1993『大里郡岡部町原ヶ谷戸・滝下　一般国道17号深谷バイパス関係埋蔵文化財発掘調査報
　　　　　　　告－Ⅳ－』（『埼玉県埋蔵文化財調査事業団報告書』第127集）　財団法人埼玉県埋蔵文化財
　　　　　　　調査事業団
126. 出口
柿沼幹夫他　1977『前畠・島之上・出口・芝山－上越新幹線埋蔵文化財発掘調査報告Ⅰ－』（『埼玉県遺跡
　　　　　　　発掘調査報告書』第12集）　埼玉県教育委員会
127. 大木戸
上野真由美他　2008『さいたま市大木戸遺跡Ⅰ　大宮西部特定土地区画整理事業地内埋蔵文化財発掘調査
　　　　　　　報告』　財団法人埼玉県埋蔵文化財調査事業団
128. 椚谷
駒見佳容子　2003『椚谷遺跡(第11次)・南方遺跡(第7次)・行谷遺跡(第4次)』（『さいたま市遺跡調査会
　　　　　　　報告書』第18集）　さいたま市遺跡調査会
129. 上町東
栗岡　潤他　2006『上町東／旭原　一般国道299号(飯能狭山バイパス)建設事業関係埋蔵文化財調査報告』
　　　　　　　（『埼玉県埋蔵文化財調査事業団報告書』　第324集）　財団法人埼玉県埋蔵文化財調査事業
　　　　　　　団
130. 水深西
山田尚友他　2003『水深北遺跡(第7次)・水深西遺跡(第4次)－さいたま市大間木水深特定土地区画整理
　　　　　　　地内発掘調査報告7－』（『さいたま市遺跡調査会報告書』第14集）　さいたま市遺跡調査会
131. 妙典寺
鈴木一郎他　2003『埼玉県和光市　市内遺跡発掘調査報告書6－妙典寺遺跡(第2・3・4次)－』（『和光
　　　　　　　市埋蔵文化財調査報告書』第29集　和光市教育委員会
132. 原郷
村上達弥　2004「原郷遺跡第1次調査」『飯能の遺跡(32)』　飯能市教育委員会

133. 箱石
若松良一他　2001『箱石遺跡　－県営広木折原線埋蔵文化財発掘調査報告Ⅶ－』(『埼玉県埋蔵文化財調査事業団報告書』第267集)　財団法人埼玉県埋蔵文化財調査事業団

134. 諏訪木
渡辺清志　2007『諏訪木遺跡Ⅱ　県道熊谷羽生線(熊谷市地内)埋蔵文化財発掘調査報告』(『埼玉県埋蔵文化財調査事業団報告書』第336集)　財団法人埼玉県埋蔵文化財調査事業団

135. 神ノ木2
西井幸雄・上野真由美　2008『神ノ木2遺跡　一般国道468号首都圏中央連絡自動車道新設工事に伴う菖蒲地区埋蔵文化財発掘調査報告書』(『埼玉県埋蔵文化財調査事業団報告書』第349集)　財団法人埼玉県埋蔵文化財調査事業団

136. 堀込
磯崎　一　2006『堀込遺跡　特別養護老人ホーム「花ぞの」建設事業関係埋蔵文化財発掘調査報告』(『埼玉県埋蔵文化財調査事業団報告書』第330集』)　財団法人埼玉県埋蔵文化財調査事業団

137. 後谷
ａ．橋本富夫　1988「桶川市後谷遺跡の調査」『第21回遺跡発掘調査報告会』発表要旨　埼玉考古学会・埼玉会館・財団法人埼玉県埋蔵文化財調査事業団・埼玉県教育委員会
ｂ．今井正文　1989「桶川市後谷遺跡の調査」『第22回遺跡発掘調査報告会』発表要旨　埼玉考古学会・埼玉会館・財団法人埼玉県埋蔵文化財調査事業団・埼玉県教育委員会
ｃ．石坂俊郎・藤沼昌泰他　2004『後谷遺跡　第4次・第5次発掘調査報告書第1分冊』　桶川市教育委員会
ｄ．吉岡卓真　2007「後谷遺跡－台地上の居住域と低地の活動領域－」『「環状盛土遺構」研究の現段階－馬場小室山遺跡から展望する縄文時代後晩期の集落と地域－』馬場小室山遺跡に学ぶ市民フォーラム」実行委員会

138. 上前原
森田安彦　2006『上前原遺跡第2次発掘調査報告書』(『江南町埋蔵文化財発掘調査報告書』第15集)　埼玉県大里郡江南町教育委員会

139. 前領家
未報告　桶川市大字川田谷字王子4426－2他、上尾バイパス建設に伴う調査　後期柄鏡形住居址検出

千葉県

1. 鰭ヶ崎
八幡一郎　1934「日本石器時代の住居型式」『人類学雑誌』第49巻6号、関野　克　1937「日本古代住居址の研究」『建築雑誌』第48巻591号

2. 下ヶ戸宮前
ａ．岡村真文他　1984「下ヶ戸貝塚」『我孫子市埋蔵文化財報告』第4集　我孫子市教育委員会
ｂ．三浦和信他　1985『縄文時代(1)』(『房総考古学ライブラリー』2)　財団法人千葉県文化財センター
ｃ．菅谷通保　1985「竪穴住居の型式学的研究－縄文時代後・晩期の諸問題－」『奈和』第23号
ｄ．石田守一　2000「下ケ戸宮前遺跡」『千葉県の歴史　資料編　考古1 (旧石器・縄文時代)』財団法人千葉県史料研究財団編・千葉県
ｅ．我孫子市　2005『我孫子市史　原始・古代・中世編』我孫子市史編さん室

3. 栄町大畑Ⅰ－4
印旛郡市文化財センター，栄町教育委員会編　2006『栄町埋蔵文化財発掘調査報告書』

4．龍角寺ニュータウンNo.4
柿沼修平他　1982『龍角寺ニュータウン遺跡群』　龍角寺ニュータウン遺跡調査会・日本考古学研究所

5．吉見台
ａ．天野　努　1986「千葉県」『日本考古学年報』37（1984年度版）
ｂ．三浦和信他　1985『縄文時代（1）』（『房総考古学ライブラリー』2）　財団法人千葉県文化財センター
ｃ．林田利之他　1999『千葉県佐倉市吉見台遺跡A地点－縄文時代後・晩期を主体とする集落跡と貝塚の調査－』（『財団法人印旛郡市文化財センター発掘調査報告書』第159集　市道Ⅰ－32号線（吉見工区）埋蔵文化財調査に伴う整理委託業務）佐倉市・財団法人印旛郡市文化財センター

6．江原台
高田　博　1980『佐倉市江原台遺跡発掘調査報告書』Ⅱ　千葉県教育委員会・財団法人千葉県文化財センター

7．井戸作
ａ．高谷英一他　1994「佐倉市井戸作遺跡(02－022)」『財団法人印旛郡市文化財センター年報』10（平成5年度）　財団法人印旛郡市文化財センター
ｂ．米田幸雄他　1997「佐倉市井戸作遺跡(02－022)」『財団法人印旛郡市文財センター年報』12（平成7年度）　財団法人印旛郡市文化財センター
ｃ．高谷英一他　1998「佐倉市井戸作遺跡(02－022)」『財団法人印旛郡市文化財センター年報』13（平成8年度）　財団法人印旛郡市文化財センター
ｄ．財団法人印旛郡市文化財センター編　1993『遺跡から見た印旛の歴史』
ｅ．小倉和重　2000「縄文晩期の大型住居跡－千葉県宮内井戸作遺跡」『季刊考古学』第73号
ｆ．松田富美子他　2000「佐倉市宮内井戸作遺跡Ⅲ地区(02－022)」『財団法人印旛郡市文化財センター年報』15（平成10年度）　財団法人印旛郡市文化財センター
ｇ．菊田敏記　2000「佐倉市宮内井戸作遺跡Ⅱ地区(02－022)」『財団法人印旛郡市文化財センター年報』16（平成11年度）　財団法人印旛郡市文化財センター
ｈ．喜多裕明・高谷英一　1998『宮内井戸作遺跡Ⅰ地区－(仮称)ちばリサーチパーク開発事業予定地内埋蔵文化財発掘調査（2）－』（『印旛郡市文化財センター発掘調査報告書』第136集）　財団法人印旛郡市文化財センター
ｉ．喜多裕明・高谷英一　2000「宮内井戸作遺跡」『千葉県の歴史　資料編　考古Ⅰ（旧石器・縄文時代）』千葉県
ｊ．小倉和重　2003『宮内井戸作遺跡発掘調査概報－ちばリサーチパーク開発事業予定地内埋蔵文化財調査－』（『印旛郡市文化財センター発掘調査報告書』第200集）　財団法人印旛郡市文化財センター
ｋ．小倉和重　2009『千葉県佐倉市宮内井戸作遺跡(旧石器時代編・縄文時代本文・分析編)－ちばリサーチパーク開発事業予定地内埋蔵文化財調査（8）－』（『財団法人印旛郡市文化財センター発掘調査報告書』第266集）　財団法人印旛郡市文化財センター

8．五反目
菊池敏記他　1991『千葉県佐倉市神楽場遺跡・五反目遺跡－東邦大学医学部付属病院建設予定地内埋蔵文化財調査－』（『財団法人印旛郡市文化財センター発掘調査報告書』第39集）　財団法人印旛郡市文化財センター

9．小菅法華塚Ⅱ
ａ．大野徳雄他　1991「成田市法華塚Ⅱ遺跡」『財団法人　印旛郡市文化財センター年報』7（平成2年度）

　　　　　　　　　財団法人印旛郡市文化財センター
b．鈴木圭一他　1995『千葉県成田市小菅法華塚Ⅰ・Ⅱ遺跡　成田ビューカントリー倶楽部造成地内埋蔵
　　　　　　　文化財調査報告書（１）』（『財団法人印旛郡市文化財センター発掘調査報告書』第92集）
　　　　　　　日本ビューホテル株式会社・財団法人印旛郡市文化財センター

10．長田雉子ヶ原
喜多圭介他　1989『千葉県成田市長田雉子ヶ原遺跡・長田香花田遺跡』（『ニュー東京国際空港ゴルフ場造
　　　　　　　成地内埋蔵文化財調査報告書（Ⅱ）』）・（『印旛郡市文化財センター発掘調査報告書』第31集）
　　　　　　　財団法人印旛郡市文化財センター

11．囲護台
木川邦夫他　1990『囲護台遺跡群』　成田市教育委員会、菅谷通保　1995「竪穴住居から見た縄紋時代後・
　　　　　　　晩期－房総半島北部（北総地域）を中心とした変化について－」『帝京大学山梨文化財研究
　　　　　　　所研究報告』第６集

12．小菅法華塚Ⅱ
鈴木圭一他　1995『千葉県成田市小菅法華塚Ⅰ・Ⅱ遺跡　成田ビューカントリー倶楽部造成地内埋蔵文化
　　　　　　　財調査報告書（１）』（『財団法人印旛郡市文化財センター発掘調査報告書』第92集）　日本
　　　　　　　ビューホテル株式会社・財団法人印旛郡市文化財センター

13．萩原長原
高橋　誠他　2000『千葉県印旛村　萩原長原遺跡・狢谷塚群』（『財団法人印旛郡市文化財センター発掘調
　　　　　　　査報告書』第162集）　財団法人印旛郡市文化財センター

14．総合公園
高野博光　1980「総合公園遺跡」『日本考古学年報』31（1978年度版）

15．伊篠白幡
三浦和信他　1986『酒々井町伊篠白幡遺跡』　財団法人千葉県文化財センター

16．金楠台
沼沢　豊　1973『松戸市金楠台遺跡－国鉄小金線建設工事に伴う埋蔵文化財調査報告書－』　日本鉄道建
　　　　　　　設公団東京支社・財団法人千葉県都市公社

17．貝の花貝塚
八幡一郎他　1973『貝の花貝塚』（『松戸市文化財調査報告書』４）　松戸市教育委員会

18．陣ヶ前貝塚
岩崎卓也　1963「陣ヶ前貝塚」『松戸市文化財調査報告』第１集　松戸市教育委員会

19．坂之台
古里節夫　1983『坂之台遺跡・東平賀遺跡第三次調査』（『松戸市文化財調査小報』16）　松戸市教育委員会

20．一の谷西貝塚
川名広文他　1984『一の谷西貝塚発掘調査報告書』　一の谷遺跡調査会

21．下水
川名宏文　1985「柄鏡形住居址の埋甕にみる象徴性」『土曜考古』第10号
須賀博子他　2004『下水遺跡　第１地点発掘調査報告書』　松戸市遺跡調査会

22．大橋内山
関根孝夫　1971『大橋－松戸市大橋大塚越・内山遺跡の発掘調査報告－』　松戸市古文化研究会

23．曽谷貝塚Ｄ地点
堀越正行　1977『曽谷貝塚Ｄ地点発掘調査概報』　市川市教育委員会

24．曽谷貝塚Ｅ地点

堀越正行　1978『曽谷貝塚E地点発掘調査概報』　市川市教育委員会
25．曽谷貝塚M地点
杉原荘介・戸沢充則　1971「貝塚文化－縄文時代－」『市川市史』第1巻(原始・古代)　市川市史編纂委員会
26．曽谷貝塚第17地点(高谷津)
ａ．渡辺　新　1986「曽谷貝塚」『昭和60年度市川東部遺跡群発掘調査報告』　市川市教育員会
ｂ．渡辺　新　1995「下総台地における石棒の在り方(瞥見)」『利根川』16
27．曽谷貝塚第20地点
堀越正行　1988「曽谷貝塚」『昭和62年度市川東部遺跡群発掘調査報告』　市川市教育委員会
28．堀之内堀之内地区
浅川裕之他　1987『堀之内－市川市堀之内地区土地区画整理事業予定地内遺跡発掘調査報告書－』　市川市堀之内地区土地区画整理組合準備委員会・市川市教育委員会
29．堀之内権現原地区
ａ．浅川裕之他　1987『堀之内－市川市堀之内地区土地区画整理事業予定地内遺跡発掘調査報告書－』　市川市堀之内地区土地区画整理組合準備委員会・市川市教育委員会
ｂ．渡辺　新　1991『縄文時代集落の人口構造』(『千葉県権現原貝塚の研究』Ⅰ)
30．姥山貝塚
ａ．宮坂光次・八幡一郎他　1927「下総姥山貝塚発掘調査予報」『人類学雑誌』第42巻1号
ｂ．松村　瞭他　1932『下総姥山ニ於ケル石器時代遺跡』(『東京帝国大学理学部人類学教室研究報告』5)　東京帝國大学人類学教室
ｃ．杉原荘介・戸沢充則　1971「貝塚文化－縄文時代－」『市川市史』第1巻（原始・古代）　市川市史編纂委員会
31．下台
浅川裕之　1987『昭和61年度市川東部遺跡群発掘調査報告』　市川市教育委員会
32．株木Ｂ
ａ．小西ゆみ他　1983「株木Ｂ遺跡第2地点」『昭和57年度市川東部遺跡群発掘調査報告』　市川市教育委員会
ｂ．堀越正行　2000「株木東遺跡」『千葉県の歴史　資料編　考古1（旧石器・縄文時代)』　財団法人千葉県史料研究財団編・千葉県
33．池谷津
鈴木道之助　1973「池谷津遺跡」『千葉ニュータウン埋蔵文化財調査報告書』Ⅱ　千葉県開発庁・財団法人千葉県都市公社
34．薬園台
金刺伸吾他　1981『千葉県船橋市薬園台遺跡調査概報』　船橋市教育委員会
35．木戸作
郷田良一他　1979『木戸作遺跡(第2次)』(『千葉東南部ニュータウン』7)　財団法人千葉県文化財センター
36．小金沢貝塚
郷田良一他　1982『小金沢貝塚』(『千葉東南部ニュータウン』10)　財団法人千葉県文化財センター
37．六通金山
関口達彦他　1981『六通金山遺跡』(『千葉東南部ニュータウン』11)　財団法人千葉県文化財センター
38．六通貝塚

倉田義広　2003『埋蔵文化財調査(市内遺跡)報告書』(『市内遺跡報告書』第15冊目)　千葉市教育委員会
　　　　　　生涯学習部文化財課

39. 加曽利南貝塚南側平坦面

後藤和民・庄司　克　1981「昭和47年度加曽利南貝塚南側平坦部第4次遺跡限界確認調査概報」『貝塚博
　　　　　物館紀要』第7号　千葉市立加曽利貝塚博物館

40. 築地台貝塚

折原　繁他　1978『千葉市築地台貝塚・平山古墳－千葉東金道路建設工事に伴う埋蔵文化財調査報告2－』
　　　　　　財団法人千葉県文化財センター

41. うならすず

長原　亘　2001『千葉市うならすず遺跡－平成12年度調査－』　宗教法人最福寺・財団法人千葉市文化財
　　　　　　協会

42. 駒込

永瀬真平他　1984『千葉県千葉市駒込遺跡発掘調査概要報告書』

43. 矢作貝塚

清藤一順他　1981『千葉市矢作貝塚』　千葉県水道局・財団法人千葉県文化財センター

44. 餅ヶ崎

横田正美　1983「柄鏡形住居址とその出土遺物について－千葉県源町・餅ヶ崎遺跡－」『貝塚博物館紀要』
　　　　　　第9号　千葉市立加曽利貝塚博物館

45. 内野第1

　a. 深沢克友　1995「千葉県」『日本考古学年報』46（1993年度版）
　b. 田中英世　2000「内野第1遺跡」『千葉県の歴史　資料編　考古1（旧石器・縄文時代）』　財団法人千
　　　　　　葉県史料研究財団編・千葉県

46. 宮ノ台

田中英世　1989「入口施設を有する小竪穴（芳賀輪遺跡台12土壙）について－鹿島川中流域の縄文時代の
　　　　　　遺跡の研究(4)－」『貝塚博物館紀要』第16号　千葉市立加曽利貝塚博物館

47. 中野僧見堂

折原　繁他　1977『千葉市中野僧見堂遺跡－千葉市東金道路建設に伴う埋蔵文化財調査報告1－（千葉市
　　　　　　中野地区)』　財団法人千葉県文化財センター

48. 海老

小沢清男　2009『千葉市海老遺跡』　千葉市文化財調査協会

49. 千代田Ⅳ

米内邦雄・宮内和博　1972『千代田遺跡－千葉県印旛郡四街道町－』　四街道千代田遺跡調査会

50. 千代田Ⅴ

米内邦雄・宮内和博　1972『千代田遺跡－千葉県印旛郡四街道町－』　四街道千代田遺跡調査会

51. 祇園原貝塚

　a. 米田耕之助　1978『祇園原貝塚』(『上総国分寺台発掘調査概要』Ⅴ)　上総国分寺台発掘調査団・
　　　　　　千葉県市原市教育委員会
　b. 米田耕之助他　1979『祇園原貝塚Ⅱ』(『上総国分寺台発掘調査概要』Ⅵ)　上総国分寺台発掘調査団・
　　　　　　千葉県市原市教育委員会
　c. 米田耕之助　1980「縄文時代後期における住居形態の一様相」『伊知波良』3
　d. 米田耕之助他　1983『祇園原貝塚Ⅲ』(『上総国分寺台発掘調査概要』ⅩⅠ)　上総国分寺台発掘調査団・
　　　　　　千葉県市原市教育委員会

e．忍澤成視　1999『千葉県市原市祇園原貝塚』(『上総国分寺台遺跡調査報告』Ⅴ・『財団法人市原市文化財センター調査報告書』第60集)　財団法人市原市文化財センター

52．西広貝塚

a．米田耕之助他　1977『西広貝塚』(『上総国分寺台遺跡調査報告』Ⅲ)　上総国分寺台遺跡調査団

b．米田耕之助他　1981「西広貝塚第2次調査」『上総国分寺台発掘調査概報』　千葉県市原市教育委員会・上総国分寺台遺跡調査団

c．高橋康男　1989「西広貝塚」『市原市文化財センター年報　昭和62年度』　財団法人市原市文化財センター

d．忍澤成視　1993「縄文時代後・晩期の装飾観念－市原市西広貝塚出土の骨角貝製装身具を中心として－」『市原市文化財センター研究紀要』Ⅱ　財団法人市原市文化財センター

e．安井健一他　2005『市原市西広貝塚Ⅱ』(『財団法人市原市文化財センター調査報告書』第93集・『上総国分寺台遺跡調査報告ⅩⅣ』)　市原市教育委員会・財団法人市原市教育委員会

53．南中台

大村　直・鶴岡英一　2009『市原市南中台遺跡・荒久遺跡Ａ地点』(『上総国分寺台遺跡調査報告』ⅩⅩ・『市原市埋蔵文化財センター調査報告書』第10集)　市原市教育委員会

54．武士

加納　実他　1998『市原市武士遺跡2－福増浄水場埋蔵文化財調査報告書－』(『千葉県文化財センター調査報告』第322集)　財団法人千葉県文化センター

55．能満上小貝塚

忍澤成視　1995『市原市能満上小貝塚』(『財団法人市原市文化財センター調査報告書』第55集)　財団法人市原市文化財センター

56．菊間手永貝塚

近藤　敏　1987『菊間手永遺跡』(『市原市文化財センター調査報告』第23集　財団法人市原市文化財センター

57．伊丹山

三森俊彦　1979『袖ヶ浦町伊丹山遺跡－角山配水池建設に伴う埋蔵文化財調査報告－』　伊丹山遺跡発掘調査団・袖ヶ浦町教育委員会

58．嘉登

西原崇浩　1994『嘉登遺跡・大竹長作古墳群　市道0128号線建設工事に伴う埋蔵文化財発掘調査』(『君津郡市文化財センター調査報告書』第90集)　財団法人君津郡市文化財センター

59．山野貝塚

上守秀明　1993『袖ヶ浦市山野貝塚発掘調査報告書』　財団法人千葉県文化財センター

60．藪台Ⅰ

山本哲也　1993『千葉県木更津市藪台遺跡群』(『君津郡市文化財センター調査報告書』)第81集　有限会社総合技研・財団法人君津郡市文化財センター

61．愛生

a．財団法人君津郡市文化財センター　1999『平成10年度千葉県遺跡調査研究発表会発表要旨』千葉県文化財法人連絡協議会

b．財団法人千葉市文化財協会　1999『平成10年度千葉市遺跡発表会要旨』

62．上谷津第2

a．財団法人千葉市文化財協会　1999『平成10年度千葉市遺跡発表会要旨』

b．長原　亘　2007『千葉市下泉町遺跡群』　財団法人千葉市教育振興財団埋蔵文化財調査センター・三

菱地所株式会社

63. 寺ノ代

小林清隆他　2001『君津市寺ノ代遺跡－県単道路改良に伴う埋蔵文化財調査報告書－』(『千葉県文化財セ
　　　ンター調査報告』第412集)　財団法人千葉県文化財センター

64. 三輪野山貝塚
ａ．小栗信一郎　1989「三輪野山貝塚」『三輪野山遺跡群－昭和63年度確認調査概報－』　流山市教育委員会
ｂ．小栗信一郎　2000「三輪野山貝塚」『千葉県の歴史資料編　考古１(旧石器・縄文時代)』　財団法人
　　　千葉県史料研究財団編・千葉県
ｃ．大内千年　2001『主要地方道松戸野田線住宅宅地関連埋蔵文化財調査報告書－流山市三輪野山貝塚・
　　　宮前・道六神・八幡前－』(『千葉県文化財センター調査報告書』第399集)　財団法人千葉
　　　県文化財センター
ｄ．小川勝和・小栗信一郎　2003「遺跡速報　三輪野山貝塚」『考古学ジャーナル』No.509
ｅ．流山市教育委員会　2004『第２回三輪野山貝塚発掘調査現地説明会－縄文時代後・晩期の貝塚と環状
　　　盛土遺構－第５貝塚と斜面盛土の調査から』
ｆ．小川勝和・小栗信一郎　2004「縄文後晩期の環状盛土遺構－流山市三輪野山貝塚－」『季刊考古学』
　　　第88号
ｇ．小栗信一郎他　2008『流山市三輪野山貝塚発掘調査概要報告書』(『流山市埋蔵文化財調査報告』
　　　Vol.40)　流山市教育委員会

65. 大根磯花

青木　司　2000「大根磯花遺跡」『千葉県の歴史　資料編　考古１(旧石器・縄文時代)』　財団法人千葉
　　　県史料研究財団編・千葉県

66. 多田
ａ．上守秀明他　1992『東関東自動車道埋蔵文化財報告書Ⅶ(佐原地区４)』　財団法人千葉県文化財センー
　　　ター
ｂ．上守秀明　2000「多田遺跡」『千葉県の歴史　資料編　考古１(旧石器・縄文時代)』　財団法人千葉県
　　　史料研究財団編・千葉県

67. 三直貝塚
ａ．吉野建一　1997「三直貝塚の遺構分布と者土遺構の断面」『研究連絡誌』65　財団法人千葉県文化財
　　　センター
ｂ．財団法人君津市文化財センター　2002「三直貝塚」『君津市文化財センター年報』No.20(平成13年度)
ｃ．堀越正行　2003「盛土の上の集落［君津市三直貝塚］」『縄文社会を探る』　大学合同シンポジウム実
　　　行委員会編　・学生社
ｄ．吉野建一　2005「千葉県君津市三直貝塚の大型住居」縄紋社会をめぐるシンポジウムⅢ　縄紋中・後
　　　期の物質文化－その社会的意味－」予稿集　縄紋社会研究会・早稲田大学先史考古学研究
　　　所

68. 戸ノ内貝塚
ａ．高橋龍三郎・井出浩正・中門亮太　2008「千葉県印旛郡印旛村戸ノ内貝塚発掘調査の概要」『日本考
　　　古学協会第74回総会研究発表要旨』　日本考古学協会
ｂ．高橋龍三郎他　2009「千葉県印旛郡印旛村戸ノ内貝塚第４次発掘調査概報」『早稲田大学大学院文学
　　　研究科紀要』第54輯

69. 北野原

小川浩一他　2000『市原市北野原遺跡』　旭硝子株式会社・財団法人市原市文化財センター

70. 馬込
小笠原永隆　2004『印西市馬込遺跡』(『千葉県文化財センター調査報告』第495集)　千葉県文化振興事業団文化財センター

茨城県

1. 沼尾原
松下松寿他　1980『沼尾原遺跡第1次・2次調査の記録』(『鹿島町の文化財』第11集)　鹿島町教育委員会
2. 仲根台B
山本静男他　1984『仲根台B遺跡　竜ヶ崎ニュータウン地域内埋蔵文化財調査報告』7 (『茨城県教育財団文化財調査報告』第25集)　財団法人茨城県教育財団
3. 廻地A
瓦吹　堅他　1982『廻地A遺跡』(『茨城県教育団文化財調査報告』第15集)　財団法人茨城県教育財団
4. 洞坂畑
水野順敏　1979『茨城県谷和原村洞坂畑遺跡』　日本窯業史研究所
5. 高崎貝塚
鶴見貞雄他　1994『高崎貝塚　茨城県自然博物館(仮称)建設用地内埋蔵文化財調査報告書』II　(『茨城県教育財団文化財調査報告』第88集)　財団法人茨城県教育財団
6. 石畑
瓦吹　堅他　1977『石畑遺跡』　茨城県猿島郡五霞村教育委員会
7. 冬木A
高村　勇他　1980『冬木A・冬木B遺跡』『茨城県教育財団文化財調査報告』第9集　財団法人茨城県教育財団
8. かわい山
香川達郎他　2000『茨城県猿島郡境町かわい山遺跡発掘調査報告書』　境町教育委員会
9. 柳沢太田房貝塚
藤本弥城　1977「柳沢太田房貝塚」I　『那珂川下流域の石器時代研究』
10. 大近平
伊藤廉倫　1992『上台・大近平遺跡発掘調査報告書』(『日立市文化財調査報告』第28集)　日立市教育委員会
11. 小場
沼田文夫　1986『小場遺跡　常磐自動車道関係埋蔵文化財調査報告書』9 (『茨城県教育財団文化財調査報告』第35集)　財団法人茨城県教育財団
12. 横川
鈴木素行他　2005「茨城県における縄文時代中期後葉の屋内炉」『日本考古学協会2005年度福島大会シンポジウム資料集』　日本考古学協会2005年度福島大会実行委員会

栃木県

1. 後藤
a. 竹沢　謙　1972「後藤遺跡」『東北自動車道埋蔵文化財発掘調査報告書』第5集　栃木県教育委員会
b. 竹沢　謙　1979「後藤遺跡」『栃木県史』資料編　考古II　栃木県史編纂委員会
2. 藤岡神社
a. 手塚達弥　1999『藤岡神社遺跡－渡良瀬川下流流域(大岩藤処理区)浄化センター建設工事に伴う埋蔵

　　　　文化財発掘調査－(遺物編)』(『栃木県埋蔵文化財調査報告』第197集)　栃木県教育委員会・財団法人とちぎ生涯学習文化財団
ｂ．手塚達弥　2001『藤岡神社遺跡－渡良瀬川下流流域(大岩藤処理区)浄化センター建設工事に伴う埋蔵文化財発掘調査－(本文編)』(『栃木県埋蔵文化財調査報告』第197集)　栃木県教育委員会・財団法人とちぎ生涯学習文化財団
ｃ．手塚達弥　2001『藤岡神社遺跡－渡良瀬川下流流域(大岩藤処理区)浄化センター建設工事に伴う埋蔵文化財発掘調査－(遺構編)』(『栃木県埋蔵文化財調査報告』第197集)　栃木県教育委員会・財団法人とちぎ生涯学習文化財団
　3．寺野東
ａ．塩沢　清他　1993「寺野東遺跡」『栃木県文化振興事業団　埋蔵文化財センター年報』第3号　財団法人栃木県文化振興事業団　埋蔵文化財センター
ｂ．岩上照朗他　1994『寺野東遺跡－発掘調査概要報告－』(『栃木県埋蔵文化財調査報告』第152集)　栃木県教育委員会・小山市教育委員会・財団法人栃木県文化興事業団
ｃ．江原　英　2001『寺野東遺跡Ⅲ－小山市小山東部地区工業用団地造成に伴う埋蔵文化財発掘調査－(縄紋時代住居跡編－1)』　栃木県教育委員会・財団法人とちぎ生涯学習文化財団
　4．乙女不動原北浦
ａ．三沢正善他　1982『乙女不動原北浦遺跡発掘調査報告書』(『小山市文化財調査報告書』第11集)　小山市教育委員会
ｂ．鈴木保彦　2005「縄文時代の集落と乙女不動原北浦遺跡」『怒濤の考古学　三澤正善君追悼記念論集』三澤正善君追悼記念論集刊行会
ｃ．江原　英　2005「北関東中部域における縄紋時代後晩期居住形態の検討(予察)－乙女不動原北浦遺跡の住居と集落を中心に－」『怒濤の考古学　三澤正善君追悼記念論集』　三澤正善君追悼記念論集刊行会
　5．町屋
河野一也他　1998『栃木県田沼町町屋遺跡調査概報Ⅰ－第4次遺跡範囲確認調査－』　日本窯業史研究所
　6．御城田
芹沢清八他　1986・87『御城田』(『栃木県埋蔵文化財発掘調査報告』第68集)　栃木県教育委員会・財団法人栃木県文化振興事業団
　7．湯南荘付近
塙　静夫　1979「考古学上からみた宇都宮　縄文時代」『宇都宮市史』第1巻(原始・古代篇)　宇都宮市
　8．竹下
梁木　誠　1992「竹下遺跡」『栃木県埋蔵文化財保護行政年報(平成2年度)』(『栃木県埋蔵文化財調査報告書』第122集)　栃木県教育委員会
　9．河原台
ａ．中村紀男他　1994『河原台－栃木県芳賀郡茂木町大字山内字河原台遺跡発掘調査報告書－』(『茂木町埋蔵文化財調査報告書』第1集)　茂木町教育委員会
ｂ．中村紀男　1997「河原台遺跡」『茂木町史』第2巻(史料編1・原始古代中世)　茂木町
10．塙平
財団法人栃木県文化振興事業団・埋蔵文化財センター　1996『塙平遺跡Ⅱ』(『栃木県埋蔵文化財調査報告』第163集)　財団法人栃木県文化振興事業団・埋蔵文化財センター
11．石末
川島守一　1964「栃木県塩谷郡石末遺跡」『日本考古学年報』12

12. 勝山城
a．屋代方子他　1987『勝山城』Ⅱ　氏家町教育委員会・勝山城発掘調査団
b．小竹弘則他　1995『堂原・勝山城－1988～1991の発掘調査－』　氏家町教育委員会
c．海老原郁雄　1993「栃木県・勝山遺跡の敷石住居址」『那須文化研究』第7号　那須文化研究会
d．屋代方子他　2002『勝山城Ⅳ－平成12年度(2000年)発掘調査報告書－』(『氏家町埋蔵文化財調査報告書』第7集)　氏家町教育委員会

13. 古宿
芹沢清八他　1994『古宿遺跡－県道藤原・宇都宮線改良工事に伴う埋蔵文化財調査報告書－』(『栃木県埋蔵文化財調査報告書』)第142集　栃木県教育委員会・財団法人栃木県文化振興事業団

14. 石関
海老原郁雄　1979『石関(彦左エ衛門)遺跡』　栃木県教育委員会

15. 真子
a．田代　寛・辰巳四郎　1965『大田原市平林真子遺跡発掘調査略報』
b．田代　寛・辰巳四郎　1965『栃木県大田原市平林真子遺跡第2次発掘調査略報』
c．栃木県史編纂委員会　1976『栃木県史』資料編(考古Ⅰ)
d．中木　太　1995「大田原市平林真子遺跡の敷石住居址」『那須文化研究会』第9号　那須文化研究会

16. 井口
a．川原由典　1991「井口遺跡」『栃木県埋蔵文化財保護行政年報(平成元年度)』(『栃木県埋蔵文化財調査報告書』第106集)　栃木県教育委員会
b．財団法人栃木県文化振興事業団　1990「井口遺跡」『栃木県文化振興事業団年報　平成元年度』

17. 槻沢
後藤信祐　1996『槻沢遺跡Ⅲ　県営圃場整備事業「井口・槻沢地区」に伴う埋蔵文化財発掘調査』(『栃木県埋蔵文化財調査報告』第171集)　栃木県教育委員会・財団法人栃木県文化振興事業団

18. 荻ノ平
津野　仁他　2003『荻ノ平遺跡－緊急地方道路整備事業主要地方道宇都宮烏山線花岡仁井田工区に伴う埋蔵文化財発掘調査－』(『栃木県埋蔵文化財調査報告書』第270集)　栃木県教育委員会・財団法人とちぎ生涯学習文化財団

19. 野沢石塚
後藤信祐他　2003『野沢遺跡・野沢石塚遺跡－国庫補助道路改良事業一般国道119号線宇都宮北道路に伴う埋蔵文化財発掘調査－』(『栃木県埋蔵文化財調査報告』第271集)　栃木県教育委員会・財団法人とちぎ生涯学習文化財団

20. 鍛冶谷
栃木県教育委員会　2003「(33)鍛冶谷遺跡」『栃木県埋蔵文化財保護行政年報』25(平成13年度[2001])(『栃木県埋蔵文化財調査報告書』第268集)　栃木県教育委員会

21. 中棒
栃木県塩谷郡藤原町中三依　柄鏡形敷石住居

22. 藤倉山
矢板市・藤倉山遺跡で縄文後期敷石住居跡

23. 西原南
塙　静夫　1999『(図説)とちぎ古代文化の源流を探る　旧石器時代～弥生時代』　随想舎

群馬県

1. 神ヶ原

池田政志　2000「三ツ子沢中遺跡の敷石住居－群馬県内検出の敷石住居の集成を通して－」『三ツ子沢中遺跡』(『北陸新幹線地域埋蔵文化財発掘調査報告書』第12集・『財団法人群馬県埋蔵文化財調査事業団調査報告書』第260集)　群馬県教育委員会・財団法人群馬県埋蔵文化財調査事業団・日本鉄道建設公団

2. 譲原
a. 相沢貞順他　1968『小室遺跡』(『群馬県勢多郡北橘村文化財調査報告』)　勢多郡北橘村教育委員会
b. 木村　収　1996「訪ねてみよう群馬の遺跡　譲原遺跡」『埋文群馬』No.28　財団法人群馬県埋蔵文化財調査事業団

3. 箱田遺跡群

長谷川福次　1999『箱田遺跡群(上原・三角遺跡)真壁諏訪遺跡－県央第二水道浄水場建設に伴う発掘調査報告書－』　北橘村教育委員会

4. 保美濃山
a. 石坂　茂　1985「柄鏡形住居址について」『荒砥二之堰遺跡－昭和55年度県営圃場整備事業荒砥南部地区に係る埋蔵文化財発掘調査報告書－』　財団法人群馬県埋蔵文化財調査事業団
b. 梅沢重昭　1988「保美濃山遺跡」『群馬県史』資料編1(原始古代1　旧石器・縄文)　群馬県史編さん委員会

5. 八塩

石坂　茂　1985「柄鏡形住居址について」『荒砥二之堰遺跡－昭和55年度県営圃場整備事業荒砥南部地区に係る埋蔵文化財発掘調査報告書－』　財団法人群馬県埋蔵文化財調査事業団

6. 金剛寺下

石坂　茂　1985「柄鏡形住居址について」『荒砥二之堰遺跡－昭和55年度県営圃場整備事業荒砥南部地区に係る埋蔵文化財発掘調査報告書－』　財団法人群馬県埋蔵文化財調査事業団

7. 橋下

石坂　茂　1985「柄鏡形住居址について」『荒砥二之堰遺跡－昭和55年度県営圃場整備事業荒砥南部地区に係る埋蔵文化財発掘調査報告書－』　財団法人群馬県埋蔵文化財調査事業団

8. 坂原
a. 石坂　茂　1985「柄鏡形住居址について」『荒砥二之堰遺跡－昭和55年度県営圃場整備事業荒砥南部地区に係る埋蔵文化財発掘調査報告書－』　財団法人群馬県埋蔵文化財調査事業団
b. 池田政志　2000「三ツ子沢中遺跡の敷石住居－群馬県内検出の敷石住居の集成を通して－」『三ツ子沢中遺跡』(『北陸新幹線地域埋蔵文化財発掘調査報告書』第12集・『財団法人群馬県埋蔵文化財調査事業団調査報告書』第260集)　群馬県教育委員会・財団法人群馬県埋蔵文化財調査事業団・日本鉄道建設公団

9. 白石大御堂

菊池　実他　1991『白石大御堂遺跡－園池を伴う中世寺院址の調査－』(『関越自動車道(上越線)地域埋蔵文化財発掘調査報告書』第8集)・(『財団法人群馬県埋蔵文化財調査事業団調査報告』第122集)群馬県教育委員会・財団法人群馬県埋蔵文化財調査事業団・日本道路公団

10. 中大塚
a. 塚越甲子郎　1974『藤岡市中大塚縄文式敷石遺構調査概報』　藤岡市教育委員会
b. 塚越甲子郎・藤巻幸男　1988「中大塚遺跡」『群馬県史』資料編1(原始古代1　旧石器・縄文)　群馬県史編さん委員会

11. 薬師前
茂木　努　1990『小野西部地区遺跡群発掘調査報告書』　群馬県藤岡市教育委員会
12. 薬師裏
茂木　努　1993「薬師裏遺跡」『藤岡市史　資料編　原始・古代・中世』　藤岡市史編さん委員会
13. 上栗須寺前
石塚久則他　1994『上栗須寺前遺跡群Ⅱ　1区（上栗須薬師裏）・2区（上栗須薬師前）　藤岡扇状地扇端部における縄文・奈良時代を中心とした集落址と古墳の調査』（『財団法人群馬県埋蔵文化財調査事業団調査報告』第185集・『関越自動車道（上越線）地域埋蔵文化財発掘調査報告』第30集）　群馬県教育委員会・財団法人群馬県埋蔵文化財調査事業団・日本道路公団
14. 西原
a．石坂　茂　1985「柄鏡形住居址について」『荒砥二之堰遺跡－昭和55年度県営圃場整備事業荒砥南部地区に係る埋蔵文化財発掘調査報告書－』　財団法人群馬県埋蔵文化財調査事業団
b．池田政志　2000「三ツ子沢中遺跡の敷石住居－群馬県内検出の敷石住居の集成を通して－」『三ツ子沢中遺跡』（『北陸新幹線地域埋蔵文化財発掘調査報告書』第12集・『財団法人群馬県埋蔵文化財調査事業団調査報告書』第260集）　群馬県教育委員会・財団法人群馬県埋蔵文化財調査事業団・日本鉄道建設公団
c．茂木　努　1993「西原遺跡」『藤岡市史　資料編　原始・古代・中世』　藤岡市史編さん委員会
15. 高木(仮)
a．石坂　茂　1985「柄鏡形住居址について」『荒砥二之堰遺跡－昭和55年度県営圃場整備事業荒砥南部地区係る埋蔵文化財発掘調査報告書－』　財団法人群馬県埋蔵文化財調査事業団
b．池田政志　2000「三ツ子沢中遺跡の敷石住居－群馬県内検出の敷石住居の集成を通して－」『三ツ子沢中遺跡』（『北陸新幹線地域埋蔵文化財発掘調査報告書』第12集・『財団法人群馬県埋蔵文化財調査事業団調査報告書』第260集）　群馬県教育委員会・財団法人群馬県埋蔵文化財調査事業団・日本鉄道建設公団
16. 坂野
a．石坂　茂　1985「柄鏡形住居址について」『荒砥二之堰遺跡－昭和55年度県営圃場整備事業荒砥南部地区係る埋蔵文化財発掘調査報告書－』　財団法人群馬県埋蔵文化財調査事業団
b．池田政志　2000「三ツ子沢中遺跡の敷石住居－群馬県内検出の敷石住居の集成を通して－」『三ツ子沢中遺跡』（『北陸新幹線地域埋蔵文化財発掘調査報告書』第12集・『財団法人群馬県埋蔵文化財調査事業団調査報告書』第260集）　群馬県教育委員会・財団法人群馬県埋蔵文化財調査事業団・日本鉄道建設公団
c．茂木　努　1993「坂野縄文遺跡」『藤岡市史　資料編　原始・古代・中世』　藤岡市史編さん委員会
17. 馬渡戸
a．石坂　茂　1985「柄鏡形住居址について」『荒砥二之堰遺跡－昭和55年度県営圃場整備事業荒砥南部地区係る埋蔵文化財発掘調査報告書－』　財団法人群馬県埋蔵文化財調査事業団
b．池田政志　2000「三ツ子沢中遺跡の敷石住居－群馬県内検出の敷石住居の集成を通して－」『三ツ子沢中遺跡』（『北陸新幹線地域埋蔵文化財発掘調査報告書』第12集・『財団法人群馬県埋蔵文化財調査事業団調査報告書』第260集）　群馬県教育委員会・財団法人群馬県埋蔵文化財調査事業団・日本鉄道建設公団
18. 細谷戸A(仮)
石坂　茂　1985「柄鏡形住居址について」『荒砥二之堰遺跡－昭和55年度県営圃場整備事業荒砥南部地区に係る埋蔵文化財発掘調査報告書－』　財団法人群馬県埋蔵文化財調査事業団

19. 細谷戸B(仮)
石坂　茂　1985「柄鏡形住居址について」『荒砥二之堰遺跡－昭和55年度県営圃場整備事業荒砥南部地区に係る埋蔵文化財発掘調査報告書－』　財団法人群馬県埋蔵文化財調査事業団

20. 山間
池田政志　2000「三ツ子沢中遺跡の敷石住居－群馬県内検出の敷石住居の集成を通して－」『三ツ子沢中遺跡』(『北陸新幹線地域埋蔵文化財発掘調査報告書』第12集・『財団法人群馬県埋蔵文化財調査事業団調査報告書』第260集)　群馬県教育委員会・財団法人群馬県埋蔵文化財調査事業団・日本鉄道建設公団

21. 光徳寺裏山
池田政志　2000「三ツ子沢中遺跡の敷石住居－群馬県内検出の敷石住居の集成を通して－」『三ツ子沢中遺跡』(『北陸新幹線地域埋蔵文化財発掘調査報告書』第12集・『財団法人群馬県埋蔵文化財調査事業団調査報告書』第260集)　群馬県教育委員会・財団法人群馬県埋蔵文化財調査事業団・日本鉄道建設公団

22. 平地前
財団法人群馬県埋蔵文化財調査事業団編　1997「平成8年度県内埋蔵文化財発掘調査一覧表」『年報』16　財団法人群馬県埋蔵文化財調査事業団

23. 比良(仮)
石坂　茂　1985「柄鏡形住居址について」『荒砥二之堰遺跡－昭和55年度県営圃場整備事業荒砥南部地区に係る埋蔵文化財発掘調査報告書－』　財団法人群馬県埋蔵文化財調査事業団

24. 白倉下原
木村　収他　1994『下倉下原・天引向原遺跡Ⅱ－甘楽パーキングエリア地内遺跡の調査－　縄文時代編』(『関越自動車道(上越線)地域埋蔵文化財発掘調査報告書』第25集・『財団法人群馬県埋蔵文化財調査事業団調査報告』第172集)　群馬県教育委員会・財団法人群馬県埋蔵文化財調査事業団・日本道路公団

25. 福島鹿嶋下
飯田陽一他　1997「福島鹿嶋下遺跡・福島椿森遺跡」『年報』16　財団法人群馬県埋蔵文化財調査事業団

26. 下鎌田
大賀　健他　1997『下鎌田遺跡』(『関越自動車道(上越線)地域埋蔵文化財発掘調査報告書』)　日本道路公団・群馬県教育委員会・下仁田町遺跡調査会

27. 内匠下高瀬
津金沢吉茂他　1989「内匠・下高瀬遺跡」『年報』7　財団法人群馬県埋蔵文化財調査事業団

28. 田篠中原
菊池　実他　1990『田篠中原遺跡－縄文時代中期末の環状列石・配石遺構群の調査－』(『関越自動車道(上越線)地域埋蔵文化財発掘調査報告書』第5集)・(『財団法人群馬県埋蔵文化財調査事業団調査報告』第112集)　群馬県教育委員会・財団法人群馬県埋蔵文化財調査事業団・日本道路公団

29. 内匠上之宿
新井　仁他　1993『内匠上之宿遺跡』(『関越自動車道(上越線)地域埋蔵文化財発掘調査報告書』第15集)・『財団法人群馬県埋蔵文化財調査事業団調査報告』第143集)　群馬県教育委員会・財団法人群馬県埋蔵文化財調査事業団・日本道路公団

30. 南蛇井増光寺
ａ．伊藤　肇他　1992『蛇井増光寺遺跡Ⅰ　Ｂ区・縄文・弥生時代』(『財団法人群馬県埋蔵文化財調査事

　　　　業団調査報告』第142集・『関東自動車道（上越線）地域埋蔵文化財発掘調査報告書』第14集)
　　　　群馬県教育委員会・財団法人群馬県埋蔵文化財調査事業団・日本道路公団
　ｂ．斉藤利昭他　1993『南蛇井増光寺遺跡Ⅱ　Ｄ・Ｎ・Ｅ区』(『関越自動車道（上越線）地域埋蔵文化財発掘
　　　　調査報告書』第19集)・(『財団法人群馬県埋蔵文化財調査事業団調査報告書』第155集)
　　　　群馬県教育委員会・財団法人群馬県埋蔵文化財調査事業団・日本道路公団
　ｃ．小野和之他　1997『南蛇井増光寺遺跡Ⅴ　Ｃ区・縄文・弥生時代』(『関越自動車＜上越線＞地域埋蔵
　　　　文化財発掘調査報告書』第44集・『財団法人群馬県埋蔵文化財調査事業団調査報告』第217
　　　　集)　群馬県教育委員会・財団法人群馬県埋蔵文化財調査事業団・日本道路公団
31．本宿・郷土
今井幹夫他1981『本宿・郷土遺跡発掘調査報告書』　富岡市教育委員会
32．行田大道北（行田Ⅰ）
ａ．水田　稔　1997「西毛の縄文時代」『西毛の古代』　山武考古学研究所
ｂ．長井正欣他　1997『八城二本杉東遺跡（八城遺跡)・行田大道北遺跡（行田Ⅰ遺跡)』(『関越自動車道（上
　　　　越線）地域埋蔵文化財発掘調査報告書』)　日本道路公団・群馬県教育委員会・松井田町遺
　　　　跡調査会
33．行田梅木平（行田Ⅱ）
間宮政光他　1997『行田梅木平遺跡（行田Ⅱ遺跡)』(『関越自動車道（上越線）地域埋蔵文化財発掘調査報告
　　　　書』)　日本道路公団・群馬県教育委員会・松井田町遺跡調査会
34．新堀東源ヶ原（行田Ⅲ）
千田幸生　1997『新堀東源ヶ原遺跡（行田Ⅲ遺跡)』(『関越自動車道（上越線）地域埋蔵文化財発掘調査報告
　　　　書』)　日本道路公団・群馬県教育委員会・松井田町遺跡調査会
35．仁田
大江正行他　1990『仁田遺跡・暮井遺跡』(『財団法人群馬県埋蔵文化財調査事業団調査報告書』第109集)
　　　　群馬県教育委員会・財団法人群馬県埋蔵文化財調査事業団
36．暮井
大江正行他　1990『仁田遺跡・暮井遺跡』(財団法人『群馬県埋蔵文化財調査事業団調査報告書』第109集)
　　　　群馬県教育委員会・財団法人群馬県埋蔵文化財調査事業団
37．二軒在家二本杉
田口　修　1992『二軒在家二本杉遺跡』　松井田町埋蔵文化財調査会
38．国衙朝日
池田政志　2000「三ツ子沢中遺跡の敷石住居－群馬県内検出の敷石住居の集成を通して－」『三ツ子沢中
　　　　遺跡』(『北陸新幹線地域埋蔵文化財発掘調査報告書』第12集・『財団法人群馬県埋蔵文化
　　　　財調査事業団調査報告書』第260集)　群馬県教育委員会・財団法人群馬県埋蔵文化財調査
　　　　事業団・日本鉄道建設公団
39．下増田上田中
池田政志　2000「三ツ子沢中遺跡の敷石住居－群馬県内検出の敷石住居の集成を通して－」『三ツ子沢中
　　　　遺跡』(『北陸新幹線地域埋蔵文化財発掘調査報告書』第12集・『財団法人群馬県埋蔵文化
　　　　財調査事業団調査報告書』第260集)　群馬県教育委員会・財団法人群馬県埋蔵文化財調査
　　　　事業団・日本鉄道建設公団
40．坂本北裏
金子正人他　1999『群馬県碓氷郡松井田町坂本北裏遺跡　碓氷峠くつろぎの郷公園整備事業伴う埋蔵文化
　　　　財発掘調査報告書』(『松井田町埋蔵文化財調査会報告書』10)　松井田町埋蔵文化財調査会

41. 東畑
大工原豊他　1994『中野谷地区遺跡群　県営畑地帯総合土地改良事業横野平地区に伴う埋蔵文化財発掘調査報告書』　安中市教育委員会

42. 下宿東
大工原豊　1993『下宿東遺跡』(『中野谷地区遺跡群発掘調査概報』4)　安中市教育委員会

43. 野村
a．千田茂雄・小野和之　2001「野村遺跡(中期)」『安中市史』第4巻(原始・古代・中世資料編)　安中市史編さん委員会
b．千田茂雄　2003「野村遺跡・野村Ⅱ遺跡」『東上秋間遺跡群発掘調査報告書』　群馬県安中市教育委員会

44. 天神原
a．大工原豊他　1994『中野谷地区遺跡群　県営畑地帯総合土地改良事業横野平地区に伴う埋蔵文化財発掘調査報告書』　安中市教育委員会
b．大工原豊他　1993『天神原遺跡－平成2年度県営畑地帯総合土地改良事業横野平地区に伴う埋蔵文化財発掘調査報告書－』(『中野谷地区遺跡群調査概報』3)　安中市教育委員会

45. 北原
千田茂雄他　1996『北原遺跡・上久保遺跡－東上秋間原市線道路改築工事　下仁田安中倉淵線単独地方特定道路整備工事　下仁田安中倉淵補助道路改築工事に伴う埋蔵文化財発掘調査報告書－』群馬県安中市教育委員会

46. 中島Ⅰ・Ⅱ
a．井上慎也　2000『中野谷地区遺跡群発掘調査概報』6　安中市教育委員会
b．井上慎也他　2004『中野谷地区遺跡群2－県営畑地綜合整備事業横野平地区に伴う埋蔵文化財発掘調査報告書－』　群馬県安中市教育委員会

47. 砂押Ⅱ
井上慎也他　2004『中野谷地区遺跡群2－県営畑地綜合整備事業横野平地区に伴う埋蔵文化財発掘調査報告書－』　群馬県安中市教育委員会

48. 大道南
井上慎也他　2004『中野谷地区遺跡群2－県営畑地綜合整備事業横野平地区に伴う埋蔵文化財発掘調査報告書』　群馬県安中市教育委員会

49. 中野谷中島
池田政志　2000「三ツ子沢中遺跡の敷石住居－群馬県内検出の敷石住居の集成を通して－」『三ツ子沢中遺跡』(『北陸新幹線地域埋蔵文化財発掘調査報告書』第12集・『財団法人群馬県埋蔵文化財調査事業団調査報告書』第260集)　群馬県教育委員会・財団法人群馬県埋蔵文化財調査事業団・日本鉄道建設公団

50. 簗瀬炉跡
石坂　茂　1985「柄鏡形住居址について」『荒砥二之堰遺跡－昭和55年度県営圃場整備事業荒砥南部地区に係る埋蔵文化財発掘調査報告書－』　財団法人群馬県埋蔵文化財調査事業団

51. 若田原
a．鬼形芳夫　1993「高崎市の縄文時代遺跡研究の現状と課題」『高崎市史研究』第3号
b．鈴木徳雄　1994「敷石住居址の連結部石囲施設－群馬県における敷石住居内施設の一様相－」『群馬考古学手帳』Vol.4
c．田島桂男　1974「若田遺跡」『日本考古学年報』25(1972年版)

52. 田端

長谷部達雄他　1982「上越新幹線関係　田端遺跡」『年報』1　財団法人群馬県埋蔵文化財調査事業団

53．正観寺

今井敏彦他　1980『正観寺（Ⅱ）遺跡群』（『高崎市文化財報告書』第14集）　高崎市教育委員会

54．横俵遺跡群大道

近江屋成陽他　1991『横俵遺跡群Ⅱ』　前橋市埋蔵文化財発掘調査団

55．今井白山

飯島義雄他　1993『今井白山遺跡』（『一般国道50号（東前橋拡幅）改築工事に伴う埋蔵文化財発掘調査報告書』第1集・財団法人群馬県埋蔵文化財調査事業団調査報告』第145集）　建設省・群馬県教育委員会・財団法人群馬県埋蔵文化財調査事業団

56．大島原

田島桂男　1977「大島原遺跡」『日本考古学年報』28（1975年版）

57．小八木志志貝戸

坂井　隆他　1998「故八木志志貝戸遺跡」『年報』17　財団法人群馬県埋蔵文化財調査事業団

58．万相寺

神戸聖語他　1985『万相寺遺跡－宿大類工業団地造成に伴う緊急発掘調査概報－』（『高崎市文化財調査報告書』第66集）　高崎市教育委員会

59．大八木箱田池

桜井　衛他　1983『大八木箱田池遺跡－大八木北部土地区画整理事業に伴う調査概報－』　高崎市教育委員会

60．荒砥前原

藤巻幸男他　1985『荒砥前原遺跡・赤石城址－昭和51年度県営圃場整備事業荒砥南部地区に係る埋蔵文化財発掘調査報告書－』　群馬県教育委員会・財団法人群馬県埋蔵文化財調査事業団

61．荒砥二之堰

石坂　茂　1985『荒砥二之堰遺跡－昭和55年度県営圃場整備事業荒砥南部地区に係る埋蔵文化財発掘調査報告書－』　財団法人群馬県埋蔵文化財調査事業団

62．芳賀北部団地

相沢貞順・川合　功　1975「芳賀北部団地遺跡(昭和49年度)」『日本考古学年報』27（1974年版）

63．芳賀東部団地

井野誠一他　1990『芳賀東部団地遺跡Ⅲ－縄文・中世編－』（『芳賀団地遺跡群』Ⅲ）　前橋市教育委員会

64．小神明

a．相沢貞順　1988「縄文時代」『群馬県史』資料編1（原始古代1　旧石器・縄文）　群馬県史編さん委員会

b．相沢貞順他　1968『小室遺跡』（『群馬県勢多郡北橘村文化財調査報告』）　勢多郡北橘村教育委員会

65．芳賀北曲輪

金子正人・長島郁子　1990『群馬県前橋市芳賀曲輪遺跡』　前橋市埋蔵文化財発掘調査団）

66．筑井

a．石坂　茂　1985「柄鏡形住居址について」『荒砥二之堰遺跡－昭和55年度県営圃場整備事業荒砥南部地区係る埋蔵文化財発掘調査報告書－』　財団法人群馬県埋蔵文化財調査事業団

b．池田政志　2000「三ツ子沢中遺跡の敷石住居－群馬県内検出の敷石住居の集成を通して－」『三ツ子沢中遺跡』（『北陸新幹線地域埋蔵文化財発掘調査報告書』第12集・『財団法人群馬県埋蔵文化財調査事業団調査報告書』第260集）　群馬県教育委員会・財団法人群馬県埋蔵文化財調査事業団・日本鉄道建設公団

67. 九料
a．前橋市教育委員会　1986『小神明遺跡群Ⅳ　湯気遺跡・九料遺跡』
b．石坂　茂　1985「柄鏡形住居址について」『荒砥二之堰遺跡－昭和55年度県営圃場整備事業荒砥南部地区係る埋蔵文化財発掘調査報告書－』　財団法人群馬県埋蔵文化財調査事業団
c．池田政志　2000「三ツ子沢中遺跡の敷石住居－群馬県内検出の敷石住居の集成を通して－」『三ツ子沢中遺跡』(『北陸新幹線地域埋蔵文化財発掘調査報告書』第12集・『財団法人群馬県埋蔵文化財調査事業団調査報告書』第260集)　群馬県教育委員会・財団法人群馬県埋蔵文化財調査事業団・日本鉄道建設公団

68. 熊野谷
前原　豊他　1989『熊野谷遺跡』　前橋市埋蔵文化財発掘調査団

69. 北米岡G
a．小林敏夫　1988「北米岡G遺跡」『群馬県史』資料編1(原始・古代1　旧石器・縄文)　群馬県史編纂委員会・群馬県
b．境町教育委員会　1976『境町北米岡G・H地点遺跡発掘調査報告書』
c．小林敏夫　1988「北米岡遺跡」『群馬県史』資料編1(原始・古代1　旧石器・縄文)　群馬県史編さん委員会

70. 根性坊
横山　巧　1982『根性坊・上中西遺跡』　佐波郡東村教育委員会

71. 東村曲沢
a．石坂　茂　1985「柄鏡形住居址について」『荒砥二之堰遺跡－昭和55年度県営圃場整備事業荒砥南部地区係る埋蔵文化財発掘調査報告書－』　財団法人群馬県埋蔵文化財調査事業団
b．池田政志　2000「三ツ子沢中遺跡の敷石住居－群馬県内検出の敷石住居の集成を通して－」『三ツ子沢中遺跡』(『北陸新幹線地域埋蔵文化財発掘調査報告書』第12集・『財団法人群馬県埋蔵文化財調査事業団調査報告書』第260集)　群馬県教育委員会・財団法人群馬県埋蔵文化財調査事業団・日本鉄道建設公団

72. 今井新田
松村一昭他　1981『今井新田遺跡発掘調査概報　今井南部土地改良事業に伴う埋蔵文化財調査報告』(『群馬県佐波郡赤堀村文化財報告』18)　赤堀村教育委員会

73. 曲沢
a．赤堀村教育委員会　1979『曲沢遺跡発掘調査概報－大正用水東部土地改良事業に伴なう埋蔵文化財調査概報－』(『赤堀村文化財調査概報』9)
b．赤堀村教育委員会　1980『曲沢遺跡発掘調査概報2－大正用水東部土地改良事業に伴なう埋蔵文化財調査概報－』(『赤堀村文化財調査概報』10)
c．松村一昭　1988「曲沢遺跡」『群馬県史』資料編1(原始・古代1　旧石器・縄文)　群馬県史編さん委員会

74. 五目牛洞山
a．石坂　茂　1985「柄鏡形住居址について」『荒砥二之堰遺跡－昭和55年度県営圃場整備事業荒砥南部地区係る埋蔵文化財発掘調査報告書－』　財団法人群馬県埋蔵文化財調査事業団
b．池田政志　2000「三ツ子沢中遺跡の敷石住居－群馬県内検出の敷石住居の集成を通して－」『三ツ子沢中遺跡』(『北陸新幹線地域埋蔵文化財発掘調査報告書』第12集・『財団法人群馬県埋蔵文化財調査事業団調査報告書』第260集)　群馬県教育委員会・財団法人群馬県埋蔵文化財調査事業団・日本鉄道建設公団

ｃ．赤堀村教育委員会　1980『五目牛洞山遺跡発掘調査概報』
75．今井柳田
　ａ．赤堀町教育委員会　1982『今井柳田遺跡発掘調査概報』
　ｂ．池田政志　2000「三ツ子沢中遺跡の敷石住居－群馬県内検出の敷石住居の集成を通して－」『三ツ子沢中遺跡』(『北陸新幹線地域埋蔵文化財発掘調査報告書』第12集・『財団法人群馬県埋蔵文化財調査事業団調査報告書』第260集)　群馬県教育委員会・財団法人群馬県埋蔵文化財調査事業団・日本鉄道建設公団
76．三和工業団地Ⅱ
　伊勢崎市教育委員会　2004『三和工業団地Ⅱ遺跡』
77．波志江中野面
　角田芳昭　2002『波志江中野面遺跡(２)』
78．社北第Ⅱ
　ａ．財団法人群馬県埋蔵文化財調査事業団　1988『年報』17
　ｂ．池田政志　2000「三ツ子沢中遺跡の敷石住居－群馬県内検出の敷石住居の集成を通して－」『三ツ子沢中遺跡』(『北陸新幹線地域埋蔵文化財発掘調査報告書』第12集・『財団法人群馬県埋蔵文化財調査事業団調査報告書』第260集)　群馬県教育委員会・財団法人群馬県埋蔵文化財調査事業団・日本鉄道建設公団
79．阿佐美
　ａ．若月省吾　1988「阿佐見遺跡」『群馬県史』資料編１(原始・古代１　旧石器・縄文)　群馬県史編さん委員会
　ｂ．笠懸村教育委員会　1983『阿佐見遺跡調査概報』(『笠懸村埋蔵文化財調査報告』第７集)
　ｃ．若月省吾　1983「阿佐美遺跡」『笠懸村誌』資料編(自然編・原始古代編)
　ｄ．小菅将夫　1995『笠懸町内遺跡Ⅱ－平成３年度埋蔵文化財緊急発掘調査報告書－』(『笠懸町埋蔵文化財調査報告』第12集)　群馬県新田郡笠懸町教育委員会
80．清泉寺裏
　平野進一　1988「群馬県」『日本考古学年報』39(1986年度版)
81．沢田
　萩谷千明　1993『笠懸町内遺跡Ⅰ－平成２年度埋蔵文化財緊急発掘調査報告書－』(『笠懸町埋蔵文化財調査報告』第11集)　群馬県新田郡笠懸町教育委員会
82．北宿・観音前
　長谷川　徹他　1993『北宿・観音前遺跡－新田大根住宅団地建設に伴う発掘調査報告書－』　新田町教育委員会・群馬県企業局
83．大根南遺跡群・一丁田
　ａ．小宮俊久他　1993『大根南遺跡群－県営大根南地区ほ場整備事業に伴う一丁田遺跡』
　ｂ．群馬県新田町教育委員会　1993　観音前遺跡の発掘調査概要報告書－』(『新田町文化財調査報告書』第12集)
84．槍花
　小宮　豪他　2000『新田東部遺跡群Ⅱ－新田東部工業団地造成に伴う発掘調査報告書－』(『新田町文化財調査報告書』)　新田町教育委員会
85．上江田西田
　大木紳一郎他　1996「上江田西田遺跡」『年報』14　財団法人群馬県埋蔵文化財調査事業団
86．中原

a．藪塚本町教育委員会　1986『中原遺跡』
　　b．池田政志　2000「三ツ子沢中遺跡の敷石住居－群馬県内検出の敷石住居の集成を通して－」『三ツ子沢中遺跡』（『北陸新幹線地域埋蔵文化財発掘調査報告書』第12集・『財団法人群馬県埋蔵文化財調査事業団調査報告書』第260集）　群馬県教育委員会・財団法人群馬県埋蔵文化財調査事業団・日本鉄道建設公団

87．東長岡戸井口
　木津博明他　1999『東長岡戸井口遺跡　東長岡住宅団地建設工事に伴う埋蔵文化財調査報告書』（『財団法人群馬県埋蔵文化財調査事業団調査報告書』第257集）　群馬県住宅供給公社・財団法人群馬県埋蔵文化財調査事業団

88．長井（権田）
　　a．山崎義男　1953「群馬県長井敷石住居址調査報告」『考古学雑誌』第39巻2号
　　b．松島栄治・石坂　茂　1988「長井（権田）遺跡」『群馬県史』資料編1（原始古代1　旧石器・縄文）　群馬県史編さん委員会

89．川浦
　　a．石坂　茂　1985「柄鏡形住居址について」『荒砥二之堰遺跡－昭和55年度県営圃場整備事業荒砥南部地区係る埋蔵文化財発掘調査報告書－』　財団法人群馬県埋蔵文化財調査事業団
　　b．池田政志　2000「三ツ子沢中遺跡の敷石住居－群馬県内検出の敷石住居の集成を通して－」『三ツ子沢中遺跡』（『北陸新幹線地域埋蔵文化財発掘調査報告書』第12集・『財団法人群馬県埋蔵文化財調査事業団調査報告書』第260集）　群馬県教育委員会・財団法人群馬県埋蔵文化財調査事業団・日本鉄道建設公団

90．三ツ子沢中
　池田政志他　2000『三ツ子沢中遺跡』（『北陸新幹線地域埋蔵文化財発掘調査報告書』第12集・『財団法人群馬県埋蔵文化財調査事業団調査報告書』第260集）　群馬県教育委員会・財団法人群馬県埋蔵文化財調査事業団・日本鉄道建設公団

91．高浜広神
　田村公夫他　1999『高浜広神遺跡』（『北陸新幹線地域埋蔵文化財発掘調査報告書』第10集・『財団法人群馬県埋蔵文化財調査事業団発掘調査報告』第252集）　財団法人群馬県埋蔵文化財調査事業団

92．高権
　　a．石坂　茂　1985「柄鏡形住居址について」『荒砥二之堰遺跡－昭和55年度県営圃場整備事業荒砥南部地区係る埋蔵文化財発掘調査報告書－』　財団法人群馬県埋蔵文化財調査事業団
　　b．池田政志　2000「三ツ子沢中遺跡の敷石住居－群馬県内検出の敷石住居の集成を通して－」『三ツ子沢中遺跡』（『北陸新幹線地域埋蔵文化財発掘調査報告書』第12集・『財団法人群馬県埋蔵文化財調査事業団調査報告書』第260集）　群馬県教育委員会・財団法人群馬県埋蔵文化財調査事業団・日本鉄道建設公団

93．保渡田Ⅱ
　五十嵐　至　1988「保渡田Ⅱ遺跡」『群馬県史』資料編1（原始古代1　旧石器・縄文）　群馬県史編さん委員会

94．白川傘松
　関根慎二　1996『白川傘松遺跡　北陸新幹線建設工事に伴う埋蔵文化財発掘調査報告書第4集』（『財団法人群馬県埋蔵文化財調査事業団調査報告』第204集）　財団法人群馬県埋蔵文化財調査事業団

95. 白川笹塚
飯塚卓二他　1994「白川笹塚遺跡」『年報』13　財団法人群馬県埋蔵文化財調査事業団
96. 茅野
 a．新藤　彰他　1991『縄文時代後・晩期集落　茅野遺跡概報』　群馬県榛東村教育委員会
 b．角田祥子・五十嵐睦　2006『史跡　茅野遺跡　圃場整備事業に伴う発掘調査及び遺跡範囲確認調査報
　　　　告書（１）遺構編』（『榛東村文化財調査報告書』第10巻　榛東村教育委員会)
97. 下新井
洞口正史他　1985『新井第Ⅱ地区遺跡群発掘調査概報』（『榛東村埋蔵文化財発掘調査報告書』第4集）
　　　　榛東村教育委員会
98. 薬師(仮)
 a．石坂　茂　1985「柄鏡形住居址について」『荒砥二之堰遺跡－昭和55年度県営圃場整備事業荒砥南部
　　　　地区係る埋蔵文化財発掘調査報告書－』　財団法人群馬県埋蔵文化財調査事業団
 b．池田政志　2000「三ツ子沢中遺跡の敷石住居－群馬県内検出の敷石住居の集成を通して－」『三ツ子
　　　　沢中遺跡』（『北陸新幹線地域埋蔵文化財発掘調査報告書』第12集・『財団法人群馬県埋蔵
　　　　文化財調査事業団調査報告書』第260集）　群馬県教育委員会・財団法人群馬県埋蔵文化財
　　　　調査事業団・日本鉄道建設公団
99. 空沢
 a．大塚昌彦　1979『空沢遺跡－渋川市行幸田空沢地区土地改良の事前埋蔵文化財調査報告書－』（『渋川
　　　　市文化財発掘調査報告書』Ⅲ）　渋川市教育委員会
 b．大塚昌彦他　1980『空沢遺跡第2次・諏訪ノ木遺跡発掘調査概報』（『渋川市文化財発掘調査報告書』
　　　　第4集）　渋川市教育委員会
 c．大塚昌彦他　1982『空沢遺跡(第3次)』（『渋川市発掘調査報告書』第6集）　渋川市教育委員会
 d．大塚昌彦他　1985『空沢遺跡第5次　Ｉ・Ｊ・Ｋ・Ｌ地点発掘調査概報』（『渋川市発掘調査報告書』
　　　　第8集）　渋川市教育委員会
 e．大塚昌彦他　1986『空沢遺跡(第6次)』（『渋川市発掘調査報告書』第10集）　渋川市教育委員会
 f．渋川市誌編さん委員会　1993『渋川市誌　通史編上　原始～近世』
100. 大上
橋本　淳　2008『大上遺跡Ⅱ－縄紋時代～近世編－　北関東自動車道(伊勢崎～県境)地域並びに(一)香林
　　　　羽黒線地方道路交付金事業に伴う埋蔵文化財発掘調査報告書』（『財団法人群馬県埋蔵文化
　　　　財調査事業団調査報告書』第431集）　東日本高速道路株式会社・群馬県伊勢崎道路事務所・
　　　　財団法人群馬県埋蔵文化財調査事業団
101. 丸子山
池田政志　2000「三ツ子沢中遺跡の敷石住居－群馬県内検出の敷石住居の集成を通して－」『三ツ子沢中
　　　　遺跡』（『北陸新幹線地域埋蔵文化財発掘調査報告書』第12集・『財団法人群馬県埋蔵文化
　　　　財調査事業団調査報告書』第260集）　群馬県教育委員会・財団法人群馬県埋蔵文化財調査
　　　　事業団・日本鉄道建設公団
102. 小室
相沢貞順他　1968『小室遺跡』（『群馬県勢多郡北橘村文化財調査報告』）　北橘村教育委員会
103. 小室高田
平成19年2～3月調査、柄鏡形敷石住居址2基検出
104. 前中後
 a．長谷川福次　1993「前中後Ⅱ遺跡」『村内遺跡Ｉ』北橘村教育委員会

b．池田政志　2000「三ツ子沢中遺跡の敷石住居－群馬県内検出の敷石住居の集成を通して－」『三ツ子沢中遺跡』(『北陸新幹線地域埋蔵文化財発掘調査報告書』第12集・『財団法人群馬県埋蔵文化財調査事業団調査報告書』第260集)　群馬県教育委員会・財団法人群馬県埋蔵文化財調査事業団・日本鉄道建設公団

105．西所皆戸(仮)

石坂　茂　1985「柄鏡形住居址について」『荒砥二之堰遺跡－昭和55年度県営圃場整備事業荒砥南部地区に係る埋蔵文化財発掘調査報告書－』　財団法人群馬県埋蔵文化財調査事業団

106．陣馬・庄司原

池田政志　2000「三ツ子沢中遺跡の敷石住居－群馬県内検出の敷石住居の集成を通して－」『三ツ子沢中遺跡』(『北陸新幹線地域埋蔵文化財発掘調査報告書』第12集・『財団法人群馬県埋蔵文化財調査事業団調査報告書』第260集)　群馬県教育委員会・財団法人群馬県埋蔵文化財調査事業団・日本鉄道建設公団

107．市之関前田

池田政志　2000「三ツ子沢中遺跡の敷石住居－群馬県内検出の敷石住居の集成を通して－」『三ツ子沢中遺跡』(『北陸新幹線地域埋蔵文化財発掘調査報告書』第12集・『財団法人群馬県埋蔵文化財調査事業団調査報告書』第260集)　群馬県教育委員会・財団法人群馬県埋蔵文化財調査事業団・日本鉄道建設公団

前橋市教育委員会　2005『市之関前田遺跡Ⅱ』

108．上ノ山

山下歳信　1992『中川原遺跡群　上ノ山遺跡』(『団体営中川原地区土地改良総合整備事業に係る埋蔵文化財発掘調査報告書(Ⅰ)』)　群馬県勢多郡大胡町教育委員会

109．西小路

山下歳信　1994『群馬県勢多郡大胡町大字茂木西小路遺跡(ゴルフ練習場建設に伴う埋蔵文化財発掘調査報告)』　群馬県勢多郡大胡町教育委員会

110．天神A

池田政志　2000「三ツ子沢中遺跡の敷石住居－群馬県内検出の敷石住居の集成を通して－」『三ツ子沢中遺跡』(『北陸新幹線地域埋蔵文化財発掘調査報告書』第12集・『財団法人群馬県埋蔵文化財調査事業団調査報告書』第260集)　群馬県教育委員会・財団法人群馬県埋蔵文化財調査事業団・日本鉄道建設公団

111．安通・洞

a．小島純一　1981『稲荷山K1・安通・洞A3－昭和54年度県営圃場整備事業による発掘調査概報－』(『粕川村文化財報告』第1集)　粕川村教育委員会

b．小島純一　1988「安通・洞遺跡」『群馬県史』資料編1(原始古代1　旧石器・縄文)　群馬県史編さん委員会

112．後原

池田政志　2000「三ツ子沢中遺跡の敷石住居－群馬県内検出の敷石住居の集成を通して－」『三ツ子沢中遺跡』(『北陸新幹線地域埋蔵文化財発掘調査報告書』第12集・『財団法人群馬県埋蔵文化財調査事業団調査報告書』第260集)　群馬県教育委員会・財団法人群馬県埋蔵文化財調査事業団・日本鉄道建設公団

113．上鶴ヶ谷

a．内田憲治　1988『群馬県史』資料編1(原始・古代1　旧石器・縄文)　群馬県史編さん委員会

b．新里村教育委員会　1982『上鶴ヶ谷遺跡－農村地域定住促進対策事業に伴う埋蔵文化財発掘調査報告

書図版編－』
114. 大屋H
a．笠懸野岩宿文化資料館　1999『群馬の注口土器』
b．財団法人群馬県埋蔵文化財調査事業団　1988「平成8年度県内埋空文化財発掘調査一覧表」『年報』17
115. 三原田
赤山容造　1980『三原田遺跡(住居篇)』群馬県企業局、赤山容造　1992『三原田遺跡』第3巻(中期後半期～後期初頭期)　群馬県企業局
116. 滝沢
a．高橋城司　1929「瀧沢石器時代遺蹟『群馬県史蹟名勝天然記念物』第1輯　群馬県
b．堀口　修他　1997『赤城村考古資料図録Ⅰ　国指定史跡　瀧澤石器時代遺蹟』群馬県勢多郡赤城村教育委員会
117. 中畦
長井正欣　2000『中畦遺跡・諏訪西遺跡』赤城村教育委員会
118. 藤木住居跡
石坂　茂　1985「柄鏡形住居址について」『荒砥二之堰遺跡－昭和55年度県営圃場整備事業荒砥南部地区に係る埋蔵文化財発掘調査報告書－』財団法人群馬県埋蔵文化財調査事業団
119. 中山
石坂　茂　1985「柄鏡形住居址について」『荒砥二之堰遺跡－昭和55年度県営圃場整備事業荒砥南部地区に係る埋蔵文化財発掘調査報告書－』財団法人群馬県埋蔵文化財調査事業団
120. 瀬戸ヶ原
a．大間々町教育委員会　1999『瀬戸ヶ原遺跡A区』
b．池田政志　2000「三ツ子沢中遺跡の敷石住居－群馬県内検出の敷石住居の集成を通して－」『三ツ子沢中遺跡』(『北陸新幹線地域埋蔵文化財発掘調査報告書』第12集・『財団法人群馬県埋蔵文化財調査事業団調査報告書』第260集)　群馬県教育委員会・財団法人群馬県埋蔵文化財調査事業団・日本鉄道建設公団
121. 千網谷戸
a．増田　修他　1977『群馬県桐生市千網ヶ谷戸遺跡発掘調査概報』(『桐生市文化財調査報告書』第2集)桐生市教育委員会
b．増田　修他　1980『群馬県桐生市千網谷戸遺跡調査報告(『桐生市文化財調査報告』第4集)』桐生市教育委員会
c．増田　修　1996『平成6年度発掘調査概報Ⅰ．桐生市川内町千網谷戸遺跡'94』(『桐生市文化財調査報告書』第17集)　桐生市教育委員会
122. 清水通
桐生市相生町　縄文時代後期柄鏡形敷石住居址2
123. 玉料
石坂　茂　1985「柄鏡形住居址について」『荒砥二之堰遺跡－昭和55年度県営圃場整備事業荒砥南部地区に係る埋蔵文化財発掘調査報告書－』財団法人群馬県埋蔵文化財調査事業団
124. 郷原
大工原豊他　1985『郷原遺跡』吾妻町教育委員会
125. 堀井戸
石坂　茂　1985「柄鏡形住居址について」『荒砥二之堰遺跡－昭和55年度県営圃場整備事業荒砥南部地区に係る埋蔵文化財発掘調査報告書－』財団法人群馬県埋蔵文化財調査事業団

126. 楢Ⅱ
a．笠懸野岩宿文化資料館　1999『群馬の注口土器』
b．長野原町教育委員会　1990『楢Ⅱ遺跡』
c．池田政志　2000「三ツ子沢中遺跡の敷石住居－群馬県内検出の敷石住居の集成を通して－」『三ツ子沢中遺跡』（『北陸新幹線地域埋蔵文化財発掘調査報告書』第12集・『財団法人群馬県埋蔵文化財調査事業団調査報告書』第260集）　群馬県教育委員会・財団法人群馬県埋蔵文化財調査事業団・日本鉄道建設公団

127. 長野原一本松
a．諸田康成　2002『長野原一本松遺跡－八ッ場ダム建設工事に伴う埋蔵文化財発掘調査報告書第1集－』（『（財）群馬県埋蔵文化財調査事業団調査報告』第287集）　財団法人群馬県埋蔵文化財調査事業団
b．諸田康成　2008『長野原一本松遺跡（3）』八ッ場ダム建設工事に伴う埋蔵文化財発掘調査報告書第19集』（『（財）群馬県埋蔵文化財調査事業団調査報告』第433集）　財団法人群馬県埋蔵文化財調査事業団
c．山口逸弘　2008『長野原一本松遺跡（4）　八ッ場ダム建設工事に伴う埋蔵文化財発掘調査報告書第24集』（『（財）群馬県埋蔵文化財調査事業団調査報告』第441集）　財団法人群馬県埋蔵文化財調査事業団

128. 横壁中村
a．藤巻幸男・池田政志　2005『横壁中村遺跡（2）』（『八ッ場ダム建設工事に伴う埋蔵文化財発掘調査報告書』第5集・『財団法人群馬県埋蔵文化財調査事業団調査報告書』第355集）　国土交通省・財団法人群馬県埋蔵文化財調査事業団
b．池田政志　2006『横壁中村遺跡（3）』（『八ッ場ダム建設工事に伴う埋蔵文化財発掘調査報告書』第7集・『財団法人群馬県埋蔵文化財調査事業団調査報告書』第368集）　国土交通省・財団法人群馬県埋蔵文化財調査事業団
c．池田政志　2006『横壁中村遺跡（4）』（『八ッ場ダム建設工事に伴う埋蔵文化財発掘調査報告書』第10集・『財団法人群馬県埋蔵文化財調査事業団調査報告書』第381集）　国土交通省・財団法人群馬県埋蔵文化財調査事業団
d．藤巻幸男　2007『横壁中村遺跡（5）』（『八ッ場ダム建設工事に伴う埋蔵文化財発掘調査報告書』第14集・『財団法人群馬県埋蔵文化財調査事業団調査報告書』第406集）　国土交通省・財団法人群馬県埋蔵文化財調査事業団
e．黒澤照弘　2008『横壁中村遺跡（6）－土坑編－』（『八ッ場ダム建設工事に伴う埋蔵文化財発掘調査報告書』第20集・『財団法人群馬県埋蔵文化財調査事業団調査報告書』第436集）　国土交通省・財団法人群馬県埋蔵文化財調査事業団
f．黒澤照弘他　2008『横壁中村遺跡（7）－土器埋設遺構・掘立柱建物・環状柱穴列・柱穴列・集石・焼土編－』（『八ッ場ダム建設工事に伴う埋蔵文化財発掘調査報告書』第22集・『財団法人群馬県埋蔵文化財調査事業団調査報告書』第439集）　国土交通省・財団法人群馬県埋蔵文化財調査事業団
g．黒澤照弘他　2009『横壁中村遺跡（8）－縄文時代後期住居編1－』（『八ッ場ダム建設工事に伴う埋蔵文化財発掘調査報告書』第29集・『財団法人群馬県埋蔵文化財調査事業団調査報告書』第462集）　国土交通省・財団法人群馬県埋蔵文化財調査事業団
h．石田　真他　2009『横壁中村遺跡（9）－縄文時代後期住居編2－』（『八ッ場ダム建設工事に伴う埋蔵文化財発掘調査報告書』第30集・『財団法人群馬県埋蔵文化財調査事業団調査報告書』第

129. 上原Ⅳ

飯森康広他　2008『山根Ⅲ遺跡(2)・上原Ⅳ遺跡・幸神遺跡』(『八ッ場ダム建設工事に伴う埋蔵文化財発掘調査報告書第17集』・『財団法人群馬県埋蔵文化財調査事業団調査報告書』第429集)　国土交通省・財団法人群馬県埋蔵文化財調査事業団

130. 上郷岡原

石田　真　2004「上郷岡原遺跡」『年報』22　財団法人群馬県埋蔵文化財調査事業団

131. 向原

ａ．長野原町教育委員会　1996『向原遺跡』

ｂ．池田政志　2000「三ツ子沢中遺跡の敷石住居－群馬県内検出の敷石住居の集成を通して－」『三ツ子沢中遺跡』(『北陸新幹線地域埋蔵文化財発掘調査報告書』第12集・『財団法人群馬県埋蔵文化財調査事業団調査報告書』第260集)　群馬県教育委員会・財団法人群馬県埋蔵文化財調査事業団・日本鉄道建設公団

132. 滝原Ⅲ

ａ．長野原町教育委員会　1997『滝原Ⅲ遺跡』

ｂ．池田政志　2000「三ツ子沢中遺跡の敷石住居－群馬県内検出の敷石住居の集成を通して－」『三ツ子沢中遺跡』(『北陸新幹線地域埋蔵文化財発掘調査報告書』第12集・『財団法人群馬県埋蔵文化財調査事業団調査報告書』第260集)　群馬県教育委員会・財団法人群馬県埋蔵文化財調査事業団・日本鉄道建設公団

133. 坪井

富田孝彦他　2000『坪井遺跡Ⅱ－(仮称)長野原ショッピングセンター建設工事に伴う発掘調査報告書－』(『長野原町埋蔵文化財報告』第7集)　長野原町教育委員会

134. 古屋敷

ａ．長野原町　1976『長野原町誌』

ｂ．池田政志　2000「三ツ子沢中遺跡の敷石住居－群馬県内検出の敷石住居の集成を通して－」『三ツ子沢中遺跡』(『北陸新幹線地域埋蔵文化財発掘調査報告書』第12集・『財団法人群馬県埋蔵文化財調査事業団調査報告書』第260集)　群馬県教育委員会・財団法人群馬県埋蔵文化財調査事業団・日本鉄道建設公団

135. 今井東原

池田政志　2000「三ツ子沢中遺跡の敷石住居－群馬県内検出の敷石住居の集成を通して－」『三ツ子沢中遺跡』(『北陸新幹線地域埋蔵文化財発掘調査報告書』第12集・『財団法人群馬県埋蔵文化財調査事業団調査報告書』第260集)　群馬県教育委員会・財団法人群馬県埋蔵文化財調査事業団・日本鉄道建設公団

136. 赤岩(仮)

ａ．石坂　茂　1985「柄鏡形住居址について」『荒砥二之堰遺跡－昭和55年度県営圃場整備事業荒砥南部地区係る埋蔵文化財発掘調査報告書－』　財団法人群馬県埋蔵文化財調査事業団

ｂ．池田政志　2000「三ツ子沢中遺跡の敷石住居－群馬県内検出の敷石住居の集成を通して－」『三ツ子沢中遺跡』(『北陸新幹線地域埋蔵文化財発掘調査報告書』第12集・『財団法人群馬県埋蔵文化財調査事業団調査報告書』第260集)　群馬県教育委員会・財団法人群馬県埋蔵文化

137. 久森環状列石

ａ．丸山公夫他　1985『上沢渡遺跡群・久森環状列石遺跡・上反下遺跡』(『中之条町発掘調査報告書』第4集)　中之条町教育委員会

b．田村公夫　1998「群馬県における縄文中期の環状列石遺構について－久森環状列石遺跡を中心に－」『群馬考古学手帳』8

138. 四万途中

a．森田秀策　1974「四万遺跡」『日本考古学年報』25（1972年版）
b．池田政志　2000「三ツ子沢中遺跡の敷石住居－群馬県内検出の敷石住居の集成を通して－」『三ツ子沢中遺跡』（『北陸新幹線地域埋蔵文化財発掘調査報告書』第12集・『財団法人群馬県埋蔵文化財調査事業団調査報告書』第260集）　群馬県教育委員会・財団法人群馬県埋蔵文化財調査事業団・日本鉄道建設公団
c．中之条町誌編纂委員会1976『中之条町誌』

139. 牧場

相沢貞順他　1968『小室遺跡』（『群馬県勢多郡北橘村文化財調査報告』）　勢多郡北橘村教育委員会

140. 清水

新井嘉男他　1988「清水遺跡」『群馬県史』資料編1（原始・古代1　旧石器・縄文）　群馬県史編さん委員会

141. 棚界戸

石坂　茂　1985「柄鏡形住居址について」『荒砥二之堰遺跡－昭和55年度県営圃場整備事業荒砥南部地区に係る埋蔵文化財発掘調査報告書－』　財団法人群馬県埋蔵文化財調査事業団

142. 宿割

a．中之条町教育委員会　1985『大塚遺跡群　宿割遺跡』
b．池田政志　2000「三ツ子沢中遺跡の敷石住居－群馬県内検出の敷石住居の集成を通して－」『三ツ子沢中遺跡』（『北陸新幹線地域埋蔵文化財発掘調査報告書』第12集・『財団法人群馬県埋蔵文化財調査事業団調査報告書』第260集）　群馬県教育委員会・財団法人群馬県埋蔵文化財調査事業団・日本鉄道建設公団

143. 中山

a．秋池　武　1988「中山遺跡」『群馬県史』資料編1（原始古代1　旧石器・縄文）　群馬県史編纂委員会・群馬県
b．秋池　武　1975「中山遺跡」『日本考古学年報』26（1973年版）

144. 梨の木平

能登　健　1977『梨の木平遺跡』　群馬県教育委員会

145. 諏訪（仮）

a．池田村史編纂委員会　1952『池田村史』
b．石坂　茂　1985「柄鏡形住居址について」『荒砥二之堰遺跡－昭和55年度県営圃場整備事業荒砥南部地区係る埋蔵文化財発掘調査報告書－』　財団法人群馬県埋蔵文化財調査事業団
c．池田政志　2000「三ツ子沢中遺跡の敷石住居－群馬県内検出の敷石住居の集成を通して－」『三ツ子沢中遺跡』（『北陸新幹線地域埋蔵文化財発掘調査報告書』第12集・『財団法人群馬県埋蔵文化財調査事業団調査報告書』第260集）　群馬県教育委員会・財団法人群馬県埋蔵文化財調査事業団・日本鉄道建設公団

146. 篠尾（仮）

石坂　茂　1985「柄鏡形住居址について」『荒砥二之堰遺跡－昭和55年度県営圃場整備事業荒砥南部地区に係る埋蔵文化財発掘調査報告書－』　財団法人群馬県埋蔵文化財調査事業団

147. 発知寺沢（仮）

a．池田村史編纂委員会1952『池田村史』

b．池田政志　2000「三ツ子沢中遺跡の敷石住居－群馬県内検出の敷石住居の集成を通して－」『三ツ子沢中遺跡』(『北陸新幹線地域埋蔵文化財発掘調査報告書』第12集・『財団法人群馬県埋蔵文化財調査事業団調査報告書』第260集)　群馬県教育委員会・財団法人群馬県埋蔵文化財調査事業団・日本鉄道建設公団

148．上光寺

小池雅典他　1996『発知南部地区遺跡群　上光寺遺跡　平成7年度農用地総合整備事業発知南部地区に伴う埋蔵文化財発掘調査報告書』　沼田市教育委員会

149．下清水

宮下昌文　1993『上久屋地区遺跡群　下清水遺跡・馬場遺跡・橋場遺跡・十二反遺跡　県営緊急畑地帯総合整備事業上久屋地区に伴う埋蔵文化財発掘調査報告書』　沼田市教育委員会

150．寺入

池田政志　2000「三ツ子沢中遺跡の敷石住居－群馬県内検出の敷石住居の集成を通して－」『三ツ子沢中遺跡』(『北陸新幹線地域埋蔵文化財発掘調査報告書』第12集・『財団法人群馬県埋蔵文化財調査事業団調査報告書』第260集)　群馬県教育委員会・財団法人群馬県埋蔵文化財調査事業団・日本鉄道建設公団

151．糸井太夫

石北直樹他　1995『糸井太夫遺跡－糸井東地区土地改良総合整備事業に伴う埋蔵文化財発掘調査報告書－』(『昭和村埋蔵文化財発掘調査報告書』第6集)　昭和村教育委員会

152．高平

a．石坂　茂　1985「柄鏡形住居址について」『荒砥二之堰遺跡－昭和55年度県営圃場整備事業荒砥南部地区係る埋蔵文化財発掘調査報告書－』　財団法人群馬県埋蔵文化財調査事業団

b．池田政志　2000「三ツ子沢中遺跡の敷石住居－群馬県内検出の敷石住居の集成を通して－」『三ツ子沢中遺跡』(『北陸新幹線地域埋蔵文化財発掘調査報告書』第12集・『財団法人群馬県埋蔵文化財調査事業団調査報告書』第260集)　群馬県教育委員会・財団法人群馬県埋蔵文化財調査事業団・日本鉄道建設公団

c．群馬大学歴史研究室　1959『コイノス』XIV

153．寺谷

a．石坂　茂　1985「柄鏡形住居址について」『荒砥二之堰遺跡－昭和55年度県営圃場整備事業荒砥南部地区係る埋蔵文化財発掘調査報告書－』　財団法人群馬県埋蔵文化財調査事業団

b．池田政志　2000「三ツ子沢中遺跡の敷石住居－群馬県内検出の敷石住居の集成を通して－」『三ツ子沢中遺跡』(『北陸新幹線地域埋蔵文化財発掘調査報告書』第12集・『財団法人群馬県埋蔵文化財調査事業団調査報告書』第260集)　群馬県教育委員会・財団法人群馬県埋蔵文化財調査事業団・日本鉄道建設公団

c．白沢村教育委員会　1980『寺谷遺跡発掘調査報告書』

154．高泉石器時代跡

石坂　茂　1985「柄鏡形住居址について」『荒砥二之堰遺跡－昭和55年度県営圃場整備事業荒砥南部地区に係る埋蔵文化財発掘調査報告書－』　財団法人群馬県埋蔵文化財調査事業団

155．宮山(仮)

石坂　茂　1985「柄鏡形住居址について」『荒砥二之堰遺跡－昭和55年度県営圃場整備事業荒砥南部地区に係る埋蔵文化財発掘調査報告書－』　財団法人群馬県埋蔵文化財調査事業団

156．布施

a．藤巻幸男・能登　健　1988「布施遺跡」『群馬県史』資料編1(原始・古代1　旧石器・縄文)　群馬

　　　　県史編さん委員会
　ｂ．石坂　茂　1985「柄鏡形住居址について」『荒砥二之堰遺跡－昭和55年度県営圃場整備事業荒砥南部
　　　　地区係る埋蔵文化財発掘調査報告書－』　財団法人群馬県埋蔵文化財調査事業団

157. 乾田
相沢貞順他　1968『小室遺跡』(『群馬県勢多郡北橘村文化財調査報告』)　勢多郡北橘村教育委員会

158. 大穴石器時代住居
　ａ．相沢貞順他　1968『小室遺跡』(群馬県勢多郡北橘村文化財調査報告)　北橘村教育委員会
　ｂ．群馬県教育委員会　1979『群馬の文化財　原始・古代編』
　ｃ．石坂　茂　1985「柄鏡形住居址について」『荒砥二之堰遺跡－昭和55年度県営圃場整備事業荒砥南部
　　　　地区係る埋蔵文化財発掘調査報告書－』　財団法人群馬県埋蔵文化財調査事業団
　ｄ．池田政志　2000「三ツ子沢中遺跡の敷石住居－群馬県内検出の敷石住居の集成を通して－」『三ツ子
　　　　沢中遺跡』(『北陸新幹線地域埋蔵文化財発掘調査報告書』第12集・『財団法人群馬県埋蔵
　　　　文化財調査事業団調査報告書』第260集)　群馬県教育委員会・財団法人群馬県埋蔵文化財
　　　　調査事業団・日本鉄道建設公団

159. 土出北原
池田政志　2000「三ツ子沢中遺跡の敷石住居－群馬県内検出の敷石住居の集成を通して－」『三ツ子沢中
　　　　遺跡』(『北陸新幹線地域埋蔵文化財発掘調査報告書』第12集・『財団法人群馬県埋蔵文化
　　　　財調査事業団調査報告書』第260集)　群馬県教育委員会・財団法人群馬県埋蔵文化財調査
　　　　事業団・日本鉄道建設公団

160. 有笠山
石坂　茂　1985「柄鏡形住居址について」『荒砥二之堰遺跡－昭和55年度県営圃場整備事業荒砥南部地区
　　　　に係る埋蔵文化財発掘調査報告書－』　財団法人群馬県埋蔵文化財調査事業団

161. 横壁東平
石坂　茂　1985「柄鏡形住居址について」『荒砥二之堰遺跡－昭和55年度県営圃場整備事業荒砥南部地区
　　　　に係る埋蔵文化財発掘調査報告書－』　財団法人群馬県埋蔵文化財調査事業団

162. 上郷
石坂　茂　1985「柄鏡形住居址について」『荒砥二之堰遺跡－昭和55年度県営圃場整備事業荒砥南部地区
　　　　に係る埋蔵文化財発掘調査報告書－』　財団法人群馬県埋蔵文化財調査事業団

163. 笹原
石坂　茂　1985「柄鏡形住居址について」『荒砥二之堰遺跡－昭和55年度県営圃場整備事業荒砥南部地区
　　　　に係る埋蔵文化財発掘調査報告書－』　財団法人群馬県埋蔵文化財調査事業団

164. 須郷沢(仮)
石坂　茂　1985「柄鏡形住居址について」『荒砥二之堰遺跡－昭和55年度県営圃場整備事業荒砥南部地区
　　　　に係る埋蔵文化財発掘調査報告書－』　財団法人群馬県埋蔵文化財調査事業団

165. 堀井戸
石坂　茂　1985「柄鏡形住居址について」『荒砥二之堰遺跡－昭和55年度県営圃場整備事業荒砥南部地区
　　　　に係る埋蔵文化財発掘調査報告書－』　財団法人群馬県埋蔵文化財調査事業団

166. 大久保
石坂　茂　1985「柄鏡形住居址について」『荒砥二之堰遺跡－昭和55年度県営圃場整備事業荒砥南部地区
　　　　に係る埋蔵文化財発掘調査報告書－』　財団法人群馬県埋蔵文化財調査事業団

167. 前原
石坂　茂　1985「柄鏡形住居址について」『荒砥二之堰遺跡－昭和55年度県営圃場整備事業荒砥南部地区

168. 中善(仮)

石坂　茂　1985「柄鏡形住居址について」『荒砥二之堰遺跡－昭和55年度県営圃場整備事業荒砥南部地区に係る埋蔵文化財発掘調査報告書－』　財団法人群馬県埋蔵文化財調査事業団

169. 花園(仮)

石坂　茂　1985「柄鏡形住居址について」『荒砥二之堰遺跡－昭和55年度県営圃場整備事業荒砥南部地区に係る埋蔵文化財発掘調査報告書－』　財団法人群馬県埋蔵文化財調査事業団

170. 矢ノ沢

石坂　茂　1985「柄鏡形住居址について」『荒砥二之堰遺跡－昭和55年度県営圃場整備事業荒砥南部地区に係る埋蔵文化財発掘調査報告書－』　財団法人群馬県埋蔵文化財調査事業団

171. 天ヶ堤

関根慎二他　2007『天ヶ堤遺跡(1)　北関東自動車道(伊勢崎～県境)地域埋蔵文化財発掘調査報告書』(『財団法人群馬県埋蔵文化財調査事業団調査報告』第390集)　財団法人群馬県埋蔵文化財調査事業団

172. 小八木志志貝戸

神谷佳明　2002『高崎市小八木町　小八木志志貝戸遺跡4　2区縄文時代・4～6区縄文時代～平安時代編－主要地方道高崎渋川線改築(改良)工事に伴う埋蔵文化財発掘調査報告書第8集－』(『財団法人群馬県埋蔵文化財調査事業団調査報告』第295集)　財団法人群馬県埋蔵文化財調査事業団

173. 溝呂木大御堂

赤城村教育委員　2003『溝呂木遺跡群Ⅰ　溝呂木大御堂遺跡　縄文時代後期初頭集落(敷石住居跡)の調査』(『赤城村埋蔵文化財発掘調査報告書』第21集)

174. 浅田

石井克己　2000『浅田遺跡』子持村教育委員会

175. 村内遺跡

長谷川福次　1993『村内遺跡Ⅰ』　北橘村教育委員会

176. 谷地C

寺内敏郎　2006『公立藤岡総合病院外来センター建設に伴う埋蔵文化財発掘調査報告書　小野地区水田址遺跡道下地点・C42　谷地C遺跡』　藤岡市教育委員会

177. 谷地D

田野倉武男・軽部達也　2004『小野地区水田址遺跡社宮司地点・谷地D遺跡－市道2481号線道路改良拡幅工事に伴う発掘調査報告書－』　群馬県藤岡市教育委員会

178. 中栗須滝川Ⅱ

茂木　務・古郡正志　2002『中栗須滝川Ⅱ遺跡－縄文時代集落編－　老人福祉施設「栗須の郷」建設に伴う埋蔵文化財発掘調査報告書』　群馬県藤岡市教育委員会

179. 下田

小林　徹　2008『下田遺跡(2)　北関東自動車道(伊勢崎～県境)地域埋蔵文化財発掘調査報告書』(『財団法人群馬県埋蔵文化財調査事業団調査報告書』第444集)　餓死日本高速道路株式会社・財団法人群馬県埋蔵文化財調査事業団調査報告書・財団法人群馬県埋蔵文化財調査事業団

180. 西浦北

清水　豊　1989『西浦北遺跡－群馬都市計画事業南部土地区画整理事業に伴う発掘調査－』(『群馬町埋蔵文化財調査報告』第25集)　群馬町教育委員会

181. 三ツ木皿沼

小島敦子他　2000『三ツ木皿沼遺跡－一般国道17号（上武道路尾島境立体）改築工事に伴う埋蔵文化財発掘
　　　　　　　調査報告書－』（『財団法人群馬県埋蔵文化財調査事業団調査報告』第261集）　財団法人
　　　　　　　群馬県埋蔵文化財調査事業団

182. 西久保Ⅰ

松原　孝志　2002『八ッ場ダム発掘調査集成（1）－八ッ場ダム建設工事に伴う埋蔵文化財発掘調査報告書
　　　　　　　第2集－』（『財団法人群馬県埋蔵文化財調査事業団調査報告』第303集）　財団法人群馬県
　　　　　　　埋蔵文化財調査事業団

183. 荒砥北原

石坂　茂　1986『荒砥北原遺跡　今井神社古墳群　荒砥青柳遺跡』　群馬県埋蔵文化財調査事業団

184. 長久保大畑

田村公夫他　2000『長久保大畑遺跡　新田入口遺跡』　群馬県埋蔵文化財調査事業団

185. 東平井寺西

ａ．古郡正志他　2000「縄文時代の藤岡　列石状遺構」『藤岡市史　通史編　原始・古代・中世』

ｂ．軽部達也他　2001『東平井寺西遺跡』　藤岡市教育委員会

186. 堀越並木Ｃ

山下歳信　2004『群馬県勢多郡大胡町堀越並木（Ａ・Ｃ地点）遺跡』（『「県営農免・ふるさと農道整備事業
　　　　　　　勢多中央地区」に伴う埋蔵文化財発掘調査報告書』第3集）　群馬県勢多郡大胡町教育委
　　　　　　　員会

187. 八幡平Ⅱ

千田茂雄・鬼形敦子　2005『八幡平Ⅱ遺跡発掘調査報告書－都市計画街路事業3・4・15磯部原市線に伴
　　　　　　　う埋蔵文化財発掘調査報告書－』　安中市教育委員会

188. 生品神社

太田市藪塚町仲原　六角形全面敷石、接続部石囲施設

189. 今井東平

吾妻郡嬬恋村字今井字峯地内、敷石住居址

190. 中島

大工原　豊　2006『ストーンサークル出現－縄文人の心、環の思想－』　安中市学習の森　安中市ふるさと
　　　　　　　学習館

堀之内期柄鏡形敷石住居址群と弧状列石

191. 坂本堰下

松井田町教育委員会　2004『坂本堰下遺跡』

192. 筑井八日市

前橋市　1925年敷石住居址検出

山梨県

1. 狐原Ⅱ

ａ．長谷川　孟　1981「大倉遺跡（敷石遺構）」『上野原町埋蔵文化財調査報告書』1　上野原町教育委員
　　　　　　　会

ｂ．小西直樹　1998「狐原Ⅰ・Ⅱ遺跡」『山梨県史　資料編1　原始・古代1　考古（遺跡）』　山梨県

2. 根本山

長谷川　孟　1981「大倉遺跡（敷石遺構）」『上野原町埋蔵文化財調査報告書』1　上野原町教育委員会

3．大倉
長谷川　孟　1981「大倉遺跡(敷石遺構)」『上野原町埋蔵文化財調査報告書』1　上野原町教育委員会
4．大椚遺跡群
宮沢公雄　1998「大椚遺跡群」『山梨県史　資料編1　原始・古代1　考古(遺跡)』　山梨県
5．日留野
長谷川　孟　1981「大倉遺跡(敷石遺構)」『上野原町埋蔵文化財調査報告書』1　上野原町教育委員会
6．桐原中学校
長谷川　孟　1981「大倉遺跡(敷石遺構)」『上野原町埋蔵文化財調査報告書』1　上野原町教育委員会
7．東区
長谷川　孟　1981「大倉遺跡(敷石遺構)」『上野原町埋蔵文化財調査報告書』1　上野原町教育委員会
8．東大野
長谷川　孟　1981「大倉遺跡(敷石遺構)」『上野原町埋蔵文化財調査報告書』1　上野原町教育委員会
9．原・郷原
小西直樹　2000『原・郷原遺跡　県営中山間地域総合整備事業に伴う埋蔵文化財発掘調査報告書』(『上野原町埋蔵文化財調査報告書』第9集)　上野原町教育委員会・山梨県都留土地改良事務所
10．南
長谷川　孟　1981「大倉遺跡(敷石遺構)」『上野原町埋蔵文化財調査報告書』1　上野原町教育委員会
11．高尾
ａ．長谷川　孟　1981「大倉遺跡(敷石遺構)」『上野原町埋蔵文化財調査報告書』1　上野原町教育委員会
ｂ．十菱駿武　1998「高尾遺跡」『山梨県史　資料編1　原始・古代1(遺跡)』　山梨県
ｃ．山本寿々雄　1960「山梨県下の敷石遺構」『県立富士国立公園博物館研究報告』第4号　山梨県立富士国立公園博物館
12．高尾成畑
十菱駿武他　2005『高尾成畑遺跡』(『丹波山村文化財調査報告』1)　丹波山村教育委員会
13．富岡(名土)
ａ．山本寿々雄　1959「山梨県南都留郡富岡遺跡」『日本考古学年報』8
ｂ．山本寿々雄　1960「山梨県下の敷石遺構」『県立富士国立公園博物館研究報告』第4号　山梨県立富士国立公園博物館
ｃ．山本寿々雄　1968『山梨県の考古学』(『郷土考古学叢書』5)　吉川弘文館
14．美通
田口明子　2009「美通遺跡」『山梨考古』第111号　山梨県考古学協会
15．寺原第2
長沢宏昌他　1997『中谷遺跡　山梨リニア実験線建設に伴う発掘調査報告書』(『山梨県埋蔵文化財センター調査報告書』第116集)　山梨県教育委員会・山梨県埋蔵文化財センター
16．宮谷金山
山本寿々雄　1960「山梨県下の敷石遺構」『県立富士国立公園博物館研究報告』第4号　山梨県立富士国立公園博物館
17．大古屋敷
ａ．山本寿々雄　1960「山梨県下の敷石遺構」『県立富士国立公園博物館研究報告』第4号　山梨県立富士国立公園博物館
ｂ．山本寿々雄　1968『山梨県の考古学』　吉川弘文館
18．大月

長沢宏昌他　1997『大月遺跡－県立都留高等学校体育館建設に伴う発掘調査－』(『山梨県埋蔵文化財センター調査報告書』第139集)　山梨県教育委員会

19. 塩瀬下原
a．吉岡　弘樹他　1999『塩瀬下原遺跡発掘調査概報－桂川流域下水道終末処理場建設に伴う発掘調査－』(『山梨県埋蔵文化財センター調査報告書』第161集)　山梨県埋蔵文化財センター・山梨県教育委員会・山梨県土木部
b．末木　健　2000「縄文時代石積みについて(予察)－山梨県塩瀬下原遺跡の敷石住居復元－」『山梨県考古学協会誌』第11号
c．吉岡弘樹他　2000『塩瀬下原遺跡発掘調査概報－桂川流域下水道終末処理場建設に伴う発掘調査－』(『山梨県埋蔵文化財センター調査報告書』第185集)　山梨県埋蔵文化財センター・山梨県教育委員会・山梨県土木部
d．笠原みゆき他　2001『塩瀬下原遺跡(第4次調査)　桂川流域下水道終末処理場建設に伴う発掘調査報告書』(『山梨県埋蔵文化財センター調査報告書』第191集)　山梨県教育委員会・山梨県土木部
e．笠原みゆき　2002「塩瀬下原遺跡出土の敷石住居址について」『研究紀要』18　山梨県立考古博物館・山梨県埋蔵文化財センター

20. 外ガイド
小野正文　1996『外ガイド遺跡発掘調査報告書－山梨リニア実験線建設に伴う発掘調査－』(『山梨県埋蔵文化財センター調査報告書』第117集)　山梨県教育委員会・日本鉄道建設公団

21. 法能(天神山)
a．山本寿々雄　1960「山梨県下の敷石遺構」『県立富士国立公園博物館研究報告』第4号　山梨県立富士国立公園博物館
b．山本寿々雄　1957「山梨県南都留郡法能敷石住居址」『日本考古学年報』5

22. 牛石
奈良泰史　1986「牛石遺跡」『都留市史資料編』(地史・考古)　都留市史編纂委員会

23. 神門
後藤守一　1940「上古時代の住居(中)」『人類学・先史学講座』16

24. 中谷
a．山本寿々雄　1973『山梨県都留市小形山　中谷遺跡　都留市発掘調査報告書』都留市教育委員会
b．長沢宏昌他　1996『中谷遺跡　山梨リニア実験線建設に伴う発掘調査報告書』(『山梨県埋蔵文化財センター調査報告書』第116集)　山梨県教育委員会・日本鉄道建設公団

25. 尾咲原
a．山本寿々雄　1960「石造遺構の新例－山梨県都留市旭の場合－」『県立富士国立公園博物館研究報告』第4号　山梨県立富士国立公園博物館
b．山本寿々雄　1960「山梨県下の敷石遺構」『県立富士国立公園博物館研究報告』第4号　山梨県立富士国立公園博物館
c．奈良泰史　1986「尾咲原遺跡」『都留市史資料編』(地史・考古)　都留市史編纂委員会

26. 大塚北原
宮崎　紀　1936「甲斐国西八代郡大塚字西村発見の敷石住居址について」『史前学雑誌』第8巻2号2

27. 市川三郷町
山本寿々雄　1960「山梨県下の敷石遺構」『県立富士国立公園博物館研究報告』第4号　山梨県立富士国立公園博物館

28. 宮の前
a．奈良泰史他　1993『宮の前遺跡発掘調査報告』(『西桂町文化財シリーズ』第15号)　西桂町教育委員会
b．小林安典　1998「宮の前遺跡」『山梨県史　資料編1　原始・古代1　考古(遺跡)』　山梨県
c．吉岡弘樹他　2003『宮の前遺跡－桂川流域下水道西桂町下暮地発進基地建設に伴う発掘調査－』(『山梨県埋蔵文化財センター調査報告書』第207集)　山梨県教育委員会・山梨県土木部

29. 池之元
阿部芳郎他　1997『池之元遺跡発掘調査研究報告書』(『富士吉田市史資料叢書』14)　富士吉田市史編さん室

30. 塚越
依田幸浩他　2006『塚越遺跡・炭焼遺跡・井坪遺跡－一般国道137号線河口2期バイパス建設工事に伴う埋蔵文化財発掘調査報告書－』(『山梨県埋蔵文化財センター発掘調査報告書』第237集)　山梨県教育委員会・山梨県土木部

31. 釈迦堂S－I(塚越北A)
小野正文他　1986『釈迦堂I　山梨県中央自動車道埋蔵文化財包蔵地発掘調査報告書』(『山梨県埋蔵文化財センター調査報告』第17集)　山梨県埋蔵文化財センター

32. 釈迦堂S－II(塚越北B)
小野正文他　1986『釈迦堂I　山梨県中央自動車道埋蔵文化財包蔵地発掘調査報告書』(『山梨県埋蔵文化財センター調査報告』第17集)　山梨県埋蔵文化財センター

33. 釈迦堂N－III区(三口神平地区)
小野正文他　1987『釈迦堂II－山梨県東山梨郡勝沼町三口神平地区－山梨県中央自動車道埋蔵文化財包蔵地発掘調査報告書』(『山梨県埋蔵文化財センター調査報告』第21集)　山梨県教育委員会・日本道路公団

34. 釈迦堂N－IV区(三口神平地区)
小野正文他　1987『釈迦堂II－山梨県東山梨郡勝沼町三口神平地区－山梨県中央自動車道埋蔵文化財包蔵地発掘調査報告書』(『山梨県埋蔵文化財センター調査報告』第21集)　山梨県教育委員会・日本道路公団

35. 釈迦堂S－III区(三口神平地区)
小野正文他　1987『釈迦堂II－山梨県東山梨郡勝沼町三口神平地区－山梨県中央自動車道埋蔵文化財包蔵地発掘調査報告書』(『山梨県埋蔵文化財センター調査報告』第21集)　山梨県教育委員会・日本道路公団

36. 一の沢
古谷健一郎　1989『一の沢・金山遺跡』(『境川村埋蔵文化財調査報告書』第4輯)　山梨県東八代郡境川村教育委員会

37. 一の沢西
長沢宏昌他　1986『一の沢西遺跡－笛吹川農業水利事業に伴う発掘調査報告書－』(『山梨県埋蔵文化財センター調査報告』第16集)　山梨県埋蔵文化財センター

38. 水口
今福利恵他　1994『水口遺跡－一般県道鶯宿中道線建設に伴う発掘調査報告書－』(『山梨県埋蔵文化財センター調査報告書』第91集)　山梨県教育委員会・山梨県土木部

39. 金山
古谷健一郎　1989『一の沢・金山遺跡』(『境川村埋蔵文化財調査報告書』第4輯)　山梨県東八代郡境川村教育委員会

40. 城越
吉田章一郎他　1969『山梨県東八代郡中道町城越の敷石遺構』　山梨県教育委員会・山梨大学教育学部歴
　　　　　　　史学研究室
41. 古宿道の上
森　和敏　1981『古宿道の上遺跡』　牧丘町教育委員会
42. 中久堰
櫛原功一　2008『中久堰遺跡　山梨県牧丘町室伏地内における乙ヶ妻配水池建設にともなう発掘調査報告
　　　　　　　書』（『山梨市文化財調査報告書』第11集）　山梨市・(財)山梨文化財研究所
43. 上福沢
山本寿々雄　1968『山梨県の考古学』　吉川弘文館
44. 寺前
明野村埋蔵文化財センター　1999『寺前遺跡　平成11年度発掘調査の概要』
45. 諏訪原
　a．佐野　隆　1996「諏訪原遺跡」『年報』1　北巨摩市町村文化財担当者会
　b．佐野　隆　1998「諏訪原遺跡」『山梨県史　資料編1　原始・古代1　考古(遺跡)』山梨県
46. 清水端
宮沢公雄　1986『清水端遺跡』（『明野の文化財』第1集）　明野村教育委員会
47. 屋敷添
　a．佐野　隆　1993『屋敷添－県営圃場整備事業に伴なう縄文時代中期・後期及び平安時代の集落遺跡の
　　　　　　　発掘調査報告書－』（『明野村文化財調査報告』7）　山梨県明野村教育委員会・峡北土地
　　　　　　　改良事務所
　b．佐野　隆他　1996『屋敷添　縄文時代編』（『明野村文化財調査報告』10）　明野村教育委員会
48. 宮ノ前
平野　修・櫛原功一　1992『山梨県韮崎市宮ノ前遺跡－韮崎市韮崎北東小学校建設に伴う発掘調査報告
　　　　　　　書－』　韮崎市遺跡調査会・宮ノ前遺跡発掘調査団・韮崎市・韮崎市教育委員会
49. 大柴
　a．十菱駿武　1998「大柴遺跡」『山梨県史　資料編1　原始・古代1　考古(遺跡)』　山梨県
　b．十菱駿武他　1998「大柴遺跡」『須玉町史　考古・古代・中世』　北巨摩郡須玉町
50. 上ノ原
　a．櫛原功一　1993「須玉町上ノ原遺跡における縄文後期集落」『帝京大学山梨文化財研究所報』第17号
　b．櫛原功一他　1999『山梨県北巨摩郡須玉町上ノ原遺跡　ダイワヴィンテージゴルフ倶楽部造成工事に
　　　　　　　伴う埋蔵文化財の発掘調査報告書』　上ノ原遺跡発掘調査団
51. 郷蔵地
田代　孝　1987『郷蔵地遺跡』（『山梨県埋蔵文化財センター調査報告』第31集）　山梨県埋蔵文化財セン
　　　　　　　ター
52. 桑原南
　a．荻原三雄他　1983「山梨県地方史研究の動向」『信濃』第35巻6号
　b．山路恭之助　1998「桑原遺跡／桑原南遺跡」『山梨県史　資料編1　原始・古代1　考古(遺跡)』　山
　　　　　　　梨県
53. 社口
櫛原功一他　1997『社口遺跡第3次調査報告書』　高根町教育委員会・社口遺跡発掘調査団
54. 青木

a．雨宮正樹他　1988「山梨県高根町青木遺跡調査概報」『山梨県考古学協会誌』第2号
　b．雨宮正樹　1998『海道前遺跡・青木遺跡　県営ほ場整備事業に伴う埋蔵文化財発掘調査報告書』　高
　　　　根町教育委員会・山梨県峡北土地改良事務所
55．石堂B
　a．雨宮正樹　1986『西ノ原遺跡・石堂遺跡』　高根町教育委員会
　b．雨宮正樹　1987『山梨県高根町石堂B遺跡』高根町教育委員会
56．川又坂上
　新津　健他　1993『山梨県北巨摩郡高根町川又坂上遺跡－八ヶ岳広域農道建設に伴う発掘調査報告書－』
　　　　（『山梨県埋蔵文化財センター調査報告』第75集）　山梨県埋蔵文化財センター
57．姥神
　櫛原功一　1986『姥神遺跡』（『大泉村埋蔵文化財調査報告』第5集）　大泉村教育委員会
58．金生
　新津　健　1989『金生遺跡Ⅱ（縄文時代編）－県営圃場整備事業に伴う発掘調査報告書－』（『山梨県埋蔵
　　　　文化財センター調査報告』第41集）　山梨県埋蔵文化財センター
59．豆生田第3
　櫛原功一　1985『豆生田第3遺跡』（『大泉村埋蔵文化財調査報告』第4集）　大泉村教育委員会
60．競馬場
　長谷川　孟　1981「大倉遺跡(敷石遺構)」『上野原町埋蔵文化財調査報告書』1　上野原町教育委員会
61．別当
　鈴木治彦　1986「長坂町別当遺跡検出敷石住居址について」『丘陵』第12号
62．宮久保
　小宮山隆他　1999『宮久保遺跡　団体営圃場整備事業にともなう埋蔵文化財発掘調査』（『長坂町埋蔵文
　　　　化財発掘調査報告書』第18集）　長坂町教育委員会
63．上平出
　末木　健他　1974『山梨県中央道埋蔵文化財包蔵地発掘調査報告書－北巨摩郡小淵沢町地内－』　山梨県
　　　　教育委員会
64．宿尻
　閖間俊明他　2002『山梨県韮崎市宿尻遺跡－ディーサービスセンター建設に伴う埋蔵文化財発掘調査報告
　　　　書－』　韮崎市教育委員会・韮崎市遺跡調査会
65．徳永・御崎
　斉藤秀樹　2002『徳永・御崎遺跡－八田村徳永1666番地アパート建設工事に伴う埋蔵文化財発掘調査報告
　　　　書－』（『八田村文化財調査報告書』第4集）　八田村教育委員会
66．桂野
　a．望月和幸他　2004『桂野遺跡』（『御坂町埋蔵文化財調査報告書』）　山梨県峡東地域振興局農務部・御
　　　　坂町教育委員会
　b．櫛原功一他　2004『桂野遺跡－取付農道地区発掘調査報告書－』　山梨文化財研究所
　c．櫛原功一　2004「敷石住居の発生－柄のない敷石住居の存在－」『山梨県考古学論集』Ⅴ（『山梨県考
　　　　古学協会25周年記念論文集』）　山梨県考古学協会
67．黒澤
　a．武田眞人　1999「黒澤遺跡」『八ヶ岳考古　平成10年度年報』北巨摩郡町村文化財担当者会
　b．坂口広太　2005『山梨県北杜市黒沢遺跡第1・2次調査　個人住宅建設に伴う埋蔵文化財発掘調査報
　　　　告』（『北杜市埋蔵文化財調査報告』第10集）　山梨県北杜市教育委員会

68．上原間
南部町　1999『南部町誌』
69．川又
山路恭之助他　1998「川又遺跡」『須玉町史　考古・古代・中世』　北巨摩郡須玉町
70．梅之木
- a．佐野　隆　2006『梅之木遺跡Ⅴ　縄文時代中期の集落遺跡の平成17年度確認調査概要報告書』（『北杜市埋蔵文化財調査報告』第12集）　北杜市教育委員会
- b．佐野　隆　2007「縄文時代中期末葉の低地利用－山梨県梅之木遺跡の報告と覚書－」『列島の考古学』Ⅱ（『渡辺誠先生古稀記念論文集』）　渡辺誠先生古稀記念論文集刊行会
- c．佐野　隆　2007『梅之木遺跡Ⅵ　縄文時代中期の集落遺跡の平成18年度確認調査概要報告書』（『北杜市埋蔵文化財調査報告』第21集）　北杜市教育委員会
- d．佐野　隆　2008『山梨県北杜市梅之木遺跡　縄文時代中期の集落遺跡の確認調査報告書』（『北杜市埋蔵文化財調査報告』第26集）　北杜市教育委員会

71．長田口・中畑
南アルプス市櫛形地区平岡　敷石住居址

長野県

1．井戸
藤森栄一他　1965『井戸尻』　中央公論美術出版

2．井戸尻
長崎元広　1973「八ヶ岳西南麓の縄文中期集落における共同祭式のあり方とその意義」『信濃』第25巻4号・5号

3．一の沢
藤森栄一他　1965『井戸尻』　中央公論美術出版

4．居平
藤森栄一他　1965『井戸尻』　中央公論美術出版

5．広原
藤森栄一他　1965『井戸尻』　中央公論美術出版

6．徳利
藤森栄一他　1965『井戸尻』　中央公論美術出版

7．唐渡宮
小林公明他　1988『唐渡宮　八ヶ岳南麓における曽利文化期の遺跡群発掘報告』　富士見町教育委員会

8．臥竜
平出一治　1978「諏訪郡原村上横道遺跡の六角形敷石住居址」『始源』第2号

9．山の神上
長野県埋蔵文化財センター編　1984『塩尻市御堂垣外遺跡敷石住居址をめぐって』資料

10．上横道
- a．武藤雄六　1968「長野県諏訪郡原村上横道遺跡の調査」『信濃』第20巻6号
- b．平出一治　1978「諏訪郡原村上横道遺跡の六角形敷石住居址」『始源』第2号

11．上前尾根
平出一治　1978「長野県上前尾根遺跡の調査－アワの炭化種子を中心に－」『考古学ジャーナル』№147

12．下の原

宮坂虎次他　1980『下ノ原－第2次・3次調査概報－』 茅野市教育委員会
13．茅野和田西
　　土屋長久他　『茅野和田遺跡』 茅野市教育委員会
14．大桜
　　小池岳史　2001『大桜遺跡－平成11・12年度県営ほ場整備事業米沢地区に伴う埋蔵文化財発掘調査報告書－』
　　　　　　　　茅野市教育委員会
15．勝山
　　小林深志・武藤雄六　1994『勝山遺跡－グリーンプラザ茅野(仮称)－建設に伴う埋蔵文化財緊急発掘調
　　　　　　　　査報告書』 茅野市教育委員会
16．上ノ段
　　鵜飼幸雄　1983「上ノ段遺跡」『長野県史考古資料編』全一巻(3)主要遺跡(南信)　長野県史刊行会
17．尖石
　　宮坂英弌　1957『尖石』 茅野市教育委員会
18．中原
a．宮坂英弌　1955「長野県諏訪郡中原遺跡」『日本考古学年報』3
b．宮坂英弌　1955「長野県諏訪郡中原遺跡」『日本考古学年報』4
c．宮坂虎次他　1986『茅野市史』上巻(原始・古代)　茅野市
d．小池岳史他　1993『中ッ原遺跡－県営圃場整備事業芹ヶ沢地区に伴う埋蔵文化財緊急発掘調査概要報
　　　　　　　　告書－』 茅野市教育委員会
e．百瀬一郎・守矢昌文　2003『中ッ原遺跡－平成11・12・13年度基盤整備事業(土地総)中村地区に伴う
　　　　　　　　埋蔵文化財緊急発掘調査概要報告書－』 茅野市教育委員会
19．新井下
　　小林深志　1996『新井下遺跡－「北部中学校」改築工事に係る造成工事に伴う発掘調査報告書－』 茅野
　　　　　　　　市教育委員会
20．一ノ瀬・芝ノ木
　　守矢昌文　2001『一ノ瀬・芝ノ木遺跡－平成8・9年度県営圃場整備事業米沢地区に伴う埋蔵文化財発掘
　　　　　　　　調査概要報告書－』 茅野市教育委員会
21．稗田頭A
　　柳川英司・功刀　司　1995『稗田頭A遺跡－平成6年度県営圃場整備事業槻木地区に伴う埋蔵文化財発掘
　　　　　　　　調査報告書－』 茅野市教育委員会
22．中ツルネ
　　百瀬一郎　2002『中ツルネ遺跡－「担い手育成基盤整備事業豊平地区」に伴う埋蔵文化財発掘調査報告書－』
　　　　　　　　茅野市教育委員会
23．阿弥陀堂
a．守矢昌文他　1994『阿弥陀堂遺跡Ⅴ－平成5年度埋蔵文化財第5次緊急発掘調査報告書－』 茅野市
　　　　　　　　教育委員会
b．柳川英司・守矢昌文　2008『阿弥陀堂遺跡Ⅶ－平成19年度宅地造成および集合住宅建築工事に伴う緊
　　　　　　　　急発掘調査報告書－』 茅野市教育委員会
24．塩之目尻
　　小池岳史・梁川英司　2006『塩之目尻遺跡－県営ほ場整備事業豊平地区に伴う埋蔵文化財発掘調査報告書－』
　　　　　　　　茅野市教育委員会
25．駒形

小池岳史他　2002『大六殿遺跡・駒形遺跡－県営ほ場整備事業米沢地区に伴う埋蔵文化財発掘調査報告書－』　茅野市教育委員会

26．聖石
ａ．小池岳史他　2004『聖石遺跡　県営ほ場整備事業芹ヶ沢地区に伴う埋蔵文化財発掘調査報告書』　茅野市教育委員会
ｂ．柳澤　亮・寺内孝夫・市澤英利　2005「聖石遺跡」『担い手育成基盤整備事業(芹ヶ沢地区)国道299号線バイパス建設事業埋蔵文化財発掘調査報告書　聖石遺跡・長峯遺跡・(別田沢遺跡)』(『長野県埋蔵文化財センター発掘調査報告書』69)　長野県諏訪地方事務所・長野県諏訪建設事務所・長野県茅野市・長野県埋蔵文化財センター

27．長峯
柳澤　亮・寺内孝夫・市澤英利　2005「長峯遺跡」『担い手育成基盤整備事業(芹ヶ沢地区)国道299号線バイパス建設事業埋蔵文化財発掘調査報告書　聖石遺跡・長峯遺跡・(別田沢遺跡)』(『長野県埋蔵文化財センター発掘調査報告書』69)　長野県諏訪地方事務所・長野県諏訪建設事務所・長野県茅野市・長野県埋蔵文化財センター

28．別田沢
柳澤　亮・寺内孝夫・市澤英利　2005「別田沢遺跡」『担い手育成基盤整備事業(芹ヶ沢地区)国道299号線バイパス建設事業埋蔵文化財発掘調査報告書　聖石遺跡・長峯遺跡・(別田沢遺跡)』(『長野県埋蔵文化財センター発掘調査報告書』69)　長野県諏訪地方事務所・長野県諏訪建設事務所・長野県茅野市・長野県埋蔵文化財センター

29．穴場
ａ．高見俊樹　1982「穴場遺跡」『長野県考古学会誌』第42・43号、高見俊樹　1983『穴場Ⅰ－長野県諏訪市穴場遺跡第5次発掘調査報告書－』　諏訪市教育委員会・穴場遺跡発掘調査団
ｂ．五味裕史　1995「減少する縄文後晩期のムラ」『諏訪市史』上巻(原始・古代・中世)　諏訪市

30．福松砥沢
青木正洋　1995「福松砥沢遺跡－縄文中期後半と後期のムラ－」『諏訪市史』上巻(原始・古代・中世)

31．十二ノ后
樋口昇一他　1976「十二ノ后遺跡」『長野県中央道埋蔵文化財包蔵地発掘調査報告書－諏訪市その4－昭和50年度』　長野県教育委員会

32．大安寺
ａ．藤森栄一　1951「長野県諏訪郡大安寺遺跡」『日本考古学年報』1
ｂ．五味裕史　1995「大安寺遺跡－漁撈関係遺物の目立つ縄文後期遺跡－」『諏訪市史』上巻(原始・古代・中世)　諏訪市

33．湯の上
五味裕史　1995「減少する縄文後晩期のムラ」『諏訪市史』上巻(原始・古代・中世)　諏訪市

34．城山
竹内三千夫　1974「城山遺跡」『長野県中央道埋蔵文化財包蔵地発掘調査報告書－諏訪市内その1・その2－昭和48年度』　長野県教育委員会

35．前田
長野県史刊行会編　1981『長野県史考古資料編』全一巻(1)　遺跡地名表

36．梨久保
戸沢充則　1986『梨久保遺跡』(『郷土の文化財』15)　岡谷市教育委員会

37．花上寺

高林重水他　1987『花上寺遺跡』岡谷市教育委員会、高林重水他　1996『花上寺遺跡－中部山岳地の縄文・平安時代集落址－』(『郷土の文化財』19)　岡谷市教育委員会

38．目切

a．山田武文他　2005『目切・清水田遺跡　岡谷市長地山の手土地区画整理事業に伴う遺跡発掘調査報告書－縄文時代『壺を持つ妊婦土偶』を出土した集落址－』(『郷土の文化財』26)　長野県岡谷市教育委員会

b．贄田美枝子　2006『国道20号バイパス関連遺跡発掘調査報告書　一般国道20号(下諏訪岡谷バイパスⅠ工区)新設工事に伴う埋蔵文化財発掘調査報告書』(『郷土の文化財』27)　長野県岡谷市教育委員会

39．館

長野県史刊行会編　1981『長野県史考古資料編』全一巻(1)　遺跡地名表

40．宮の本

a．林　幸彦他　1979『宮の本－長野県佐久町宮の本遺跡発掘調査報告書－』佐久町教育委員会

b．土屋長久　1980「宮の本」『長野県考古学会誌』36

41．吹付

百瀬忠幸他　1991「吹付遺跡」『上信越自動車道埋蔵文化財発掘調査報告書2－佐久市内その2－』(『財団法人長野県埋蔵文化財センター埋蔵文化財発掘調査報告書』12)　日本道路公団東京第2建設局・長野県教育委員会・財団法人長野県埋蔵文化財センター

42．西片ヶ上

高村博文　1987『淡淵・屋敷前・西片ヶ上・曲尾Ⅰ』(『佐久市埋蔵文化財調査センター調査報告』第6集)　佐久市埋蔵文化財センター

43．東祢ぶた

百瀬忠幸他　1991「東祢ぶた遺跡」『上信越自動車道埋蔵文化財発掘調査報告書二－佐久市内その2－』(『財団法人長野県埋蔵文化財センター埋蔵文化財発掘調査報告書』12)　日本道路公団東京第2建設局・長野県教育委員会・財団法人長野県埋蔵文化財センター

44．鵜オネ

羽毛田卓也他　1988『鵜オネ－長野県佐久市香坂鵜オネ遺跡発掘調査報告書－』(『佐久市埋蔵文化財センター調査報告書』第21集)　佐久市埋蔵文化財センター

45．大奈良

藤森英二・須藤　隆　2005『大奈良遺跡　千曲川上流域の縄文中期集落－長野県南佐久郡臼田町大字田口大奈良遺跡発掘調査報告書－』(『佐久市埋蔵文化財調査報告書』第131集)　佐久市教育委員会

46．宮平

a．林　幸彦　1985『宮平遺跡－長野県北佐久郡御代田町宮平遺跡発掘調査報告書－遺構編』御代田町教育委員会

b．土屋長久　1978「東信濃・縄文後期文化様相」『日本考古学協会昭和53年度総会研究発表要旨』

c．土屋長久　1980「宮平」『長野県考古学会誌』36

d．堤　隆他　2000『宮平遺跡－長野県北佐久郡御代田町宮平遺跡発掘調査報告書－』御代田町教育委員会

47．上藤塚

長野県史刊行会編　1981『長野県史考古資料編』全一巻(1)　遺跡地名表

48．西城

長野県史刊行会編　1981『長野県史考古資料編』全一巻(1)　遺跡地名表

49．西荒神

小山岳夫他　1995『塩野西遺跡群　東荒神遺跡・西荒神遺跡・下大宮遺跡・関屋遺跡・中屋際遺跡』(『長野県北佐久郡御代田町東荒神・西荒神・下大宮・関屋・中屋際遺跡発掘調査報告書』)　長野県御代田町教育委員会

50．面替

長野県史刊行会　1981『長野県史考古資料編』全一巻(1)　遺跡地名表

51．滝沢

a．小山岳夫　1993『滝沢－塩野西遺跡群－発掘調査概要報告書』　御代田町教育委員会

b．小山岳夫他　1997『塩野西遺跡群　滝沢遺跡－長野県北佐久郡御代田町滝沢遺跡発掘調査報告書－』(『御代田町埋蔵文化財発掘調査報告書』第23集)　御代田町教育委員会

52．南石堂

a．上野佳也　1968『軽井沢茂沢南石堂遺跡』(『長野県北佐久郡軽井沢町文化財調査報告』)　軽井沢町教育委員会

b．上野佳也　1983『軽井沢茂沢南石堂遺跡総集編』(『長野県北佐久郡軽井沢町文化財調査報告』)　軽井沢町教育委員会

53．舟久保

長野県史刊行会編　1981『長野県史考古資料編』全一巻(1)　遺跡地名表

54．大庭

島田恵子他　1990『大庭遺跡－縄文時代中期末～後期初頭における環状集落および古墳時代末期～奈良・平安時代の集落の調査－』(『立科町文化財調査報告書』第2集)　長野県北佐久郡立科町教育委員会

55．下吹上

a．福島邦男他　1978『下吹上』(『長野県考古学会研究報告書』11)

b．福島邦男他　1992『下吹上遺跡－第2次緊急発掘調査報告書－』(『望月町文化財調査報告書』第21集)　望月町教育委員会

56．上吹上

福島邦男他1990『上吹上遺跡』(『望月町文化財調査報告書』第18集)　望月町教育委員会

57．平石

a．福島邦男他　1989『平石遺跡－緊急発掘調査報告書－』(『望月町文化財調査報告書』第17集)　望月町教育委員会

b．福島邦男　2005『平石遺跡－第3次緊急発掘調査報告書－』(『望月町文化財調査報告書』第23集)　望月町教育委員会

58．極楽寺

長野県史刊行会編　1981『長野県史考古資料編』全一巻(1)　遺跡地名表

59．上の段

宮下健司　1985「長野県地方史の動向」『信濃』第37巻6号

60．下笹沢

与良　清　1975『御牧ヶ原下笹沢敷石住居址調査報告書』　小諸市教育委員会

61．加増

八幡一郎　1974「北大井村加増敷石住居址発掘調査報告書」『小諸市誌』考古編　小諸市編纂委員会

62．久保田

花岡　弘　1984『久保田』(『小諸市埋蔵文化財発掘調査報告』第8集)　小諸市誌編纂委員会
63. 郷土
　a．岩崎卓也　1970「長野県小諸市郷土遺跡」『日本考古学年報』18
　b．与良　清　1974『小諸市誌』考古編　小諸市誌編纂委員会
　c．八幡一郎　1982「郷土遺跡」『長野県史考古資料編』全1巻(2)主要遺跡(北・東信)　長野県史刊行
　　　　　　　　会
　d．花岡　弘　1993『郷土－長野県小諸市郷土遺跡発掘調査報告書－』(『小諸市埋蔵文化財発掘調査報告
　　　　　　　　書』第16集)　小諸市教育委員会
　e．桜井秀雄他　2000「郷土遺跡」『上信越自動車道埋蔵文化財発掘調査報告書』19－小諸市内その3－
　　　　　　　　(『長野県埋蔵文化財センター発掘調査報告書』52)　日本道路公団・長野県教育委員会・
　　　　　　　　長野県埋蔵文化財センター
64. 寺ノ浦
　岩崎長思　1932「寺の浦先住民族住居址」『長野県史跡名勝天然記念物調査報告』第13輯　長野県
65. 三田原遺跡群
　宇賀神誠司　2000「三田原遺跡群」『上信越自動車道埋蔵文化財発掘調査報告書』19－小諸市内その3－
　　　　　　　　(『長野県埋蔵文化財センター発掘調査報告書』52)　日本道路公団・長野県教育委員会・
　　　　　　　　長野県埋蔵文化財センター
66. 岩下
　宇賀神誠司　2000「岩下遺跡」『上信越自動車道埋蔵文化財発掘調査報告書』19－小諸市内その3－(『長
　　　　　　　　野県埋蔵文化財センター発掘調査報告書』52)　日本道路公団・長野県教育委員会・長野
　　　　　　　　県埋蔵文化財センター
67. 石神
　a．岩崎長思　1949「長野県北佐久郡石神後期縄文式遺跡」『県史跡報告』27　長野県
　b．与良　清　1974『小諸市誌』考古編　小諸市誌編纂委員会
　c．花岡　弘　1993『石神－長野県小諸市石神遺跡発掘調査概報－』小諸市教育委員会
　d．花岡　弘他　1994『石神－長野県小諸市石神遺跡発掘調査報告書－』(『小諸市埋蔵文化財調査報告書』
　　　　　　　　第19集)　小諸市教育委員会
68. 古屋敷A
　川崎　保　1993「古屋敷遺跡」『長野県埋蔵文化財ニュース』 No.36・37　財団法人長野県埋蔵文化財セン
　　　　　　　ター
69. 古屋敷C
　a．東部町教育委員会　1986『不動坂遺跡群・古屋敷遺跡群II』
　b．市沢英利　1988『中央自動車道長野線埋蔵文化財発掘調査報告書』2－塩尻市内その1－(『長野県
　　　　　　　　埋蔵文化財センター発掘調査報告書』2)　財団法人長野県埋蔵文化財センター
　c．川崎　保　1993「古屋敷遺跡」『長野県埋蔵文化財ニュース』No.36・37　財団法人長野県埋蔵文化財セ
　　　　　　　　ンター
70. 桜井戸
　土屋長久他　1970『信越本線滋野・大屋間複線化工事事業地内埋蔵文化財緊急発掘調査報告書－昭和44年
　　　　　　　　度－』(『長野県考古学会研究報告』8)　長野県考古学会
71. 和中原
　五十嵐幹男　1959「石器時代の和村」『和村誌』歴史編
72. 成立

a．岩崎長思　1932「戌立先住民族住居址」『長野県史跡名勝天然記念物調査報告』第13輯　長野県
b．塩入秀敏他　1985『戌立遺跡－範囲確認調査報告書－』長野県東部町教育委員会
c．川崎　保　1993「戌立遺跡」『長野県埋蔵文化財ニュース』No.36・37

73. 加賀田
川崎　保　1993「加賀田遺跡」『長野県埋蔵文化財ニュース』No.36・37　財団法人長野県埋蔵文化財センター

74. 中原
川崎　保　1993「中原遺跡」『長野県埋蔵文化財ニュース』No.36・37

75. 辻田
小平和夫　1995「長野県」『日本考古学年報』46（1993年度版）

76. 八千原
久保田敦子他　1991『林之郷・八千原　林之郷遺跡ほか緊急発掘調査報告書』（『上田市文化財調査報告書』第37集）　上田市教育委員会・上小地方事務所

77. 日影
中沢徳士他　1992『日影遺跡・田中遺跡　平成2年度団体営土地改良総合整備事業下室賀地区施工に伴う日影遺跡ほか発掘調査概要報告書』（『上田市文化財調査報告書』第45集）　上田市教育委員会・川西地区土地改良区

78. 渕ノ上
小平和夫　1995「長野県」『日本考古学年報』46（1993年度版）

79. 深町
林　和男他　1980『深町－深町遺跡緊急発掘調査概報－』　丸子町教育委員会

80. 中挟
小林幹男　1964「小県郡青木村田沢・中挟遺跡調査略報」『長野県考古学会連絡紙』12

81. 雁石
川上　元他　1975『雁石・藤沢－国道144号線バイパスに伴う遺跡の緊急発掘調査報告－』　真田町教育委員会

82. 四日市
宇賀神　恵他　1990『四日市遺跡』（『長野県小県郡真田町文化財調査報告書』）　真田町教育委員会

83. 込山Ｃ
金子浩昌他　1964「長野県埴科郡坂城町込山Ｃ遺跡略報－立石を伴う敷石遺構の一資料－」『信濃』第16巻12号

84. 新屋
森島　稔他　1991『長野県更級郡上山田町新屋遺跡－町道路敷及び水路工事の為の緊急発掘調査報告書－』　上山田町教育委員会

85. 幅田
a．金子浩昌他　1965「長野県埴科郡戸倉町幅田遺跡調査報告その2」『長野県考古学会誌』第2号
b．森島　稔　1982「幅田遺跡」『長野県史考古資料編』全1巻（2）主要遺跡（北・東信）　長野県史刊行会

86. 円光房
原田政信他　1990『円光房遺跡－長野県埴科郡戸倉町更級地区県営ほ場整備事業に伴う幅田遺跡群円光房遺跡緊急発掘調査報告書－』　戸倉町教育委員会

87. 屋代遺跡群

水沢教子他　2000『更埴条里遺跡・屋代遺跡群(含む大境遺跡・窪河原遺跡)』(『上信越自動車道埋蔵文化財発掘調査報告書』24－更埴市内－・『長野県埋蔵文化財センター発掘調査報告書』51)　日本道路公団・長野県教育委員会・長野県埋蔵文化財センター

88. 旭町

青木和明　1984「長野市旭町遺跡の調査」『長野県埋蔵文化財ニュース』No.10　財団法人長野県埋蔵文化財センター

89. 宮崎

a．宮下健司　1982「宮崎遺跡」『長野県史考古資料編』全一巻(2)(北・東信)　長野県史刊行会

b．矢口忠良他　1988『宮崎遺跡－長原地区団体営土地改良総合整備事業に伴う発掘調査報告書－』(『長野市の埋蔵文化財』第28集)　長野市教育委員会

c．家根祥太他　2000『長野市宮崎遺跡－第1次～5次調査概報－』(『立命館大学文学部学芸員課程研究報告』第9冊)　立命館大学文学部

90. 村東山手

鶴田典昭他　1999『上信越自動車道埋蔵文化財発掘調査報告書8－長野市内その6　村東山手遺跡－』)(『財団法人長野県埋蔵文化財センター発掘調査報告書』44)　財団法人長野県文化振興事業団長野県埋蔵文化財センター・長野県教育委員会・日本道路公団

91. 平柴平

a．長野市教育委員会　1971『平柴平遺跡緊急発掘調査概報』

b．笹沢　浩　1982「平柴平遺跡」『長野県史考古資料編』全一巻(2)(北・東信)　長野県史刊行会

92. 吉田古屋敷

矢口忠良他　2008『浅川扇状地遺跡群　吉田古屋敷遺跡(3)　JR吉田踏切除去(市道吉田朝陽線)事業地点』(『長野市の埋蔵文化財』第118集)　長野市教育委員会文化課埋蔵文化財センター

93. 橋場

須坂市教育委員会　1982『橋場遺跡』(未見)、綿田弘美　1987「長野県上高井郡高山村北坪井遺跡の敷石住居址と出土遺物」『須高』25

94. 宮平

森島　稔　1982「宮平遺跡」『長野県史考古資料編』全一巻(2)(北・東信)　長野県史刊行会

95. 荒井原

長野県史刊行会編　1981『長野県史考古資料編』全一巻(1)　遺跡地名表

96. 坪井

a．関　孝一他　1969「長野県下高井郡高山村坪井遺跡の発掘調査」『信濃』第21巻8号

b．綿田弘美　1987「長野県上高井郡高山村北坪井遺跡の敷石住居址と出土遺物」『須高』25

97. 北坪井

綿田弘美　1987「長野県上高井郡高山村北坪井遺跡の敷石住居址と出土遺物」『須高』25

98. 八幡添

綿田弘美他　1984『長野県上高井郡高山村四ッ屋遺跡群　八幡添遺跡』　長野県北信土地改良事務所・上高井郡高山村教育委員会

99. 市場平

金子浩昌他　1965「長野県埴科郡戸倉町幅田遺跡調査報告その2」『長野県考古学会誌』第2号

100. 坪根

金子浩昌他　1965「長野県埴科郡戸倉町幅田遺跡調査報告その2」『長野県考古学会誌』第2号

101. 明専寺

森　尚登他　1980『明専寺・茶臼山』　牟礼町教育委員会

102. 小野

桐原　健　1976「長野県史学界の動向」『信濃』第28巻5号

103. 東柏原

金子浩昌他　1965「長野県埴科郡戸倉町幅田遺跡調査報告その2」『長野県考古学会誌』第2号

104. 栗林

中島庄一他　1994『長野県中野市内　栗林遺跡・七瀬遺跡　県道中野豊野線バイパス志賀中野有料道路埋蔵文化財発掘調査報告書』(『財団法人長野県埋蔵文化財センター発掘調査報告書』19)　長野県中野建設事務所・財団法人長野県埋蔵文化財センター

105. 伊勢宮

ａ．山ノ内町教育委員会編　1981『伊勢宮』

ｂ．田川幸生　1982「伊勢宮遺跡」『長野県史考古資料編』全一巻(2)(北・東信)　長野県史刊行会

ｃ．田川幸生　1995「山ノ内町伊勢宮遺跡の柄鏡形敷石住居址」『長野県立歴史館研究紀要』第1号

106. 稲荷境

稲荷境遺跡調査団　1982『稲荷境遺跡─下高井農林高等学校敷地内』(『木島平村埋蔵文化財調査報告』第2集)　木島平村教育委員会

107. こや城

ａ．大沢　哲他　1979『長野県東筑摩郡明科町こや城遺跡発掘調査報告書』　明科町教育委員会

ｂ．小林康男　1983「こや城遺跡」『長野県史考古資料編』全1巻(3)　主要遺跡(中・南信)　長野県史刊行会

108. 北村

平林　彰他　1993『中央自動車道長野線埋蔵文化財発掘調査報告書11─明科町地内─北村遺跡』(『財団法人長野県埋蔵文化財センター発掘調査報告書』14)　日本道路公団名古屋建設局・長野県教育委員会・財団法人長野県埋蔵文化財センター

109. ほうろく屋敷

大沢　哲他　1991『ほうろく屋敷遺跡─川西地区県営ほ場整備事業に伴う発掘調査報告書─』(『明科町の埋蔵文化財』第3集)　明科町教育委員会

110. 離山

藤沢宗平他　1972『離山遺跡』　長野県南安曇郡穂高町教育委員会

111. 他谷

山下泰永他　2001『穂高町他谷遺跡〜県営中山間総合整備事業あづみ野地区に伴う緊急発掘調査報告書〜』　長野県穂高町教育委員会

112. 荒海渡

中島豊晴他　1978『長野県南安曇郡梓川村荒海渡遺跡発掘調査報告書』　梓川村教育委員会

113. 葦原

小松　虔　1966「長野県東筑摩郡波田村葦原遺跡第1次・第2次調査概報」『信濃』第18巻4号

114. 大村

長野県史刊行会編　1981『長野県史考古資料編』全一巻(1)　遺跡地名表

115. 大村塚田

高桑俊雄他　1992『松本市大村塚田遺跡─緊急発掘調査報告書─』(『松本市文化財調査報告』No.96)　松本市教育委員会

116. 林山腰

竹原　学他　1988『松本市林山腰遺跡－県営ほ場整備に伴う緊急発掘調査報告書－』(『松本市文化財調査
　　　　　　報告』No.61)　松本市教育委員会
117. 坪ノ内
　　　新谷和孝他　1990『松本市坪ノ内遺跡－緊急発掘調査報告書－』(『松本市文化財調査報告』No.80)　松本
　　　　　　市教育委員会
118. 山影
　　　太田守夫他　1993『松本市山影遺跡－緊急発掘調査報告書－』(『松本市文化財調査報告』No.100)　松本市
　　　　　　教育委員会
119. エリ穴
　ａ．竹原　学　1997「長野県松本市エリ穴遺跡」『日本考古学年報』48(1995年版)　日本考古学協会
　ｂ．竹原　学　1997『エリ穴遺跡　掘りだされた縄文後晩期のムラ』(『松本市文化財調査報告』No.127)
　　　　　　松本市教育委員会
120. 牛の川
　　　倉科明正他　1980『松本市笹賀牛の川遺跡緊急発掘調査報告書』(『松本市文化財調査報告』18)　松本市
　　　　　　教育委員会
121. 柿沢東
　　　小林康男　1984『柿沢東遺跡』　塩尻市教育委員会
122. 御堂垣外
　　　市沢英利　1988『中央自動車道長野線埋蔵文化財発掘調査報告書』2－塩尻市内その1－(『長野県埋蔵
　　　　　　文化財センター発掘調査報告書』2)　財団法人長野県埋蔵文化財センター
123. 平出
　　　大場磐雄他　1955『平出』　平出遺跡調査会
124. 宮の沢
　　　土屋長久他　1971「宮の沢遺跡」『長野県中央道埋蔵文化財包蔵地発掘調査報告書－阿智・飯田・宮田地
　　　　　　区－』　長野県教育委員会
125. 西原
　　　長野県史刊行会編　1981『長野県史考古資料編』全一巻(1)　遺跡地名表
126. 広庭(北向)
　　　宮沢恒之他　1981『瑠璃寺前・大島山東部・広庭遺跡』(『高森町埋蔵文化財調査報告書』第3集)　高森
　　　　　　町教育委員会
127. 瑠璃寺前
　　　神村　透　1972「瑠璃寺前遺跡」『長野県中央道埋蔵文化財包蔵地発掘調査報告書－下伊那郡高森町地内
　　　　　　その1－』　長野県教育委員会
128. 大島山東部(花立)
　　　宮沢恒之他　1981『瑠璃寺前・大島山東部・広庭遺跡』(『高森町埋蔵文化財調査報告書』第3集)　高森
　　　　　　町教育委員会
129. 戸場
　　　白沢幸男　1983「戸場遺跡」『長野県史考古資料編』全一巻(3)(中信)　長野県史刊行会
　　　伊深　智他　1982『南木曽町誌』資料編
130. 堂前
　　　友野良一他　1979『堂前』　飯島町教育委員会
131. 下中牧

松永満夫　1990『下中牧遺跡　農林地一体開発整備パイロット事業牧郷地区に伴う埋蔵文化財発掘調査報告書』　長野県信州新町教育委員会

132. 羽場崎
福島　永「羽場崎遺跡発掘調査概要」『信濃考古』No.174

133. 鳥羽山洞窟
永峯光一・関孝一　2000『鳥羽山洞窟の調査－古墳時代葬所の素描と研究－』信毎書籍出版センター

134. 田光松原
松原和也他　2001「田光松原遺跡」『長野県木曽郡大桑村　中山間総合整備事業地内埋蔵文化財発掘調査報告書－H.8～H.12年度－』　長野県木曽地方事務所・大桑村教育委員会・木曽広域連合

135. 長平
大町市東山市霊園南　柄鏡形敷石住居址

136. 中村中平
佐合英治他　1994『中村中平遺跡　土地改良総合事業に先立つ埋蔵文化財包蔵地発掘調査報告書』　長野県飯田市教育委員会

137. 後平
島田勝子　1998『南佐久郡誌(考古編)』南佐久郡誌編纂委員会

福島県

1．作
樫村友延　1984「昭和58年度福島県考古学界の動向　浜通り地方(いわき市)」『福島考古学年報』13（1983年）　福島県考古学会

2．壇ノ岡
a．梅宮　茂　1964「考古資料」『福島県史』第6巻　福島県
b．鈴木　啓　1975『堂平敷石遺跡発掘調査報告書』　福島県三春町教育委員会

3．三珠山
a．梅宮　茂　1964「考古資料」『福島県史』第6巻　福島県
b．鈴木　啓　1975『堂平敷石遺跡発掘調査報告書』　福島県三春町教育委員会

4．長郷田
a．梅宮　茂　1964「考古資料」『福島県史』第6巻　福島県
b．鈴鹿良一・押山雄三　1989「福島県における縄文時代中期末葉から後期前葉の住居址」『シンポジウム　縄文の配石と集落－三春町西方前遺跡と柴原A遺跡の問題点－』資料集　三春町教育委員会

5．前田
a．渡辺一雄　1969「前田遺跡」『福島県史1』
b．鈴鹿良一・押山雄三　1989「福島県における縄文時代中期末葉から後期前葉の住居址」『シンポジウム　縄文の配石と集落－三春町西方前遺跡と柴原A遺跡の問題点－』資料集　三春町教育委員会

6．高森
田中正能　1975「高森遺跡」『福島県考古学年報』4（1974年）　福島県考古学会

7．堂平
鈴木　啓　1975『堂平敷石遺跡発掘調査報告書』　福島県三春町教育委員会

8．西方前

a．仲田茂司他　1989『西方前遺跡Ⅲ－縄文時代中期末葉～後期前葉の集落跡－図版篇』（『三春ダム関連遺跡発掘調査報告書』Ⅳ・『三春町文化財調査報告書』第12集）　建設省三春ダム工事事務所・三春町教育委員会

b．仲田茂司他　1992『西方前遺跡Ⅲ－縄文時代中期末葉～後期前葉の集落跡－本文篇』（『三春ダム関連遺跡発掘調査報告書』Ⅴ・『三春町文化財調査報告書』第16集）　建設省三春ダム工事事務所・三春町教育委員会

9．柴原A

福島雅儀他　1989「柴原A遺跡（第1次）」『三春ダム関連遺跡発掘調査報告』2　（『福島県文化財調査報告書』第217集）　福島県教育委員会・財団法人福島県文化センター・建設省東北建設局

10．越田和

福島雅儀他　1996『三春ダム関連遺跡発掘調査報告8　越田和遺跡』（『福島県文化財調査報告書』第322集）　福島県教育委員会・財団法人福島県文化財センター・建設省東北地方建設局

11．高木（9区）

大河原　勉他　2003『阿武隈川右岸築堤遺跡発掘調査報告書3　高木・北ノ脇遺跡』（『福島県文化財調査報告書』第402集）　福島県教育委員会・財団法人福島県文化振興事業団・国土交通省東北地方整備局福島工事事務所

12．河内四十四

高松俊雄　1984「昭和58年度福島県考古学界の動向　中通り地方」『福島県考古学年報』13（1983年）　福島県考古学会

13．荒小路

大越道正他　1985『国営総合農地開発事業母畑地区遺跡発掘調査報告』19（『福島県文化財調査報告書』第148集）　福島県教育委員会・財団法人福島県文化センター

14．倉屋敷

a．押山雄三　1987「倉屋敷遺跡」『郡山東部』7　郡山市教育委員会

b．鈴鹿良一・押山雄三　1989「福島県における縄文時代中期末葉から後期前葉の住居址」『シンポジウム　縄文の配石と集落－三春町西方前遺跡と柴原A遺跡の問題点－』資料集　三春町教育委員会

15．仁井町

鈴木雄三他　1982『仁井町遺跡』（『河内下郷遺跡群Ⅱ』）　郡山市教育委員会

16．割田B

押山雄三・中島雄一　1996『割田B遺跡－国営総合農地開発事業関連－』　財団法人郡山市埋蔵文化財発掘調査事業団・郡山市教育委員会

17．八方塚A

佐藤　啓　1999『摺上川ダム遺跡発掘調査報告Ⅶ　八方塚A遺跡（第1次調査）』（『福島県文化財調査報告書』第350集）　福島県教育委員会・財団法人福島県文化センター・建設省東北地方建設局摺上川ダム工事事務所

18．月崎

a．柴田俊彰　1977『月崎遺跡発掘調査概報－第二次－』　福島市教育委員会

b．鈴鹿良一・押山雄三　1989「福島県における縄文時代中期末葉から後期前葉の住居址」『シンポジウム　縄文の配石と集落－三春町西方前遺跡と柴原A遺跡の問題点－』資料集　三春町教育委員会

19．宮畑

斉藤義弘他　2004『宮畑遺跡(岡島)確認調査報告書』(『福島市埋蔵文化財報告書』第173集)　福島市教育
　　　　委員会
20．庚申森
ａ．梅宮　茂　1964「考古資料」『福島県史』第6巻　福島県
ｂ．鈴鹿良一・押山雄三　1989「福島県における縄文時代中期末葉から後期前葉の住居址」『シンポジウ
　　　　ム　縄文の配石と集落－三春町西方前遺跡と柴原Ａ遺跡の問題点－』資料集　三春町教育
　　　　委員会
21．小島上台
鈴木　啓　1975『堂平敷石遺跡発掘調査報告書』　福島県三春町教育委員会
22．日向南
ａ．鈴鹿良一他　1986「日向南遺跡(第1・2次)」『真野ダム関連遺跡発掘調査報告』Ⅷ(『福島県文化財
　　　　調査報告』第165集)　福島県教育委員会・財団法人福島県文化センター
ｂ．鈴鹿良一・押山雄三　1989「福島県における縄文時代中期末葉から後期前葉の住居址」『シンポジウ
　　　　ム　縄文の配石と集落－三春町西方前遺跡と柴原Ａ遺跡の問題点－』資料集　三春町教育
　　　　委員会
23．日向
ａ．芳賀英一他　1982「日向遺跡(第1次)」『真野ダム関連遺跡発掘調査報告書』Ⅲ(『飯舘村文化財調査
　　　　報告書』第3集)　飯舘村教育委員会
ｂ．鈴鹿良一他　1990「日向遺跡(第2次)」『真野ダム関連遺跡発掘調査報告』XV(『福島県文化財調査報
　　　　告書』第231集)　福島県教育委員会・財団法人福島県文化センター・福島県土木部
24．宮内Ａ
ａ．鈴鹿良一他　1989「宮内Ａ遺跡(第1次)」『真野ダム関連遺跡発掘調査報告』XⅢ(『福島県文化財調査
　　　　報告書』第210集)　福島県教育委員会・財団法人福島県文化センター
ｂ．鈴鹿良一・押山雄三　1989「福島県における縄文時代中期末葉から後期前葉の住居址」『シンポジウ
　　　　ム　縄文の配石と集落－三春町西方前遺跡と柴原Ａ遺跡の問題点－』資料集　三春町教育
　　　　委員会
ｃ．鈴鹿良一他　1990「宮内Ａ遺跡(第2次)」『真野ダム関連遺跡発掘調査報告書』XV(『福島県文化財
　　　　調査報告書』第231集)　福島県教育委員会・財団法人福島県文化センター・福島県土木部
25．羽白Ｄ
鈴鹿良一　1988「羽白Ｄ遺跡(第2次)」『真野ダム関連遺跡発掘調査報告』XI(福島県文化財報告書)
　　　　第193集　福島県教育委員会・財団法人福島県文化センター
26．上ノ台Ｃ
鈴鹿良一他　1990「上ノ台Ｃ遺跡」『真野ダム関連遺跡発掘調査報告』XV(『福島県文化財報告書』第
　　　　231集)　福島県教育委員会・財団法人福島県文化センター・福島県土木部
27．上ノ台Ｄ
鈴鹿良一他　1990「上ノ台Ｄ遺跡」『真野ダム関連遺跡発掘調査報告』XV(『福島県文化財報告書』第
　　　　231集)　福島県教育委員会・財団法人福島県文化センター・福島県土木部
28．上栃窪
ａ．渡部晴雄他　1967『福島県相馬郡鹿島町上栃窪敷石住居址発掘調査報告書』
ｂ．鈴木　啓　1975『堂平敷石遺跡発掘調査報告書』　福島県三春町教育委員会
ｃ．鈴鹿良一・押山雄三　1989「福島県における縄文時代中期末葉から後期前葉の住居址」『シンポジウ
　　　　ム　縄文の配石と集落－三春町西方前遺跡と柴原Ａ遺跡の問題点－』資料集　三春町教育

委員会
29. 八幡林
a．鹿島町教育委員会　1975『真野古墳群確認調査報告書』
b．鈴木　啓　1975『堂平敷石遺跡発掘調査報告書』福島県三春町教育委員会
30. 岩淵
鈴鹿良一　1986「複式炉と敷石住居」『福島の研究1　地質考古編』
31. 夏窪
日下部善巳他　1978『夏窪遺跡』『深川町文化財調査報告書』第4集　深川町教育委員会
32. 五百苅
鈴木　啓　1975『堂平敷石遺跡発掘調査報告書』　福島県三春町教育委員会
33. 道上
芳賀英一他　1985『国営会津農業水利事業関連遺跡調査報告書』Ⅲ（『福島県文化財調査報告書』第149集）
　　　福島県教育委員会・財団法人福島県文化センター
34. 下中沢
鈴木　啓　1975『堂平敷石遺跡発掘調査報告書』　福島県三春町教育委員会
35. 阿寺
鈴鹿良一　1986「複式炉と敷石住居」『福島の研究』1（地質・考古篇）　清文堂
36. 佐渡畑
小柴吉男　1971『福島県大沼郡三島町川井佐渡畑遺跡調査報告書Ⅰ』（『三島町文化財報告書』第1集）
　　　三島町教育委員会
37. 入間方
鈴木　啓　1975『堂平敷石遺跡発掘調査報告書』　福島県三春町教育委員会
38. 上小島A
a．渡辺一雄他　1983「福島県」『日本考古学年報』33（1980年度版）
b．穴沢和光　1986「福島県」『日本考古学年報』37（1984年度版）
c．鈴鹿良一・押山雄三　1989「福島県における縄文時代中期末葉から後期前葉の住居址」『シンポジウム　縄文の配石と集落－三春町西方前遺跡と柴原A遺跡の問題点－』資料集　三春町教育委員会
39. 上小島C
佐藤光義他　1997『西会津町史　別巻2　上小島C遺跡』　西会津町史刊行委員会
40. 芝草原
a．小滝利意他　1969『福島県耶麻郡西会津町野沢小屋田遺跡調査報告』　建設省東北地方建設局
b．鈴木　啓　1975『堂平敷石遺跡発掘調査報告書』　福島県三春町教育委員会
c．鈴鹿良一・押山雄三　1989「福島県における縄文時代中期末葉から後期前葉の住居址」『シンポジウム　縄文の配石と集落－三春町西方前遺跡と柴原A遺跡の問題点－』資料集　三春町教育委員会
41. タタラ山
安田　稔他　1996『常磐自動車道遺跡調査報告9　タタラ山遺跡（第2次調査）』（『福島県文化財調査報告書』第331集）　福島県教育委員会・財団法人福島県文化センター・日本道路公団
42. 向田A
押山雄三　1996「向田A遺跡」『郡山東部』14　郡山市教育委員会
43. 町B

押山雄三　2000「町B遺跡」『第6回市内遺跡発掘調査成果展　調査報告会資料』　郡山市教育委員会

44．邸下

堀江　格他　2003『邸下遺跡－摺上ダム埋蔵文化財調査報告11－』(『福島市埋蔵文化財調査報告』第162集)　福島市教育委員会・財団法人福島市振興社・国土交通省東北地方整備局摺上ダム工事事務所

45．入トンキャラ

a．福島市教育委員会　1997『獅子内遺跡・西ノ前遺跡・西ノ向C遺跡・入トンキャラ遺跡・上川向遺跡　摺上川ダム埋蔵文化財発掘調査報告5』(『福島市埋蔵文化財報告書』第97集)　福島市教育委員会・財団法人福島市振興公社・建設省東北地方建設局摺上川ダム工事事務所

b．堀江　格　2005「摺上川ダム関連埋蔵文化財発掘調査」『日本考古学協会2005年度福島大会シンポジウム資料集』　日本考古学協会2005年度福島大会実行委員会

46．上川向

a．福島市教育委員会　1997『獅子内遺跡・西ノ前遺跡・西ノ向C遺跡・入トンキャラ遺跡・上川向遺跡　摺上川ダム埋蔵文化財発掘調査報告5』(『福島市埋蔵文化財報告書』第97集)　福島市教育委員会・財団法人福島市振興公社・建設省東北地方建設局摺上川ダム工事事務所

b．堀江　格　2005「摺上川ダム関連埋蔵文化財発掘調査」『日本考古学協会2005年度福島大会シンポジウム資料集』　日本考古学協会2005年度福島大会実行委員会

47．小峯

堀江　格　2005「摺上川ダム関連埋蔵文化財発掘調査」『日本考古学協会2005年度福島大会シンポジウム資料集』　日本考古学協会2005年度福島大会実行委員会

48．鍛冶屋

a．井　憲治他　2000『常磐自動車道遺跡調査報告21　鍛冶屋遺跡(1次調査)』(『福島県文化財調査報告書』第365集)　福島県教育委員会・(財)福島県文化財センター

b．能登谷宣康他　2001『常磐自動車道遺跡調査報告24　鍛冶屋遺跡(2次調査)』(『福島県文化財調査報告書』第377集)　福島県教育委員会・(財)福島県文化財センター

c．山内幹夫他　2002『常磐自動車道遺跡調査報告28　鍛冶屋遺跡(3次調査)』(『福島県文化財調査報告書』第387集)　福島県教育委員会・(財)福島県文化振興事業団

d．小暮伸之　2005「福島県双葉郡楢葉町馬場前・鍛冶屋遺跡の調査」『日本考古学協会2005年度福島大会シンポジウム資料集』　日本考古学協会2005年度福島大会実行委員会

49．大枝館跡

福島市教育委員会　2001『大枝館跡・入トンキャラ遺跡　摺上川ダム埋蔵文化財発掘調査報告9』(『福島市埋蔵文化財報告書』第142集)　福島市教育委員会・財団法人福島市振興公社・国土交通省東北地方整備局摺上川ダム工事事務所

50．熊平B

吉田　功他　2006『常磐自動車動遺跡調査報告43　四ツ栗遺跡(2次調査)・熊平B遺跡・萩平遺跡(2次調査)』(『福島県文化財調査報告書』第433集)　福島県文化振興事業団・福島県教育委員会

51．石生前(いしゅうまえ)

柳津町　鏡形敷石住居1

52．北山下

安田　稔他　2008『常磐自動車道遺跡調査報告47　北山下遺跡・仲山B遺跡』(『福島県文化財調査報告書』第442集)　財団法人福島県文化振興事業団・福島県教育委員会・東日本高速道路株式会社東北支社相馬工事事務所

宮城県

1．菅生田
 a．七戸貞子他　1972『東北自動車道関係遺跡発掘調査概報－白石市、柴田郡村田町地区－』（『宮城県文化財調査報告書』第25集）　宮城県教育委員会
 b．志間泰治他　1973『菅生田遺跡調査概報－一般国道4号白石バイパス改築工事関連調査－』（『宮城県文化財調査報告書』第29集）　宮城県教育委員会

2．下ノ内
 篠原信彦他　1990『下ノ内遺跡－仙台市高速鉄道関係遺跡発掘調査報告書Ⅱ－』（『仙台市文化財調査報告書』第136集）　仙台市教育委員会

3．観音堂
 a．平沢英二郎他　1986『観音堂・新宮前遺跡』（『宮城県埋蔵文化財調査報告』第118集）　宮城県教育委員会
 b．原河英二　1995「観音堂遺跡」『仙台市史』特別編2（考古資料）　仙台市史編さん委員会

4．山田上ノ台
 主浜光朗他　1987『山田上ノ台遺跡』（『仙台市文化財調査報告書』第100集）　仙台市教育委員会

5．二屋敷
 加藤道男他　1984『東北自動車道遺跡調査報告書』Ⅸ（『宮城県文化財調査報告書』第99集）　宮城県教育委員会・日本道路公団

6．荒井
 a．片倉信光・佐藤庄吉　1958「白石荒井縄文住居遺跡」『仙台郷土研究』第18巻4号
 b．片倉信光他　1976『白石市史別巻　考古資料編』　白石市

7．大梁川
 a．相原淳一・加藤昭弘　1988『大梁川・小梁川遺跡』（『宮城県文化財調査報告』第126集）　宮城県教育委員会
 b．相原淳一　2005「宮城県における複式炉と集落の様相」『日本考古学協会2005年度福島大会シンポジウム資料集』　日本考古学協会2005年度福島大会実行委員会

8．小梁川東
 a．相原淳一・加藤昭弘　1988『大梁川・小梁川遺跡』（『宮城県文化財調査報告』第126集）　宮城県教育委員会
 b．相原淳一　2005「宮城県における複式炉と集落の様相」『日本考古学協会2005年度福島大会シンポジウム資料集』　日本考古学協会2005年度福島大会実行委員会

岩手県

1．板倉
 吉田　充　1997『板倉遺跡発掘調査報告書　一般国道343号鳶ヶ森地区道路改良事業』（『岩手県文化振興事業団埋蔵文化財調査報告』第258集）　財団法人岩手県文化振興事業団埋蔵文化財センター

2．長谷堂貝塚
 玉川一郎他　1972『岩手県大船渡市長谷堂貝塚－昭和46年度緊急調査報告－』

3．八天
 本堂寿一　1979『八天遺跡(図版編)』（『北上市文化財調査報告書』第24集）　北上市教育委員会

4．田屋

草間俊一　1968「岩手県石鳥谷町大瀬川田屋遺跡その他」『アルテス　リベラス』第4号　岩手大学教養部

5．卯遠坂
狩野敏雄他　1979『東北縦貫自動車道関係埋蔵文化財調査報告書』Ⅰ（『岩手県文化財調査報告書』第31集）岩手県教育委員会

6．野駄
四井謙吉　1980『東北縦貫自動車道関連遺跡発掘調査報告書』（『岩手県埋蔵文化財センター文化財調査報告書』第11集）　財団法人岩手県埋蔵文化財センター

7．上斗内Ⅲ
大原一則他　1984『上斗内Ⅲ・Ⅳ・Ⅴ遺跡発掘調査報告書』（『岩手県埋蔵文化財センター文化財調査報告書』第71集）　財団法人岩手県埋蔵文化財センター

8．川口Ⅱ
玉川英喜他　1985『川口Ⅱ遺跡発掘調査報告書』（『岩手県埋蔵文化財センター文化財調査報告書』第84集）財団法人岩手県埋蔵文化財センター

9．扇畑Ⅱ
近藤宗光他　1982『扇畑Ⅱ遺跡発掘調査報告書－東北縦貫自動車道関連遺跡発掘調査－』（『岩手県埋蔵文化財センター文化財調査報告書』第39集）　財団法人岩手県埋蔵文化財センター

10．道地Ⅲ
種市　進他　1983『道地Ⅱ遺跡・Ⅲ遺跡発掘調査報告書』（『岩手県埋蔵文化財センター文化財調査報告書』第64集）　財団法人岩手県埋蔵文化財センター

11．馬場野Ⅱ
中川重紀他　1986『馬場野Ⅱ遺跡発掘調査報告書　東北縦貫自動車道建設関連遺跡発掘調査報告書』（『岩手県文化振興事業団埋蔵文化財調査報告』第99集）財団法人岩手県文化振興事業団埋蔵文化財センター

12．叺屋敷Ⅰa
小平忠孝他　1983『叺屋敷Ⅰa遺跡発掘調査報告書』（『岩手県埋蔵文化財センター文化財調査報告書』第61集）　財団法人岩手県埋蔵文化財センター

13．大日向Ⅱ
田鎖寿夫他　1986『大日向Ⅱ遺跡発掘調査報告書　東北縦貫自動車道関連遺跡調査報告書』（『岩手県文化振興事業団埋蔵文化財調査報告書』第100集）財団法人岩手県文化振興事業団埋蔵文化財センター

14．張山
佐藤浩彦　1997「岩手県遠野市・張山遺跡」『縄文の暮らしと精神文化』（『遠野市立博物館第35回特別展図録』）　遠野市立博物館

15．安俵6区
ａ．東和町教育委員会　1999『安俵6区Ⅳ遺跡発掘調査報告書　平成10年度(1998)』（『東和町文化財調査報告書』第20集）
ｂ．東和町教育委員会　1999『安俵6区Ⅴ遺跡発掘調査報告書－遺構編－　平成12年度(2000)』（『東和町文化財調査報告書』第26集）　東和町教育委員会

16．横欠
北上市教育委員会　1997『横欠遺跡』（『北上市埋蔵文化財調査報告』第30集）　北上市教育委員会

17．立石

菊池　賢　2006『岩手県花巻市大迫町立石遺跡発掘調査報告書－平成16年度調査－』(『大迫町埋蔵文化財報告』第24集)　岩手県花巻市教育委員会
18．稲荷神社
ａ．菊池　賢・中村良幸　2009「稲荷神社遺跡の調査概要－方形配石住居跡を中心に－」『日本考古学』第27号
ｂ．菊池　賢　2009『岩手県花巻市大迫町　稲荷神社遺跡発掘調査報告書　平成19年度調査』(『花巻市文化財発掘調査報告書』第11集)　岩手県花巻市教育委員会

秋田県

１．白長根館Ｉ
熊谷太郎他　1984『東北縦貫自動車道発掘調査報告書』(『秋田県文化財調査報告書』第120集)　秋田県教育委員会
２．藤株
高橋忠彦　1981『藤株遺跡発掘調査報告書』(『秋田県文化財調査報告書』第85集)　秋田県教育委員会
３．大湯環状列石
ａ．秋元信夫他　1993『特別史跡大湯環状列石発掘調査報告書』9　(『鹿角市文化財調査資料』45)　秋田県鹿角市教育委員会
ｂ．秋元信夫他　1994『特別史跡大湯環状列石発掘調査報告書』10　(『鹿角市文化財調査資料』49)　秋田県鹿角市教育委員会
ｃ．藤井安正他　1997『特別史跡大湯環状列石第13次発掘調査報告書』(『鹿角市文化財調査資料』58)　鹿角市教育委員会
ｄ．藤井安正他　2005『特別史跡大湯環状列石（Ｉ）』(『鹿角市文化財調査資料』77)　鹿角市教育委員会
４．赤坂Ａ
藤井安正他　1994『赤坂Ａ遺跡　第52回国体冬季スキー競技会施設整備事業に伴う発掘調査報告書』(『鹿角市文化財調査資料』50)　秋田県鹿角市教育委員会
５．赤坂Ｂ
藤井安正他　1993『赤坂Ｂ遺跡　総合運動公園関連遺跡発掘調査報告書』　秋田県鹿角市教育委員会
６．釜石
秋元信夫他　1994『特別史跡大湯環状列石発掘調査報告書』(10)　(『鹿角市文化財調査資料』49)　秋田県鹿角市教育委員会
７．深渡
ａ．菅野美香子他　2006『深渡遺跡－森吉山ダム建設事業に係る埋蔵文化財発掘調査報告書ⅩⅥ－』(『秋田県文化財調査報告書』第407集)　秋田県教育委員会
ｂ．三浦俊成他　2006『深渡Ａ遺跡－森吉山ダム建設事業に係る埋蔵文化財発掘調査報告書ⅩⅦ－』(『秋田県文化財調査報告書』第408集)　秋田県教育委員会

山形県

１．石ヶ森
佐藤禎宏　1983「1982年の動向　山形県」『考古学ジャーナル』No.218
２．千野
須賀井新人　2000『野向遺跡・市野々向原遺跡・千野遺跡発掘調査報告書』(『山形県埋蔵文化財センター調査報告書』第71集)　財団法人山形県埋蔵文化財センター

青森県

1．右ェ門次郎窪
相馬信吉他　1982『右ェ門次郎窪遺跡』(『青森県埋蔵文化財調査報告書』第69集)　青森県教育委員会

2．鵜窪
福田友之他　1983『鵜窪遺跡』(『青森県埋蔵文化財調査報告書』第76集)　青森県教育委員会

3．田面木平(1)
藤田亮一他　1988『田面木平(1)遺跡　八戸新都市区域内埋蔵文化財発掘調査報告書Ⅴ』(『八戸市埋蔵文化財調査報告書』第20集)　八戸市教育委員会

4．風張(1)
a．藤田亮一他　1991『八戸市内遺跡発掘調査報告書2　風張(1)遺跡Ⅰ』(『八戸市埋蔵文化財調査報告書』第40集)　八戸市教育委員会
b．小笠原善範他　1991『風張(1)遺跡Ⅱ』(『八戸市埋蔵文化財調査報告書』第42集)　八戸市教育委員会

5．丹後平(2)
宇部則保　1988『八戸新都市区域内埋蔵文化財埋蔵文化財発掘調査報告書Ⅶ－丹後平遺跡(2)－』(『八戸市埋蔵文化財調査報告書』第27集)　八戸市教育委員会

6．丹後谷地
藤田亮一他　1986『丹後谷地遺跡　八戸新都市区域内埋蔵文化財発掘調査報告書Ⅱ』(『八戸市埋蔵文化財調査報告書』第15集)　八戸市教育委員会

7．沢中
小笠原善範　1995『八戸市内遺跡発掘調査報告書7－沢中遺跡－』(『八戸市埋蔵文化財調査報告書』第61集)　八戸市教育委員会

8．十腰内Ⅰ
赤羽真由美・神康夫　1999『十腰内(1)遺跡－県営津軽中部広域農道建設事業に伴う遺跡発掘調査報告－』(『青森県埋蔵文化財調査報告書』第261集)　青森県教育委員会

9．尻高(4)
岡田康博他　1985『尻高(2)・(3)・(4)遺跡発掘調査報告書』第89集　青森県教育委員会

10．神明町
杉山　武　1980『金木町神明町遺跡』(『青森県埋蔵文化財調査報告書』第58集)　青森県教育委員会

11．深郷田
杉山　武　1980『源常平遺跡発掘調査報告書』(『青森県埋蔵文化財調査報告書』第39集)　青森県教育委員会

12．大石平
成田滋彦他　1985『大石平遺跡』(『青森県埋蔵文化財調査報告書』第90集)　青森県教育委員会

13．上尾駮(2)
畠山　昇・岡田康博　1988『上尾駮(2)遺跡Ⅱ』(『青森県埋蔵文化財調査報告書』第115集)　青森県教育委員会

新潟県

1．川久保
a．財団法人新潟県埋蔵文化財調査事業団　2000『川久保遺跡現地説明会資料－縄文時代中期から後期の遺跡－』
b．鈴木秀人　2002「川久保遺跡」『第9回遺跡発掘調査報告会・(財)新潟県埋蔵文化財調査事業団設立

　　　　　　　　　　10周年記念公開シンポジウム　よみがえる青田遺跡』　(財)新潟県埋蔵文化財調査事業団・
　　　　　新潟県教育委員会
　２．原
　ａ．佐藤雅一他　1998『原遺跡　リゾートマンション「グランドウィング舞子高原」の建設に伴う遺跡発
　　　　　　　　　掘調査報告書』(『塩沢町埋蔵文化財報告書』第18輯)　新潟県南魚沼郡塩沢町教育委員会
　ｂ．魚沼先史文化研究会　1998「原遺跡の研究」『新潟考古』第9号
　３．沖ノ原
　ａ．江坂輝弥編　1976『沖ノ原遺跡－新潟県中魚沼郡津南町大沢赤沢－』(『津南町文化財調査報告書』
　　　　　No.10)　新潟県中魚沼郡津南町教育委員会
　ｂ．渡辺　誠他　1977『新潟県中魚沼郡津南町沖ノ原遺跡発掘調査報告書』(『津南町文化財調査報告書』
　　　　　No.12)　津南町教育委員会
　ｃ．財団法人新潟県埋蔵文化財調査事業団　1997「県内の遺跡・遺物16　沖の原遺跡」『埋文にいがた』
　　　　　No.18
　４．堂平
　ａ．佐藤雅一　1997「堂平遺跡第1号住居址について」『新潟考古』第8号
　ｂ．津南町教育委員会　1997『平成8年度津南町遺跡発掘調査概要報告書』
　５．道尻手
　ａ．佐藤雅一・阿部昭典他　2005『道尻手遺跡』　津南町教育委員会
　６．宮下原
折井　敦他　1981『宮下原遺跡－新潟県南魚沼郡六日町宮下原遺跡緊急遺跡確認調査報告－』(『六日町文
　　　　　化財調査報告』第3輯)　六日町教育委員会
　７．城倉
　ａ．十日町市広域パイロット地域内遺跡群調査団(代表者　中川成夫)　1976『十日町市広域パイロット地
　　　　　域内遺跡群調査概報』2　(『十日町市文化財調査報告』11)　十日町市教育委員会
　ｂ．十日町市史編さん委員会　1996『十日町市史　資料編2　考古』　十日町市
　８．野首
管沼　亘　1997『野首遺跡発掘調査概要報告書』(『十日町市埋蔵文化財発掘調査報告書』第9集)　新潟
　　　　　県十日町市教育委員会
　９．湯の沢
　ａ．室岡　博他　1967『松ヶ峰遺跡(附　頚城南部地方の先史・古代文化)』　中郷村教育委員会
　ｂ．室岡　博　1966「松ヶ峯並に湯ノ沢遺跡について－発掘－」『頚南』　新潟県教育委員会
10．城之腰
藤巻正信他　1991『関越自動車道関係発掘調査報告書　城之腰遺跡』(『新潟県埋蔵文化財調査報告書』第
　　　　　29集)　新潟県教育委員会
11．岩野原
　ａ．駒形敏朗・寺崎裕助他　1981『埋蔵文化財発掘調査報告書　岩野原遺跡』　長岡市教育委員会
　ｂ．長岡市　1992『長岡市史』資料編1(考古)
12．中道
駒形敏朗・小熊博史他　1998『中道遺跡－農業基盤整備事業に伴う発掘調査－』　長岡市教育委員会
13．北野
　ａ．髙橋保雄他　2005『北野遺跡Ⅱ(上層)　磐越自動車道関係発掘調査報告書』(『新潟県埋蔵文化財調査
　　　　　報告書』第141集)　新潟県教育委員会・財団法人新潟県埋蔵文化財調査事業団

b．高橋保雄　2006「北野遺跡」『東蒲原郡史』資料編1（原始）　東蒲原郡史編さん委員会
14．ツベタ
a．中川成夫他　1966『ツベタ遺跡』（『安田町文化財調査報告』1）　安田町教育委員会
b．関雅之編　1973『ツベタ遺跡発掘調査報告』（『安田町文化財調査報告』2）　安田町教育委員会
c．新潟県　1983『新潟県史　資料編1　原始・古代1　考古編』
15．本道平
新潟県朝日村教育委員会　1999『平成10年度　奥三面遺跡群報告会』資料
16．アチヤ平遺跡上段
a．新潟県朝日村教育委員会　1997『奥三面遺跡群』
b．新潟県朝日村教育委員会　1999『奥三面遺跡群－先人たちの軌跡－』
c．富樫秀之　1999「アチヤ平遺跡の敷石住居址について」『新潟考古学談話会会報』第20号
d．富樫秀之他　2002『奥三面ダム関連遺跡発掘調査報告書ⅩⅢ　アチヤ平遺跡上段』（『朝日村文化財報告書』第21集）　新潟県朝日村教育委員会・新潟県
17．アチヤ平中・下段
滝沢規朗他　1998『奥三面ダム関連遺跡発掘調査報告書Ⅷ　アチヤ平遺跡中・下段』（『朝日村文化財報告書』第14集）　朝日村教育委員会・新潟県

富山県

1．二ツ塚
橋本　正他　1978『富山県立山町二ツ塚遺跡緊急発掘調査概要』　富山県教育委員会
2．布尻
柳井　睦他　1977『富山県大沢野町布尻遺跡緊急発掘調査概要』　大沢野町教育委員会
3．井口
柄鏡型の柱穴の配列を持つ住居址

福井県

1．常安王神の森
中森敏晴他　1997『常安王神の森遺跡　一般国道417号改良工事に伴う調査』（『福井県埋蔵文化財調査報告』第35集）　福井県教育庁埋蔵文化財調査センター
2．北寺
小島秀彰　2005『町内遺跡発掘調査　北寺遺跡Ⅱ発掘調査報告書』（『三方町文化財調査報告書』第17集）　福井県三方郡三方町教育委員会

静岡県

1．井戸川
小野真一　1983『伊豆井戸川遺跡－第2次発掘調査概報－』　伊東市教育委員会・加藤学園考古学研究所
2．赤坂
長田　実　1958「原始時代」『伊東市史』本編　伊東市
3．東小学校
長田　実　1958「原始時代」『伊東市史』本編　伊東市、小野真一　1975『千居』　加藤学園考古学研究所
伊東市教育委員会編　2003『伊東の文化財』（『伊東市史叢書』4）　伊東市教育委員会
4．伊東テニスコート

小野真一　1975『千居』　加藤学園考古学研究所
5．竹の台
鈴木良孝　1990「竹の台遺跡」『静岡の原像をさぐる』　財団法人静岡県埋蔵文化財調査研究所
6．内野
ａ．長田　実　1958「原始時代」『伊東市史』本編　伊東市
ｂ．小野真一　1975『千居』　加藤学園考古学研究所
7．西鬼ヶ窪
ａ．金子浩之　1997『西鬼ヶ窪遺跡発掘調査報告書』　伊東市教育委員会
ｂ．小崎　晋　2005「静岡県における縄文時代中期後葉～後期初頭にかけての土器様相」『勢濃尾』第4号　勢濃尾研究会
8．段間
ａ．大場磐雄　1927「南伊豆見高石器時代住居址の研究」『考古学研究録』第1輯　雄山閣
ｂ．寺田兼方他　1972『河津町見高段間遺跡第2次調査報告書』　河津町教育委員会
9．宮後
ａ．宮本達希　1983『宮後遺跡発掘調査報告書』　静岡県東伊豆町教育委員会
ｂ．財団法人静岡埋蔵文化財研究所　1983「東伊豆町宮後遺跡」『静岡県埋蔵文化財調査研究所だより』No.12
ｃ．宮本達希　1988『宮後遺跡(第3次)発掘調査報告書』　静岡県東伊豆町教育委員会
ｄ．瀬川裕市郎　1990「宮後遺跡」『静岡県史』資料編1（考古1）　静岡県
ｅ．宮本達希　1988『宮後遺跡(第4次)調査』　静岡県東伊豆町教育委員会
ｆ．宮本達希　1998「縄文時代後期集落の一様相－東伊豆町宮後遺跡をめぐって－」『静岡の考古学』（『植松章八先生還暦記念論文集』）『静岡の考古学』編集委員会
10．神崎
小野真一他　1972『田方郡韮山町神崎遺跡緊急調査概報』（『静岡県文化財調査報告書』第11集　静岡県教育委員会
11．大塚
小野真一他　1982『修善寺大塚』　修善寺町教育委員会
12．大谷津
石川治夫他　1982『子ノ神・大谷津・山崎Ⅱ・丸尾Ⅱ』（『沼津市文化財調査報告書』第27集）　沼津市教育委員会
13．三明寺
沼津市大岡、中期の柄鏡形(敷石)住居址5
14．仲田
ａ．小野真一　1972「熱海市仲田発見の敷石遺構」『加藤学園考古学研究所所報』No.1
ｂ．小野真一　1975『千居』　加藤学園考古学研究所
15．十石洞
寺田光一郎　1990『十石洞遺跡　新設中学校建設に伴う埋蔵文化財調査報告書』　三島市教育委員会
16．千枚原
ａ．長田　実　1958「原始社会」『三島市誌』上　三島市
ｂ．山内昭二他　1968『三島市千枚原遺跡発掘調査概報』
ｃ．小野真一　1975『千居』　加藤学園考古学研究所
ｄ．向坂綱二　1990「千枚原遺跡」『静岡県史』資料編1（考古1）　静岡県

17．北山
a．鈴木敏中　1986『静岡県三島市北山遺跡－農免農道建設用地内埋蔵文化財発掘調査概報－』　三島市教育委員会
b．三島市教育委員会　1988『北山遺跡Ⅱ　農地改良事業に伴う埋蔵文化財発掘調査概報』
c．瀬川裕市郎　1990「北山遺跡（奥山遺跡）」『静岡県史』資料編1（考古1）　静岡県

18．大北
稲垣甲子男　1962「古代」『富士川町史』　富士川町史編纂委員会

19．半場
a．大場磐雄　1933「新たに発見した石器時代敷石住居阯」『上代文化』第10号
b．向坂綱二　1972「半場遺跡と平沢遺跡」『佐久間町史』上巻　佐久間町
c．向坂綱二他　1982『半場遺跡1978年度発掘調査報告書』　佐久間町教育委員会

20．中峰
小野真一他　1971『上長窪遺跡群－駿河における縄文時代遺跡の研究－』　静岡県長泉町教育委員会

21．上白岩
鈴木裕篤他　1979『上白岩遺跡発掘調査報告書』　中伊豆町教育委員会

22．押出し
a．岩名健太郎他　1999『押出シ遺跡（遺構編）平成8・9年度1東駿河湾環状道路建設埋蔵文化財発掘調査報告書』　財団法人静岡県埋蔵文化財調査研究所
b．岩名健太郎他　2000『押出シ遺跡（遺物編）平成8・9年度1東駿河湾環状道路建設埋蔵文化財発掘調査報告書』　財団法人静岡県埋蔵文化財調査研究所

23．天間沢
a．平林将信　1984『天間沢遺跡Ⅰ　遺構編』　富士市教育委員会
b．平林将信　1985『天間沢遺跡Ⅱ　遺物・考察編』　富士市教育委員会

24．宇東川
久松義昭　1991『宇東川遺跡Ａ・Ｂ・Ｃ地区発掘調査概報－平成2年度－』　富士市教育委員会

25．破魔射場Ｃ
井鍋誉之他　2001『富士川ＳＡ関連遺跡－破魔射場遺跡・谷津原古墳群・北久保遺跡－遺構編・遺物編』（『静岡県埋蔵文化財調査研究所調査報告』第123集）　財団法人静岡県埋蔵文化財研究所

26．上西ノ窪Ａ
小谷亮二他　1997『笹子遺跡・上西ノ窪Ａ遺跡　伊豆歴史時代村建設事業に伴う埋蔵文化財発掘調査報告書』　大仁町教育委員会

27．丸尾北
静岡県埋蔵文化財調査研究所　2007「石敷きの空間」『発掘物語しずおか』No.121（『静岡県埋蔵文化財研究所報』）

28．桜畑上
静岡県埋蔵文化財調査研究所　2007「石敷きの空間」『発掘物語しずおか』No.121（『静岡県埋蔵文化財研究所報』）

29．鉄平
笹原千賀子・吉村たまみ　2003『鉄平遺跡　平成14年度東駿河湾環状道路建設に伴う埋蔵文化財発掘調査報告書』（『静岡県埋蔵文化財調査研究所調査報告』第137集）　財団法人静岡県埋蔵文化財調査研究所

30．原畑

小金沢保雄他　2003『原畑遺跡－町役場庁舎建設に伴う埋蔵文化財発掘調査報告書－（遺構編）』　中伊豆町教育委員会

小金沢保雄他　2004『原畑遺跡－町役場庁舎建設に伴う埋蔵文化財発掘調査報告書－（遺物編）』　中伊豆町教育委員会

31．宇佐美

杉山宏生　2005「伊東市宇佐美遺跡からみた縄文中期の集落」『静岡県考古学研究』No.37　静岡県考古学会

32．猪追表

鈴木敏中　2000「猪追表遺跡」『静岡県三島市夏梅木遺跡群　猪追面遺跡・源平山遺跡B・C点・夏梅木古墳群　三島市錦ヶ丘住宅団地宅地造成に伴う埋蔵文化財発掘調査報告書』　三島市教育委員会

33．源平山B・C

鈴木敏中　2000「源平山遺跡B・C地点」『静岡県三島市夏梅木遺跡群　猪追面遺跡・源平山遺跡B・C点・夏梅木古墳群　三島市錦ヶ丘住宅団地宅地造成に伴う埋蔵文化財発掘調査報告書』　三島市教育委員会

34．六仙山

村本　薫他　1996『丸沢遺跡　六仙山遺蹟－厚生省保養施設建設に伴う埋蔵文化財発掘調査報告書－』　静岡県田方郡中伊豆町教育委員会

35．大畑

ａ．市原寿文　1981『袋井市大畑遺跡－1951・1977・1978・1980年度の発掘調査－』静岡県袋井市教育委員会

ｂ．市原寿文　1990「大畑遺跡」『静岡県史』資料編1　考古1　静岡県

36．天王山

ａ．和島誠一他　1960『清水天王山遺跡　第1次－第3次発掘報告』　清水郷土研究会

ｂ．市原寿文・清水天王山遺跡調査委員会　1975『清水天王山遺跡　第4次発掘調査略報』　静岡県清水市教育委員会

ｃ．市原寿文　1990「天王山遺跡」『静岡県史』資料編1　考古1　静岡県

愛知県

1．林ノ峰

山下勝年他　1983『愛知県知多郡南知多町林ノ峰貝塚Ⅰ』（『南知多町文化財調査報告書』第5集）　南知多町教育委員会

2．観音前

ａ．黒田健二他　1999『観音前遺跡発掘調査報告書』新城市教育委員会

ｂ．伊藤正人　2003「愛知県における縄文集落研究の現段階」『関西縄文時代集落・墓地と生業』（『関西縄文論集』1）　関西縄文文化研究会編・六一書房

岐阜県

1．堂之上

戸田哲也他　1978『岐阜県大野郡堂之上遺跡第1～5次調査概報』　岐阜県大野郡久々野町教育委員会

戸田哲也他　1997『堂之上遺跡－縄文時代集落跡の調査記録－』　岐阜県大野郡久々野町教育委員会

2．たのもと

a．上原真昭他　1998『たのもと遺跡』(『岐阜県文化財保護センター調査報告書』第46集)　岐阜県文化財保護センター
b．岩田　崇・大石崇史　2003「飛騨の縄文住居」『関西縄文時代集落・墓地と生業』(『関西縄文論集』1)　関西縄文文化研究会編・六一書房

三重県
1．下河原
門田了三　1997『三重県名張市夏見下川原遺跡5次調査概要』　名張市遺跡調査会

奈良県
1．宮の平
橋本裕行他　2005『宮の平遺跡　Ⅲ－縄紋時代中期～弥生時代編－』(『奈良県立橿原考古学研究所調査報告』第89冊)　奈良県立橿原考古学研究所

脱稿後、印刷の間、新たな事例について管見に触れたので追補しておく（2010.5 末）。

神奈川県
233．曽我谷津岩本Ⅰ地点
小池　聡他　2010『神奈川県小田原市曽我谷津岩本遺跡第Ⅰ地点』　株式会社盤古堂
243．遠藤打越・遠藤西谷
今泉克巳他　2010『神奈川県藤沢市遠藤打越・遠藤西谷遺跡－藤沢市遠藤打越地区土地区画整理事業に伴う埋蔵文化財発掘調査報告書－』　有明文化財研究所

東京都
6．鶯谷
坂上直嗣他　2009『東京都渋谷区鶯谷遺跡』　大成エンジニアリング株式会社埋蔵文化財調査部
119．東雲寺上
奥山和久他　2010『東京都町田市東雲寺上遺跡Ⅱ』　町田市教育委員会
206．小野路堂谷
碓井三子・杉本靖子　2009『町田市小野路堂谷遺跡発掘調査報告書』　(有)吾妻考古学研究所・(株)ヘルスケア・ジャパン

群馬県
127．長野原一本松
小野和之　2009『長野原一本松遺跡(5)　八ッ場ダム建設工事に伴う埋蔵文化財発掘調査報告書28集』(『(財)群馬県埋蔵文化財調査事業団調査報告』第461集)　財団法人群馬県埋蔵文化財調査事業団
104．前中後
長谷川福次他　2010『前中後遺跡Ⅰ・Ⅱ・Ⅲ・Ⅳ区』(『渋川市埋蔵文化財発掘調査報告書』第21集)　渋川市教育委員会
130．上郷岡原
井川達雄他　2009『上郷岡原遺跡(3)　八ッ場ダム建設工事に伴う埋蔵文化財発掘調査報告書』第31集

193. 見立八幡

渋川市教育委員会　2009『見立八幡遺跡』

194. 中郷

山口逸弘他　2010『中郷遺跡（２）－旧石器・縄文時代編－　一般国道17号(鮎沢バイパス)改築工事に伴う埋蔵文化財発掘調査(その２)報告書第８集』(『財団法人群馬県埋蔵文化財調査事業団調査報告書』第482集)　国土交通省・財団法人群馬県埋蔵文化財調査事業団

195. 中畦

長井正欣　2000『横野地区遺跡群Ⅰ　中畦遺跡・諏訪西遺跡』　赤城村教育委員会

長野県

78. 渕ノ上

綿田弘美　1994『渕ノ上遺跡Ⅱ－長野県小県郡丸子町渕ノ上遺跡第２・３次発掘調査報告書－』　長野県植出建設事務所・小県郡丸子町教育委員会

著者紹介

山本暉久(やまもと・てるひさ)

1947(昭和22)年3月23日　　新潟県生

早稲田大学大学院文学研究科修士課程修了

博士(文学)早稲田大学

現在　昭和女子大学大学院生活機構研究科教授

主要著作・論文

『敷石住居址の研究』　六一書房，2002

「墓壙内に倒置された土器」『神奈川考古』　第39号，2003

「屋内祭祀の性格」『縄文の考古学』　XI　同成社，2007

「柄鏡形(敷石)住居址の比較考古学－縄文と続縄文」『比較考古学の新地平』　同成社，2010

柄鏡形(敷石)住居と縄文社会

2010年8月10日　初版発行

著　者　山本　暉久

発行者　八木　環一

発行所　株式会社 六一書房

　　　　〒101-0051　東京都千代田区神田神保町2-2-22
　　　　　　TEL　03-5213-6161　　　FAX　03-5213-6160
　　　　　　http://www.book61.co.jp　　E-mail　info@book61.co.jp
　　　　　　振替　00160-7-35346

印　刷　野崎印刷紙器株式会社

ISBN 978-4-947743-89-3 C3021　© Teruhisa Yamamoto 2010　　　　Printed in Japan